COMMENT *les* FEMMES RESTENT JEUNES

Comment agir dès aujourd'hui pour paraître plus jeune et vous sentir en pleine forme

Par les rédacteurs des livres de santé Rodale

Doug Dollemore, Mark Giuliucci, Sid Kirchheimer, Ellen Michaud,
Elisabeth Torg, Laura Wallace-Smith, Mark D. Wisniewski

Sous la direction de Patricia Fisher

Rodale Press, Emmaus, Pennsylvania

Imprimé en Italie par Rotolito Lombarda S.p.A.

   p.   cm.
Référence index.
ISBN 1-57954-122-4 livre cartonné
RA778.A34 1994
613'.04244 -dc20

2 4 6 8 9 10 7 5 3 livre cartonné

Notre mission
La publication de livres qui
enrichissent la vie de nos lecteurs

Éditions Rodale

Équipe Éditoriale

Rédacteur responsable: Patricia Fisher

Rédacteur: Russel Wild

Auteurs: Doug Dollemore, Mark Giuliucci, Sid Kirchheimer, Ellen Michaud, Elisabeth Torg, Laura Wallace-Smith, Mark D. Wisniewski

Collaborateurs: Stefan Bechtel, Jeff Csatari, Lisa Delaney, Tim Friend, Mark Golin, Marcia Holman, Claire Kowalchik, Richard Laliberte, Jeff Meade, Melissa Meyers, Richard Trubo, Joeph M. Wargo, Stephen Williams

Directeur artistique: Stan Green
Maquettiste livre et couverture: Acey Lee
Chef d'atelier: Joe Golden
Mise en page: Lynn N. Gano
Création technique: Kristen Page Morgan, David Q. Pryor, Colin Sherman
Maquettiste photographe: James McLoughlin
Illustration: Susan Rosenberger
Vérification des informations: Susan E. Burdick, Hilton Caston, Christine Dreisbach, Valerie Edwards-Paulik, Jan Eickmeier, Theresa Fogarty, Carol J. Gilmore, Deborah Pedron, Sally A. Reith, Sandra Salera-Lloyd, Anita Small, Carol Svec, Michelle M. Szulborski, John Waldron

Secrétaires de rédaction: Susan G. Berg, Katy Diehl
Secrétariat: Roberta Mulliner, Julie Kehs, Mary Lou Stephen
Directeur commercial: Nigel Osborne
Coordinateur de la fabrication: Christa Grønbech

Livres sur la santé et la forme chez Rodale

Rédateur en chef: Bill Gottlieb
Rédacteur responsable: Debora A. Tkac
Directeur artistique: Jane Colby Knutila
Documentaliste en chef: Ann Gossy Yermish
Directeur de la rédaction: Lisa D. Andruscavage

TABLE DES MATIÈRES

Troisième partie : Renforcez votre capital jeunesse

INTRODUCTION

Il est plus tôt que vous ne le pensez

La mort et les impôts sont inévitables, mais, pour la plupart d'entre nous, ces deux choses sont loin d'être aussi effrayantes que la perspective de vieillir. Ah, vieillir ! Ce mot suffit à glacer le sang de n'importe quelle femme. Et nous rentrons sous terre rien qu'en évoquant les images qu'il suscite traditionnellement : les cheveux gris, les rides qui se creusent, le bras mou, la cuisse avachie, la fin de la séduction et de la vie sexuelle.

Une actrice célèbre put déclarer fièrement à l'occasion d'un des anniversaires qui marqua son entrée dans une nouvelle décennie : « Voilà comment on est à 40 ans ». Elle répéta cette phrase pour son cinquantième anniversaire – en ajoutant allègrement dix ans, bien entendu.

Nous ne sommes pas aussi désinvoltes et aussi confiantes qu'elle. Et la marche du temps ne nous fait pas sourire. Nous avons cessé d'avouer notre âge après 29 ans et nous nous empressons de changer de conversation quand quelqu'un de plus jeune demande : « Tu as passé ton bac en quelle année ? »

C'est pour cela que nous avons écrit *Comment les femmes restent jeunes*.

Après une année de discussions avec des experts et de recherches exhaustives sur la façon d'endiguer le cours du temps, nos collaborateurs ont découvert que toute femme pouvait réellement faire tourner les aiguilles à l'envers – ou tout au moins arrêter la pendule. Au minimum, cet ouvrage vous aidera à revoir votre conception du vieillissement afin que vous affrontiez l'avenir avec enthousiasme.

Nous nous sommes lancés dans ce projet après que vous nous avez dit que le vieillissement était l'une de vos plus sérieuses préoccupations. C'est un problème que nous connaissons toutes. En Amérique comme en Europe, la jeunesse est reine, surtout quand on est une femme.

Un homme aux tempes grisonnantes est distingué. Prend-il un peu de poids ? On en sourit. Et s'il se met au golf au lieu de continuer à jouer au football avec des jeunes de 18 ans, c'est qu'il mûrit.

Une femme, elle, se contente de vieillir.

Pourtant, cela n'a rien d'une fatalité. Les centaines de conseils que contient cet ouvrage vous aideront à vous sentir et à paraître plus jeune, quel que soit votre âge.

Lisez ce livre, nous vous en prions. Et trouvez-y du plaisir. Car l'avenir est plus radieux que vous ne le pensez.

Patricia Fisher

Patricia Fisher,
Rédactrice en chef

Première partie

Comment la femme vieillit

ARRÊTEZ LA PENDULE

Et obligez les années à vous respecter

Jacqueline Privat joue au golf, conduit une voiture de sport et fait des allers-retours incessants entre sa maison de Normandie et les deux agences de publicité pour qui elle travaille en région parisienne.

Elle a la peau lisse et de longs cheveux bruns. Les gens lui disent souvent qu'elle ressemble à Carole Bouquet.

C'est vrai, mais ce n'est pas tout : Jacqueline Privat a 60 ans.

Quand elle a eu 30 ans, puis 40 ans, Jacqueline a entrepris de donner naissance à la femme vive et énergique qu'elle est aujourd'hui. Vous pouvez en faire autant.

Ce qui fait vraiment vieillir

L'âge n'est plus ce qu'il était.

Nous sommes nombreuses à avoir eu une mère qui a pris cinq kilos à l'âge de 30 ans. Elle a eu des rides à 35 ans, la peau desséchée à 40, de l'ankylose à 45, un taux de cholestérol élevé à 50, des problèmes cardiaques à 55, des pertes de mémoire à 57 et de l'ostéoporose à 60.

Pas nous.

Parce que nous savons aujourd'hui qu'un régime pauvre en matières grasses empêche le gain de poids et le cholestérol, associés au vieillissement.

Nous savons qu'éviter le soleil et avoir recours à l'écran solaire empêchent la prolifération des rides.

Nous savons que les acides alpha-hydroxy – que l'on trouve dans le lait et les fruits – empêchent les taches de vieillesse et la peau molle ou desséchée.

Nous savons que le sport, en particulier la natation et l'aquagym, retarde l'apparition de l'arthrite.

Nous savons que l'aérobic, un régime pauvre en matières grasses, l'aspirine et les exercices de relaxation empêchent les vaisseaux de se boucher et préviennent les maladies cardiovasculaires.

Nous savons que les mots croisés et la lecture des journaux peuvent contrebalancer les pertes de mémoire provoquées par le vieillissement du cerveau.

Nous savons aussi que les exercices de musculation et l'absorption de calcium peuvent prévenir l'affaiblissement des os qui débouche sur l'ostéoporose.

En d'autres termes, nous savons que la surcharge pondérale, les rides, le dessèchement de la peau, l'arthrite, un taux de cholestérol élevé, les troubles cardiovasculaires, les pertes de mémoire, l'ostéoporose, et bien d'autres choses encore, peuvent nous voler notre jeunesse, mais le vrai responsable du vieillissement n'est pas d'ordre physique : c'est notre état d'esprit qui nous pousse à paresser devant la télévision, à manger trop gras, à fumer, à dédaigner les légumes, à lézarder au soleil et à oublier de nous remettre en question.

Le vieillissement, c'est la plupart du temps la conséquence de nos actions.

Biologie du vieillissement

« Le corps humain est fait pour durer 110 ans, déclare le Dr Ben Douglas. Comme tout autre membre du règne animal, l'homme est fait pour vivre à peu près cinq fois plus que l'âge auquel il a atteint sa maturité sexuelle. Avec un peu d'attention, nous pouvons y arriver. »

Qu'y a-t-il donc dans le vieillissement qui nous en empêche ? Prenons les problèmes les uns après les autres, sans jamais oublier qu'une grande partie de ce que nous appelons le vieillissement peut être vaincue.

Peau. Quand on a une vingtaine d'années, l'accumulation des dommages occasionnés par le soleil peut rider la peau du front. À la trentaine, les rides apparaissent entre les yeux. Vers 40 ans, ce sont les pattes d'oie et, vers 50 ans, les rides à la commissure des lèvres. Avec le temps, la peau devient plus épaisse, plus sèche, moins élastique : c'est principalement dû à l'appauvrissement en tissu conjonctif et en œstrogène qui se manifeste dès 40 ans.

Système cardiovasculaire. À partir de l'âge de 25 ans, on observe une baisse discrète mais régulière de la capacité du système cardiovasculaire à irriguer tout le corps en sang oxygéné pendant un entraînement sportif. La capacité aérobie d'une femme diminue de 5 à 10 % par décennie entre 25 et 75 ans, ce qui signifie que l'on s'essouffle plus facilement quand on vieillit. Le cœur lui-même rétrécit et bat à un rythme plus lent. Les vaisseaux sanguins se resserrent et deviennent moins souples. La tension systolique – le chiffre le plus élevé des deux – augmente de 20 à 30 % entre 30 et 70 ans.

Muscles. Passé l'âge de 45 ans, les muscles rétrécissent et les dépôts de graisse augmentent. La force musculaire diminue de près de 30 % entre 20 et 70 ans, alors que la masse musculaire perd jusqu'à 40 %.

Os. Tout au long de la vie, les os ne cessent de gagner et de perdre des minéraux, le calcium en particulier. Les dépôts sont supérieurs aux retraits jusqu'à l'âge de 35 ans. Ensuite, la force et la densité osseuses connaissent un lent déclin. Le squelette de la femme est plus petit que celui de l'homme, d'une part, et les bouleversements hormonaux faisant suite à la ménopause accélèrent la perte osseuse, d'autre part : c'est pour cela que l'ostéoporose touche bien plus souvent les femmes que les hommes. Les risques de fracture de la hanche surviennent après 40 ans, puis vont doubler tous les six ans. Les chercheurs estiment qu'une femme a perdu 30 % de sa masse osseuse quand elle arrive à 70 ans, ce qui la rend bien plus sujette aux fractures.

Articulations. C'est vers la quarantaine que vous commencez à éprouver une certaine raideur dans les genoux, les hanches et la nuque. Et cela empire jusqu'à ce que, vers la soixantaine, votre médecin diagnostique une arthrite. Les disques de votre colonne vertébrale connaissent une certaine dégénérescence et votre épine dorsale se raidit après 70 ans.

Métabolisme. À partir de l'âge de 20 ans, le nombre de calories nécessaires à votre corps diminue progressivement. À 70 ans, vous avez besoin chaque jour de 500 calories de moins qu'à 20 ans.

Cerveau. Nous commençons notre vie avec un nombre déterminé de neurones destinés à nous servir toute notre vie durant. Même si, en l'absence de toute maladie, nous perdons au fil des ans quelques cellules nerveuses, celles-ci ne cessent de fonctionner, de se réparer, de se régénérer et d'établir de nouvelles connexions. Quelle est donc la cause de la sénilité ? Ce que nous qualifions de comportement sénile est, la plupart du temps, causé par une maladie et non par une perte de neurones.

Système immunitaire. Après 60 ans, le déclin progressif de votre système immunitaire vous rend plus vulnérable à l'infection. Et vous risquez d'attraper le moindre microbe.

Cholestérol. Le taux de cholestérol de votre sang – fabriqué par votre foie à partir des graisses saturées et du cholestérol de vos aliments – a tendance à augmenter avec l'âge. Il atteint généralement son maximum entre 60 et 70 ans, soit dix ans plus tôt que chez les hommes.

Cheveux et poils. On peut grisonner à n'importe quel âge. Vers 50 ans, une femme sur deux a des cheveux gris. À 80 ans, 40 % des femmes ont plus de poils sur le visage qu'elles ne le souhaiteraient.

(suite page 8)

À l'épreuve du miroir

La plupart des gens surveillent le processus du vieillissement en se regardant dans un miroir. Voici ce qu'une femme peut – ou ne peut pas – voir quand elle contemple son visage et son corps tout au long de sa vie d'adulte.

La vingtaine. Elle a fière allure et se sent en pleine forme. Mais, très tôt, apparaissent les tout premiers signes de vieillissement. Ses muscles commencent à perdre de leur rondeur et de leur fermeté à cause d'une perte de fibres musculaires. Le rythme auquel son corps brûle des calories diminue très légèrement, 2 % environ par décennie à partir de ce moment. Son ouïe perd un peu de sa finesse.

La trentaine. Des rides d'expression apparaissent au coin des yeux et de la bouche. Si c'est une adepte du soleil de la Côte d'Azur, de vraies rides font également leur apparition, ainsi que les premières taches de vieillesse. Cela tient à ce que sa peau ralentit la production de mélanocytes, ces minuscules cellules qui produisent les pigments et protègent du rayonnement ultraviolet. Des pattes d'oie peuvent apparaître au début de la trentaine. Il lui faut rester active pour ralentir le déclin de son potentiel cardiovasculaire, lequel aura diminué de 30 à 40 % quand elle aura 65 ans. La perte graduelle de résistance osseuse commence vers 35 ans.

La quarantaine. Les glandes sébacées de la peau ralentissent sérieusement leur production et les fibres qui la soutiennent perdent de leur élasticité (principalement à cause du soleil) : la femme remarque que sa peau est plus sèche, plus mince, plus encline à se rider.

La vingtaine   La trentaine   La quarantaine

Peut-être a-t-elle des poches sous les yeux. À sa grande surprise, elle constate qu'il lui faut des lunettes pour lire ; vers 40 ans, le cristallin se durcit et elle éprouve quelque difficulté à voir de près. Il se peut qu'elle constate également une légère prise de poids.

La cinquantaine. Chez la plupart des femmes, les ovaires cessent de produire de l'œstrogène et de la progestérone vers l'âge de 50 ans. Cette transformation accélère la perte osseuse, réduit la lubrification vaginale et augmente le taux de cholestérol, accroissant ainsi les risques d'ostéoporose et de maladies cardiovasculaires. Sa peau se détend et s'affaisse au niveau des joues et du cou. La couleur de la peau est plus irrégulière.

La soixantaine. Parfois, la femme demande aux gens de répéter ce qu'ils ont dit parce que son audition se dégrade doucement. Elle peut aussi découvrir qu'elle a vraiment commencé à prendre du poids, principalement parce qu'elle a perdu de la masse musculaire et accumulé de la graisse. La graisse pesant plus lourd que le muscle, elle fait maintenant une taille de moins. Elle va perdre un bon centimètre au cours des vingt prochaines années. Sa peau est plus sèche et perd sa couleur uniforme ; d'autres taches apparaissent. Elle peut aussi constater qu'elle attrape plus facilement la moindre maladie : le déclin progressif de son système immunitaire la rend plus vulnérable aux infections.

70 ans et plus. Elle prend les choses plus à la légère. Sa force musculaire décline depuis qu'elle a atteint la trentaine, et la baisse de tonus musculaire fait qu'elle a plus de mal à retenir ses urines ou à avaler des aliments. Il lui faut aussi deux fois plus de lumière pour voir aussi bien qu'avant, mais elle a encore toutes les chances d'être mentalement aussi alerte qu'auparavant.

La cinquantaine   La soixantaine   70 ans et plus

Le cadeau de la longévité

Les femmes sont peut-être plus résistantes que les hommes dès l'instant de la conception.

Les scientifiques s'avouent bien incapables de dire pourquoi, mais ils constatent la chose suivante : 170 embryons mâles se développent contre 100 embryons femelles, mais il ne naît que 106 garçons pour 100 filles.

Davantage de bébés de sexe masculin meurent durant la petite enfance ; au moment de l'adolescence, quand les hormones de la reproduction entrent en action, il y a pratiquement autant de garçons que de filles.

Ensuite, les garçons semblent bien pressés de quitter notre planète. Ils sont deux fois plus nombreux que les femmes à mourir par accident et trois fois plus à se suicider ou à être victimes d'un crime.

Les spécialistes expliquent que le départ prématuré de tant d'hommes est en partie la conséquence d'une pression sociale qui les pousse à choisir des métiers plus dangereux. Les hommes sont 29 fois plus nombreux que les femmes à faire une chute mortelle d'une échelle ; les machines tuent 23 fois plus d'hommes que de femmes, et ils sont près de 20 fois plus à se faire électrocuter.

Il est évident qu'en occupant une place de plus en plus grande dans le

Vessie. Le taux d'œstrogène décline vers la fin de la quarantaine et vous pouvez avoir de petites fuites lorsque vous faites du sport. Après la ménopause, les risques d'infection urinaire peuvent augmenter.

Reproduction. Les ovaires sécrètent moins d'œstrogène et de progestérone après 35 ans. La fécondité diminue progressivement et c'est le début de la ménopause.

Yeux. Vous avez un peu plus de 40 ans et vous commencez à tenir votre journal à bout de bras pour arriver à le lire : c'est que le cristallin de l'œil perd de son élasticité et a plus de mal à fixer des objets proches ou à passer de la vision lointaine à la vision proche.

Oreilles. Votre capacité auditive commence à décliner quand vous atteingez la soixantaine. Les hommes connaissent le même processus, mais il est moins rapide.

Nez. Vos capacités olfactives diminuent peu à peu après 45 ans.

Bouche. Le nombre des papilles de la langue diminue et il vous est plus difficile de distinguer les goûts.

monde du travail, les femmes connaîtront autant d'accidents fatals que les hommes ; les experts pensent donc qu'on verra s'estomper les différences entre les deux taux de mortalité.

Pendant ce temps, les statistiques montrent que trois choses semblent augmenter la longévité des femmes : l'éducation, le travail et un revenu supérieur à la moyenne.

Une Américaine qui a fait des études supérieures peut espérer vivre jusqu'à 84 ans, alors qu'une femme qui a interrompu plus tôt ses études voit son espérance de vie réduite à 79 ans (statistique du Bureau américain des statistiques).

Une femme de 25 ans qui travaille à l'extérieur peut encore vivre 59 ans, mais ce chiffre passe à 56 ans pour la femme du même âge qui reste à la maison. Enfin, une femme blanche dont le revenu familial annuel dépasse les 50 000 $ peut vivre encore 58 ans, alors que celle dont le revenu avoisine les 5 000 $ n'en a plus que 54 à vivre.

Quelle que soit la façon dont les femmes gagnent des années de vie, force est de constater qu'à 65 ans, il n'y a plus que sept hommes pour huit femmes.

Effacer les marques du temps

Malgré tout ce que vous venez de lire, tous les événements que nous venons de décrire sous le nom général de vieillissement ne se produiront pas obligatoirement. Vers l'âge de 40 ans, Jacqueline Privat a compris que, si elle voulait conserver un corps jeune et une personnalité dynamique à 60 ans et au-delà, c'était à ce moment qu'elle devait élaborer un plan de bataille pour lutter contre les effets néfastes du vieillissement.

Jacqueline a donc procédé comme elle l'a toujours fait : elle a parlé avec des amies, rendu visite à des médecins et lu tout ce qui lui tombait sous la main, dès lors que cela parlait de santé et de forme physique. Puis elle a essayé de déterminer ce qui lui convenait le mieux.

Elle a entrepris un régime alimentaire à base de haricots, de riz complet, de brocolis, de soupe de miso, mais aussi de tomates, de poivrons verts et de poulet.

Ce régime lui réussit tant qu'elle parut et se sentit dix ans de moins. « Mon taux de cholestérol est passé de 3 g/l à 1,67 g/l et j'ai perdu du poids, reconnaît-elle ; mais je ne faisais pas d'exercice et mon physique n'était pas encore idéal. »

Une amie réussit à l'entraîner dans un cours d'aérobic dont le professeur s'efforçait simultanément de donner des « muscles d'acier », des « superabdos » et des « pectoraux en béton ». « C'était horrible, dit Jacqueline. Ils ressemblaient tous à des stars de cinéma et je ne me sentais pas à la hauteur. Je ne faisais pas le quart de ce qu'ils faisaient. »

Épuisée, Jacqueline se dit qu'elle avait besoin d'exercice, certes, mais pas de manière aussi intensive. « J'ai trouvé un petit club de gymnastique où je me sentais plus à l'aise et où j'allais deux fois par semaine. J'ai également commencé à faire des promenades avec ma belle-sœur et à jouer au golf. »

« J'ai encore perdu du poids, j'étais plus en harmonie avec moi-même, ajoute-t-elle. Mon corps est devenu mieux que ce qu'il était quand j'avais vingt ou trente ans. »

Pour parachever le tout, Jacqueline a appris une technique de relaxation, absorbé des vitamines – C et E principalement, plus du bêtacarotène –, mâché du chewing-gum au calcium, suivi des cours du soir, fréquenté des individus créatifs afin de stimuler son esprit, participé à la politique locale et séduit son mari en l'emmenant en week-end surprise dans les îles Anglo-Normandes ou aux Baléares.

Le résultat ? La Jacqueline que nous voyons aujourd'hui : le prototype d'une femme séduisante sur qui l'âge ne semble pas avoir d'effet, une femme qui réduit à néant la notion de « vieux » telle que pouvaient l'avoir toutes les générations précédentes.

Bien entendu, tout le monde ne peut pas être comme Jacqueline. Mais tout le monde peut repousser le vieillissement en changeant l'idée que l'on s'en fait.

« Pour rester jeunes, nous dit le Dr Mary Gergin, nous devons nous débarrasser de la notion éculée de vieillissement. Nous devons être courageuses, téméraires, avides de prendre des risques. Et surtout désireuses de briser le moule du vieillissement. »

Ensuite, poursuit le Dr Gergin, nous devons recourir aux moyens d'effacer les marques du temps qui correspondent le mieux à nos besoins. C'est ce qu'a fait Jacqueline.

Mais quels sont ces moyens ? Voici quelques stratégies susceptibles de vous intéresser.

N'hésitez pas, transpirez

Si quelque chose ressemble à l'élixir de jeunesse, c'est bien la transpiration.

« La science ne peut rien vous offrir qui soit plus bénéfique qu'un bon entraînement », affirme le Dr William Evans.

Vers la fin des années 1960, un physiologiste suédois du nom de Bengt

Saltin demanda à cinq jeunes hommes, dont deux athlètes, de rester couchés pendant trois semaines, tandis qu'il mesurait la réaction physiologique de leur corps à une non-utilisation prolongée.

Le résultat ? En 21 jours, l'oisiveté réduisit la capacité aérobie de ces hommes de manière si dramatique que Saltin ne put que constater que cela équivalait à un vieillissement de près de 20 ans.

Heureusement, des recherches ultérieures montrèrent que le sport pouvait inverser non seulement les résultats de Saltin, mais aussi les effets de l'âge. Au cours d'une étude, 11 hommes et femmes en bonne santé, âgés de 62 à 68 ans, furent soumis pendant six mois à un programme de marche modérément fatigant : cela fit augmenter leur capacité respiratoire de 12 % en moyenne. Ils poursuivirent le programme pendant six mois en doublant l'intensité de leurs efforts, et leur capacité aérobie gagna 18 % supplémentaires.

Bien d'autres transformations physiologiques normalement associées au vieillissement peuvent être écartées ou retardées grâce à une pratique modérée du sport. Mais que signifie « modérée » ? Une vingtaine d'exercices d'aérobic trois fois par semaine devrait suffire.

Les chercheurs de l'université Tufts ont fait subir à un groupe de volontaires âgés un programme de musculation étalé sur huit semaines : des femmes, jusqu'à 96 ans, purent ainsi augmenter la taille et la force de leurs muscles de plus de 200 %.

D'autres chercheurs ont démontré que des exercices tels que la marche, le jogging et la danse préservaient la solidité des os et contribuaient à la prévention de l'ostéoporose.

D'autres encore ont prouvé que le sport pouvait prévenir d'une part l'augmentation du poids due à l'âge, d'autre part celle du taux de triglycérides et de cholestérol et de la tension diastolique – le plus petit chiffre des deux que l'on vous indique lorsqu'on mesure votre tension.

Lors d'une étude menée par la faculté de médecine de l'université de Pittsburgh, des chercheurs ont enregistré le poids, le taux de triglycérides et de cholestérol et la tension artérielle de 500 femmes ayant entre 42 et 50 ans : ils l'ont fait au début de l'enquête et ont recommencé trois ans plus tard. Entre deux séries de mesures, la tension diastolique, le poids et le taux de triglycérides et de cholestérol total avaient augmenté chez toutes les femmes. Mais celles qui avaient fait le plus de sport étaient aussi celles qui avaient pris le moins de poids et dont le taux de cholestérol était le plus convenable.

Combien de sport faut-il faire pour que votre corps reste jeune quand vous avez plus de 60 ou de 70 ans ?

« Pendant des années, les adeptes du sport n'ont cessé de répéter qu'il fallait s'y consacrer au moins 30 à 40 minutes par jour, trois fois par semaine,

(suite page 15)

Combien de temps vivrez-vous ?

Les choix auxquels vous êtes confrontée chaque jour en matière d'alimentation, de sport et de résistance au stress vont se combiner aux petits problèmes héréditaires pour déterminer votre longévité.

Faites le test suivant pour savoir si vous pouvez vivre longtemps. Notez votre score au fur et à mesure que vous répondez à ces questions.

Histoire familiale
(cochez tout ce qui vous concerne)

1. -1 Un ou deux parents ont vécu plus de 75 ans et n'ont pas eu de cancer ou de maladie de cœur
3. +2 Cancer chez un parent, un frère ou une sœur
3.   Maladie coronarienne avant l'âge de 40 ans chez :
   +2 un parent
   +4 les deux parents
4.   Hypertension artérielle avant l'âge de 40 ans chez :
   +2 un parent
   +4 les deux parents
5.   Diabète sucré avant l'âge de 60 ans chez :
   +2 un parent
   +4 les deux parents
6.   Attaque avant l'âge de 60 ans chez :
   +2 un parent
   +4 les deux parents

Mode de vie et santé
(cochez tout ce qui vous concerne)

7. +2 Vous vivez et/ou travaillez dans un environnement très pollué
8.   Tabagisme :
   -1 vous n'avez jamais fumé ou avez arrêté il y a plus de 5 ans
   0   vous avez arrêté depuis 1 à 5 ans
   +1 vous avez arrêté depuis moins de un an
   +5 vous avez fumé pendant plus de 20 ans
9.   Vous fumez :
   +2 moins de un paquet par jour
   +3 un paquet par jour
   +5 plus de deux paquets par jour
10.   Vous consommez de l'alcool :
   -1 rarement ou jamais
   0   vous ne dépassez pas 4 cl d'alcool fort, 14 dl de vin ou 1/3 l de bière par jour

+2 trois verres ou plus par jour
11.   Votre tension artérielle est de:
-2 moins de 13/8,5 mHg
0   de 13/8,5 à 14/9 mHg
+2 plus de 14/9 mHg
12.   Votre taux de cholestérol dans le sang est de :
0   1,90 g/l ou moins
+1 1,91 à 2,30 g/l
+2 2,31 à 2,89 g/l
+4 2,90 à 3,20 g/l
+6 Plus de 3,20 g/l
13.   Votre taux de cholestérol HDL est de :
-1 plus de 0,6 g/l
0   0,66 à 0,45 g/l
+2 0,44 à 0,36 g/l
+4 0,35 à 0,28 g/l
+6 0,27 à 0,32 g/l
14.   Votre poids :
0   est normal ou dans les 10 % de la normale
+1 présente une surcharge de 20 à 29 %
+2 présente une surcharge de 30 à 39 %
15.   Vous faites du sport :
-2 énergiquement, plus de 45 minutes, quatre ou cinq fois par semaine
-2 énergiquement, au moins 30 minutes, trois fois par semaine
0   modérément, au moins 30 minutes, trois fois par semaine
+2 modérément, deux fois par semaine
+3 rarement ou jamais

Personnalité et évaluation du stress
(cochez tout ce qui vous concerne)

16. +2 Vous êtes extrêmement compétitive
17. +2 Vous êtes coléreuse et hostile
18. +2 Vous n'exprimez pas votre colère
19. +2 Vous travaillez dur sans éprouver de satisfaction
20. +2 Vous riez rarement et êtes souvent déprimée
21. +2 Vous discutez rarement de choses personnelles avec autrui
22. +2 Vous faites des efforts constants pour satisfaire les autres avant vous-même
23 -2 Rien de tout cela

(à suivre)

Combien de temps vivrez-vous ? – suite

Régime alimentaire
(cochez tout ce qui vous concerne)

24. **-2** Vous mangez du chou, des brocolis, du chou-fleur, des carottes ou des haricots au moins trois fois par semaine
25. **-2** Vous mangez des aliments riches en fibres (pain complet, riz complet, son) presque tous les jours
26. **-2** Vous mangez au moins trois plats de légumes ou de fruits par jour
27. **+1** Vous faites une ou deux fois par an un régime pour perdre du poids
28. **+2** Vous mangez fréquemment du beurre, de la crème et du fromage
29. **+2** Vous mangez fréquemment du bœuf, du porc ou autres viandes grasses
30. **+2** Vous salez les aliments avant même de les goûter
31. **+2** Vous mangez au moins six œufs par semaine
32. **+2** Vous mangez presque tous les jours de la crème glacée, des gâteaux ou des desserts riches

Autres facteurs

33. **+3** Vous prenez la pilule et fumez
34. **+1** Vous êtes ménopausée et ne prenez pas d'œstrogène

Comment interpréter votre résultat

-16 à 0. Risque minime. Votre vie devrait être longue et saine, sans cancer, maladie cardiovasculaire ou diabète. Continuez de vivre ainsi.

1 à 34. Risque modéré. Vous risquez d'avoir quelques problèmes de santé et aurez une durée de vie moyenne. Relisez le test pour voir comment diminuer les risques.

35 à 60. Risque élevé. Vous risquez fort de contracter prématurément une maladie susceptible de vous emporter. Reprenez le test pour voir comment diminuer les risques. Consultez votre médecin.

Plus de 60. Risque très élevé. Votre santé est en jeu et vous pouvez mourir bien avant l'âge auquel vous le devriez. Refaites le test pour identifier vos habitudes les plus néfastes et suivez les conseils que votre médecin ne manquera pas de vous donner.

dit le Dr Evans. Mais tout prouve aujourd'hui qu'un entraînement moindre est tout aussi bénéfique. »

Qu'est-ce qu'un entraînement moindre ? C'est emprunter l'escalier quand on pourrait prendre l'escalator. Et se garer loin de l'entrée des centres commerciaux, supermarchés ou lieux de travail – partout où l'on va, en fait. C'est aussi marcher dix minutes le matin ou à l'heure du déjeuner, et encore dix minutes à l'heure du dîner ou avant d'aller se coucher.

« Tout s'additionne », dit le Dr Evans. Et le résultat, c'est la suppression de bien des problèmes qui vous font vieillir prématurément.

La longévité par les légumes verts

Des brocolis, une assiette de carottes à la vapeur ou quelques feuilles de chou frisé, cela n'a pas l'air très important sur toute une vie, mais ces légumes sans prétention sont en fait des « aliments de longévité », un combustible propre et riche en octane qui peut supprimer bien des causes de vieillissement prématuré.

Les brocolis, les choux de Bruxelles, les carottes et la plupart des légumes à feuilles vertes sont bourrés de bêtacarotène, substance productrice de vitamine A capable de barrer la route au cancer et de prévenir les crises cardiaques.

Le chou frisé et les autres légumes verts sont riches en calcium, ce minéral dont votre corps a le plus besoin pour préserver la jeunesse de son squelette.

Les végétaux n'ont pratiquement pas de graisse ou de cholestérol, ce qui permet de tenir à l'écart la prise de poids due à l'âge, la tension artérielle élevée et les artères bouchées.

Mangez des fruits

Les nutriments appelés antioxydants, vitamines C et E et bêtacarotène jouent un rôle de tout premier plan dans ce que l'on pourrait appeler le régime antivieillissement. Présents dans les fruits, les noix et quelques légumes, les antioxydants forment la ligne de défense de l'organisme contre ce que les scientifiques nomment des radicaux libres, des cellules extrêmement réactives qui se promènent dans tout le corps et provoquent toutes sortes de dégâts. Les radicaux libres sont impliqués dans le déclenchement du cancer, des maladies de cœur et même du vieillissement, à tel point que certains scientifiques pensent que le processus du vieillissement est en grande partie dû à l'accumulation de chocs et de blessures causés par les radicaux libres quand ils viennent oxyder les cellules du corps.

La vitamine C se trouve surtout dans les agrumes, le poivron rouge et le chou. Il y en a également dans les fraises et les tomates.

Les légumes les plus riches en bêtacarotène sont la carotte, l'épinard, le brocoli et la laitue.

On trouve surtout la vitamine E dans les huiles extraites des noisettes ou des amandes, mais aussi des graines de tournesol. Ces huiles apportent plus de 100 calories par cuillère à soupe. Bien sûr, pour avoir autant de vitamines E, vous pourriez vous contenter de manger des noix, mais il faudrait en grignoter tant que vous y consacreriez tout votre temps, sans parler de la graisse qu'elles contiennent. Les femmes préfèrent trouver la vitamine E dans un supplément.

Prenez la vie à bras le corps

« La littérature scientifique est sans équivoque sur ce point, dit encore le Dr Evans. Les gens qui ont une vie riche et des occupations qui leur donnent le sentiment d'être utiles – carrière bien remplie, rôle social ou religieux, etc. – vivent mieux et plus longtemps que les autres. »

Promenez-vous au clair de lune

Peut-être appelez-vous bronzage les effets du soleil sur votre peau, mais les dermatologues, eux, parlent de photovieillissement. L'exposition aux rayons ultraviolets de la lumière solaire cause en effet les rides, taches de vieillesse et autres traces de dépigmentation que nous associons généralement au vieillissement de la peau. À partir d'un certain degré d'exposition, la peau s'épaissit, s'affaisse et se met à ressembler à du cuir. Plus le teint est pâle, plus les dégâts sont importants.

Vous paraîtrez alors plus vieille que vous ne l'êtes. Des dermatologues ont mené une étude pendant au moins dix ans sur 41 femmes de race blanche, âgées de 25 à 51 ans, vivant à Tucson (Arizona). Certaines adoraient le soleil, d'autres restaient bien à l'abri.

Le visage de ces femmes fut photographié, sans maquillage et en très gros plan. Puis les clichés furent présentés à un jury de femmes à qui l'on posa la question : « Quel âge leur donneriez-vous ? »

En ce qui concerne les femmes d'une vingtaine ou d'une trentaine d'années, aucune différence d'évaluation de leur âge n'était notée entre celles qui s'étaient adonnées au bronzage et celles qui avaient évité le soleil. Mais chez les femmes plus âgées (âge médian 47 ans), le verdict fut très différent. Les femmes au visage tanné par le soleil paraissaient avoir cinq bonnes années de plus que celles qui s'en étaient protégées.

Ce n'est pas tout : des études ont montré que l'exposition à long terme au soleil augmente les risques de cataracte. Un excès de soleil peut également faire vieillir vos yeux.

C'est pourquoi les spécialistes disent qu'il faut éviter le soleil autant que faire se peut et apprendre à porter de grands chapeaux. Des lunettes panoramiques et un écran solaire indice 15 vous aideront à protéger vos yeux et votre peau des méfaits du soleil.

Faites travailler vos neurones

Le meilleur moyen de conserver un esprit alerte et une excellente mémoire est de faire travailler votre cerveau. Les cellules de ce dernier sont pourvues d'infimes branches qui poussent et se ramifient quand on les utilise – comme les racines d'une plante bien arrosée –, mais elles se flétrissent et meurent si on ne fait pas appel à elles.

Les chercheurs ont constaté que les neurones de rats placés dans un environnement stimulant pour l'intelligence – dans le cas présent, des jouets pour rats et de vrais rats – sont bien plus riches en « petites branches » que ceux des jouets pour rats qui vivent isolés et sans jouets.

Il se passe certainement la même chose chez les humains. Des études montrent qu'une région du cerveau utilisée de manière intensive connaît un développement prodigieux. La zone du cerveau consacrée à la compréhension des mots, par exemple, est bien plus importante chez les étudiants que chez les collégiens. Cela tient probablement au fait que l'on passe plus de temps à travailler sur les mots à l'université qu'au collège.

En un mot, faites fonctionner votre esprit (en poursuivant des études, en lisant sur toutes sortes de sujets, en apprenant une langue étrangère ou en fournissant à votre cerveau une quelconque stimulation mentale) et vos filaments neuraux n'auront aucun mal à entrer dans la vieillesse.

Deuxième partie

Arrêtez ceux qui vous volent votre jeunesse

ACCIDENT VASCULAIRE CÉRÉBRAL

La prévention n'attend pas

De tous les voleurs qui s'en prennent à votre jeunesse, l'accident vasculaire cérébral est le plus rapide et le plus impitoyable. En un instant, une femme pleine de vitalité peut perdre la faculté de parler et de se mouvoir librement, voire même de penser, comme elle le faisait quelques secondes auparavant.

Même s'il a la réputation de ne frapper que les personnes âgées – les hommes âgés, devrait-on dire –, l'accident vasculaire cérébral ne fait pas de discrimination. Plus de 5 % des femmes françaises sont chaque année victimes d'un accident vasculaire cérébral. Près de un accident sur trois est fatal. Les effets du vieillissement sur celles qui survivent sont parfois brutaux. Les dégâts subis par le cerveau peuvent affecter la parole, la mémoire, la réflexion et le comportement. Sans parler de la paralysie, qui peut être passagère… ou permanente.

Il y a tout de même une bonne nouvelle : vous pouvez diminuer considérablement les risques d'accident vasculaire cérébral. « Nous commençons à comprendre que l'accident vasculaire cérébral n'est pas un processus inévitable, dit le Dr Michael Walker. C'est une chose que l'on peut prévenir, une chose qui se soigne. »

Cela veut dire manger davantage de fruits et de légumes, faire du sport plusieurs fois par semaine et surveiller sa tension artérielle. Mais quand on songe aux risques encourus, ce n'est pas beaucoup demander.

Quels sont les risques pour les femmes ?

L'accident vasculaire cérébral est une maladie grave qui attaque le cerveau. Il peut se présenter sous deux formes. L'accident de type ischémique, qui représente quelque 80 % de tous les accidents vasculaires cérébraux, survient lorsque le sang n'irrigue plus une partie du cerveau : les cellules meurent alors par manque d'oxygène. C'est souvent dû à un durcissement ou à une obstruction d'une des artères carotides qui permettent au sang de passer du cou au cerveau. L'accident de type ischémique est souvent provoqué par une fibrillation auriculaire, un rythme cardiaque irrégulier à la suite duquel se forment des caillots qui peuvent circuler dans tout le corps et se loger dans les artères cérébrales.

L'accident de type hémorragique survient quant à lui dans 20 % des cas. Il est causé par l'hémorragie due à la rupture d'un vaisseau sanguin situé à la surface du cerveau ou d'une artère cérébrale. Les accidents de ce type sont plus redoutables que ceux de type ischémique : le taux de mortalité approche en effet les 50 %

Les femmes entre 30 et 44 ans ont deux fois moins de chances de connaître un accident vasculaire cérébral que les hommes de la même tranche d'âge, selon l'Association américaine pour le cœur. Les Noires risquent plus que les Blanches de mourir d'un tel accident. Le passé familial joue certainement un rôle, mais on ne peut encore dire à quel point. Le risque d'accident augmente avec l'âge de la femme. Les statistiques de l'Association américaine pour le cœur montrent que, chez la femme, le risque d'accident vasculaire cérébral fait plus que doubler par décennie après 55 ans.

Les femmes plus jeunes sont mieux protégées parce que leur organisme fabrique davantage d'œstrogènes. Cela contribue à diminuer le taux de cholestérol et à retarder le début de l'athérosclérose, ou durcissement des artères. En revanche, le taux d'incidence de l'accident vasculaire cérébral augmente rapidement après la ménopause. Vers 65 ans, hommes et femmes sont pratiquement logés à la même enseigne.

La grossesse peut faire augmenter très légèrement les risques, mais ils demeurent mineurs. Cette augmentation s'explique de diverses façons pour le Dr Harold Adams. Le sang de la femme coagule différemment pendant la grossesse et sa tension artérielle a tendance à être un peu plus élevée. Les études montrent que certaines formes de pilules contraceptives produisent une légère augmentation du risque : c'est surtout vrai chez les fumeuses de plus de 35 ans et chez les femmes souffrant d'hypertension artérielle.

C'est vrai, on ne peut choisir ni son sexe ni son âge, mais le Dr Adams insiste sur le fait que bien des risques peuvent être maîtrisés.

L'hypertension artérielle, par exemple. Une tension élevée, voilà la cause d'accident vasculaire cérébral la plus importante qui soit. « Près de la moitié des accidents cérébro-vasculaires sont dus à une tension trop élevée », explique le Dr Edward Cooper.

L'hypertension artérielle est cause d'accidents vasculaires cérébraux en ce qu'elle précipite l'athérosclérose et détruit les petits vaisseaux sanguins. Selon le Dr Cooper, elle peut entraîner les minuscules vaisseaux du cerveau à « éclater comme un pneu trop gonflé ».

Le tabagisme augmente également les risques d'accident en accélérant l'obstruction des artères carotides, nous dit le Dr Jack P. Whisnant. Les femmes qui fument ont 2,5 fois plus de risques que les autres d'être victimes d'un accident vasculaire cérébral, s'il faut en croire l'étude sur la santé des infirmières menée par Harvard auprès de 117 000 infirmières agréées âgées de 30 à 55 ans au moment où l'étude a commencé. Par rapport aux non-fumeuses, les femmes qui fumaient entre 1 et 14 cigarettes par jour voyaient les risques d'accident doubler, alors que celles qui fumaient de 35 à 44 cigarettes – soit deux paquets par jour – voyaient ces mêmes risques multipliés par quatre. Pour celles qui fumaient plus de 45 cigarettes, les risques d'accident vasculaire cérébral se trouvaient multipliés par 5,4.

Les femmes qui souffrent de diabète sont également plus vulnérables. Les femmes obèses et celles qui ont un taux de cholestérol élevé risquent plus que les autres de faire de l'athérosclérose, donc d'avoir un accident vasculaire cérébral.

Stratégie d'intervention

L'accident vasculaire cérébral est toujours auréolé de mystère. Il semble survenir sans le moindre signe avant-coureur. Parfois, on ne peut absolument pas se rendre compte que l'on court un danger quelconque.

La prévention précoce est cependant le meilleur moyen d'augmenter vos chances d'éviter l'accident. « Le processus qui conduit à l'accident vasculaire cérébral commence à la quarantaine, même plus tôt ; il est donc temps d'intervenir à ce moment de la vie », prévient le Dr David G. Sherman.

Pour faire diminuer les risques, essayez donc ceci.

Faites diminuer votre tension. Bien des gens ignorent qu'ils ont une tension artérielle élevée parce que peu de signes extérieurs l'indiquent. C'est pourquoi l'Association américaine pour le cœur vous recommande de faire prendre votre tension au moins une fois par an par votre médecin ou tout autre membre du personnel de santé, si elle est égale ou supérieure à 13/8,5 mHg. Si elle est inférieure à ces chiffres, faites-la prendre tous les deux ans. L'hypertension artérielle apparaît souvent entre 35 et 45 ans.

Les recherches montrent que la surveillance de la tension peut diminuer de 40 % les risques d'accident vasculaire cérébral. Tout résultat supérieur à 14/9 mHg est considéré comme élevé.

Votre médecin pourra vous prescrire un traitement pour lutter contre l'hypertension : cela peut aller du changement de régime alimentaire à la pratique du sport, en passant par la prise de médicaments. Suivez ses conseils comme si votre vie en dépendait. Car cela peut justement être le cas.

« Le contrôle de l'hypertension est absolument vital pour la prévention de l'accident vasculaire cérébral », reconnaît le Dr Adams.

Changez vos habitudes. L'étude menée auprès des infirmières a montré que les femmes qui cessaient de fumer réduisaient considérablement les risques d'accident vasculaire cérébral. En fait, ces risques retrouvaient une valeur moyenne de deux à quatre ans après qu'elles avaient arrêté.

« Ne vous contentez pas de diminuer le nombre de cigarettes que vous fumez, précise le Dr Adams. Fumer modérément ne sert à rien. Il faut arrêter, dès aujourd'hui et complètement. »

Attention à la pilule. Pendant des années, les médecins ont expliqué aux femmes que la pilule contraceptive multipliait les risques d'accident vasculaire cérébral. Avec les pilules faiblement dosées en œstrogène que l'on trouve aujourd'hui, le Dr Adams admet que les risques sont moins élevés.

« Nous avons de plus en plus de preuves que les contraceptifs oraux faiblement dosés en oestrogène sont plus sûrs, dit-il. Ils sont même probablement inoffensifs. »

Il faut toutefois émettre deux réserves. Le tabac et la pilule forment un couple infernal, surtout pour les femmes de plus de 35 ans. Et l'hypertension combinée à la pilule peut augmenter les risques d'accident. « Si vous avez ces facteurs de risque, la pilule contraceptive n'est pas conseillée », conclut le Dr Adams.

Surveillez votre cou. Demandez à votre médecin de surveiller le bruit que font vos artères carotides. Il peut détecter une sorte de « frôlement » causé par un blocage partiel des vaisseaux sanguins qui alimentent votre cerveau en oxygène.

« C'est tout particulièrement vrai quand l'athérosclérose dont vous souffrez obstrue des vaisseaux dans d'autres parties de votre corps », dit le Dr Patricia Grady.

Assurez-vous également que le médecin surveille votre cœur. Le traitement de la fibrillation auriculaire peut diminuer de 80 % les risques d'accident vasculaire cérébral.

Faites du sport. L'inactivité physique peut constituer un facteur de risque, mais un minimum de 20 minutes d'exercice physique à raison de trois fois par semaine permet de supprimer ce risque. La marche, le tennis, la bicyclette, grimper des escaliers, l'aérobic et même le jardinage ou le Ping-Pong ont la capacité potentielle d'écarter l'accident.

Une étude britannique a montré que plus tôt on commençait à faire du sport, mieux cela valait. Les femmes qui ont débuté entre 15 et 25 ans ont bénéficié d'une réduction de 65 % des risques d'accident vasculaire cérébral. Même si vous commencez plus tardivement, le sport ne peut vous faire que du bien. La même étude a montré que les risques diminuaient de 57 % pour les gens qui débutaient entre 25 et 40 ans, et de 37 % pour les individus qui commençaient entre 40 et 55 ans.

« L'exercice physique est source de bienfaits, dit le Dr Adams. En ne faisant pas de sport, vous vous privez de plusieurs années de vie. »

Mangez des carottes. L'étude menée auprès des infirmières s'intéressait au tabagisme, mais elle a également mis en lumière une relation certaine entre le bêtacarotène et l'accident vasculaire cérébral.

« Nous avons constaté une diminution de 22 % des risques de crise cardiaque et de 40 % des risques d'accident vasculaire cérébral chez les femmes qui consomment beaucoup de fruits et de légumes riches en bêtacarotène, comparé à celles qui en consomment peu », dit le Dr JoAnn E. Manson.

Une grosse carotte contient 15 mg de bêtacarotène : elle apporte la quantité de nutriment associée au risque minimal tel que le définit l'étude sur la santé des infirmières. Les autres aliments intéressants de ce point de vue sont les patates douces, les mangues, les abricots et les épinards. Le bêtacarotène se trouve dans la plupart des fruits orange et vert foncé et des légumes.

Prenez du potassium. Les chercheurs de l'université de Californie à San Diego ont découvert que l'absorption quotidienne d'un aliment riche en potassium pouvait diminuer de 40 % les risques d'accident vasculaire cérébral fatal. On ignore un peu pourquoi, il faut l'admettre. On sait que le potassium contribue à faire baisser la tension, mais la quantité de potassium ingurgitée par les sujets n'avait que peu d'effet direct sur leur tension artérielle. Les études menées par la faculté de médecine de l'université du Mississippi à Jackson ont révélé que le potassium pouvait prévenir la formation de caillots, lesquels jouent un rôle de tout premier plan dans les maladies cardiovasculaires.

Si vous voulez un apport substantiel de potassium, mangez chaque jour une pomme de terre au four. Les pommes de terre sont l'un des aliments les plus riches en potassium. Vous pouvez aussi manger des abricots secs, des haricots de Lima, des bettes, des bananes, du lait écrémé, des marrons rôtis, des gombos et des oranges.

La vérité sur l'aspirine. L'aspirine peut contribuer à écarter le risque d'accident de type ischémique en faisant diminuer les caillots de sang potentiels, dit le Dr Adams. Mais elle ne servira pas à grand-chose si vous avez déjà un facteur de risque tel que l'athérosclérose ou un accident vasculaire cérébral antérieur. En fait, la recherche montre que l'aspirine peut être associée à une incidence légèrement supérieure d'accident de type hémorragique.

Combien d'aspirine faudrait-il prendre ? La question n'est pas tranchée. Certaines études ont constaté des bienfaits avec une dose quotidienne de 81 mg (un comprimé pour enfant), mais d'autres avancent le chiffre de 325 mg (dosage normal pour un adulte). Aujourd'hui, des chercheurs prétendent que trois comprimés d'aspirine par jour sont peut-être nécessaires. Quoi qu'il en soit, consultez toujours votre médecin avant de prendre de l'aspirine à titre préventif.

Une question d'équilibre. Ce qui est bon pour votre cœur l'est aussi pour votre cerveau. Le contrôle de votre taux de cholestérol peut ralentir l'athérosclérose et tenir à l'écart l'accident vasculaire cérébral de type ischémique. Mangez donc des aliments pauvres en graisses. La plupart des médecins et des chercheurs recommandent de faire en sorte que la graisse ne constitue pas plus de 25 % du total de vos calories.

« Ce que vous mangez est, avec le sport et l'absence de tabac, la clef de la prévention de l'accident vasculaire cérébral, dit le Dr Adams. Ce qu'il vous faut, c'est un régime alimentaire susceptible de diminuer le risque de durcissement des artères. » Ce régime n'a pas besoin d'être draconien, précise-t-il. Il lui faut seulement être bien équilibré et pauvre en graisses.

Buvez à votre santé, mais modérément. L'excès d'alcool est synonyme de risques accrus. De nombreuses études démontrent que quatre verres par jour ou plus augmentent considérablement les risques d'accident vasculaire cérébral de type hémorragique.

En revanche, d'autres études établissement un lien entre une prise d'alcool modérée et une légère diminution des risques d'accident de type ischémique, chez les Blancs tout au moins.

« Il y a peut-être dans l'alcool quelque chose qui aide s'il est consommé en petite quantité. Il peut prévenir l'accident cérébro-vasculaire et la crise cardiaque. Toutefois, je ne recommande pas à mes patients de boire, précise le Dr Adams. Si vous ne buvez pas, je ne vous conseille pas de commencer. Si vous buvez plus de quelques verres par jour, les complications potentielles dues à l'alcool vous feront probablement du tort à long terme. Le maître mot de la consommation d'alcool, c'est modération ».

ALCOOLISME
(PROBLÈMES LIÉS À -)

Soyez plus forte que la bouteille

Éliane croit que c'est son petit secret, mais chacun sait qu'elle dissimule une flasque dans son attaché-case. À coups de bains de bouche, elle tente de dissimuler l'odeur d'alcool de son haleine. Son « déjeuner » se compose de trois verres de vin rouge. Une fois sortie du bureau, elle fonce dans son bar favori et y reste le plus tard possible.

Éliane est le type même de la femme qui a un problème d'alcool. Mais l'abus d'alcool a bien d'autres visages. C'est peut-être celui de votre associé, qui ne boit que le week-end. Celui de votre voisine, qui continue à boire malgré les supplications de ses enfants. Ou encore le vôtre, oui, le vôtre.

« Le problème d'alcool peut frapper n'importe qui, à tout moment, à toute étape de la vie. Personne n'est à l'abri », avertit le Dr Donald Damstra.

Alcoolisme, penchant pour la boisson ou « petit problème », peu importe le nom que vous lui donnez : l'abus d'alcool est un facteur de vieillissement redoutable, parfois même mortel. Il peut détruire votre foie, affaiblir votre cœur, ravager votre estomac, ruiner votre vie sexuelle, diminuer votre fécondité, court-circuiter votre cerveau, aggraver votre diabète, abaisser votre immunité, augmenter les risques de cancer et déclencher une dépression, un stress ou des problèmes sociaux, sans parler des difficultés conjugales ou professionnelles.

« Observez les gens qui boivent plus que de raison depuis un certain nombre d'années. Certaines femmes de 40 ans ont l'air d'avoir la soixantaine. Leur peau est vieillie, leur allure générale manque de fierté, elles ont des kilos en trop et ont souvent perdu de la masse osseuse. Oui, elles ont l'air de petites vieilles plus tôt qu'elles ne le devraient », déclare le Dr Frederick C. Blow.

Qui a un problème ?

Presque toutes les femmes qui boivent ont connu la « gueule de bois » et les autres tortures qui sont la conséquence du « verre de trop ». Mais

Êtes-vous sous l'emprise de l'alcool ?

Comment savoir si vous n'avez pas un problème d'alcool ? Le Dr Melvin L. Selzer vous propose de vous poser les questions suivantes. Répondez par oui ou par non avant de consulter votre score.

1. Croyez-vous boire normalement ?
2. Vous êtes-vous déjà réveillée un matin sans réussir à vous souvenir d'une partie de la soirée parce que vous aviez bu ?
3. Votre partenaire ou vos parents s'inquiètent-ils ou se plaignent-ils de votre consommation d'alcool ?
4. Pouvez-vous sans problème vous arrêter de boire après un ou deux verres ?
5. Votre goût pour la boisson vous met-il mal à l'aise ?
6. Vos amis ou vos parents pensent-ils que vous buvez normalement ?
7. Avez-vous déjà réussi à arrêter de boire quand vous l'avez décidé ?
8. Avez-vous déjà assisté à une réunion des Alcooliques Anonymes ?
9. Vous êtes-vous déjà battu après avoir bu ?
10. La boisson a-t-elle créé des problèmes entre votre partenaire et vous-même ?
11. Votre partenaire (ou un membre de votre famille) est-il allé demander à quelqu'un de vous aider ?
12. Avez-vous perdu des amis ou des amoureux parce que vous buviez ?
13. La boisson vous a-t-elle déjà causé des problèmes au travail ?
14. Avez-vous déjà perdu votre travail à cause de la boisson ?
15. À cause de la boisson, avez-vous déjà négligé vos obligations, votre famille ou votre travail pendant au moins deux jours de suite ?
16. Vous arrive-t-il de boire avant midi ?

après nous être remises de quelques-unes de ces pénitences auto-infligées, la plupart d'entre nous apprennons à modérer notre consommation d'alcool.

« La boisson diminue généralement avec l'âge, explique le Dr Blow. C'est peut-être lié à des maladies chroniques telles que le diabète et l'hypertension artérielle ou à un usage abusif de médicaments, peut-être tout simplement parce que les gens n'ont plus envie de boire autant. »

Les femmes peuvent aussi moins boire en vieillissant quand elles se rendent compte que l'alcool leur fait davantage d'effet. C'est parce que le corps, en vieillissant, est moins apte à traiter l'alcool, dit le Dr Damstra.

---

17. Vous a-t-on déjà dit que vous aviez une maladie de foie ? Une cirrhose ?
18. Après avoir beaucoup bu, avez-vous déjà eu une crise de delirium tremens, des tremblements, entendu des voix ou vu des choses qui n'existaient pas ?
19. Avez-vous déjà demandé à quelqu'un de vous aider à ne plus boire ?
20. La boisson vous a-t-elle déjà amenée à l'hôpital ?
21. Avez-vous déjà fait un séjour en hôpital psychiatrique pour cause de boisson ?
22. Vous êtes-vous déjà rendue dans un établissement psychiatrique ou êtes-vous allée consulter un médecin, une assistante sociale ou un prêtre pour parler de vos problèmes d'alcool ?
23. Avez-vous déjà été arrêtée, ne fût-ce que quelques heures, pour ivresse sur la voie publique ?
24. Avez-vous déjà été arrêtée pour conduite en état d'ivresse ?

Score

Si vous avez répondu par non aux questions 1, 4, 6 et 7, accordez-vous 2 points chaque fois. Si vous avez répondu par oui aux questions 3, 5, 9 et 16, accordez-vous 1 point chaque fois. Une réponse oui aux questions 8, 19 et 20 vaut 5 points à chaque fois. Une réponse oui à toutes les autres questions, sauf 1, 4, 6 et 7, vaut 2 points. Si vous totalisez 5 points au moins, il serait bon que vous preniez conseil auprès de membres du personnel médical.

Le Français moyen boit environ 11 litres d'alcool chaque année.

Les médecins pensent que l'on peut réduire les risques de maladies de cœur quand on s'en tient à un ou deux verres par jour. Une boisson alcoolisée moyenne, c'est à peu près une bière de 33 cl, un verre de vin de 15 cl ou un cocktail comprenant 4 cl d'alcool.

Près de la moitié des femmes de 30 à 40 ans s'abstiennent de boire ; celles qui boivent le font normalement avec plus de modération que les hommes, selon la NIAAA. Une étude a cependant montré que 6 % des femmes boivent plus de 2 verres par jour (contre 31 % des hommes).

La boisson peut entraîner des problèmes tels que l'absentéisme au travail ou la négligence des enfants, pour n'en citer que deux. Savoir combien ou à quel rythme boit une femme ne permet toutefois pas de la ranger parmi les personnes qui ont de sérieux problèmes d'alcoolisme, dit le Dr Damstra. Il ajoute que ce nombre est certainement sous-estimé parce que les femmes ont plus tendance à dissimuler leurs problèmes. Les aider prend donc plus de temps.

Il est toutefois un élément de mesure important : quand la boisson prend le dessus sur les autres aspects de la vie d'une femme, y compris sa famille, sa santé et son travail.

Le Dr Damstra explique : « Certaines grosses buveuses ne sont pas dépendantes de l'alcool. Ce sont les femmes qui cessent de boire quand leur médecin leur dit qu'elles ont un ulcère ou une autre bonne raison de s'arrêter. Mais quand on est dépendant de l'alcool, on dit à son médecin : « " Vous enlevez l'ulcère, moi je continue de boire. " » Quand la boisson entraîne d'importantes conséquences négatives, peu importe qu'elles soient d'ordre physique, psychologique, social, économique ou spirituel, et que la femme continue à boire, son problème devient incontrôlable et on peut alors parler d'alcoolisme. »

Pourquoi certaines femmes ont-elles des problèmes avec l'alcool et d'autres pas ? Nous l'ignorons encore. Les chercheurs pensent qu'il existe une prédisposition génétique : les femmes issues d'une famille où il y avait des problèmes liés à l'alcoolisme ont plus tendance à devenir elles-mêmes alcooliques. La prédisposition n'est cependant pas une fatalité ; inversement, les femmes sans passé familial alcoolique ne sont pas systématiquement protégées, dit le Dr Norman Miller. Le processus est complexe, mais certains chercheurs pensent que les risques encourus par les femmes dépendent, en plus de la prédisposition génétique, d'un certain nombre de facteurs tels que l'attitude morale ou religieuse, la dépression, l'amour-propre et la pression de l'environnement. Quelle que soit la cause, le résultat est une dépendance qui fait vieillir prématurément de façon tragique et tout à fait injustifiée.

Dangereux en grande quantité

Quand vous savourez un cocktail après une longue journée de travail, vous avalez une des substances les plus étonnantes qui soient sur terre. L'alcool est à la fois une source de calories vides et une drogue qui perturbe le jugement et les émotions.

Une consommation modérée – un verre par jour pour les femmes, deux pour les hommes – a certains bienfaits, dont la diminution des risques de maladies cardiaques. Mais en plus grande quantité, l'alcool est un poison qui s'en prend à chacune des cellules de notre corps, dit le Dr Blume.

« L'alcool est une infime molécule qui circule dans le sang. Contrairement aux autres drogues, elle est si petite qu'elle pénètre totalement au sein de chaque cellule. Ses capacités à nuire sont par conséquent infinies », dit le Dr Blume.

En fait, les femmes sont peut-être affectées par l'alcool plus tôt que les hommes parce qu'elles pèsent moins lourd qu'eux et qu'elles possèdent en moindre quantité l'enzyme capable de métaboliser l'alcool dans l'estomac. Quand nous buvons, nous nous retrouvons avec une plus grande concentration d'alcool dans le sang.

« Toutes les complications physiques évoluent bien plus rapidement dès que l'alcoolisme s'installe chez une femme, dit le Dr Blume. Pour que les dégâts soient sérieux, une femme a besoin de moins de verres par jour et aussi de moins d'années qu'un homme. »

Par exemple, comme l'explique le Dr Mary Ann Emanuele, l'alcool peut temporairement suspendre la production de l'hormone de croissance qui permet à nos cellules de demeurer actives et vigoureuses. « Le taux d'hormone de croissance dans le sang d'un adulte normal chute après l'absorption d'alcool, et cela pourrait être préjudiciable, dit le Dr Emanuele. Les études révèlent que la tendance s'inverse au bout de quelques heures, mais nous ignorons si une consommation d'alcool importante et continue entraîne une suppression permanente de l'hormone. »

La consommation excessive d'alcool génère aussi des radicaux libres : les molécules d'oxygène instables peuvent endommager le cœur et le foie et accélérer le processus de vieillissement de toutes les parties du corps, dit le Dr Eric Rimm.

L'excès d'alcool, par exemple, détériore la peau de la femme. « Il cause la rhinophyma – un gros nez rouge. Il provoque aussi des marbrures, des bouffissures et des décolorations de la peau, de sorte qu'une femme qui boit beaucoup a l'air prématurément âgée », dit le Dr Blume.

De plus, des études ont démontré que les gens qui boivent au moins trois verres par jour augmentent de 40 % les risques d'hypertension artérielle, que l'on a associée aux diverses maladies cardiovasculaires.

L'excès d'alcool peut provoquer la cirrhose, maladie incurable qui stimule la formation de tissu cicatriciel susceptible de détruire le foie. Quand une femme arrête de boire, le processus de la maladie ralentit et sa vie peut être prolongée. L'excès d'alcool augmente également le risque de cancer du foie.

« L'alcool est associé à certains types de cancer, particulièrement ceux des parties du corps placés en contact direct avec l'alcool, tels que l'œsophage, la gorge et le foie, dit le Dr Rimm. Ces types de cancer sont d'ordinaire assez rares, mais ils le sont moins chez les individus qui boivent cinq ou six verres par jour. »

Certains chercheurs pensent que ces cancers sont plus courants chez les gros buveurs parce que la dépendance à l'alcool affaiblit le système immunitaire et abaisse les défenses de l'organisme contre des maladies telles que le cancer et le sida.

Impact sur la vie sexuelle

Comme si cela ne suffisait pas, l'alcool vient perturber le jugement et abaisser les inhibitions : vous risquez donc d'adopter un comportement sexuel à risque et par conséquent d'être infectée par le sida ou n'importe quelle maladie sexuellement transmissible. En outre, dit le Dr Ronald R. Watson, les études menées sur les animaux suggèrent que si vous avez le sida et continuez de boire, vous continuez de détériorer votre système immunitaire, réduisez le taux en vitamines et en minéraux de votre organisme et accélérez les progrès de la maladie.

Si vous buvez trop, votre vie sexuelle sera probablement très limitée. L'excès d'alcool peut supprimer l'orgasme et diminuer vos désirs. Il peut aussi nuire à votre fécondité et handicaper vos futurs enfants, dit le Dr Blume.

« Un seul verre ne va probablement pas toucher le cerveau ou provoquer des défauts congénitaux, explique le Dr Blume. On conseille aux femmes de ne pas boire quand elles sont enceintes ou envisagent de l'être, parce que l'on ne sait pas à quel dosage minimal l'alcool est inoffensif ; de plus, cela peut différer d'une femme à l'autre. Ce qui n'est pas dangereux pour un bébé peut l'être pour un autre. L'alcool n'étant pas un nutriment nécessaire, la meilleure solution est de ne pas en boire du tout. »

L'alcool peut aussi perturber le cycle menstruel et déclencher une ménopause prématurée, ajoute le Dr Judith S. Gavaler.

Il est certain que l'alcool entraîne des trous de mémoire, des crises, des hallucinations et des lésions au cerveau. Jusqu'à 70 % des personnes venues suivre un traitement médical de l'alcoolisme ont des difficultés à mémoriser, à résoudre des problèmes et à penser clairement. L'excès d'alcool peut provoquer la confusion mentale, ralentir le temps de réaction, troubler la vision, faire perdre le jugement et la coordination musculaire : tout ceci est cause de blessures et d'accidents tragiques.

Selon les chercheurs du *Center for Disease Control and Prevention* (CDC) à Atlanta, les hommes et les femmes qui boivent plus de cinq verres au cours

C'est dur d'en parler, mais cela peut faire du bien

Il n'est pas facile de dire à un ami ou à une personne aimée que sa consommation d'alcool vous inquiète. Mais ce peut être l'une des conversations les plus capitales que vous aurez jamais.

« Si vous voulez partager vos remarques et vos réflexions relatives à sa consommation d'alcool, attendez-vous à ce que la discussion soit pénible, mais cela ne veut pas dire qu'elle sera néfaste, nous explique le Dr William Clark. C'est comme la chirurgie. Cela fait mal sur le coup, mais cela sauve des vies. »

N'attaquez pas en lançant : « Je crois que tu es alcoolique » ou « Tu as un problème avec l'alcool », suggère le Dr Clark. Ce genre de phrase ne peut qu'augmenter le sentiment de colère et de honte de la personne incriminée.

Contentez-vous d'exprimer vos craintes et vos observations, conseille le Dr Sheila Blume. Dites une chose du genre : « J'ai peur parce que je sais que dernièrement tu as conduit alors que tu avais bu. Cela m'inquiète beaucoup. Je ne veux pas qu'il t'arrive quelque chose. Tu pourrais peut-être en discuter avec quelqu'un qui s'y connaît mieux là-dessus que toi et moi. »

« Si vous abordez cette conversation de manière respectueuse et réfléchie, vous serez écoutée », dit le Dr Clarke.

---

d'une réunion ont deux fois plus de chances que les autres de mourir des suites d'un accident. En fait, l'administration pour la sécurité sur les autoroutes nationales estime qu'environ 3 600 accidents mortels survenus chaque années en France sont dus à l'alcool.

« Les gros buveurs meurent plus jeunes, cela ne fait aucun doute », déclare le Dr Michael Criqui.

Même si vous avez beaucoup bu pendant des années, ajoute le Dr Damstra, vous pouvez encore connaître une longue vie saine si vous arrêtez.

Privilégiez la sobriété

Reconnaître que vous avez un problème d'alcool, c'est la première grande étape de la lutte pour la sobriété. « Plus l'alcoolisme est identifié et soigné tôt, dit le Dr Damstra, moins la maladie causera de dommages permanents. La plupart des alcooliques se sentent mieux très rapidement après avoir cessé de boire. Nombre de complications physiques provoquées par la consommation excessive d'alcool commencent à s'arranger dans les deux ou trois semaines suivant l'arrêt. »

Une tension artérielle trop élevée, par exemple, diminue habituellement en une ou deux semaines ; les brûlures d'estomac et certains types de détériorations du foie sont réversibles en un mois. Mais il faut plus d'une année pour se remettre de certains effets de la consommation d'alcool tels que les troubles de la mémoire et de la concentration. Certaines maladies, cirrhose du foie ou atteintes au pancréas, sont irréversibles. Voici quelques conseils pour vous aider à repartir de zéro sans alcool.

Cherchez de l'aide. Si vous pensez que l'alcool régit votre existence, demandez de l'aide à votre médecin ou entrez en contact avec un programme de traitement. Vous pouvez aussi joindre les Alcooliques Anonymes : 21, rue Trousseau, 75011 Paris. Tél. : 01 48 06 43 68.

Parlez-en à un ami. Certaines études montrent que l'on a moins de mal à arrêter de boire quand on en parle autour de soi. Si vous dites aux gens qui comptent pour vous – collègues de travail, famille – que vous ne boirez plus, il se passera deux choses. La pression de l'environnement qui vous incite à boire s'en trouvera diminuée. Et vous tiendrez mieux votre promesse parce que vous l'aurez faite publiquement.

La sobriété commence à la maison. Dans un premier temps, demandez à vos amis et à votre famille de ne pas boire en votre compagnie. Demandez à votre partenaire de participer à votre guérison en suivant avec vous les séances de thérapie, dit le Dr Damstra. S'il refuse, c'est peut-être qu'il a aussi un problème. Demandez-vous alors si la poursuite de vos relations ne risque pas de nuire à votre santé.

La formule magique. Quand vous allez dans une fête et qu'on vous propose une boisson alcoolisée, répondez par ces mots magiques : « Je ne bois pas », ou prenez un jus de fruits, conseille le Dr Blume. Aucune autre explication ne devrait être nécessaire. Si les personnes qui vous entourent insistent plus que de raison, eh bien partez.

Faites-vous de nouvelles relations. Même si vous ne buvez pas, fréquenter d'anciennes relations de beuverie ne peut que mal se terminer, dit le Dr Damstra. Dans un premier temps, participez à un programme de désintoxication. Puis trouvez des gens qui désirent comme vous rester sobres, que ce soit dans le cadre de ce programme, à l'église ou dans un club de gymnastique.

Amusez-vous. Faites du bénévolat dans un centre social ou entrez dans une troupe théâtrale amateur, conseille encore le Dr Damstra. Plus vous ferez d'activités, plus vous comprendrez que la sobriété est plus amusante et plus gratifiante que la boisson.

Refusez les produits de substitution. Évitez les vins et les bières sans alcool. « Cela vous rappellera le goût des vraies choses et, par association d'idées, vous donnera envie d'alcool », dit le Dr Blume.

ALLERGIES

Arrêtez d'éternuer

Dame Nature a composé un véritable chef-d'œuvre, aujourd'hui. Un ciel bleu d'une pureté extrême, des fleurs odorantes, une douce brise printanière – les conditions idéales pour une promenade dans les bois.

Pendant dix minutes, tout va bien. Mais voici que le pollen s'en mêle : il vous bouche le nez, vous fait éternuer sans que vous puissiez vous arrêter et vous contraint à abandonner votre promenade nonchalante pour trouver le plus rapidement possible une boîte de mouchoirs en papier. C'en est fini des délices de la nature : vous ne songez plus qu'à vous calfeutrer et à vous bourrer de comprimés contre l'allergie.

Selon l'Institut national de la santé, ce type d'allergie saisonnière affecte 13 millions de Français. Le pollen n'est toutefois pas le seul responsable : des dizaines de choses peuvent déclencher des réactions allergiques, et cela va des acariens aux poils de chat, en passant par les crevettes et les cacahuètes. Même une paire de gants en caoutchouc peut poser problème.

De plus, les allergies ne se traduisent pas toutes par des éternuements. Dans les cas d'asthme ou d'hyperréactions allergiques, elles peuvent même être mortelles.

« Heureusement, vous pouvez faire beaucoup pour améliorer cette situation, nous rassure le Dr Harold S. Nelson. Même si elles semblent terribles quand vous en souffrez, les allergies n'ont pas à régir votre vie. »

Une erreur d'identification

Votre système immunitaire est habituellement excellent quand il s'agit de lutter contre une maladie. En un rien de temps, il identifie des substances étrangères dangereuses telles que les germes et les virus et les supprime avec une redoutable efficacité.

Mais, parfois, votre organisme commet des erreurs. Pour des raisons qui nous échappent encore, votre système immunitaire se trompe sur l'identité de substances aussi inoffensives que la moisissure, le pollen ou les sous-produits alimentaires et décide de les attaquer. Les mastocytes, cellules de votre système immunitaire, sécrètent alors de puissantes substances chimiques appelées médiateurs allergiques – l'histamine en est une – afin de combattre les allergènes.

Le résultat est, comme nous l'explique le Dr Nelson, une histoire classique de symptômes allergiques : nez bouché, éternuements et yeux qui pleurent. Dans certains cas, cela peut aller jusqu'à l'urticaire, les éruptions cutanées, les crampes d'estomac, les nausées ou les vomissements. Quand d'autres composantes du système immunitaire se lancent dans la bataille, 5 à 12 heures plus tard, une seconde vague de symptômes similaires peut déferler sur vous.

L'hérédité joue souvent un rôle important en matière d'allergie. Vous pouvez hériter de la faculté de produire un anticorps appelé immunoglobuline E, ou IgE, nous dit le Dr David Tinkelman. Une personne qui n'hérite pas de cette IgE risquera moins de faire des allergies.

Les allergies alimentaires sont plus rares qu'on ne le pense. Seuls 0,1 à 5 % de la population en souffrent, dit le Dr Nelson, et la plupart y échappent à partir de l'âge de trois ans. Malgré cela, certains adultes sont très sensibles aux noix, aux fruits de mer, au lait, aux œufs ou à d'autres aliments. Dans certains cas, les réactions peuvent empirer avec les années.

Les femmes développent rarement de nouvelles allergies après 30 ans, dit le Dr Nelson, à moins d'être exposées à un nouvel allergène tel qu'un animal domestique ou du pollen. La bonne nouvelle, c'est que les allergies tendent à s'atténuer après 55 ans, nous dit le Dr Edward O'Connell : votre système immunitaire commence à perdre de sa vigueur et risque moins d'attaquer une spore de moisissure ou quelque autre allergène.

Plus qu'un simple désagrément

Une allergie ne cause normalement que des désagréments. Un remède prescrit par le médecin traitant ou donné par le pharmacien apaise habituellement les symptômes, dit le Dr Nelson. Mais certaines allergies peuvent être plus sérieuses.

Le Dr Susan Rudd Wynn nous explique que, dans les cas de piqûres d'abeilles ou d'autres insectes, 1 % de la population peut développer une réaction allergique grave appelée anaphylaxie.

Peu après avoir été piquée par une abeille, vous constatez peut-être les symptômes suivants : démangeaisons dans les paumes, poitrine comprimée, voix rauque ou même grande angoisse. « Si tel est le cas, conseille le Dr Wynn, précipitez-vous aux urgences. L'anaphylaxie n'est pas une chose avec laquelle on plaisante. » Elle précise même que plusieurs dizaines de personnes par an meurent de cette réaction, bien souvent parce que la gorge gonfle, s'obstrue et les fait suffoquer. Il se peut aussi, mais plus rarement, qu'une allergie alimentaire provoque un choc anaphylactique.

Nul ne peut prédire l'anaphylaxie, mais les médecins peuvent fournir des trousses d'auto-injection d'adrénaline aux personnes dont les réactions allergiques sont habituellement brutales. « Cela fait gagner du temps, explique le Dr Wynn, et vous permet de vous rendre à l'hôpital pour vous y faire soigner. »

On pense aussi que les femmes allergiques ont plus de risques de développer certains types de cancer, dont le cancer du sein. En Californie, une étude menée pendant six ans auprès de 34 000 Adventistes du Septième Jour a montré que les femmes présentant au moins trois allergies étaient 1,25 fois plus sujettes à développer un cancer du sein. En revanche, la même étude a permis de constater une légère diminution du risque de cancer des ovaires chez ces mêmes femmes.

Les chercheurs ne comprennent pas encore quel lien unit le cancer aux allergies. Le Dr Nelson dit même que d'autres études ont révélé que le risque de développer certains types de cancer semblait diminuer chez les personnes allergiques. « Il y a là tout un sujet d'étude », constate-t-il.

Arrêtez de renifler

La meilleure façon de lutter contre l'allergie ? Évitez tout ce qui vous fait éternuer ou vous couvre de boutons. Un allergologue peut, grâce à de simples tests sanguins ou cutanés, mettre en lumière vos allergies. « Dès que vous connaissez la cause de vos problèmes, dit le Dr Wynn, vous pouvez les éviter. » Voici quelques conseils qui vous permettront d'écarter les allergies.

Sélectionnez vos médicaments. Deux types de médicaments en vente libre attaquent les symptômes de l'allergie. Les antihistaminiques traitent les éternuements, les démangeaisons et le nez qui coule. Et les décongestifs permettent de déboucher le nez. Certains médicaments combinent les deux : lisez la notice pour voir ce dont vous avez besoin.

« Le gros problème des antihistaminiques, c'est qu'ils provoquent une somnolence, dit le Dr Edward Philpot. Si vous n'avez que le nez bouché, prenez un décongestif. » Mais si vous avez besoin d'un antihistaminique, essayez une de ces nouvelles molécules telles que la terfénadine (Teldane) qui ne provoquent pas de somnolence. Si vous n'êtes pas satisfaite de l'efficacité d'un antihistaminique, essayez plusieurs médicaments avant de trouver le bon.

Attaquez la première. Si vous savez qu'il y a du pollen dans l'air ou que vous allez rendre visite à votre tante Germaine dont le chat perd ses poils, prenez vos médicaments avant même l'arrivée des symptômes. « C'est bien plus efficace comme ça, dit le Dr Philpot. L'antihistaminique a ainsi une longueur d'avance sur l'allergie. » Assurez-vous de prendre votre médicament 30 minutes à une heure avant d'être exposée aux allergènes.

Évitez l'alcool. L'alcool peut aggraver les symptômes tels que la congestion, prévient le Dr Wynn, et un mélange d'alcool et d'antihistaminiques peut causer de sérieux problèmes de santé. Avant de boire quoi que ce soit, lisez toujours les notices des médicaments.

Faites la chasse aux poils. Les poils des chiens et des chats sont l'un des principaux allergènes de la maison. Si vous êtes allergique aux poils, la façon la plus simple de résoudre le problème est de dire à Milou ou à Figaro de faire son baluchon. Il faut reconnaître que c'est pénible du point de vue émotionnel, et pas toujours nécessaire. Le Dr Nelson explique que les mesures suivantes doivent résoudre le problème sans mettre vos compagnons à la rue :

- n'acceptez aucun animal dans votre chambre
- confinez-les dans une partie de la maison ou de l'appartement qui n'a pas de moquette ;
- donnez-leur un bain par semaine pour les débarrasser de leurs poils superflus ;

Traquez la poussière. Le principal ennemi domestique est aussi le plus petit. L'acarien est un arachnide – qui prend cependant des allures monstrueuses quand on l'observe au microscope. Respirer ces petites bêtes peut causer toutes sortes de symptômes allergiques. Pour vous aider à minimiser le problème, les spécialistes vous proposent les trois choses suivantes :

- recouvrez vos oreillers et vos matelas de housses en plastique. Lavez chaque semaines les draps, les couvertures et les alèses à 55 °C minimum ;
- aspirez régulièrement la maison. Passez l'aspirateur au moins une fois par semaine et veillez à ce qu'il y ait le minimum de fouillis – cela attire la poussière ;
- préférez le lino et le parquet à la moquette. Une étude de l'université de Virginie à Charlottesville a démontré que la moquette attirait et conservait 100 fois plus les allergènes que des lattes de plancher ciré. Prenez plutôt des tapis lavables, surtout dans la salle de bains.

Supprimez les aliments auxquels vous êtes allergique. La seule façon d'éviter une allergie alimentaire, c'est de renoncer à l'aliment qui la déclenche. Si vous ne savez pas exactement quels aliments sont en cause, un médecin pourra effectuer sur vous des tests destinés à établir votre sensibilité. Vous pouvez aussi noter tout ce que vous mangez et vos

Peut-on être allergique au froid ?

Par un froid matin d'hiver, vous descendez dans la rue pour acheter le journal. Deux minutes plus tard, vous avez une crise d'urticaire. Pourquoi ?

L'allergie aux chutes soudaines de température est une chose rare, mais cela existe, comme nous l'explique le Dr Martin Valentine. Une diminution de 20 °C – c'est le cas quand vous quittez la chaleur de votre appartement pour aller acheter le journal – peut provoquer de l'urticaire et des œdèmes qui peuvent durer jusqu'à deux heures. Les changements brutaux de température, sauter dans une piscine glacée par exemple, peuvent provoquer un choc chez certaines personnes.

Si vous vous croyez allergique au froid, posez sur votre bras pendant 2 minutes une poche remplie de glace. Une marque et des démangeaisons apparaîtront si vous êtes effectivement allergique. Votre médecin pourra vous prescrire l'antihistaminique qui correspond le mieux à votre problème, dit le Dr Valentine.

éventuelles réactions allergiques. Cela devrait permettre d'identifier la source de votre allergie.

Attention au latex. Une étude menée auprès de plus de 1 000 dentistes de l'armée américaine a montré qu'entre 9 et 14 % de ces praticiens étaient allergiques au latex des gants. D'autres études ont mis en lumière de semblables allergies à des produits à base de caoutchouc, des bottes de pluie aux préservatifs.

Que faire ? Si une marque vous donne des allergies, essayez-en une autre. Comme l'explique le Dr Nelson, les fabricants utilisent des additifs différents, et il y a certainement une marque qui vous conviendra mieux que les autres.

Restez chez vous. Le pollen est habituellement le plus virulent entre 5 et 8 heures du matin. Si vous pouvez rester chez vous jusqu'en milieu de matinée, dit le Dr Philpot, ce sera aussi bien. Et même s'il fait un temps superbe, ne dormez pas les fenêtres ouvertes les jours où il y a beaucoup de pollen. « Ce serait le meilleur moyen de vous réveiller dans un état lamentable », ajoute-t-il.

Halte à l'humidité. Gardez votre maison ou votre appartement bien au sec pour éviter les allergies. Cela veut dire faire fonctionner l'appareil à air conditionné, qui sèche l'air tout en le rafraîchissant, ou un déshumidificateur. N'ayez surtout pas d'humidificateur ou de vaporisateur.

« Les acariens adorent l'humidité, dit le Dr Wynn. De même que la moisissure. Si vous avez des allergies, mettez votre humidificateur au placard. »

Changez de plantes. Les plantes suivantes sont causes d'allergies à grande échelle : chênes, noyers, genévriers, cyprès, troènes et toutes sortes de chiendent. Si vous voulez mettre dans votre jardin des plantes qui ne provoquent pas d'éternuements, essayez celles-ci : mûriers, sapins et poiriers, hibiscus, yuccas et pyracanthas, dichondras et gazon rustique. Pour plus de renseignements, consultez un allergologue.

Recourez aux injections. Si vos allergies résistent à tout, des piqûres vous seront peut-être nécessaires, dit le Dr Philpot. On vous injectera en petite quantité les substances auxquelles vous êtes allergique afin d'aider votre organisme à s'immuniser contre cet allergène. On n'utilise ce procédé qu'en tout dernier recours : il faut en effet de six mois à un an de piqûres à raison d'une par semaine, plus une par mois pendant cinq ans.

« C'est astreignant, reconnaît le Dr Philpot, mais c'est parfois la seule chose qui fasse effet. » Le Dr Philpot recommande d'éviter les injections de corticoïdes, qui peuvent affaiblir le système immunitaire et demeurer de façon permanente dans votre organisme. « C'est comme tirer au bazooka pour chasser les termites d'une maison, explique-t-il. Vous n'aurez plus de termites, c'est vrai, mais la maison sera en piteux état. »

ARTHRITE

Comment vaincre la douleur

Des millions de Français souffrent d'arthrite, mais ce n'est bien souvent pas qui vous croyez.

Certes, vous comprendriez s'il s'agissait de votre mère ou de votre grand-mère. Après tout, la moitié des gens de plus de 60 ans ont cette maladie sous une forme ou une autre, ce qui fait d'elle le trouble chronique le plus répandu chez les Français du troisième âge.

Mais de l'arthrite chez des gens de votre âge ?

Eh bien, cela peut arriver.

Malgré sa réputation d'être l'apanage de la vieillesse, au même titre que les cheveux blancs, l'arthrite frappe à tout âge. « On n'est pas étonné d'apprendre que l'arthrite est la principale cause d'invalidité chez les individus de plus de 45 ans, dit le Dr Paul Caldron. En revanche, on l'est quand on sait que c'est la principale cause d'invalidité à n'importe quel âge. »

Une question d'hormones

Il existe plus de 100 types différents d'arthrite, mais les formes les plus courantes sont l'ostéoarthrite et le rhumatisme articulaire. Les femmes sont trois fois plus frappées que les hommes par le rhumatisme articulaire, la forme la plus débilitante de cette maladie.

Contrairement à l'ostéoarthrite, le rhumatisme articulaire affecte tout le corps. Il est tout particulièrement douloureux chez les femmes d'une vingtaine ou d'une trentaine d'années.

« Ce qui est vraiment triste, c'est que bien des gens ont des douleurs et des pertes de fonction importantes et que l'on ne peut rien faire pour les prévenir puisqu'on en ignore la cause, dit le Dr Arthur Grayzel. Nous savons que le rhumatisme articulaire est une maladie immunologique et que, comme d'autres maladies immunologiques telles que l'asthme, le lupus et les problèmes thyroïdiens, les femmes y sont plus sensibles parce que leur système immunitaire a tendance à hyperréagir. Bien des éléments laissent cependant penser que le rhumatisme articulaire est aussi lié à un problème d'hormones. »

Les chercheurs pensent que, pendant les années où nous avons des enfants, une partie de nos hormones a pour mission de protéger les fœtus des attaques immunologiques, explique le Dr Grayzel. Pendant ce temps, d'autres parties de notre corps sont rendues plus vulnérables, et certains chercheurs pensent que c'est pour cela que nous souffrons parfois de rhumatisme articulaire. Même si une femme ne procrée pas, des bouleversements hormonaux ont lieu ; c'est pourquoi tant de femmes sans enfant sont frappées par le rhumatisme articulaire.

La forme la plus courante d'arthrite est l'ostéoarthrite : elle affecte 9 personnes sur 10 au-delà de 40 ans et se produit quand les cartilages des articulations se détériorent suite à un stress, une surcharge pondérale ou une blessure (bien souvent d'origine sportive) : « Cela ne veut pas dire que la pratique du sport donne de l'arthrite, dit le Dr Caldron, mais ceux qui ont eu plusieurs fractures des articulations, aussi infimes soient-elles, ont plus de risques d'avoir de l'ostéoarthrite. » Cette maladie frappe le plus souvent les femmes, qui la contractent habituellement après 55 ans. Les parties du corps les plus touchées sont les doigts, les pieds, le dos, les genoux et les hanches.

Un fardeau pour l'esprit et le corps

Toute forme d'arthrite vient affaiblir la vie active. L'arthrite peut ralentir vos mouvements et rendre douloureux muscles, tendons et articulations. Au pire, elle peut faire souffrir au point d'entraîner une hospitalisation ou des soins permanents, indique le Dr Jeffrey R. Lisse. L'arthrite peut aussi provoquer des troubles du sommeil, diminuer l'activité sexuelle (à cause de la douleur) et affaiblir le système cardiovasculaire, puisque de nombreux patients cessent de faire du sport quand ils ont des articulations enflées.

L'arthrite ne fait pas vieillir que le corps. « La dépression est quasi universelle chez les arthritiques, dit le Dr Lisse. Beaucoup de malades ont aussi ce qu'on appelle une impotence acquise. Une personne en bonne santé peut s'occuper d'elle-même, mais, quand les douleurs surviennent et augmentent, elle y parvient de moins en moins. Quelqu'un d'autre doit assumer certaines fonctions et l'arthritique devient de plus en plus dépendant. Les patients les plus jeunes des maisons de retraite sont souvent très touchés par l'arthrite : c'est leur incapacité à s'occuper d'eux-mêmes qui les amenés ici. »

Le Dr Grayzel ajoute : « Je crois que la société s'attend à ce que l'on ait de l'arthrite quand on vieillit : une vieille dame qui boite ou se sert d'une canne ne surprend personne. Mais quand vous êtes jeune et que l'image du corps est différente, les effets peuvent être dévastateurs. Bien souvent, des arthritiques – qu'ils soient athlètes ou vedettes de cinéma – ne veulent pas admettre leur maladie parce qu'elle donnerait d'eux une image négative. L'arthrite fait paraître plus vieux qu'on ne l'est réellement. »

Élaborez une stratégie

L'arthrite n'est pas une fatalité. Vous ne pourrez peut-être pas prévenir le rhumatisme articulaire, mais vous pourrez au moins réduire ses effets sur votre vieillissement. Et vous pourrez prévenir ou réduire les douleurs engendrées par l'ostéoarthrite. Voici comment.

Perdez du poids. « La surcharge pondérale est un facteur de risque majeur, surtout pour l'arthrite des genoux et des hanches, dit le Dr Grayzel. Même si vous avez une vingtaine ou une trentaine d'années, essayez de réduire votre poids pour qu'il soit en harmonie avec votre taille. Si vous pesez au moins 20 % de trop – soit 72 kg ou plus pour une femme de taille moyenne –, vous êtes la candidate idéale pour l'ostéoarthrite. Toute perte de poids est bénéfique. Si vous perdez 5 kg et ne les reprenez pas pendant cinq ans, vous diminuerez de 50 % les risques d'ostéoarthrite des genoux. »

Surveillez votre alimentation. Diverses études révèlent que l'alimentation joue un rôle crucial dans la gravité de l'arthrite. Des chercheurs norvégiens ont constaté que des patients souffrant de rhumatisme articulaire connaissaient en un mois une nette amélioration quand ils se mettaient à la cuisine végétarienne. D'autres scientifiques ont démontré que les acides gras du type oméga-3, abondants dans les poissons d'eau froide tels que les harengs, le saumon et les sardines, apaisaient également les douleurs provoquées par le rhumatisme articulaire.

« Une alimentation pauvre en graisses saturées et en graisses animales semble également bénéfique, dit le Dr Caldron. Manger beaucoup de fruits et de légumes, du poisson et des viandes blanches telles que le poulet peut inciter le corps à produire moins de substances provoquant une inflammation. Cela ne veut pas dire qu'un régime alimentaire peut guérir l'arthrite, mais qu'il peut en modifier les effets.

« Certaines personnes réagissent à certains aliments de manière quasi allergique, ajoute le Dr Caldron. C'est parfois le cas des agrumes, du blé, des lentilles ou de l'alcool. Il est impossible de tester cela de manière sûre, mais si vous remarquez une réaction douloureuse dans les 48 heures qui suivent l'absorption d'un aliment donné, éliminez-le tout simplement de votre alimentation. »

Faites du sport. Un exercice physique régulier destiné à renforcer vos muscles et votre souplesse peut écarter l'ostéoarthrite ou en réduire les effets. L'exercice est également recommandé dans le cas du rhumatisme articulaire, même si les mouvements doivent être effectués sous surveillance médicale.

« L'exercice physique améliore la force et la souplesse, les articulations subissent donc moins de stress, elles fonctionnent plus facilement et plus efficacement, dit le Dr John H. Klippel. En revanche, l'inactivité encourage la douleur, la raideur et tous les autres symptômes. »

L'haltérophilie est particulièrement recommandée parce qu'elle renforce le tonus musculaire, ce qui est capital pour les arthritiques. Insistez sur les muscles abdominaux pour diminuer les douleurs du dos et sur les muscles des cuisses pour celles des genoux, conseille le Dr Grayzel. Parallèlement, des sports tels que la course, la bicyclette et la natation vous aideront à améliorer votre souplesse.

Ralentissez s'il le faut. Quand une articulation est gonflée ou enflammée, continuer à l'utiliser ne mène à rien. « Ne faites pas de sport quand vous avez mal, dit le Dr Grayzel. Cela ne peut qu'accroître la douleur. » Même si vous suivez un programme sportif très précis, sautez un jour (ou deux) si vos articulations vous font mal.

Protégez-vous. « Les blessures sont une cause fréquente d'ostéoarthrite, dit le Dr Caldron. Profitez donc du matériel de protection utilisé par les athlètes. En portant des protections, vous risquez moins de blesser vos articulations, vos tendons et vos muscles ; vous réduisez ainsi les risques d'ostéoarthrite. » Vous trouverez dans tout bon magasin de sport des protections pour les genoux ou les coudes.

Augmentez la chaleur. Bien des gens constatent que le fait de placer quelque chose de chaud et d'humide sur les zones enflammées procure un soulagement immédiat en réduisant la douleur, dit le Dr Lisse. Bouillottes, bains chauds et couvertures chauffantes font merveille. Mais recourez à la chaleur de façon judicieuse : pas plus de 10 ou 15 minutes d'affilée. Et attendez au moins une heure avant de recommencer. Les médicaments en vente libre tels que l'antalgique ibuprofène (Nurofène) ou l'antalgique antipyrétique tel que le paracétamol (Prontalgine) calment également les douleurs quand les articulations sont chaudes, tendres et gonflées. Mais ne les associez surtout pas à la chaleur, prévient le Dr Caldron. Ce mariage contre nature risque de provoquer des brûlures et des cloques.

Ou préférez le froid pour prévenir la douleur. La glace est parfois recommandée pour prévenir la douleur quand les articulations ont trop travaillé ou sont usées. Le Dr Lisse suggère de mettre de la glace dans une serviette et de l'appliquer doucement sur vos articulations plusieurs fois par jour à raison de 15 minutes à chaque fois.

Pour calmer la douleur, vous pouvez aussi chercher à réduire le stress de votre existence. Quand vous êtes tendue, vous avez plus mal. Mais tout ce qui permet la relaxation – lecture, musique ou n'importe quel hobby – peut aussi diminuer la douleur, surtout lorsqu'elle est importante.

ARYTHMIE CARDIAQUE

Quand votre coeur n'est plus dans le rythme

La dernière fois que vous avez senti votre cœur s'emballer subitement, quand était-ce ? Quelques instants avant de présenter un rapport à votre patron ? Ou pendant ce cours de gymnastique où vous aviez un peu trop forcé ?

Quoi qu'il en soit, bienvenue dans le monde de l'arythmie, ce trouble du rythme cardiaque qui se traduit par une irrégularité des contractions dans le temps.

Votre cœur est le modèle même du bourreau de travail : il bat environ 100 000 fois par jour, année après année, décennie après décennie. Si vous aviez un programme de travail aussi rigoureux, il est probable qu'il vous arriverait aussi de faillir de temps en temps. Mais rassurez-vous, votre cœur est assez intelligent pour se reprendre très vite. La plupart du temps, avant même que vous ne vous en aperceviez, le cœur rentre dans le droit chemin et la vie continue comme s'il ne s'était rien passé.

Quand nous vieillissons, les idiosyncrasies du cœur sont parfois plus qu'une simple nuisance sans conséquence. Certaines formes d'arythmie peuvent saper votre énergie et vous laisser faible et comme usée par le temps. À l'occasion, de gros problèmes de rythme cardiaque peuvent menacer le cœur lui-même. « En règle générale, quand l'arythmie commence tard dans la vie, il convient de s'y intéresser plus attentivement et de la traiter plus sérieusement », déclare le Dr Marianne J. Legato.

Prenez garde à la plaque

Soyons clairs : quel que soit votre âge, la grande majorité des fantaisies du cœur ne constituent pas les signes avant-coureurs d'une catastrophe imminente. « À un moment ou à un autre de sa vie, tout le monde a des contractions supplémentaires, dit le Dr Gerald Pohost. Et ces contractions sont, dans leur immense majorité, inoffensives. »

Mais si vous développez une maladie des artères coronaires – la formation d'une plaque de dépôts gras, en particulier, pouvant jouer un rôle lors d'une crise cardiaque –, votre arythmie exige un peu plus d'attention. Si la plaque prive votre cœur du sang et de l'oxygène qui lui sont nécessaires, votre cœur peut connaître des ruptures de rythme potentiellement plus sérieuses, pour ne pas dire susceptibles de mettre votre vie en péril.

Heureusement, les femmes préménopausées disposent d'une protection supplémentaire contre les problèmes cardiaques : leur corps sécrète en effet une hormone sexuelle, l'œstrogène, qui les défend contre ces maladies. Pour cette raison, le durcissement des artères survient dix ans plus tard chez les femmes que chez les hommes. Toutes les bonnes choses ayant, hélas, une fin, les femmes rattrapent rapidement les hommes quand leur corps cesse de produire de l'œstrogène après la ménopause. En vieillissant, nous courons autant de risques qu'eux d'avoir des problèmes cardiaques et des anomalies du rythme cardiaque potentiellement sérieux.

Les problèmes du cœur féminin

Ce n'est pas vraiment inquiétant, mais chez certaines femmes, cela peut être cause de légères douleurs dans la poitrine, d'évanouissements, de vertiges et d'irrégularités du rythme. De quoi s'agit-il ? D'insuffisance mitrale , un maladie congénitale qui affecte 5 % de la population, dont deux tiers de femmes.

Qu'est-ce exactement qu'un prolapsus de la valvule mitrale ? C'est une irrégularité d'une valvule cardiaque au cours de laquelle l'un de ses volets descend ou forme saillie quand le cœur se contracte. « Chez la femme, c'est l'une des causes les plus répandues de palpitations et de troubles du rythme cardiaque », nous dit le Dr Richard H. Helfant.

Au cas où vous souffririez de prolapsus de la valvule mitrale et seriez inquiétée par ces anomalies au niveau de votre poitrine, ne manquez pas d'en parler à votre médecin.

Si vous avez déjà eu une crise cardiaque, votre médecin vous a certainement expliqué que votre muscle cardiaque blessé peut avoir tendance à perturber ses impulsions électriques et peut-être même à produire des battements anormaux et dangereux regroupés sous le nom d'arythmie ventriculaire. Quand cela se produit, le cœur prend des allures de supersonique et adopte un rythme chaotique et effréné : de 150 à 300 pulsations à la minute au lieu de 60 à 100. Dans le pire des cas, il se met à vibrer et à trembler avec tant de violence qu'il n'est plus capable de pomper correctement le sang : la mort peut alors intervenir subitement.

Ce scénario est assez angoissant, mais ne paniquez pas. Souvenez-vous que la plupart des palpitations irrégulières sont tout à fait acceptables ; si vous maîtrisez votre respiration, vous aurez toutes les chances de voir diminuer les tressaillements inoffensifs ou plus inquiétants de votre cœur.

Imposez votre rythme

Les irrégularités les plus angoissantes du rythme cardiaque étant intimement mêlées aux maladies coronariennes, il est probable que la meilleure façon de lutter contre les frémissements de votre cœur est de commencer par prévenir des problèmes tels que la crise cardiaque. Même si vous avez eu des palpitations, des changements dans votre mode de vie devraient pouvoir les minimiser. Voici quelques manières de procéder, soit en les empêchant, soit en en réduisant la fréquence.

Chassez le tabac. Une femme sur quatre fume. Ce chiffre est énorme. De plus, nous commençons en moyenne à fumer plus tôt. Les cigarettes augmentent les risques de maladies de cœur et certains types d'arythmie. Suivez le conseil du Dr Richard H. Helfant : bannissez la nicotine pour permettre à votre cœur de battre plus régulièrement.

Apprenez à chasser le stress. Les femmes sont de plus en plus nombreuses à accéder aux échelons les plus élevés des responsabilités, mais elles le sont aussi à connaître le stress lié au travail. Ajoutez les autres tensions nées des multiples tâches féminines – celles d'épouse, de mère et de maîtresse de maison – et vous ne serez plus étonnée de voir certaines femmes avoir l'impression de craquer sous la pression.

Bien des experts pensent que le stress joue un rôle dans le développement des maladies des coronaires tout en contribuant à l'arythmie. Pour supprimer une partie de ce stress, essayez le sport, les bains chauds, les massages et les passe-temps créatifs, nous conseille le Dr Frederic J. Pashkow.

Redoutez les méfaits du café. Une étude britannique menée auprès de 7 300 personnes révèle que neuf tasses de café quotidiennes ou plus peuvent provoquer de sérieuses arythmies. Des enquêtes plus modestes suggèrent qu'un nombre inférieur de tasses de café pourrait avoir les mêmes effets, principalement chez les gens qui n'ont pas l'habitude d'absorber de la caféine. Là encore, un peu de modération : si vous êtes encline à l'arythmie, ne forcez pas sur le café.

Et ceux de l'alcool. Même si vous ne consommez pas d'alcool régulièrement, ne croyez pas que vous soyez entièrement tirée d'affaire. Des soirées bien arrosées – au moins six verres à chaque fois, selon une étude américaine – peuvent augmenter les risques de palpitations précipitées associées à une irrégularité du nom de tachy-arythmie supraventriculaire. Certains médecins parlent du syndrome du cœur en vacances : en effet, il survient souvent chez les gens qui, pendant leurs congés, consomment plus d'alcool que d'ordinaire.

Le choix d'un métronome

L'arythmie est certainement la dernière chose à laquelle vous pensez quand vous allez consulter votre médecin traitant. Mais, grâce à l'électrocardiogramme, examen destiné à mesurer la régularité de vos battements, il pourra confirmer des perturbations dans votre rythme. Il pourra aussi diagnostiquer une arythmie si vous arrivez dans son cabinet en vous plaignant de palpitations et de vertiges. Plusieurs options s'offrent alors à vous, quand un changement de mode de vie ne suffit pas à maîtriser un rythme cardiaque déficient.

Commençons par les médicaments. « Les médicaments peuvent maîtriser de nombreux types d'arythmie et leurs symptômes. Les produits les plus récents sont souvent très efficaces », dit le Dr Pohost. Ces médicaments chasseront loin de vous la crainte de la mort subite en stabilisant l'activité électrique du cœur, mais votre médecin doit les choisir avec circonspection car chacun d'eux a des effets secondaires : arythmie aggravée, troubles intestinaux ou hypotension artérielle, entre autres. Dans bien des cas, les patients sont contraints de prendre ces médicaments jusqu'à la fin de leurs jours.

Votre médecin peut également vous recommander un défibrillateur cardiaque implanté. Cet appareil, fonctionnant sur pile, est placé dans la poitrine ou l'abdomen, afin de contrôler les battements du cœur. Quand ceux-ci s'accélèrent dangereusement ou deviennent par trop chaotiques, il procure au cœur un choc qui fait l'effet d'un coup dans la poitrine. Le cœur reprend alors une activité normale.

Un appareil de ce type est-il fiable ? Une étude menée auprès de 650 patients de plus de 60 ans a révélé que le défibrillateur implantable en avait maintenu 60 % en vie pendant au moins dix ans. Les chercheurs estiment que les patients seraient pratiquement tous morts sans cet appareil hautement perfectionné.

Si les battements de votre cœur refusent de se mettre au pas, les médecins disposent d'une autre option tout aussi perfectionnée, celle de l'ablation par cathéter. Ce traitement est réservé aux troubles du rythme résistant à toute autre thérapie. Il est particulièrement utile lorsque les battements anormaux ont pour origine les cavités supérieures du cœur. Un mince tube est introduit dans une veine afin de rejoindre le cœur.

Une fois ce cathéter bien en place, un faible courant à radiofréquence est activé afin de détruire les minuscules zones du tissu cardiaque responsables de l'arythmie. En annihilant les cellules d'une région mesurant moins de 5 mm de diamètre, cette méthode élimine les impulsions désordonnées qui provoquent certains types d'arythmie à haut risque.

AUDITION (PERTE DE L'-)

Repoussez le monde du silence

Bassiste et chanteuse d'un groupe de punk rock exclusivement féminin, Kathy Peck était une fana des décibels. Plus la musique était forte et mieux c'était.

Pendant près de cinq ans, son groupe, les Contractions, répéta quatre fois par semaine dans une salle minuscule mais bourrée de haut-parleurs géants et joua au moins trois fois par semaine dans des clubs des environs de San Francisco. Pas une seule fois Kathy ne mit de protège-tympans.

« Dans les boîtes punk de l'époque, on se serait fait tuer si on avait mis des protège-tympans », reconnaît Kathy.

Un jour, après que le groupe eut décroché un beau contrat en assurant la première partie de Duran Duran au Coliseum d'Oakland, Kathy se rendit compte que sa capacité auditive avait diminué. « Après le show, j'ai eu des tintements dans les oreilles. Quand j'ai voulu discuter avec mes copains, j'ai vu leurs lèvres remuer, mais je n'entendais rien. Je suis restée pratiquement sourde pendant plusieurs jours. »

Peu après, des examens révélèrent qu'elle avait subi une perte de l'audition de près de 40 %. Déprimée, Kathy Peck se demanda si sa carrière n'était pas terminée et si le temps ne lui jouait pas un mauvais tour. Il faut dire qu'elle avait tout juste 30 ans.

« J'ai perdu confiance en moi, je ne me sentais plus bonne à grand-chose. J'avais pris un coup de vieux. Comme la plupart des gens, je croyais que la perte de l'audition ne touchait que les gens d'un certain âge », dit Kathy Peck, cofondatrice et directeur exécutif du HEAR, association à but non lucratif qui encourage les musiciens et les fans de rock à baisser le volume et à porter des protège-tympans.

Comme Kathy et bien d'autres femmes s'en sont rendu compte, la perte de l'audition n'a rien d'exceptionnel quand on a la trentaine ou la quarantaine. « La perte de l'audition survient chez des sujets de plus en plus jeunes, mais aussi plus souvent qu'on ne le croit généralement », dit le Dr J. Gail Neely.

Une personne sur 12 souffrent de troubles de l'audition. Une étude menée auprès de 2 731 personnes malentendantes montre que près de 57 % d'entre elles ont décelé ces problèmes avant l'âge de 40 ans, précise le Dr Laurel E. Glass.

La perte de l'audition vous fait payer un lourd tribut, constatent les médecins. Elle peut déboucher sur l'isolement social, limiter vos perspectives professionnelles, compliquer votre vie sexuelle et vous donner non seulement une mauvaise opinion de vous-même, mais aussi l'impression de n'être qu'une spectatrice de votre propre existence.

Entendez-moi bien

Avant de voir pourquoi Kathy Peck et tant d'autres femmes ont des problèmes d'audition, il est important de comprendre le fonctionnement de l'oreille. Quand votre meilleure amie vous en raconte une bien bonne, le son de sa voix pénètre dans le conduit auditif et vient frapper le tympan, membrane élastique en forme de cône qui clôt le fond du conduit. Le tympan vibre et provoque le mouvement des osselets de l'oreille moyenne. Ces mouvements déclenchent de petites ondes liquides dans l'oreille interne par l'intermédiaire d'un organe en forme d'escargot, appelé cochlée ou limaçon. Dans la cochlée, 30 000 cellules semblables à des cheveux transmettent les impulsions au nerf auditif qui mène les sons au cerveau. Celui-ci les interprète comme étant une blague vraiment hilarante, et vous éclatez de rire.

La perte de l'audition fait partie du processus de vieillissement, nous dit le Dr Debra Busacco. Le tympan s'épaissit avec l'âge, ce qui réduit sa capacité à vibrer. L'évolution avec les ans des osselets de l'oreille interne – dégénérescence des articulations et dépôt de calcaire dans ces mêmes articulations, par exemple – fait que l'oreille interne se durcit et transmet moins bien les sons. Les petites cellules de l'oreille interne sont abîmées par le vieillissement, l'exposition au bruit, les médicaments, l'infection et la diminution de l'irrigation sanguine de l'oreille. Le nerf auditif est alors moins efficace. Mais, heureusement, ces modifications n'interviennent normalement chez la femme que lorsqu'elle a plus de 60 ans.

Si les symptômes de la perte de l'audition se manifestent plus tôt, la cause peut en être aussi simple qu'un excès de cérumen ou l'effet secondaire – très rare – d'un médicament. Elle peut également être provoquée par une fracture du tympan, une blessure à la tête, de l'hypertension artérielle, une infection de l'oreille, une méningite ou une tumeur. Certains types de perte d'audition frappent toute une famille :

Cinq minutes pour un test d'audition

Soudain, tous ceux qui vous entourent ne font plus que chuchoter ou murmurer. Cela veut-il dire que vous avez un problème d'audition ? Pour le savoir, faites ce test préparé par l'Académie américaine d'oto-laryngologie – chirurgie de la tête et du cou. Répondez par T (presque tout le temps), U (une fois sur deux), O (occasionnellement) et J (jamais).

- J'ai un problème pour entendre au téléphone.
- J'ai du mal à suivre une conversation quand plus de deux personnes parlent en même temps.
- Les gens disent que je mets la télé trop fort.
- Je dois tendre l'oreille pour suivre une conversation.
- Je n'entends pas les sons de tous les jours, du genre sonnerie du téléphone ou de la porte.
- J'ai du mal à entendre les conversations dans un contexte animé, une réception par exemple.
- Je ne sais pas d'où proviennent les sons.
- Je comprends mal certains mots d'une phrase et demande aux gens de répéter.
- J'ai surtout du mal à comprendre les femmes et les enfants.
- J'ai travaillé dans des environnements bruyants (chaîne de montage, moteurs d'avion, etc.).

---

c'est le cas de l'otosclérose, maladie qui provoque un excès de dépôt osseux dans l'oreille moyenne et l'empêche de transmettre les sons à l'oreille interne, comme l'explique le Dr John House.

La cause la plus répandue de perte de l'audition chez les adultes de moins de 50 ans est toutefois l'exposition prolongée au bruit, précise le Dr Susan Rezen. C'est surtout un problème d'homme : nos compagnons sont en effet plus exposés au bruit, que ce soit au travail ou pendant les loisirs. Mais la vie des femmes évolue, et les pertes d'audition liées au bruit vont certainement augmenter. « L'exposition au bruit a des effets à long terme, dit le Dr Rezen. Ils n'apparaissent pas tout de suite. Mais quand des gens y sont continuellement exposés, leurs oreilles s'abîment bien plus vite et les effets du vieillissement se manifestent plus tôt. »

- J'entends bien si les gens articulent bien.
- Les gens sont ennuyés parce que je ne comprends pas ce qu'ils disent.
- Je comprends mal ce que disent les autres et je réponds de travers.
- J'évite les activités sociales parce que je n'entends pas bien et crains de répondre à côté.

Un membre de la famille ou une amie devra répondre à cette question :
15. Croyez-vous que cette personne a une perte de l'audition ?

Score

Marquez 3 points chaque fois que vous répondez T (presque tout le temps), deux points pour U (une fois sur deux), 1 point pour O (occasionnellement) et 0 point pour J (jamais).

De 0 à 5. Vous n'avez aucun problème d'audition.

De 6 à 9. L'académie suggère que vous consultiez un oto-rhino-laryngologiste.

Au-dessus de 10. L'académie vous recommande fermement de rendre visite à un ORL.

« Il n'y a dans la nature aucun bruit violent et continu tel que celui des concerts de rock ou du marteau-piqueur, dit le Dr Flash Gordon. En pénétrant dans un milieu bruyant, vous entrez dans un environnement que votre oreille n'est pas faite pour gérer, tout simplement. »

Un bruit puissant et soudain, pétards ou coups de feu tirés près des oreilles, par exemple, peut entraîner une perte de l'audition immédiate. Mais la plupart du temps, la perte d'audition générée par le bruit ne survient que progressivement, au fil des ans. En général, plus longtemps vous vous exposez à des bruits supérieurs à 85 décibels – du genre concert de rock ou souffleur de feuilles – plus vous risquez d'endommager les cils vibratiles de l'oreille interne et de détruire votre audition, dit le Dr Rezen.

Des bourdonnements incessants

À 31 ans, Élisabeth Meyer avait enfin trouvé sa voie. Elle suivait des cours de marimba et de théâtre, et espérait faire carrière comme musicienne. Le lendemain d'un concert de musique africaine, elle remarqua un bourdonnement dans ses oreilles ; en quelques semaines, elle se rendit compte qu'elle était extrêmement sensible aux bruits.

Bientôt, elle ne put parler au téléphone qu'en plaçant un coussin entre son oreille et le récepteur. Avant de cesser définitivement d'aller au cinéma, elle mettait deux paires de protège-tympans et portait des casques antibruits comme les bagagistes des aéroports. Le bruit l'empêchait de rester plus de 15 minutes dans l'autobus. Ses bourdonnements d'oreille avaient raison d'elle.

« Du jour au lendemain, j'ai eu l'impression de prendre trente ans, explique Élisabeth, aujourd'hui âgée de 36 ans. Ça s'est un peu amélioré, mais, la première année, je me tapais la tête contre les murs toutes les 30 secondes. J'ai même songé au suicide. Puis j'ai compris que mon état ne s'améliorerait peut-être pas, mais que je pouvais tout au moins mieux réagir. »

Élisabeth souffre d'acouphènes » : ce pénible mélange de bourdonnements, de tintements et de sifflements peut être le symptôme de beaucoup de choses, de l'excès de cérumen à l'hypertension artérielle en passant par la maladie de cœur. Sur trois femmes souffrant d'acouphènes, il en est une qui, comme Élisabeth Meyer, souffre aussi d'hyperacousie (sensibilité extrême aux sons). Les bourdonnements d'oreille et l'hyperacousie peuvent aussi indiquer une perte de l'audition induite par le bruit : on assiste alors à une détérioration des cellules ciliées de l'oreille interne, cellules qui permettent de véhiculer les sons vers le nerf auditif, comme l'explique le Dr Christopher Linstrom.

Fort, c'est quoi au juste ?

Les décibels (dB) mesurent l'intensité du son (la pression sonore). Cela commence par le son le plus faible qu'une personne puisse percevoir dans le cadre d'un laboratoire : 0 dB. Dans ce système, 20 dB sont 10 fois plus intenses que 0 dB, 40 dB 100 fois plus intenses, 60 dB 1 000 fois plus intenses, etc.

Dans le cas de l'hyperacousie, les cellules ciliées réagissent toutes à une même gamme de sons, alors que chaque cellule ne réagit normalement qu'à une certaine fréquence. Résultat, les cellules ciliées sont de plus en plus nombreuses à vibrer à l'unisson, et le son le plus doux peut passer pour un véritable vacarme. Quand cela se produit, un bruit que tout le monde tolère devient particulièrement pénible, explique le Lt col. Richard Danielson.

Dans certains cas bien précis, les acouphènes peuvent être soignés par les médicaments ou la chirurgie, plus particulièrement s'ils sont causés par un excès de liquide dans l'oreille moyenne, de l'hypertension artérielle, une artère du cou partiellement obstruée ou des allergies. Malheureusement, dit le Dr Linstrom, on ne peut la plupart du temps rien faire contre les acouphènes ou l'hyperacousie.

Une fois l'une de ces deux maladies diagnostiquée, vous devez éviter tout ce qui est bruyant et porter des protège-tympans pour ne pas aggraver la situation. Les appareils qui diffusent des bruits agréables tels que gouttes d'eau ou vagues de l'océan peuvent aider à diminuer les bourdonnements, dit le Dr Linstrom. La caféine et la nicotine sont néfastes : vous devez donc éviter le café, le thé et le chocolat. Des médicaments tels que l'aspirine, les antibiotiques et les molécules anticancéreuses peuvent également provoquer des acouphènes et une hypersensibilité auditive. Un appareil acoustique peut se révéler utile : mieux vous entendez, moins les bourdonnements sont perceptibles, explique le Dr John House.

Si vous avez des questions à poser sur les problèmes d'audition, voyez votre médecin traitant.

Qu'est-ce donc que 85 dB ? C'est à peu près l'intensité sonore d'un aspirateur, d'un mixer ou d'une puissante tondeuse à gazon. Une conversation normale ne dépasse pas les 65 dB. Dans certains concerts de rock, le niveau sonore peut atteindre les 140 dB : un tel niveau peut causer des dommages rapides et irréparables chez certaines oreilles sensibles. Un orchestre symphonique atteint parfois 110 dB, au point de gêner ou de faire souffrir certaines personnes.

En fait, un seul concert de rock de deux heures peut potentiellement faire vieillir de 2 ans et demi l'oreille d'une femme si elle ne porte pas de protection : c'est ce qu'a calculé Daniel Johnson, ingénieur chargé de tester des protections auditives. Il estime qu'après 50 concerts, la même femme peut avoir un déclin de l'audition semblable à celui d'une femme qui serait son aînée de 16 ans, mais n'aurait pas été exposée à des niveaux sonores aussi intenses. De plus, si une femme de 30 ans qui ne porte pas de protège-tympans travaille huit heures par jour près d'une machine dont le niveau sonore atteint les 95 dB, elle aura vers 40 ans une perte de l'audition des hautes fréquences semblable à celle d'une femme de 70 ans.

Plus fort ne veut pas dire mieux

Il nous est arrivé à presque toutes d'assister à un concert de rock, de nous trouver à côté d'un train qui file à toute allure ou de travailler près d'une machine bruyante telle qu'une tronçonneuse. Quels effets ces bruits ont-ils eu sur notre audition ?

Faites le test suivant la prochaine fois que vous allez à un concert ou à un meeting bruyant, propose le Dr Gordon. Avant de quitter votre voiture, allumez la radio et écoutez les informations sur une station donnée. Baissez le volume jusqu'à ce que vous compreniez à peine les mots. Après le concert, et avant de démarrer, remettez la radio. Il y a des chances pour que la voix audible avant le concert ne le soit plus maintenant.

C'est ce que les médecins appellent une modification temporaire du seuil d'audition. En gros, cela signifie que le bruit a trop stimulé les petites cellules de votre oreille interne. Elles ne fonctionnent plus aussi efficacement et les sons doivent être plus puissants pour que vous les perceviez, dit le Dr Neely. Les chercheurs de l'université du Manitoba, à Winnipeg, ont ainsi testé l'audition de dix femmes avant et après un concert de rock de 2 heures et demie. Pour la plupart de ces femmes, le seuil de la capacité auditive avait augmenté d'au moins 10 dB après le concert.

Cela n'a pas l'air très important, mais après plusieurs heures, vous aurez certainement du mal à percevoir le bruissement des feuilles ou des chuchotements. Heureusement, votre audition redeviendra normale dans les 24 heures.

Une modification temporaire du seuil permet cependant de vous avertir des dangers que court votre audition si vous continuez à vous exposer à des bruits aussi puissants. Certaines personnes ne connaissent pas de modifications temporaires du seuil et se croient par conséquent immunisées contre les dangers du bruit, dit le Dr Neely. En vérité, l'exposition répétée aux bruits détruit progressivement les cellules ciliées et réduit fortement votre capacité à entendre, plus particulièrement les hautes fréquences des consonnes ch, t, f, h et s, fréquemment utilisées dans une conversation.

« Quand vous ne percevez plus ces sons à haute fréquence, le reste d'un mot ne veut plus dire grand-chose pour vous, explique le Dr Neely. Des mots tels que ficher et tisser se ressembleront. Cela peut être gênant et également frustrant. »

Défendez vos oreilles

La plupart d'entre nous connaîtront une perte de l'audition due au vieillissement, mais rien ne vous empêche de traverser l'âge d'or avec une audition de jeune fille si vous protégez dès maintenant vos oreilles. « Imaginez que votre audition est un tonneau plein de sable, suggère le Dr Gordon. Vous pouvez le vider à l'aide d'une petite cuillère et vous en aurez pour très longtemps, mais vous pouvez aussi prendre une pelle et aller très vite. » Voici quelques moyens de prévenir la perte de l'audition.

Réglez le volume. Vous n'avez pas beaucoup de pouvoir sur le bruit de la circulation, les marteaux-piqueurs et les autres sources de bruits excessifs. En revanche, vous pouvez régler le volume de votre stéréo, dit le Dr Stephen Painton. Certaines chaînes peuvent faire autant de bruit que le plus brutal des concerts de rock. Si vous voulez savoir si votre chaîne est trop forte, allumez-la, sortez de chez vous et refermez la porte. Si vous entendez encore la musique, c'est qu'elle est trop forte. Il en va de même pour votre autoradio. Si vous utilisez des écouteurs ou un baladeur, la personne qui se trouve à côté de vous ne doit pas en entendre le son.

Ne criez pas, sortez. Si vous devez élever la voix pour vous faire entendre d'une personne qui se trouve à un ou deux pas de vous, il est clair que le niveau sonore peut être dangereux et vous devez vous empresser de quitter la pièce ou de porter des protections, dit le Dr House.

Une protection à portée de la main. Enfoncer des morceaux de coton ou de serviettes en papier dans vos oreilles ne sert pratiquement à rien. Prenez plutôt l'habitude d'avoir sur vous des protège-tympans, dit le Dr Busacco. La plupart sont petits et peuvent facilement tenir dans la poche ou le porte-monnaie. Ainsi, dit-elle, vous serez prête à affronter les bruits les plus inattendus, un film au niveau sonore particulièrement élevé, par exemple. Les protections en mousse de caoutchouc sont parfaites : elles sont peu coûteuses, on les trouve n'importe où et il est facile de les mettre en place. Le mode d'emploi vous indique le taux de réduction du bruit, explique le Dr Painton. Achetez des protections dont l'indice est au moins égal à 15 : elles diminueront le bruit de 15 dB et vous éviteront bien des désagréments. Si vous tenez à une meilleure protection, votre audiologiste pourra vous faire fabriquer des protections susceptibles de réduire le bruit de 35 dB, indique le Dr Busacco.

Faites une pause. Plus vous vous exposez en continuité à des sons puissants, plus vous risquez d'abîmer votre capacité auditive de manière permanente, même si vous portez des protège-tympans. Permettez donc à vos oreilles d'échapper au bruit de temps en temps : 5 à 10 minutes toutes les demi-heures serait parfait, dit le Dr Gordon. « C'est comme mettre la tête sous l'eau pendant 20 minutes. Vous pouvez y arriver si vous retenez votre souffle pendant une minute, puis respirez pendant dix secondes. Mais si vous vouliez faire deux séances de 10 minutes chacune, ce serait la mort assurée. Si vous permettez à vos oreilles de faire une pause de temps en temps, elles peuvent se reposer et se remettre de l'excès de travail que les bruits assourdissants exigent d'elles. »

Répartissez le bruit. Placer plusieurs objets bruyants les uns près des autres ne peut qu'aggraver les problèmes. Si, par exemple, la télévision se trouve dans la même pièce que le lave-vaisselle, vous serez tentée de monter le son du poste quand la machine est en marche. Comme le conseille le Lt col. Richard Danielson, installez plutôt la télévision dans une autre pièce.

Ignorez la cire. Pour le Dr House, vous vous ferez plus du mal que de bien en tentant de vous débarrasser du cérumen avec un Coton-Tige, une allumette ou un trombone. Le cérumen est extrêmement utile. Il protège de l'eau et empêche les poussières de pénétrer dans le tympan. Introduire de petits objets dans vos oreilles ne fait que repousser le cérumen, au risque de provoquer des infections. « Le mieux qu'on puisse faire, quand on a du cérumen dans le conduit auditif, c'est de ne pas s'en occuper, dit le Dr House. S'il pose vraiment problème, consultez votre médecin ou demandez à votre pharmacien des gouttes qui ramollissent le cérumen et lui permettent de s'écouler, du Cérulyse par exemple. »

N'abusez pas des médicaments. Six à huit comprimés d'aspirine par jour peuvent provoquer des bourdonnements et une perte de l'audition temporaire, prévient le Dr Gordon. Des antibiotiques tels que la gentamycine (Gentamycine Panpharma), la streptomycine (Streptomycine Diamant) et la tobramycine (Nebcine) peuvent aussi nuire à votre audition, déclare le Dr Barry E. Hirsh. Si des problèmes d'audition surviennent pendant que vous prenez un médicament, demandez à votre médecin si sa prescription en est responsable.

La fumée nuit aux oreilles. Le tabac réduit l'apport sanguin aux oreilles et peut interférer avec la guérison naturelle des petits vaisseaux sanguins mis à mal par l'exposition à un bruit trop élevé, dit le Dr House. Lors d'une étude menée auprès de 2 348 ouvriers d'une usine de construction aérospatiale, les chercheurs de la faculté de médecine de l'université de Californie du Sud ont constaté que les fumeurs présentaient une perte de l'audition plus importante que celle de leurs collègues non fumeurs. Conclusion : si vous fumez, arrêtez.

Limitez le café. Comme la nicotine, la caféine réduit l'irrigation sanguine des oreilles et augmente les risques de perte de l'audition, dit le Dr House. Ne buvez pas plus de deux tasses de café ou de thé par jour. Prenez si possible du décaféiné.

Équilibrez vos repas. Les aliments riches en graisses et en cholestérol qui nuisent à votre cœur sont également néfastes pour vos oreilles, indique le Dr House. L'hypertension artérielle et l'athérosclérose (formation de plaques sur les parois artérielles) peuvent également réduire l'apport sanguin et diminuer progressivement votre audition. Réduisez les graisses en mangeant quotidiennement cinq ou six fruits et légumes et jamais plus de 100 g de volaille, de poisson et de viande rouge maigre.

Faites du sport. Marchez, nagez, courez ou pratiquez n'importe quel autre sport du même genre 20 minutes par jour et trois fois par semaine, suggère le Dr House. Cela stimulera votre circulation sanguine, abaissera votre tension artérielle et vous aidera à conserver vos oreilles en parfait état.

Tirez le meilleur parti de votre état

Une personne attend en moyenne entre cinq et sept ans avant de penser à faire traiter son problème d'audition. Ces années sont parfois marquées par une frustration et un isolement social qui n'ont pas lieu d'être, dit le Dr Busacco. Plus tôt vous demandez de l'aide, plus tôt votre problème d'audition est diagnostiqué et soigné.

« Les gens sont bien plus attentifs à leur audition qu'à leur vision, déclare le Dr Hirsch. C'est souvent une question de vanité. Porter un appareil acoustique implique un certain vieillissement, contrairement au port de lunettes. »

Si vous pensez avoir un problème d'audition, particulièrement si vos oreilles bourdonnent ou si vous développez une soudaine sensibilité que vous n'aviez pas auparavant, prenez rendez-vous avec un oto-rhino-laryngologiste. Certains problèmes d'audition, telle la maladie de Ménière (bourdonnements et vertiges), peuvent être traités par une prescription médicale ou par la chirurgie. D'autres problèmes, tympans perforés ou otosclérose, peuvent être corrigés par la chirurgie.

Même si la perte d'audition n'est pas entièrement corrigée, des appareils acoustiques puissants et discrets – certains sont si petits qu'ils sont dissimulés dans le conduit auditif – vous permettront de rester en contact avec le monde extérieur. Un audiologiste vous aidera à choisir le modèle qui vous convient le mieux.

Voici quelques moyens de savoir si vous avez une baisse de l'audition et comment y remédier.

La méthode du clignotant. Certes, c'est très embêtant quand vous conduisez de vous rendre compte que vous avez votre clignotant depuis plusieurs kilomètres, mais cela peut indiquer que vous avez un problème d'audition. Si vous mettez votre clignotant et que vous n'en entendez pas le tic-tac, il est temps de rendre visite à un audiologiste ou à un ORL, dit le Dr Painton.

Ne soyez pas gênée. Si vous avez du mal à comprendre ou à entendre les gens, dites-le leur, conseille le Dr Philip Zazove, lui-même frappé par une grave perte de l'audition depuis l'enfance. De petites phrases telles que : « J'entends moins bien qu'avant », « Vous pouvez répéter ? », ou « Parlez plus lentement, je vous prie » suppriment colère, quiproquo et frustration. Si nécessaire, demandez à votre interlocuteur de répéter ; si vous ne comprenez pas un mot important, demandez qu'on vous l'écrive sur un morceau de papier.

Protégez votre vie sexuelle. La perte de l'audition peut causer des problèmes sur l'oreiller. Les petits riens qu'il vous murmurait à l'oreille et qui vous plaisaient tant quand vous faisiez l'amour sont les premiers à en souffrir. Gardez votre appareil acoustique si vous pensez que vous allez faire l'amour ou demandez à votre compagnon de laisser la lumière allumée pour que vous puissiez lire sur ses lèvres, suggère le Dr Rezen. Avant d'entrer dans la chambre, dites-lui ce qui vous ferait envie. Si nécessaire, inventez un code du genre « Deux petites tapes dans le dos, ça veut dire embrasse-moi ». « Si vous ne réagissez pas, votre sexualité risque d'en pâtir », dit-elle encore.

Un petit coin tranquille. Si, dans une soirée, vous avez envie de parler avec cet homme que vous trouvez si intéressant, éloignez-le du milieu de la pièce et entraînez-le dans un coin tranquille. C'est non seulement plus intime, mais vous pourrez aussi mieux vous concentrer sur ce qu'il dit en évitant les rires, la musiques et les autres conversations, conseille le Dr Zazove. Chez vous, pensez à éteindre la télévision ou la radio avant de parler à quelqu'un.

Riez de vous-même. Le sens de l'humour est une chose vitale quand on a un problème d'audition, dit le Dr Painton. Vous comprenez mal un mot et répondez quelque chose qui n'a aucun rapport ? Eh bien riez avec les autres.

Préparez vos réunions. Si vous devez assister à une conférence ou à une importante réunion professionnelle, arrivez tôt et installez-vous au premier rang, face à la personne qui est susceptible de parler le plus souvent, propose le Dr Zazove. Si possible, dites à l'orateur que vous avez un problème d'audition et demandez-lui de ne pas trop tourner la tête. Vous-même, ne le quittez pas des yeux. Procurez-vous un résumé écrit de l'ordre du jour pour être mieux préparée aux phrases qui risquent d'être prononcées. Si quelques mots vous échappent, vous aurez moins de mal à les imaginer.

BLESSURES ET ACCIDENTS

On peut les éviter facilement

Le sac de glace a fait son œuvre. La douleur s'atténue, le gonflement est terminé et votre genou a recouvré son allure normale – si l'on ne tient pas compte de l'intéressante configuration de coupures et de couleurs.

Il faudra tout de même attendre quelques jours pour que vous trottiez comme un lapin. Pour l'heure, confinée dans un fauteuil, raide et endolorie, vous vous dites que la prochaine fois que vous prendrez un raccourci d'une piste à l'autre, vous ne sauterez pas sur un rocher comme si vous étiez apparentée aux bouquetins.

Pour avoir l'impression d'avoir 110 ans, il n'y a vraiment rien de tel qu'une blessure qui vous cloue au lit ou vous coince dans un fauteuil. Que cette blessure soit la conséquence d'un accident de voiture, d'une chute ou d'une mauvaise passe au volley, peu importe : tout le monde risque de se blesser un jour ou l'autre.

Selon le Conseil national pour la sécurité, 16 500 Français par an meurent de leurs blessures, principalement dans un accident de la route ou au cours d'une chute. Malgré ce que vous croyez, ce risque n'est pas réservé aux aînés. En fait, plus de la moitié des morts accidentelles concernent des hommes et des femmes dont l'âge se situe entre 25 et 44 ans.

La plupart de ces victimes ne mourront pas de blessures ou d'accident ; elles seront mises sur la touche pendant quelque temps, c'est tout. Et pour celles qui ont entre 25 et 44 ans, ce sera normalement à cause d'un claquage musculaire pendant un entraînement sportif.

61

La faute aux sports

Les blessures causées par le sport provoquent des milliers de décès par an. Les blessures non fatales survenues pendant la pratique de divers jeux de balle et du vélo envoient quant à elles 2 millions de personnes aux urgences, rien qu'aux États-Unis. Ajoutez à cela le nombre immense d'entorses et de muscles froissés soignés dans les vestiaires, plus toutes les blessures suscitées par des dizaines d'autres sports.

Aux urgences, les individus entre 25 et 64 ans représentent 74 % des personnes victimes de blessures occasionnées pendant la pratique de la plongée, 68 % pendant celle du squash, 51 % pendant celle de l'équitation, 45 % pendant celle de la pêche, 44 % pendant celle du tennis, 42 % pendant celle du volley-ball et 40 % pendant celle de l'haltérophilie.

Pourquoi tant de personnes de cette tranche d'âge sont-elles blessées ? « Vers l'âge de 25 ans, les gens deviennent des « sportifs du dimanche », explique le Dr Stephen J. Nicholas. Ils s'impliquent de plus en plus dans leur travail et les exigences sociales prennent le dessus sur le bien-être physique. »

« C'est comme mettre votre corps au placard et ne le sortir que pour le week-end, ajoute le Dr Nicholas. Les muscles s'étiolent, ils sont raides et s'affaiblissent. Ils ne peuvent plus fonctionner à leur niveau optimal. »

Des enquêtes montrent que les femmes souffrent principalement de blessures de la cheville, dit le Dr Christine Wells. L'épaule et le genou viennent ensuite – l'épaule surtout à cause des tirs et smashs au volley, le genou à cause des étirements et des mouvements de rotations divers.

Les hommes et les femmes réduisant tous leurs activités sportives après 25 ans, les uns et les autres ont de fortes chances d'avoir un corps qui n'est pas au mieux de sa forme pendant le week-end.

Malheureusement, ils se croient toujours en superforme, remarque le Dr Nicholas. Et quand, le week-end, ils s'adonnent à des sports tels que le tennis, ils demandent autant à leur corps que lorsqu'ils jouaient plusieurs fois par semaine.

Le résultat ? Les muscles se fatiguent, se raidissent et se tendent au point de se déchirer.

Comment réduire les risques

Il est difficile de se serrer la bride quand on cherche à courir un kilomètre ou à gagner un point de plus, constate le Dr Nicholas. Mais voici comment vous pouvez aider votre corps à tenir le coup tout en réduisant les risques de blessures.

Passez un bilan. Si vous avez plus de 25 ans et vous adonnez au sport le week-end, prévoyez un bilan physique avec un médecin qui s'occupe de l'équipe sportive d'un lycée, conseille le Dr Rosemary Agostini.

Demandez-lui de vous faire passer le même type d'examen que les joueurs de l'équipe de football ou de basket et de voir comment ont évolué vos anciennes blessures éventuelles. C'est surtout quand vous êtes l'une de ces « sportives du dimanche » que les anciennes blessures choisissent de se réveiller, et ce de manière parfois chronique, précise le Dr Agostini. Un médecin peut évaluer les risques et vous proposer des manières de les éviter.

Équilibrez vos repas. « Certaines sportives s'adonnent tant à leur spécialités qu'elles ne mangent pas correctement, dit le Dr Agostini. Elles ne présentent pas de troubles de l'alimentation, mais des troubles du comportement alimentaire. » Elles peuvent ainsi ne manger que des pâtes et des légumes une semaine et que des fruits la semaine suivante.

On ne fabrique pas du muscle et on n'améliore pas ses performances sans manger équilibré, explique le Dr Agostini. Une insuffisance en calcium (pour se doter d'un squelette robuste), un manque de fer (pour fortifier ses globules rouges) et une carence en protéines (pour préserver ses muscles), voilà qui non seulement sabote les performances sportives, mais crée aussi un terrain propice aux blessures.

Demandez au praticien qui vous fait passer votre bilan de vous indiquer un bon nutritionniste spécialiste des problèmes du sport. Puis travaillez avec lui pour élaborer un programme nutritionnel qui corresponde à vos besoins particuliers.

Surveillez vos règles. Certaines femmes cessent d'avoir leurs règles quand elles atteignent un certain niveau d'entraînement sportif, dit le Dr Agostini. Ce niveau est différent pour chacune d'entre nous, mais il se manifeste par un déséquilibre hormonal qui doit être évalué et corrigé. Si ce n'est pas le cas, avertit le Dr Agostini, vous risquez la fracture ou une ostéoporose précoce. Consultez donc votre médecin si vos règles s'arrêtent pendant trois cycles d'affilée.

Changez de chaussures tous les 800 km. Les chaussures doivent bien vous tenir et absorber les chocs pour prévenir les blessures, dit le Dr Agostini. Remplacez-les tous les six mois ou tous les 800 km. Et souvenez-vous que votre pointure sera certainement plus grande après une grossesse. Offrez-vous une paire de chaussures neuves pour fêter la naissance de bébé.

Ne vous arrêtez pas. « Vous pouvez minimiser les blessures en suivant un programme régulier – 30 à 40 minutes par jour, ou trois ou quatre fois par semaine », dit le Dr Nicholas. Votre corps ne doit surtout pas bénéficier de cinq ou six jours de repos d'affilée : il en profiterait pour se raidir.

Stretching. Débutez votre programme par 25 bonnes minutes de stretching, conseille le Dr Nicholas. Les muscles de l'arrière et de l'avant des cuisses – muscles longs postérieurs et quadriceps – plus ceux du bas du dos sont ceux qui doivent être « dérouillés » en priorité.

« La plupart du temps, ces muscles ne s'étirent pas de la journée, à moins qu'on le leur demande spécifiquement, dit le Dr Nicholas. La raideur des muscles longs postérieurs est pourtant une des principales causes des maux de reins.

« Si vous pouvez garder ces muscles souples, ajoute-t-il, vous minimiserez non seulement le nombre d'élongations ou de blessures des tendons inférieurs, mais aussi vos futures courbatures. »

Faites travailler votre corps. Après vous être étirée, faites des exercices d'aérobic – marche, course, saut – qui accélèrent votre rythme cardiaque et vous font respirer à fond – pas haleter – pendant 20 minutes, dit le Dr Nicholas.

Il ajoute que la seule exception est le dernier trimestre de la grossesse, au moment où « le corps libère une hormone appelée relaxine afin de détendre les tissus mous du corps et de préparer ce dernier à l'accouchement ». Malheureusement, cette hormone détend aussi les ligaments qui maintiennent en place les articulations.

Vous pourrez poursuivre vos exercices d'aérobic aussi longtemps que votre médecin vous l'aura dit, poursuit le Dr Nicholas, mais ne tentez pas de battre des records pendant cette période : vos articulations, assouplies par la relaxine, vous rendent plus vulnérables aux blessures.

Soulevez des poids. Renforcez vos muscles en soulevant des poids, même en quantité minime, conseille le Dr Nicholas. Demandez à un entraîneur sportif de reprendre l'examen et les recommandations de votre médecin puis de vous expliquer quels poids vous devrez soulever et à combien de reprises. N'oubliez surtout pas de vous étirer avant de commencer.

Les femmes qui en sont au dernier trimestre de leur grossesse devraient éviter de soulever de la fonte. La relaxine et les efforts demandés aux articulations peuvent provoquer des blessures.

Cultivez vos relations. « Je parlais à un ami l'autre jour et nous avons reconnu qu'en vieillissant, il y a toujours quelque chose qui vient nous empêcher de faire du sport, avoue le Dr Nicholas. Il faut aller prendre un verre avec quelqu'un, s'occuper de l'assurance de la maison, emmener les gosses voir un film. »

Si vous vous débrouillez pour jouer au tennis avec vos amies plutôt que d'aller boire un verre avec elles, ou pour emmener vos enfants à la patinoire plutôt qu'au cinéma, vous trouverez là le supplément d'exercice sportif qui vous évitera de vous ankyloser et de vous blesser.

Quand l'erreur survient

Même si vous faites le maximum pour garder votre corps en superforme, il arrivera bien un jour où vous vous ferez un étirement ou un claquage en tournant mal sur vous-même, en intensifiant votre programme ou tout simplement en retombant sur vos deux pieds.

Voici donc ce que conseille le Dr Nicholas quand vous vous étirez ou vous claquez un ligament, un tendon ou un muscle.

La formule magique. Elle consiste en quatre mots : repos, glace, compression et élévation. Cette formule capitale, vous devez la mettre en pratique chaque fois que vous vous blessez. L'objectif : minimiser l'inflammation. Car l'inflammation produit le gonflement, lequel entraîne la douleur et limite vos mouvements.

« Placez de la glace sur votre blessure pendant trois ou quatre jours, dit le Dr Nicholas. Appliquez-la 20 minutes par heure lorsque vous êtes éveillée. » Ensuite, mettez un bandage élastique autour de la région incriminée et soulevez le muscle blessé.

Prenez de l'ibuprofène. « Je dis aussi aux gens de prendre de l'Advil s'ils n'ont pas de maux d'estomac, dit le Dr Nicholas. Cela aide à réduire l'inflammation. Lisez attentivement la notice. »

Les bienfaits de la chaleur humide. Vous avez appliqué la formule magique pendant trois ou quatre jours. Il est maintenant temps de revenir à une situation plus normale et d'empêcher la région blessée de poser un problème chronique.

Le problème, c'est qu'après trois ou quatre jours, le sang séché des fibres musculaires déchirées ou traumatisées demeure dans la région blessée.

« Nous devons le sortir de là, explique le Dr Nicholas. Nous recourons alors à ce que nous appelons la chaleur humide. Nous enroulons une serviette chaude et humide autour de la zone blessée, recouvrons le tout de plastique – celui dont le teinturier emballe vos vêtements, par exemple – afin d'assurer l'isolation et plaçons dessus un coussin chauffant.

« Il faut pratiquer ainsi pendant une heure et demie à raison de trois fois par jour, en prenant bien garde de ne pas brûler la peau. Cela liquéfie le sang séché, le fait remonter à la surface et permet au corps de l'absorber.

« Cela contribue également au processus de guérison en détendant les muscles. »

Étirez le muscle blessé. Dès l'instant où un muscle a été blessé, les muscles environnants et lui-même se sont contractés et réduits, dit le Dr Nicholas. Avant de reprendre vos exercices normaux, vous devez étirer vos muscles jusqu'à ce qu'ils reprennent une longueur normale au repos. Demandez à un entraîneur sportif quel type d'étirement il suggère pour la blessure dont vous souffrez.

« Si vous ne retrouvez pas sa longueur au repos, prévient le Dr Nicholas, vous serez plus sujette aux étirements chroniques. »

La chute de l'histoire

Les blessures sportives sont peut-être pénibles, mais les chutes, elles, peuvent tuer. Et pas seulement les personnes âgées.

Les chutes qui surviennent à la maison frappent plus les vieillards dont la vue est défaillante et les pantoufles avachies, mais les chutes d'hommes et de femmes entre 25 et 44 ans ont principalement lieu au travail, comme nous l'explique John Britt.

Selon les experts de l'OSHA de Washington – organisme chargé d'étudier la santé et la sécurité des citoyens –, les gens tombent quand ils passent d'une hauteur à une autre en empruntant un moyen quelconque, échelle, escalier, scène ou poutrelle. La main courante peut s'arrêter brusquement avant la dernière marche, les praticables sont mal fixés sur une scène, la corde de sécurité de l'échelle est peut-être coupée, un outil a pu par inadvertance être oublié sur une poutrelle.

Vous voulez être sûre de ne pas être la prochaine à vous retrouver les quatre fers en l'air au travail ? John Britt vous explique comment réduire les risques.

Le spécialiste des chutes. Il y a dans toute grande société une personne qui s'occupe plus particulièrement des chutes et établit des rapports destinés aux compagnie d'assurances, aux comités de sécurité et à la Sécurité sociale. Trouvez cette personne. Demandez-lui où, quand et comment chaque chute a eu lieu au cours des 12 derniers mois. Puis faites en sorte de ne pas tomber dans le même piège que vos collègues.

Rendez visible l'invisible. Les gens ont tendance à prêter attention aux petits détails et pas aux choses qui crèvent les yeux. Dans un cours de dessin, ils vont remarquer le petit éclat de lame de rasoir qui risque de leur couper les doigts et pas la flaque d'encre répandue sur le sol qui les fera tomber.

Sur votre lieu de travail, entrez dans n'importe quelle pièce, placez-vous dans un coin et observez tout ce qui peut vous blesser ou faire tomber d'une manière ou d'une autre. Puis faites un rapport au service concerné… ou contentez-vous de prendre garde.

Laissez les talons aiguilles à la maison. Si votre société vous suggère de porter des chaussures plates et antidérapantes, des bottes ou des chaussures spécialement conçues pour vous éviter de tomber au travail, empressez-vous d'obéir.

Prudence sur la route

Bien des hommes et des femmes qui survivent aux 13 700 accidents de la circulation survenus chaque jour en France constatent que leurs amis et collègues de travail ne se montrent pas aussi sympathiques qu'ils l'auraient escompté.

Selon John Britt, le récit de leur accident est plutôt suivi de la question : « Tu avais mis ta ceinture ? », ou, pis encore, de : « Tu t'étais arrêté boire un coup avant de rentrer chez toi ? »

« Au cours de ces dernières années, l'opinion publique a bien changé en ce qui concerne les accidents de voiture, explique John Britt. Avant, les gens avaient de la peine pour les victimes d'accidents. Mais aujourd'hui – en partie grâce aux programmes de sécurité nationaux – chacun sait qu'un accident peut souvent être évité.

Que peut-on faire ? Voici deux stratégies qui, John Britt en est persuadé, vous aideront à empêcher les accidents de voiture ou à y survivre.

Guerre à l'alcool. Les études montrent que 3 600 des accidents mortels annuels impliquent des conducteurs en état d'ivresse. L'alcool est surtout présent lorsque l'accident mortel met en cause un conducteur de sexe masculin ayant entre 20 et 55 ans.

Bouclez votre ceinture. Bien des gens ne mettent pas leur ceinture parce qu'ils croient qu'ils risqueront moins d'être blessés s'ils sont « libres » de sortir rapidement de la voiture. Malheureusement, ce sont justement ces gens qui ne sortiront pas du tout de leur véhicule. Une enquête menée par la Sécurité routière américaine indique que le port de la ceinture réduit de 45 % les risques de décès des occupants d'une voiture accidentée.

BURSITES ET TENDINITES

Soulagez des articulations trop sollicitées

Vous lavez les escaliers depuis une heure. Vous passez votre matinée à déblayer la neige à grands coups de pelle. Vous posez du papier dans la cuisine pendant le week-end.

Quel est le point courant de ces trois activités ? Eh bien ce sont d'excellents moyens de se déclencher une bursite ou une tendinite. Ces affections douloureuses vont si souvent l'une avec l'autre que les médecins parlent souvent de bursito-tendinite : il est en effet difficile de dire quand l'une finit et quand l'autre commence.

Elles surviennent le plus souvent chez les hommes et les femmes qui ont atteint la quarantaine, particulièrement ceux qui n'ont rien fait pour préserver leur souplesse. Sans exercices d'étirement réguliers, les muscles et les tendons se raidissent et frottent les uns contre les autres, augmentant ainsi le risque d'inflammation.

Dès l'instant où une bursite ou une tendinite s'est déclarée, vous ne vous mouvez plus qu'avec la prudence d'un vieillard. Oubliez les joies de votre sport favori : au moindre mouvement, vous aurez l'impression qu'on vous touche avec un tisonnier chauffé à blanc.

Voici pourquoi cela fait mal.

Le syndrome de la non-utilisation

Les bourses sont de minuscules sacs emplis de liquide qui s'intercalent entre un muscle et un os ou entre deux muscles afin d'en faciliter le glissement. Au niveau des rotules et des coudes, elles forment des coussins entre la peau et l'os. Elles peuvent s'enflammer si vous blessez ou sollicitez trop une articulation, ou encore si vous forcez votre entraînement au-delà de ce à quoi vous êtes habituée, indique le Dr Pekka Mooar.

Si vous avez une tendinite, ce n'est pas vraiment le tendon qui fait souffrir, mais l'anneau de tissu qui entoure le tendon à l'endroit où il se fixe à l'os ou au muscle. La douleur est provoquée par une sursollicitation du tendon, laquelle entraîne une inflammation.

« Avec l'âge, les petites douleurs de toutes sortes se font plus nombreuses, c'est absolument indéniable », dit le Dr Phillip E. Higgs. Mais si vous restez alerte, ajoute-t-il, un surcroît d'effort risque moins de provoquer une bursite ou une tendinite.

C'est le manque d'exercice, pas le vieillissement, qui augmente les risques. C'est ce qu'ont conclu le Dr Higgs et ses confrères après une étude menée auprès de 157 volailleurs et de 118 informaticiens. Les employés avaient entre 20 et 71 ans : ceux qui étaient les plus jeunes mais ne faisaient pratiquement pas de sport présentaient autant d'inflammations que leurs aînés non sportifs.

La bursite et la tendinite sont très différentes d'une personne à une autre, dit le Dr Higgs. Par exemple, une journée entièrement consacrée au sport pourra provoquer des symptômes chez quelqu'un, alors que des années de travail à la chaîne n'auront aucun effet sur une autre personne.

Les endroits les plus sensibles

Les épaules, les coudes, les hanches, les genoux et les chevilles sont particulièrement sensibles à la bursite et à la tendinite. Les femmes ont plus souvent des inflammations de la hanche que les hommes : nos hanches forment en effet un angle plus ouvert et la pression exercée sur leurs articulations est plus importante. Chez les hommes, ce sont normalement les épaules qui posent problème : ils effectuent davantage de lancers ou exercent des professions qui leur demandent plus souvent de soulever des poids au-dessus de leur tête.

À l'époque où nous étions les seules à récurer le sol, on parlait, en cas d'inflammation du genou, de « genou de la ménagère ». Les poignets féminins présentaient aussi une forme de tendinite qu'on ne voit plus guère aujourd'hui. La cause ? L'essorage des chiffons et des couches en tissu. De nos jours, nous sommes nombreuses à faire des tendinites à cause d'activités telles que la dactylographie, disent les médecins. Tout travail ou passe-temps qui nécessite un mouvement répétitif, qu'il s'agisse de coudre ou de travailler à la chaîne, ne fait qu'augmenter les risques.

Bursites et tendinites sont également provoquées par la pratique trop intensive d'un sport. Le tennis s'en prend aux coudes et aux poignets ; la natation peut irriter les bourses de l'épaule ; la course peut enflammer les chevilles et les tendons d'Achille, particulièrement lorsque vous courez sur un sol dur avec des chaussures qui ne sont pas appropriées. L'aérobic, surtout quand on fait usage d'un « stepper », peut provoquer des inflammations des hanches et des genoux.

La bursite est souvent cause de courbatures, disent les spécialistes. Elle peut aussi accompagner l'affection connue sous le nom de fibromyalgie (raideur et douleurs musculaires dans tout le corps).

Heureusement, la bursite et la tendinite se soignent facilement, et vous pouvez faire beaucoup pour les prévenir.

Préservez vos articulations

Il convient surtout de se mettre progressivement en condition et de commencer doucement les exercices les plus vigoureux, conseille le Dr Stephen Campbell. Voici quelques suggestions.

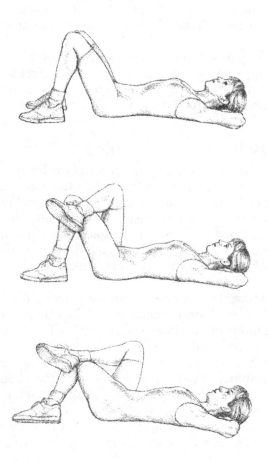

Allongez-vous sur le dos, les genoux pliés et les pieds posés bien à plat sur le sol (en haut). Placez les mains derrière la nuque. Posez votre jambe droite sur votre jambe gauche : le pied droit doit se trouver à l'extérieur de la jambe gauche, juste au-dessous du genou (au centre). Abaissez doucement le bassin (posez délicatement la courbure des reins sur le sol). Gardez immobiles les épaules et le haut du dos, mais servez-vous de votre pied droit pour abaisser lentement sur la droite votre genou gauche (en bas). Vous devez sentir un étirement au niveau des reins, à gauche, ou à l'extérieur de la cuisse, au moment où votre genou gauche touche le sol. Tenez cet étirement pendant six secondes. Revenez au point de départ. Répétez l'exercice en plaçant le pied gauche sur l'extérieur de la jambe droite (sous le genou droit) afin de faire descendre celle-ci vers le sol (du côté gauche). Recommencez de trois à cinq fois, deux fois par jour.

Étirez-vous avant le sport. « Pour vous préparer à une activité vigoureuse, vous devez étirer davantage les muscles que vous utiliserez, dit le Dr Mooar. Pratiquez un étirement long et soutenu pendant dix secondes et ne vous précipitez pas. Répétez cet étirement de trois à cinq fois avant de faire du sport. » Ne vous étirez surtout pas à toute allure, c'est le meilleur moyen de déchirer vos ligaments ou vos fibres musculaires, précise-t-il. Si vous ne savez pas trop quel type d'étirement vous convient, demandez conseil à un entraîneur.

Démarrez lentement toute nouvelle activité. Si vous attaquez un nouveau sport, faites en sorte d'augmenter progressivement la force et la souplesse des muscles que vous utiliserez, dit le Dr Mooar. Si vous choisissez le tennis, par exemple, ne jouez qu'un set la première fois. « Ne vous lancez pas aussitôt dans une série de sets, vous auriez l'impression que votre épaule va se décrocher », dit-il.

Préparez-vous au jeu ou au travail. Si votre travail ou votre passe-temps exige des mouvements répétitifs, demandez à un entraîneur de vous recommander des exercices d'endurance et de consolidation propres à ce mouvement, dit le Dr Mooar. « Si vous faites cela, ajoute-t-il, vous cesserez d'être accablée par la bursite ou la tendinite. » Bien des gens développent une inflammation chronique en imposant à leurs articulations des blessures à répétition.

Redressez-vous. Taper à la machine ou trier des dossiers peut déclencher des problèmes de dos et de poignets. Surélevez vos poignets quand vous travaillez au clavier, conseille le Dr Campbell. Et vérifiez que votre chaise est bien réglée pour que votre dos soit soutenu et vos bras et poignets à la même hauteur.

Pitié pour vos genoux. La bourse qui sépare les rotules de la peau est infime, dit le Dr Mooar. Quand vous travaillez chez vous ou au jardin, agenouillez-vous sur un bloc de caoutchouc mousse ou portez des genouillères. Vous en trouverez facilement dans les jardineries et les magasins de sport.

Conseils pour une guérison rapide

Vous avez déjà une bursite ou une tendinite et vous voulez être soulagée – rapidement, bien entendu. La première question que vous devez vous poser, c'est : « Qu'ai-je fait différemment cette fois-ci ? ». « Quelle que soit la réponse, vous en avez trop fait, dit le Dr Campbell. Commencez par arrêter. » Puis :

Massez-vous avec de la glace. « Appliquez un gobelet en carton rempli de glace sur la zone douloureuse, » conseille le Dr Robert Swezey. Pour maîtriser l'inflammation, frottez le fond du gobelet sur la partie douloureuse pendant deux à cinq minutes, recommencez trois ou quatre fois par jour, dit-il.

Alternez avec la chaleur. Après la glace, posez un coussin électrique afin d'atténuer la douleur, dit le Dr Campbell.

Dormez au chaud. Portez une chemise en flanelle ou un pull en laine pour garder bien au chaud une épaule endolorie. Si vous dormez sans manches dans une chambre fraîche, vous vous sentirez plus ankylosée au réveil.

Le sport sans douleur

La tendinite ou la bursite ne doivent pas vous empêcher de pratiquer votre sport favori. La mise en forme progressive est la clef de la prévention – ou de la préparation d'un retour en douceur si ces maladies ont déjà frappé. Voici quelques conseils correspondant à diverses activités.

Aérobic. Apprenez la technique à votre propre rythme. Ne forcez pas. Commencez toujours par vous échauffer et vous étirer, puis détendez-vous une fois les exercices terminés, conseille le Dr Robert L. Swezey.

Tennis. Pour éviter les douleurs du poignet et du coude, choisissez une raquette bien en manche, diminuez la tension du cordage et portez un bandeau élastique à l'avant-bras afin d'en soutenir les muscles, explique le Dr Stephen Campbell. Si votre épaule vous fait souffrir, modifiez votre service pour éviter de trop balancer votre bras au-dessus de votre tête.

Course. Entraînez-vous progressivement avant de courir sur de longues distances, dit le Dr Campbell. Ne forcez pas trop si vous venez de commencer, évitez les surfaces dures et portez des chaussures à semelles molles, à semelles intérieures de bonne qualité et qui assurent bien le soutien de la voûte plantaire.

Natation. Même si la natation est assez clémente à l'égard des articulations, l'épaule peut souffrir d'un excès d'entraînement, avertit le Dr Campbell. Pour empêcher ou guérir la bursite ou la tendinite de l'épaule, évitez la nage libre, ou crawl, et le papillon. Pratiquez plutôt la brasse et la nage indienne, ou utilisez une planche.

Retour à l'entraînement. Après une crise de bursite ou de tendinite, vous devez absolument attendre que la douleur ait disparu pour reprendre un entraînement intensif, dit le Dr Campbell. Quand vous avez le feu vert de votre médecin, pratiquez votre sport moins fréquemment et moins intensément ; comptez plusieurs semaines ou plusieurs mois pour remettre votre articulation blessée en état.

Prenez le bon calmant. Choisissez un analgésique à base d'aspirine ou d'ibuprofène, dit le Dr Campbell. Ces deux médicaments empêchent la production de substances chimiques appelées prostaglandines, lesquelles contribuent au gonflement et à la douleur des tissus enflammés. Le paracétamol n'agit pas sur l'inflammation parce qu'il ne fait pas obstacle aux prostaglandines.

Balancez le bras. Parfois, la bursite de l'épaule évolue vers une affection douloureuse appelée capsulite adhésive, ou « épaule gelée ». Quand cela survient, l'épaule ne peut pratiquement plus effectuer le moindre mouvement et l'articulation est pratiquement immobile. Pour éviter l'épaule gelée, vous devez commencer à faire bouger votre épaule dès que la douleur vive est passée, dit le Dr Campbell. Couchez-vous sur le ventre sur votre lit et laissez pendre le bras affecté sur le côté. Balancez-le doucement comme un pendule et augmentez progressivement les mouvements jusqu'à ce que vous soyez capable d'effectuer un cercle complet. Faites cela pendant 15 à 30 minutes, de trois à cinq fois par semaine, pour récupérer tous vos moyens.

Consultez un chiropracteur. Si la douleur ne veut pas s'en aller, la technique dite du « massage par friction » peut résoudre le problème, indique le Dr Warren Hammer. Quand l'inflammation est chronique, les adhérences fibreuses ne permettent pas aux bourses de glisser normalement. Le massage par friction peut faire céder ces adhérences, explique le Dr Hammer, et soulager la cause de la douleur en cas de bursite. « De même, un tendon enflammé peut raccourcir et s'épaissir, ce qui augmente l'inflammation dans la bourse sur laquelle il glisse, dit le Dr Hammer. La pression du massage sur la bourse et le tendon peut redonner leur longueur aux fibres du tendon. » Utilisez de la glace pour calmer l'inflammation avant d'aller chez le chiropracteur, conseille-t-il.

Évitez la paralysie

Si la bursite, ou la tendinite, dure trop longtemps, vous devrez aller consulter votre médecin pour qu'il mette un terme à la douleur. Voici quelques remèdes dont vous pouvez lui parler.

Anti-inflammatoires. Si vous n'avez pas de problème d'estomac, demandez à votre médecin des anti-inflammatoires non stéroïdiens, dit le Dr Campbell. Comme l'aspirine et l'ibuprofène, ces anti-inflammatoires viennent bloquer la production de prostaglandines. Ils peuvent aussi irriter l'estomac (comme l'aspirine) et ne doivent pas être prescrits à long terme.

Modérez l'usage des piqûres. Les stéroïdes sont utilisés en général en dernier ressort contre la douleur. « Ce sont des raccourcis, pas des remèdes », dit le Dr Mooar. La plupart des médecins recommandent de ne pas faire plus de deux injections par an dans un tendon, une bourse ou une articulation douloureuse. Des injections trop fréquentes peuvent affaiblir un tendon et entraîner sa rupture.

« La plupart des gens subissent trop d'injections de substances du type cortisone, dit le Dr Swezey. Mes confrères utilisent normalement des doses de 10 à 20 mg pour les injections bursales, mais j'ai constaté que 2,5 mg suffisaient la plupart du temps. »

Dernière arme : la chirurgie. Dans les cas extrêmes de bursite, votre médecin devra peut-être extraire du liquide de votre articulation ou demander à ce qu'un chirurgien orthopédique pratique l'ablation de la bourse, prévient le Dr Mooar. Mais avant de passer sur la table d'opération, prenez toujours l'avis d'un autre spécialiste.

CAFÉINE

Attention aux tremblements

Tous les matins, à 9 h 03 très précises, elle passe devant votre bureau, un gobelet de café à la main, un œil fermé et l'autre entrouvert.

« Bonjour, Martine », dites-vous.

« Aour », grommelle-t-elle.

Vers 11 h 30, vous la voyez passer en trombe dans le couloir.

« Bonjour, Martine », dites-vous à nouveau.

« Oh, bonjour ! Ça va ? Tu as une robe super. Tu n'aurais pas vu le patron ? J'ai un rapport hyper urgent à lui remettre avant midi », lance-t-elle à toute allure avant de disparaître dans l'ascenseur.

Quand il est l'heure de partir, vous la trouvez effondrée sur un listing au beau milieu d'une demi-douzaine de canettes de Coca-Cola.

« Bonsoir, Martine », dites-vous.

Elle ne répond même pas.

Comme Martine, la grande majorité des Français a recours à la caféine pour entamer une nouvelle journée. Une tasse de thé ou de café, voire une canette de Coca, aide parfois à se réveiller, à se remettre les idées en place et à reprendre sa place dans le monde des vivants.

Mais prenez garde de ne pas en abuser. Trop de caféine peut vous rendre comme Martine – abrutie, surexcitée, irritable, ou les trois à la fois – et vous confronter à des problèmes de santé très divers, puisque cela va de la migraine à la maladie de cœur en passant par l'insomnie.

« Méfiez-vous de la caféine, conseille Mary Sullivan. Elle peut vous aider à raviver votre corps et votre esprit quand elle est prise en petites quantités, mais elle peut aussi vous nuire si elle tient une trop grande part dans votre régime alimentaire. »

Des raisons de s'inquiéter

La caféine stimule le système nerveux central, libère l'adrénaline dans le sang et augmente le taux de sucre. À court terme, cela vous rend plus alerte, plus concentrée, et cela réduit la fatigue.

Mais un excès de caféine peut susciter un trouble connu sous le nom de caféisme. Ce problème se caractérise par des étourdissements, des tremblements, des maux d'estomac, de la diarrhée, une envie fréquente d'uriner, de l'insomnie et des migraines. Pour y mettre un terme, il suffit de supprimer la caféine.

Les études évoquent un lien éventuel entre la caféine et un taux de cholestérol élevé, des problèmes d'hypertension artérielle et une aggravation des symptômes du syndrome prémenstruel. Les résultats des tests sont souvent inconsistants et contradictoires. Le Dr Manfred Kroger dit que cela tient au fait que les chercheurs donnent du café aux participants sur lesquels ils souhaitent expérimenter les effets de la caféine, alors que le café contient vraisemblablement d'autres ingrédients qui sont susceptibles d'avoir leurs propres effets.

Quelle est la dose de caféine à ne pas dépasser ? Cela dépend. « Personne ne réagit de la même façon, dit le Dr Richard Podell. Une tasse de café va causer des problèmes chez certaines femmes, alors que d'autres auront une tolérance bien supérieure. »

La célèbre *Food and Drug Administration* américaine (office de contrôle pharmaceutique et alimentaire) inclut la caféine dans sa liste des produits « généralement reconnus comme sans danger », mais indique toutefois que l'on doit en user avec modération. Les Français consomment en moyenne 200 mg de caféine par jour, soit l'équivalent de deux tasses de café de 15 cl ou de quatre canettes de Coca-Cola. Mary Sullivan dit que cette quantité de caféine ne fera pas de mal à la plupart des gens.

« Faites preuve de bon sens, conseille-t-elle. Si vous avez du mal à dormir ou que vous vous mettez à trembler, il vaut mieux réduire la dose. »

Le Dr Kroger pense que personne ne devrait boire plus de deux ou trois tasses de café par jour, quelles que soient les réactions individuelles à la caféine. « Nous ne savons pas trop les effets que cela produit, dit-il. Et mieux vaut pratiquer la modération. »

Soyez prudente avec la caféine

Si vous voulez limiter la caféine dans votre régime alimentaire sans l'éliminer complètement, les spécialistes vous donnent ces quelques conseils.

Supprimez la tasse du soir. La caféine subsiste plus longtemps dans l'organisme que la plupart des autres stimulants. La moitié de la caféine contenue dans une tasse de café peut encore circuler dans vos veines cinq heures plus tard. Si vous avez du mal à dormir, Mme Sullivan dit que vous devez cesser d'absorber de la caféine dès la fin de l'après-midi.

Prenez du déca. L'idée d'une vie sans café vous est intolérable ? Le café décaféiné est peut-être la solution, même si, comme le dit le Dr Kroger, il contient encore certains éléments néfastes du café que l'on ne connaît pas parfaitement. « Passer au déca ne donne pas le droit de boire dix tasses par jour », prévient le Dr Kroger.

Il existe aussi des cafés partiellement décaféinés. Vous pouvez également abandonner le robusta pour l'arabica, trois fois moins riche en caféine (et d'ailleurs plus prisé des amateurs). Le robusta sert habituellement à la confection des cafés instantanés.

Café et thé ne sont pas seuls en cause. Non, la caféine ne se dissimule pas que dans le thé et le café. Les boissons gazeuses non alcoolisées contiennent deux ou trois fois moins de caféine que le café. Consommer une marque sans caféine peut réduire de 60 mg votre consommation, dit Mary Sullivan.

TENEUR EN CAFÉINE

Combien de caféine y a-t-il dans cette boisson ou cette barre au chocolat ? Voici les réponses.

Aliment solide ou liquide	Caféine (mg)
CAFÉ (tasse de 15 cl)	
Cafetière	115
Percolateur	80
Instantané	68-98
Décaféiné	4
THÉ (tasse de 15 mg)	
Tetley	64
Lipton	52
Tender Leaf	33
BOISSON GAZEUSE NON ALCOOLISÉE (canette de 33 cl)	
Coca-Cola	46
Coca allégé	46
Pepsi	38
Pepsi allégé	36
CHOCOLAT (100 G)	
Chocolat noir	21
Chocolat au lait	4

DOSES CACHÉES

Certains médicaments en vente libre contiennent de surprenantes quantités de caféine. Le tableau suivant indique la dose de caféine qui entre dans la composition d'un comprimé de chacun de ces médicaments.

Médicament	Caféine (mg)
Aspirine sans excédrine	65
Excedrin extra-forte	65
Anacin (normale)	32
Anacin efficacité maximale	32

Attention également au chocolat noir. Il faudrait manger près d'une livre de chocolat au lait pour absorber autant de caféine que dans une tasse de café préparée au percolateur, mais une tablette de 100 g de chocolat noir en contient tout autant.

Les médicaments en vente libre incluent également une dose surprenante de caféine. Certains analgésiques en ont autant qu'une boisson non alcoolisée.

Modifiez vos habitudes. C'est peut-être plus une question d'habitude que d'envie de caféine. « Si vous vous surprenez à prendre une tasse de café chaque fois que vous vous asseyez pour faire un travail, c'est que vous avez de mauvaises habitudes, explique Mary Sullivan. Demandez-vous si vous avez vraiment envie de cette tasse ou si vous pouvez vous en passer. »

Vous pouvez aussi mettre quelque chose d'autre dans votre tasse (de l'eau, par exemple, puisque la plupart d'entre nous n'en buvons pas assez).

Lisez la notice. Quiconque a jamais assisté à un spectacle interminable – toute la nuit, pourquoi pas ! – sait que certains stimulants sont bourrés de caféine. Ils sont faits pour ça. Mais vous seriez surprise d'apprendre que certains analgésiques (comme Prontalgine ou Lamaline) contiennent autant de caféine qu'une canette de Coca-Cola. Si vous êtes sensible à la caféine, lisez attentivement la notice avant utilisation.

Arrêtez en douceur. Si vous décidez de réduire votre dose de caféine, Mary Sullivan vous suggère d'y aller progressivement et de mettre au moins plusieurs jours. Couper net la caféine peut induire des symptômes plutôt déplaisants : maux de tête, angoisse, voire dépression. Les études révèlent que ces symptômes se manifestent même chez les individus qui boivent modérément du café.

CANCER

Comment se venir en aide à soi-même

Dès qu'une femme apprend qu'elle a un cancer, tout un tas de questions lui viennent à l'esprit : « Est-ce que je vais mourir ? », « La chirurgie va-t-elle me défigurer ? », « Mon mari me trouvera-t-il moins féminine ? », « Qu'est-ce que je vais dire à mes amies et à ma famille ? », « Comment allons-nous payer les traites ? » ou encore « Est-ce que cela veut dire que je n'aurai plus d'enfants ? »

Le cancer est tout-puissant quand il s'agit de faire vieillir. C'est une maladie impitoyable et une cause de souffrances qui nous arrache notre jeunesse et notre vigueur.

Cette maladie accélère véritablement le processus de vieillissement en suscitant des bouleversements chimiques qui entraînent des articulations douloureuses, un manque d'appétit, une perte de poids, de la faiblesse, de la fatigue, la perte de toute résistance, dit le Dr Ernest Rosenbaum.

« Le cancer vous épuise. Quand vous avez un cancer, vous vous sentez vieillir à toute allure », ajoute le Dr Charles B. Simone.

La vérité sur le cancer

Le cancer menace notre vie parce que des cellules anormales se multiplient en échappant à tout contrôle, se répandent dans le corps et agressent les cellules normales qui les entourent, explique le Dr John Laszlo. En fait, ce n'est pas une maladie, mais un ensemble de plus de 100 maladies qui attaquent, chacune à sa façon, les différents organes du corps. Le cancer du poumon, par exemple, peut s'étendre aux autres tissus de manière légèrement différente que ne le ferait le cancer du sein.

« Le cancer nous apparaît comme une entité unique, et nous rêvons que nous allons pouvoir inventer quelque pilule magique qui agira à titre préventif ou permettra de guérir toutes les formes de cancer. Malheureusement, c'est bien plus compliqué que ça », dit le Dr Roland Ross.

Les chercheurs pensent que 5 à 10 % des cancers peuvent être héréditaires : cela signifie que la maladie passe d'une génération à une autre par le biais d'un gène anormal. Mais, dans l'immense majorité des cas, le cancer se développe en franchissant une série d'étapes assez complexes comprenant souvent une exposition prolongée aux carcinogènes, des substances qui peuvent causer le cancer comme, par exemple, le tabac et l'amiante, indique le Dr Laszlo. Les carcinogènes affectent habituellement les cellules d'un organe donné. L'amiante, par exemple, augmente les risques de cancer du poumon, alors qu'une exposition excessive au soleil est liée à un risque accru de cancer de la peau.

Certains chercheurs pensent que les carcinogènes encouragent la formation des radicaux libres : ce sont des molécules d'oxygène instables, capables de détériorer la chaîne de molécules d'ADN qui indiquent aux cellules comment se reproduire. Une fois l'ADN endommagé en certains endroits critiques, des cellules cancéreuses peuvent se former.

« Les radicaux libres responsables du vieillissement sont les mêmes que ceux qui provoquent le cancer, explique le Dr Simone. Comment empêcher cela ? Nous devons nous protéger des phénomènes qui suscitent des radicaux libres, et cela comprend les graisses, le tabac et l'alcool. »

Les types les plus courants de cancer chez la femme affectent les seins, le côlon et le rectum, les poumons, l'utérus, les tissus lymphatiques et les

Sept signes que vous ne devez pas ignorer

Voici sept signes courants annonciateurs d'un cancer. Si vous présentez l'un d'eux, consultez immédiatement votre médecin.

1. Boule ou nodule dans un sein
2. Transformation d'une verrue ou d'un grain de beauté
3. Blessure qui ne guérit pas
4. Changement des habitudes d'élimination (selles, urines)
5. Toux ou voix rauque persistante
6. Indigestion permanente ou difficulté à avaler
7. Pertes ou saignements inhabituels

ovaires. Chez les femmes de moins de 35 ans, les cancers du sein et de la peau et des lymphomes tels que la maladie de Hodgkin sont parmi les plus répandus.

Le cancer, ce n'est toutefois pas une condamnation à mort systématique. En fait, plus de la moitié des Américains frappés par un cancer y survivront, indique l'Association américaine pour la lutte contre le cancer. Détectés assez tôt, certains types de cancer – sein ou peau par exemple –, ont des taux de survie à cinq ans qui dépassent les 90 %. Si une patiente apparaît dégagée des symptômes du cancer pendant cinq ans, les médecins peuvent la considérer comme « guérie », même si certains cancers réapparaissent au bout de dix ans ou plus.

« Au cours des cinquante dernières années, nous avons fait des progrès lents mais réguliers dans la lutte contre le cancer. Pas à pas, nous gagnons cette guerre », déclare le Dr Harmon Eyre.

Le cancer du sein, première cause de mortalité chez les femmes (plus de 10 000 décès par an et 25 000 nouveaux cas diagnostiqués chaque année), se déclare en général chez la femme âgée de plus de 50 ans. Selon certains spécialistes, une réduction de 30% de la mortalité pourrait être obtenue grâce à un dépistage plus précoce.

« La plupart du temps, les jeunes n'ont pas à craindre le cancer. C'est un mal tapi dans un futur lointain, dans 30 ou 40 ans peut-être », dit le Dr Carl Mansfield.

Ce que vous pouvez faire

Certains cancers mettent plus de 30 ans à se développer. Aujourd'hui, vous pouvez faire beaucoup pour avoir une vie longue, saine et sans cancer, dit le Dr Laszlo. En fait, les cancérologues estiment que quelque 50 % des cancers pourraient être évités si les femmes modifiaient légèrement leur mode de vie. Voici par où commencer.

Devenez une ex-fumeuse. Le cancer du poumon était une maladie rare avant que la cigarette ne devienne si répandue. Il tue aujourd'hui des milliers de femmes par an et dépasse le cancer du sein : c'est la première cause de décès par cancer, déclare le Dr Dennis Ahnen. (Le cancer du sein est toujours le type de cancer le plus répandu chez les femmes.) Les fumeuses risquent dix fois plus de développer un cancer du poumon que les non-fumeuses ; 30 % de toutes les morts par cancer sont dues au cancer du poumon, précise le Dr Rosenbaum. Certaines études montrent également que les femmes qui fument ont deux fois plus de risques d'avoir un cancer du col de l'utérus. Conclusion : si vous ne fumez pas, ne commencez pas ; et si vous fumez, arrêtez.

Attention au tabagisme passif. Chaque année, de nombreux cas de décès par cancer du poumon chez des non-fumeurs sont imputables au tabagisme passif, dit le Dr Simone. Chez l'adulte, l'exposition passive à la fumée du tabac est cause d'inconfort chez plus de la moitié des non-fumeurs. Pour la santé, le seul lien bien établi est un doublement du risque de cancer bronchique chez les épouses de fumeurs. Des chercheurs de l'université de Californie ont révélé que les employés de restaurants sont deux fois plus exposés au tabagisme passif que les personnes vivant dans un foyer où au moins une personne fume. Les tenanciers de bars y sont 4,5 fois plus exposés. Comparé à la population générale, les employés de la restauration ont 50 % de risques de plus de développer un cancer du poumon : cette différence est attribuable, en partie tout au moins, au tabagisme passif sur le lieu de travail. Évitez les bars enfumés et demandez toujours à être installée dans la partie non-fumeurs des restaurants, conseille le Dr Simone. Si quelqu'un fume dans votre entourage, demandez-lui d'arrêter ou établissez une zone où il peut fumer sans vous mettre en danger.

N'abusez pas de l'alcool. Une forte consommation d'alcool augmente les risques de cancer du foie, de la bouche, de l'œsophage et du larynx. Les recherches ayant pour but d'établir un lien entre l'alcool et le cancer du sein ont donné lieu à des résultats contradictoires, mais il vaut tout de même mieux faire attention, dit le Dr Louise Brinton. Le Dr Rosenbaum recommande pour sa part de limiter votre consommation quotidienne à une bière de 33 cl, un verre de vin de 10 cl ou 3 cl d'alcool (dans un cocktail, par exemple).

Le bienfait des fibres. Les femmes qui mangent beaucoup de fruits fibreux, de légumes et de céréales complètes (par exemple, brocolis, choux de Bruxelles, choux, pommes, bananes, mangues et pain complet) seront moins sujettes au cancer du sein, du côlon et du rectum que les autres, dit le Dr Simone. Les fibres réduisent les quantités d'œstrogène dans le sang. L'œstrogène peut modifier la structure cellulaire et favoriser le cancer du sein, dit le Dr Mansfield. En outre, les fibres facilitent le transit intestinal : votre appareil digestif est donc moins exposé aux carcinogènes.

Les fibres peuvent aussi prévenir d'autres cancers. Lors d'une étude menée auprès de 399 femmes atteintes d'un cancer de l'endomètre et de 296 femmes en bonne santé, le Dr Brinton a découvert que celles qui consommaient au moins deux fois par jour du pain et des céréales riches en fibres avaient 40 % moins de risque de développer un cancer de l'endomètre.

L'Institut national américain pour la lutte contre le cancer recommande aux femmes de manger de 20 à 30 grammes de fibres par jour. Si vous commencez votre journée par des céréales comprenant au moins 7 g de fibres, ajoutez-y une banane de taille moyenne coupée en tranches et deux cuillerées de raisins. Vous aurez déjà la moitié de votre dose quotidienne, soit 20 g, dit le Dr Gladys Block. Vous n'avez plus qu'à manger au moins trois fruits (ou légumes ou céréales) dans la journée. Les haricots, par exemple, sont particulièrement riches en fibres.

Mangez des légumes. Mangez des fruits et des légumes au moins cinq fois par jour, conseille le Dr Rosenbaum. Ces aliments contiennent des antioxydants, des vitamines et des minéraux tels que le bêtacarotène, le sélénium et des vitamines A et E qui combattent les radicaux libres.

Prenez un complément. Les compléments riches en vitamines C et E, mais aussi en autres vitamines et minéraux antioxydants, peuvent aider à neutraliser certains carcinogènes tels que les nitrites, présents dans le bacon, les saucisses, les hot dogs et les salaisons, nous dit le Dr Kedar N. Prasad. Ces compléments renforcent aussi le système immunitaire et lui permettent de mieux détruire les cellules cancéreuses nouvellement formées avant même qu'elles se multiplient, dit le Dr Prasad. Il suggère de prendre chaque jour 15 mg de bêtacarotène, et deux fois par jour 2 500 UI de vitamine A, 500 mg de vitamine C, 200 mg (ou 134 UI) de vitamine E et 50 µm (microgrammes) de sélénium.

Réduisez les graisses. Un régime alimentaire riche en graisses est susceptible de déclencher un cancer. Les chercheurs de l'université d'Hawaii, à Manoa, ont comparé la consommation en graisses de 272 femmes postménopausées souffrant d'un cancer du sein avec celle de 296 femmes en bonne santé. Et ils ont découvert l'existence d'un rapport direct entre le cancer du sein et le fait de manger des saucisses, de la viande froide cuisinée industriellement, du bœuf et de l'agneau. Les médecins ne savent pas vraiment pourquoi la graisse engendre des tumeurs, mais plusieurs facteurs pourraient jouer un rôle, explique le Dr Mansfield. Certains médecins pensent que les nourritures grasses déclenchent la production d'acides biliaires qui interagissent avec les bactéries du côlon pour former des carcinogènes. Les cellules adipeuses pourraient aussi être plus vulnérables aux carcinogènes que les autres cellules. Quoi qu'il en soit, de nombreux experts pensent que les graisses ne doivent pas constituer plus de 25 % de l'apport calorique quotidien. Pour ce faire, mangez davantage de fruits, de légumes et d'aliments complets, supprimez la graisse visible des viandes et ne mangez pas plus de 100 g de viande rouge, de poisson ou de volaille par jour.

Mettez la friteuse au placard. Frire consiste à ajouter encore des graisses à la nourriture, et la graisse favorise le cancer. Préparez vos aliments en les faisant griller, bouillir, cuire à la vapeur ou au four, conseille le Dr Mansfield. Utilisez des poêles non adhésives ou ajoutez du consommé de volaille ou de légumes.

Prenez garde au barbecue. La chaleur et la fumée des braises créent plusieurs substances qui sont causes de cancer, dont la nitrosamine, qui est l'un des carcinogènes les plus puissants que l'on connaisse, explique le Dr Mansfield. Si vous aimez le barbecue, n'en faites usage que rarement, ajoute le Dr Prasad. Placez la grille bien au-dessus des braises après l'avoir entourée d'une feuille d'aluminium afin d'éviter que la graisse ne retombe dans les flammes, ce qui provoquerait davantage de fumée et de carbonisation.

Perdez du poids. Si vous pesez plus que vous ne devriez, vous produisez davantage d'œstrogène que nécessaire. On pense qu'un taux élevé d'œstrogène, l'hormone de la reproduction, altère la structure cellulaire et serait lié à un risque accru de cancer du sein, dit le Dr Mansfield. Votre poids doit rester dans la fourchette définie par votre gynécologue ou votre généraliste.

Une étude menée par les chercheurs de l'école de santé publique de Harvard a permis de conclure que les femmes qui demeurent physiquement actives toute leur vie sont 2,5 fois moins susceptibles que les autres de développer un cancer du col de l'utérus et des autres organes de la reproduction. Le Dr Simone vous conseille de pratiquer la marche, la course ou la natation au moins 20 minutes par jour et trois fois par semaine.

Restez à l'ombre. Le cancer de la peau augmente de façon alarmante. On note plus de 80 000 nouveaux cas par an ; il a pour cause principale les expositions répétées aux rayons ultraviolets, artificiels ou naturels. Pour éviter le cancer de la peau, évitez les longues expositions au soleil, portez un chapeau et un chemisier à manches longues, et n'allez pas jambes nues sans avoir appliqué une crème solaire dont l'indice est au moins égal à 15. Quand vous êtes à l'extérieur, conseille le Dr Rosenbaum, mettez toujours de l'écran total.

N'abusez pas de la douche vaginale. Les chercheurs de l'université militaire des sciences de la santé à Bethesda (Maryland) ont révélé que les risques de cancer du col de l'utérus étaient quatre ou cinq fois plus élevés chez les femmes qui prenaient au moins quatre douches intimes par mois. Les femmes qui se douchaient moins prenaient des risques moindres. Le type de savon liquide utilisé n'y était pour rien. Les chercheurs pensent qu'une toilette trop fréquente peut bouleverser l'équilibre acido-basique en diluant les sécrétions ou en détruisant les bactéries bénéfiques susceptibles de faire obstacle à l'envahisseur viral.

Pratiquez la sexualité sans risques. Responsable d'une maladie sexuellement transmissible (MST), le papillomavirus est associé à des modifications précancéreuses du col de l'utérus, ou dysplasie. Les partenaires sexuels multiples et l'absence de protection sont deux grands facteurs de risques. Utilisez des préservatifs et entretenez une relation mutuellement monogame, conseille le Dr Rosenbaum.

Étudiez votre arbre généalogique. Même si moins de 10 % des cancers ont une origine génétique, savoir s'il y a eu des cas de cancer dans votre famille aidera votre médecin à évaluer les risques et à vous recommander des méthodes permettant de prévenir la maladie, dit le Dr Rosenbaum. Interrogez autant de membres de votre famille que vous le pourrez. Si quelqu'un a eu un cancer, notez à quel âge il est apparu et quel organe a été touché.

Valeur des examens préventifs

Même si vous mangez correctement, ne fumez pas et n'avez aucun cas de cancer dans votre famille, cela ne veut pas forcément dire que vous soyez à l'abri. En fait, 75 % des femmes qui développent un cancer du sein n'avaient pas de risques connus, indique le Dr Charles Taylor. Mais plus un cancer est détecté tôt, plus vous aurez de chances d'en guérir.

C'est pour cette raison qu'il est très important qu'une femme pratique chaque mois un auto-examen de ses seins, qu'elle passe sa première mammographie entre 35 et 40 ans et qu'elle se fasse faire un frottis tous les deux ans.

Voici quelques explications relatives à la mammographie et au frottis. (Pour l'auto-examen, reportez-vous au chapitre Poitrine, page 532.)

La mammographie : pour dépister très vite les problèmes

La mammographie est une radiographie des seins qui permet de localiser les grosseurs perçues par la patiente ou son médecin, explique le Dr Taylor. Voici quelques conseils qui peuvent rendre votre mammographie plus supportable.

Faites appel à une amie. Arrangez-vous avec une amie pour vous rappeler mutuellement les dates de vos mammographies. Ou mieux, allez-y ensemble, propose le Dr Phyllis Kornguth. Ensuite, déjeunez toutes les deux ou faites du shopping ; en tout cas, profitez-en pour passer ensemble un moment sympathique.

Prenez le commandement. La mammographie est parfois douloureuse : pour trouver les plus petites tumeurs, les seins doivent être comprimés. Le Dr Kornguth dit que vous trouverez peut-être cet examen moins désagréable si vous exercez un certain contrôle sur la pression que l'on vous applique. « En fait, les chiffres révèlent que les femmes qui compriment elles-mêmes leurs seins donnent d'aussi bonnes images tout en souffrant moins », ajoute-t-elle. Lors de la mammographie, demandez à l'opérateur si vous ne pouvez pas régler vous-même la pression. Ou demandez-lui d'arrêter si cela vous fait trop mal.

Le frottis : pour vérifier la santé de vos cellules

Un frottis est un examen qui permet de détecter les cellules anormales présentes dans ou autour du col, l'ouverture étroite de l'utérus. À l'aide d'un grattoir en bois, d'un long Coton-Tige ou d'une brossette, le praticien prélève des cellules, les unes au col de l'utérus, les autres dans la partie haute du vagin, puis les dépose sur une lame de verre. Cette lame est ensuite envoyée à un laboratoire.

Entre 15 et 40 % des prélèvements sont reconnus normaux alors qu'il existe certaines anormalités cellulaires. Voici quelques moyens d'améliorer la précision de vos résultats.

Évitez tout rapport sexuel. N'ayez aucun rapport sexuel pendant les 12 heures qui précèdent le frottis : le sperme pourrait fausser les résultats.

Choisissez la date. Prévoyez de faire votre frottis en plein milieu de votre cycle menstruel. Il faut absolument éviter les jours où vous avez vos règles : sur la lame, le sang pourrait dissimuler des cellules.

Attention aux champignons. Retardez votre frottis si vous avez une infection mycosique. L'inflammation due à l'infection peut masquer les cellules anormales du col.

Maintenez-les en vie. Pas de douche vaginale ou de tampon pendant les 72 heures qui précèdent l'examen : vous réduiriez le nombre des cellules visibles à l'examen.

Vous avez un cancer : que faire ?

Aucune femme n'a envie d'entendre son médecin lui annoncer qu'elle a un cancer, mais si le diagnostic est bien celui-là, ne paniquez pas, disent les cancérologues.

« Pour bien des cancers, la guérison est tout à fait possible, dit le Dr Eyre. La majorité des individus de ce pays qui ont un cancer peuvent s'attendre à avoir une espérance de vie tout à fait normale. »

Les traitements incluent la chirurgie, la radiothérapie, la chimiothérapie et l'immunothérapie (injection de protéines ou d'anticorps qui soutiennent le système immunitaire ou le stimulent dans sa lutte contre le cancer). Les nouveaux traitements sont également très prometteurs. Dans bien des cas, l'ablation partielle, au cours de laquelle on n'enlève qu'une petite partie du sein, est associée à la radiothérapie, et cela s'avère tout aussi efficace que la mammectomie, où la totalité du sein est enlevée, dit le Dr Taylor. Il est également possible d'avoir une mammectomie et une chirurgie réparatrice du sein au cours d'une même opération.

Quel traitement vous correspond le mieux ? Cela dépend du type de cancer, de ses dimensions, de sa vitesse d'évolution et de sa portée hors du site d'origine.

Mais quel que soit le type de cancer dont vous êtes affectée, les répercussions psychologiques peuvent être énormes.

« Il y a un grand sentiment d'injustice, dit le Dr Karen Syrjala. Les femmes se disent : " À 30 ou 40 ans, comment cela peut-il m'arriver ? " Ce n'est pas exactement ainsi qu'elles voyaient leur vie à cet âge-là et cela leur fait l'effet d'une intrusion, de quelque chose de mal. Toute la famille peut penser la même chose. »

Il arrive que les membres de la famille et les amies les plus proches s'éloignent d'une femme touchée par le cancer parce qu'eux-mêmes craignent le cancer ou redoutent de voir cette personne mourir, dit le Dr Mansfield. Une femme cancéreuse connaît souvent un certain isolement social.

Voici quelques stratégies qui vous permettront d'affronter le cancer.

Renseignez-vous. Apprenez le maximum de choses sur votre cancer et son traitement. N'hésitez pas à accabler de questions les médecins et les infirmières. « La première chose à faire consiste à recueillir des informations ; vous comprendrez alors ce qui vous arrive et quelles sont les solutions possibles, conseille le Dr Syrjala. Chaque fois que vous savez que vous avez le choix, vous sentez que vous maîtrisez mieux la situation. »

Ne culpabilisez pas. « C'est une chose que les femmes font parfois, dit le Dr Syrjala. Vous n'avez pas créé votre cancer. Bien sûr, il y a des choses que l'on peut faire pour minimiser les risques, mais rien, absolument rien, ne peut le prévenir. »

Riez. Le sens de l'humour est extrêmement important en ce qu'il peut vous aider à affronter les pires aspects du cancer et de son traitement, dit le Dr Syrjala. Prenez le temps de voir des films drôles ou riez avec vos amies.

Ne soyez pas passive. Le traitement ne concerne pas que le médecin : vous avez un rôle actif à jouer. Pensez à ce que vous pouvez faire pour contribuer à votre guérison, suggère le Dr Syrjala, et parlez-en à votre médecin.

Soyez honnête avec votre médecin. Votre cancérologue ne peut pas savoir qu'un traitement vous déplaît si vous ne lui en dites rien. Si vous n'avez pas de bonnes relations avec votre médecin, envisagez d'aller en voir un autre, conseille le Dr Syrjala.

Parlez-en. « Il est utile de parler de vos craintes et de votre tristesse ; vous vous rendrez alors compte que vous pouvez agir sur elles, dit le Dr Syrjala. Si vous ne parlez pas de vos craintes, vous aurez tendance à ne rien faire pour les régler. Rien qu'en parlant, elles pourront disparaître. » Des conseils peuvent vous être utiles.

Non, vous n'êtes pas seule. Trouvez un groupe de soutien qui réunit des gens ayant le même type de cancer que vous. « Les membres de ces groupes vivent plus longtemps, constate le Dr Syrjala. Nous ne savons pas pourquoi, mais il y a un intérêt certain à partager ses expériences avec des gens qui connaissent les mêmes problèmes que vous : cela permet de vivre mieux et plus longtemps. » Votre médecin ou le représentant local d'une association de lutte contre le cancer pourra vous aider à trouver un tel groupe.

Continuez de manger. Jusqu'à 40 % des femmes touchées par le cancer meurent en fait de malnutrition, dit le Dr Simone. Cela vient de ce que les cellules cancéreuses sécrètent une hormone, la cachectine, qui supprime l'appétit. Cette perte d'appétit se combine à certains types de traitement qui provoquent des nausées et des vomissements : c'est le cas de la chimiothérapie. « La base de la guérison, c'est une bonne alimentation.

Je dis à mes patientes que même si un repas leur semble peu attirant, elles doivent tout de même essayer de manger. Il faut mâcher et avaler : cette nourriture est nécessaire », explique le Dr Mansfield. Il propose de prendre plusieurs fois par jour de petits repas (un demi-sandwich et un verre de jus d'orange, par exemple) et de manger des choses nourrissantes telles que carottes, pommes et autres fruits et légumes.

CELLULITE

De la graisse, rien de plus

$\grave{\mathrm{A}}$ la plage, vous vous enroulez dans la plus grande serviette de bain pour envelopper vos cuisses et vos hanches.

Au cours de gymnastique, vous portez sous votre short un collant en Lycra, noir et bien serré.

Et le soir, dans l'intimité de votre chambre, vous passez une nuisette vaporeuse, fendue sur le côté – mais qui descend jusqu'aux genoux.

Qu'essayez-vous donc de dissimuler ? Vos cuisses, bien entendu. Et, plus précisément, la cellulite qui a fait son apparition vers votre trentième anniversaire. La cellulite ne vous donne pas seulement l'impression d'avoir du fromage blanc qui ballotte sous la peau, elle fait aussi que vous vous sentez vieille, laide et grosse – surtout quand vous vous retrouvez à côté d'une minette de dix-neuf ans en Bikini.

Détendez-vous. Vous n'êtes pas seule dans ce cas.

« Il est certain que chez 99 % des femmes, les tissus adipeux se développent après l'âge de 30 ans », explique le Dr Donald Robertson.

Le problème est en partie génétique, mais c'est surtout une question de vieillissement. Quand une femme atteint la trentaine, une baisse naturelle du taux d'œstrogène, combinée aux dégâts provoqués par le soleil au fil des ans, fait perdre de son élasticité à la peau, nous dit le Dr Ted Lockwood. La peau s'affaisse un peu par ici, se détend un peu par là, et, en règle générale, n'a plus la fermeté de la jeunesse.

Au même moment, le réseau de fibres qui relie la peau aux muscles sous-jacents commence aussi à s'étirer. Ajoutons à cela les quelques kilos que nous prenons toutes en approchant de la quarantaine – et qu'un diktat hormonal impose aux hanches, aux cuisses et aux fesses – et nous nous retrouvons avec de la cellulite, mot fantaisiste qui caractérise seulement de la graisse recouverte d'une peau qui a perdu de son élasticité.

Êtes-vous concernée par la liposuccion ?

Depuis des années, vous suivez un régime alimentaire pauvre en graisses et vous faites régulièrement du sport. Mais rien ne semble devoir venir à bout de votre estomac qui s'arrondit ou de votre culotte de cheval, et vous vous sentez de plus en plus vieille et vraiment pas en forme. Y a-t-il quelque chose que le chirurgien puisse faire ?

L'acte de chirurgie esthétique le plus demandé est la liposuccion, technique permettant d'aspirer les cellules adipeuses présentes sous la peau. Le changement est définitif. Une fois adulte, vous ne pouvez plus fabriquer de cellules de graisse pour remplacer celles qui ont disparu.

« La liposuccion peut faire des merveilles, dit le Dr Alan Matarasso, mais aucun acte chirurgical ne remplacera le régime équilibré, le sport et la perte de poids. »

La liposuccion n'a rien d'une perte de poids instantanée. La suppression d'importantes quantités de graisse peut être dangereuse et il vaut mieux l'effectuer sur des gens proches de leur poids normal et qui sont pourvus de poches de graisse sur lesquelles le régime et l'exercice n'ont aucune action. Ensuite, vous devez vous tenir aux bonnes habitudes que vous avez prises. Si vous vous mettez à trop manger, les calories excédentaires seront stockées dans les autres cellules graisseuses de votre corps, explique le Dr Matarasso.

Voici comment se déroule une liposuccion. Pendant que vous êtes placée sous anesthésie générale (ou anesthésie locale accompagnée de calmants), le chirurgien pratique une petite incision dans votre ventre ou dans votre aine. Il introduit ensuite un tube de métal non pointu appelé canule. Des mouvements vigoureux font se mouvoir en tout sens la canule sous la peau. Cette canule est reliée à une sorte d'aspirateur qui peut recueillir jusqu'à 2 kilos de cellules adipeuses mêlées de sang.

Après l'opération, vous enfilez une sorte de gaine ou de corset que vous porterez pendant 1 à 4 semaines pour empêcher au maximum la peau de gonfler et de perdre son aspect lisse. Chez la plupart des patientes, les bleus disparaissent en deux semaines et le gonflement en six mois. Les résultats s'améliorent avec le temps. Vous pouvez souvent reprendre le travail après une semaine de repos et vos autres activités au bout de 7 à 14 jours.

Êtes-vous concernée par la liposuccion ? Il est important d'être en bonne santé, de ne pas présenter de surcharge pondérale notoire (même si certains chirurgiens sont plus souples que d'autres sur ce point) et d'avoir moins de 40 à 50 ans, quand votre peau est encore extensible.

Cela serait moins gênant pour nous si les hommes de notre âge connaissaient les mêmes problèmes.

Mais ce n'est pas le cas.

Les hommes ont tendance à prendre du poids au niveau de la ceinture plutôt que sur les hanches. Leur peau est plus épaisse et plus élastique, elle contient bien mieux la graisse que la nôtre. Et enfin, les fibres qui fixent la peau aux muscles sont structurées différemment chez les hommes et chez les femmes : les fibres de la femme sont toutes dirigées dans une seule et même direction, alors que celles de l'homme s'entrecroisent et forment un réseau serré qui maintient la graisse bien en place.

Et l'on parle d'égalité des sexes !

Que faire ?

Vous ne réussirez peut-être pas à éviter d'avoir de la cellulite, mais rien ne vous oblige à la garder. Comme les autres formes de graisse, vous pouvez vous en débarrasser. Voici comment.

Faites du sport. Les femmes qui cherchent à se débarrasser de leur cellulite en faisant des exercices qui ne portent que sur les hanches et les cuisses échouent lamentablement. « La réduction localisée ne donne rien », déclare le Dr Susan Olson.

La meilleure façon de réduire sa cellulite – ainsi que la graisse présente dans le reste du corps – est de pratiquer une activité au cours de laquelle le corps tout entier brûle des calories. La meilleure activité est celle qui fait grimper le rythme cardiaque et le maintient ainsi pendant une vingtaine de minutes à raison de trois fois par semaine.

La course, la marche, le vélo, le skate, la danse et la natation sont parfaits car ils stimulent le métabolisme qui peut ainsi brûler les graisses de manière efficace.

Mais attention : si vous menez une vie sédentaire, parlez-en à votre médecin avant d'attaquer un programme sportif.

Soulevez de la fonte. L'aérobic aide à tonifier les muscles, mais les renforcer par l'haltérophilie permet de retendre la peau. « Gonfler vos muscles apportera une légère amélioration, prévient le Dr Lockwood, mais n'attendez pas de miracle. » Demandez à l'entraîneur du cours de gymnastique de vous composer un programme qui vous convienne.

Chassez la graisse de votre alimentation. En plus de l'exercice physique, la consommation d'aliments pauvres en graisses est le meilleur moyen de maintenir au niveau le plus bas ce que l'on appelle de la cellulite. « La cellulite vient en grande partie d'une alimentation trop riche, dit le Dr Maria Simonson. Moins il y a de graisses dans vos aliments, moins vous aurez de problèmes. »

Tentez de limiter votre apport quotidien en graisses à 25 % de vos calories, ajoute le Dr Simonson. Vous pouvez traquer la graisse en lisant

Les produits anticellulite : une belle escroquerie

Chaque année, les Françaises dépensent des millions de francs en essayant de chasser leur cellulite à coups de gels, de crèmes amincissantes, d'anticapitons, de courants électriques et d'autres produits trop beaux pour être honnêtes. Malheureusement, la seule chose qui diminue au cours de ces traitements, c'est leur portefeuille.

Ces produits miracles vous promettent tout ce qu'ils veulent depuis longtemps, puisque la cellulite n'est pas un diagnostic médical, mais un terme de marketing.

À l'institution médicale Johns Hopkins de Baltimore, une équipe de chercheurs de la clinique de la santé, du poids et du stress a effectué des tests sur 32 produits censés supprimer la cellulite.

Aucun n'a donné de résultats positifs.

mieux les étiquettes et en vous tenant à l'écart des aliments riches en graisses tels que gâteaux, fromages, fritures et repas tout préparés.

Faites travailler vos articulations. « Un bon massage effectué avec les articulations des doigts peut également contribuer à briser la peau d'orange de la cellulite », dit le Dr Robertson. Conjugué avec une perte de poids et à une alimentation plus saine, un massage bihebdomadaire permet de venir à bout des poches de graisse les plus résistantes.

Mettez de la crème. L'utilisation d'une crème à base d'acides alpha-hydroxy – essentiellement des acides présents dans le lait ou les fruits – donnera à votre corps une apparence plus douce. Mais souvenez-vous : aucune crème, aucune lotion ne vous débarrassera jamais de la cellulite.

Camouflez-vous. Une crème autobronzante peut dissimuler la cellulite. Sa couleur sombre donnera à votre peau une apparence uniforme et rendra moins apparentes les ombres créées par les amas graisseux présents sous la peau.

Mettez de l'écran solaire. Vous ne pouvez plus rien contre les années d'exposition au soleil qui ont ouvert la voie à la cellulite en réduisant l'élasticité de la peau. « Mais en limitant votre exposition au soleil ou en utilisant un bon écran total, vous empêcherez votre peau de se détériorer davantage », dit le Dr Lockwood. Les rayons solaires les plus mauvais pour la peau sont ceux que vous recevez entre 11 heures et 15 heures. Il est donc essentiel de couvrir vos cuisses et les autres endroits vulnérables pendant ces 4 heures. Chaque fois que vous vous trouvez au soleil, utilisez un écran total dont l'indice est au moins égal à 15.

Recourez au bistouri. Quand tout le reste a échoué et que vous pensez que vos cuisses flasques gâchent votre vie, il existe une procédure chirurgicale susceptible de diminuer votre cellulite, explique le Dr Lockwood : il s'agit de la liposculpture. C'est un acte extrêmement coûteux que ne rembourse pas la Sécurité sociale, au cours duquel le chirurgien plastique utilise des ultrasons pour provoquer une rétraction de la peau. Cette opération a pour but de tendre la peau des zones à problèmes pour dissimuler les dépôts de graisse. Comme pour toute intervention chirurgicale, renseignez-vous sur la réputation et l'expérience du praticien. N'hésitez pas à obtenir un deuxième avis.

CHEVEUX (PERTE DE -)

Une éclaircie non désirée

Votre coiffeur a réussi un tour de force jusqu'à présent. Cette coiffure courte, un peu fofolle, tire pleinement parti de vos bouclettes et personne ne peut faire la différence.

Il est malgré cela difficile de nier que vous commencez à perdre vos cheveux. Et vous voici morte d'inquiétude : il ne se passe pas 5 minutes sans que vous ne vous regardiez dans le miroir – et vous vous sentez de plus en plus vieille.

« Les cheveux jouent un rôle important dans l'image du corps de la femme, explique le Dr Dominic A. Brandy. La perte des cheveux peut engendrer beaucoup de stress et, pour certaines femmes, une diminution du respect de soi. »

Cela n'aide en rien de savoir que la perte des cheveux commence normalement entre 25 et 40 ans, avant même d'arriver à l'âge mûr. « Cela ne semble pas très juste, dit le Dr Brandy. Vous êtes censée être dans la fleur de l'âge, et il y a toujours quelque chose qui vous fait vous sentir vieille. Certaines femmes s'inquiètent de voir leur jeunesse filer à toute allure.»

Il n'y a pas que les hommes

Chez les femmes, l'hérédité compte pour 85 % dans les problèmes d'alopécie. Si votre mère, votre grand-mère ou votre tante avait les cheveux clairsemés, cela vous arrivera aussi, dit le Dr Marty Sawaya.

Contrairement aux hommes qui perdent leurs cheveux en commençant par le sommet de la tête puis en se dégarnissant au niveau des tempes et du front, les femmes perdent leurs cheveux de manière assez uniforme sur tout le cuir chevelu. À l'endroit où poussaient cinq cheveux, n'en poussent plus aujourd'hui que deux. La femme peut aussi avoir une pousse de cheveux en V, avec pointe sur le front et tempes dégarnies.

Nul ne sait exactement pourquoi les cheveux cessent de pousser. Les recherches démontrent que les femmes possédant un taux élevé d'hormones sexuelles mâles – et celles dont le cuir chevelu est sensible à un taux même normal – ont plus de chances de perdre leurs cheveux. Quelle que soit la cause, la tige du cheveu s'amincit progressivement et les follicules cessent leur production.

La triste vérité, c'est qu'en dehors des médicaments que l'on pourra vous prescrire ou de la transplantation capillaire, vous ne pouvez pas faire grand-chose pour empêcher vos cheveux de se clairsemer. Le Dr Kayne Hashimoto va jusqu'à dire que les traitements miracles – massages, crèmes capillaires, mégavitamines et le reste – ne servent strictement à rien.

Mais ne jetez pas tout de suite l'éponge. Il vous reste encore quelques solutions.

Tout n'est pas dans votre tête

Il est possible de répertorier un certain nombre de facteurs non héréditaires qui causent la perte des cheveux chez les femmes, dit le Dr Sawaya. Elle peut ainsi citer :

- Les régimes fantaisistes ou de choc : une alimentation carencée en protéines (ne comportant que des pamplemousses, par exemple, ou excluant les haricots, les viandes maigres et toute autre source de protéines) prive le corps d'éléments fondamentaux de la fabrication du cheveu.
- L'anémie.
- La naissance d'un enfant.
- Les médicaments (y compris la pilule contraceptive), les stéroïdes anabolisants, les bêtabloquants et tout médicament dérivé de la vitamine A.
- Des affections telles que l'arthrite, le lupus (maladie de peau caractérisée par des lésions) et les syndromes ovariens polykystiques (les ovaires sont remplis de petits kystes).
- Des événements stressants, comme un divorce ou la mort d'un proche.
- Un régime alimentaire mal équilibré peut également stresser le corps.

Le Dr Sawaya précise que certaines de ces causes non héréditaires peuvent produire une calvitie passagère. Un examen médical approfondi, une meilleure alimentation, la gestion du stress et un traitement médical peuvent, dans certains cas, entraîner une repousse.

Perdez-vous vraiment vos cheveux ?

Ne paniquez pas si, chaque jour, vous retrouvez quelques cheveux dans le lavabo ou sur votre brosse. Une femme perd normalement entre 50 et 100 cheveux par jour, selon le Dr Marty Sawaya. Ce n'est pas beaucoup : un adulte a plus de 100 000 cheveux.

Si vous croyez que vous perdez vraiment vos cheveux, faites le test suivant. Prenez une touffe de cheveux à pleine main et tirez fermement dessus. Si vous arrachez plus d'une demi-douzaine de cheveux, c'est que vous en êtes au tout premier stade de la calvitie.

Mais ne vous inquiétez pas si vos cheveux tombent quand vous vous lavez la tête. Cela arrive à tout le monde.

Avoir des cheveux plus épais

Aucune raison ne vous oblige à conserver des cheveux trop fins ou trop raides, quelle qu'en soit la cause. Vous pouvez redonner corps à vos cheveux. Voici comment.

Faites des ondulations. Le moyen le plus rapide pour dissimuler des cheveux clairsemés est de vous faire faire une permanente, selon le Dr David Cannell.

« Avec une chevelure ondulée, les cheveux se poussent les uns les autres, dit-il. L'effet global est qu'ils poussent vers le haut et vers l'extérieur, ce qui donne plus de volume à votre coiffure. »

Le Dr Cannell conseille aux femmes d'éviter les styles de coiffure qui font appel à de petits bigoudis ou qui tirent sur les cheveux. Plus vos cheveux subissent de pression, plus ils tombent facilement.

Mettez vos cheveux en condition. Évitez les crèmes capillaires et autres produits qui annoncent des résultats mirifiques. Ils ont tendance à alourdir les cheveux et à les aplatir, dit le Dr Cannell, ce qui les fera paraître encore plus rares.

Il conseille d'essayer un démêlant plus léger, qui n'ajoute qu'un poids infime à chaque cheveu.

Tamponnez-vous la tête. Après vous être lavé les cheveux, séchez-les avec précaution. Au lieu de les frotter vigoureusement, tamponnez-les avec une serviette.

Cela repousse... parfois

Si vous venez de remarquer que vos cheveux commencent à tomber, rappelez-vous ceci : le minoxidil – ce traitement médical contre la chute des cheveux dont tout le monde parle – n'est pas fait que pour les hommes.

« Les femmes peuvent obtenir des résultats intéressants avec le minoxidil, dit le Dr Dominic A. Brandy. Chez certaines de mes patientes, les résultats sont même meilleurs que chez les hommes. »

Le minoxidil est l'ingrédient chimique actif d'un tout nouveau produit commercialisé sous le nom de Regaine, des laboratoires Pharmacia & Upjohn. Les examens cliniques ont montré que ce produit peut aider les femmes à redonner du volume à leur chevelure. Mais ses effets sont limités chez les femmes – chez les hommes aussi, d'ailleurs.

Nul ne sait exactement comment agit le minoxidil. Les chercheurs pensent qu'il active la circulation sanguine du cuir chevelu, stimulant ainsi la croissance des cheveux.

Le Dr Brandy dit que Regaine ne fait pas repousser les cheveux sur les endroits dégarnis ou carrément chauves. Au mieux, cela redonne du volume aux cheveux existants et une certaine consistance à vos boucles.

« Dans la plupart des cas, ce produit se contente de retarder la progression de la calvitie, commente le Dr Brandy. Je dis à mes patients que c'est à cela qu'ils doivent s'attendre. Si le résultat est meilleur, tant mieux. »

Ce n'est pas tout : Regaine coûte cher. Un traitement coûte environ 2 600 F par an, et l'on doit y recourir régulièrement. Dès que l'on arrête, il suffit de six mois pour perdre tout ce qui a été gagné.

Peignez-vous avec soin. Le Dr Cannell conseille de ne pas forcer sur les peignes et les brosses. Ne brossez jamais vos cheveux quand ils sont humides (tirer sur un nœud est un non-sens). Prenez plutôt un peigne dont les dents sont bien espacées.

Oubliez aussi les fameux « 100 coups de brosse » de votre grand-tante. Le Dr Cannell dit que vous devez brosser vos cheveux jusqu'au moment où ils ont atteint le style voulu, pas plus.

Les laboratoires Pharmacia & Upjohn, qui fabriquent Regaine, ne cessent de perfectionner le produit. Parallèlement, des chercheurs étudient de nouveaux traitements. En fait, le plus gros problème qui se pose à eux est que personne ne sait pourquoi les femmes commencent à perdre leurs cheveux.

« Avec ces traitements, nous n'avançons pas à l'aveuglette. Ils reposent sur une théorie, dit le Dr Ken Hashimoto. Mais nous ne connaissons pas le mécanisme exact qui est responsable de la calvitie. »

Les chercheurs s'intéressent à des traitements alternatifs. Certains ne sont pas encore disponibles.

Aromatase. Les gens qui perdent leurs cheveux semblent manquer de cette enzyme. Présente à un taux normal, elle incite les follicules à fabriquer des cheveux. Le Dr Marty Sawaya et d'autres chercheurs travaillent à une méthode permettant de retrouver un taux d'aromatase normal.

Le Dr Sawaya prédit que des traitements hormonaux vraiment efficaces seront commercialisés aux alentours de l'an 2000.

Solution de tricomine. Karen Hedine, membre de la direction de la société pharmaceutique ProCyte installée à Kirkland (Washington), dit que ce médicament semble agir en stimulant la croissance des nouveaux follicules du cuir chevelu et en empêchant les follicules existants de se mettre en sommeil.

Diazoxyde. Comme Regaine, ce médicament semble agir en dilatant les vaisseaux sanguins du cuir chevelu.

Stimulation électrique. Des tests canadiens au cours desquels un faible courant électrique a été appliqué à des cuirs chevelus masculins se sont révélés assez prometteurs.

Changez de couleur. Choisissez une couleur plus claire. Les couleurs qui se marient bien avec le teint de votre peau sont les meilleures, dit le Dr Cannell, puisqu'elles se mêlent à votre cuir chevelu.

« La pire erreur consiste à vous teindre en noir corbeau, prévient le Dr Cannell. Cela ne sert qu'à montrer votre cuir chevelu, ce qui est vraiment la dernière chose à faire.

N'y touchez pas. Perdez cette déplorable habitude de tirer sur vos cheveux ou de les enrouler autour de vos doigts. Vous risquez de tirer plus que vous ne le voulez.

« Même quand un cheveu est prêt à tomber, il tiendra encore quelque temps – si vous le laissez tranquille, dit le Dr Cannell. Plus vous le manipulerez, plus il tombera tôt. »

Vous n'êtes pas la seule. Plus que tout autre chose, dit le Dr Brandy, dites-vous que les autres femmes connaissent les mêmes problèmes que vous.

« Des millions de femmes perdent leurs cheveux, ajoute-t-il. Vous ne devez pas vous sentir isolée, mais gardez-vous de penser qu'il n'y a rien à faire. »

La méthode chirurgicale

Si votre problème est héréditaire et qu'il n'y a aucune chance pour que vos cheveux retrouvent seuls le volume et l'éclat de leurs vingt ans, vous pouvez envisager la chirurgie capillaire. Il y a plusieurs années, les transplants capillaires étaient facilement repérables et la dépense ne se justifiait pas. Depuis, la technologie et la technique ont fait des progrès énormes, dit le Dr Brandy. Et des femmes recourent à ce genre de solution, même si les hommes sont largement majoritaires.

« Quand le travail est bien fait, vous ne vous retrouvez pas avec des cheveux plantés comme des rangs d'épis de maïs ou semblables à des cheveux de poupée, dit le Dr Brandy. Cela peut paraître coûteux à certaines, mais les résultats sont vraiment intéressants. »

Les médecins procèdent à trois types d'opération esthétique sur les femmes, précise le Dr Brandy.

Transplantations de cheveux. Cela existe depuis 35 ans. La vieille méthode consistait à prélever de grosses touffes de follicules capillaires (entre 8 et 20 à la fois) sur la nuque du patient et à les positionner sur une zone dégarnie.

Le Dr Brandy dit que les nouvelles techniques chirurgicales de microgreffes permettent de transplanter les cheveux un par un. Cette méthode est idéale pour les femmes qui n'ont pas habituellement à dissimuler des zones trop étendues.

Lifting capillaire. Cette méthode n'est pas souvent pratiquée chez les femmes, puisqu'elle permet de recouvrir des zones importantes. Le cuir chevelu mort est prélevé, puis la peau environnante est étirée pour recouvrir la zone traitée.

Réduction du cuir chevelu. C'est une version allégée du lifting capillaire. Les zones chauves sont prélevées et recouvertes par le cuir chevelu environnant.

Prothèse capillaire. C'est un traitement esthétique, pas une opération chirurgicale. Le technicien fixe une extension naturelle ou artificielle à un cheveu existant pour lui donner plus de volume. À court terme, cela revient moins cher que la chirurgie, dit le Dr Brandy, mais vos cheveux poussent, et il faut recommencer toutes les quatre à six semaines.

CHEVEUX GRIS

Retrouvez votre couleur naturelle

Vous sortez du lit, vous vous rendez lentement dans la salle de bains et allumez la lumière. Vous vous penchez vers le miroir pour un examen attentif.

Combien de cheveux gris allez-vous trouver aujourd'hui ?

Outre les rides provoquées par la peau qui s'affaisse, peu de choses sont, pour une femme, plus révélatrices du vieillissement que des cheveux gris. Quelques-unes aiment ce genre et ne font rien pour les cacher. Mais la plupart ne sont pas du tout satisfaites. Et un marché de plusieurs millions de dollars vient les aider à tenir secrète la transformation de leur couleur naturelle.

« Quand vous grisonnez, je peux vous garantir que cela ne vous enchante pas du tout, dit Philip Kingsley. J'ai vu passer des dizaines de milliers de personnes et aucune ne désire avoir des cheveux gris. Cela peut vraiment les faire se sentir vieilles avant l'âge. »

Les racines de votre arbre généalogique

La plupart d'entre nous ont 100 000 cheveux sur la tête. Avant que nous ne grisonnions, chacun de ces cheveux contient un pigment, la mélanine, qui donne au cheveu sa couleur naturelle. Mais, pour des raisons encore inexpliquées, les cellules pigmentaires de la base du cheveu cessent de fonctionner quand nous vieillissons. Quand un cheveu brun, blond ou roux tombe, il est souvent remplacé par un gris.

Il serait plus exact, en fait, de parler d'un cheveu blanc ; nous l'appelons gris en raison du contraste qui existe avec les cheveux qui ont encore leur couleur.

Mythes et légendes du grisonnement

On raconte des milliers de choses sur les cheveux gris – et rares sont celles qui ont quelque valeur. Les médecins ignorent encore la cause du grisonnement, mais il est cependant certaines choses dont ils sont sûrs.

Mythe n° 1 : Sous l'effet d'un choc, on peut devenir tout blanc. C'est physiquement impossible : les cheveux existants ne deviennent pas blancs. Le Dr Diana Bihova explique que l'on ne grisonne que quand un cheveu normal tombe et est remplacé par un cheveu gris au sein du même follicule.

Mythe n° 2 : Les cheveux peuvent retrouver leur couleur naturelle après avoir été gris. Désolé, mais ce n'est pas possible. Quand un follicule capillaire se met à fabriquer un cheveu gris, il ne fait pas machine arrière.

Il y a cependant quelques exceptions, dit le Dr Bihova. Vos cheveux peuvent être momentanément gris si vous avez des problèmes endocriniens, souffrez de malnutrition, avez une atteinte ou une maladie du système nerveux ou une maladie auto-immune. Même ainsi, les cheveux peuvent ne pas retrouver leur couleur originelle, dit-elle.

Mythe n° 3 : Tirez sur un cheveu gris et il en poussera deux. Non. C'est follicule par follicule que l'on grisonne. Si vous arrachez un cheveu gris, il sera remplacé par un autre cheveu gris dans le même follicule. « Vous ne pouvez arrêter le processus, dit le Dr Bihova, mais arracher des cheveux blancs ne l'accélérera pas. »

Si vous voulez vous en prendre à quelqu'un, commencez par Papa, Maman, tante Jeanne et papy Lucien. « Le rôle de l'hérédité est capital en matière de cheveux gris, dit le Dr Diana Bihova. Si les membres de votre famille grisonnent très tôt, il est probable que vous ferez de même. »

Quoi que vous fassiez, ne cédez pas au stress. Ce n'est pas jouer à la mère, au chef, à la cuisinière, au chauffeur, à la jardinière et à l'amoureuse en même temps qui vous donnera des cheveux gris, dit le Dr Bihova – à moins que le stress soit tel que vous épuisiez tout votre stock de vitamines B. Ce qui n'est d'ailleurs pas prouvé.

L'exposition prolongée au soleil peut également donner des cheveux gris assez tôt, dit le Dr Bihova. La théorie est la suivante : les rayons ultraviolets font faire des heures supplémentaires aux cellules pigmentaires de votre cuir chevelu, comme elles le font avec les cellules de vos bras et de vos jambes quand vous bronzez. Si ces cellules travaillent trop dur et s'épuisent prématurément, cela peut donner des cheveux gris. Il n'y a pas de preuve solide pour étayer cette théorie, mais le Dr Bihova conseille malgré tout de porter un chapeau ou d'utiliser des produits pour les soins capillaires qui contiennent de l'écran total. « Disons seulement que cela ne peut pas faire de mal », ajoute-t-elle.

En moyenne, une femme de race blanche commence à avoir des cheveux blancs à l'âge de 34 ans, alors qu'une Noire a dix ans de plus de répit. Le Dr Bihova explique sur le sommet de la tête que les femmes commencent par grisonner sur les côtés, puis sur le sommet de la tête, pour terminer par la nuque. Le processus se poursuit de manière assez irrégulière ; les cheveux gris peuvent pousser davantage certaines années que d'autres.

Vers l'âge de 50 ans, toutefois, 50 % des femmes ont 50 % de cheveux gris, dit le Dr Bihova.

Généralement, le grisonnement commence par les cheveux, puis viennent les poils des jambes, ceux des aisselles et des sourcils, et enfin les poils pubiens. Mais là encore, nous sommes toutes différentes.

Ce qu'il y a de rassurant, c'est qu'il n'y a normalement rien d'inquiétant dans le fait d'avoir des cheveux gris : cela ne signifie pas que vous vieillissez plus vite que vos amies qui, elles, n'en ont pas un seul. Les études montrent que les gens qui blanchissent tôt ne souffrent de rien de spécial, sinon d'un problème génétique.

Ce qui est moins rassurant, c'est que le grisonnement est irréversible.

Le recours à la couleur

Le grisonnement s'annonce, que cela vous plaise ou non. Et vous n'avez que deux solutions. Vous pouvez l'accepter et vous dire que c'est une composante obligée, voire désirable, de la maturation. Ou vous pouvez le tenir à l'écart en recourant à la teinture.

« Certaines personnes s'accommodent très bien de leurs cheveux gris, dit M. Kingsley. Ce qu'il faut surtout savoir à propos des cheveux gris, ou des cheveux en général, c'est que vous devez vivre bien avec eux. Si vous vous sentez plus sage ou plus digne, eh bien tant mieux. »

Voici quelques conseils de spécialistes sur la façon de traiter les cheveux gris.

Coupez. Si vous décidez de rester grise, M. Kingsley suggère de vous couper les cheveux assez court. « C'est vraiment simple, explique-t-il. Si vous ne voulez pas avoir de cheveux gris ou ne savez que faire d'eux, une coiffure courte en montrera d'autant moins. »

Mettez du baume coiffant. Le temps passant, vos cheveux et votre cuir chevelu sont plus secs. Pour que vos cheveux gris gardent un air sain,

M. Kingsley vous propose d'utiliser un baume chaque fois que vous vous serez fait un shampooing. Il conseille aussi de laisser sécher les cheveux librement plutôt que d'utiliser un séchoir.

Essayez les cheveux gris pendant quelque temps. Si cela ne vous plaît pas, vous pouvez toujours les teindre. Voici quelques solutions que vous pouvez adopter au salon de coiffure ou chez vous.

Les reflets. Avec cette technique, seules quelques mèches de cheveux sont teintes et cela peut subtilement dissimuler une partie du gris. Choisissez une couleur légèrement plus claire que votre couleur naturelle.

Une couleur plus claire permet aussi de dissimuler les racines grises et disgracieuses. Quand les cheveux pousseront, le gris se verra moins.

Changez tout. Tous vos cheveux peuvent également être teints de la même couleur. Si vous choisissez cette option, évitez les couleurs trop sombres qui ont tendance à donner à la chevelure un air plat et peu naturel. « Les teintes trop brunes ne sont pas conseillées, dit Kingsley. Tous les cheveux ont la même couleur, et l'on voit immédiatement qu'il s'agit d'une teinture. »

Le problème se pose toujours de savoir si les teintures sombres peuvent causer le cancer. Des études ont montré que certaines teintures étaient liées à un risque accru de lymphomes et de cancer des os.

« On n'est encore sûr de rien, dit le Dr Sheila Hoar Zahm. Le risque d'attraper un cancer en se faisant teindre les cheveux n'est pas aussi élevé que celui d'avoir un cancer du poumon parce que l'on a fumé. Mais nous continuons d'étudier la relation de cause à effet. »

M. Kingsley dit que vous devez vous méfier des teintures progressives qui promettent de dissimuler lentement vos cheveux gris. Ces produits peuvent, selon lui, donner aux cheveux une curieuse couleur jaune verdâtre. Ils peuvent aussi les dessécher, les rendre cassants et difficiles à coiffer.

Une fois que vous avez commencé à en utiliser, il est difficile de revenir à une teinture normale. « Vous risquez d'avoir des cheveux de toutes les couleurs », dit Kingsley.

Les teintures semi-permanentes qui disparaissent au lavage au bout de plusieurs semaines proposent des couleurs plus belles, mais pas aussi bonnes que les teintures permanentes. Si vous voulez avoir des cheveux plus bruns, M. Kingsley vous conseille d'y aller par étapes, en utilisant des teintures permanentes de plus en plus sombres.

CHOLESTÉROL

Moins il y en a, mieux c'est

On a parfois l'impression que tout le monde parle du cholestérol : comment en abaisser le taux, comment le maintenir, que donne la dernière analyse, etc.

Mais cela ne s'arrête pas là. Certains aliments tout préparés clament haut et fort être « sans cholestérol ». On trouve même dans certains restaurants des menus où les plats riches en cholestérol sont marqués d'un petit cœur rouge !

Le cholestérol : c'est bien lui, l'ennemi numéro 1, cette substance blanche et grasse qui ressemble un peu à de la cire. Parlez-en aux spécialistes et ils vous diront qu'un taux de cholestérol élevé est l'un des principaux responsables des maladies cardiovasculaires tant redoutées de nos contemporains. Et n'allez surtout pas pousser un grand soupir de soulagement en croyant que ces maladies ne touchent que les hommes : les femmes ne sont pas plus épargnées qu'eux.

Des raisons de s'inquiéter

Oui, vos hormones féminines vous protègent naturellement du cholestérol tant que vous n'avez pas eu votre ménopause. L'œstrogène peut abaisser le mauvais cholestérol du sang (LDL, lipoprotéines à densité faible) et augmenter le bon (HDL, lipoprotéines à densité forte). Ce genre de protection ne dure malheureusement pas éternellement : le processus de vieillissement en est la cause. Quand votre production d'œstrogène diminue avec la ménopause, votre défense anticholestérol fait de même, et vous entrez de plain-pied dans l'univers impitoyable du taux de cholestérol élevé.

Voici les faits, dans toute leur dureté. Un bon taux de cholestérol est inférieur à 2 grammes par litre de sang. Avant 45 ans, les femmes en ont en

Le Cholestérol et ses chiffres

Dès que vous atteignez l'âge de 20 ans, vous devez, selon les experts, faire contrôler votre taux de cholestérol. Ensuite, vous devez recommencer au moins une fois tous les cinq ans.

Les résultats d'un examen indiquent plusieurs chiffres, dont celui de votre taux de cholestérol total. Voyez à quoi ils correspondent (les résultats sont donnés en gramme par litre de sang).

Moins de 2 – souhaitable
De 2 à 2,39 – limite
Au-dessus de 2,4 – excessif

Même si vous vous situez confortablement dans la catégorie « souhaitable », vous devez faire mesurer régulièrement non seulement votre taux de cholestérol, mais aussi celui du cholestérol lié aux HDL (lipoprotéines à densité haute, le « bon » cholestérol). Parfois, un taux de HDL élevé compense un taux total situé dans la catégorie « limite » (on vous conseille malgré tout d'avoir un taux total aussi bas que possible). Si votre taux de HDL est inférieur à 0,35, il se situe dans la catégorie « inférieure » et doit être remonté. Pour cela, vous devrez perdre du poids, faire davantage de sport, arrêter de fumer et éviter tout ce qui est sucré.

Qu'en est-il du cholestérol lié aux LDL (lipoprotéines à densité faible, ou « mauvais » cholestérol) ? Si les autres examens révèlent des problèmes potentiels, votre médecin doit également demander que l'on mesure votre taux de LDL. Il est souhaitable d'avoir un résultat inférieur à 1,3.

Enfin, pour bien interpréter le sens de tous ces chiffres, votre médecin devra établir le rapport entre le cholestérol HDL et le cholestérol total. Si le résultat est inférieur ou égal à 3,5, c'est que tout va bien.

moyenne 1,9 g/l ; entre 45 et 64 ans, ce taux s'élève à 2,17, voire 2,37 g/l. Quand le taux augmente, le nombre des victimes de maladies cardiovasculaires augmente aussi.

Une enquête menée dans tous les États-Unis par les cliniques de recherche sur les lipides a révélé que les femmes présentant des taux de cholestérol dépassant les 2,35 g/l avaient un risque de décès supérieur de 70 % à celui des autres femmes.

Une femme sur sept entre 45 et 64 ans présente un problème cardiaque ou cérébro-vasculaire. Pour celles qui ont plus de 65 ans, le chiffre est de une sur trois. Pas étonnant que l'Association américaine pour le cœur dise que les maladies cardiovasculaires constituent une véritable épidémie silencieuse pour les femmes.

Dans cet amas de mauvaises nouvelles, il y a toutefois des raisons d'espérer. Nous vivons en moyenne sept ans de plus que les hommes et, grâce à l'œstrogène, nous sommes mieux protégées contre les maladies de cœur lorsque nous n'avons pas encore atteint l'âge de la ménopause. Malgré cela, plus le taux de cholestérol est bas, mieux c'est. Si vous vous prenez en main, vous pouvez vaincre le cholestérol, quel que soit votre âge, et passer en bonne santé ces années supplémentaires.

La nature du mal

Ces mauvaises nouvelles ont quelque chose d'ironique. Après tout, une partie du cholestérol qui se promène dans notre sang est produite par notre propre foie. Sans cholestérol, les cellules ne pourraient fonctionner correctement, et la vie même serait menacée.

Avoir un peu de cholestérol n'est donc pas un problème : c'est en avoir trop qui en est un. Le cholestérol, provenant de l'alimentation (exclusivement des aliments d'origine animale), peut se retrouver en excédent dans votre sang et joindre ses forces au cholestérol fabriqué par le foie, mais aussi aux graisses saturées que vous consommez. Quand ces substances naviguent dans vos vaisseaux sanguins, certaines viennent s'agripper aux parois artérielles et former des plaques qui, avec le temps, rétrécissent les artères et ralentissent l'apport sanguin au cœur. Ce processus redoutable appelé athérosclérose peut vous faire vieillir prématurément et déboucher sur une angine de poitrine ou une crise cardiaque.

Pour être plus forte que le cholestérol, vous devez commencer par savoir combien vous en avez. Le médecin doit s'intéresser non seulement au taux de cholestérol total de votre sang, mais aussi au taux de cholestérol HDL. Si les résultats indiquent des problèmes potentiels, le médecin devra également vérifier le niveau du cholestérol LDL : l'évaluation de tous ces chiffres peut lui permettre de mieux déterminer les risques.

Penchons-nous plus attentivement sur ces deux catégories de cholestérol. Celui-ci circule dans le sang en chevauchant des molécules très obligeantes appelées lipoprotéines. Alors que le cholestérol associé aux lipoprotéines LDL n'apporte que des ennuis à vos artères, celui qui emprunte les lipoprotéines HDL vient rétablir la situation en traquant le mauvais cholestérol et en le chassant hors du corps. En d'autres termes, on pourrait dire que le cholestérol LDL est le sale type de vos vaisseaux sanguins, alors que le HDL en est le bon Samaritain.

Malheureusement, nos contemporains sont trop nombreux à posséder trop de LDL et trop peu de HDL, et ce cocktail aboutit à des chiffres mauvais pour la santé.

Faites marche arrière

Les spécialistes estiment qu'il suffit de modifier légèrement son style de vie pour abaisser considérablement le taux de cholestérol. Les études montrent qu'une diminution de 1 % du taux de cholestérol permet de faire baisser de 2 % les risques de crise cardiaque. Une réforme alimentaire peut aboutir à une diminution de 10 %, sinon plus. Le Dr Margo Denke dit que plus le taux de cholestérol est élevé, plus l'adaptation du régime alimentaire est importante. Par exemple, une femme présentant un taux de 2,8 g/l peut le réduire de 25 % si elle a une alimentation appropriée. Si la longévité et le rajeunissement sont vos objectifs, voilà une chance que vous ne pouvez vous permettre d'ignorer.

Pour éviter d'avoir un taux trop élevé et de laisser le cholestérol faire des ravages, voici quelques moyens de lutter efficacement.

Changez de graisse. « Diminuer la graisse saturée, voilà la stratégie anticholestérol la plus efficace à laquelle vous puissiez recourir, » dit le Dr Karen Miller-Kovach. Cela signifie manger moins de viande rouge, de beurre, de fromage, de lait entier et de crème glacée, en un mot tout ce qui élève les taux de cholestérol total et de cholestérol liés aux LDL. En revanche, la graisse mono-insaturée, ou bonne graisse, fait vraiment baisser les taux.

« Quand vous passez d'un régime riche en graisse saturée à un régime riche en graisse mono-insaturée et que votre poids reste équilibré, votre cholestérol LDL chute alors que votre cholestérol HDL demeure stable », dit le Dr Robert Rosenson. C'est pourquoi l'huile d'olive est si prisée : elle est en effet très riche en graisses mono-insaturées. » Mieux encore, augmentez votre consommation de poissons gras tels que le thon et le saumon. Ces poissons sont riches en graisses mono-insaturées.

Absorbez moins de cholestérol. La réduction des graisses saturées est importante, mais n'oubliez pas le cholestérol alimentaire. Le cholestérol sanguin qui n'est pas produit par le foie trouve son origine dans votre alimentation. Voici comment le maîtriser.

Essayez d'éliminer les abats (foie, par exemple). Limitez la quantité de viande maigre, de volaille et de poisson à 100 grammes par jour. Ne mangez pas plus de deux œufs par semaine. Faites vos propres gâteaux et utilisez du blanc d'œuf ou un succédané d'œuf quand vous faites la cuisine.

Enfin, quand vous vous servez à un buffet, servez-vous copieusement en fruits, légumes et céréales, qui ne comprennent aucun cholestérol alimentaire. Et faites preuve de volonté en refusant le beurre, les sauces et les assaisonnements riches en graisses.

Prenez des fibres. Les fibres sont ce que votre médecin vous recommande pour combler le vide laissé par les graisses saturées dans votre alimentation quotidienne. Concentrez-vous sur les fibres solubles, celles qui abondent dans les haricots secs, les lentilles, les agrumes, les pois et les pommes. L'ajout de fibres solubles à votre alimentation peut faire baisser de 5 à 10 % votre taux de cholestérol.

Vertu de l'avoine. Le son d'avoine a le vent en poupe depuis quelques années, mais quelle est la part de la vérité et celle de la publicité ? Les chercheurs de l'université du Minnesota à Minneapolis ont passé en revue toutes les études s'intéressant au pouvoir de l'avoine et sont arrivés à une conclusion intéressante : ajouter 1 tasse de son d'avoine (ou trois sachets de flocons d'avoine instantanés) à votre alimentation quotidienne et vous verrez votre taux de cholestérol baisser de 2 ou 3 %. Plus votre taux est élevé (6 ou 7 %), plus les résultats seront spectaculaires.

Soyez sportive. Ce conseil ne vous étonnera pas : l'exercice sportif fait du bien au corps. En fait, pour faire grimper votre taux de cholestérol lié aux HDL, inscrivez-vous à un club de gymnastique et suez. Ne cherchez pas à battre des records. « Nous avons appris que même des exercices modérés (marche rapide, jogging, natation) élèvent le taux de HDL, même si cela ne se produit qu'au bout de six mois ou un an », dit le Dr Rosenson.

Perdez du ventre. Trop de femmes suivent des régimes désespérants dont personne ne constate les résultats. C'est vraiment frustrant. En revanche, s'il est intelligent et modéré, un programme destiné à vous faire perdre du poids saura s'attaquer au cholestérol. Le Dr Denker a constaté que, lorsque de jeunes femmes présentent une surcharge pondérale, leur taux de cholestérol total et LDL tend à être plus élevé et leur taux de HDL plus bas. Perdre du poids produit l'effet inverse.

Bannissez la cigarette. Il y a bien des raisons pour arrêter de fumer, mais en voici une de plus : le tabac risque d'abaisser les HDL, ce qu'aucune personne soucieuse de sa santé ne peut décemment se permettre.

Même si vous fumez cigarette sur cigarette, voici quelques nouvelles encourageantes – si vous décidez de chasser une fois pour toutes le tabac. Le Dr Rosenson indique qu'en arrêtant de fumer, vous pouvez inverser la chute de votre taux de HDL en seulement 60 jours. Vous voyez qu'il ne faut donc pas des années pour éliminer les méfaits du tabac.

Buvez un verre. Vous avez peut-être entendu des amies dire qu'une ou deux boissons alcoolisées par jour peuvent élever le taux de cholestérol lié aux HDL. Eh bien, c'est vrai. Mais n'usez de cette stratégie qu'avec précaution. Les boissons alcoolisées sont très riches en calories et ruineront tous vos efforts de perte de poids. Une consommation modérée peut également augmenter les risques de cancer du sein. Enfin, si vous êtes enceinte ou souhaitez l'être, abstenez-vous de boire de l'alcool pour la santé de votre bébé.

Une solution de rechange ? Buvez du jus de raisin noir. La peau du raisin contient un ingrédient qui fait baisser le cholestérol, selon le Dr Leroy Creasy.

Pensez à l'œstrogène. L'œstrogène naturel vous protège du cholestérol tant que vous n'avez pas atteint l'âge de la ménopause : un traitement substitutif après la ménopause ne pourrait-il en faire autant ? Les chercheurs ont répondu oui à cette question. Un tel traitement peut réduire votre taux de cholestérol LDL et augmenter celui de HDL de 15 %, si l'on en croit le rapport de l'Association américaine pour le cœur sur les maladies cardiovasculaires chez les femmes.

Chaque médaille ayant son revers, cette thérapie de remplacement est aussi associée aux cancers de l'endomètre, et peut-être à celui du sein. Votre médecin et vous-même ne devez pas négliger ce facteur lorsque vous pesez le pour et le contre et envisagez de recourir à une thérapie de remplacement. Heureusement, les médecins pensent que l'on peut réduire les risques de cancer en combinant l'œstrogène à la progestérone (autre hormone féminine).

La médecine peut-elle faire des miracles ?

Les efforts les plus héroïques peuvent se révéler vains lorsque vous tentez d'abaisser votre taux de cholestérol. Peut-être trouverez-vous de l'aide dans les médicaments anticholestérol, susceptibles de faire diminuer les taux de 20 % en moyenne. Mais avant de recourir à cette forme de traitement, les médecins vous conseillent d'adopter pendant six mois une approche plus conservatrice (régime, sport, perte de poids). Si cela ne suffit pas, les médicaments pourront vous aider, particulièrement si votre taux de cholestérol lié aux LDL est encore élevé, si vous avez d'autres facteurs de risque de maladies cardiaques (antécédents familiaux ou hypertension) ou si vous souffrez déjà d'une maladie cardiaque.

Un médicament associant l'acide nicotinique et les acides biliaires peut être envisagé.

L'acide nicotinique est une forme de la niacine, vitamine que l'on peut acheter sans ordonnance. Mais il convient de prendre de fortes doses d'acide nicotinique pour qu'il agisse sur votre taux de cholestérol, et c'est pour cela que l'on parle de médicament. De telles doses peuvent avoir des effets secondaires néfastes. Si c'est le cas, parlez-en immédiatement à votre médecin.

« La niacine peut provoquer des rougeurs et des maux d'estomac », prévient le Dr Richard H. Helfant. Il conseille d'éviter totalement la niacine si vous avez du diabète, un ulcère, une maladie de foie ou des problèmes d'arythmie cardiaque.

D'autres médicaments ont également des effets secondaires, et votre médecin doit tenir compte du moindre détail de votre état de santé avant de vous en prescrire un. Certains sont disponibles sous forme de poudre, comme le Questran. La plupart des autres se présentent sous forme de pilules, comme la pravastatine (Vasten). Quelques-uns de ces médicaments – acide nicotinique et acides biliaires par exemple – sont sur le marché depuis assez longtemps pour qu'on soit sûr qu'ils peuvent non seulement abaisser considérablement votre taux de cholestérol LDL, mais aussi diminuer les risques de maladies cardiaques.

Mais attention : ce n'est pas parce que votre médecin vous prescrit des médicaments que vous devez faire n'importe quoi, prévient le Dr Denke. « Un médicament ne remplace pas une alimentation plus saine, une perte de poids, la pratique d'un sport et les autres stratégies impliquant une modification du mode de vie et devant obligatoirement faire partie de la lutte contre le cholestérol. »

COLÈRE

Retrouvez le calme avant d'affronter la tempête

Contrairement à nos mères, on nous encourage à exprimer nos sentiments et nos émotions. Même la colère.

« Les femmes de la génération précédente – celles qui ont 55 ans ou plus – ont appris qu'une dame bien élevée ne se met pas en colère. Mais les jeunes femmes n'ont pas reçu le même message : elles n'ont pas à être des « dames bien élevées », explique le Dr Sandra Thomas.

Et c'est tant mieux, parce que réprimer la colère est un excellent moyen de vieillir prématurément. Le refus de céder à la colère a été associé à de nombreux troubles tant physiques que mentaux, mais aussi à une mort prématurée, nous dit le Dr Mara Julius. Depuis plus de 20 ans, le Dr Julius étudie comment la façon d'aborder la colère affecte la santé des hommes et des femmes. Dans son premier rapport, elle a ainsi expliqué que les femmes qui étouffaient leur colère lors des discussions avec leur époux couraient plus de risques de mourir prématurément de maladies cardiovasculaires, de cancer ou d'autres causes que celles qui exprimaient leur colère.

Égalité des sexes

Maintenant que nous exprimons notre colère aussi librement que les hommes, nous en souffrons également comme eux. Les hommes ont depuis longtemps la réputation d'éclater assez facilement – un peu trop facilement, même, puisque leur colère est souvent mal orientée. « Un homme mis en colère pour une raison ou une autre va rentrer chez lui et donner un coup de pied au chien », dit Sidney B. Simon, professeur et auteur spécialisé dans la colère et le pardon.

Il semble que nous marchions sur leurs traces, comme l'indique une étude récente sur les femmes et la colère. « Nous avons constaté que les femmes ont tendance, le plus souvent, à exprimer leurs sentiments de colère à l'encontre des membres de leur famille – leur mari, principalement –, même si la famille n'est pas à l'origine de cette colère, dit le Dr Thomas, après avoir mené une étude sur les habitudes colériques de 535 femmes. Il y a certes un aspect positif : les femmes se sentent mieux assurées dans leurs relations et expriment leurs vrais sentiments sans craindre de gâcher lesdites relations. Mais il faut tout de même mettre quelques garde-fous. Hurler et jurer ne résout rien, cela peut même être assez traumatisant, surtout pour les enfants. Les petits ne comprennent pas pourquoi maman est en colère après papa ou les collègues de travail et leur crie dessus. Quand cela se produit, et cela est fréquent, de nouveaux problèmes peuvent surgir, dont celui de culpabilité. »

V comme vieillissement

Parler de cela n'est jamais agréable. « Quand vous vous mettez en colère, de nombreux changements physiologiques surviennent dans votre corps, parce que la colère déclenche un réflexe de lutte ou de fuite, explique le Dr Christopher Peterson. Le taux d'adrénaline augmente, le rythme du cœur s'accélère, la respiration se fait plus rapide et moins profonde, la digestion se bloque. »

Mangez pour vous calmer

Un mauvais régime alimentaire peut vous rendre grognon tout autant que bouffie, selon les chercheurs de l'université d'État de New York à Stony Brook, et ceux de l'université des sciences de la santé de l'Oregon à Portland.

Après avoir étudié le comportement de 156 femmes et de 149 hommes pendant cinq années, ces chercheurs conclurent que les sujets qui suivaient un régime alimentaire riche en graisses se mettaient plus facilement en colère que ceux qui avaient adopté un régime plus sain. Ceux qui s'étaient mis à manger moins gras connaissaient moins la colère et étaient moins sujets à la dépression.

Les chercheurs croient que la réduction de la quantité de graisses dans la nourriture et dans le sang est la clef du problème : moins il y a de graisse, meilleure est l'humeur habituelle.

S'ils surviennent trop fréquemment, ces changements font payer un lourd tribut à votre santé. On sait de manière certaine que le fait de se mettre fréquemment en colère contribue à favoriser les maladies cardiovasculaires, à faire monter la tension et à déclencher d'autres maladies susceptibles de mettre votre vie en péril. « Tout le mal que la colère peut faire aux hommes, elle le fait aussi aux femmes », déclare le Dr Redford B. Williams. Les femmes ont, au départ, un risque de maladies cardiaques inférieur à celui des hommes, mais l'hostilité augmente ce risque comme il le fait chez les hommes.

La colère affecte aussi nos facultés mentales. « Toutes les émotions influencent notre mode de pensée, mais les émotions fortes peuvent vraiment ralentir notre capacité à raisonner, à résoudre des problèmes et à prendre des décisions, dit le Dr Julius. Quand vous éprouvez de la colère, de la rage ou de l'hostilité, cela peut vous submerger. Chez certaines personnes, cela ralentit le processus de pensée ; chez d'autres, cela le stoppe complètement. »

Ce à quoi le Dr Peterson ajoute : « La colère nous fait aussi perdre notre sens de l'humour et nous pousse à nous aliéner avec autrui. Elle sape notre énergie, notre créativité et toutes les choses qui nous font nous sentir jeunes. »

Éteignez le feu de la colère

Que pouvons-nous faire ? Tout le monde se met en colère, après tout. Et personne ne conseille de dissimuler sa rage, sa frustration et les autres sentiments qui nous dévorent de l'intérieur, parce que cela fait encore plus de mal que de les exprimer.

La réponse ? Mettez-vous en colère quand on vous provoque, préconise le Dr Julius, mais ne vous complaisez pas dans cet état. Calmez-vous et identifiez la source de votre colère. Supprimez cette source en prenant conscience du problème sous-jacent.

Si la colère est traitée correctement, dit le Dr Julius, tous les problèmes de santé associés – hypertension artérielle, obésité, dépression et futurs problèmes cardiovasculaires ou cancer – pourront être évités. « C'est lorsque la colère se prolonge de maniére chronique que l'on tombe malade, explique le Dr Julius. En d'autres termes, ce n'est pas tant le fait de se mettre en colère qui nous fait du tort. Les dégâts apparaissent lorsque l'on reste en colère. Si vous êtes en colère et traitez le problème avec rapidité et efficacité, les dégâts sont minimes, pour ne pas dire nuls. »

Voici donc comment lâcher la vapeur sans que tout explose.

Occupez-vous pour vous calmer. Les hommes sont assez prompts à se calmer, mais les femmes laissent passer une bonne heure avant de voir disparaître leur colère, dit le Dr Thomas. C'est pendant ce laps de temps

De la répression à l'expression

Vous êtes donc une de ces femmes qui ne peuvent pas exprimer leur colère ? Vous n'êtes pas la seule. Même si l'on sait que les femmes peuvent plus facilement exprimer leur colère, « bien des femmes, même très jeunes, sont toujours gênées lorsqu'il s'agit d'exprimer leurs sentiments », constate le Dr Sandra Thomas.

Si cela vous ressemble, voici quelques méthodes destinées à vous apprendre à vous exprimer.

Affirmez-vous. Oui, c'est un comportement acquis pour la plupart de nous. Il existe des cours qui apprennent aux femmes à acquérir de l'assurance et à exprimer leur colère. Demandez à un psychologue de vous renseigner à ce sujet. « Parler d'un ton assuré, voire péremptoire, commence par déséquilibrer les relations, mais cela se révélera finalement très utile », explique le Dr Emily Rosten.

Faites en sorte que tout le monde connaisse votre nouvelle personnalité. « Si vous n'annoncez pas la transformation, les autres risquent de s'affoler. Plus important encore, si vous ne faites pas savoir que vous avez changé, les autres feront tout leur possible pour que vous continuiez à vous comporter comme avant », dit encore le Dr Rosten.

Répondez par écrit. Vous n'êtes pas toujours à l'aise quand vous êtes en tête à tête ? Écrivez. Personne n'a jamais dit que l'on ne s'exprimait que par la parole. « Répondez par écrit, dit Jerry L. Deffenbacher. Cela vous donne la possibilité de réfléchir et de répliquer de manière plus construite. Vous vous sentirez maîtresse de la situation si vous mettez de vous-même un terme à la confrontation. »

Pleurez. « Pleurer est une manière de s'exprimer des plus saines qui vous permet de chasser la colère », dit le Dr Thomas.

que les dégâts physiques apparaissent. « Il est vraiment efficace de s'occuper physiquement pendant ce temps-là, explique-t-elle. Allez faire un tour. Nagez. Passez l'aspirateur ou nettoyez les toilettes... n'importe quoi de physique, en fait. »

La colère déclenche une réaction de lutte ou de fuite, dit le Dr Thomas, et votre corps aura envie de se mouvoir ou de se battre. Le sport brûle l'adrénaline avec autrement plus d'efficacité que l'oisiveté, et cela vous permet de mieux réfléchir à la façon de traiter votre colère.

Soyez zen pendant dix minutes. C'est au travail que nous nous mettons le plus souvent en colère, mais le bureau n'est pas vraiment l'endroit idéal pour nager ou courir des kilomètres. « Dans les situations où vous ne pouvez vous dépenser physiquement, dénichez-vous un endroit tranquille où vous pourrez vous détendre, méditer, respirer bien à fond ou pratiquer une autre technique de relaxation », dit le Dr Thomas.

Connaissez vos limites. Une grande partie de notre colère concerne des choses sur lesquelles nous n'avons aucun pouvoir. « Prenez la circulation, par exemple, dit le Dr Julius. Tout le monde est énervé par la circulation, je ne vous dirai donc pas : " Ne vous mettez pas en colère quand vous êtes coincée dans les embouteillages. " En revanche, ne vous laissez pas dominer par la colère si vous faites de votre mieux et êtes consciente que vous ne pouvez en faire plus. » Concrètement, essayez d'éviter les bouchons en roulant à des heures différentes ou en prenant les transports en courant. « Surtout, comprenez que vous seule ne pourrez faire cesser les embouteillages et que vous mettre en colère à cause de cela n'est qu'un gaspillage d'énergie. Profitez plutôt de ce moment en écoutant de la musique ou des livres-cassettes sur votre autoradio ou en mettant au point votre programme du week-end », suggère le Dr Julius.

Positivez. « Il est également important de mettre les aspects positifs en avant, ajoute le Dr Julius. Quand vous êtes bloquée dans un bouchon, pensez de manière positive : dites-vous que vous avez une voiture et que la ville offre bien des avantages : musées, restaurants, parcs. » Une telle attitude exige un certain temps d'adaptation, mais elle remet les choses en place. Quand vous êtes furieuse après votre mari ou vos enfants, dites-vous que vous avez de la chance d'avoir une famille et apaisez-vous.

Choisissez votre cible. « Il est important d'exprimer sa colère, mais bien des situations vous empêchent de vous exprimer, dit le Dr Thomas. Il n'est pas très diplomate, par exemple, d'exprimer ses sentiments au travail à son supérieur ou à ses collègues. Même si vous le faites bien, de manière rationnelle et sans hurler, l'autre personne se mettra sur la défensive et adoptera ultérieurement un comportement vindicatif. »

Vous devez bien choisir la personne avec qui vous partagez vos sentiments, parce que cela pourrait se retourner contre vous. Le Dr Thomas conseille : « Pour dire ce que vous ressentez, choisissez une amie intime, une confidente ou quiconque en qui vous pouvez avoir confiance – et pas nécessairement l'objet de votre colère. »

Dites – le à la première personne. Il est toujours préférable d'exprimer ses sentiments que de dire aux autres comment ils auraient dû se comporter, explique Roland D. Maiuro. Vous pouvez par exemple vous efforcer de parler à la première personne. Il vaut mieux dire « J'étais furieuse de voir que tu n'avais pas fait laver la voiture » que « Tu as dit que tu ferais laver la voiture et tu ne l'as pas fait ». Dire « tu » ou « vous » a quelque chose d'accusateur et met les gens sur la défensive, ce qui ne permet pas de résoudre les conflits.

Entourez-vous de gens heureux. « Vous voulez évitez de vous mettre en colère ? Fréquentez des gens qui ne sont pas coléreux , conseille le Dr Peterson. Leur mode de pensée et d'action est contagieux. N'allez pas bien sûr vous entourer de doux rêveurs qui n'ont pas les pieds sur terre, mais de personnes raisonnables qui trouvent des solutions aux problèmes. »

Ne restez pas seule. La colère est parfois issue de la solitude : avoir un comportement social peut alors vous aider. « Parfois, vous devez vous forcer pour vous sentir impliquée. Vous n'aimez pas tout le monde et tous ne vous aiment pas, mais être actif chasse la dépression, laquelle rend bien souvent les gens coléreux, dit le Dr Peterson. Ceci mis à part, appartenir à un club ou à un groupe quelconque vous aidera à mieux définir les points positifs de votre existence et peut contribuer à chasser les sentiments de colère, de solitude et de dépression. »

CRISE CARDIAQUE

Une éventualité à ne pas négliger

De temps en temps, il vous arrive d'entendre parler d'une femme fauchée en pleine jeunesse par une crise cardiaque. Et vous vous dites : « Cela pourrait-il m'arriver ? »

Ne paniquez pas. Jusqu'à la ménopause, les femmes ont une protection naturelle contre les crises cardiaques. En fait, les spécialistes estiment que chez les femmes de moins de 44 ans, on ne recense que 0,5 % de crises cardiaques.

Mais ce n'est pas parce que la crise cardiaque est rare chez les femmes n'ayant pas encore connu la ménopause que vous ne devez rien faire pour votre santé.

Rien ne fait vieillir aussi rapidement que la crise cardiaque.

Elle peut frapper comme l'éclair, même si le décor est planté depuis des années avec l'accumulation de corps gras dans les artères coronariennes.

Quand la chance tourne

Par définition, une crise cardiaque est une réduction ou une suppression du passage du flux sanguin dans une artère qui provoque au niveau du cœur des dégâts susceptibles de mettre la vie en danger. Même si notre société a tendance à croire que la crise cardiaque est un problème d'homme, plus de 100 000 femmes ont des crises cardiaques chaque année et connaissent la douleur fulgurante dans la poitrine, les suées et le souffle court qui témoignent du passage d'un caillot dans une artère coronaire et son effet sur le cœur. Un tiers de ces crises cardiaques sont fatales. Quatre décès par crise cardiaque sur cinq concernent des femmes âgées de 65 ans et plus.

Nous autres, femmes, avons, pour ce qui est du cœur, bien plus de chance que les hommes. Tant que nous n'avons pas atteint la ménopause, l'hormone féminine qu'est l'œstrogène nous apporte une protection naturelle contre la menace de crise cardiaque qui peut frapper les hommes dès l'âge de la maturité. Mais, une fois passée la ménopause, les défenses naturelles disparaissent. A mesure que nous vieillissons, le cœur et les vaisseaux sanguins qui l'irriguent révèlent leur âge véritable sans même avoir besoin de l'irruption dramatique de la crise cardiaque. Peu à peu, le cœur se met à pomper de manière moins efficace et les parois des artères deviennent plus dures, moins souples.

Et puis il y a la crise cardiaque proprement dite. En quelques minutes ou quelques heures, elle peut dévaster votre corps, comme si vous preniez 20 ou 30 ans du jour au lendemain. Quand l'apport de sang au cœur diminue, les cellules cardiaques peuvent être très sévèrement touchées. Les risques de dommages irréversibles, mort des cellules et destruction d'une partie du muscle cardiaque, augmentent à mesure que la réduction du flux sanguin dure plus longtemps.

Tout n'est pas noir, cependant. La plupart des crises cardiaques peuvent être prévenues, quel que soit votre âge, si vous adoptez un mode de vie qui ralentit le processus d'accumulation des dépôts gras sur les parois de vos artères. Certes, il y a des exceptions à la règle. Exceptionnellement, le stress peut déclencher une crise cardiaque, même chez une femme jeune dont les vaisseaux sanguins ne sont pas obstrués. « Les artères coronaires peuvent avoir des spasmes dans des situations de stress et cela peut réduire l'apport de sang au cœur, dit le Dr James Martin. Si le spasme dure assez longtemps – de sept à dix minutes –, vous risquez la crise cardiaque. »

Heureusement, ce type de scénario est extrêmement rare. Vous disposez en vérité d'une grande maîtrise sur la santé et la longévité de votre cœur.

Lancez-vous dans un juste combat

Par où devez-vous commencer ? Voici quelques stratégies que vous ne devez pas négliger.

Un peu d'introspection. « Il est important de savoir où vous en êtes », conseille le Dr Richard H. Helfant. Cela veut dire être conscient des facteurs qui peuvent multiplier les risques de crise cardiaque. En tant que femme, vous disposez d'un allié de choix avec l'œstrogène, mais sa production diminue au moment de la ménopause. Si des parents proches ont eu une crise cardiaque à un âge assez jeune – moins de 55 ans –, redoublez de vigilance. Enfin, si vous présentez des facteurs de risque que vous pouvez changer – hypertension artérielle, taux de cholestérol élevé, diabète ou tabagisme –, reprenez les choses en mains avant que votre cœur n'en subisse les conséquences. Demandez à votre médecin comment vous y prendre.

Établissez des limites. Personne ne vous demande d'être fanatique. Vous n'avez pas à vous priver de toute viande rouge et à suer sang et eau au cours de gymnastique. Si vous menez une vie raisonnablement active et équilibrée, vous conserverez un cœur de jeune fille et n'aurez pas à vous inquiéter de la crise tant redoutée.

Soyez active. Si vous êtes l'une de ces femmes qui se sent plus à l'aise avec une télécommande de télévision qu'avec une raquette de tennis, il est grand temps de changer. Un sport régulier, comme marcher d'un bon pas pendant 30 à 45 minutes trois fois par semaine ou faire quelques longueurs de piscine, peut transformer la pompe dissimulée dans votre poitrine en un moteur de formule 1.

« Le sport est bénéfique au cœur, et cela de bien des façons, dit le Dr Stephen Havas. Il fait remonter votre taux de cholestérol HDL (lipoprotéines à densité forte), qui est le composant protecteur du taux de cholestérol sanguin. Il peut aussi faire légèrement diminuer votre tension artérielle et vous aider à maîtriser votre poids. » Il permet également de garder votre cœur en pleine forme, au même titre que les autres muscles de votre corps.

Mangez correctement. Ce n'est pas le remède miracle, mais une bonne alimentation peut constituer le noyau de tout programme de surveillance cardiaque. Selon le Dr Fredric J. Pashkow, la recherche démontre que le meilleur moyen de mettre votre cœur à l'écart de tout danger consiste à bannir la graisse et le cholestérol de votre alimentation. Concrètement, quand vous établissez votre menu, préférez le poisson à la viande rouge, le lait écrémé au lait entier, le blanc d'œuf à l'œuf entier et les yaourts glacés basses calories aux crèmes glacées. La graisse ne doit pas représenter plus de 25 % de votre apport en calories.

Pensez aux hormones. Un traitement hormonal substitutif avec apport d'œstrogène peut diminuer de 30 à 51 % les risques de crise cardiaque, nous dit le Dr Helfant.

Mais c'est un choix dont vous devez discuter avec votre médecin. « La thérapie hormonale a aussi des inconvénients, explique le Dr Helfant, par exemple un risque accru de cancer de l'endomètre et peut-être du sein. » Si vous avez des antécédents familiaux de cancer de l'endomètre ou du sein ou d'autres facteurs de risque, votre médecin et vous-même pourrez conclure que la thérapie hormonale n'est pas faite pour vous.

Après la crise

La prévention est une excellente chose, mais que faire si vous avez déjà fait la terrible expérience de la crise cardiaque ? Commencez par bénir le ciel d'y avoir survécu, puis adoptez des habitudes qui vous éviteront de renouveler l'expérience et vous aideront à mener une vie saine et dynamique. Si vous vous êtes mis en tête que cette crise cardiaque va handicaper de manière permanente votre mobilité, votre potentiel professionnel ou votre vie sexuelle, il est grand temps de balayer ces mythes. Malgré la crise cardiaque, vos plus belles années sont encore devant vous.

En modifiant votre mode de vie, vous pouvez réduire les risques de subir une nouvelle crise cardiaque, dit le Dr Helfant. « Ces changements vous permettront également de maîtriser votre santé et de mener une vie bien remplie, tout en vous protégeant au maximum. »

Quel type d'action faut-il donc adopter ? Ces recommandations vous sembleront peut-être répétitives, mais nous insistons ici sur leur impact spécifique dès lors que la crise cardiaque fait partie de votre passé médical.

Ayez une alimentation saine. Après un événement majeur comme une crise cardiaque, on pourait penser qu'une mesure aussi élémentaire que l'adoption d'une alimentation équilibrée est à peu près aussi efficace qu'un pansement adhésif sur une prothèse. Pourtant, les chercheurs de l'Institut national pour le cœur, les poumons et le sang ont analysé les études menées auprès des personnes ayant survécu à une crise cardiaque et découvert qu'elles pouvaient considérablement diminuer le risque d'une autre crise en abaissant leur taux de cholestérol. Diverses études ont révélé qu'une diminution de 10 % du taux de cholestérol entraînait une baisse de 12 à 19 % du risque de subir une seconde crise. Le meilleur moyen d'abaisser le taux de cholestérol est de supprimer les graisses saturées (produits animaux et huiles tropicales) et le cholestérol alimentaire (produits animaux).

Ne restez pas inerte. Pour bien des programmes favorisant la guérison après une crise cardiaque, l'activité physique occupe une place centrale et débute souvent – de manière fort modeste – alors que les femmes sont encore hospitalisées. La plupart des programmes de réhabilitation cardiaque recommandent de faire entre 15 et 30 minutes d'exercice au moins trois fois par semaine.

« Les gens qui n'ont jamais fait de sport dans le passé feraient bien de s'y mettre à présent », dit le Dr Peter Wood. En augmentant progressivement l'intensité de votre activité physique – sous surveillance médicale, bien entendu –, votre cœur en tirera encore plus de bienfaits, ajoute-t-il.

Prenez de l'aspirine. En cette époque où les médicaments coûteux sont rois, une simple aspirine peut-elle encore être crédible ? Une équipe de chercheurs de l'Association américaine pour le cœur a analysé six études au cours desquelles les patients ont pris de l'aspirine après avoir eu une crise cardiaque. Ce banal comprimé blanc a fait diminuer de 5 à 42 % le taux de mortalité lié à la maladie de cœur et de 12 à 57 % celui des crises cardiaques non fatales survenues ultérieurement.

Autre bonne nouvelle : vous n'avez pas à vous gaver d'aspirine. « Une aspirine pour enfant par jour suffit largement », dit le Dr Helfant. Malgré cela, certaines personnes devraient éviter totalement ce médicament. « Si vous avez des saignements ou un ulcère, prendre de l'aspirine n'est vraiment pas une bonne idée », nous avertit le Dr Julie Buring. Elle conseille surtout de ne rien faire par vous-même sans en avoir préalablement parlé à votre médecin.

DENTS (PROBLÈMES DE -)

Gardez vos dents jusqu'au dernier jour

C'est la réunion des anciens du lycée et l'appareil photo va se déclencher. Soudain, vos lèvres se pincent. Pourquoi faites-vous passer à la postérité ce sourire pincé à la Mona Lisa alors que vous avez vraiment envie de manifester votre joie ?

Peu de choses ternissent autant l'apparence d'une femme que des mauvaises dents. Quand vous étiez jeune, un peu de négligence vous aurait amenée à vous faire faire un simple plombage. Mais en vieillissant, ignorer vos dents peut vous exposer à des problèmes bien plus graves, une maladie périodontique par exemple.

Vous pensez avoir toujours bien fait attention à vos dents, mais l'âge apporte tout de même des changements à l'apparence et à la santé de votre sourire. Des années de mastication finissent par entamer la surface des dents et les raccourcir. La gencive se rétracte avec l'âge et l'usure. Et même un brossage soigneux a ses mauvais côtés si vous recourez depuis des décennies à une mauvaise technique. Frotter dur ne sert qu'à user l'émail translucide qui recouvre vos dents : on voit alors apparaître le matériau jaunâtre situé juste en dessous, la dentine. Bien des femmes, charmantes par d'autres aspects, sont dès 40 ans déaavantagées par des dents en mauvais état.

Avec les années, vos dents révèlent la conséquence de vos péchés mignons. Le café, le vin rouge, le tabac et les colorants alimentaires s'infiltrent au fond de fissures microscopiques de l'émail pour produire des taches brunes ou jaunes.

N'ayez pas peur !

Si vous aimez mieux vous faire épiler à la cire cent fois de suite que de rendre visite à votre dentiste, rassurez-vous : vous n'êtes pas la seule ! Un grand nombre de femmes adultes tremblent à la seule idée de devoir s'asseoir dans le fauteuil.

Les soins dentaires engendrer énormément de peurs, reconnaît le Dr Mark Slovin, mais la plupart ne sont absolument pas fondées. La dentisterie moderne n'est peut-être pas toujours indolore, mais il n'y a aucune raison pour de paniquez. Si c'est malgré tout le cas, voici comment vous calmer.

Parlez avant d'ouvrir la bouche. Si vous avez peur de la roulette, avouez vos craintes au praticien. « Un bon dentiste doit pouvoir comprendre les sentiments et les appréhensions de ses patients », dit le Dr Arthur A. Weiner. N'ayez pas honte de traverser toute la ville, s'il le faut, pour vous rendre chez un dentiste en qui vous avez confiance.

Demandez une démonstration. Demandez à votre dentiste de vous expliquer étape par étape les procédures qui ne vous sont pas familières et de vous montrer les instruments qu'il utilisera. Renseignez-vous également sur les sensations que vous éprouverez lors de son intervention.

Établissez un code. Demandez à votre dentiste de vous prévenir chaque fois qu'un événement imprévu risque de se produire afin que vous puissiez vous y préparer, conseille le Dr Weiner. Et indiquez-lui par quels signes vous lui demanderez de faire une pause pour que vous puissiez vous redresser dans le fauteuil ou vous rincer, par exemple.

Recourez aux techniques de relaxation. Essayez de respirer bien à fond, de vous concentrer sur un souvenir agréable (une journée à la plage, par exemple), ou écoutez votre morceau de musique préféré sur votre baladeur si cela peut vous permettre de rester tranquille dans le fauteuil, recommande le Dr Slovin.

Demandez un antalgique. Si vous avez vraiment besoin de supprimer la douleur, demandez un antalgique à votre dentiste. Les sédatifs ne constituent pas une solution permanente, mais ils peuvent vous aider pendant une intervention.

En cas de phobie. Si ce n'est plus de la peur que vous éprouvez à l'idée d'aller chez le dentiste, mais une véritable terreur, voire une phobie, demandez à votre praticien de vous conseiller un psychologue spécialiste de ce genre de problème ; il saura vous aider à affronter l'épreuve.

Identifiez l'ennemi

Quand vous étiez adolescente, la carie tant redoutée constituait toutes vos préoccupations lorsque vous rendiez visite au dentiste. Aujourd'hui, votre praticien vous explique que le plus grand ennemi de votre bouche n'est plus la carie mais la gingivite.

Il existe autour de chaque dent une sorte de petit fossé qui la sépare de la gencive. Quand les bactéries s'y installent et s'y multiplient, elles créent une inflammation qui, avec le temps, creuse les fossés et forme des poches. Si l'inflammation perdure, elle peut entraîner la dégénériescence de l'os, la gencive et le tissu conjonctif si bien que les dents peuvent se déchausser. Cela se traduit par un endolorissement, des saignements et une mauvaise haleine.

L'autre ennemi, ce sont les caries (oui, elles peuvent encore apparaître). Une pellicule un peu collante appelée plaque dentaire se dépose sur la dent et emprisonne les bactéries : c'est le début de la dégénérescence. Même si vous n'avez plus beaucoup de caries depuis le début de votre vie d'adulte, n'abandonnez pas la brosse à dents. Bien des femmes ont, à l'approche de l'âge mûr, des caries en même temps qu'une gingivite : la gencive se rétracte au fil du temps et la racine de la dent (qui n'est pas protégée par l'émail) peut se carier.

Plan quotidien pour une bouche parfaite

Pour conserver un sourire sain et éclatant en vieillissant, vous devez vous engager à prodiguer chaque jour à vos dents des soins préventifs. Cela veut dire passer peut-être un peu plus de temps dans la salle de bains – et être plus consciente des aliments que vous mangez. Commencez par vous renseigner sur les dernières méthodes de nettoyage et surveillez de près ce qui se passe dans votre bouche.

Brossez-vous souvent et correctement. En vieillissant, le brossage est le moyen de défense numéro un contre les problèmes dentaires. « Au minimum, brossez-vous les dents après le petit déjeuner et avant d'aller vous coucher », dit le Dr Hazel Harper. Naturellement, c'est mieux de pouvoir le faire après chaque repas – en employant la bonne technique.

Un brossage correct chasse les bactéries et la plaque responsable de problèmes dentaires. Le Dr Harper explique que se brosser correctement les dents, cela consiste à tenir fermement la brosse dans la paume de la main en se servant du pouce comme arc-boutant. Cette manière de saisir la brosse fait que les poils touchent les gencives, mais aussi la base et la surface des dents. Frottez doucement en effectuant de petits mouvements d'avant en arrière qui ne doivent concerner que trois dents à la fois. Ensuite, faites faire un quart de tour à votre poignet afin de brosser les côtés des dents et de chasser les bactéries qui ont pu s'installer au niveau

  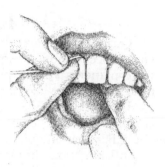

Prenez environ 45 cm de fil dentaire et enroulez-le autour du médius de votre main droite puis de celui de votre main gauche.

Avec le pouce et l'index, glissez 2 ou 3 cm de fil bien tendu entre deux dents. Incurvez doucement le fil en forme de C au niveau de la gencive.

Faites coulisser le fil entre la dent et la gencive en allant bien en dessous de celle-ci. Recommencez pour chaque dent en prenant chaque fois un morceau de fil propre.

du collet (limite entre la dent et la gencive). Terminez en vous brossant la langue ; ce n'est pas très agréable et ça chatouille, mais c'est certainement la meilleure antidote contre la mauvaise haleine, dit le Dr Harper.

Prenez une brosse convenable. Jetez les brosses trop dures ou trop usées, conseille le Dr Harper. Il vous faut une brosse aux poils assez doux ; vous la remplacerez tous les trois mois, dès que les poils auront perdu leur fermeté.

Et un bon dentifrice. Tout dentifrice approuvé par l'Association dentaire française fera l'affaire en réduisant le degré d'usure au minimum. Si vous avez tendance à avoir du tartre, prenez un dentifrice spécial. Le tartre, ou plaque durcie, forme sur vos dents un revêtement un peu rugueux, explique le Dr Richard Price. « Les dentifrices antitartre réduisent la quantité de tartre déjà installé, et le tartre qui se forme est ramolli et plus facile à ôter », dit-il.

N'oubliez pas le fil. Servez-vous chaque jour d'un fil dentaire pour parachever le brossage et avoir des gencives en parfaite santé, dit le Dr Price. Les poils des brosses ne pénètrent pas dans les interstices qui séparent les dents. Peu importe le type de fil utilisé – à la cire, sans cire ou parfumé. Il doit vous convenir, et c'est tout ce qui importe.

Si vous avez un peu d'arthrite dans les doigts, une bouche trop petite ou des problèmes de dextérité pour effectuer cette opération, maniez le fil d'une seule main. Enroulez-le autour du pouce et de l'index, comme s'il s'agissait d'une fronde, conseille le Dr Price. Ou demandez à votre pharmacien un petit appareil permettant de coincer le fil dentaire.

Attention à tout ce qui est collant. Les aliments qui s'accrochent à vos dents sont aussi ceux qui les gâtent, disent les experts. Mais à votre avis, qu'est-ce qui colle le plus ? Un biscuit salé ou un caramel ? Des figues sèches ou des céréales ? Des marshmallows ou du pain ? Aussi étonnant que cela puisse paraître, le pain, les céréales et le biscuit salé colleront plus longtemps à vos dents. La meilleure défense consiste à se brosser les dents chaque fois que vous avez mangé, que ce soit sucré ou pas. Et si cela vous est impossible, évitez les aliments qui collent.

Du fromage au dessert. Servir du fromage en guise de dessert peut réduire les caries quand il n'est pas possible de se brosser les dents après un repas. Des études révèlent que certains fromages, surtout ceux qui sont un peu durs– le gruyère, par exemple –, peuvent réduire le nombre des bactéries responsables des caries. Une petite tranche fera l'affaire – et n'ajoutera que peu graisse ou de cholestérol à votre alimentation.

Rincez-vous la bouche. Indépendamment de ce que vous avez mangé, si vous ne pouvez pas vous brosser les dents, la meilleure chose à faire consiste à bien vous rincer la bouche, dit le Dr Andrew M. Lewis. Cela chassera la plupart des débris de nourriture et diluera les acides générés par les particules alimentaires.

Des soins plus intensifs

Si votre dentiste a remarqué l'apparition de caries ou les premiers signes d'une maladie des gencives, ne baissez pas les bras. Vous pouvez faire beaucoup pour inverser le cours des choses. Avec l'assentiment de votre dentiste, essayez des traitements à faire à la maison.

Rincez-vous au fluor. « Si vous êtes encline à avoir des caries, faites chaque soir des bains de bouche au fluor, dit le Dr Lewis. Rincez-vous bien et crachez pour que cela soit la dernière chose qu'ait connue votre bouche avant que vous n'alliez au lit. » Ces bains de bouche sont en vente libre dans toutes les pharmacies. Le fluor reminéralise les dents, il les rend plus résistantes, moins sujettes aux caries et moins sensibles au niveau des racines.

Soyez branchée. Utilisez une brosse à dents électrique si vous avez du mal à vous brosser à la main ou si vous avez les gencives sensibles, dit le Dr Harper. La douce vibration de la tête de la brosse masse les gencives tout en nettoyant les dents, explique-t-elle. Les recherches menées à l'école de dentisterie de l'université de l'Alabama à Birmingham ont montré que les brosses à dents électriques pouvaient réduire les gingivites. Avant d'acheter un tel appareil, parlez-en à votre dentiste. Les praticiens recommandent souvent les modèles plus récents, munis de poils qui effectuent des rotations au lieu de vibrer. Plusieurs modèles sont en vente, dont Braun, Oral-B et bien d'autres.

La vérité sur les plombages

Votre dentiste vous dit que vous avez des caries. « Allons donc, faites-vous en riant, vous vous moquez de moi ou quoi ? C'était bon quand j'étais gamine ! »

Eh bien, non. Désolé. Il n'y a pas d'âge pour les caries.

Un grand nombre de femmes en ont alors qu'elles sont déjà adultes depuis longtemps, dit le Dr Richard Price. Les vieux plombages – « amalgames » serait plus correct – ont tendance à lâcher. Certains peuvent durer des décennies, mais la durée moyenne d'un plombage en argent est de neuf ans. Ensuite, ils se craquellent, se fissurent et se cassent.

« Ce ne sont rien de plus que des pièces de rechange, dit le Dr Price. Chaque fois qu'une dent est soignée et plombée, elle devra continuer à l'être jusqu'à la fin de votre vie. »

Parfois, les femmes adultes peuvent avoir des caries - même quand elles sont adeptes de la brosse à dents et du fil dentaire. Les petits trous noirs se creusent la plupart du temps à la base des dents : les gencives se rétractent avec l'âge et exposent les racines, plus sensibles parce que non protégées par l'émail, dit le Dr Price.

S'il vous faut un plombage – un nouveau ou le remplacement d'un ancien qui est parti –, votre dentiste aura le choix entre différents matériaux.

L'argent est le plus usité parce qu'il est à la fois solide et peu coûteux. À ce métal se mêle un peu de mercure, qui le rend plus facile à travailler. De temps à autre, le problème se pose de savoir si le mercure, métal toxique, peut passer dans l'organisme. Et certaines femmes se font enlever des plombages parfaitement sains par peur du mercure.

C'est vraiment dommage.

Certes, un peu de mercure se détache quand vous mâchez, mais c'est en quantité vraiment infime. « Il n'y a vraiment pas de quoi s'inquiéter », déclare le Dr Joel M. Boriskin. Plusieurs études ont mesuré la quantité de mercure émise par les plombages à l'argent et elles sont toutes arrivées à la même conclusion : vous pourrez commencer à vous en faire quand votre bouche sera dotée de 1 000 plombages !

Ce n'est pas parce que l'argent est un métal sûr qu'il est toujours le meilleur. L'or coûte cher, mais il est extrêmement résistant et tout à fait indiqué en cas de caries importantes. La porcelaine, le quartz et l'acrylique ne sont pas aussi durables que les métaux, mais ils conviennent bien aux caries très apparentes. On peut leur donner la même couleur que vos dents.

Essayez le jet d'eau. Un hydropulseur, tel le Broxojet, peut aider à chasser les débris qui s'accumulent entre les dents ou derrière les gencives, mais il convient de s'en servir prudemment, dit le Dr Harper. « Parfois, le jet de l'hydropulseur est mal réglé : trop puissant, il peut endommager le tissu des gencives », dit-elle. Réduisez la puissance du jet si vous avez les gencives douloureuses ou irritées après en vous être servi.

Notez qu'il existe des appareils combinant brosse à dents électrique et hydropulseur.

L'aide des professionnels

Le zèle le plus remarquable dont vous ferez preuve dans votre salle de bains ne remplacera jamais des visites régulières chez le dentiste, prévient le Dr Harper. Pour que vos dents continuent à paraître jeunes et saines, faites-les nettoyer tous les six mois et passez une visite complète une fois par an.

Un détartrage effectué par un professionnel vous débarrassera de la plaque et du tartre, dit le Dr Lewis. Une fois vos dents parfaitement propres, le dentiste pourra effectuer un examen minutieux de votre bouche. Si des caries apparaissent fréquernment, votre dentiste pourva vous administrer sur place un traitement spécial au fluor ou vous prescrine une application sur vos dents d'un gel au fluor. Mais commencez par les faire soigner.

Cela va plus vite que vous ne l'imaginez. Grâce aux nouvelles turbines, un dentiste ne met pas plus de quinze minutes pour soigner et plomber une carie. Il y a vingt ans, cela prenait plus d'une heure, dit le Dr Harper. Vous craignez d'avoir mal ? Vous redoutez de jouer dans un remake de Marathon Man, où le dentiste sadique transforme une fraise en un horrible instrument de torture ? Tout cela, c'est bien terminé. La dentisterie moderne a fait d'énormes progrès.

Il peut arriver que le dentiste doive pratiquer le traitement canalaire de la terminaison nerveuse d'une dent gâtée avant de la reboucher. Malgré sa mauvaise réputation, nous rassure le Dr Lewis, cette procédure n'est pas plus douloureuse qu'autre chose.

Si vous souffrez d'une maladie périodontique avancée, votre dentiste vous conseillera de prendre rendez-vous avec un stomatologue. Le traitement peut impliquer des antibiotiques oraux, un onguent antibactérien à injecter dans les poches qui se creusent dans les gencives ou, dans les cas les plus graves, l'ablation chirurgicale d'une partie de la gencive infectée ou de l'os malade.

Si des dents tachées ou mal implantées représentent pour vous un problème dentaire majeur, un spécialiste de la dentisterie esthétique pourra vous venir en aide. Des laques blanchissantes redonnent de l'éclat aux dents. Diverses techniques peuvent rendre jeunesse et beauté à votre sourire. Mais parlez-en toujours à votre dentiste habituel, qui vous conseillera et vous indiquera un confrère qualifié.

DÉPRESSION

Elle vole sournoisement votre jeunesse

La plupart du temps, Bernadette Thomas se sent en pleine forme. Mais occasionnellement, quand les exigences de sa carrière professionnelle et les besoins de sa vie familiale prennent le dessus, l'ombre sinistre de la dépression s'abat sur elle, et cela lui donne l'impression que la vieillesse est arrivée.

« Comme la plupart des femmes, je me préoccupe de mon poids, de mon apparence et, oui, de mon âge, dit cette femme de 33 ans, assistante commerciale dans une société juridique du quartier de la Défense. Quand ça va, je me trouve attirante, mais quand je suis déprimée, j'ai l'impression d'avoir je ne sais combien d'années de plus. La moindre petite douleur prend des proportions formidables quand je suis dans cet état-là. »

Cela ne surprend pas les médecins, qui disent que la dépression touche autant l'esprit que le corps.

« De toute évidence, la dépression peut vous ralentir dans vos activités et vous faire paraître plus vieille, dit le Dr Janice Peterson. Considérez les symptômes majeurs de la dépression – manque d'énergie, diminution des pulsions sexuelles, perte d'appétit, difficulté à se concentrer, troubles du sommeil, douleurs généralisées – et vous y trouverez des composantes normales du vieillissement. Quand vous rencontrez une personne qui présente ces problèmes, vous vous dites qu'elle est en train de vieillir, alors qu'elle est tout simplement sous le coup de la dépression. »

Les effets de la dépression sur le physique sont si puissants que vous pouvez bien souvent paraître dix ans de plus. « Certaines personnes souffrant de dépression chronique peuvent paraître très vieilles et avoir les épaules voûtées, des rides au coin des yeux et bien d'autres signes propres au vieillissement. Il m'est arrivé de voir des personnes dépressives qui semblaient avoir la soixantaine alors qu'elles n'avaient que 35 ou 40 ans », témoigne le Dr Harry Prosen.

Ce qui nous abat

Nous nous sentons toutes tristes à un moment ou à un autre. La mort d'un être cher, un divorce, la perte d'un emploi ou toute autre épreuve peut nous abattre à un point tel que nous croyons ne jamais pouvoir nous relever. La plupart d'entre nous redressons la tête ; les autres n'y parviennent pas. Au cours de sa vie, une femme a entre 8 et 12 % de risques de subir une dépression majeure, c'est-à-dire de présenter au moins cinq symptômes de la dépression pendant deux semaines au minimum, y compris un sentiment d'inutilité et des idées de mort et de suicide.

Une femme a, tout au long de sa vie, deux fois plus de chances qu'un homme de connaître une dépression majeure. Cette différence mystifie les chercheurs, nous dit le Dr Dan Blazer. Mais l'hérédité, les différences biologiques et la diversité du rôle social des hommes et des femmes pourraient expliquer en partie cette disparité.

Une affaire de famille ?

Vous n'êtes pas la seule à être dépressive. Votre grand-mère, votre père, votre mère et votre petit frère sombrent régulièrement dans une torpeur dont ils ne parviennent pas à se débarrasser. Est-ce une coïncidence, ou y a-t-il quelque chose de plus profond ?

« Il est clair que les individus ayant des antécédents familiaux de dépression sont plus vulnérables devant cette maladie que les autres, dit le Dr Alan Mellow. Nous disposons de preuves bien étayées que, comme le cancer, le diabète et l'hypertension artérielle, la dépression a une composante génétique. »

On ne choisit pas ses parents, il n'y a pas à revenir là-dessus. Mais le fait de savoir que votre famille est encline à la dépression devrait vous aider à comprendre pourquoi vous vous sentez plus abattue que les autres, dit le Dr Mellow. Si vous broyez anormalement du noir, surtout si vous appartenez à une famille de dépressifs, pensez à chercher du réconfort auprès d'un médecin et voyez avec lui si des médicaments antidépresseurs ne vous feraient pas du bien.

« Il existe une théorie de la dépression qui met la colère au premier plan, dit le Dr Kimberly Yonkers. Selon elle, les femmes tendent à réprimer leur colère et à l'intérioriser, pour ensuite sombrer dans la dépression. En revanche, les hommes expriment ouvertement leur colère et leurs frustrations en se montrant agressifs. » Mais il se peut aussi que les femmes soient plus promptes que les hommes à parler de leurs émotions et à chercher un remède à la dépression, ajoute le Dr Yonkers.

Le prix physique

Même une légère tristesse qui ne dure qu'un ou deux jours peut vous rendre plus vulnérable aux petits maux et aux changements d'apparence qui font normalement partie du processus de vieillissement. « Il est certain que la dépression fait payer un tribut physique aux individus, dit le Dr Blazer. Nous ne connaissons pas tous les mécanismes que cela implique, mais nous savons que le bien-être général du corps est mis à mal quand une personne est dépressive. »

L'affaiblissement du tonus musculaire est l'une des transformations physiques les plus immédiates qui se manifestent quand vous commencez à être déprimée. « Les muscles s'affaissent et contribuent à donner cette expression faciale triste et cette allure voûtée que l'on observe chez les personnes dépressives », dit le Dr Elmer Gardner.

Les changements causés par la dépression peuvent cependant être plus profonds que cela. Les chercheurs pensent que la dépression peut affaiblir le système immunitaire, accélérer le durcissement des artères et déclencher certaines formes d'arthrite.

Quand on est déprimé, l'activité des cellules du système de défense immunitaire peut chuter à un niveau caractéristique d'une personne plus âgée de 25 ou 30 ans, dit le Dr Michael Irwin. Ce professeur n'a pas étudié la dépression chez les femmes, mais, au cours d'une étude menée auprès de quadragénaires dépressifs de sexe masculin, il a découvert que l'activité des cellules tueuses était tout à fait comparable à celle des cellules de septuagénaires non dépressifs. Les cellules tueuses participent au système immunitaire qui protège de certains virus (herpès simple ou labial, par exemple), et elles sont naturellement moins actives avec les années.

« La dépression suscite une réponse immunitaire affaiblie, mais nous ignorons toujours jusqu'à quel point cela peut déboucher sur la maladie, reconnaît le Dr Irwin. En revanche, nous savons que les virus dont nous protègent les cellules tueuses sont plus répandus chez les personnes dépressives. »

La dépression peut également stimuler l'athérosclérose, cette accumulation de dépôts gras sur les parois des artères qui favorise les maladies cardiovasculaires, dit le Dr George Kaplan.

Êtes-vous réellement déprimée ?

Voici une liste de symptômes qui, selon l'Association psychiatrique américaine, peuvent vous aider à déterminer la gravité d'une dépression. Si vous avez au moins cinq de ces symptômes pendant plus de deux semaines, n'hésitez pas à chercher de l'aide auprès d'un médecin ou d'un thérapeute qualifié.

- Vous vous sentez triste la plupart du temps et perdez tout intérêt pour vos activités habituelles, y compris la sexualité.
- Vous vous sentez fatiguée ou manquez d'énergie pour effectuer des tâches quotidiennes.
- Vous êtes agitée et ne pouvez rester en place.
- Vous souffrez d'insomnie ou dormez plus que de coutume.
- Vous avez des difficultés à vous concentrer et à prendre des décisions.
- Vous constatez des fluctuations au niveau de votre appétit ou de votre poids.
- Vous vous sentez inutile et vous culpabilisez.
- Vous avez des idées de mort et de suicide.

Le rhumatisme articulaire est une autre maladie que la dépression peut aggraver, voire déclencher, explique le Dr Sanford Roth. « Il n'est pas inhabituel de voir une personne qui souffre de la perte d'un conjoint ou d'un parent développer une maladie comme le rhumatisme articulaire. Le rhumatisme articulaire ayant des origines génétiques, ces personnes avaient certainement toujours eu en elles le potentiel de développer cette maladie. Il a suffi d'un épisode dépressif pour lui donner le feu vert. »

Remontez à la surface

Maintenant que vous savez que la dépression peut avoir un sérieux impact sur votre vieillissement, que pouvez-vous faire pour la prévenir ou la guérir ? Beaucoup de choses, nous disent les médecins.

N'oubliez pas que la dépression profonde – celle qui persiste pendant plus de deux semaines – peut nécessiter l'intervention d'un médecin et un traitement à base d'antidépresseurs. Si votre dépression ne dure que quelques jours et ne semble pas devoir gêner vos activités habituelles, voici quelques suggestions qui devraient vous aider à remonter la pente.

Fixez-vous un objectif. « Les gens qui ont des rêves et des projets sont moins susceptibles d'être déprimés que ceux qui n'ont pas d'objectifs à court et à long terme », explique le Dr Dennis Gersten. Dressez la liste de vos projets. Divisez cette liste en plusieurs sections correspondant aux choses que vous voulez faire cette semaine, ce mois, cette année, dans les cinq ans à venir. Affichez-la dans un endroit bien visible, sur le réfrigérateur pourquoi pas, et cochez vos projets une fois qu'ils sont réalisés. Mettez à jour votre liste au moins une fois par mois.

Soyez active. « Si vous avez vous occuper, cela vous fera du bien, parce que l'activité vous empêchera de songer tout le temps à ce qui vous rend malheureuse », conseille le Dr Linda George.

Riez. L'humour est votre meilleur allié, dit le Dr Prosen. Découpez les bandes dessinées et les articles de magazine qui vous amusent et collez-les dans un cahier que vous pourrez feuilleter quand vous sentez que vous n'avez pas le moral.

Appuyez-vous sur votre famille et vos amis. Ils vous ont aidée à surmonter des problèmes relationnels et d'autres catastrophes, ils vous aideront maintenant à passer cette épreuve. « Attention, cela ne veut pas dire que vous devez leur demander de résoudre les problèmes à votre place, avertit le Dr George. Vous vous contenterez de leur demander de vous écouter, de vous laisser vous épancher et de vous soutenir. »

Notez vos pensées négatives. Jeter sur le papier vos sentiments, quand la dépression est là, peut vous aider à identifier des comportements erronés et remplacer les idées sombres par d'autres plus enthousiasmantes, dit le Dr Peterson. Pour chaque pensée négative du style « je ne suis vraiment qu'une idiote », écrivez à côté quelque chose de positif, par exemple « j'ai des imperfections, mais aussi beaucoup d'atouts ». Au bout d'un moment, les pensées positives remplaceront les idées négatives.

Abstenez-vous de boire. Il peut être tentant de noyer vos soucis dans quelques verres de vin ou d'alcool, mais ne faites surtout pas ça, conseille le Dr Yonkers. L'alcool est un dépressif qui peut vous entraîner encore plus bas. « L'excès d'alcool va perturber votre sommeil et éloigner de vous vos amis et les membres de votre famille, alors que vous avez besoin d'eux », dit-elle.

Transpirez. « L'exercice physique est le meilleur moyen de faire disparaître la dépression, dit le Dr Gersten. Des sports tels que la marche, la course, la natation ou le vélo encouragent l'activité cérébrale et peuvent inverser les effets de la dépression, même si elle est importante. » Il vous suggère de faire du sport pendant 20 minutes, trois fois par semaine.

Cachez vos cartes de crédit. « Les personnes dépressives ont souvent tendance à vouloir se soigner à coups de cartes de crédit, dit le Dr Yonkers. Elles pensent qu'elles iront mieux si elles font les magasins et achètent... n'importe quoi. Ensuite, elles culpabilisent parce qu'elles ont acheté des

choses coûteuses qui ne leur servent à rien, et cela les déprime encore plus. »
Si vous êtes déprimée et devez vraiment faire des achats, fixez-vous une
limite et payez en espèces.

Soyez une bonne actrice. On peut aussi repousser la dépression en
jouant le grand bonheur pendant une heure, ajoute le Dr Yonkers.
Recommencez un peu plus tard en tenant plus longtemps votre rôle. Peut-
être constaterez-vous bientôt que vous ne simulez plus et que le bonheur
est revenu.

DIABÈTE

Désarmez un tueur potentiel

Le sucre et le miel coulent, paraît-il, en abondance dans certaines contrées, et c'est tant mieux.

Mais si la quantité de sucre dans votre sang est trop élevée, c'est probablement que vous avez du diabète, une maladie qui affecte près de 75 000 Françaises. C'est la deuxième maladie endocrinienne et métabolique, causant environ 3 000 décès chaque année, et on estime que près de 500 000 diabétiques s'ignorent. Avec le temps, un diabète non soigné peut provoquer des accidents vasculaires cérébraux, des crises cardiaques et des maladies rénales, même chez les jeunes qui ne connaissent normalement pas ces problèmes. Le diabète peut aussi déboucher sur la cécité, des troubles nerveux et le désintérêt sexuel.

Difficile de s'en sortir

Même en vous efforçant de gérer cette maladie, vous pouvez vieillir avant l'heure. Les femmes diabétiques doivent adhérer à des régimes alimentaires extrêmement stricts et savoir ce qu'elles peuvent manger et à quelle heure. « Peut-être peuvent-elles accepter un morceau de gâteau à l'anniversaire d'un enfant, mais c'est tout, dit Audrey Lally. Pour ma part, j'encourage mes patientes qui souffrent de diabète à refuser tout ce qui peut contenir une importante quantité de sucre. »

Le régime ne s'arrête pas à la porte de la cuisine. Une femme diabétique ne peut plus se promener pieds nus par une belle journée d'été. Les affections nerveuses pouvant causer des pertes de sensation au niveau des membres inférieurs, elle risque de ne pas se rendre compte qu'elle s'est blessé au pied.

« Chaque fois que vous modifiez la composition chimique du sang, vous bouleversez pratiquement chacun des systèmes affectés par le sang, dit le Dr Steve Manley. Peut-être même tous. »

Y compris vos organes sexuels. Le diabète peut en effet affaiblir les systèmes neurologique et vasculaire ; comme la fonction sexuelle nécessite de bons nerfs et une bonne irrigation sanguine , bien des femmes perdent le plaisir qu'elles trouvaient jadis dans la sexualité. « Les hommes deviennent souvent impuissants à cause du diabète et, d'une certaine façon, les femmes sont affectées de la même manière, dit le Dr Manley. La phase de lubrification est, chez les femmes, similaire à la phase d'érection chez les hommes. »

Effet sur le cerveau

Le diabète a de nombreux effets sur l'esprit. « Quand le taux de sucre est déréglé, l'effet sur les fonctions cognitives est immense, dit Patricia Stenger. Votre temps de réponse est plus lent, vous vous sentez apathique et fatiguée. »

Ce à quoi le Dr Manley ajoute : « Le diabète déclenche une sorte de réaction de chagrin parce que vous avez effectivement perdu quelque chose. Certaines personnes se sentent désemparées, désespérées de voir que leur corps s'est révolté contre elles. D'autres pensent qu'elles ne sont plus maîtresses de leur destin. Elles peuvent cesser de croire, momentanément tout au moins, qu'elles iront bien un jour. La maladie commence à agir sur leur personnalité profonde. »

Des douceurs bien rudes

Il y a diabète quand le corps ne produit pas assez ou pas convenablement une hormone appelée insuline ; produite par le pancréas, cette derrière permet de transformer les aliments en énergie. Une bonne partie de ce que nous mangeons est dissociée en un sucre appelé glucose, et ce combustible alimente chacune de nos cellules pour nous garder en vie. La maladie n'est pas causée par l'ingestion de sucreries, même si les diabétiques doivent limiter leur consommation de sucre parce qu'il peut faire grimper dans des proportions dramatiques le taux de sucre dans le sang (ou glycémie).

Chez les individus en bonne santé, le glucose est automatiquement absorbé par les cellules. Le corps utilise très exactement ce qui lui est utile et stocke le reste. Sans insuline pour débloquer les récepteurs des cellules et permettre au glucose d'y entrer, le sucre s'accumule dans le sang et provoque bon nombre de maladies. Les diabétiques ont cinq fois plus de risques de crise cardiaque et de deux à quatre fois plus de risques de maladies de cœur. Un malade sur dix développe une maladie des reins ; d'autres personnes perdent la vue à cause de cette maladie.

Nuances subtiles

Il existe deux types de diabète. Avec le diabète de type I (ou diabète maigre), que l'on rencontre dans 10 % des cas, le corps ne produit absolument pas d'insuline et des injections quotidiennes de cette hormone sont nécessaires. Ce type de diabète est souvent détecté au cours de la puberté ; les symptômes, proches de ceux de la grippe, sont soudains et bien marqués : faim et soif extrêmes, perte soudaine de poids, fatigue extrême, irritabilité.

Le diabète de type II (diabète gras) est plus répandu et frappe généralement les femmes de plus de 45 ans : le pancréas produit de l'insuline, mais pas assez. Il y a certains symptômes – coupures ou blessures à guérison lente, problèmes de peau, infection des gencives ou de la vessie, engourdissement léger des mains et des pieds –, mais la plupart de femmes n'y prêtent pas attention ou les négligent purement et simplement. C'est pour cette raison que plus de la moitié des femmes diabétiques ignorent qu'elles le sont. Le diabète est une maladie subtile qui survient à l'improviste et fait de vrais ravages, avertit le Dr Xavier Pi-Sunyer.

C'est pour cela qu'il est important de faire une prise de sang pour mesurer la glycémie, surtout s'il y a des diabétiques dans votre famille, si vous avez une surcharge pondérale, avez plus de 40 ans ou avez mis au monde un bébé pesant plus de 9 livres. « Parce qu'ils se sentent bien, les gens n'ont peut-être pas conscience d'avoir cette maladie », dit Stenger.

Contre-attaquez

« Le meilleur moyen d'éviter le diabète est de surveiller son poids, dit Audrey Lally. Cela veut dire avoir une alimentation saine comportant beaucoup de fruits et légumes. L'obésité est le premier facteur de risque pour le diabète gras. C'est important pour tout le monde, mais essentiel s'il y a des diabétiques dans votre famille ou si vous avez eu du diabète pendant votre grossesse. »

Même si vous faites partie des 8 000 nouveaux cas diagnostiqués chaque année, un mode de vie sain pouvia vous aider à remporter la victoire sur le diabète. Certaines personnes souffrant de diabète gras ont besoin de médicaments oraux ou d'injections pour stabiliser leur glycémie, mais la plupart maîtrisent leur maladie en vivant plus sainement. En adoptant certains changements dans votre mode de vie, vous réduirez vos besoins en médicaments et pourrez même les éviter jusqu'à la fin de vos jours, dit le Dr James Barnard. Voici comment.

Partagez vos sentiments. Apprendre que l'on a du diabète peut porter un rude coup, et bien des femmes trouvent du réconfort dans le fait de partager leur expérience avec d'autres malades.

La rencontre régulière d'un groupe de soutien vous aidera à vaincre la maladie, tant physiquement que mentalement. Renseignez-vous auprès de votre médecin traitant ou de l'Association française des diabétiques, 58, rue Alexandre-Dumas, 75011 Paris.

Neutralisez le stress. Même si vous ne craignez pas la dépression, les études menées par les chercheurs de l'université Duke, à Durham (Caroline du Nord), montrent que lorsque l'on est en état de stress, certaines hormones sont activées et déversent dans le sang le glucose normalement stocké. Inversement, la gestion du stress et la relaxation améliorent le métabolisme du glucose, ce qui est très important pour les diabétiques. La thérapie de groupe offre des méthodes de relaxation ; on peut aussi pratiquer la méditation ou le yoga.

Mangez convenablement. Cela veut dire un régime pauvre en graisses et riche en fibres, avec au moins cinq fruits ou légumes par jour, dit Audrey Lally. En absorbant quotidiennement 40 grammes de graisse, quantité que l'on trouve dans un hamburger et une grosse portion de frites, le risque de développer un diabète se trouve multiplié par trois ; si vous avez déjà du diabète, les risques de complication sont encore plus élevés. C'est ce que nous indique une étude publiée par le très sérieux *American Journal of Epidemiology*. Le problème est le suivant : la graisse alimentaire se convertit en graisse organique, et cette graisse incite les cellules à résister à l'insuline, explique le Dr Frank Q. Nuttall.

Parallèlement, essayez de consommer, par jour, au moins 25 grammes de fibres que vous trouverez dans des aliments riches en hydrates de carbone complexes. Les fibres empêchent le glucose de passer dans le sang et abaissent le taux de cholestérol : c'est important pour les diabétiques, chez qui le risque de maladies cardiovasculaires est accru. Les meilleures sources d'hydrates de carbone complexes sont les pommes de terre, le pain complet, le riz, les pâtes, les légumineuses, l'orge et l'avoine.

Une question d'horaire. « Si vous avez du diabète, il vous faut manger toutes les quatre ou cinq heures », dit Audrey Lally. Le mieux est de grignoter ; avec les gros repas, votre corps a plus de mal à répondre aux demandes en insuline. La nourriture doit être répartie sur toute la journée : un repas ne doit jamais submerger le pancréas.

Évitez le sucre et le sel. Il est clair que vous devez éviter le sucre : même en minuscule quantité, il peut faire battre des records à votre glycémie. Certes, une consommation très modérée de sucre et de sel ne peut faire de mal à personne, mais les diabétiques doivent redoubler d'attention. Pour satisfaire votre goût, prenez des édulcorants naturels à l'aspartame (sucrettes). Recherchez aussi les aliments pauvres en sodium. Une nourriture trop salée fait monter la tension, et l'hypertension artérielle est très mauvaise pour les diabétiques.

Faites travailler votre cœur. Un exercice sportif régulier vous aide non seulement à maîtriser votre poids, mais rend aussi les cellules plus réceptrices à l'insuline. « Votre cœur doit faire des efforts pendant au moins

20 minutes, dit Stenger. Ne cherchez pas la complication : une bonne marche suffira. »

Les chercheurs de l'université Harvard à Cambridge (Massachusetts) ont découvert que l'exercice est un excellent moyen de prévenir le diabète gras. Une étude menée auprès de 22 000 médecins leur a permis de constater que ceux qui font du sport au moins cinq fois par semaine abaissent de plus de 40 % les risques de développer un diabète.

Les diabétiques doivent toutefois être prudents quand ils font du sport. « Le gros problème, c'est le risque d'hypoglycémie, ou chute du taux de glucose dans le sang », dit le Dr Greg Dwyer. Pour éviter cela, ce dernier propose de faire chaque jour, à la même heure, la même quantité d'exercice.

Soulevez de la fonte. L'haltérophilie joue également un rôle dans l'amélioration de la tolérance au glucose (faculté qu'a le corps à métaboliser correctement le sucre), si l'on en croit les chercheurs de l'université du Maryland et de l'université Johns Hopkins à Baltimore. Parlez-en à votre médecin avant d'attaquer un programme d'haltérophilie. Un entraînement trop intense peut faire monter la tension.

Prenez des vitamines C et E. Ces deux antioxydants ne sont présents qu'en faible quantité chez les diabétiques, et des chercheurs italiens ont montré que la vitamine E favorisait l'action de l'insuline. Parmi les aliments, tournez-vous vers le germe de blé, l'huile de maïs et les noix, mais prenez aussi un complément contenant 400 UI quotidiennes.

Les diabétiques sont sujets aux maladies vasculaires et l'apport en vitamine C doit être augmenté, dit le Dr Ishwarial Jialal. La dose recommandée est de 60 mg par jour, mais le Dr Jialal suggère une ration quotidienne de 120 mg de vitamine C, la quantité que l'on trouve dans une goyave ou un verre de jus d'orange.

Inventez-vous une migraine. L'aspirine peut réduire de 20 % le risque de crise cardiaque et d'accident cérébro-vasculaire : c'est ce qu'indiquent les recherches menées par l'Institut national de la santé auprès de 3 711 personnes présentant les deux types de diabète (maigre et gras). « Les diabétiques sont plus sujets aux maladies cardiovasculaires et la prescription d'aspirine est d'autant plus recommandée », dit le Dr Frederick Ferris.

La plupart des chercheurs recommandent une prise quotidienne d'un demi-comprimé pour adultes (ou un comprimé pour enfants), mais parlez-en d'abord à votre médecin : l'aspirine n'est pas recommandée aux personnes qui prennent des anticoagulants ou qui souffrent d'ulcères.

DIGESTION (PROBLEMES LIÉS À LA -)

En finir avec les brûlures et autres gargouillements

Comme si les barres chocolatées et les biscuits apéritifs au fromage ne vous avaient pas causé assez de problèmes toutes ces années, ce sont maintenant les oignons, les tomates et même les fraises qui se mettent à vous tourmenter. Quel est donc le responsable ?

Votre système digestif, apparemment.

Vous compreniez très bien pourquoi les hommes avaient des problèmes de digestion : il suffisait de les regarder manger. Mais voilà que, depuis quelque temps, vous piochez dans la boîte de pastilles Rennie ou dans le Smecta de votre compagnon. Pourquoi ? Parce que vous avez des gaz. Des brûlures d'estomac. Des ballonnements. De la diarrhée, de la constipation...

Bienvenue au club.

« De même qu'il faut plus de temps pour se remettre d'un rhume ou d'une blessure quand on vieillit, votre système digestif met plus longtemps à se rétablir et les mécanismes de réparation ne sont plus aussi efficaces qu'avant, explique le Dr William B. Ruderman. Vous ne tolérez plus aussi bien qu'avant certains mets ou les effets de l'alcool. Vous sentez peser sur vous le poids des années. »

Les éructations, les gargouillements et autres manifestations de votre organisme ne jouent pas seulement sur votre tube digestif. « Vous pouvez hésiter à prendre le bus ou à sortir au cas où vous devriez vous rendre aux toilettes. Vous ne pouvez plus aller dans certains restaurants ni manger certaines spécialités, dit le Dr Devendra Mehta. C'est pénible à n'importe quel âge, mais, quand on est encore jeune, cela gâche vraiment l'existence. »

Ce n'est pas parce que vos entrailles vous jouent des tours que vous devez tout leur céder. Quel que soit le problème, il y a une solution.

Constipation : bougez-vous

Si vous n'avez pas encore été gênée par la constipation, dites-vous bien que cela arrivera un jour ou l'autre. « La constipation est de plus en plus courante quand on vieillit, dit le Dr Jorge Herrera. En vieillissant, les gens ont tendance à moins manger et à avoir moins d'activité. » De plus, bien des médicaments utilisés contre les maladies cardiovasculaires ou le diabète ont tendance à constiper, ajoute le Dr Herrera.

À tout âge, cependant, la constipation donne un coup de vieux. Que vous deviez forcer pour aller à la selle ou, plus simplement, n'enayez pas envie, la constipation tourne souvent à l'obsession et, à cause de cela, votre corps n'a plus envie de faire grand-chose. La plupart des femmes de plus de 30 ans doivent s'attendre à être constipées de temps à autre - et encore plus souvent quand elles vieillissent. Mais voici des moyens de minimiser le problème, quel que soit votre âge.

Mangez naturel. « Si vous suivez le régime alimentaire occidental typique, avec des plats cuisinés, la constipation ne se fera pas attendre, dit le Dr Mehta. En revanche, une alimentation riche en produits naturels et en fibres, surtout en fruits et en légumes, est la meilleure chose que vous puissiez faire pour éviter ou traiter la constipation, surtout quand vous prenez de l'âge. »

Les spécialistes estiment qu'il faut au moins cinq portions par jour pour arriver au minimum recommandé de 25 grammes de fibres alimentaires, qui se trouvent en priorité dans les produits frais, mais également dans le pain complet, les céréales, les pâtes, le riz complet, les haricots secs et le son.

Dépensez-vous. N'importe quel type d'exercice physique accélère le temps de transit gastro-intestinal : c'est le temps que met un aliment pour passer de votre bouche à vos intestins via votre estomac. Les chercheurs de l'université du Maryland ont remarqué que les gens qui se mettaient à l'haltérophilie augmentaient de 56 % leur temps de transit gastro-intestinal. Il semble que les contractions des muscles de l'abdomen qui se produisent lorsque vous soulevez de la fonte font passer plus vite les déchets dans les intestins. Les chercheurs pensent également que tout type d'exercice a un effet sur la motiline, hormone sécrétée par la muqueuse du duodénum, qui favorise l'activité motrice gastrique et intestinale. L'exercice sportif améliore aussi l'apport de sang aux intestins, ce qui améliore le transit.

Buvez de l'eau. « Si la constipation est plus répandue chez les personnes plus âgées, c'est aussi parce que, en vieillissant, on boit moins, dit le Dr Mehta. Moins vous buvez, plus les selles sont fermes et moins elles sont fréquentes. » Même si vous n'avez aucun problème de constipation, vous devez boire par jour au moins six verres d'eau ou de boisson non alcoolisée.

Parallèlement, essayez de limiter le café, le thé et l'alcool. Les boissons caféinées accélèrent le transit intestinal (l'alcool n'a aucun effet), mais ce sont des diurétiques qui vous déshydratent, et vous avez besoin de liquides dans votre système digestif pour aider les mouvements des intestins. Les femmes fréquemment constipées devraient éviter le lait, le fromage et tout produit laitier parce qu'ils contiennent de la caséine, protéine insoluble qui a tendance à boucher les intestins.

Aigreurs d'estomac : éteignez le feu qui vous ronge

Vous savez probablement déjà dans quel état vous mettent les aigreurs d'estomac : vous vous sentez mal fichue, tout simplement. Rien ne vous gâche plus la vie – pour ne pas parler de votre appétit – que de devoir vous reposer après chaque repas tant que la douleur n'a pas disparu ou de surveiller chacune de vos bouchées pour éviter d'avoir des brûlures.

Les aigreurs d'estomac se produisent lorsqu'il y a reflux : les acides gastriques remontent dans l'œsophage, explique le Dr Sheila Rodriguez. Manger trop vite ou en trop grande quantité est souvent cause de brûlures, mais cette affection très répandue peut avoir d'autres explications : les aigreurs peuvent aussi constituer les premiers symptômes d'autres problèmes, notamment la gastrite, une inflammation de la muqueux de l'estomac.

« On ne peut dire que le vieillissement naturel contribue en soi aux aigreurs, mais celles-ci semblent poser davantage de problèmes quand on vieillit », dit le Dr Mehta. Cela tient en partie à ce que les brûlures sont intimement liées à la surcharge pondérale – et qui n'a pas pris quelques kilos au cours de ces dernières années ?

Il y a une autre raison, moins évidente toutefois. *Helicobacter pylori*, bactérie responsable de l'ulcère, est bien souvent associée aux symptômes de l'aigreur d'estomac, explique le Dr Mehta. Et après 40 ans, les muscles de notre œsophage commencent à s'affaiblir, ce qui peut contribuer au reflux. Mais peu importe. Voici quelques moyens pour lutter contre les brûlures d'estomac.

Mangez par petites quantités. Bien des femmes souffrant d'aigreurs ont constaté que le simple fait de grignoter pouvait résoudre le problème. Quand vous prenez quatre ou cinq petits repas quotidiens au lieu de trois, votre estomac sécrète moins d'acide, nous dit le Dr Frank Hamilton.

Faites couler. Boire beaucoup d'eau - surtout pendant les repas - permet aux acides gastriques passés dans l'œsophage de revenir dans l'estomac, dit le Dr Ronald L. Hoffman.

Identifiez le coupable. Certains aliments risquent plus que d'autres de déclencher les aigreurs d'estomac. Selon le Dr Rodriguez, les oignons, le chocolat et la menthe relâchent le sphincter inférieur de l'œsophage, ce qui favorise la remontée des acides gastriques. Les agrumes tels qu'oranges et pamplemousses, les produits à base de tomate, le café et les aliments gras ou frits peuvent également poser des problèmes en irritant la paroi de l'œsophage, ajoute le Dr Hamilton.

Dormez inclinée. Si vous avez de fréquentes brûlures d'estomac, placez une cale en bois ou en béton à la tête de votre lit pour que vous puissiez dormir sur un plan incliné, conseille le Dr William Lipshultz. Les acidités gastriques auront du mal à remonter si vous surélevez la tête de votre lit d'une quinzaine de centimètres.

Si vous devez coucher à plat, faites-le sur le côté gauche pour avoir moins d'aigreurs, dit Le Dr Leo Katz. Il a pu constater que les personnes qui couchaient sur le côté droit avaient plus de brûlures que celles qui dormaient sur le côté gauche, bien que les unes et les autres eussent mangé les mêmes aliments. « Nous pensons que cela a un rapport avec l'anatomie de l'estomac et la gravité », dit-il.

Intolérance au lactose : buvez du lait... en toute sécurité

Vous ne supportez pas les produits laitiers ? Vous n'êtes pas la seule. On estime que 70 % de la population mondiale présentent des symptômes d'intolérance au lactose, ce qui signifie que tous ces gens réagissent mal à l'ingestion de lait, de crèmes glacées et autres produits laitiers. Au nombre de ces symptômes s'inscrivent les ballonnements, les gaz, les crampes d'estomac et la diarrhée, qui peuvent réduire vos activités et gâcher votre vie quotidienne. Non seulement vous vous sentez plus âgée que vous ne l'êtes, mais ces symptômes ne font souvent qu'empirer quand vous vieillissez.

Vers l'âge de huit ans, nous sommes nombreuses à perdre une enzyme appelée lactase, laquelle aide à digérer le lactose, ce sucre qui donne de la douceur au lait. Sans lactase, une grande partie du lactose passe dans le système digestif sans être digérée, ce qui provoque des spasmes au niveau du côlon et produit des gaz. « Vers l'âge de 20 ans, les personnes intolérantes au lactose perdent pratiquement toute leur capacité à digérer le lait », dit le Dr Herrera.

L'intolérance au lactose varie d'une personne à l'autre. Certaines femmes peuvent éprouver une légère gêne après avoir pris beaucoup de laitages, d'autres seront franchement indisposées après une ou deux gorgées de lait. Connaître sa tolérance individuelle et rester dans ses limites, voilà le meilleur moyen d'éviter des ennuis. Il existe énormément de produits sans lactose dans les rayons des supermarchés, mais voici comment vous pouvez prendre sans danger des produits laitiers.

Vertus du cacao. Certaines recherches montrent que l'estomac se vide plus lentement sous l'effet du cacao, ce qui réduit la vitesse à laquelle le lactose parvient au côlon, dit le Dr Dennis A. Savaiano. Quand vous buvez du chocolat au lait ou fabriquez de la glace au chocolat, vous atténuez ou évitez les symptômes. Si vous confectionnez vous-même votre propre chocolat au lait, prenez du lait sans matières grasses et du cacao en poudre .

Prenez des laitages pendant vos repas. Certaines personnes sont débarrassées de tout symptôme si elles prennent des produits laitiers pendant leurs repas. En ayant de la nourriture dans l'estomac, vous ralentissez le passage du lactose dans les intestins, explique le Dr Douglas B. McGill. Il n'est malgré tout pas conseillé de prendre plusieurs produits laitiers au cours d'un même repas.

Choisissez le bon yaourt. Le yaourt est un laitage que vous pouvez avaler sans risque, mais ne croyez pas que tous les yaourts se ressemblent. « Certaines marques ajoutent des produits laitiers qui peuvent vous causer des problèmes, avertit le Dr Mehta. Le mieux est de faire soi-même ses yaourts. » On trouve facilement des yaourtières dans les magasins d'électroménager.

Si vous achetez vos yaourts, choisissez toujours une marque qui contienne des éléments actifs. « Dès que le yaourt passe dans les intestins, ces éléments entreprennent de dissocier le lactose », dit le Dr McGill. Désolé, mais le yaourt glacé n'est pas pour vous ; il ne contient pas assez de bactéries pour vous être d'une quelconque utilité.

La diverticulose :
ayez pitié de votre côlon

Les petits plats amoureusement préparés sont un délice, mais pas pour tout le monde : votre côlon n'apprécie pas. Après des décennies passées à traiter des aliments trop riches en graisses et trop pauvres en fibres et à essayer de faire passer les selles dures qu'ils engendrent, les parois du côlon s'affaiblissent et créent de minuscules poches appelées diverticules. Si ce phénomène, la diverticulose, ne suscite pas de symptômes chez certains, mais chez d'autres, elle provoque des gaz, des crampes, de graves indigestions ou encore la constipation ou la diarrhée.

La diverticulose étant le résultat d'années au cours desquelles vous avez négligé les besoins de votre côlon, la maladie frappe habituellement peu après 40 ans – et peut faire que vous vous sentez terriblement plus âgée. Certaines femmes modifient leur alimentation et évitent les pop-corn, les céréales et les noix, qui peuvent s'installer dans les poches et provoquer la douleur. D'autres, handicapées par des douleurs abdominales, réduisent leurs activités physiques ou changent d'une autre manière leur style de vie.

Quelque 5 % des cas tournent au scénario catastrophe, quand les diverticules se rompent et provoquent de sérieuses infections ou lorsqu'ils saignent et provoquent des hémorragies importantes. Cependant, la plupart des femmes souffrant de diverticulose peuvent maîtriser elles-mêmes leurs problèmes et rester jeunes. Voici comment.

Pensez aux fibres. Mangez davantage de légumes, de fruits et de céréales entières. Si vous ne mangez pas beaucoup de fibres pour l'instant, augmentez très progressivement. « Manger trop tôt trop de fibres peut aggraver les symptômes », dit le Dr Alex Aslan. Commencez par ajouter quelques aliments riches en fibres, fruits, légumes, pâtes, riz complet, haricots secs, son, céréales complètes et pain complet, et augmentez chaque jour la dose jusqu'à ce que vous arriviez au bout de 6 semaines à un minimum quotidien de 25 grammes de fibres.

Ne fumez pas. Le tabac est la pire chose qui puisse affecter votre organisme, et il a une action redoutable sur la diverticulose, dit le Dr Stephen B. Hanauer. Certes, il augmente les mouvements de votre intestin, mais la nicotine diminue l'apport de sang, ce qui provoque ou aggrave les crampes.

Faites du sport. N'importe quel sport augmente l'activité intestinale et améliore les fonctions, dit le Dr Aslan. Faites donc 20 minutes de sport sans interruption, au moins trois fois par semaine.

La colopathie : prenez les choses en main

Voici une maladie que les spécialistes disent aussi répandue que le coup de froid, et qui cause encore plus de misères. Les médecins ne savent pas trop quelle est la cause de la colopathie ni comment la traiter, mais on applique un diagnostic de colopathie spasmodique aux personnes régulièrement gênées par des constipations, des diarrhées, des ballonnements, des nausées ou des crampes abdominales, qu'il s'agisse de symptômes isolés ou associés à d'autres et s'accompagnant le plus souvent de douleurs au niveau de l'abdomen.

La bonne nouvelle (si c'en est une), c'est que les choses finiront probablement par s'arranger. « La colopathie spasmodique pose surtout un problème quand on a entre vingt et cinquante ans, dit le Dr Mehta. Mais, à tout âge, elle participe au vieillissement. » Bien des patientes organisent leur vie autour de ces symptômes, dit-il. « Vous ne savez jamais quand il vous faudra vous précipiter aux toilettes, et vous planifiez vos activités quotidienne en tenant compte de cela. »

Une irritation du côlon ne doit pas vous mettre dans cet état. Vous devez consulter un médecin si vous pensez avoir une colopathie spasmodique, c'est évident, mais il y a tout plein de choses que vous pouvez faire pour en atténuer les symptômes.

Doucement sur les sucreries. Limiter la quantité de sucre que l'on ingère, c'est le meilleur moyen de traiter la diarrhée provoquée par la colopathie spasmodique. Les sucres – plus particulièrement le fructose et cet édulcorant artificiel qu'est le sorbitol – ne sont pas facilement digérés, explique le Dr Hanauer, et c'est ce qui provoque la diarrhée. On trouve des édulcorants dans la plupart des bonbons et les chewing-gums sans sucre ou basses calories, ainsi que dans les jus de fruits industriels. Faites donc vos propres jus de fruits dans une centrifugeuse.

Calmez-vous. Le stress aggrave les symptômes de la colopathie spasmodique ; en revanche, le calme peut faire beaucoup de bien, dit le Dr Hanauer. Il propose que les femmes gèrent leur stress en recourant à des techniques de relaxation telles que la méditation, l'autohypnose ou le biofeedback (rétroaction). Vous pouvez aussi rédiger votre « journal intime du stress » pour mieux identififier la source de vos difficultés.

Réchauffez-vous. Il est possible de soulager les crampes abdominales en plaçant un coussin chauffant sur la zone douloureuse, indique le Dr Arvey I. Rogers. Réglez-le au minimum pour ne pas vous brûler.

Les crampes dues à un côlon irrité peuvent ne pas réagir à la chaleur. Voyez un médecin si les symptômes persistent.

Attention à ce que vous buvez. Le café et les autres boissons caféinées peuvent aggraver la colopathie spasmodique en accélérant la motilité, c'est-à-dire la vitesse à laquelle les selles se déplacent dans les intestins – une mauvaise nouvelle si vous êtes sujette à la diarrhée. De plus, il y a dans le café une substance qui provoque des crampes, dit le Dr Aslan. D'un autre côté, le lait n'est pas beaucoup mieux : certaines personnes souffrant de colopathie spasmodique ont également une intolérance au lactose.

Les fibres, toujours elles. Un régime alimentaire riche en fibres a tendance à apaiser un côlon irrité. Les fibres stimulent le transit et réduisent la pression intestinale, ce qui peut être bénéfique aux femmes souffrant de constipation ou de diarrhée (ou des deux à la fois), dit le Dr Hanauer. Les personnes atteintes d'une colopathie spasmodique devraient manger entre 35 et 50 grammes de fibres par jour. Commencez par ajouter trois cuillerées de son à vos céréales du matin et mangez au moins quatre fruits ou légumes par jour. Céréales et haricots secs sont riches en fibres. Parmi les autres aliments riches en fibres, on trouves le pain complet les céréales et, les pâtes et le riz complet. Augmentez très progressivement la dose en fibres pour ne pas avoir de gaz.

Supprimez la graisse. Les nourritures grasses font que votre estomac se vide plus lentement, ce qui cause des nausées et des ballonnements, dit le Dr Aslan. Évitez donc les fromages, les crèmes glacées, les desserts trop riches, les aliments frits et les viandes grasses telles que saucisses, hot dogs et bacon.

Quand les intestins s'enflamment

Le terme « maladie inflammatoire des intestins » regroupe en fait deux choses : la maladie de Crohn, inflammation chronique des intestins, et la rectocolite ulcéro-hémorragique, où le côlon est enflammé et atteint d'ulcères. Dans l'un ou l'autre cas, la patiente se plaint de douleurs abdominales, de saignements du rectum, de crampes, de perte de poids, de diarrhées et parfois de fièvre, en même temps que de malabsorption (incapacité d'extraire les nutriments des aliments). On s'en doute, cette maladie vous laisse affaiblie, fatiguée, surtout quand on sait qu'une inflammation des intestins peut durer trois semaines ou plus.

Quelles sont donc les causes de la maladie inflammatoire des intestins ? La plupart des chercheurs penchent pour une carence du système immunitaire ou une faiblesse héréditaire des intestins, puisque cette maladie se retrouve chez plusieurs membres d'une même famille. L'inflammation des intestins ne doit toutefois pas vous priver de votre vitalité. En prenant des mesures appropriées, vous resterez dans le coup.

Mangez léger. « Évitez les gros repas bien lourds », conseille le Dr Sidney Phillips. Plus vous mangez, plus vos intestins déjà enflammés devront travailler.

Faites un somme. Ne manquez jamais l'occasion de faire un petit somme. Quand les symptômes sont là, il est important d'avoir autant de sommeil que possible pour éviter de vous fatiguer, mentalement ou physiquement, dit le Dr Phillips.

Sachez lever le pied. Si vos symptômes sont légers, une alimentation riche en fibres est très importante. Manger beaucoup de fruits, de légumes, de pain complet et de pâtes peut aider à maîtruser la constipation et la diarrhée, en absorbant l'eau excédentaire dans vos intestins, dit le Dr Samuel Meyers. Mais si les symptômes s'aggravent, modérez l'apport en fibres jusqu'à ce que les choses aillent mieux. Trop de fibres pendant une crise inflammatoire ne peut qu'empirer les choses.

Traitez les symptômes avec des médicaments en vente libre. Les symptômes de l'inflammation des intestins peuvent souvent être maîtrisés avec les médicaments médicaments anti-acides et antidiavrhée que vous conseillera votre pharmacien, dit le Dr Phillips. Les femmes sujettes à ce type de maladie doivent toutefois gander sous la main, en cas de crise, les médicaments prescrits par leur médecin.

DOUBLE MENTON

À *armes égales avec le vieillissement*

Dame Nature ne nous a pas fait de cadeaux quand elle a inventé la force de gravité. Depuis le jour de notre premier bal, elle ne cesse de tirer sur certaines parties de notre corps pour les positionner à des endroits que nous n'aurions jamais crus possibles lorsque nous étions adolescentes.

Et aucune partie du corps n'est plus sensible à la gravité que le cou. Quelques kilos de plus, quelques années plus tard, et ça y est, le double menton est là.

« Je dois le reconnaître, le double menton pose vraiment des problèmes à certaines femmes. Il leur donne l'impression de vieillir à toute allure, dit le Dr Robert Kotler. Chaque fois qu'elles se regardent dans un miroir, c'est lui qu'elles voient. Elles ne l'oublient jamais, qu'elles soient au travail ou invitées à une fête. Et il leur dit qu'elles ne sont peut-être plus aussi jeunes qu'elles voudraient bien le croire. »

Un problème bien mineur

Trois facteurs contribuent au double menton : la graisse, l'anatomie et le temps. Les femmes stockent de la graisse dans le cou aussi facilement que dans les cuisses et les hanches, dit le Dr Kotler. Même si nous ne prenons que deux ou trois kilos, une bonne partie viendra s'installer dans le cou. « Moins l'angle de la mâchoire et du cou est marqué, plus il y a de risques d'avoir un cou charnu », dit le Dr Kotler. Chez les hommes, plus la pomme d'Adam est située bas, plus leur menton risque de s'affaisser.

L'âge y est aussi pour quelque chose. La peau des femmes commence à perdre de son élasticité après 35 ou 40 ans. Même si vous êtes mince, vous pouvez présenter un léger double menton simplement parce que la peau s'est relôchée, indique le Dr Kotler.

Tout cela n'a aucune incidence sur la santé. Un double menton n'a rien de dangereux, sauf lorsque vous avez une véritable surcharge pondérale, explique le Dr Kotler. Même dans ce cas, le double menton n'est qu'un symptôme de l'obésité, pas un problème en soi. « Le double menton n'est qu'une composante malheureuse du processus de vieillissement, dit le Dr Kotler. Tout bien considéré, il y a quand même des choses plus importantes dans la vie. »

Relevez la tête

Dangereux ou pas, la plupart des femmes trouvent malgré tout de même le double menton peu esthétique. Pour les aider à se débarrasser de ces plis supplémentaires – ou tout au moins à les masquer en partie –, les spécialistes proposent ces quelques trucs.

Perdez 5 kilos. Peut-être même 7. « Le meilleur moyen de se débarrasser d'un double menton, c'est de perdre du poids, dit le Dr Kotler. Bien des femmes viennent me trouver pour bénéficier de la chirurgie esthétique, mais si elles perdent quelques kilos excédentaires, le problème s'atténue à tel point qu'elles n'ont plus besoin de moi. »

Les règles de base sont simples. Faites du sport. Mangez moins gras. Évitez les régimes draconiens, qui font habituellement plus de mal que de bien. Et ne comptez pas sur les exercices miracles qui « remodèlent » le cou. Ils n'ôtent pas la graisse, et, dans certains cas, provoquent des dislocations de mâchoire et des crampes musculaires.

Allez chez le coiffeur. Les cheveux longs attirent le regard sur le cou – exactement ce que vous voulez éviter. La coupe à la Jeanne d'Arc est certainement la pire qui soit. « Il faut avoir les cheveux courts ou, tout au moins, au-dessus du menton », dit Kathleen Walas.

Jouez sur le maquillage. Pour cacher un double menton, Kathleen Walas vous conseille d'appliquer du blush sur le haut des pommettes ou de choisir un fard à paupières plus clair. Si vous mettez une base, faites en sorte qu'elle soit légèrement plus sombre sur le menton et faites un dégradé discret vers la base du reste du visage. « Cela rendra votre visage plus clair, plus attirant, et votre double menton se remarquera moins », dit-elle.

Question d'accessoires. Les décolletés et les cols ouverts sont plus flatteurs pour les femmes qui ont un double menton, dit Kathleen Walas. Les cols roulés sont à éviter absolument. Quant aux bijoux, évitez les « colliers de chien » et privilégiez les sautoirs. Les pendants d'oreille – tout ce qui tombe plus bas que le menton – peuvent attirer l'attention sur votre cou, prévient Mme Walas.

En dernier ressort. Quand plus rien ne va, il reste encore la chirurgie esthétique, dit le Dr Kotler. Si vous avez tout tenté et ne parvenez pas à vous débarrasser de cet excédent de menton – mais aussi si vous avez plusieurs milliers de francs à dépenser –, vous pouvez vous faire « sculpter » le cou. Le chirurgien pratiquera une petite incision horizontale sous le menton avant d'aspirer la graisse qui s'est amassée sous la peau, puis une incision verticale entre le cou et la mâchoire qui lui permettra de resserrer la peau comme un corset et d'emprisonner le tissu musculaire.

C'est un opération relativement indolore et deux pansements adhésifs suffisent à dissimuler les cicatrices, indique le Dr Kotler. Cela ne provoque que trés peu d'ecchymoses et, dix jours plus tard, on ne voit plus rien – sinon le menton d'origine. « C'est une intervention très courante, dit-il. La technique est très perfectionnée et les résultats sont relativement bons. » L'opération s'effectue sous anesthésie générale, ou sous anesthésie locale accompagnée d'un calmant.

Le chirurgien peut aussi placer un implant : il s'agit d'un morceau de silicone solide qui, coincé sous l'os du menton, le rend plus saillant et augmente ainsi l'angle formé par le menton et le cou, explique le Dr Kotler. Le temps de cicatrisation est le même. En fait, les chirurgiens posent des implants dans quatre opérations du double menton sur cinq, précise le Dr Kotler.

DROGUES

Aérez l'esprit pour purifier le corps

Il est probable qu'aucune personne de votre connaissance n'a volontairement cherché à tomber sous la dépendance de la drogue. Cette dépendance s'installe pourtant, de manière fort insidieuse – un comprimé, une cigarette de marijuana de temps à autre –, jusqu'à ce que l'on soit confronté à un problème que l'on n'aurait jamais pensé avoir à gérer.

Malgré sa réputation de problème urbain, l'abus de stupéfiants peut frapper n'importe quel membre de votre entourage : cette vieille copine de fac, dépendante des antalgiques depuis son accident de voiture, il y a trois ans, ou encore cette amie qui dirige une PME et fonctionne à la cocaïne pour arriver à travailler 14 heures par jour.

N'importe qui, en fait. Même nous, si nous n'y prenons pas garde.

« Tout le monde ne court pas le danger d'être dépendant, dit le Dr Joan Mathews Larson, mais la drogue n'a pas de frontières. Il n'y a pas besoin d'être un jeune d'une banlieue défavorisée pour devenir accro. »

La drogue fait payer un lourd tribut. Elle peut nous prendre notre argent, notre travail, nos amis, nos conjoints, notre dignité. Elle peut ravager et faire vieillir notre corps. Elle peut nous empêcher de manger ou au contraire nous inciter à dévorer comme un ogre. Elle peut nous faire oublier les joies du sport et les principes mêmes de l'hygiène. Nous pouvons perdre toute capacité mentale. La dépendance à la drogue peut même être fatale.

« On peut éviter cela, dit le Dr Larson. Mais si l'on ne fait rien pour la contrecarrer, la drogue détériore iméluctablement les individus. Les personnes dépendantes peuvent connaître une chute sans fond. »

Un vide à combler

Aux États-Unis, plusieurs études révèlent l'étendue du fléau. L'une d'elles, menée auprès des résidents de cinq grandes villes américaines, montre que jusqu'à une femme sur vingt recourt à la drogue ou en dépend. En France, 250 000 femmes sont des utilisatrices régulières ou occasionnelles de drogue.

La dépendance coûte horriblement cher. Les chiffres de l'université de Californie à San Francisco montrent que l'usage de drogues illicites en Amérique coûte près de 7 milliards de dollars par an en traitement, perte de productivité et autres frais.

Pourquoi les gens deviennent-ils dépendants alors que les risques sont bien connus ? Parce que les drogues leur donnent l'impression de se sentir bien, au début, tout au moins. « Les drogues correspondent à un besoin à un certain moment de la vie, explique le Dr Larson. L'héroïne, par exemple, peut aider quelqu'un à surmonter son angoisse naturelle. L'alcool joue souvent le rôle de dépresseur, mais il peut aussi servir de stimulant. Il compense une carence naturelle en certaines substances chimiques. »

Le soulagement n'est cependant que de courte durée. Avec le temps, la drogue interfère avec la production d'endorphines, molécules naturelles qui font que l'on se sent bien. « Cela veut dire qu'il faut prendre de plus en plus de drogue pour sentir la différence, dit le Dr Adam Lewenberg. C'est un cycle où l'on recourt de plus en plus fréquemment à la drogue, pour finir par en devenir totalement dépendant. »

La cocaïne, la marijuana, l'héroïne et les autres drogues interdites ne sont pas seules en cause. Les médecins et les chercheurs ont identifié des dizaines de substances en vente libre ou sur ordonnance susceptibles de causer une dépendance, parmi lesquelles les sirops pour la toux, les anxiolytiques de la famille des benzodiazépines comme le diazépam et peut-être même certains œstrogènes pris au cours d'un traitement hormonal substitutif.

Les femmes sont, en fait, plus exposées à l'abus de tranquillisants, de sédatifs et autres stimulants, tout simplement parce qu'on leur en prescrit plus souvent. Elles sont aussi moins enclines à parler de leurs abus, ce qui accroît encore leur dépendance aux drogues, dit le Dr Larson. « Les femmes qui ont ce type de problème sont de plus en plus nombreuses. Cela tient principalement à leurs difficultés au travail, dit-elle. Les femmes qui ne travaillent pas tiennent également secrets leurs problèmes, et la dépendance peut progresser à un rythme difficilement contrôlable. »

Tout le monde peut être dépendant, mais l'hérédité joue aussi un grand rôle. Dans son livre *The Good News about Drugs and Alcohol*, le Dr Mark S. Gold estime qu'une personne sur dix est génétiquement prédisposée à être dépendante des drogues. « Il est indubitable que la dépendance aux drogues se retrouve, comme l'alcool, dans toute une famille, dit le

Dr Larson. Malheureusement, c'est une chose que nous ne pouvons dépister. Si vous savez qu'il y a dans votre famille des personnes dépendantes de l'alcool ou de la drogue, vous devez faire encore plus attention. »

L'alcool augmente également les risques de dépendance à la drogue. L'Institut national de la santé a interrogé plus de 20 000 Américains (hommes et femmes) de plus de 18 ans dans six régions des États-Unis. Les chercheurs ont constaté que les femmes qui abusent de l'alcool courent six fois plus de risques d'abuser également de la drogue.

La même étude a établi que les troubles mentaux faisaient également augmenter les risques. Les personnes sujettes à la dépression risquent 4,7 fois plus de recourir aux drogues ou d'en devenir dépendantes. Celles qui ont des problèmes d'angoisse (peur panique ou comportement obsessionnel, par exemple) voient ce même risque multiplié par 2,5.

En matière de dépendance, rappelle le Dr Larson, il y a une chose que l'on ne doit jamais oublier : cela peut arriver à tout le monde. « Ce n'est pas une chose dont il faut avoir honte. Cela ne signifie pas que vous manquez de principes ou de caractère, dit-elle. Personne n'a envie d'être accro. Mais, pour tout un tas de raisons échappant bien souvent au contrôle de l'individu, c'est pourtant ce qui arrive. Il faut alors régler le problème. »

Arrêtez avant même de commencer

Il est clair que la meilleure façon d'éviter la dépendance aux drogues est de ne pas commencer à y toucher. Ces quelques conseils sont destinés à vous aider à rester à l'écart des ennuis.

Sachez reconnaître les signes avant-coureurs. « Quand l'idée même de drogue vous vient à l'esprit, c'est que vous avez un problème », dit le Dr Larson. Si vous pensez que vous ne pouvez pas vous détendre, être heureuse, dormir ou faire quoi que ce soit sans elle, il est probablement temps de chercher de l'aide.

Parmi les autres signes, il y a le fait de mentir à son médecin pour qu'il renouvelle une ordonnance, de ne pas se rendre au travail parce que l'on a trop bu ou trop pris de somnifères, de taper dans ses économies pour s'acheter une substance illicite, d'oublier régulièrement de manger et de négliger ses amis et sa famille.

Examinez votre arbre généalogique. Cherchez les signes de dépendance dans votre famille, ils vous indiqueront s'il existe un penchant pour les drogues. Ne négligez pas l'alcoolisme. Et n'écartez pas les antalgiques du grand-père ou le Valium de la tante Sophie.

« Si vous trouvez des signes dans votre famille, redoublez de précautions, dit le Dr Larson. Gardez-vous bien d'expérimenter une drogue quelconque, parce qu'une seule fois peut suffire à vous rendre accro. »

Résolvez les conflits. Les gens recourent à la drogue pour éviter de régler de problèmes tels que l'anxiété, l'ennui, la dépression, la frustration, les difficultés relationnelles, le stress au travail ou le chômage. « Affrontez vos problèmes, conseille le Dr Larson. Boire ou se droguer pour les éviter ne résoudra rien. Cela ne fera qu'ajouter un problème – celui de dépendance – à tous autres. »

Si vous vous ennuyez, trouvez-vous un passe-temps ou engagez-vous comme bénévole dans une association. Si vous avez des problémes au travail, ou avec votre conjoint, trouvez un psychologue ou un autre professionnel qui puisse vous aider. Quoi que vous fassiez, ne cherchez pas un réconfort provisoire dans la drogue, aussi attrayante soit-elle.

Respectez les doses. Quand votre médecin vous prescrit un médicament, surtout lorsqu'il s'agit d'antalgiques ou de tranquillisants, suivez fidèlement ses indications. Et ne cherchez pas à faire renouveler l'ordonnance s'il ne l'a pas demandé. « Les drogues prescrites sur ordonnance n'agissent pas d'une manière différente sur votre corps que les drogues illicites, nous dit le Dr Lewenberg. D'une certaine façon, elles sont même plus dangereuses, parce qu'elles sont facilement disponibles et légales. Des gens qui n'envisageraient pas de s'acheter de la cocaïne ne voient pas de problème au fait d'abuser d'un médicament sur ordonnance. Ils le devraient, pourtant. »

Quand vous avez fini de prendre un médicament, jetez le flacon. S'il en reste, ne l'enfermez pas dans votre placard à pharmacie : quelqu'un d'autre pourrait être tenté de le prendre un jour ou l'autre – sans l'avis d'un médecin.

Dites non. C'est peut-être tout bête, mais c'est pourtant vrai. Évitez les drogues illicites. Chez certaines personnes, les drogues « conviviales » peuvent rapidement entraîner une dépendance. « On n'est pas dépendant des drogues illicites tant qu'on n'en a pas pris », dit le Dr Lewenberg.

S'il vous faut de l'aide

Si vous pensez avoir déjà développé une certaine dépendance à la drogue, voici quelques conseils de la part de spécialistes.

Demandez de l'aide. « Je ne cesserai de le répéter : n'ayez pas honte, dit le Dr Larson. Parlez-en à une amie fidèle. À votre conjoint. Plus tôt vous en parlerez ouvertement, plus vous aborderez le problème de manière constructive. » Vous n'avez pas besoin de le crier sur les toits. Il suffit d'une seule personne qui soit au courant et qui s'inquiète pour que vous trouviez l'aide nécessaire pour vous remettre sur les rails.

L'union fait la force. Les groupes de soutien sont très utiles à certaines femmes. Vous rencontrerez des gens qui ont les mêmes problèmes que vous, les mêmes espoirs, aussi, et ils pourront vous aider à passer l'étape pénible du sevrage.

Il existe de nombreuses associations que vous pouvez contacter : les Alcooliques Anonymes, SOS Drogue, etc.
- Alcooliques anonymes, 21, rue Trousseau – 75011 Paris
- SOS Drogue, hôpital Sainte-Anne, 1, rue Cabanis – 75014 Paris
- Centre Marmottan, 17, rue d'Armaillé – 75017 Paris
- Toxitel : 3615 GP2

Faites du sport, mais modérément. Si vous avez abusé des drogues, vous avez également abusé de votre corps. Vous n'avez peut-être pas fait le moindre exercice depuis des mois, ce qui n'a pu que renforcer la dépression ou l'angoisse.

Commencez en douceur. Le mieux est de marcher 20 minutes par jour, trois fois par semaine. Les exercices trop intensifs ne sont pas conseillés, selon le Dr Lewenberg. Vous n'êtes probablement pas au mieux de votre forme : vous pourriez facilement vous blesser ou vous décourager. Il est également possible de devenir dépendant de l'exercice physique, puisqu'il stimule la production d'endorphines. « Ce n'est pas un mauvais échange : drogue contre sport, dit le Dr Lewenberg. Mais l'idée est de ramener votre corps à la normale... lentement. »

Mangez convenablement. Les drogues ont une étrange action sur l'appétit. Par exemple, les adeptes de la marijuana ont tendance à trop manger et à devenir obèses. L'abus de cocaïne peut entraîner une malnutrition et même des désordres alimentaires tels que l'anorexie nerveuse. « Quand on est dépendant de la drogue, manger bien est rarement une priorité », dit le Dr Larson.

Essayez un régime équilibré, que vous ayez envie de manger ou pas. Remplacez les sucreries par des fruits et des légumes. « Donner à votre corps et à votre cerveau ce qui leur est utile est la première étape de la guérison », dit le Dr Larson.

Envisagez un traitement médical. Les centres spécialisés donnent aux gens la possibilité de se désintoxiquer, mais aussi d'identifier la cause cachée de leur dépendance. Vous pouvez être hospitalisée ou venir en consultation externe. « Quand il y a dépendance, il y a dépression, dit le Dr Lewenberg. Il ne faut pas se voiler la face et occulter les autres problèmes. » Pour soigner la dépression, le programme du Dr Lewenberg inclut une thérapie à base de substances ne créant aucune dépendance, et même un traitement par électro-acupuncture : cela stimule la production d'endorphines et renforce l'action des médicaments.

ENDOMÉTRIOSE

Résistez à ses effets néfastes

Si Marie-Françoise Le Tellier s'est toujours sentie plus vieille qu'elle n'était c'est en raison de l'endométriose. Et pourtant, elle n'a que 35 ans.

Pendant son adolescence, cette maladie provoquait chez elle des douleurs chroniques si intenses que la plupart des activités qu'elle envisageait de faire – voyager ou courir sur de longues distances, par exemple – lui étaient insupportables.

Marie-Françoise, laborantine à Clamecy, dans la Nièvre, avait tout juste vingt ans quand elle voulut avoir un enfant. Hélas, l'endométriose l'avait rendue stérile. À vingt-cinq ans, elle subit une hystérectomie pour supprimer la douleur et lutter contre la progression du mal. Elle souffrit énormément à l'idée qu'elle n'aurait jamais d'enfant. Pour ne rien arranger, l'hystérectomie déclencha une ménopause prématurée. « Le vieillissement, je sais ce que c'est », dit-elle souvent.

« Souffrir d'endométriose vous rend très différente, ajoute-t-elle. Votre santé vous préoccupe à chaque instant. Les autres personnes de mon âge n'ont pas vécu tout ça. Cette maladie m'a volé des années et je suis passée à côté de beaucoup de choses. »

Cette douleur qui épuise les femmes

L'endométriose est une maladie chronique et débilitante. La muqueuse utérine, ou endomètre, apparaît en dehors de la cavité utérine. Cela peut être très douloureux, parce que ce tissu se comporte comme un tissu utérin normal : il peut provoquer des douleurs, des saignements et des maux divers avant et pendant la période des règles. S'il empiète sur le gros ou le petit intestin, il peut faire pression et susciter des douleurs quand la femme se rend aux toilettes. S'il siège dans la région pelvienne, il peut provoquer une gêne pendant l'acte sexuel. Chez certaines femmes, les douleurs sont insignifiantes ou non existantes. Mais chez d'autres, elles sont horribles : les femmes disent qu'elles ont l'impression d'être brûlées ou de recevoir des coups de couteau.

La douleur de l'endométriose épuise souvent les femmes, dit Nancy Petersen : elles n'ont plus l'énergie ou la capacité de faire ce qu'elles devraient ou pourraient faire.

« Je crois qu'elles sont vraiment épuisées par cette douleur chronique et intense qu'elles doivent subir, dit Petersen. La plupart connaissent un véritable épuisement. » Bien des femmes atteintes d'endométriose « luttent pour vivre, tout simplement. Pour elles, c'est vraiment un effort », ajoute-t-elle. Quand elles ne peuvent participer pleinement à toutes sortes d'activités, elle finissent par à se sentir seules et isolées.

La question des enfants

Pour les femmes qui désirent avoir des enfants, l'endométriose peut porter un coup fatal parce qu'elle peut les rendre stériles. (En fait, les problèmes de stérilité peuvent constituer les premiers indices de cette maladie.) Souvent, la muqueuse utérine, mal placée, s'attache aux ovaires et aux trompes de Fallope et les relie entre eux et aux parois du petit bassin, rendant la fécondation impossible, explique le Dr Pauls Bernstein. « Tous les organes étant collés, les trompes n'ont pas la mobilité qui leur permet de capter l'ovule et de l'amener doucement dans l'utérus », dit-elle.

Quand vous êtes atteinte d'endométriose, vous pouvez fort bien ignorer que votre fécondité est atteinte tant que vous n'avez pas essayé d'être enceinte. Plus vous attendez, plus la maladie progresse. Beaucoup de femmes tentent alors de concevoir plus tôt qu'elles ne l'auraient souhaité. « Tout cela génère beaucoup d'angoisse, dit le Dr Deborah A. Metzger. Et il est difficile de gérer cette peur, parce que les femmes pensent qu'elles n'ont pas vraiment le choix. »

Ce que peut faire votre médecin

Les médecins diagnostiquent l'endométriose au cours d'une procédure chirurgicale appelée laparoscopie. C'est la seule manière de savoir que vous avez cette maladie.

Le laparoscope, tube de métal pourvu d'un certain pouvoir de grossissement, est enfoncé au niveau du nombril dans la cavité péritonéale : c'est là que l'on peut découvrir les signes révélateurs de la maladie. La même procédure permet également l'ablation de la muqueuse mal placée.

La chirurgie n'est pas la seule solution lorsque l'on désire traiter l'endométriose, mais elle est bien souvent très efficace. On peut également donner un traitement avec des médicaments tels que le danazol (Danatrol), ou des agonistes de la GnRH, classe de molécules synthétiques quasi identiques à l'hormone hypothalamique de libération des gonadotrophines. Le danazol et les agonistes de la GnRH empêchent la menstruation et l'ovulation. Ils calment la douleur de l'endométriose en interrompant le flux menstruel.

Ces substances ont cependant des effets secondaires.

Le danazol en présente un certain nombre. « Les effets indésirables que les femmes admettent le moins bien sont le gain de poids, des changements d'humeur et, souvent, des crampes musculaires, tous ces symptômes accompagnés parfois de bouffées de chaleur, d'un peu d'acné et d'une peau grasse. Ce sont les récriminations les plus courantes », dit le Dr G. David Adamson.

Ce qui dérange le plus les femmes, c'est la prise de poids, explique le Dr Adamson. Le danazol leur fait habituellement prendre entre 4 et 6 kilos. Cette surcharge disparaît en partie quand elles cessent de prendre ce médicament, mais elles conservent toujours 1 ou 2 kilos.

Le danazol peut également modifier le taux de cholestérol, d'une manière qui n'est pas spécialement bénéfique pour le cœur de la femme, poursuit le Dr Adamson. Le cholestérol associé aux LDL (lipoprotéines à densité faible), ou « mauvais » cholestérol, a tendance à monter. « Ce n'est *a priori* pas très favorable ; potentiellement, ce peut être néfaste », déclare le Dr Adamson. Il n'y a toutefois pas de chiffres qui indiquent que le danazol majore les risques de maladies cardiaques. « Le lien n'a pas été établi », dit encore ce médecin.

Les agonistes de la GnRH ont également des effets sur le vieillissement. « Les agonistes de la GnRH créent un état de ménopause », indique le Dr Adamson. Cette dernière est temporaire et réversible - elle ne dure que tant que la femme prend ces agonistes -, mais elle peut être néanmoins pénible. L'effet le plus indésirable, ce sont les bouffées de chaleur, qui tendent à être plus intenses qu'avec le danazol. Une étude a montré que 90 % des femmes qui prenaient un agoniste de la GnRH appelé nafaréline (Synarel), avaient des bouffées de chaleur, par raffort aux 68 % de femmes qui étaient sous danazol. Pour contrecarrer les bouffées de chaleur, les femmes doivent souvent prendre un autre médicament, une forme de progestérone appelée noréthistérone (Norluten, par exemple), dit le Dr Adamson.

Les femmes qui prennent des agonistes de la GnRH sont plus irritables et plus sujettes aux migraines. Celles qui sont déjà migraineuses verront leurs problèmes se renforcer sous l'action des agonistes de la GnRH, prévient le Dr Adamson.

Comme si cela ne suffisait pas, les agonistes de la GnRH peuvent également provoquer une perte de masse osseuse : c'est pour cette raison qu'on ne les prescrit pas aux femmes susceptibles d'être atteintes d'ostéoporose. Avec ce médicament, les femmes perdent habituellement entre 6 et 8 % de leur masse osseuse : les agonistes de la GnRH ne constituent donc qu'une solution à court terme pour le traitement de l'endométriose. On ne devrait pas en prendre pendant plus de six mois, conseille le Dr Adamson. Dès l'arrêt du traitement, les femmes mettent entre 12 et 18 mois pour récupérer leur masse osseuse. Si vous avez une densité osseuse normale en début de traitement, vous ne risquez pas d'avoir ultérieurement des problèmes osseux, dit le Dr Adamson. Mais si vous perdez déjà de la masse osseuse en raison de l'ostéoporose, d'un manque de calcium ou de toute autre cause, les agonistes de la GnRH ne vous sont pas recommandés.

Hystérectomie : un « traitement » controversé

L'hystérectomie est, de loin, le traitement le plus controversé en matière d'endométriose. Il met un terme à la maladie en supprimant l'utérus, où elle est apparue et s'est développée. Parfois, on pratique également l'ablation des ovaires, ce qui met la femme en état de ménopause prématurée.

L'endométriose est la deuxième cause d'hystérectomie en ce qui concerne les femmes de 25 à 44 ans. (Pour celles de 25 à 34 ans, les saignements et les complications obstétriques viennent en première place ; pour celles de 35 à 44 ans, ce sont les fibromes.)

Rien ne suscite un vieillissement plus soudain qu'une hystérectomie au cours de laquelle les ovaires sont également enlevés. Chez les femmes les plus jeunes, l'ablation de l'utérus et des ovaires met définitivement un terme à la capacité de procréation. Elles connaissent également les symptômes normalement liés à la ménopause : bouffées de chaleur, sautes d'humeur, prise de poids. Un traitement hormonal substitutif peut alléger certains problèmes, mais les femmes doivent malgré tout subir, avec des années ou des décennies d'avance, l'impact physique et émotionnel d'un changement brutal de mode de vie.

Le facteur de vieillissement ne représente pas la seule raison pour laquelle l'hystérectomie est si controversée dans le cas de l'endométriose. Parfois, la douleur que cet acte chirurgical est censé supprimer ne disparaît pas ou revient au bout de quelque temps. 8 % des femmes souffrent toujours après l'opération, dit le Dr Adamson. Quand une femme conserve ses ovaires, l'œstrogène peut continuer à stimuler la maladie et à provoquer des souffrances. La muqueuse endométriale se trouve parfois dans des organes tels que les intestins, et la maladie peut perdurer dans le corps féminin alors que l'utérus est déjà enlevé. Après une hystérectomie, le faible taux d'œstrogène qui subsiste dans l'organisme suffit parfois à inciter la muqueuse à provoquer de nouvelles douleurs - ce qui montre bien que l'hystérectomie n'est pas une solution sûre.

Pour bien des femmes présentant des symptômes importants, la chirurgie est synonyme de soulagement, indique le Dr Adamson. Mais d'autres regrettent leur décision. Ce n'est donc pas un acte qui se pratique à la légère. « Tout femme doit connaître les risques avant de se décider », conclut le Dr Adamson.

Ce que vous pouvez faire

Il est impossible de prévenir l'endométriose, mais si vous en êtes atteinte, voici quelques conseils qui vous permettront d'éviter que la douleur et la fatigue ne vous épuisent.

Apprenez à accepter. « L'accepter et en parler comme d'une maladie chronique est extrêmement important », dit le Dr Metzger. Bien souvent, les femmes consultent plusieurs médecins en s'attendant à trouver un remède miracle, poursuit-elle. Puis leurs douleurs reviennent, et elles perdent toutes leurs illusions.

Le Dr Metzger explique : « Je leur dis : " Vous savez, c'est une maladie chronique. Je ne pourrai pas la soigner. Je vais cependant vous aider à l'affronter et nous pourrons diminuer la douleur. " Quand les femmes entendent cela, elles comprennent bien souvent que je leur dis la vérité. Elles comprennent aussi qu'elles peuvent et doivent tenter de dominer leur maladie. »

Il est important d'admettre que l'on souffre d'endométriose et de reconnaître que c'est une maladie chronique, dit également Marie-Françoise Le Tellier. « Pendant longtemps, je n'ai pu me faire à l'idée que c'était une maladie chronique. Tant qu'on ne l'accepte pas, on ne peut rien contre elle », dit-elle. Ensuite, on peut recourir aux techniques qui permettent d'acquérir une certaine maîtrise, explique-t-elle. « Il faut prendre les choses en main. » Chez elle, ce qui marche, ce sont les exercices sportifs et les bains chauds.

Bienfaits de la chaleur. Appliquer un coussin chauffant ou une bouillotte, ou prendre un bain chaud, peut aider à soulager la douleur de l'endométriose, dit Marie-Françoise Le Tellier. Les crampes dont souffrent les femmes sont causées par les contractions de la muqueuse, et la chaleur peut aider à casser le cycle spasme-douleur.

Faites de l'exercice. Bien des femmes constatent que le sport leur permet de maîtriser et de diminuer la douleur. Les spécialistes expliquent que l'exercice libère les endorphines, analgésiques naturels du corps. Marie-Françoise Le Tellier indique que la course lui fait trop mal, mais que l'haltérophilie et le vélo lui procurent un soulagement. Marcher au moins 20 minutes par jour peut également faire du bien, disent les médecins. Il n'y a pas de remède général, vous devez trouver par vous-même ce qui vous convient.

Essayez les médicaments. Les médicaments en vente libre à base d'ibuprofène peuvent soulager les femmes présentant une forme atténuée de la maladie, dit le Dr Bernstein. L'ibuprofène agit à l'encontre des prostaglandines, lesquelles contribuent aux crampes menstruelles. Si ce genre de médicament ne suffit pas, demandez à votre médecin qu'il vous prescrive du naproxène (Apranax), de l'ibuprofène (Advil), du piroxicam (Feldène) ou de l'acide méfénamique (Ponstyl). Ils contiennent tous des anti-inflammatoires non stéroïdiens qui soulagent la douleur en inhibant la synthèse des prostaglandines.

Pourquoi pas la pilule ? Les femmes soulagent parfois leurs douleurs en prenant des contraceptifs oraux faiblement dosés, dit le Dr Bernstein. La pilule peut apaiser les douleurs menstruelles en diminuant les règles. Parlez-en à votre médecin.

Yoga. C'est une solution pour les femmes dont l'endométriose est si grave que tout exercice physique est hors de question, dit Petersen. Il aide à améliorer le tonus musculaire et la souplesse tout en diminuant le stress, explique-t-elle. Lisez des livres sur la question et trouvez un cours approprié.

Surveillez votre régime alimentaire. Diminuer la quantité de sucres raffinés et de caféine stabilisera votre taux de glucose et vous rendra plus calme : vous pourrez alors mieux affronter votre douleur, indique le Dr Metzger.

Faites évoluer votre sexualité. Si la maladie rend parfois douloureux les rapports sexuels, souvenez-vous qu'il y a autre chose que la pénétration, disent les spécialistes. Une femme atteinte d'endométriose suggère ainsi de vous concentrer sur les baisers, les étreintes et les caresses, mais aussi sur les rapports bucco-génitaux. Si une position vous fait mal, n'hésitez pas à en changer et à en expérimenter de nouvelles avec votre partenaire.

Essayez l'acupuncture. Certaines femmes constatent que l'acupuncture les aide à vivre avec l'endométriose, dit le Dr Metzger. Cette technique fort ancienne consiste à enfoncer des aiguilles dans certains points du corps associés au soulagement de la douleur. Votre médecin pourra certainement vous indiquer un acupuncteur. Sinon, renseignez-vous auprès du Syndicat des médecins acupuncteurs de France, 60, boulevard de la Latour-Maubourg, 75007 Paris.

Cherchez de l'aide. Il est toujours réconfortant de pouvoir parler avec des femmes qui ont la même maladie que vous. Il existe peut-être des groupes de soutien proches de votre domicile. Sinon, pourquoi ne pas créer le vôtre ?

FATIGUE

Comment reconstituer votre énergie

Vous vous levez aux aurores. Vous préparez le petit déjeuner. Emmenez les enfants à l'école. Puis foncez au bureau où vous vous défoncez littéralement pendant neuf ou dix heures. Le soir, retour en trombe pour nourrir toute la petite famille. Ensuite, c'est la vaisselle et les devoirs des enfants. Le linge sale est mis à la machine à laver. Enfin, sur le coup de minuit, à bout de forces, vous vous traînez dans votre chambre et vous effondrez sur votre lit. Jusqu'à ce que le réveil sonne, et c'est reparti pour un tour !

Pas étonnant que toute votre belle énergie soit épuisée depuis longtemps.

La fatigue est l'une des dix choses dont les femmes se plaignent le plus souvent auprès des médecins. Cela n'est pas surprenant. Vingt-quatre heures par jour ne nous suffisent pas pour tout faire, et nos batteries se retrouvent à plat.

D'habitude, c'est un problème que nous parvenons à gérer, et nous n'avons aucun mal à rebondir. Mais parfois, la fatigue s'abat sur nous par surprise comme une chape de plomb. Nous nous sentons faibles. Nous avons mal partout. Nous faisons grise mine et notre moral est en baisse. Avant même de nous en rendre compte, nous qui avions l'habitude de croquer la vie à belles dents, nous nous retrouvons transformées en zombies. Nous avons l'impression d'avoir cent ans.

« La fatigue a un impact immense sur les fonctions et les activités humaines, dit le lieutenant-colonel Kurt Kroenke. Quand vous n'avez ni la force ni l'énergie suffisantes pour vous mouvoir, les tâches les plus simples deviennent difficiles. Vous devenez sédentaire, votre productivité chute, vos motivations en pâtissent. Chez certaines personnes, une lassitude persistante peut être si débilitante qu'elles ne peuvent même plus quitter leur lit. »

La fatigue peut aussi faire payer un lourd tribut à votre esprit, estiment les experts. Penser ne se fait plus qu'avec difficulté et confusion. Les décisions sont prises avec lenteur. Et le regard que l'on porte sur l'existence peut s'en trouver assombri.

En conclusion, la fatigue peut entraîner de mauvaises performances professionnelles, des relations appauvries avec la famille et les amis et une moindre participation aux sports et aux activités que vous aimez pratiquer.

Tout cela est très désagréable si vous avez l'habitude d'être active, mais cela n'a rien d'une fatalité. Un petit travail de détective vous permettra la plupart du temps de remonter à l'origine du problème et de retrouver votre énergie et votre vitalité.

Qu'est-ce qui vous épuise ?

Il est facile de dire à la moindre manifestation de léthargie que vous n'êtes plus toute jeune ou que vous couvez sans doute quelque chose.

Mais, pour la majorité d'entre nous, ce n'est pas le cas. « La plupart du temps, la fatigue n'est pas due au vieillissement ou à un problème médical sérieux, dit le Dr Kroenke. C'est le plus souvent un signal indiquant que le corps a trop ou trop peu de quelque chose, et c'est ce qui vous épuise. »

Pour les médecins, la fatigue est causée par un excès de travail, de stress, de poids et d'aliments sans valeur nutritive, mais aussi par un manque d'exercice.

« Nous vivons presque tous dans un environnement rapide et soumis au stress, explique Ralph LaForge. Une grande partie de la fatigue ressentie par les gens tient en fait à leur incapacité à trouver leur rythme, à répartir efficacement leur charge de travail ou à mettre un peu d'ordre dans le chaos qui les entoure. »

Il faut déjà beaucoup d'énergie pour faire face aux problèmes de la vie quotidienne, dit le Dr Thomas Miller. « Le stress est l'une des premières choses auxquelles nous nous intéressons quand un patient vient se plaindre de fatigue. Chaque fois que quelqu'un est dans une situation difficile – problèmes familiaux, professionnels ou relationnels –, il y a habituellement une terrible usure, tant physique qu'affective. »

La fatigue est aussi le signe d'une mauvaise alimentation, explique le Dr Peter Miller. « Les habitudes alimentaires que nous avons prises lorsque nous étions plus jeunes ne s'adaptent plus à nos années de maturité. »

« Comparez le corps à une voiture et les aliments à son carburant, dit le Dr Peter Miller. Quand vous étiez jeune, vous pouviez mettre presque n'importe quel type d'essence dans votre réservoir. Mais en vieillissant, le corps a plus de mal à fonctionner avec un carburant pauvre en indice d'octane. Il faut maintenant lui donner du super en quantité convenable. »

Si vous êtes une grosse mangeuse, vous stockez plus de carburant qu'il n'en faut sous forme de graisse. Quiconque se sentirait léthargique à force de traîner une telle surcharge. À l'autre extrême, ne pas assez manger peut également fatiguer parce que vous êtes privée des calories qui permettent à votre corps de tenir toute une journée. C'est pour cela que tant de femmes qui suivent des régimes draconiens ou basses calories voient fréquemment s'effondrer leur niveau d'énergie. Elles sont pareilles à des voitures qui roulent à vide.

Votre niveau d'activité a également un effet sur la fatigue que vous pouvez éprouver, dit le Dr LaForge. Le manque d'exercice peut créer une habitude d'inactivité difficile à briser. « Un corps au repos tend à le rester, dit-il. En règle générale, plus vous êtes active et en forme, plus vous disposez d'énergie pour vos tâches quotidiennes. Les facteurs qui distribuent le courrier, par exemple, sont toujours debout, mais ils se plaignent moins de fatigue que les employés assis derrière leur guichet. »

Attention, un excès d'exercice peut aussi avoir des effets négatifs. « Une dépense physique exagérée peut faire s'effondrer votre niveau d'énergie », poursuit le Dr LaForge. Quand nous nous dépensons, notre corps produit de l'acide lactique, une substance qui s'accumule dans les muscles pour produire faiblesse et maux de toutes sortes. Cette accumulation ne pose normalement pas de problèmes quand nous évitons d'aller jusqu'à l'épuisement et faisons suivre de périodes de repos chaque séance d'entraînement : notre corps peut alors se débarrasser de l'acide lactique.

Mais quand nous forçons à l'occasion d'exercices physiques et ne permettons pas à nos muscles de se détendre, l'acide lactique s'accumule plus vite qu'il ne s'élimine et nous nous retrouvons tout le temps fatiguées.

Y a-t-il d'autres facteurs qui procurent une fatigue permanente ? Le tabac, les drogues dites conviviales, l'alcool, une mauvaise alimentation et un sommeil irrégulier demandent énormément à l'esprit et au corps. Parfois – et tous les experts sont d'accord sur ce point – la fatigue est simplement le cri que pousse le corps pour vous montrer que votre style de vie n'est pas compatible avec un organisme en bonne santé.

La fatigue, enfin, est inhérente à la condition féminine. La grossesse et la période qui suit l'accouchement peuvent constituer les moments les plus épuisants de la vie d'une femme. Le stress émotionnel et physique de la grossesse et de l'enfantement – plus le gain de poids, les nausées matinales et l'allaitement – consomment énormément d'énergie. Il en va de même pour les sautes d'humeur, les migraines, les diarrhées et les bouffées de chaleur que les femmes connaissent lors des bouleversements hormonaux des règles, du syndrome prémenstruel ou de la ménopause.

Avez-vous le syndrome de fatigue chronique ?

Le syndrome de fatigue chronique est une affection rare, débilitante, qui laisse le malade faible, épuisé et à peine capable de fonctionner pendant des mois, sinon des années.

La cause en est toujours mystérieuse. « Le syndrome de fatigue chronique apparaît habituellement après une grippe ou une autre maladie, et on a cru longtemps qu'il était causé par le virus d'Epstein-Barr, dit le Dr Nelson Gantz. Aujourd'hui, nous sommes moins sûrs de ses origines. Il n'y a probablement pas une cause unique, mais une combinaison d'infections virales, d'allergies et de facteurs psychologiques qui agissent sur le système immunitaire. »

Il n'a pas de remède pour ce syndrome, précise le Dr Gantz. Jusqu'à ce que l'on en découvre un, les gens atteints de cette maladie peuvent trouver du soulagement dans un programme élaboré avec l'aide de leur médecin (bonne alimentation, exercice modéré, repos). Dans les cas les plus graves, des anti-inflammatoires non stéroïdiens et des antidépresseurs peuvent partiellement soulager ce syndrome, selon le Dr Gantz.

Comment savoir si vous souffrez de syndrome de fatigue chronique ? *Center for Disease Control (CDC)* des États-Unis a identifié un certain nombre de critères. Il faut souffrir d'une fatigue persistante depuis au moins six mois pour que l'on établisse un diagnostic de syndrome de fatigue chronique. Cette fatigue ne devait pas exister au préalable, elle doit persister malgré l'alitement et doit diviser par deux (au moins) vos activité quotidiennes, et ce pendant au moins six mois.

Retrouvez votre vigueur et votre entrain

La fatigue est un symptôme de pratiquement toutes les maladies, du coup de froid au cancer. C'est un symptôme de l'hépatite, du diabète, des maladies cardiovasculaires, de la tuberculose, des problèmes de thyroïde, de la maladie de Hodgkin, de la sclérose en plaques, du sida, de l'anxiété et de la dépression. C'est aussi un effet secondaire des médicaments utilisés pour soigner ces troubles.

Cependant, la fatigue est rarement inquiétante, sauf si elle s'accompagne d'autres symptômes tels que la douleur, la fièvre et une enflure ou si elle persiste plus d'une semaine. Si votre fatigue dure aussi longtemps ou si vous présentez d'autres symptômes, consultez votre médecin.

Un médecin devra s'assurer qu'il n'existe aucune autre maladie, infection, affection ou tumeur maligne susceptible de produire de semblables symptômes, mais n'omettez pas de lui parler de tout médicament ou substance chimique dont vous faites usage.

Vous devez avoir depuis au moins six mois 8 des 11 symptômes suivants :

1. Frissons ou fièvre légère
2. Gorge irritée
3. Ganglions lymphatiques douloureux (ganglions de part et d'autre du cou)
4. Faiblesse musculaire générale inexpliquée
5. Gêne ou douleur musculaire
6. Fatigue de 24 heures ou plus après des exercices habituellement bien supportés
7. Migraines inhabituelles
8. Douleurs (sans rougeur ni enflure) qui passent d'une articulation à l'autre
9. N'importe lequel des troubles suivants : mauvaise mémoire, grande irritabilité, confusion, difficulté à réfléchir, incapacité à se concentrer, dépression
10. Troubles du sommeil
11. Développement extrêmement rapide de ces symptômes, entre quelques heures et quelques jours.

Sinon, voici quelques trucs pour redonner de l'énergie à votre existence.

Trouvez votre rythme. « La fatigue est le prix que nous payons lorsque nous allons au-delà de nos limites et que notre corps et notre esprit disent non », explique le Dr Kroenke. Demandez-vous si vous n'allez pas au-delà de vos limites naturelles. Réduisez certaines de vos activités. Question travail ou sport, ne forcez pas autant que vous le faisiez d'ordinaire. Faites des pauses fréquentes. Et veillez à avoir régulièrement une bonne nuit de sommeil : il vous faut dormir assez bien et assez longtemps pour vous réveiller en pleine forme.

Concentrez votre énergie. S'inquiéter pour des choses qui échappent à votre contrôle ne peut que gaspiller votre énergie, dit le Dr Thomas

Miller. Apprenez à vous détacher des choses auxquelles vous ne pouvez rien et concentrez-vous sur les autres.

Déblayez les obstacles. Une liste de tâches à accomplir vous épuise-t-elle avant même d'avoir commencé ? Faites du tri, conseille le Dr LaForge. Commencez votre journée en menant à bien quatre ou cinq tâches que vous êtes sûre de pouvoir faire. Le lendemain, ajoutez-en quatre ou cinq autres. Ce qui se présentait comme une montagne inaccessible ne sera plus qu'une série de petites collines faciles à grimper.

Jouez. Ne penser qu'au travail et jamais au jeu ne peut qu'imposer à l'esprit et au corps plus de stress qu'ils n'en peuvent supporter, dit le Thomas Miller. Insérer dans votre programme quotidien des expériences sociales et des activités ludiques créera une diversion nécessaire et allégera le stress avant qu'il n'épuise votre énergie.

Usez vos semelles. Selon une étude due au professeur Robert Thayer, une bonne marche de dix minutes crée un changement d'humeur qui remonte instantanément le niveau d'énergie et le laisse ainsi pendant près de deux heures.

Une promenade digestive peut combattre la chute d'énergie que provoque un bon repas, ajoute le Dr Peter Miller. La digestion d'un repas copieux augmente l'apport de sang et d'oxygène dans l'estomac et les intestins, ce qui prive d'énergie le cerveau et les muscles. Mais une marche permettra au sang et à l'oxygène d'irriguer uniformément tout le corps.

Équilibrez vos repas. Un repas riche en sucres, en graisses et en aliments industriels pris sur un coin de table n'apporte pas à votre corps les vitamines, les minéraux et les nutriments nécessaires à son fonctionnement normal. Parfois, la moindre carence en certains nutriments suffit à faire plonger le niveau d'énergie.

La réponse, selon le Dr Peter Miller, consiste à trouver un équilibre entre la quantité et les types d'aliments que vous mangez. « Il est important de consommer quotidiennement des éléments appartenant à chacun des grands groupes d'aliments – fruits, légumes, céréales, laitages, noix et viandes – pour être certain de donner à son corps la bonne combinaison de combustible et de nutriments qui lui permettra de fonctionner de manière optimale », dit le Dr Miller.

Dans l'idéal, vous devriez tirer chaque jour 60 % (ou plus) de vos calories d'aliments riches en hydrates de carbone tels que pâtes, pain, pommes de terre et haricots secs, 25 % (ou moins) de matière grasse présente dans l'huile de colza, l'huile d'olive ou le beurre d'arachides, et 15 % d'aliments riches en protéines comme le poulet ou le poisson.

Privilégiez les hydrates de carbone. Sur les trois nutriments fournisseurs d'énergie – hydrates de carbone, graisses et protéines –, ce sont les hydrates de carbone qui permettent le mieux de lutter contre la fatigue. « C'est une source d'énergie efficace et de longue durée », dit le

Dr Peter Miller. Pour vous constituer un plein réservoir d'énergie, ajoutez de ces aliments à chacun de vos repas.

Mangez plus fréquemment. Sauter un repas peut faire dangereusement baisser vos réserves de carburant, mais avaler un gros repas coûte énormément d'énergie. Malheureusement, les trois repas quotidiens traditionnels contribuent à ce déséquilibre.

« Votre organisme a besoin de carburant à dose modérée tout au long de la journée afin de fonctionner au niveau optimal », dit le Dr Peter Miller. Il recommande de prendre quatre ou cinq petits repas par jour. « Réduire la quantité de nourriture prise chaque fois et étaler votre consommation de calories sur toute la journée fait que votre corps dispose à tout moment de davantage d'énergie », dit-il.

Grignotez intelligemment. Quand votre estomac crie famine et que votre énergie décline, grignotez des choses naturelles, conseille le Dr Peter Miller. Les fruits, les légumes crus, les noix et les pop-corn nature – tous pauvres en graisses – sont excellents.

Évitez les sucreries. Les bonbons et les sodas trop sucrés vont augmenter momentanément votre niveau d'énergie, mais ils font également monter puis retomber brutalement le taux de sucre dans le sang. Résultat, votre niveau d'énergie se retrouve encore plus bas qu'avant, dit le Dr Peter Miller.

Buvez du café. Les études menées par le *Massachusetts Institute of Technology* montrent que la caféine contenue dans une seule tasse dynamise pendant six heures votre niveau d'énergie, mais n'en abusez surtout pas.

Ne soyez pas déshydratée. La fatigue est souvent le premier signe de la déshydratation, dit le Dr Peter Miller. Boire au moins six verres d'eau par jour – plus si vous êtes très active ou que voulez maigrir – empêche ce type de fatigue.

Évitez l'alcool et les médicaments. L'usage régulier d'alcool, de somnifères et de tranquillisants transforme n'importe qui en zombie, prévient le Dr Kroenke. Et, croyez-le ou non, les stimulants peuvent vous faire passer de la plus grande énergie à la plus grande fatigue dès que leurs effets se sont dissipés.

Vérifiez le contenu de votre armoire à pharmacie. On trouve des antihistaminiques et de l'alcool dans beaucoup de médicaments en vente libre et de remèdes contre le coup de froid, et ils peuvent vous assommer, avertit le Dr Kroenke. Demandez à votre pharmacien ou à votre médecin de vous recommander un produit de substitution qui ne provoque pas de fatigue.

Essayez les méthodes alternatives. Bien des femmes luttent contre la fatigue en allant bien au-delà des limites traditionnelles de la science occidentale, dit le Dr LaForge. La méditation, le yoga et le massage ne sont que quelques-unes des méthodes non traditionnelles qui, selon celles qui les pratiquent, revitalisent à la fois le corps et l'esprit.

Les études menées par la faculté de médecine de Harvard montrent que respirer profondément et rester tranquillement assis une vingtaine de minutes tout en se concentrant sur un mot qui reflète sa foi personnelle – Dieu, Allah, Krishna, shalom, etc. – relaxe et donne de l'énergie à l'âme et au corps.

Demandez des compléments alimentaires à votre médecin. En plus d'un régime équilibré, un « cocktail » multivitamines et minéraux doit vous apporter tout ce dont vous avez besoin, dit le Dr Kroenke. Demandez à votre médecin lequel vous convient le mieux.

FIBROME

Agir n'est pas toujours utile

Vous vous sentez ballonnée, vous avez mal dans le dos et vos règles traînent en longueur. Vous finissez par aller chez votre médecin traitant : le cœur est impeccable, les poumons en parfait état, la tension artérielle idéale.

Le médecin pratique alors un examen plus intime.

« J'en étais sûr », entendez-vous, les pieds dans les étriers. Il appuie sur l'utérus et rend son verdict. « Oui, c'est un fibrome. Pas trop gros. Vu l'aspect de votre utérus, on croirait que vous en êtes à la neuvième semaine de grossesse. »

Il arrache ses gants. « Rhabillez-vous. Nous allons voir ensemble ce que nous pouvons faire. »

Voilà un dialogue bien banal. À un moment ou à un autre de leur existence, nombreuses sont les Françaises qui ont eu, ont ou auront un fibrome, c'est-à-dire une tumeur bénigne. Au début, un fibrome n'est qu'un petit amas de cellules musculaires qui se forme à l'intérieur ou à l'extérieur de l'utérus ou dans la paroi utérine.

L'ennui, c'est qu'un fibrome peut nous faire vieillir prématurément. Il peut déchirer la muqueuse de l'utérus et grossir au point d'exercer une pression sur les intestins, la vessie et les uretères (petits tubes qui relient la vessie aux reins) – ce qui peut provoquer stérilité, incontinence, lésions rénales, constipation, douleur chronique ou hémorroïdes.

Une tumeur à surveiller

Pour les médecins, la cause du fibrome est toujours inconnue.

Ce phénomène survient habituellement alors que la femme est en âge de procréer, donc après ses premières règles et avant la ménopause, parce que les fibromes prospèrent grâce à ses réserves d'œstrogène. On les trouve surtout chez les femmes enceintes ou obèses, ou encore chez celles qui prennent des pilules contraceptives ou des traitements hormonaux substitutifs qui les exposent à des taux plus élevés d'œstrogène.

Mais en dehors du fait qu'ils semblent se retrouver chez plusieurs membres d'une même famille, personne n'a la moindre idée de leur cause.

« Ils sont toujours bénins, dit le Dr Alvin J. Goldfarb. Certes, ils peuvent évoluer en tumeurs malignes, mais c'est une chose vraiment très rare. Dans la plupart des cas, quand les fibromes ne provoquent pas de symptômes, le mieux est de ne rien faire. »

Quels types de symptômes nécessitent donc une action ? « Les maux de dos, la constipation, la pression sur la vessie qui provoque des envies d'uriner fréquentes, ou un utérus plus gros que si l'on en était à la dixième ou douzième semaine de grossesse », répond le Dr Goldfarb. Tout cela peut indiquer l'apparition de problèmes de vessie, d'intestins ou de reins, déclenchés par un fibrome.

Les fibromes exigent également une action médicale lorsque vous avez des saignements trop abondants pendant les règles ou des saignements entre les règles, si votre gynécologue détecte une soudaine croissance des fibromes entre deux examens ou s'ils affectent la reproduction soit en empêchant l'implantation de l'ovule fécondé, soit en provoquant des fausses couches à répétition, explique le Dr Goldfarb.

Vous avez le choix

Heureusement, seule la moitié des femmes ayant un fibrome présentent des symptômes assez graves pour entraîner un traitement médical. Voici ce que les médecins leur recommandent.

Affamez-les. Votre médecin peut vous prescrire l'hormone hypothalamique de libération des gonadotrophines (GnRH), qui peut faire diminuer de 50 % la taille du fibrome. Elle met un terme à la production d'œstrogène ovarien, privant ainsi le fibrome de sa manne.

Les femmes qui prennent une GnRH doivent toutefois comprendre que, dès l'arrêt de la thérapie hormonale, le fibrome recommence à grandir, prévient le Dr Mary Lake Polan. Personne ne devrait prendre l'hormone seule pendant plus de dix mois, car elle peut provoquer une ostéoporose. Il existe d'autres thérapies qui combinent les initiateurs de la GnRH à l'œstrogène et/ou la progestine (forme synthétique de la progestérone). Les femmes peuvent alors suivre pendant des années une thérapie à base de GnRH, indique le Dr Polan.

Un bon moment pour recourir à la GnRH est lorsque la femme approche de la ménopause, dit le Dr Polan. Ce traitement peut faire diminuer le fibrome et le maintenir dans cet état jusqu'à ce qu'il disparaisse normalement au moment de la ménopause.

Envisagez l'ablation. Si vous voulez protéger votre fécondité, vous devrez peut-être faire ôter cette tumeur. L'opération porte le nom de myomectomie et se pratique de deux manières différentes, indique le Dr Goldfarb.

On peut procéder par laparoscopie. De minuscules incisions sont faites dans l'abdomen. Dans l'une d'elles, on insère un laparoscope, petit instrument permettant de voir à l'intérieur du corps ; dans l'autre, on passe un laser. Le chirurgien localise le fibrome et le détruit à coups de laser. Un autre instrument chirurgical ôte les débris.

Les praticiens les plus jeunes privilégient cette technique parce qu'elle est plus moderne, dit le Dr Goldfarb. Elle est moins contraignante et donne d'excellents résultats quand les fibromes ne sont pas trop gros.

Le Dr Goldfarb conseille aux femmes tentées par cette méthode de se renseigner sur les compétences du chirurgien. Demandez-lui combien de laparoscopies il pratique chaque année. Pour le Dr Goldfarb, un minimum de 50 semble convenable.

L'autre méthode est plus classique : l'abdomen est ouvert et les fibromes sont enlevés de manière chirurgicale. L'acte est plus traumatisant et la guérison bien plus longue.

Pour le Dr Goldfarb, que vous choisissiez le laser ou le bistouri classique, commencez par demander à votre chirurgien quelles sont les éventuelles complications de chaque méthode.

Discutez de l'éventualité d'une hystérectomie. Si les tumeurs sont vraiment très grosses, il vous faudra peut-être subir une hystérectomie. Et, bien souvent, le chirurgien ne pourra pas le savoir tant qu'il n'aura pas pratiqué une myomectomie.

« J'ai fait de nombreuses myomectomies au cours desquelles j'ai ôté entre 2 et 3 kilos de tumeur, mais réussi à sauver l'utérus, dit le Dr Goldfarb. Les femmes avaient toujours la possibilité d'avoir des enfants. Mais on ne peut jamais rien garantir. Si vous êtes ma patiente, je suis franc avec vous et je vous dis : " Si vous avez une grosse tumeur que je ne peux enlever, je veux que vous m'autorisiez à pratiquer une hystérectomie. " »

Avant toute myomectomie, demandez à votre chirurgien si vous risquez une hystérectomie et quelles sont les répercussions d'une telle opération. Dites-lui franchement si vous acceptez ou non cette éventualité.

HYPERTENSION ARTÉRIELLE

Le voleur de jeunesse le plus silencieux

Une ride, nous la voyons. Un muscle douloureux, nous le sentons.

Il y a pourtant un problème de vieillissement que nous ne percevons aucunement, quelque chose de bien plus dangereux que les varices, la presbytie et les cheveux blancs. C'est l'hypertension artérielle. Elle est responsable de 40 % des maladies cardiovasculaires et de près de 6 000 décès par an. Elle peut multiplier par 12 les risques d'accident vasculaire cérébral, par 6 ceux de crise cardiaque et par 5 ceux de défaillance cardiaque. C'est également un facteur de risque majeur en matière de défaillance rénale.

Elle est aussi plus répandue chez les femmes jeunes que nous ne le pensons : 14,1 % des femmes sont hypertendues avant 65 ans et 50 % le sont après. Ensuite, le risque est plus élevé chez les femmes que chez les hommes. Les spécialistes pensent que les bouleversements hormonaux jouent un rôle dans le développement de l'hypertension tardive chez les femmes.

Pourtant, la moitié des hommes et des femmes souffrant d'hypertension n'en sont pas conscients. « Il n'y a pas vraiment de signes extérieurs remarquables. Cela n'empêche pas l'hypertension de provoquer des dégâts », dit le Dr Patrick Mulrow.

Il ajoute : « Nous pourrions sauver des centaines de vies si les gens savaient qu'ils font de l'hypertension et prenaient des mesures pour la maîtriser. » Dans de nombreux cas, il suffit d'aller deux fois par an chez le

Essayez de vous souvenir

Si l'on doit sans cesse vous rappeler que vous devez faire surveiller votre tension artérielle, c'est peut-être qu'elle est déjà trop élevée. En effet, l'hypertension artérielle peut affaiblir la mémoire.

Une étude menée auprès de 100 adultes a montré que les personnes hypertendues avaient de moins bons résultats à l'issue d'expériences sur la mémoire à court terme. Cela signifie qu'il leur fallait davantage de temps pour se rappeler si un nombre donné faisait partie d'une série de nombres qu'on venait de leur présenter.

Personne ne sait trop pourquoi l'hypertension perturbe la mémoire. C'est peut-être dû à la façon dont le sang circule dans le cerveau ou à une réduction de la quantité d'oxygène qui parvient au cerveau. « Quel que soit le mécanisme, voilà une raison de plus de bien faire surveiller votre tension artérielle », dit le Dr David J. Madden.

médecin et de lui demander de prendre votre tension, de ne manger ni trop salé ni trop gras et de faire du sport plusieurs fois par semaine. Ce n'est pas beaucoup demander, constate le Dr Mulrow, quand on sait que cela peut prolonger votre vie de plusieurs années.

Causes de la tension

Les médecins effectuent deux mesures quand ils prennent votre tension. La première est celle de la tension systolique. Elle indique avec quelle force votre cœur envoie le sang dans les artères. La deuxième mesure est dite diastolique et montre la résistance que vos artères opposent au flux sanguin. La tension se mesure en millimètres de mercure, ou mmHg. Une tension systolique de 120 mmHg et diastolique de 80 mmHg est excellente. Votre médecin vous dit alors que vous avez 12/8 (chiffres exprimés en centimètres de mercure).

La tension varie d'un moment à l'autre de la journée. En règle générale, elle augmente quand nous pratiquons un sport et diminue quand nous dormons. On peut cependant dire que vous êtes à la limite de l'hypertension quand vous avez 14/9. Cela signifie que votre cœur travaille trop pour chasser le sang dans les artères, soit parce que les artères sont rétrécies ou durcies par la plaque, soit parce que vous avez trop de sang, suite à un problème de rétention d'eau, par exemple. Cet effort supplémentaire peut se traduire par une maladie de cœur ou par la formation de caillots susceptibles d'entraîner un accident cérébro-vasculaire ou une crise cardiaque.

La tension artérielle a tendance à augmenter avec l'âge. La cause en est un ensemble de facteurs parmi lesquels il convient de citer l'activité physique réduite, la surcharge pondérale et les bouleversements hormonaux, comme l'indique le Dr Robert DiBianco.

Dans 90 à 95 % des cas, dit le Dr Mulrow, la cause exacte de l'hypertension artérielle est inconnue. Les chercheurs ont cependant identifié un certain nombre de facteurs de risque susceptibles de faire monter la tension. Le passé familial en est un. Vous courez davantage de risques d'avoir de l'hypertension si plusieurs membres de votre famille en ont. Les Noires y sont plus sujettes que les Blanches. La surcharge pondérale constitue également un facteur de risque : les études révèlent que 60 % des hypertendus sont obèses.

Rôle du sodium et du stress

La quantité de sodium que nous absorbons est l'une des plus importantes causes d'hypertension. Le sodium provoque une rétention d'eau, explique le Dr Mulrow, ce qui augmente le volume sanguin et oblige par conséquent le cœur à fournir plus d'efforts. On sait aussi que le sodium endommage le revêtement des vaisseaux sanguins et entraîne l'obstruction des artères.

La grande majorité de notre apport en sodium provient du sel que l'on trouve dans les aliments (le sel de table contient quelque 40 % de sodium). Après avoir analysé des dizaines d'études relatives au sodium et à l'hypertension, des chercheurs britanniques ont découvert qu'en diminuant de 3 grammes – une cuillère à café – la consommation quotidienne en sel, on pouvait prévenir 26 % des accidents cérébro-vasculaires et 15 % des crises cardiaques causées par des caillots de sang.

Certaines personnes sont plus sensibles que d'autres aux effets du sel ou, plus spécifiquement, du sodium, indique le Dr DiBianco. « Vous pouvez peut-être manger beaucoup de sel, le métaboliser et l'éliminer rapidement sans avoir à vous en inquiéter », dit-il. Mais peut-être pas. Aucun test fiable n'indique la sensibilité au sel. Si vous avez une surcharge pondérale, ne faites pas beaucoup de sport ou avez une histoire familiale marquée par l'hypertension ou le diabète, vous courez plus de risques et devez limiter votre consommation de sel, conseille le Dr DiBianco.

Les facteurs psychologiques peuvent également jouer un rôle dans l'hypertension artérielle. Une étude menée auprès de 129 étudiants de l'université de Colombie britannique à Vancouver a montré que les femmes

Toujours plus bas...
Mais jusqu'à quel point ?

Quand il s'agit de tension artérielle, plus c'est bas, mieux c'est.

« Il importe vraiment peu d'avoir une tension très basse, même très, très basse, une tension systolique de 85 mmHg, par exemple. En fait, vous devez vous réjouir d'appartenir à une population à risques réduits, rien de plus », dit le Dr Robert DiBianco.

À Framingham (Massachusetts), une étude fut menée pendant plusieurs décennies auprès de plus de 5 200 personnes. On a constaté que celles dont la tension systolique était inférieure à 120 mmHg (millimètres de mercure) risquaient moins une maladie cardio-vasculaire. Les risques augmentaient avec la tension. Celles qui avaient les chiffres les plus élevés, 170 mmHg ou plus, risquaient trois fois plus de mourir de crise cardiaque que celles qui avaient moins de 120 mmHg.

Une tension très peu élevée pose tout de même quelques problèmes. En vieillissant, on risque plus souvent de souffrir d'une forme d'hypotension provisoire appelée hypotension orthostatique, sensation que l'on éprouve quand on se lève brusquement de son lit et que l'on se sent toute faible, avec la chambre qui tourne autour de soi ou la lumière qui baisse. « Si vous vous êtes déjà évanouie à la suite de cela ou si cela vous arrive, même très, très rarement, vous devez consulter un médecin », conseille le Dr DiBianco. Le problème est peut-être causé par une légère déshydratation, une réaction à un médicament, de la fièvre, une maladie ou un coup de chaleur, ajoute-t-il.

Pour certaines personnes, principalement celles du troisième âge, les diabétiques, les cardiaques et peut-être celles qui sont soignées pour hypertension, des chiffres trop bas peuvent être alarmants. Si vous appartenez à l'un de ces groupes, parlez-en à votre médecin, dit le Dr DiBianco.

qui se sentaient peu soutenues par leurs amis, les membres de leur famille et leurs compagnons de travail avaient un chiffre systolique légèrement supérieur. Les chercheurs ne savent pas trop pourquoi. Une autre étude menée auprès de 129 travailleurs adultes a montré que les femmes ayant un poste élevé et subissant un stress considérable présentaient, pendant la journée de travail, des hausses de tension plus grandes que celles qui avaient des postes moins exigeants.

Les scientifiques ont découvert qu'un excès de sodium associé à un stress important pouvait susciter de sérieux problèmes de tension. Une étude portant sur 32 étudiants de la faculté de médecine de l'université Johns Hopkins de Baltimore a révélé que ceux qui avaient une alimentation riche en sodium et vivaient dans des conditions de stress pendant deux semaines voyaient leur tension systolique augmenter de 6 points (en millimètres de mercure, naturellement). Beaucoup de sodium et peu de stress amenaient, en comparaison, une augmentation de 0,6 point. Peu de sodium et beaucoup de stress, 0,1 point seulement.

Chez certaines femmes, il y a également un lien entre la pilule contraceptive et l'hypertension, dit le Dr Mulrow. Les nouveaux contraceptifs oraux faiblement dosés ont considérablement réduit le problème de l'hypertension, même si le tabac, associé à la pilule, continue d'augmenter les risques de souffrir de ce trouble, selon le Dr Mulrow.

Il y a aussi l'alcool. Les scientifiques savent depuis longtemps que l'excès de boisson peut contribuer à l'hypertension. Une étude de l'Institut de recherche sur l'alcoolisme de Buffalo (New York) montre toutefois que la régularité de la consommation d'alcool est aussi importante que la quantité absorbée. En étudiant 1 635 habitants du comté d'Erie (New York), les chercheurs ont constaté que les gens qui buvaient tous les jours avaient un chiffre systolique supérieur de 6,6 points et un chiffre diastolique supérieur de 4,7 points par rapport aux personnes qui ne buvaient qu'une fois par semaine. L'étude n'a cependant pas trouvé de relation directe entre la tension artérielle et la quantité d'alcool consommée.

Faire diminuer la tension

De nombreux médicaments permettent de faire diminuer la tension. Les diurétiques chassent du corps l'excès de liquide. Les bêtabloquants ralentissent le rythme cardiaque et le volume de sang chassé par le cœur. Les vasodilatateurs élargissent les artères et permettent au sang de mieux y circuler. Les inhibiteurs du système nerveux sympathique empêchent aussi les vaisseaux sanguins de se contracter.

Ces médicaments ne doivent toutefois être pris qu'en dernier ressort. Entre autres problèmes, ils peuvent susciter de la fatigue et inhiber votre vie sexuelle. Il faut avant tout éviter d'avoir de l'hypertension, et les quelques conseils qui suivent sont là pour vous y aider. Même si vous avez déjà une tension un peu trop élevée, ces « trucs » vous aideront à diminuer votre dépendance à l'égard des médicaments et peut-être même à maîtriser seule la situation.

Connaissez votre tension. Il n'y a qu'un moyen de savoir si vous avez de la tension : demandez à votre médecin de la mesurer. Une fois par an devrait suffire, à moins que votre médecin ne veuille la contrôler plus souvent. C'est une procédure rapide et parfaitement indolore. Le médecin passe votre bras dans un brassard gonflable et mesure votre tension à l'aide de son stéthoscope. Si vous présentez une tension un peu élevée, il vous demandera de renouveler cet examen dans une ou deux semaines ou dans quelques mois.

Vous pouvez acheter votre propre brassard en pharmacie ou dans un catalogue de vente par correspondance. Il vous donnera une estimation de votre tension artérielle, mais ne remplacera nullement la visite annuelle chez le médecin, prévient le Dr Mulrow. Certains appareils ne sont pas très bien calibrés et donnent des résultats assez grossiers. Trop de facteurs externes – vous venez de marcher, par exemple – peuvent fausser les résultats.

Affinez-vous. Si vous souffrez de surcharge pondérale, la perte de poids la plus minime ne peut que contribuer à abaisser votre tension, dit le Dr Marvin Moser. Dans certains cas, la perte de 5 à 7 kilos peut ramener à la normale une tension un peu trop élevée et vous éviter de prendre des médicaments.

Une étude nationale menée auprès de 162 femmes obèses ayant entre 30 et 54 ans a montré l'intérêt de la perte de poids. En 12 mois, les femmes qui avaient suivi un programme spécial avaient perdu 3 kilos en moyenne. Leur mesure systolique chuta de 3,7 points, et leur mesure diastolique de 4,1 points (par rapport aux chiffres exprimés en millimètres de mercure).

Bougez-vous. L'exercice sportif allié au régime alimentaire pauvre en graisses est la meilleure façon de perdre du poids et de déboucher vos artères. Les recherches montrent que les individus qui ne pratiquent aucun sport ont 35 à 50 % de risques supplémentaires de faire de l'hypertension. Selon le Collège américain de médecine du sport, un entraînement de type aérobic régulier peut faire perdre jusqu'à dix points.

Il n'est pas besoin de courir le marathon pour tirer profit de cet enseignement. Certaines études ont montré que la marche réussit autant, sinon mieux, à faire baisser la tension, que la course ou toute activité sportive plus intense. Les spécialistes recommandent habituellement trois séances hebdomadaires d'une vingtaine de minutes.

Réduisez la dose. Souvenez-vous que tout le monde ne réagit pas de la même façon aux effets du sodium, mais tant que les médecins ne sauront pas avec certitude qui est sensible et qui ne l'est pas, c'est une bonne idée de limiter votre consommation. « Cela ne peut pas faire de mal de diminuer la consommation de sel et cela vous sera probablement bénéfique si vous réussissez », dit le Dr DiBianco.

Supprimez le sel de votre alimentation chaque fois que vous le pouvez. La plupart des femmes en mangent 2,5 fois trop. Ranger la salière ne résout pas tout le problème. Les recherches montrent que la plus grande partie du sel que nous mangeons provient d'aliments industriels tels que soupe, fromage, pain, sandwiches, etc.

« Lisez bien les étiquettes », conseille le Dr Mulrow. Intéressez-vous au contenu en sodium et fixez-vous une limite de 2 400 mg par jour (2,4 g).

Quand vous faites vos courses, privilégiez les étiquettes avec la mention « faible teneur en sodium ». Cela signifie qu'ils ne contiennent pas plus de 140 mg de sodium par portion. Attardez-vous au rayon fruits et légumes. Ils sont presque tous naturellement pauvres en sodium.

Faites également attention quand vous mangez à l'extérieur. Un simple hamburger dans un fast-food peut contenir la moitié de votre dose quotidienne en sodium !

Prenez du potassium. Les études montrent que le fait de manger 3 500 mg de potassium (3,5 g) permet de lutter contre les effets du sodium et de limiter le volume sanguin – ainsi que la tension. Il est facile de trouver du potassium dans les aliments. Une pomme de terre au four en contient 838 mg, une assiettée d'épinards 800 mg. Parmi les autres aliments riches en potassium, citons les bananes, le jus d'orange, le maïs, le chou et les brocolis. Prenez conseil auprès de votre médecin traitant avant de prendre un complément de potassium. L'excès peut être néfaste pour les reins.

Répondez à vos besoins en magnésium. Les chercheurs semblent avoir établi un lien entre un trop faible apport en magnésium et l'hypertension, mais nul ne peut dire exactement combien vous devez consommer de magnésium pour combattre l'hypertension. Pour l'instant, dit le Dr DiBianco, le mieux est de vous en tenir à 280 mg.

Malheureusement, notre alimentation s'appauvrit en magnésium depuis un siècle, depuis l'époque où l'on vend des aliments tout préparés, privés d'oligo-éléments. On trouve beaucoup de magnésium dans les noix, les épinards, les haricots de Lima, les petits pois et les fruits de mer. Mais là encore, attention aux compléments : trop de magnésium peut provoquer des diarrhées, prévient le Dr Mulrow.

N'oubliez pas le calcium. Le lien entre le calcium et la tension est assez controversé. Certaines études montrent qu'un complément de calcium abaisse la tension ; mais selon d'autres, cela ne fait strictement rien.

Les experts ne sont pas convaincus de l'utilité de prendre de fortes doses de calcium. Pour le Dr Mulrow, 800 mg par jour, soit trois verres de lait écrémé, sont plus que suffisants si l'on surveille les autres facteurs de risque. Parmi les aliments riches en calcium, citons les fromages pauvres en graisses, le saumon en boîte et les autres poissons en conserves (avec leurs arêtes). Une fois de plus, attention aux compléments : un excès de calcium peut susciter des problèmes, calculs rénaux par exemple. Parlez-en à votre médecin.

Mangez des fibres. Une étude suédoise portant sur 32 personnes légèrement hypertendues a montré que le fait de prendre chaque jour un comprimé contenant 7 grammes de fibres suffisait à faire diminuer de 5 points la tension artérielle. Personne ne sait trop pourquoi : peut-être est-ce à cause de la perte de poids (les gens se sentent plus rassasiés et mangent moins), peut-être est-ce parce qu'ils absorbent moins de sodium.

Peu importe, 7 grammes de fibres sont assez faciles à trouver : c'est pratiquement ce qu'il y a dans un bol de céréales riches en fibres.

Buvez avec modération. « Un peu d'alcool ne fait pas de mal, dit le Dr Mulrow. Mais boire tous les jours ou jusqu'à l'excès peut entraîner des problèmes. » Pour une femme qui lutte contre l'hypertension artérielle, 10 cl d'alcool par semaine semblent constituer la limite. Une étude menée pendant 12 ans auprès de 1 643 femmes (âge moyen : 47 ans) a montré qu'au-delà de cette limite, la tension, systolique et diastolique, augmente. Ne buvez donc pas plus de 6 canettes de bière, six verres de vin ou six cocktails contenant chacun 3 cl d'alcool par semaine.

Arrêtez de fumer. Le tabac augmente considérablement les risques d'accidents cérébro-vasculaires et les lésions vasculaires dus à l'hypertension, indique le Dr Mulrow. Fumer encourage votre corps à déposer du cholestérol à l'intérieur de vos artères coronaires. La dimension de vos vaisseaux diminue et votre cœur doit faire plus d'efforts. « Toute personne hypertendue devrait arrêter immédiatement de fumer », avertit le Dr Mulrow.

HYSTÉRECTOMIE

Être au courant des faits

La plupart des femmes ne choisiraient pas en toute connaissance de cause une opération qui déclenche une ménopause prématurée. Nous ne voudrions pas d'une opération qui accélère le processus de vieillissement et nous rend vulnérables – au moins dix ans plus tôt – aux maladies de cœur, à l'ostéoporose et à l'incontinence urinaire. De plus, cet acte chirurgical n'est peut-être pas nécessaire.

« Je dirais que 80 % des hystérectomies qui n'ont pas de rapport avec le cancer pourraient être évitées », dit le Dr Herbert A. Goldfarb. Elles servent à résoudre des problèmes pour lesquels d'autres solutions existent.

Nous savons que 30 % des opérations pratiquées chaque année servent à éliminer des fibromes, tumeurs bénignes dépendantes de l'œstrogène apparaissant chez la moitié des femmes en âge d'avoir des enfants et disparaissant à la ménopause (statistiques fournies par le Centre national de la santé).

Un peu plus de 19 % servent à régler le problème de l'endométriose, pathologie au cours de laquelle la muqueuse utérine déborde de la cavité utérine et vient s'installer dans la cavité abdominale.

Diverses raisons sont la cause de 19 % des opérations : saignements en dehors des règles, douleurs pelviennes, complications obstétriques.

On opère 16 % de patientes pour un utérus affaissé, conséquence normale de grossesses à répétition.

Enfin, 15 % des hystérectomies ont pour but de traiter le cancer ou des troubles précancéreux. « Le cancer excepté, dit le Dr Goldfarb, il existe des traitements efficaces pour la plupart de ces problèmes sans passer par l'ablation des organes féminins. »

Ménopause instantanée

Pourquoi tant d'hystérectomies sont-elles pratiquées dans des situations où la vie de la femme n'est pas en danger ?

« Les médecins ont bien souvent appris à la faculté de médecine que l'utérus n'a d'autre fonction que d'être un réceptacle pour le fœtus », dit le Dr Goldfarb. Quand des problèmes gynécologiques surviennent chez une femme de trente ou quarante ans qui ne veut plus d'enfants, l'ablation de l'utérus apparaît comme « la solution idéale, la panacée pour tous les problèmes pelviens », dit le Dr Goldfarb.

Le malheur, c'est que ce n'est pas vrai puisque cela fait vieillir une femme prématurément.

Il existe quatre sortes d'hystérectomie. Avec l'hystérectomie subtotale, on n'enlève que l'utérus, le col reste intact. Ce dernier est supprimé lors de l'hystérectomie totale. Cette opération, si elle est accompagnée d'une salpingo-ovariectomie, a pour but d'enlever également les trompes et les ovaires. Enfin, l'hystérectomie radicale supprime tout cela, plus la partie supérieure du vagin et un certain nombre de ganglions lymphatiques.

Le type de l'opération dépend naturellement du problème que le médecin essaye de résoudre et de la formation qu'il a reçue.

Ces quatre formes d'hystérectomie relèvent de la chirurgie lourde, dit le Dr Goldfarb. Mais celle où les ovaires sont également touchés – près de la moitié de toutes les hystérectomies – est probablement la plus difficile à vivre, parce qu'elle prive instantanément le corps féminin de sa principale source d'œstrogènes et d'androgènes.

L'androgène est ce qui provoque la pulsion sexuelle. Sans ovaires, la femme connaît une perte significative de la libido, explique le Dr Goldfarb. Et l'œstrogène est cet élixir magique qui adoucit la peau, lubrifie le vagin, assouplit les artères, tend les ouvertures de la vessie et donne de la force à l'ossature. Cette hormone peut même contribuer à vous procurer un sommeil paisible.

En temps normal, les ovaires commencent à ralentir leur production d'œstrogène vers l'âge de 35 ans. Mois après mois, année après année, la quantité d'œstrogène diminue pour cesser totalement trois à cinq ans après la ménopause.

Mais quand les ovaires sont ôtés et que le corps est brutalement privé d'œstrogène, l'organisme réagit de manière excessive. « Les bouffées de chaleur sont plus longues, plus intenses et plus fréquentes » qu'elles ne le seraient lors d'une suppression progressive et naturelle de l'œstrogène, dit le Dr Goldfarb.

De plus, l'absence totale d'œstrogène accélère instantanément divers problèmes auxquels la femme ne devrait être confrontée qu'une dizaine d'années plus tard. Le processus d'affaiblissement des os qui conduit à l'ostéoporose s'effectue deux fois plus rapidement. Une étude, menée auprès de 121 700 femmes par la faculté de médecine de Harvard, indique que celles qui ont subi l'ablation des ovaires voient doubler les risques de maladies cardiaques – à moins qu'elles ne reçoivent de l'œstrogène de manière artificielle.

Commencez par parler

Les femmes ne devraient jamais accepter de subir une hystérectomie sans être pleinement informées des autres solutions existantes et des conséquences de cet acte chirurgical, ajoute Nora W. Coffey, présidente du HERS (association qui se propose de renseigner les femmes du monde entier sur les solutions permettant d'éviter l'hystérectomie).

Une étude de la faculté de médecine de l'université Cornell, à New York, indique que plus de la moitié des « deuxièmes avis » concernant l'hystérectomie considèrent cette procédure comme peu appropriée. Ce n'est pas une opération anodine : une femme sur sept doit à nouveau se faire opérer suite à des complications.

Avant de prévoir une opération qui va faire vieillir votre corps et augmenter les risques de maladies, considérez plutôt ces options.

Cherchez de l'aide. Même si des millions de femmes ont déjà subi une hystérectomie, la plupart y ont fait face seules, et sans la moindre nécessité. Si vous envisagez une telle opération, contactez une association telle que HERS, qui donne « des conseils gratuits sur les solutions de rechange à l'hystérectomie – solutions dont les femmes n'ont peut-être pas entendu parler – et conseille aussi celles qui ont déjà subi cette opération », explique Nora Coffey.

Voyez un autre spécialiste. Le problème ne vient pas forcément de votre utérus. Lors d'une étude menée auprès de 200 femmes ayant un utérus de taille normale et venues consulter dans une clinique de San Diego, les chercheurs ont constaté que 80 % des femmes à qui l'on avait conseillé l'hystérectomie pour régler leurs problèmes de douleurs pelviennes chroniques avaient en fait des problèmes gastro-intestinaux ou autres (pas d'ordre gynécologique, en tout cas). « Vous pouvez vous faire enlever l'utérus et continuer à avoir mal », dit le Dr Francis Hutchins. Si vous avez des douleurs pelviennes, faites évaluer les diverses causes possibles avant d'affirmer que le problème est d'ordre gynécologique, conseille-t-il.

Faites travailler vos muscles pelviens. Au lieu de faire supprimer un utérus affaissé, essayez de le renforcer, dit le Dr Hutchins. Les ligaments qui soutiennent l'utérus tendent à s'affaiblir après l'accouchement. Mais les exercices Kegel – surtout lorsqu'ils sont alliés à l'application d'une crème vaginale à l'œstrogène – peuvent contribuer à renforcer le tonus de ces ligaments.

Pour donner de la fermeté à votre utérus et à vos ligaments, contractez vos muscles pendant plusieurs secondes comme si vous cherchiez à retenir l'urine, puis relâchez-vous. Faites cet exercice jusqu'à 20 fois par jour, préconise le Dr Hutchins.

Songez au curetage. Si vous souffrez de saignements anormaux – dus à des fibromes, à des problèmes hormonaux ou à toute autre chose –, demandez à votre médecin de pratiquer un curetage de votre muqueuse utérine afin de maîtriser le problème. Cette procédure, qui met un terme aux forts saignements en « nettoyant » la partie de l'utérus fortement irriguée, se présente sous deux formes :

- Lors de la méthode de la dilatation et du curetage, le col est dilaté et la muqueuse utérine est grattée à l'aide d'une curette, long instrument en forme de cuillère.

- L'ablation de l'endomètre, technique plus récente, se fait à l'aide d'un instrument appelé résectoscope qui permet de détruire la muqueuse utérine. C'est moins douloureux et plus rapide qu'une hystérectomie, mais cela peut provoquer la stérilité ; les statistiques montrent de plus que cela ne réussit qu'une fois sur deux.

Préparez l'avenir

Les spécialistes disent qu'il ne faut pas subir une hystérectomie sans être parfaitement informée des effets secondaires, du temps de convalescence et des modifications physiques et affectives que cela entraîne.

Mais si l'hystérectomie vous est absolument nécessaire, voici quelques conseils pour la vivre au mieux.

Demandez à avoir une hystérectomie vaginale. Dans bien des cas, l'utérus peut être enlevé par le vagin plutôt que par une incision de 10 à 15 centimètres de long dans l'abdomen. Quand un laparoscope est utilisé lors d'une telle procédure, on parle d'hystérectomie vaginale assistée par laparoscopie. Cela ne laisse aucune trace visible et l'intervention peut parfois être pratiquée dans le cadre d'une chirurgie ambulatoire, selon le Dr Joseph Gambone.

Ce type d'opération ne peut être effectué que par un chirurgien expérimenté : il convient donc de vous renseigner sur les aptitudes du chirurgien que l'on vous indiquera avant d'accepter de monter sur la table d'opération. N'ayez pas honte de demander l'avis d'un second chirurgien. Ne vous faites opérer que lorsque vous vous sentirez parfaitement rassurée.

Battez-vous pour votre corps. Parfois, les chirurgiens qui pratiquent une hystérectomie conseillent d'enlever en même temps les ovaires pour prévenir tout risque de cancer des ovaires. S'il n'existe pas de cancer dans votre famille ou si vous-même n'en êtes pas déjà atteinte, n'acceptez surtout pas. Les risques de décès par cancer des ovaires ne sont que de 2 %, dit le Dr Gambone. Retirer les ovaires sans donner de traitement hormonal substitutif peut doubler les risques d'ostéoporose et de maladies de cœur – cause de décès numéro un chez les femmes.

Demandez à avoir de l'œstrogène faiblement dosé. Si vous devez vous faire enlever les ovaires, un traitement hormonal substitutif à base d'œstrogène constitue la meilleure protection contre l'ostéoporose et les maladies cardiaques, dit le Dr Hutchins. Demandez à votre médecin la dose la plus faible : ce traitement peut en effet augmenter les risques de cancer du sein, entre autres, indique le Dr Goldfarb. Heureusement, les spécialistes pensent que l'on peut minimiser les risques de cancer en associant la progestine (autre hormone féminine) à l'œstrogène.

Faites de la marche. Si une prédisposition familiale au cancer vous interdit de suivre un traitement hormonal substitutif, il est essentiel que vous fassiez beaucoup d'exercice et que vous consommiez une grande quantité de calcium pour ralentir la perte osseuse qui conduit à l'ostéoporose. Des chercheurs australiens ont conclu que 30 minutes de marche soutenue au moins trois fois par semaine contribuent à ralentir la perte osseuse chez les femmes postménopausées si l'on y associe chaque jour un complément de 1 000 milligrammes de calcium.

La marche contribue à renforcer la masse osseuse. L'exercice est également bon pour votre cœur : en effet, la privation d'œstrogène peut modifier la façon dont le corps traite le cholestérol et entraîner un durcissement des artères.

Consultez votre compagnon. Si vous songez à l'hystérectomie, parlez-en avec votre partenaire et amenez-le à rencontrer votre gynécologue lorsque vous discuterez de l'opération et de ses effets. Privées d'utérus, les femmes remarquent une modification de leurs orgasmes. Les contractions qui affectent l'utérus au moment crucial disparaissent, même si les autres tissus réagissent toujours autant. Une discussion sur l'éventuelle modification de vos sensations physiques peut éviter de futurs problèmes dans la chambre à coucher, dit le Dr Hutchins.

MAL DE DOS

Gérez le mal du siècle

Il y a quelques années de cela, vous dansiez avec une souplesse qui aurait fait pâlir de jalousie les Chats sauvages. Et quand vous avez été invitée à une soirée « sixties », vous vous êtes spontanément présentée au concours de twist. Mais au moment où vous vous contorsionniez sur *Twist à Saint-Tropez*, genoux fléchis et tête renversée, vous avez ressenti comme un coup de poignard au creux des reins. En un instant, ce ne fut plus la chaude ambiance de la Côte d'Azur, mais l'atmosphère plus feutrée de la maison de retraite : vous aviez l'impression d'être devenue une petite vieille.

Vous vous êtes remise en quelques jours, c'est vrai, mais cet épisode cruel vous avait rappelé que votre colonne vertébrale n'était pas en caoutchouc et que la vieillesse vous avait sauvagement agressée par derrière.

« Une femme de 30 ans qui souffre du dos et a une mobilité réduite peut avoir l'impression d'avoir 90 ans », dit le Dr Joseph Sasso.

Au moins 70 % des femmes souffriront du mal de dos à un moment ou à un autre de leur vie. Comme l'explique le Dr Gunnar B. J. Andersson, 14 % d'entre elles connaîtront des douleurs assez vives qui durent au moins deux semaines, et jusqu'à 7 % souffriront de douleurs chroniques qui persisteront plus de six mois. Des milliers de problèmes de dos surviennent chaque année dans le cadre du travail : c'est le trouble médical qui entraîne le maximum de perte de productivité. Le mal de dos est la cause d'activité réduite la plus fréquente chez les individus de moins de 45 ans ; selon l'Académie américaine des chirurgiens orthopédiques, c'est, pour les femmes, la deuxième cause de visite chez le médecin après le rhume ou la grippe. C'est aussi la cinquième cause d'hospitalisation et la troisième d'opération chirurgicale, indique le Dr Andersson.

« Le sommeil, la sexualité, rester tranquillement assis : je ne parviens pas à imaginer une activité où le dos ne joue aucun rôle. Vous ne pouvez ni monter ni descendre de voiture, courir, sauter ou même marcher. Tant qu'on ne souffre pas du dos, on ne se rend pas compte de l'importance qu'il a », dit le Dr Alan Bensman.

L'âge critique

Bien des femmes souffrent pour la première fois du dos quand elles sont enceintes, lorsque l'utérus se dilate pour faire de la place au bébé en formation, dit le Dr Bensman. Le mal de dos survient également assez fréquemment après la ménopause, quand la production d'œstrogène se tarit et que la femme est plus vulnérable à l'ostéoporose : la perte de masse osseuse affaiblit le dos et déclenche la douleur. Cependant, comme le dit le Dr Dan Futch, le mal de dos est très répandu chez les femmes entre 30 et 45 ans.

« C'est l'âge critique pour l'apparition du mal de dos, explique-t-il, l'époque à laquelle apparaissent vos premiers cheveux blancs. »

La trentaine et la quarantaine sont des années critiques où l'arthrite et les autres types de dégénérescence naturelle des petites articulations du dos se mettent à nous tracasser, dit le Dr Robert Waldrip. La sténose spinale, par exemple, rétrécissement du canal des vertèbres qui entoure la moelle épinière, fait pression sur les nerfs de la zone lombaire et suscite une douleur. Il peut aussi s'agir d'un problème de hernie discale. Les disques sont de petits coussinets constitués d'une enveloppe extérieure solide et élastique, l'anulus, et d'un centre plus mou. Les disques absorbent les chocs entre les vertèbres. Avec le temps, un disque peut présenter une hernie : l'anulus s'est déchiré et le centre mou fait saillie pour venir appuyer contre une terminaison nerveuse. La douleur est insupportable. Une mauvaise posture augmente la pression subie par le dos et peut aggraver l'arthrite ou entraîner des problèmes de disques.

La cause de mal de dos la plus courante est, de loin, d'ordre musculaire. En vieillissant, nous faisons moins d'exercice. Résultat, les muscles de l'abdomen et du dos qui soutiennent la colonne vertébrale s'affaiblissent et se déforment, explique le Dr Bensman. Toutes ces choses que vous faisiez machinalement – sortir le sac de provisions du coffre de la voiture, prendre un bébé dans son berceau ou ratisser les feuilles dans le jardin – vous donnent maintenant l'impression de recevoir une douzaine de coups de poignard dans le dos.

Soulever un objet quand le dos n'est pas en forme, cela revient à prendre un spectateur du Marathon de Paris et à l'obliger à courir les 40 kilomètres. Vous avez mal parce que vous imposez à votre dos des contraintes auxquelles il n'est pas préparé.

Certes, les athlètes les mieux entraînés peuvent aussi souffrir du dos, mais, en règle générale, la réaction de votre colonne vertébrale dépend de votre bonne forme physique.

Consultez votre médecin si la douleur est si intense que vous ne pouvez plus bouger, si elle s'étend aux jambes et aux fesses, si vos jambes ou vos pieds s'engourdissent ou vous picotent, si vous perdez le contrôle de votre vessie et de vos intestins ou encore si vous avez de la fièvre ou des douleurs abdominales.

Pour une colonne vertébrale parfaite

Bien souvent, le mal de dos se traite sans recourir à la chirurgie ou aux médicaments, dit le Dr Waldrip. En fait, 60 % des personnes présentant un mal de dos assez aigu reprennent le travail en moins d'une semaine, et 90 % sont à leur poste dans les six semaines. Voici quelques conseils qui vous permettront de prévenir et de traiter le mal de dos.

Étirez-vous. « Je dis à mes patients de toujours débuter leur journée en s'étirant longuement alors qu'ils sont encore au lit, dit le Dr Bensman. Souvenez-vous que vous êtes allongée depuis huit heures et que si vous vous relevez brutalement, vous risquez un bon tour de reins. » Avant de vous lever, étirez lentement vos bras au-dessus de votre tête puis ramenez les genoux sur la poitrine, l'un après l'autre. Quand vous êtes prête à vous asseoir, roulez sur le côté du lit et servez-vous de votre bras pour vous redresser. Placez vos mains sur vos fesses et allongez-vous lentement pour bien étirer votre colonne vertébrale.

Faites de l'exercice. La marche et les sports tels que la natation, le vélo et la course sont excellents pour le dos, parce qu'ils mettent en forme votre corps tout entier. Ils renforcent les muscles des fesses, des jambes, du dos et de l'abdomen. Les exercices d'aérobic peuvent aider votre organisme à sécréter des endorphines, hormones qui soulagent la douleur. Faites cela 20 minutes par jour et trois fois par semaine, conseille le Dr Futch.

Offrez-vous une pause. La position assise est plus contraignante pour le dos que la station debout. Si vous devez rester longtemps assise à votre bureau ou si vous voyagez en train, en avion ou en voiture, changez souvent de position et laissez votre dos se reposer en vous levant et en faisant quelques pas toutes les heures, indique le Dr Augustus A. White III.

Vos bagages peuvent attendre. Au lieu de bondir hors de la voiture ou de l'avion pour vous emparer de vos bagages, accordez-vous quelques minutes, le temps de vous étirer, suggère le Dr Bensman. Ramenez lentement vos genoux vers votre poitrine et faites jouer vos bras pour dégourdir les muscles. Évitez de soulever des paquets bras tendus et efforcez-vous de tenir le paquet soulevé tout contre vous. Offrez-vous un porte-bagages à roulettes.

Pour bien soulever un objet

C'est une chose que nous pensons toutes savoir faire. Après tout, nous ramassons et transportons des objets depuis des années. Ce geste banal peut pourtant déclencher des ondes de douleur qui feront frémir la plus résistante des colonnes vertébrales. Pour éviter cela, l'Académie américaine des chirurgiens orthopédiques vous suggère de suivre les conseils suivants.

Approchez-vous au maximum de l'objet que vous avez l'intention de soulever. Écartez les pieds de la largeur des épaules pour vous donner une assise solide. Courbez les genoux, durcissez les muscles de votre estomac et poussez sur vos jambes quand vous vous relevez. Ne vous cassez pas en deux au niveau de la taille et n'essayez pas de soulever seule un objet trop lourd ou de forme irrégulière.

Pour ramasser un objet très léger, un stylo par exemple, penchez-vous, fléchissez doucement un genou et tendez l'autre jambe derrière vous. Prenez appui sur une chaise ou une table voisine au moment où vous saisissez le stylo.

Quand vous tenez un objet, ayez les genoux légèrement fléchis pour améliorer votre équilibre. Tendez vos orteils dans la direction où vous voulez vous rendre. Évitez de tordre le torse. Pivotez plutôt sur vos pieds. Serrez l'objet contre vous quand vous avancez.

Agenouillez-vous, ne vous courbez pas. Évitez de vous casser au niveau de la taille pour ramasser un objet. Cela crée une tension dans le dos et augmente les risques de blessures, dit le Dr Futch. Utilisez des outils munis d'un long manche, prenez un coussin ou des genouillères pour jardiner, brosser les tapis, etc.

Laissez vos jambes travailler. Si vous devez soulever quelque chose – peu importe que cela pèse 2 ou 25 kilos –, pliez les genoux, gardez le dos bien droit et faites levier avec vos jambes pour soulever l'objet. « Les jambes sont bien plus solides que le dos et peuvent soulever davantage sans forcer », dit le Dr Futch.

Vérifiez avant de soulever. « Il nous est arrivé à tous de nous froisser un muscle du dos en voulant soulever un carton que nous croyions vide et qui était en fait rempli par une encyclopédie », dit le Dr Sasso. Poussez le carton du bout du pied ou ne le soulevez que de quelques centimètres avant de le prendre à bras-le-corps. Si c'est trop lourd pour vous, allez chercher de l'aide.

Tournez le dos aux gros paquets. Si vous ne trouvez personne pour vous aider à déplacer un objet trop lourd, essayez cette manœuvre en désespoir de cause : si cet objet est posé à hauteur de table, tournez-lui le dos pour le soulever. Cette technique peut également vous servir à ouvrir une fenêtre à guillotine. Une telle position réduit la pression exercée sur votre colonne vertébrale en vous obligeant à faire levier avec vos jambes.

Tenez-vous droite. Conserver une bonne position est l'une des meilleures façons de prévenir le mal de dos, dit le Dr Futch. Pour améliorer votre position, essayez donc ceci. Mettez-vous debout contre un mur ou asseyez-vous sur une chaise à dossier en vous assurant que vos fesses et vos épaules touchent bien le mur ou la chaise. Glissez votre bras dans l'espace entre vos reins et le mur ou la chaise. Si votre main ne touche pas simultanément votre dos et le mur ou la chaise, basculez les hanches pour éliminer cet espace. Gardez la position pendant 20 secondes tout en vous observant dans un miroir. Essayez d'identifier les sensations que vous éprouvez afin de garder cette posture tout le restant de la journée. Refaites cet exercice tous les jours pendant trois semaines pour que cette bonne position devienne une habitude.

Attention aux talons. Les talons hauts modifient votre démarche, stressent vos reins et influent sur votre posture générale, dit le Dr Bensman. « Une femme ne devrait pas porter des talons hauts tous les jours, mais seulement lors d'occasions particulières. Des talons que l'on porte tous les jours ne devraient pas mesurer plus de 4 centimètres, au grand maximum », précise-t-il. Si vous devez exceptionnellement porter des talons plus hauts que cela, ne le faites pas pendant plus de deux heures d'affilée. Ayez toujours une paire de ballerines ou de tennis à portée de la main.

La faute au matelas. Votre matelas doit vous apporter un soutien efficace et être bien plat, il ne doit surtout pas s'affaisser. Si vous avez l'impression de dormir au milieu d'un gros beignet, il est probablement temps de vous offrir un nouveau matelas, conseille le Dr Sasso.

Mettez un coussin. Un coussin lombaire cylindrique en caoutchouc mousse – que vous pouvez trouver facilement chez votre pharmacien ou dans un catalogue de vente par correspondance – vous aidera à maintenir la courbe naturelle du bas de votre colonne vertébrale, dit le Dr Hamilton Hall. Chaque fois que vous vous asseyez, glissez le coussin entre vos reins et le dos de la chaise.

Changez de vêtements. Votre ego est peut-être flatté quand vous vous glissez un jean superétroit, mais ce genre de pantalon vous posera des problèmes de biomécanique (plier les jambes quand vous soulevez un colis, par exemple). Le Dr White vous conseille de porter des vêtements plus amples pendant un mois et de voir si cela fait une différence.

Le dos n'aime pas la fumée. Fumer diminue l'afflux sanguin dans le dos et peut affaiblir les disques, prévient le Dr Bensman. Donc, si vous fumez, arrêtez.

Buvez du lait. Les femmes de 30 et 40 ans qui font du sport et ont une alimentation riche en calcium risqueront moins de souffrir du dos à cause de l'ostéoporose, dit le Dr Bensman. Pour une femme de plus de 25 ans, il est recommandé de prendre chaque jour 800 mg de calcium. C'est à peu près l'équivalent d'un grand verre de lait écrémé, d'un yaourt maigre et d'une demi-tasse de brocolis. Parmi les autres aliments riches en calcium, citons le saumon, les sardines, le fromage, le babeurre, le chou frisé, les haricots Pinto et les amandes. Si, comme beaucoup de femmes, vous ne mangez pas assez d'aliments riches en calcium, demandez à votre médecin traitant de vous en prescrire un complément.

L'arme du froid. Appliquez de la glace sur votre dos douloureux dès que cela vous est possible afin de réduire la douleur et l'enflure, conseille le Dr Bensman. Enveloppez un pain de glace dans une taie d'oreiller ou une serviette (ne posez jamais directement la glace sur la peau) et placez-le sur l'endroit douloureux pendant dix minutes. Recommencez toutes les heures jusqu'à ce que la douleur s'atténue.

Place à la chaleur. Une fois que la glace a soulagé l'enflure – généralement dans les 48 heures –, vous pouvez recourir à la chaleur. Elle augmente l'apport de sang au niveau de la blessure, détend les tissus et peut améliorer votre mobilité, dit le Dr Bensman. Appliquez un gant de toilette chaud, à température de la peau, sur votre dos pendant 5 à 10 minutes chaque heure, ou bien prenez une douche chaude de 15 minutes ; vous pouvez aussi prendre un bain à remous.

Prenez de l'aspirine. Un ou deux comprimés d'aspirine ou d'ibuprofène toutes les quatre ou six heures peuvent soulager la douleur et réduire l'enflure, indique le Dr Bensman. Ne dépassez jamais les doses indiquées.

Surélevez les pieds. En cas de mal de dos bénin, couchez-vous sur le sol et posez les jambes sur une chaise de telle sorte que vos cuisses fassent un angle de 90° avec vos hanches d'une part, vos mollets d'autre part. Cette position relâche les principaux muscles du dos, et c'est l'une des moins stressantes pour la colonne vertébrale, selon le Dr White.

Ne restez pas sans rien faire. Un long séjour au lit était jadis recommandé pour le mal de dos, mais les médecins pensent aujourd'hui que plus vous êtes active, plus tôt vous guérirez. En fait, deux semaines au lit affaiblissent les muscles et la colonne vertébrale ; cela retarde la guérison et vous prédispose à la rechute, dit le Dr Hall. Ne restez donc pas plus de deux jours allongée ; levez-vous au moins une fois par heure pour marcher ou vous étirer.

Faites-vous manipuler. Les chiropracteurs sont de plus en plus respectés au sein de la communauté médicale, dit le Dr Bensman. L'analyse de 25 études portant sur la manipulation vertébrale – base de la chiropractie – a montré que la manipulation apportait un soulagement, au moins à court terme, dans les cas d'un mal de dos aigu mais sans complications.

« Les chiropracteurs peuvent vous aider, dit le Dr Bensman. Ce sont des gens tout à fait sérieux sur qui il faut compter. » Par exemple, le chiropracteur donnera une série de coups avec le dos de la main sur la partie sensible de votre colonne vertébrale. Demandez à votre médecin de vous indiquer un bon chiropracteur ou adressez-vous à l'Institut français de chiropractie, 44, rue Duhesme, 75018 Paris.

Mettez une ceinture. Si vous avez mal au dos pendant votre grossesse, cela peut être causé par un effort au niveau de l'articulation sacro-iliaque, qui relie la colonne vertébrale au bassin, dit le Dr Hall. Pour soulager cette douleur, ressentie au niveau des fesses et aggravée par la position assise ou debout, portez une ceinture autour des hanches (sous le ventre) pour stabiliser le bassin. « Quand ma femme était enceinte, confie le Dr Hall, elle avait ce genre de problème. Je lui ai donné une grosse ceinture de cow-boy empruntée à l'un de mes jeans. Cela l'a soulagée de façon étonnante. »

Obtenez plusieurs avis. Selon l'Académie américaine des chirurgiens orthopédiques, plus de 400 000 opérations, telles la fusion spinale et l'ablation ou la destruction d'un disque, sont effectuées chaque année dans le but de soulager les maux de dos. Une étude a cependant démontré que près de 13 % des opérations de la colonne vertébrale n'étaient pas du tout justifiées. Le Dr White vous conseille de prendre plusieurs avis avant de songer à vous faire opérer.

Huit exercices pour réduire le mal de dos

Si vous voulez gagner beaucoup en investissant peu, essayez ces exercices que vous recommande l'Académie américaine des chirurgiens orthopédiques. En renforçant et en étirant les muscles de votre dos, de votre estomac, de vos hanches et de vos cuisses, ils vous permettront de conserver un dos fort et souple à la fois.

Parlez-en à votre médecin avant de vous lancer dans n'importe quel programme d'exercice.

Placez-vous dos au mur et écartez les pieds de la largeur des épaules. Laissez-vous glisser lentement jusqu'à ce que vos genoux forment un angle de 90°. Comptez jusqu'à cinq, puis remontez doucement. Répétez cinq fois cet exercice.

Couchée sur le ventre, contractez les muscles d'une jambe et soulevez-la du sol. Comptez jusqu'à dix avant de la reposer à terre. Faites de même avec l'autre jambe. Répétez cinq fois l'exercice complet.

Couchez-vous sur le dos, les bras bien allongés le long du corps. Soulevez une jambe et comptez jusqu'à dix. Posez-la à terre et faites de même avec l'autre jambe. Répétez cinq fois l'exercice complet. Si cela se révèle trop difficile, pliez un genou tandis que vous levez l'autre jambe.

Couchez-vous sur le dos, genoux pliés et pieds posés bien à plat sur le sol. Relevez lentement la tête et les épaules tout en tendant les deux mains vers les genoux. Comptez jusqu'à dix. Allongez-vous à nouveau et recommencez cinq fois.

Tenez-vous au dossier d'une chaise et levez une jambe en arrière. Gardez le genou raide. Abaissez lentement la jambe, puis recommencez avec l'autre jambe. Répétez cinq fois l'exercice complet.

Sur le sol ou sur votre lit, couchez-vous sur le dos, genoux pliés et pieds bien à plat. Ramenez les deux genoux vers votre poitrine. Placez les deux mains sous les genoux et rapprochez le plus possible vos genoux de votre poitrine. Ne soulevez pas la tête. Abaissez les jambes sans les étendre. Commencez par faire cinq fois cet exercice, plusieurs fois par jour.

(à suivre)

Huit exercices pour réduire le mal de dos

suite

Couchez-vous sur le ventre, les mains sous les épaules et les coudes fléchis. Poussez sur vos bras. Soulevez aussi haut que possible la moitié supérieure de votre corps tout en laissant vos hanches et vos jambes bien à plat sur le sol ou le lit. Restez dans cette position pendant une ou deux secondes. Refaites dix fois cet exercice à plusieurs moments de la journée.

Mettez-vous debout, jambes légèrement écartées. Posez les mains sur les reins. Gardez les genoux raides et penchez-vous en arrière le plus loin possible. Maintenez la position pendant une ou deux secondes.

Maladies Cardiovasculaires

Plus tôt vous agirez, mieux ce sera

On raconte communément que les maladies de cœur, ce sont des maladies d'homme. Beaucoup de femmes le croient – et leurs médecins le croient aussi, bien souvent. Pourtant, rien n'est plus erroné.

Il est vrai que les maladies cardiovasculaires s'en prennent souvent aux femmes à un âge plus avancé – en moyenne, sept à dix ans plus tard que les hommes. Mais les coups qu'elles portent sont alors terribles. Les maladies cardiovasculaires tuent plus de femmes que toute autre maladie.

Rapport avec la ménopause

En matière de maladies cardiovasculaires, l'âge joue, chez les femmes, un rôle de tout premier plan.

La raison présumée ? L'œstrogène. Pendant une grande partie de la vie d'une femme, cette hormone féminine protège son cœur et ses artères coronaires : elle les défend contre les dépôts graisseux dépôts qui s'installent le long des parois artérielles, empêchant le passage du flux sanguin et rendant la femme plus vulnérable aux maladies cardiovasculaires.

« Nous commençons à penser que l'effet protecteur de l'œstrogène est en rapport avec son influence sur le taux de cholestérol lié aux HDL (lipoprotéines à densité forte), dit le Dr Richard H. Helfant. Nous croyons que l'œstrogène augmente la quantité de bon cholestérol, dont nous savons

Si le pire doit survenir...

Parfois, les efforts de prévention les plus consciencieux ne suffisent pas. Si vous sentez les signes avant-coureurs de la crise cardiaque – sensation de pression ou de contraction au niveau de la poitrine, douleur fulgurante dans les épaules, les bras et le cou, ou encore souffle court et nausées –, vous devez réagir au quart de tour.

Les femmes ont tendance à croire que la crise cardiaque est une chose que seuls les maris, les frères et les pères peuvent connaître, de sorte que nous ne réagissons pas assez vite à nos propres symptômes. L'Association américaine pour le cœur nous le dit pourtant bien haut : « Tout retard peut être mortel ! »

Des thrombolytiques (médicaments servant à dissoudre les caillots) sont administrés aux urgences afin de réguler le flux sanguin et, ainsi, de minimiser les dégâts subis par le muscle cardiaque.

Mais le temps joue un rôle capital. « Plus vous tardez à arriver aux urgences, moins les thrombolytiques feront d'effet, prévient le Dr Gerald Pohost. Les deux premières heures sont idéales, car, plus le temps passe, plus le taux de réussite des médicaments diminue. »

---

qu'il protège les artères des dépôts graisseux. » En même temps, l'œstrogène fait chuter le cholestérol LDL (lipoprotéines à densité faible), ce qui est parfait.

Après la ménopause, les agents protecteurs battent en retraite. Quand l'œstrogène naturel produit par votre corps vous abandonne, vous devez affronter les maladies cardiovasculaires avec une arme de moins dans votre arsenal. Vers 45 ans, le taux de cholestérol LDL se met à augmenter en même temps que votre taux de cholestérol total. En même temps aussi que les risques de maladies cardiovasculaires.

Cela peut vous paraître assez lugubre, mais il n'est pas question pour autant de vivre dans l'angoisse. C'est vrai, vous ne pouvez rien contre votre âge et contre votre production d'œstrogène, même si les recherches montrent que les thérapies par traitement hormonal substitutif (mélange d'œstrogène et de progestine) peuvent avoir un effet protecteur lorsqu'elles s'appliquent aux femmes ménopausées. Vous ne pouvez pas non plus modifier une tendance héréditaire à la maladie cardiovasculaire. Mais cela ne veut pas dire qu'il n'y a pas d'autres facteurs de risque que vous ne pouvez changer.

Optez pour le changement

Une maladie cardiovasculaire ne survient pas du jour au lendemain. La plupart du temps, elle résulte d'un rétrécissement des artères coronaires, ou athérosclérose, initié depuis des années. Pourquoi les artères rétrécissent-elles ? La réponse tient en grande partie à notre mode de vie, à nous autres, Occidentaux. Dans certains pays, où le style de vie est plus simple, les artères sont saines et bien larges, même chez les sujets les plus âgés.

Cette constatation est tout à fait encourageante : la progression des maladies cardiovasculaires peut être ralentie – et même, dans certains cas, inversée – sans devoir recourir aux médicaments ou à la chirurgie. Ne croyez pas qu'il vous faut accomplir des miracles ou avoir une volonté de fer. « Les changements modérés font longtemps effet, dit le Dr Helfant. Vous n'avez pas besoin d'être fanatique ou perfectionniste pour faire évoluer votre santé. »

Passons en revue quelques stratégies qui aideront votre cœur à fonctionner comme s'il avait hérité de une ou deux décennies de vie supplémentaires.

Abandonnez la cigarette – dès aujourd'hui. D'accord, vous fumez peut-être depuis des années et avez vainement essayé de vous arrêter. Mais beaucoup d'ex-fumeuses n'ont réussi qu'après la deuxième, troisième, voire sixième tentative. Ne désespérez pas !

Quand vous fumez, vos vaisseaux sanguins se contractent, et cela donne du travail supplémentaire à votre cœur. Mais ce n'est pas tout. Fumer contraint votre cœur à battre plus vite et augmente votre tension.

La conséquence est peut-être brutale à énoncer, mais c'est comme ça : selon l'Association américaine pour le cœur, la cigarette cause directement un décès par maladie cardiovasculaire sur cinq.

Si vous fumez et prenez des contraceptifs oraux, vous augmentez les risques. En effet, cette association multiplie par 39 le risque de maladies cardiovasculaires.

Abaissez votre cholestérol. Nous avons toutes besoin d'un peu de cette substance dans le sang pour que certaines fonctions vitales se déroulent convenablement. Et le foie produit tout le cholestérol dont nous avons besoin.

Si votre régime alimentaire accorde trop de place aux mets riches en graisses et en cholestérol, votre taux de cholestérol total peut dépasser 2,4 g/l, faisant par la même occasion doubler les risques de maladies cardiovasculaires. En choisissant des aliments plus maigres, vous pourrez toutefois reprendre les choses en main et vous doter d'un cœur sain – peut-être même inverser le processus de l'athérosclérose. Un taux de cholestérol inférieur à 2 g/l, voilà quel devrait être votre objectif.

Quand le Dr Dean Ornish fit suivre à ses patients un programme reposant sur une alimentation pauvre en graisses, une pratique modérée du sport, l'arrêt de la cigarette et un entraînement à la gestion du stress,

82 % des malades virent diminuer en un an et de façon spectaculaire les dépôts graisseux qui encombraient leurs artères coronaires.

Ne croyez surtout pas que, pour prévenir les maladies cardiovasculaires, vous devez adopter un régime alimentaire digne du Mahatma Gandhi. « Personne n'a jamais de maladie cardiovasculaire pour un bon steak ou une part de tarte, dit le Dr Helfant. Nous parlons ici d'une transformation totale du style de vie, et un écart occasionnel ne doit pas vous inquiéter. » En vérité, c'est fort simple : la consommation en graisse ne doit pas, à long terme, représenter plus de 25 % de votre apport en calories.

Et faites-en autant pour les triglycérides. Comme si le cholestérol n'était pas assez préoccupant, votre médecin et vous-même devrez également surveiller vos triglycérides. Ce sont des corps gras présents dans le flux sanguin et, bien qu'ils semblent participer à la formation des maladies cardiovasculaires, leur rôle exact n'est pas aussi précis que le lien qui unit le cholestérol à ces mêmes maladies.

Pour bien des spécialistes, un taux de triglycérides supérieur à 2 g/l devrait servir de signal d'alarme. Quel est l'un des meilleurs moyens de réduire vos triglycérides ? Un exercice sportif régulier, répond sans hésitation le Dr Peter Wood.

Êtes-vous pomme ou poire ?

Dans la corbeille de fruits, les poires ont tendance à vieillir plus vite que les pommes. Mais quand on parle du cœur – les termes « pomme » et « poire » décrivent des types corporels différents –, c'est la poire qui vieillit le plus lentement.

Heureusement, la plupart des femmes obèses sont en forme de poire (poids excédentaire au niveau des hanches) et non pas en forme de pomme (graisse à hauteur de l'abdomen). Mais ce n'est pas toujours le cas, surtout après la ménopause. Les études montrent clairement qu'une forme de pomme crée un risque supérieur de crise cardiaque (mais aussi de diabète, d'hypertension et de maladies cérébro-vasculaires).

Comment une bedaine peut-elle être aussi dangereuse ? Selon une théorie, la graisse abdominale se convertit plus facilement en cholestérol.

La cause importe peu : faites donc un effort pour réduire de taille votre « pomme » en perdant quelques kilos excédentaires. Voici un truc facile à se rappeler : votre tour taille ne doit pas aller au-delà de 80 % votre tour de hanches.

Maintenez-vous à votre poids idéal. Dans un pays obsédé par la minceur, bien des femmes sont loin d'être sous-alimentées et nombreuses sont plus que « rondelettes » (leur poids dépasse au moins de 20 % leur poids idéal). C'est un peu comme si elles jouaient à la roulette russe avec leur cœur. L'étude sur la santé des infirmières menée par la faculté de médecine de Harvard auprès de 117 000 infirmières révèle que 40 % des décès par maladies cardiovasculaires peuvent être attribués à la présence de kilos excédentaires.

Peut-être considérez-vous la graisse comme peu attirante, peut-être pas. Toujours est-il qu'elle est mauvaise pour le cœur. « Quand vous êtes obèse, le cœur doit travailler plus dur pour faire parvenir les nutriments aux cellules en surnombre de votre corps », explique le Dr James Martin. Les efforts supplémentaires demandés au cœur peuvent être particulièrement inquiétants si vous avez déjà d'autres facteurs de risque pouvant contribuer aux maladies cardiovasculaires, taux de cholestérol élevé ou hypertension artérielle, par exemple. Fixez-vous comme objectif de perdre plusieurs kilos en adoptant un régime pauvre en graisses et en faisant plus de sport.

Transpirez. C'est certain, il est tentant de mettre les chaussures de sport au placard, de ne pas renouveler votre adhésion au club de gymnastique et de passer chaque week-end scotchée à la télévision ou écroulée sur la plage avec un best-seller. Si c'est ainsi que vous comprenez la vie, sachez que vous n'êtes pas la seule, mais le prix à payer est plutôt élevé. La majorité des Françaises ne font aucun exercice, et ce choix de mode de vie renforce considérablement les risques de maladies cardiovasculaires.

Faire de l'exercice, ce n'est pas seulement aspirer un peu d'air pur pour se sentir revigoré. « Cela renforce le muscle cardiaque, dit le Dr Wood. Avec un entraînement régulier, le cœur devient une pompe vraiment efficace. Le rythme cardiaque ralentit pour une quantité d'effort donnée. » Chaque battement est plus productif, ajoute-t-il, de sorte que le cœur n'a pas besoin de travailler aussi dur que si vous n'étiez pas en bonne forme physique.

L'exercice est tout particulièrement important pour qui essaye de perdre du poids. « Quand les femmes perdent du poids, prévient le Dr Robert Rosenson, leur taux de cholestérol HDL tend à diminuer. Pour le maintenir stable ou même l'augmenter légèrement, vous devez faire du sport tout en perdant du poids par le biais d'un régime alimentaire. »

Faites chuter la tension. L'hypertension artérielle est un tueur qui agit dans l'ombre : ses sinistres forfaits exigent tellement d'efforts de la part du cœur et des artères que cela peut entraîner une crise cardiaque (pour ne rien dire des maladies cérébro-vasculaires ou rénales).

En réduisant votre tension artérielle – vous y parviendrez en diminuant votre consommation de sodium, en perdant du poids, en faisant du sport et (si nécessaire) en prenant un médicament spécifique –, vous ferez un superbe cadeau à votre cœur. Les statistiques sont vraiment rassurantes : pour chaque baisse de 1 point (en millimètres de mercure), vous pouvez diminuer de 2 à 3 % les risques de crise cardiaque. Avec une thérapie adéquate, il n'est pas rare de voir des hypertendus abaisser leur tension diastolique de manière tout à fait conséquente.

Songez à l'aspirine. Ce n'est peut-être pas la fontaine de jouvence, mais ce médicament, présent dans toutes les armoires à pharmacie, est vraiment excellent pour votre cœur. L'aspirine, ce petit cachet blanc auquel nous avons toutes eu recours des centaines de fois à la moindre migraine, fait également office d'ami du cœur.

Là encore, l'étude sur la santé des infirmières apporte des informations précieuses. Sur une période de six ans, les femmes qui prenaient entre un et six cachets d'aspirine par semaine ont vu leurs risques de première crise cardiaque diminuer de 32 %. Les femmes de plus de 50 ans étaient, semble-t-il, les mieux protégées. Si vous avez des problèmes d'hémorragies, parlez-en à votre médecin avant de prendre de l'aspirine : c'est en effet un médicament qui gêne la coagulation.

Prenez des vitamines. Pendant plusieurs dizaines d'années, les médecins ont cru que les compléments vitaminés étaient à ranger au rayon des arnaques et autres supercheries. Ce n'est plus vrai aujourd'hui. Une étude publiée par le *New England Journal of Medicine* et menée auprès de 87 000 femmes montre que celles qui ont pris des compléments de vitamine E pendant plus de deux ans voyaient diminuer leurs risques de maladies cardiaques de quelque 40 %.

Quel est le secret de la vitamine E ? C'est un antioxydant : cela veut dire qu'elle protège les cellules des radicaux libres, molécules nuisibles qui déclenchent un processus d'oxydation pouvant contribuer à l'obstruction des artères.

« Je donne de la vitamine E à mes patients à un dosage standard qui ne pose aucun problème », déclare le Dr Marianne J. Legato. Elle conseille des compléments de 400 UI de vitamine E, accompagnés de 1 500 milligrammes de vitamine C et de 6 mg de bêtacarotène (deux antioxydants). Elle donne aussi 1 500 mg de calcium en complément afin de prévenir les maladies cardiovasculaires.

Les hormones à votre secours. Votre médecin peut choisir de vous prescrire de l'œstrogène lorsque vous avez déjà eu votre ménopause : cela vous permettra d'avoir un avantage évident sur les maladies cardiovasculaires avant qu'elles ne s'attaquent à vous. Une étude, menée auprès de 48 000 femmes par l'université de Harvard à Cambridge (Massachusetts), montre qu'un traitement hormonal substitutif à base d'œstrogène pouvait diviser par deux les risques de maladies coronariennes majeures et de maladies cardiovasculaires fatales.

Vous devez cependant vous souvenir d'une chose : l'œstrogène peut augmenter les risques de cancer de l'endomètre (muqueuse de l'utérus), peut-être aussi de cancer du sein. Mais en prescrivant des doses moindres d'œstrogène et en combinant l'œstrogène à la progestine (forme synthétique de la progestérone), votre médecin pourra contrer ces risques. Ce dernier et vous-même devez peser le pour et le contre avant de décider si vous supporterez mieux de l'œstrogène seul ou un mélange œstrogène et progestine.

Une multitude de traitements

Quand on parle de maladies cardiovasculaires, le point positif – le seul ! –, c'est qu'elles tirent souvent le signal d'alarme avant de frapper un grand coup. L'avertissement le plus courant prend la forme de l'angine de poitrine, douleur thoracique provoquée par une irrigation irrégulière du cœur. Si vous souffrez d'angine de poitrine, votre médecin peut vous prescrire de la trinitrine pour détendre les vaisseaux sanguins et permettre au cœur de recevoir plus de sang. Dans le cas d'angine de poitrine chronique, il vous suggérera d'autres médicaments tels que des bêtabloquants ou des inhibiteurs de l'ECA (enzyme convertisseur de l'angiotensine).

« Le choix du médicament dépend de chaque situation, dit le Dr Martin. Si vous souffrez d'hypertension et de maladie cardiovasculaire, un seul médicament pourra traiter ces deux affections. Si vous souffrez également de défaillance cardiaque – si votre cœur ne pompe pas assez efficacement –, un inhibiteur de l'ECA s'impose. Certains patients doivent prendre plusieurs médicaments. Les décisions sont très individualisées. »

Si le blocage de vos artères coronaires est assez avancé, votre médecin vous conseillera une opération à cœur ouvert (pontage coronarien) ou une angioplastie. Environ 30 % de ces opérations du cœur sont pratiquées sur des femmes. L'angioplastie et le pontage coronarien sont aussi répandus l'un que l'autre.

Lors d'une angioplastie, un cathéter terminé par un minuscule ballon est introduit dans les artères coronaires, où le ballon est alors gonflé pour écraser les dépôts graisseux qui font obstruction.

L'angioplastie permet de déboucher les artères dans 90 % des cas, mais elles peuvent se boucher à nouveau, parfois quelques mois seulement après l'opération. Il convient alors de faire une nouvelle angioplastie ou de passer directement au pontage coronarien.

Lors d'un pontage, un vaisseau sanguin sain (bien souvent prélevé sur le thorax ou la jambe) est greffé sur le cœur pour passer au-dessus de la portion obstruée de l'artère coronarienne. C'est une opération beaucoup plus lourde, mais ses conséquences positives durent plus longtemps. Le

Dr Legato indique que l'on recourt souvent à la chirurgie dans le cas de la maladie dite des « trois vaisseaux » : trois artères coronaires ou plus sont bouchées, ce qui contrecarre gravement l'arrivée du sang au cœur.

Que vous choisissiez le traitement médicamenteux ou l'opération, rappelez-vous qu'il est très important – plus encore que d'habitude – de mener une vie saine et active et d'adopter un régime pauvre en matières grasses.

MÉMOIRE

Oubliez ce mythe du vieillissement

Quelle journée en perspective ! À 10 heures, vous allez devoir appeler Brigitte à propos du projet Bonnier. À 11 heures, c'est le rapport de Bob sur les créances Bazin. Cet après-midi, le boss a prévu une réunion à Bordeaux avec Bernard à propos de la banqueroute de l'entreprise Broutin.

Donc, vous appelez Brigitte à 10 heures pour l'entretenir de Bonnier. Mais Benoît surgit dans votre bureau et vous parle de la banque Bailly. Vous l'écoutez, puis vous appelez Bob pour lui parler de la banqueroute Broutin – mais n'est-ce pas plutôt Bernard pour l'affaire Bazin ? À moins qu'il ne s'agisse de Béatrice et des factures Boissier ? Seigneur, quelle panade !

Il y a quelques années, vous auriez parfaitement géré tout cela. Mais vous avez de plus en plus de mal à vous souvenir de toutes ces choses, le nom des clients et de leurs entreprises, l'indicatif des caisses de province, les anniversaires et les numéros de téléphone. Attendez un instant : tous ces trous de mémoire, cela ne veut-il pas dire que la vieillesse s'abat doucement sur vous ?

« Il n'y a pas de doute là-dessus. Quand vous oubliez quelque chose, vous avez l'impression que votre mémoire fiche le camp », dit le Dr Douglas Herrmann.

Mais il ajoute aussitôt que le pessimisme n'est pas de mise. Vous devez peut-être prêter davantage attention à votre mémoire, mais il est probable qu'elle fonctionne toujours aussi bien. « En toute probabilité, vous ne perdrez pas la mémoire, dit-il. Avec un peu de concentration et d'exercice, votre mémoire sera aussi bonne que lorsque vous étiez adolescente ou que vous aviez 20 ans, peut-être même meilleure. »

Soyez sans surprise

Vous perdez tout le temps vos clefs ? Attribuez-leur un emplacement à la maison ou au bureau. Si vous rangez vos clefs – vos lunettes ou tout autre chose – chaque jour au même endroit, vous saurez toujours où elles se trouvent, conseille le Dr Douglas Herrmann.

Zone grise

Les spécialistes ne savent toujours pas vraiment comment nous stockons et retrouvons l'information. Selon une théorie, les individus gardent les souvenirs sous forme holographique et tridimensionnelle, et ce sont des réseaux de neurones et des réactions électrochimiques qui leur permettent d'y avoir accès. Les chercheurs savent bien que l'on accède à un souvenir de plusieurs façons. Une odeur peut déclencher un souvenir, de même qu'une vision familière, un mot ou une expression.

La plupart des scientifiques divisent en trois la mémoire. Il y a tout d'abord la mémoire immédiate, la mémoire bloc-notes. Le Dr Herrmann explique que l'on a recours à ce genre de mémoire pour se rappeler un numéro de téléphone ou toute information dont on a besoin pendant très peu de temps, quelques minutes tout au plus. Ensuite, c'est l'oubli.

La mémoire intermédiaire conserve toutes les informations que l'on a consciemment et inconsciemment absorbées au cours des dernières heures ou des derniers jours. Ensuite, soit vous les oubliez parce que ce n'est pas très important (ce que vous avez pris au petit déjeuner il y a trois jours), soit vous les transférez dans la mémoire à long terme. C'est là que vous stockez les souvenirs permanents, tels que les adresses et les noms importants, la recette du gâteau de votre grand-mère et le souvenir des matins de Noël de votre enfance.

Pendant des années, les recherches ont montré que les souvenirs immédiats et à court terme déclinaient relativement tôt – vers la quarantaine. Mais ces recherches étaient incomplètes, dit le Dr Herrmann. On sait maintenant que l'on ne souffre pas de véritable perte de mémoire avant au moins soixante ou soixante-dix ans, ajoute-t-il.

Dans ce cas, pourquoi vous arrive-t-il plus souvent d'oublier des choses que précédemment ? Le stress est peut-être le coupable. « La difficulté à se concentrer et à prendre des décisions est peut-être, avec la mémoire à court terme, l'un des premiers mécanismes de la fonction mentale à être victime du stress », dit le Dr Paul J. Rosch. Et ne vous inquiétez pas si vous avez des oublis : pour le Dr Herrmann, l'angoisse ne fait qu'aggraver le problème.

Vous souffrez seulement d'une surcharge sensorielle. Quand la vie vous tire à hue et à dia, dit le Dr Herrmann, vous vous concentrez moins sur les détails. « Et moins vous faites attention, moins vous vous souvenez », ajoute-t-il.

La perte de mémoire ne devient jamais sérieuse chez la plupart des femmes. En revanche, certaines maladies, telle la maladie d'Alzheimer, entraînent de réels problèmes de mémorisation. Si vous oubliez des rendez-vous professionnels importants, ne savez plus les prénoms des membres de votre famille ou de vos amis ou perdez tout sens de l'orientation, consultez au plus vite un médecin, prévient le Dr Francis Pirozzolo.

Retenez vos pensées

Votre cerveau n'est pas un ordinateur. Vous ne pouvez pas courir au magasin de pièces détachées et vous acheter une nouvelle carte mémoire. Non, vous devez utiliser ce que la nature vous a donné.

Heureusement, l'espace mémoire disponible est encore immense. Voici comment en tirer le meilleur parti.

Le jogging de l'esprit. Un entraînement régulier vous donnera un sérieux coup de pouce. Une étude a montré que les personnes qui suivaient pendant neuf semaines un cours d'aqua-aérobic avaient de meilleurs résultats aux tests de mémoire que les autres. « Les exercices ont probablement amélioré l'apport d'oxygène au cerveau », dit le Dr Richard Gordin, coresponsable de cette étude

---

Ingurgitez... par petites bouchées

Les ordinateurs absorbent l'information par petites bouchées que l'on nomme « octets ». Pour vous aussi, c'est la meilleure façon de procéder, dit le Dr Francis Pirozzolo.

Employez la méthode du fractionnement. Puisque votre esprit se rappelle des choses formant des groupes de cinq à neuf éléments, fractionnez les grandes listes en petites cellules de cette taille. Il est plus facile de se rappeler 5 groupes de 5 éléments qu'une liste de courses de 25 éléments, explique le Dr Pirozzolo. Le résultat sera encore supérieur si vous parvenez à regrouper des éléments ayant un point commun – des fruits sur une liste, des articles de papeterie sur une autre.

Apprenez lentement

Vous vous souviendrez plus longtemps d'une information si vous l'absorbez progressivement plutôt que d'un seul coup, selon le Dr Harry P. Bahrick. À l'issue d'une étude menée sur huit années, il a démontré que les personnes qui révisaient leur vocabulaire espagnol une fois par mois se souvenaient de quatre fois plus de mots que celles qui le révisaient tous les jours. Le Dr Bahrick ajoute que ce principe est également valable pour les activités physiques. « Si j'apprenais à jouer au golf, je m'exercerais une heure par semaine pendant sept semaines plutôt qu'une heure par jour pendant sept jours », dit-il.

Le Dr Gordin indique que ces résultats sont à considérer avec précaution. Toutefois, d'autres études ont produit le même type de conclusion. Il convient d'ajouter à cela la diminution des risques de crise cardiaque et tous les autres effets physiques du sport.

Prêtez attention. C'est le conseil le plus simple – et le plus négligé – qu'on puisse donner. N'essayez pas de mémoriser l'assortiment d'un client quand vous téléphonez à un autre client à l'autre bout de la France. De même, vous ne vous rappellerez pas le nom d'une personne quand vous faites des présentations si, à ce moment-là, vous ne pensez qu'à ce que vous aurez dans votre assiette pour déjeuner.

« C'est simple, dit le Dr Herrmann. Concentrez-vous ! Vous n'avez aucune raison de vous rappeler une chose que votre cerveau n'a pas enregistrée dès le début. » Quand vous devez mémoriser une information importante, arrêtez ce que vous êtes en train de faire et concentrez-vous quelques minutes. Passez ensuite au reste du travail.

Là-dessus, dormez. Une bonne nuit de repos fait des miracles. La recherche montre que les personnes réveillées pendant qu'elles rêvent (phase de sommeil paradoxal) traitent moins bien les souvenirs de la veille et, par conséquent, oublient plus de choses. Le Dr Herrmann dit aussi qu'un sommeil régulier permet au corps tout entier de se recharger, ce qui vous rend plus alerte et plus attentive aux détails. « Évitez les somnifères, dit-il. Vous n'aurez pas la même qualité de sommeil et votre mémoire sera moins bonne le lendemain. »

Un conseil : si vous étudiez ou travaillez la nuit, dormez dès que vous avez fini. Sortir prendre un verre ou un café, ou encore rester éveillée pour regarder les actualités à la télévision rend plus difficile le travail de mémorisation du lendemain.

Choisissez vos souvenirs. Si l'être humain a inventé le répertoire téléphonique, le carnet d'adresses, le stylo et le Post-it, c'est pour les utiliser. « Pourquoi passer du temps à essayer de se souvenir de listes de courses monstrueuses quand on peut tout écrire sur un morceau de papier ? dit le Dr Pirozzolo. Si vous êtes une personne très occupée qui a beaucoup de choses à se rappeler, établir des listes libère votre mémoire pour les choses vraiment importantes. »

Rompez avec les stéréotypes. Les études montrent que les femmes croient que leurs semblables se souviennent mieux des choses « féminines » – liste de courses, par exemple –, alors que les hommes se rappellent mieux les choses « masculines » , directives, etc. C'est totalement faux. Les recherches du Dr Herrmann prouvent que les hommes et les femmes ont une même capacité à se souvenir, mais qu'ils l'appliquent parfois différemment à cause des stéréotypes sociaux. Si vous voulez améliorer un type de mémoire, qu'il s'agisse de listes de courses, de directives ou d'autre chose, le Dr Herrmann vous conseille fortement de vous entraîner. « C'est la seule façon de s'améliorer », dit-il.

Prenez des minéraux. Il n'y a rien de mieux pour la mémoire qu'un régime sain et équilibré avec beaucoup de fruits et de légumes, dit le Dr Herrmann. Selon le Dr James G. Penland, le zinc et le bore sont excellents pour la mémoire. Une étude a démontré que les femmes qui consommaient peu de zinc avaient une moins bonne mémoire à court terme que celles qui en absorbaient 12 mg par jour (dose recommandée). Une demi-douzaine d'huîtres cuites à la vapeur apportent 76,4 mg de zinc. On trouve également ce minéral dans le germe de blé, les viandes maigres, le potiron et les graines de courge.

Il en va de même pour le bore, dont le corps a besoin en quantité infinitésimale. Le femmes qui consomment 3 mg de bore par jour ont de

Un truc tout simple

Il vous faut acheter une bonbonne de gaz, retirer de l'argent à la banque, acheter du raisin et un pack d'eau. Pour vous rappeler cette liste, formez un mot avec la première lettre de chaque article : GARE, dans le cas présent. C'est ce que l'on appelle un procédé mnémotechnique, explique le Dr Pirozzolo. Si vous convertissez l'information pour lui donner une forme familière, vous vous en souviendrez plus facilement

meilleurs résultats aux tests de mémoire et d'attention. C'est exactement la quantité que l'on trouve dans trois pommes. Les pruneaux, les dattes, le raisin et les cacahuètes sont également riches en bore.

Le Dr Penland insiste sur le fait que ces études montrent que l'on est plus en forme avec la dose recommandée de zinc et de bore qu'avec une dose plus faible, mais cela ne veut nullement dire que des doses plus élevées augmenteraient la mémoire.

Fuyez le café. La caféine tue la mémoire, c'est prouvé, dit le Dr Herrmann. Plus d'une tasse prise au travail va certainement vous surstimuler, mais rendre la concentration plus difficile. « C'est une légende complètement fausse que le café aide à se souvenir. Il vous tient éveillée, mais en nuisant à votre sommeil, il nuit aussi votre mémoire », dit-il.

Fumer cause le même problème de surstimulation, ajoute le Dr Herrmann. Et l'alcool, même un seul verre, réduit la capacité des cellules individuelles à traiter et à stocker l'information. L'alcoolisme chronique tue également les neurones.

Ignorez les remèdes miracles. On trouve parfois des pilules et des remède censés « dynamiser la mémoire ». Ils n'ont aucun effet, selon le Dr Thomas H. Crook. La recherche sur les médicaments capables de renforcer la mémoire est très intéressante, mais le Dr Crook dit qu'aucun produit actuellement en vente ne fait de l'effet. « Ce ne sont que des compléments alimentaires qui se font passer pour des médicaments », explique-t-il.

Montez le niveau sonore

Vous devez parfois retenir des informations alors que le chaos règne à la maison ou au travail ? Là encore, l'entraînement peut vous aider. Montez le niveau de la télévision et essayez de vous concentrer pendant quelques minutes sur une chose complètement différente, lecture d'un livre ou liste téléphonique, par exemple. Cela vous aidera à surmonter le bruit de fond et à prêter attention à ce que vous faites, explique le Dr Douglas Herrmann. Vous pouvez aussi essayer de regarder deux postes de télévision en même temps. Cela vous oblige à ne vous intéresser qu'à l'information importante tout en vous aidant à renforcer votre concentration.

MÉNOPAUSE (CHANGEMENTS INTERVENANT À LA -)

Un phénomène inévitable

Françoise, votre meilleure amie, a appelé l'autre jour, et votre conversation vous revient sans arrêt à l'esprit.

« Il me semble que mon corps a quelque chose de changé depuis quelque temps, vous a-t-elle dit. Je me demande si ce n'est pas le commencement. »

« Le commencement de quoi ? », avez-vous répondu un peu distraitement, préoccupée par la pensée de votre départ en Thaïlande.

« De la ménopause. »

La ménopause ! Un mot qui vous a fait retomber sur terre. Voilà que votre meilleure amie – celle qui n'a guère que deux ans de plus que vous – vous parle d'un problème de santé dont vous ne pensiez pas devoir vous préoccuper avant longtemps. Bien sûr, vous saviez que cela vous arriverait un jour ou l'autre. Mais pas maintenant. Pas si tôt. Ni Françoise ni vous n'avez encore 50 ans. La ménopause, c'était bon pour votre mère et votre grand-tante. Cela ne concernait que les femmes... âgées ?

Pour la plupart des femmes, la ménopause est une étape décisive sur la voie du vieillissement, nous dit le Dr Ellen Klutznick. Et elles y réagissent de manière très différente.

Pour les femmes qui ont déjà vécu cette phase de leur vie, la ménopause semble souvent un nouveau commencement ; en revanche, les femmes plus jeunes, qui n'en sont pas encore là, sont assez angoissées par cette période de transition, explique le Dr Klutznick. « Elles s'inquiètent de savoir ce qu'elles vont éprouver à 50 ans. Pour elles, c'est synonyme de vieillissement », dit-elle.

En premier lieu, la ménopause marque la fin des années fécondes de la femme. « L'horloge biologique se rappelle au souvenir des femmes plus jeunes, et cela est assez effrayant », dit le Dr Klutznick. Pour elles, la ménopause marque la perte de leur fécondité, et cela peut se révéler difficile dans une société qui accorde tant de place à la jeunesse, à la beauté et à la maternité, ajoute-t-elle. La perte de la capacité d'avoir des enfants peut être douloureuse, même pour les femmes qui n'en veulent plus ou n'en ont jamais voulu, dit le Dr Brian Walsh. « Elles n'ont plus la faculté de choisir, dit-il. Une porte leur est désormais fermée. »

Les femmes s'inquiètent aussi de la manière dont la ménopause va affecter leur allure physique. Elles pensent que leur corps et leur peau ne seront plus pareils, que leurs seins tomberont, que leur visage se ridera et que leur taille s'épaissira, dit le Dr Klutznick. Sans parler de tout ce qui est lié à la sexualité. Elles craignent que les hommes ne les regardent plus quand elles entrent dans un café – et qu'ils s'intéressent aux minettes ou au match de foot à la télévision, dit-elle. Dans une société qui a le culte de la jeunesse, vieillir donne à certaines femmes le sentiment d'être invisibles ou dévaluées, explique le Dr Klutznick. Ce n'est pas tant que les femmes se sentent vieilles, physiquement parlant, mais que la société les perçoit comme telles. Et les femmes de cette tranche d'âge demandent souvent au Dr Klutznick : « Qu'est-ce que je peux espérer à part vieillir ? Et qui va vouloir de moi ? »

Comprendre la ménopause

Au sens propre, la ménopause fait référence aux dernières règles de la femme. Techniquement, une femme ne doit pas avoir de règles pendant un an pour être ménopausée. L'âge moyen de la ménopause est de 51 ans, mais certaines femmes abordent cette période beaucoup plus tôt : environ 1 % d'entre elles ont leur ménopause avant 40 ans.

Les femmes à qui l'on a retiré les ovaires au cours d'une hystérectomie font pratiquement leur ménopause du jour au lendemain, dit Joan Borton. Elles ont souvent l'impression d'avoir été projetées dans la ménopause sans la moindre préparation. Les femmes qui ont subi une chimiothérapie peuvent également connaître une ménopause précoce.

Lors d'une ménopause naturelle, les dernières règles d'une femme sont entourées d'un certain nombre d'années au cours desquelles apparaissent d'autres modifications physiques. C'est ce que l'on appelle la période climatérique, ou périménopause. Elle débute généralement plusieurs années avant la fin de la menstruation, dit le Dr Walsh. Les femmes peuvent alors connaître diverses transformations physiques : bouffées de chaleur, sueurs nocturnes, sommeil difficile, sécheresse vaginale, modification de l'état de la peau, perte de cheveux, sautes d'humeur, dépression, gain de poids. Les bouffées de chaleur sont souvent le symptôme qui inquiète le plus les femmes à l'approche de la ménopause ; elles les affectent dans 75 à 85 % des cas.

Tous ces bouleversements, sans parler de la fin des règles, sont déclenchés par la baisse du taux d'œstrogène, une des nombreuses hormones sécrétées par les ovaires. Quand une femme vieillit, ses ovaires vieillissent, eux aussi ; ils rétrécissent, cessent de produire des ovules et sécrètent moins d'œstrogène.

Les risques qui vous attendent

L'œstrogène renforce aussi la force et la qualité du squelette ; son déclin au moment de la ménopause crée un risque accru d'ostéoporose, maladie qui rend les os fragiles et cassants. L'ostéoporose est responsable d'un très grand nombre de fractures par an. On compte 60 000 fractures du poignet et autant de tassements vertébraux. Les fractures du col du fémur, si elles sont un peu moins fréquentes, sont les plus dangereuses. À 75 ans, la moitié des femmes ont eu une fracture liée à l'ostéoporose.

La baisse d'œstrogène qui accompagne la ménopause accroît aussi les risques de maladies cardiovasculaires, ennemi numéro un des femmes de plus de 65 ans.

L'œstrogène protège naturellement contre ce type de maladies. Sans cette hormone, hommes et femmes sont égaux devant elles. Après la ménopause, les femmes voient les risques de crise cardiaque et de maladies cardiovasculaires augmenter considérablement. Avant 65 ans, une femme sur neuf a une crise cardiaque, selon l'Association américaine pour le cœur ; après 65 ans, c'est une sur trois.

Soyez prévoyante

Vous ne pouvez éviter la ménopause. Il y a cependant certaines choses que vous pouvez faire dès aujourd'hui pour que cette étape de votre vie se déroule le mieux possible. La ménopause ne doit pas être une épreuve, et il n'y a pas de raison pour que vous vous sentiez moralement et physiquement plus vieille. Voici ce que vous pouvez faire.

Bougez-vous. L'exercice est l'une des meilleures choses que les femmes peuvent faire pour bien se préparer à la ménopause, dit le Dr Walsh. Il permet d'accroître la densité et la solidité des os. Le squelette féminin perd de la densité après la ménopause – de 4 à 6 % au cours des quatre ou cinq premières années. Plus il est résistant au départ, mieux c'est. La marche et la course sont idéales, selon les spécialistes. L'exercice permet aussi de maintenir au plus bas votre taux de cholestérol et de mieux vous protéger contre les maladies cardiovasculaires.

Mangez bien. Adoptez un régime alimentaire pauvre en graisses saturées, conseille le Dr Walsh. Cela permet de réduire le taux de cholestérol et les risques de maladies cardiaques, lesquels augmentent après la ménopause. Selon les experts, les graisses ne doivent pas représenter plus de 25 % de votre apport total en calories.

Attention au syndrome prémenstruel. Si vous êtes sujette au syndrome prémenstruel, notez quels sont vos symptômes et surveillez tout changement. Parfois, ces symptômes s'intensifient quand la femme entre dans la ménopause, dit le Dr Klutznick : ils peuvent lui indiquer à quel moment elle devient ménopausée. Vous pouvez remarquer certains symptômes du syndrome prémenstruel qui durent plus longtemps qu'auparavant, et avoir l'impression que votre mental ne fonctionne plus. Parlez-en à votre médecin. Il vous prescrira une prise de sang destinée à mesurer la quantité de HFS (hormone folliculo-stimulante). Avant la ménopause, votre corps produit assez de HFS pour permettre aux follicules de se développer et de déclencher l'ovulation. Lors de la ménopause, vous disposez de moins de follicules, et il faut davantage de HFS pour que l'un d'eux mature et ovule. Votre corps fabrique donc plus de HFS qu'avant. Si le test sanguin indique un taux élevé de HFS – supérieur à 40 –, c'est que vous êtes officiellement en pleine ménopause.

Arrêtez de fumer. Si vous arrêtez de fumer assez tôt, cela vous aidera à vivre une ménopause plus douce, dit le Dr Walsh. Les fumeuses risquent plus que les autres femmes de connaître les symptômes de la ménopause, dit-il. Elles ont aussi tendance à avoir une masse osseuse moindre, ce qui augmente les risques d'ostéoporose. Selon les experts, fumer peut également faire avancer l'âge de la ménopause. Ils supposent que la nicotine contribue à la chute du taux d'œstrogène. En arrêtant de fumer dès aujourd'hui, vous retardez quelque peu la ménopause.

Prenez du calcium. La perte de masse osseuse augmente au moment de la ménopause, mais elle commence dès 35 ans. Après cet âge-là, les femmes perdent chaque année 1 % de leur masse osseuse. Assurez-vous donc que vous consommez assez de calcium. Pour une adulte, les recommandations actuelles sont de 800 milligrammes par jour, mais certains experts suggèrent 1 000 mg pour les femmes en préménopause et 1 500 mg pour les femmes postménopausées.

Malheureusement, la plupart des femmes ne consomment chaque jour que 500 mg de calcium. Vous pouvez approcher la dose recommandée en ajoutant à votre alimentation des laitages pauvres en graisses et du poisson en conserve (avec les arêtes) tel que le saumon. Par exemple, une dose de lait sans matière grasse vous apporte 300 ml de calcium ; un yoghourt sans matière grasse en contient 415 mg.

Le calcium se trouve dans autre chose que les laitages : cent grammes de saumon en boîte contiennent plus de 200 mg de calcium. Le tofu est également riche en cet élément.

Vous pouvez enfin recourir aux compléments. La quantité utile et le type de comprimé – carbonate, lactate ou citrate de calcium – dépendent de vos besoins individuels. Consultez votre médecin à ce propos.

Surveillez votre taux de cholestérol. Faites régulièrement vérifier votre taux de cholestérol, dit le Dr Walsh. La ménopause peut faire baisser le taux de cholestérol HDL (le « bon » cholestérol) et faire grimper celui de cholestérol LDL (ou « mauvais » cholestérol). Si vous avez un excellent taux de cholestérol avant la ménopause, vous aurez de grandes chances de le garder tel quel après. Pour les experts, la meilleure mesure est le rapport entre le cholestérol total et le cholestérol HDL. Un résultat de 3,5 est considéré comme bas, entre 3,5 et 6,9 modéré et supérieur à 7 élevé.

Discutez avec votre mère. Les femmes suivent généralement les traces de leur mère, dit le Dr Walsh, et plus particulièrement lorsqu'elles ont un parcours de santé similaire. Demandez à votre mère quand elle a commencé sa ménopause et ce qu'elle a ressenti.

Quand le moment est venu

Si vous croyez que vous commencez votre ménopause ou qu'elle est déjà installée, voici quelques conseils que vous pouvez suivre.

Trouvez du soutien. « Le plus important est certainement de vous retrouver avec des femmes qui vivent la même chose que vous », dit Mme Borton. En parlant à d'autres femmes, que ce soit en tête-à-tête ou lors de réunions organisées, vous apprendrez à connaître les divers symptômes et à réunir des informations sur les médecins que ces femmes consultent. « Parler et partager son expérience aide les femmes à se sentir soutenues et à ne pas se croire isolées », confirme le Dr Klutznick.

Trouvez le médecin qui vous convient le mieux. La ménopause suscite pas mal de transformations physiques, mais aussi beaucoup de questions, particulièrement en matière de traitement hormonal substitutif. Ce type de traitement est recommandé parce qu'il permet de remplacer l'œstrogène et de préserver la solidité des os. Il est aussi controversé, en ce qu'il augmente les risques de certains types de cancer. « Il vous faut surtout trouver un médecin qui travaille avec vous, un praticien qui respectera votre décision », dit Joan Borton. Demandez à vos amies de vous parler de leurs médecins. Et n'ayez pas peur de changer de praticien tant que vous n'avez pas trouvé celui qui vous plaît.

Trouvez-vous un mentor. Trouvez une femme de 10 ou 15 ans de plus que vous, qui a terminé sa ménopause et dont vous respectez les avis, conseille Mme Borton. « Passez du temps avec des femmes plus âgées pour discuter avec elles les choses qui donnent du sens à leur vie, ajoute-t-elle. Celles qui ont fait cette démarche ont bien souvent mieux franchi cette étape et accepté de se voir sous les traits d'une femme plus âgée. » Ne vous contentez pas d'identifier ou de trouver des femmes qui vous servent de mentors dans votre vie quotidienne, mais cherchez aussi des personnalités féminines d'âge mûr dont vous pouvez suivre l'exemple, dit-elle encore.

Problèmes de lubrification. La diminution du taux d'œstrogène que les femmes constatent au moment de la ménopause est susceptible de provoquer une sécheresse vaginale. L'élasticité et les dimensions du vagin changent, ses parois deviennent plus minces et il perd sa capacité à s'humidifier. Cela peut rendre l'acte sexuel douloureux, voire indésirable, dit le Dr Klutznick. Les statistiques indiquent que cela arrive à 8 à 25 % des femmes postménopausées. Avant la ménopause, une femme met généralement entre 6 et 20 secondes pour être lubrifiée quand elle est excitée ; chez une femme postménopausée, cela peut prendre de une à trois minutes.

Les femmes peuvent rester lubrifiées en recourant à des lubrifiants vaginaux tels que Premicia ou Sensilube, facilement disponibles, dit le Dr Klutznick. Évitez les lubrifiants à base d'huile tels que la vaseline : les études montrent qu'ils ne se dissolvent pas aussi facilement dans le vagin et qu'ils peuvent déclencher des infections localisées. Un traitement hormonal substitutif peut contribuer à résoudre ce problème, indique le Dr Klutznick.

Gardez une activité sexuelle. Plusieurs études indiquent que les femmes qui conservent une activité sexuelle connaissent moins de bouleversements vaginaux que les autres. L'activité sexuelle favorise la circulation sanguine dans la zone vaginale et lui permet de rester humide. Le Dr Klutznick explique aux femmes qui n'ont pas de partenaire que la masturbation aide à préserver la circulation sanguine et l'humidité du vagin.

Mettez-vous au frais. Les bouffées de chaleur que les femmes connaissent lors de la ménopause vont de la sensation de douce chaleur à celle d'une chaleur intense; accompagnée de rougeurs et de sudation. Cela vous aidera peut-être de vous vêtir légèrement et de vivre dans un environnement assez frais, disent les experts. Certaines femmes sucent des glaçons et boivent des liquides glacés, d'autres s'imaginent en train de marcher dans la neige ou de se baigner dans un lac de montagne. Les liquides chauds et les mets épicés peuvent déclencher des bouffées de chaleur, il convient donc d'en consommer le moins possible. Les spécialistes ne comprennent pas complètement ce qui provoque une bouffée de chaleur, mais ils pensent que la chute d'œstrogène bouleverse d'une certaine façon le thermomètre intérieur du corps.

MÉTABOLISME
(MODIFICATIONS DU -)

Une autre forme de crise de l'énergie

Vous vous rappelez l'époque bénie où vous pouviez faire un régime pendant quelques jours et perdre jusqu'à cinq kilos ? Ce n'est plus aussi facile aujourd'hui. Oh, bien sûr, vous mangez moins que lorsque vous aviez vingt ans et vous avez l'habitude de vous passer de dessert et de ne plus grignoter en plein après-midi. Malgré cela, vous vous habillez dans une taille supérieure et les kilos se sont accumulés.

Voilà ce qui se passe : votre métabolisme – la façon dont votre organisme transforme la nourriture en énergie qu'il brûle sous forme de calories – fonctionne au ralenti. C'est un processus naturel qui débute vers l'âge de 30 ans. Dès lors, le rythme auquel votre corps brûle son énergie ralentit de 2 à 4 % tous les dix ans. Vous brûlez moins de calories et vous en stockez plus sous forme de graisse. Vous vous rendez bien compte que si vous ne faites rien pour contrer cette tendance, vous prendrez du poids et perdrez de votre belle énergie. Vous augmenterez également les risques de problèmes de santé tels que l'hypertension artérielle et les maladies cardiovasculaires. Voilà qui ne risque guère de vous faire rajeunir !

Une partie de ce qui se passe échappe totalement à votre contrôle. Une femme brûle naturellement ses calories moins vite qu'un homme. Son corps contient plus de graisse que le corps masculin, et ce pourcentage de graisse augmente inévitablement avec le temps. « Les modifications du métabolisme sont une réponse directe aux modifications de la composition du corps, dit le Dr Robert Kushner. En vieillissant, nous avons tendance à

C'est plus dur pour nous

Vous vous êtes déjà demandé pourquoi les hommes que vous connaissez mangent deux fois plus que vous sans prendre un kilo ? On peut parler de sexisme biologique : l'homme moyen brûle plus efficacement ses calories que la femme moyenne. Durant le même laps de temps et avec la même dépense physique, il perdra plus de poids que vous.

Les hommes brûlent plus vite leurs calories pour deux raisons. Premièrement, ils sont normalement plus lourds et brûlent en permanence plus de calories. Deuxièmement, ils ont une proportion supérieure de muscles brûleurs de graisse. Résultat, le métabolisme basal de la femme est, en moyenne, de 5 à 10 % inférieur à celui de l'homme.

Les hommes ont aussi plus tendance à retenir la graisse au niveau de la taille, et c'est la partie du corps où elle part le mieux. Sous l'effet de l'œstrogène, les femmes accumulent de la graisse au niveau des cuisses, des hanches et des fesses – autant d'endroits difficiles à faire maigrir. Voilà qui ralentit un peu plus notre métabolisme.

L'œstrogène, qui stocke la graisse aux endroits indésirables, joue un autre rôle dans notre métabolisme, car il influence aussi notre appétit. Les chercheurs ont constaté que la consommation de nourriture diminue à l'époque de l'ovulation, quand le taux d'œstrogène est au plus haut, puis augmente pendant la seconde partie du cycle menstruel.

perdre du muscle et à gagner de la graisse. Comme les muscles brûlent beaucoup d'énergie, nos besoins en énergie diminuent au fur et à mesure que nous perdons du muscle, et notre métabolisme ralentit. »

Une grande partie de ce ralentissement métabolique nous est toutefois imputable. C'est vrai, nous perdons du muscle en vieillissant, mais « la cause majeure de cette perte musculaire est l'inactivité, dit le Dr Eric T. Poehlman. Moins nous sommes actifs, moins nous avons de muscle maigre. Moins nous avons de muscle maigre, plus nous sommes inactifs. Au fil des années, la situation empire et le métabolisme ralentit. »

Comment se sortir de ce cercle vicieux ? À moins de souffrir d'une maladie de la thyroïde qui peut gravement perturber la façon dont l'organisme brûle son énergie, vous pouvez dynamiser votre métabolisme en apportant quelques changements à votre mode de vie. Mais voyons avant tout ce qui se passe en nous.

Suralimentée et trop peu active

Calculez l'énergie nécessaire au bon fonctionnement d'un corps au repos – de la respiration à la digestion en passant par le bon fonctionnement des neurones nécessaires à la réflexion – et vous connaîtrez votre métabolisme basal : c'est le minimum d'énergie nécessaire pour rester en vie. Pour la plupart des femmes, il se situe quotidiennement entre 1 000 et 1 200 calories.

Ajoutez à cela les calories nécessaires à vos activités – qu'il s'agisse de jouer à cache-cache avec vos enfants ou de courir dans les couloirs du métro – et vous connaîtrez le nombre total de calories dont vous avez besoin chaque jour.

Cela signifie que deux femmes peuvent avoir le même métabolisme basal tout en brûlant des quantités de calories très différentes. Par exemple, une femme active de 60 kilos peut sans problème brûler 2 200 calories par jour, alors qu'une femme sédentaire de même poids n'en brûlera que 1 750.

Ce qui nous amène à la partie la plus importante de cette brève leçon sur le métabolisme : la formule métabolique qui nous permet de pas prendre de poids. Il doit sortir autant de calories qu'il en entre. Les calories qui ne sortent pas sont stockées sous forme de graisse. En revanche, si vous brûlez plus de calories que vous n'en absorbez, la graisse stockée est brûlée et vous perdez du poids.

La manière de ne pas prendre de poids en vieillissant est somme toute assez simple : réduisez votre apport en calories. Admettons que vous aimez le gâteau de riz, mais que vous faites un régime. Votre corps ne le sait pas, et c'est là que se pose un problème : il croit que vous vous laissez mourir de faim. Au lieu de brûler de la graisse, votre métabolisme se place en mode « famine » et essaye de préserver la graisse stockée.

« Les régimes très basses calories peuvent faire diminuer de 15 à 30 % votre métabolisme basal et rendre la perte de poids encore plus difficile », dit le Dr Kushner. Un régime très basses calories consiste à absorber moins de 600 calories par jour. Votre corps tente de vous sauver en conservant intacts les stocks de graisse et il se tourne vers une autre forme de combustible : le muscle. On vous a souvent dit que « les régimes, ça ne marche pas » : maintenant, vous savez pourquoi.

Le taux métabolique ne redevient pas normal lorsque vous arrêtez votre régime, parce que votre corps pense qu'une autre famine va peut-être pointer son nez. Le régime ne fait qu'empêcher la perte de poids permanente et à long terme.

Les personnes qui font un régime commettent une erreur supplémentaire : elles suppriment des calories sans savoir lesquelles. Un gramme de graisse contient deux fois plus de calories qu'un gramme d'hydrate de carbone, et les hydrates de carbone ont de surcroît l'avantage de brûler plus vite que la graisse. Au lieu de supprimer des calories au petit

Quels sont vos besoins en calories ?

Si vous saviez exactement combien de calories votre corps brûle en une seule journée, vous sauriez du même coup combien vous devez en consommer pour maintenir ou faire baisser votre poids. Voici une formule qui vous permettra d'équilibrer votre équation.

Commencez par multiplier votre poids par 20. C'est votre métabolisme basal, le nombre minimal de calories nécessaire pour faire fonctionner votre organisme.

Déterminez ensuite votre rythme d'activité, grâce au tableau ci-contre, et multipliez votre métabolisme basal par le pourcentage approprié. Vous saurez ainsi de combien de calories supplémentaires vous avez besoin chaque jour.

L'activité sédentaire fait référence au temps que vous passez à regarder la télévision, à lire un magazine ou à bavarder au téléphone. Par activité légère, on entend faire le ménage et la cuisine ou faire un tour dans le quartier après dîner. Une activité modérée, c'est nager ou marcher d'un bon pas tout en bavardant normalement. Enfin, l'activité intensive se rapporte aux activités qui font travailler le cœur, courir, ou faire de l'aérobic, par exemple.

bonheur la chance, vous feriez mieux de ne pas en supprimer du tout et d'adopter une alimentation pauvre en graisses et riche en hydrates de carbone, qui privilégie les fruits et les légumes, les pâtes et les céréales. « La graisse que vous mangez risque fort de devenir celle qui va vous envelopper », dit le Dr Kushner.

Le meilleur ami de votre métabolisme ? L'exercice.

Bon, un régime draconien ne sert à rien, nous venons de le voir. Mais que pouvez-vous faire quand les années contraignent le métabolisme à tourner au ralenti ?

De l'exercice.

Marcher, faire du vélo d'appartement, pratiquer l'aérobic, n'importe quoi qui puisse donner un coup de fouet à votre cœur pendant au moins 20 minutes, voilà la meilleure façon de brûler des calories. Les bienfaits de l'exercice ne sont pas seulement immédiats. Il fait passer votre

Niveau d'activité	Pourcentage
Sédentaire	30-50
Légère	55-65
Modérée	65-70
Intensive	75-100

Additionnez ces deux chiffres pour connaître votre besoin quotidien en calories. Si vous pesez 60 kilos et avez une activité intensive, mais sans plus, il vous faudra 2 100 calories.

$$60 \times 20 = 1\,200$$
$$1200 \times 0,75 = 900$$
$$1\,200 + 900 = 2\,100$$

Il ne s'agit bien entendu que d'une estimation. Pour avoir la mesure exacte de votre métabolisme, consultez un médecin du sport ou un praticien spécialisé dans la perte de poids et le métabolisme.

métabolisme à la vitesse supérieure, de sorte que vous continuez à brûler des calories plusieurs heures après avoir arrêté.

La meilleure façon de dynamiser votre métabolisme est de participer à une activité sportive telle que celles que nous venons de décrire, mais aussi de suivre régulièrement un entraînement de force, haltérophilie par exemple. « Si une personne brûle une calorie par minute, et une autre, une calorie et demie, cela tient surtout à ce que la seconde possède une masse musculaire supérieure et que le muscle est un tissu très gourmand en énergie, dit le Dr Poehlman. Les exercices qui permettent d'acquérir de la force, l'haltérophilie par exemple, ajoutent de la masse musculaire à n'importe quel âge. Plus vous faites ce genre d'exercice, meilleur c'est pour votre métabolisme. »

Pour prouver ses dires, le Dr Poehlman et ses collaborateurs ont mesuré le métabolisme basal de 96 personnes : 36 faisaient de l'aérobic, 18 pratiquaient l'haltérophilie et 42 ne faisaient rien du tout. Chez les premiers, le taux de métabolisme basal était de 13 % supérieur à celui des sédentaires ; chez les haltérophiles, le chiffre passait à 18 %.

Pour le Dr Poehlman, une telle étude montre bien que le sport ou les exercices de force peuvent donner du dynamisme à votre métabolisme.

Maximisez votre métabolisme

Vous êtes maintenant convaincue que l'exercice est le meilleur moyen de lutter contre la prise de poids ? Bien. Voici à présent les moyens de relancer votre moteur.

Pressez le pas. Vous pouvez brûler davantage de calories en un laps de temps donné en augmentant sensiblement le rythme de votre activité sportive. Vous marchez et couvrez 1 kilomètre en 10 minutes (6 km/h) : votre corps brûle quelque 365 calories à l'heure (60 au kilomètre). Si maintenant vous parcourez 1 km en 8 minutes (7,5 km/h), ce sont 585 calories que vous allez brûler en une heure. Il y a donc un bonus de 18 calories par kilomètre. Faites cela tous les jours et vous arriverez à perdre 7 kilos en moins d'un an.

Allez plus loin. Si vous êtes déjà au maximum de votre vitesse, ne forcez pas, mais allez plus loin. « Tout comme une voiture, votre corps brûlera plus de carburant – de la graisse, dans le cas présent – s'il pratique plus longuement une activité », dit le Dr Kushner.

Faites travailler vos bras et vos jambes. Les exercices qui font vigoureusement travailler les quatre membres brûlent mieux la graisse que ceux qui ne font appel qu'aux jambes. « Le ski de fond donne d'excellents résultats, c'est lui qui brûle le plus de calories à la minute parce qu'il fait fonctionner les jambes, le haut du corps et même le torse », dit le Dr Wayne Westcott. Les cyclorameurs sont également excellents.

Débutez la journée avec un bon petit déjeuner. Les spécialistes disent que le corps brûle les calories plus lentement pendant le sommeil. Le petit déjeuner doit être le réveil de votre métabolisme et lui faire reprendre son rythme normal. Si vous ne mangez rien le matin, il se peut que vous brûliez moins de calories pendant la journée. Et il y a de grandes chances, si vous avez faim, pour que vous vous jetiez sur le premier amuse-gueule bien gras que vous trouverez.

Multipliez vos repas. Manger de petits repas tout au long de la journée permet de mieux brûler la graisse que les trois repas auxquels nous sommes habitués. Après chaque repas, votre corps sécrète une hormone, l'insuline, qui permet de stocker la graisse. Plus le repas est copieux, plus vous fabriquez d'insuline. En revanche, des repas plus légers et plus nombreux abaissent et stabilisent le taux d'insuline. Moins d'insuline vous avez dans votre sang, plus vous brûlez de graisse et moins vous en stockez.

Ne sautez pas de repas. Sauter un repas et prendre ensuite un énorme dîner causent trois problèmes différents. Un, vous passez pendant la journée en mode « consommation lente ». Deux, le gros repas entraîne une surcharge d'énergie : le corps ne réussit pas à métaboliser autant de nourriture en une seule fois, et l'excès est donc transformé en graisse. Trois, la majeure partie du processus métabolique s'effectue pendant votre sommeil, alors que le rythme est le plus lent.

Le sport après le repas. Un exercice modéré juste après le repas permet de consommer un peu plus de graisse. Si vous avez l'estomac vide et marchez 5 km, vous brûlerez 300 calories ; avec un estomac plein, vous arriverez à 345 calories. Manger dynamise votre métabolisme ; le sport en fait de même, et votre corps brûle bien plus de calories.

Épicez votre vie. Surveiller son métabolisme ne veut pas dire renoncer aux mets qui ont du goût. Les plats qui comportent de la moutarde ou du piment, par exemple, peuvent stimuler votre métabolisme pendant quelque temps. Des chercheurs britanniques ont montré que la nourriture épicée augmentait de quelque 25 % le métabolisme basal.

Méfiez-vous des stimulants. La caféine, l'alcool et les autres stimulants peuvent élever votre métabolisme, mais, une fois qu'ils auront été éliminés de votre organisme, votre métabolisme retrouvera un rythme normal, pour ne pas dire moindre. Le plus sage, conseille le Dr Poehlman, est d'éviter tout moyen artificiel d'élever le métabolisme – à moins que ce soit sur prescription médicale.

Surveillez votre thyroïde. Une thyroïde peu active amène le corps à brûler de l'énergie à un rythme inférieur à la normale ; une thyroïde trop active produit l'effet inverse. Les femmes sont plus nombreuses que les hommes à avoir des problèmes de thyroïde. Si vous avez le moindre doute, consultez votre médecin. S'il constate la déficience d'une hormone thyroïdienne, il vous prescrira des médicaments destinés à la réguler.

MIGRAINE

Évitez le cauchemar des maux de tête

Vendredi soir est enfin là ! C'est le moment de penser un peu à vous après une semaine complètement stressante. Assise sur votre balcon, vous sirotez un petit verre de marsala et grignotez du gouda tout en regardant le soleil disparaître derrière les toits. Vous dégustez l'excellent plat cuisiné acheté chez le traiteur chinois du coin de la rue et vous vous glissez dans votre lit pour revoir ce film avec Robert Redford que vous aviez tant aimé au cinéma. Quand le héros s'envole au-dessus de la savane et que le mot FIN s'affiche sur l'écran, vous baillez et décidez de dormir jusqu'à midi.

Malheureusement, la soirée détendue que vous vous étiez concoctée va engendrer la pire des catastrophes, la migraine tant redoutée. Les premiers rayons du jour effleurent à peine le rebord de votre fenêtre que vous vous réveillez, nauséeuse, le crâne pris dans un étau. Une douleur fulgurante occupe la moitié de votre tête. C'en est brutalement fini de votre week-end de rêve.

La migraine est une affection très répandue. Elle concerne près de 12 % des adultes, surtout les femmes qui sont deux à trois fois plus touchées que les hommes. Le stress, certains aliments et certaines boissons, mais aussi un bouleversement des habitudes nocturnes, provoquent des migraines, mais en fait, 60 % des migraines dont les femmes font la triste expérience sont associées au cycle menstruel. Ces migraines sont causées par des variations hormonales avant et pendant la menstruation, explique le Dr Seymour Diamond. Plus de la moitié des femmes migraineuses cessent de souffrir après la ménopause, ajoute-t-il.

Peu importe la cause. Des millions de femmes passent les plus belles années de leur vie dans la crainte d'une éventuelle migraine. Quand la douleur tant redoutée s'abat sur nous, nous nous retrouvons prostrées dans une pièce obscure pendant des heures et regrettons amèrement cette époque idéale où nous pouvions manger et boire n'importe quoi, passer une nuit blanche et ne jamais en payer les conséquences.

« La migraine est une chose douloureuse, redoutée et bien souvent débilitante, dit le Dr Diamond. Les gens ne sont pas capables de grand-chose tant qu'elle n'a pas disparu. »

La douleur : contraction et dilatation

La migraine débute quand les vaisseaux sanguins de la tête se contractent pendant une période pouvant durer entre 15 minutes et une heure avant de se dilater rapidement, indique le Dr Diamond. Le coupable serait la sérotonine, sorte d'hormone fabriquée par les plaquettes sanguines.

Quand vous déclenchez une production de sérotonine – en consommant certains aliments ou certaines boissons, en étant trop stressée ou parfois en dormant trop –, les vaisseaux sanguins de la tête se resserrent. À mesure que les reins traitent la sérotonine et que le taux de cette substance chute, les vaisseaux se dilatent rapidement pour appuyer sur les nerfs environnants et provoquer douleur et inflammation. Le Dr Diamond dit que la douleur peut durer plusieurs heures, parfois même plusieurs jours : en effet, l'enflure persiste même lorsque les vaisseaux sanguins ont repris une allure normale.

Une migraineuse sur cinq connaît aussi certains signes caractéristiques quelques minutes avant la crise. Les femmes indiquent qu'elles voient des flashs et des éclairs, mais elles peuvent aussi avoir des problèmes d'élocution, de confusion et d'engourdissement des membres et du visage, selon le Dr Diamond.

Tenez tête à la migraine

Les traitements contre la migraine ont fait beaucoup de progrès depuis 8 500 ans. Dans l'Égypte ancienne, les gens qui souffraient de migraines tentaient de soulager la douleur en mangeant certaines parties d'arbres spécifiques – l'armoise et le genévrier étaient les préférés. Puis la science médicale a évolué, et les médecins ont prescrit des traitements aussi étonnants les uns que les autres : poser un fer chaud sur la zone douloureuse, inciser la tempe du patient et frotter la blessure avec de l'ail, ou encore placer une anguille électrique autour du crâne du malade.

Heureusement, de telles « solutions » ne sont plus en vogue. Si vous désirez arrêter la migraine avant qu'elle ne vous assaille, essayez donc ces quelques trucs que vous proposent les spécialistes.

Soignez-vous par la relaxation

Ces coups sourds que l'on frappe entre vos oreilles sont peut-être là pour vous dire : relaxez-vous.

La Fondation nationale de lutte contre la migraine signale que 50 % des migraines surviennent immédiatement après une période de stress inhabituel. Pour combattre le stress, dit le Dr Seymour Diamond, les médecins peuvent conseiller l'hypnose, le biofeedback (reliée à un moniteur, vous apprenez à relâcher certaines parties de votre corps) ou d'autres techniques de relaxation.

Si vous cherchez le moyen de repousser le stress, le Dr Diamond vous suggère cet exercice de relaxation, qui ne vous demandera que quatre ou cinq minutes.

Installez-vous confortablement dans un fauteuil. Relâchez totalement tous vos muscles.

1. **Faites jouer votre front.** Plissez le front puis détendez-le. Imaginez votre front et tout votre cuir chevelu en train de se lisser au fur et à mesure de la relaxation.

   Puis froncez les sourcils comme si vous étiez furieuse et étudiez cette tension. Relâchez-vous et lissez une fois encore votre front.

Attention à ce que vous mangez. Bien des aliments peuvent inciter le corps à augmenter sa production de sérotonine. Pour le Dr Diamond, il faut inclure dans cette liste le vin rouge, le fromage vieux, les hot dogs et les saucisses, les lentilles, les agrumes et les plats préparés à l'aide de cet agent de sapidité qu'est le glutamate de sodium. La nourriture chinoise fait souvent appel au glutamate. Si vous allez au restaurant chinois, demandez qu'on ne mette pas de glutamate dans votre plat si vous y êtes sensible.

Les aliments affectent les individus de différentes manières : c'est une bonne idée de noter tout ce que vous avez pu manger au cours des heures précédant la migraine. Le Dr Diamond dit que vous pourrez par vous-même identifier le responsable de vos tracas.

Prenez de l'aspirine. Une étude, menée auprès de 22 000 médecins américains de sexe masculin, a montré que la consommation un jour sur deux d'un cachet de 325 mg d'aspirine pouvait aider à prévenir les maux de tête. Les médecins qui avaient pris de l'aspirine signalèrent 20 % de moins de migraines que ceux qui n'avaient reçu qu'un placebo.

2. Fermez les yeux et serrez les dents. Fermez très fort les yeux. Prenez conscience de la tension, puis relâchez-les. Fermez-les doucement et appréciez ce que cela peut avoir de relaxant.

Maintenant, serrez les dents. Sentez la tension dans vos mâchoires, puis détendez-vous.

3. Faites rouler votre tête. Renversez la tête en arrière, le plus loin possible, et éprouvez la tension au niveau du cou. Faites rouler votre tête sur la droite, voyez les différences de tension, puis faites-la rouler sur la gauche.

Redressez votre tête, ramenez-la en avant et appuyez votre menton contre votre poitrine. Laissez votre tête reprendre une position agréable et appréciez la relaxation.

Haussez les épaules et sentez toute la tension, puis baissez-les et sentez la relaxation. Haussez les épaules, en avant puis en arrière. Reconnaissez la tension dans vos épaules et le haut de votre dos. Une fois encore, laissez tomber vos épaules et relâchez-vous.

Les chercheurs aimeraient savoir si les femmes présentent le même type de résultat. Pour l'instant, demandez l'avis de votre médecin avant de prendre régulièrement de l'aspirine : en effet, elle peut provoquer des troubles gastriques, des saignements internes et d'autres complications.

Êtes-vous faite pour la pilule ? Le Dr Diamond nous apprend que la pilule anticonceptionnelle peut déclencher des migraines chez certaines femmes. Voyez avec votre médecin si vous pouvez continuer à prendre la pilule, passer à un dosage différent ou changer de moyen de contraception.

Essayez les métaux. Une étude de l'hôpital Henry Ford de Detroit montre que l'on trouve peu de magnésium dans le cerveau de la plupart des personnes atteintes de migraines. Manger des aliments riches en magnésium – légumes vert foncé, fruits et noix – pourrait apporter quelque soulagement.

Le Dr Kenneth Welch dit pour sa part que ces données sont sujettes à caution. Il faudra encore bien des recherches avant que l'on établisse un lien entre la migraine et le magnésium. Malgré tout, manger des fruits et des légumes ne peut pas vous faire de mal.

Dormez régulièrement. Un sommeil irrégulier est également cause de migraines, même si le Dr Diamond ne sait pas trop pourquoi. « Nous voyons beaucoup de migraines le week-end, dit-il, quand les gens décident de faire la grasse matinée. Il faut avoir la même quantité de sommeil chaque nuit, même le week-end. »

Pas trop de caféine. Trop de caféine – plus de trois tasses de café en une heure – peut contracter les vaisseaux sanguins et déclencher une migraine, si l'on en croit le Dr Diamond, qui ajoute toutefois que boire une tasse de thé ou de café au début d'une migraine peut empêcher les vaisseaux de se dilater trop vite et donc éviter le mal de tête tant redouté.

Mettez-vous au frais – et voyez votre médecin. Une fois le mal de crâne déclaré, dit le Dr Diamond, rien ne pourra l'arrêter en dehors d'un médicament délivré sur ordonnance. Il vous suggère de vous allonger dans une pièce sombre et tranquille. Ne faites jamais d'exercice pendant un épisode migraineux : l'accélération du pouls ne ferait qu'empirer les choses.

Vous pouvez aussi recourir à la glace, nous dit le Dr Lawrence Robbins. Vous avez une chance sur deux d'être soulagée dans les trois minutes si vous appliquez sur votre tête une compresse glacée ou un sac spécial que l'on peut facilement se procurer en pharmacie.

Parfois, dit le Dr Robbins, une migraine peut être si douloureuse que le fait de poser quelque chose sur votre tête aggrave encore les choses. Dans ce cas, oubliez la compresse glacée.

Si vous ne réussissez pas seule à soulager vos migraines, parlez-en à votre médecin. Une thérapie mêlant biofeedback (rétroaction), relaxation et médicaments appropriés pourrait vous faire le plus grand bien.

Un médicament tant attendu

Un nouveau principe actif, le sumatriptan (Imigrane), s'annonce très prometteur. Une étude a montré que 70 % des patients placés sous sumatriptan lors d'un épisode migraineux signalaient une douleur légère ou nulle une heure plus tard. Ce médicament, délivré sur ordonnance, ne provoque pas les effets secondaires propres aux autres remèdes contre la migraine tels que sédation, nausées et vomissements.

« C'est l'une des grandes découvertes en matière de recherche contre la migraine, dit le Dr Diamond. Ce médicament apporte beaucoup d'espoir aux gens qui souffrent de migraines fréquentes. » Il est malheureusement interdit aux personnes présentant de l'hypertension artérielle ou des problèmes cardiaques. Demandez à votre médecin si vous seriez une bonne candidate.

OSTÉOPOROSE

Entre vos os et vous, évitez la rupture

Vos os semblent comparables à des poutrelles d'acier solides et résistantes, une structure sur laquelle on peut compter.

Mais, chez une femme sur quatre, cette structure osseuse est en pleine érosion : ses poutrelles s'usent et s'affaiblissent.

Le responsable a un nom : c'est l'ostéoporose.

L'ostéoporose est la maladie responsable de la fragilisation des os, des fractures de la hanche et des déformations de la colonne vertébrale. C'est une maladie du vieillissement que vous pouvez toutefois prévenir, si vous vous y prenez dès aujourd'hui.

Vous ne pouvez pas empêcher vos os de perdre de leur densité. Avec le temps, chaque femme perd un peu de sa masse osseuse, habituellement au rythme de 1 % par an. Mais chez les femmes atteintes d'ostéoporose, cette perte s'effectue plus rapidement et les os peuvent devenir si friables qu'ils se cassent quand vous ratez une marche ou vous heurtez la hanche contre un coin de table. En fait, les os de votre colonne vertébrale – vos vertèbres – peuvent même se briser sous votre propre poids.

L'ostéroporose peut non seulement vous donner une allure de femme plus âgée, mais aussi être responsable du fait que vous vous sentez vraiment âgée. « Subitement, les femmes ont peur de sortir, de se promener, de nettoyer les carreaux, de laver la baignoire, dit le Dr Clifford Rosen. Elles craignent de se rompre un os en se cognant ou en tombant. »

Si le Dr Rosen dit « les femmes », c'est parce que l'ostéoporose les frappe quatre fois plus que les hommes. Au départ, les femmes ont une masse osseuse moindre et, pendant la ménopause, elles produisent moins d'œstrogène, cette hormone féminine qui fixe le calcium dans vos os.

Vos os peuvent cependant commencer à se fragiliser bien avant le début de la ménopause : c'est une perte lente et asymptomatique de la force intérieure de votre corps, qui débute lorsque vous avez trente ou quarante ans. Si vous ne faites rien pour l'arrêter – des choses aussi simples que prendre du calcium, faire du sport, essayer un traitement hormonal substitutif ou prendre d'autres mesures préventives dont nous discuterons plus tard –, cela se transformera en ostéoporose. C'est une chose avec laquelle on ne plaisante pas.

Frappées par l'ostéoporose, certaines femmes deviennent bossues et rapetissent quand les os de leur colonne vertébrale se brisent. Ces fractures peuvent être indolores ou passer pour de simples « maux de dos » (dans un premier temps, tout au moins). « Une femme peut souffrir d'un mal de dos qui la tourmente pendant un certain temps puis disparaît. Elle peut l'attribuer à un spasme musculaire, alors qu'elle a en réalité une fracture par compression », dit le Dr Rosen.

D'autres femmes se brisent le poignet, autre partie vulnérable du corps.

D'autres, enfin, ont une fracture de la hanche. Et alors, 10 à 20 % d'entre elles mourront dans l'année.

Êtes-vous candidate ?

Si votre mère a de l'ostéoporose, il se peut que vous soyez également prédisposée à ces redoutables fractures, dit le Dr Rosen. « Jusqu'à 70 % de votre masse osseuse maximale, celle dont vous jouissez quand vous avez vingt ans, est déterminée par l'hérédité », dit-il. Les femmes très petites ou très minces sont aussi plus susceptibles d'avoir de l'ostéoporose, ajoute-t-il, puisqu'elles ont moins de masse osseuse que les autres.

Pas assez de calcium dans votre alimentation : voilà une des grandes causes de l'ostéoporose. Même si l'on estime entre 10 et 25 % le nombre de femmes qui souffrent d'une carence dans ce domaine, les experts s'accordent pour dire que la déficience en calcium est extrêmement répandue. Un autre nutriment est vital à la santé de l'ossature : c'est la vitamine D, qui permet l'absorption du calcium. Si vous ne consommez pas assez de vitamine D, votre organisme ne pourra pas profiter du calcium qu'il ingère, même si c'est en grande quantité.

Et si l'exercice que vous faites n'est pas du genre à stimuler la croissance osseuse, vos os deviendront plus poreux et se casseront plus facilement.

D'autres facteurs contribuent aussi à l'ostéoporose : ce sont l'alcool et le tabac, disent les spécialistes. Certains médicaments délivrés sur ordonnance peuvent également affaiblir le squelette, particulièrement s'ils sont pris sur plusieurs années ou à forte dose.

Vous pouvez toutefois résister vaillamment à l'ostéoporose. Vous pouvez minimiser les risques et agir de manière positive pour vous doter d'une ossature plus robuste. Ce qui importe surtout, c'est que vous débutiez dès maintenant.

Quels sont vos risques ?

Il est assez facile d'évaluer vos risques d'avoir de l'ostéoporose, dit le Dr Susan Allen. Commencez par vous poser les questions suivantes :

1. Avez-vous une charpente fine ou petite, ou êtes-vous caucasienne ou asiatique ?
2. Des membres de votre famille ont-ils de l'ostéoporose ?
3. Avez-vous atteint la ménopause ?
4. Avez-vous eu une ménopause précoce ou provoquée par un acte chirurgical ?
5. Prenez-vous à forte dose des médicaments pour la thyroïde ou des médicaments du genre cortisone contre l'asthme, l'arthrite ou le cancer ?
6. Évitez-vous de manger de nombreux laitages et d'autres sources de calcium ?
7. Faites-vous rarement des exercices physiques tels que la marche à rythme soutenu ?
8. Êtes-vous une grosse consommatrice d'alcool ou de tabac ?

Si vous avez répondu oui à deux au moins de ces questions, vous avez un risque d'ostéoporose assez élevé, dit le Dr Allen. Il est temps de consulter votre médecin et de mettre au point une stratégie à très long terme.

La banque des os

Vos os représentent une sorte de compte en banque. Tout au long de votre vie, votre corps ne cesse de déposer et de retirer de l'os à votre squelette. Quand vous êtes jeune, vos dépôts sont supérieurs à vos retraits, dit le Dr Rosen. Mais quand vous arrivez vers trente-cinq ans, c'est l'inverse qui se produit : vos retraits sont plus forts que vos versements. Pour éviter le découvert – fatal ! –, il vous faut déposer le plus d'os possible avant la ménopause.

Mais que faire si vous n'êtes qu'à quelques années de la ménopause, ou qu'elle est déjà là, et que vous ne savez pas combien vous avez en banque ? Les médecins ne sont pas tous favorables à un dépistage systématique de l'ostéoporose chez toutes les femmes, mais le Dr Rosen vous recommande de mettre toutes les chances de votre côté en faisant effectuer une mesure de la densité osseuse de vos hanches et de votre colonne vertébrale quand vous avez entre 45 et 55 ans, à l'âge où la perte de masse osseuse commence à se déceler. L'examen de référence, l'absorptiométrie mono ou biphotonique, est rapide et indolore mais non remboursé par la Sécurité sociale.

Cet examen se pratique facilement à l'aide d'un ostéodensimètre diphotonique ou dichromatique. Votre médecin peut également vous prescrire une tomographie axiale par ordinateur.

Les médecins sont d'accord pour dire que les femmes qui courent le plus de risques d'avoir de l'ostéoporose – passé familial, tendance à la boisson ou au tabagisme – devraient être testées avant 45 ans.

Si l'examen indique une perte de masse osseuse supérieure à la normale, ne désespérez pas : il n'est probablement pas trop tard pour commencer à construire de l'os.

De saines habitudes pour un squelette plus robuste

Voici les meilleures façons de renforcer votre ossature.

Gavez-vous de calcium. Le calcium est à l'os ce que l'oxygène est aux poumons : un élément vital. Vous devez savoir que 99 % du calcium que vous trouvez dans les aliments passent directement dans vos os. Si vous n'absorbez pas assez de calcium, vous ne fabriquez pas assez d'os : c'est aussi simple que cela.

Bien que la dose recommandée pour les femmes soit de 800 milligrammes par jour, vous avez besoin de davantage de calcium au moment de l'adolescence et après la ménopause, dit le Dr Rosen. Les femmes devraient consommer au moins 1 000 mg de calcium avant la ménopause et 1 500 mg après. L'alimentation est évidemment le meilleur moyen de se procurer du calcium, ajoute-t-il, mais l'important est d'arriver à la dose recommandée. Si c'est par le biais des aliments, tant mieux ; si c'est en alliant les aliments et des compléments riches en calcium, c'est aussi bien. C'est le résultat qui importe.

Le lait et ses produits dérivés sont de loin les meilleures sources de calcium, et 250 g de yoghourt maigre apportent 450 mg de calcium. Une tasse de lait écrémé en apporte plus de 300 mg. Bien d'autres aliments contiennent du calcium, mais c'est le nutriment que l'on trouve dans les laitages qui s'absorbe le plus facilement.

Et n'oubliez pas la vitamine D. Les os n'absorbent pas le calcium s'ils n'abondent pas en vitamine D, dit le Dr Michael F. Holick. Sans cette vitamine, les os ne fixent que 10 % du calcium qui leur est apporté ; avec elle, on passe à 80 ou 90 %. « La vitamine D dit à l'intestin grêle : " Voilà le calcium : ouvre-toi et laisse-le entrer " », explique le Dr Holick. La dose recommandée en vitamine D est de 5 microgrammes ou de 200 UI, faciles à trouver dans des aliments vitaminés tels que le lait, le pain ou les céréales.

Le corps ne se contente pas de trouver de la vitamine D dans les aliments, il en fabrique aussi à partir du rayonnement solaire, lequel déclenche au niveau de la peau un processus de fabrication de la vitamine D. De 5 à 15 minutes de soleil par jour avant de vous appliquer de l'écran total, voilà qui suffit, indique le Dr Rosen. Malheureusement, ne comptez pas trop sur le soleil si vous habitez le nord de la France : il vous faudra alors trouver davantage de vitamine D dans votre alimentation. (Vous n'aurez d'ailleurs pas besoin de soleil si vous avez tout ce qu'il faut dans votre assiette.)

Surveillez vos médicaments. Certains médicaments peuvent favoriser l'ostéoporose, surtout s'ils sont pris régulièrement à forte dose au fil des années. C'est le cas des médicaments pour la thyroïde, des anti-inflammatoires stéroïdiens tels que l'hydrocortisone (Locoïd) et la cortisone (Cortisone Roussel), les anticonvulsivants comme la phénytoïne (Di-hydran), des sédatifs comme le phénobarbital (Nuidor) et le diurétique qu'est le furosémide (Lasilix).

Pris en dose normale, les médicaments pour la thyroïde ne posent pas de problèmes, dit le Dr Rosen, et le risque associé aux diurétiques peut être compensé par une dose accrue de calcium. Pour le Dr Rosen, ce sont les stéroïdes qui sont les plus délicats à manipuler. Dans le cas d'un traitement de longue haleine, votre médecin peut vous prescrire un médicament pour l'ostéoporose tel que la calcitonine (Cibacalcine) ou un traitement hormonal substitutif en plus de suppléments riches en calcium et en vitamine D.

Rien de tel que le régime sec. « L'alcool empoisonne les cellules qui fabriquent de l'os », dit le Dr Susan Allen. Une bière ou un verre de vin de temps à autre ne vous fera pas de mal, mais évitez de boire à l'excès, conseille-t-elle ; pas plus de deux ou trois verres par jour.

Évitez de fumer. Fumer abaisse votre taux d'œstrogène, explique le Dr Barbara S. Levine. Et moins vous avez d'œstrogène, moins vous êtes protégée contre la perte de masse osseuse.

Envisagez un traitement hormonal substitutif. Chez certaines femmes ayant dépassé l'âge de la ménopause, un traitement hormonal substitutif peut renforcer l'ossature. Demandez à votre médecin si un tel traitement peut vous convenir.

Construisez votre corps

Un programme d'exercice construit de l'os et du muscle, dit le Dr Gail Dalsky. « La densité de osseuse des femmes qui font du sport est de 5 à 10 % supérieure à la densité de celles qui n'en font pas », annonce-t-elle.

L'exercice sportif ne se contente pas d'augmenter la densité osseuse, il améliore aussi la dextérité et les réflexes, de sorte que vous risquerez moins de tomber et de vous casser quelque chose, ajoute le Dr Allen.

Portez votre propre poids. Pour renforcer les os, il vous faut une activité où vous leur faites supporter un certain poids, dit le Dr Allen. C'est

Des exercices pour renforcer la colonne vertébrale

Faire des exercices qui remettent le plus droit possible votre colonne vertébrale va renforcer les vertèbres les plus vulnérables à l'ostéoporose. Pratiquez ces exercices d'étirement du dos que vous suggère le Dr Susan Allen.

« Faites le plus grand nombre possible de ces exercices, une fois le matin et une fois le soir », conseille-t-elle.

Couchez-vous sur le dos, genoux repliés. Amenez vos genoux le plus près possible de votre poitrine et tenez la position pendant cinq secondes (en vous aidant de vos mains). Ensuite, reposez lentement vos pieds à terre. Montez un seul genou vers votre poitrine, le plus près possible, tenez cinq secondes et reposez le pied. Faites pareil avec l'autre genou. Répétez dix fois cette série.

Couchez-vous sur le dos, genoux repliés. Plaquez le bas du dos au sol et tenez cinq secondes. Refaites dix fois cet exercice.

Allongez-vous sur le dos, genoux pliés. Placez les bras sur votre ventre en vous attrapant les coudes. Levez la tête et les épaules le plus possible sans toutefois vous asseoir. Tenez trois secondes. Refaites dix fois l'exercice.

Couchez-vous sur le dos, bras et jambes bien allongés. Levez la tête et les épaules le plus haut possible sans vous asseoir. Tenez trois secondes. Recommencez dix fois.

le cas lorsque vous pratiquez la marche rapide, le jogging ou la danse : ces activités poussent les cellules osseuses à fabriquer davantage d'os, particulièrement au niveau du dos et des hanches, là où vous en avez le plus besoin, dit le Dr Allen.

Vous supportez un poids dès lors que vos pieds viennent frapper le sol avec une certaine force (jogging, par exemple), explique le Dr Rosen.

L'haltérophilie peut également vous être profitable. Soulever des poids quand vous êtes en position verticale est particulièrement recommandé pour les hanches et la colonne vertébrale. Si vous n'avez jamais soulevé de la fonte, obtenez d'abord l'accord de votre médecin puis prenez conseil auprès d'un entraîneur.

Soyez régulière. Une fois que vous avez trouvé le type d'exercice qui vous convient, faites-le de 30 minutes à une heure, trois ou quatre fois par semaine, conseille le Dr Allen.

Concentrez-vous sur votre dos et vos hanches. Si vous faites du sport pour perdre du poids et renforcer votre tonus musculaire, c'est probablement la partie supérieure de votre corps en qui en bénéficiera le plus, et c'est tant mieux. Mais attention, nous rappelle le Dr Allen, les os les plus vulnérables à l'ostéoporose sont les hanches et les vertèbres dorsales et lombaires. La marche, le jogging et l'aérobic sont particulièrement favorables à votre dos et à vos hanches, ajoute-t-elle.

PEAU (CANCER DE LA -)

Les méfaits du soleil

Vous vous rappelez ces étés où vous étiez allongée sur la terrasse, un réflecteur en papier d'aluminium sous le cou et rien d'autre entre le soleil et vous-même qu'un minuscule Bikini ? Et quand vous vous tartiniez d'huile pour bébé dans l'espoir d'être encore plus bronzée que votre collègue de bureau ?

Quelle folie ! Savez-vous qu'un mauvais coup de soleil durant l'enfance double les risques de cancer de la peau une fois adulte ? Ajoutez à cela quelques décennies d'exposition au soleil – même si vous êtes hâlée sans coup de soleil – et les risques continuent d'augmenter, sans parler de l'âge cosmétique de votre peau, que les dégâts causés par le soleil vont faire vieillir prématurément. Des ancêtres à la peau pâle et aux yeux clairs multiplient ces mêmes risques. Et si un parent ou un grand-parent a eu un vieillir prématurément, vous êtes bien partie pour marcher sur ses traces.

Comme bien des femmes, vous prêtez certainement beaucoup d'attention à l'aspect de votre peau. Quand elle a belle allure, vous pensez qu'elle est en bonne santé. C'est pourquoi le cancer de la peau peut vous surprendre dans toute sa violence. (Il peut s'écouler vingt ans entre les premiers dégâts et l'apparition du cancer.) Nombre de femmes en sont victimes alors qu'elles abordent la cinquantaine ; autrefois, il fallait avoir au moins 70 ans pour que se manifeste la maladie. Les chercheurs pensent que l'explication se trouve en partie dans la détérioration de la couche d'ozone, censée nous protéger de ce qu'il y a de plus néfaste dans le rayonnement solaire.

Heureusement, les cancers de la peau les plus répandus – cellules basales ou squameuses – s'étendent très rarement, même s'il leur arrive de revenir une fois enlevés, indique le Dr Thomas Griffin. Ils prennent l'aspect de minuscules bosses sur la peau, habituellement dans les régions

Le bronzage en cabine, antre du vieillissement

Ne croyez surtout pas que bronzer sous une lampe est moins dangereux que de s'exposer au soleil. On encore que le « coup d'éclat » que vous donnent les salons de beauté vous protègera de la violence du soleil.

« Les lampes et les cabines de bronzage sont certainement les choses les plus inutiles que vous puissiez vous payer, dit le Dr DeLeo. Elles sont de plus très nocives pour la peau. » Un rapport de l'Institut national de la santé indique que certaines lampes à bronzer génèrent plus de cinq fois plus d'ultraviolets (UV A) qu'un séjour sous le soleil de l'équateur.

Si vous mourez d'envie de changer de couleur, optez pour une crème autobronzante, suggère le Dr DeLeo. Mais cela ne vous empêche pas d'appliquer tout d'abord un écran total.

exposées au soleil – y compris le dos, que les tissus légers ne protègent pas des rayons solaires. Ces cancers peuvent être couleur chair, brun ou gris ; certains ont au centre de minuscules ulcères qui saignent facilement. Les cancers à cellules squameuses ont un point dur en leur centre.

Le pire des cancers de la peau est le mélanome. Il survient bien moins fréquemment que les autres cancers, mais il peut être fatal. Dès que le mélanome s'enfonce de plus de un millimètre dans la peau, il risque de s'étendre très vite à d'autres organes. Il peut démarrer à partir d'un grain de beauté, mais aussi d'une grande tache brune ou d'un saignement.

Les hommes sont plus souvent victimes du mélanome que les femmes, mais la maladie se développe plus rapidement chez les femmes jeunes que dans tout autre groupe d'âge, selon le Dr David J. Leffell. « Nous ne savons pas exactement pourquoi, mais il se peut que les femmes qui ont maintenant la trentaine aient été énormément exposées au soleil dans les années 60, alors qu'elles étaient enfants », dit-il.

Malgré cela, les médecins disent que le cancer de la peau doit être pris au sérieux, mais que vous ne devez pas paniquer. Dans la plupart des cas, on observe 100 % de guérisons s'il est pris à temps. Le meilleur des remèdes est tout de même la prévention.

Bronzage en tube ou en flacon

Aujourd'hui, les lotions autobronzantes ne donnent plus à la peau cette atroce teinte orangée, comme c'était encore le cas il y a quelques années, et c'est tant mieux. Les nouvelles crèmes et lotions sont faciles à appliquer, donnent un air naturel et ne sont pas mauvaises pour la peau.

Un autobronzant interagit avec la peau pour lui donner une couleur dorée naturelle, dit Yveline Duchesne. Le bronzage disparaît progressivement, en quelques jours habituellement, quand vous rejetez vos cellules mortes.

Avec les nouveaux produits, vous pouvez jouir d'un bronzage agréable sans endommager votre peau – si vous continuez à mettre de l'écran total, bien entendu. La plupart des lotions autobronzantes incluent un écran solaire, mais son indice n'est pas suffisant ; l'écran que vous appliquez indépendamment devra avoir un indice égal ou supérieur à 15. Quel est le moment idéal ? Les autobronzants mettent quelques heures avant de faire de l'effet et il convient de les appliquer la veille au soir, conseille Yveline Duchesne. Mettez l'écran total le matin, au moins une heure avant de sortir.

Voici d'autres trucs vous permettant de tirer le maximum de votre produit autobronzant :

Faites le test de l'allergie. Avant de mettre de l'autobronzant sur tout votre corps, appliquez un peu de cette lotion sur un petit carré de peau et laissez passer la nuit pour voir si vous réagissez au produit. (Si vous présentez effectivement une réaction, vous devrez vous contenter d'un gel bronzant ou d'un écran solaire teinté.)

Exfoliez avant d'appliquer. Le produit autobronzant prend moins bien sur les couches de cellules mortes. N'oubliez pas les mains, les coudes et les genoux.

Commencez par en haut. Appliquez la lotion ou la crème en commençant par le front et n'oubliez aucune partie exposée, mais évitez les paupières, car la couleur risque de s'y concentrer. Répartissez équitablement, sans négliger les oreilles et le dessous du maxillaire inférieur.

Ramollissez les endroits rugueux. Les coudes et les genoux paraîtront plus naturels si vous commencez par ramollir la peau en l'hydratant.

Attendez le résultat. Ce n'est pas la quantité de produit appliquée, mais la fréquence d'utilisation qui détermine votre bronzage. La couleur met entre trois et cinq heures pour apparaître ; ne procédez donc pas à une nouvelle application avant d'avoir constaté les résultats.

Laissez sécher. Attendez une demi-heure avant de vous habiller ou de vous coucher : certains produits peuvent tacher le tissu.

Lavez-vous les mains. Faites cela après chaque application pour ne pas vous retrouver avec la paumes des main bronzée.

Réduisez les risques

Même si vous avez passé pas mal d'étés au soleil, vous pouvez considérablement diminuer les risques de développer un cancer de la peau en maîtrisant dès aujourd'hui votre exposition. Vous avez également besoin de savoir comment déceler un cancer sur une peau exposée au soleil ou dans un grain de beauté d'apparence anormale, avant qu'il ne grossisse au point de devenir dangereux. Voici quelques tactiques qui vous permettront de préserver votre peau.

Mettez un écran. Choisissez un écran solaire total qui bloque tout rayonnement ultraviolet (UV A et UV B) et mettez-en chaque jour, été comme hiver, conseille le Dr Perry Robins. Vérifiez que votre écran total a bien un indice égal ou supérieur à 15.

Rentrez à midi. Efforcez-vous de limiter vos activités extérieures lorsque le soleil est au plus fort, c'est-à-dire de 10 à 14 heures, dit le Dr Griffin.

Guettez le moindre changement. Examinez attentivement votre peau deux fois par an avec l'aide d'un miroir à main ou, mieux, d'une amie ou de votre compagnon. Cherchez tout ce qui a pu se modifier, dit le Dr Robins. Il peut s'agir d'un changement de couleur, de texture ou de taille (la tache s'agrandit) ; la tache peut aussi saigner, dit-il. S'il y a eu des cancers de la peau dans votre famille ou si vous avez eu plusieurs fois des coups de soleil graves, demandez à votre dermatologue de répertorier les taches suspectes sur votre corps et d'en assurer la surveillance lors de vos prochaines visites.

Apprenez votre ABCD. Cela vous aidera à surveiller les grains de beauté pour y déceler tout signe de mélanome, dit le Dr Vincent DeLeo.

- A comme asymétrie (pas de formes symétriques)
- B comme bordure (une bordure irrégulière)
- C comme couleur (une zone plus sombre qui apparaît au centre d'un grain de beauté, ou un grain de beauté qui s'éclaircit par endroits)
- D comme diamètre (le grain de beauté s'agrandit ou est déjà plus grand qu'un petit confetti)

Si vous présentez l'un de ces signes, n'hésitez pas à vous rendre immédiatement chez un dermatologue, dit le Dr DeLeo.

À détection précoce, guérison rapide

Que se passe-t-il quand vos efforts de prévention se révèlent payants ? Vous avez attiré l'attention de votre dermatologue sur un grain de beauté douteux et il confirme qu'il doit être enlevé.

Dans le cas de la plupart des cancers, une anesthésie locale suffit, et l'opération ne laissera pas de trace visible. Selon la profondeur et la nature de l'excroissance, votre médecin recourra à une ou plusieurs méthodes.

L'excroissance peut ainsi être brûlée, grattée, détruite par le froid ou ôtée au bistouri. Les cancers les moins profonds peuvent être traités avec une crème chimiothérapique appliquée localement.

Pour les cancers difficiles ou récurrents, un chirurgien peut enlever les cellules malignes par très petites couches et laisser intacte la peau saine. Enfin, le mélanome a lui aussi un ennemi très puissant, un vaccin qui augmente considérablement les risques de survie.

PIEDS (PROBLÈMES DE -)

Être à l'aise pour bien marcher

Chaque jour, une femme fait à peu près 10 000 pas. Ce qui signifie qu'au cours d'une vie, nous effectuons plusieurs fois le tour de la terre. Malheureusement, la majeure partie de nos activités de globe-trotter s'effectue avec des chaussures plus esthétiques que fonctionnelles.

Les chaussures qui galbent nos jambes, nous grandissent et nous donnent une seconde jeunesse sont aussi les pires ennemies de nos pieds, causant de nombreux problèmes tant au corps qu'à l'esprit. Selon une étude menée pendant quinze ans par le Dr Michael J. Coughlin, 80 % des patients qui recourent à une chirurgie du pied sont des femmes, et leurs chaussures sont la plupart du temps directement en cause.

« Il est indiscutable que bien des styles de chaussures féminines contribuent à susciter d'inquiétants problèmes de pieds, dit le Dr Glenn Gatswirth. Ces problèmes font que vous vous sentez plus vieille parce qu'ils vous volent la vigueur et l'énergie qui vous caractérisaient jadis. Quand vos pieds vous font mal, vous ne pouvez assurer vos tâches quotidiennes, et vous vous sentez encore plus mal. »

Ces problèmes ne font pas que nuire aux pieds et au psychisme. « De mauvais pieds peuvent influer sur votre posture et déclencher des douleurs dans les genoux, les hanches, le dos et le cou », ajoute le Dr Marc A. Brenner.

Trop serré nuit

Qu'est-ce qui ne va pas avec nos chaussures ? Plein de choses, répondent les experts. « Les hauts talons peuvent avoir des effets désastreux, dit le Dr Philip Sanfilippo. Ils peuvent pousser vos pieds vers l'avant et provoquer, entre autres, des oignons. Bien des femmes provoquent un raccourcissement du tendon d'Achille en portant des talons bien trop hauts. Au bout d'un certain temps, cela peut entraîner une raideur du tendon et une incapacité à porter des chaussures plates ou à marcher pieds nus sans souffrir. »

Les chaussures trop pointues – indépendamment de la hauteur du talon – ne sont pas meilleures. « Elles écrasent vos orteils, ce qui cause des cors, des ampoules et des durillons ou aggrave les oignons. » Une chaussure trop pointue peut faire apparaître un névrome, nerf pincé entouré de tissu fibreux – et cela peut être douloureux.

Le problème le plus sérieux tient au fait que les chaussures des femmes sont bien trop serrées. Nous ne choisissons pas toutes de mettre du 36 alors que nous faisons du 38, mais, si l'on en croit une étude de l'Association américaine de podologie médicale, la moitié des femmes interrogées reconnaissent qu'elles portent des chaussures inconfortables pour des questions d'esthétique, contre 20 % seulement chez les hommes.

« En vieillissant, nos pieds s'allongent et s'élargissent, ils tournent en dehors, dit le Dr Sanfilippo. Cela arrive quand les ligaments des pieds commencent à se relâcher et que la voûte s'affaisse à cause de la gravité et de l'usure. Nos pieds deviennent plats. Malheureusement, bien des gens n'ont pas conscience de ce processus – qui apparaît lors de la trentaine ou de la quarantaine – et continuent de porter les mêmes chaussures qu'avant. D'où le problème. »

Avec la grossesse, ce problème peut survenir plus tôt et de manière plus intense. « Quand une femme est enceinte, elle sécrète des hormones qui préparent le tissu conjonctif de la filière pelvienne en vue de la délivrance, dit le Dr Gastwirth, ce qui affaiblit le tissu conjonctif des autres parties du corps. Si vos chaussures vous soutiennent mal ou si vous marchez beaucoup pieds nus pendant votre grossesse, l'aplatissement de vos pieds sera encore plus prononcé. »

Pitié pour les pieds

Les chaussures ne sont pas les seules responsables des douleurs qui vous accablent. Non content d'aplatir les pieds, le processus naturel du vieillissement use les pelotons de graisse de la partie antérieure de la plante du pied, destinés à absorber les chocs pendant la marche. « En vieillissant, ces pelotons de graisse s'écrasent comme les poils d'un tapis. Au début, ils sont souples et moelleux, mais, au bout de vingt ans, ils sont tout écrasés, explique le Dr Gastwirth. C'est la même chose pour les pieds. Dès que vous commencez à marcher, vous initiez le processus d'usure responsable des futurs problèmes de pieds. »

Autre problème : le dessèchement de la peau des pieds, qui survient fréquemment après 30 ans et peut provoquer des démangeaisons ou vous rendre vulnérable au « pied d'athlète » ou à d'autres types de mycose.

Certaines femmes, en particulier les fumeuses et celles qui souffrent de la maladie de Raynaud, ont des problèmes circulatoires qui touchent les pieds et les privent de toute sensation, particulièrement quand il fait froid, dit le Dr Suzanne M. Levine. « Tout pied qui a plus de 25 ans est un pied qui vieillit », dit-elle.

Tout cela n'est pas inéluctable. Avec un peu de méthode, vous pourrez bientôt... fouler aux pieds tous vos problèmes.

Douleurs du pied et du talon : une question de soutien

Il y a plusieurs causes aux douleurs « inexpliquées » du pied et du talon, qui résultent bien souvent d'une trop grande utilisation de vos pieds. Cela regroupe l'affaissement de la voûte plantaire, la raideur du tendon d'Achille, la fasciite plantaire (inflammation) et les éperons, minuscules excroissances osseuses nées d'une traction constante sur les ligaments provoquée par la course, la marche ou le saut. « Ordinairement, ces problèmes résultent d'une utilisation excessive de vos pieds », dit le Dr Richard Braver. Mais peu importe : voici des solutions.

Trouvez du soutien. On ne peut pas échapper à la détérioration des coussinets plantaires, mais on peut tout de même quelque chose pour alléger la douleur qu'elle cause à la plante des pieds. « Mettre dans vos chaussures des semelles de soutien confortables et de bonne qualité peut éliminer une partie de cette gêne », dit le Dr Sanfilippo. Vous en trouverez sans problème dans les pharmacies et dans les magasins d'articles de sport. Si la douleur est centrée sur le talon, une talonnette, disponible dans les mêmes endroits, maintriendra mieux le talon et vous soulagera. Mais, plus important encore que les semelles et les talonnettes, vous devrez porter des chaussures qui soutiennent bien la voûte plantaire.

Étirez vos mollets. Les femmes réussissent parfois à supprimer les douleurs du talon en étirant le tendon d'Achille, situé à l'arrière du pied, dit le Dr Gilbert Wright. Placez-vous à un mètre d'un mur et posez vos mains sur ce même mur. Penchez-vous en avant, avancez une jambe et pliez vos bras au niveau du coude. L'autre jambe doit rester bien droite, talon posé au sol, de manière à ressentir un léger étirement.

Le pied qui roule. Dans le cas d'éperons ou de fasciite plantaire, essayez de masser votre plante de pied. « Faites rouler votre pied du talon vers les orteils sur une quille, une balle de golf, une boîte de conserve, pourquoi pas, conseille le Dr Braver. Vous étirez les ligaments et allégez la douleur. »

Le matin, chauffez vos pieds. « Si vous éprouvez une certaine raideur dans les pieds en marchant, chauffez-les pour stimuler la circulation sanguine », dit le Dr Braver. Il recommande de poser pendant 20 minutes une compresse chaude ou une bouillotte sur la plante de vos pieds.

Et refroidissez-les le soir. N'hésitez pas à recourir à la glace. Le Dr Suzanne Tanner suggère de poser pendant 20 minutes sur votre pied un sac empli de glaçons, de l'enlever pendant 20 minutes et de l'appliquer à nouveau pendant 20 minutes. La glace ne doit jamais être posée telle quelle sur la peau si vous ne voulez pas être brûlée.

Le névrome : une question d'écrasement

C'est presque exclusivement un problème féminin : nos chaussures sont trop étroites et trop serrées. « La chaussure comprime le pied et écrase un nerf, dit le Dr Braver. Puis les tissus cutanés poussent autour de ce nerf et c'est cela qui fait très mal. » Les névromes apparaissent habituellement entre le troisième et le quatrième orteil ou le long de la plante du pied. Avant que la douleur ne soit trop forte, voici ce que propose le Dr Braver.

Là encore, du soutien. « Tout ce qui peut soutenir la voûte plantaire ne peut qu'aider les femmes qui souffrent d'un névrome, dit le Dr Braver. Une des meilleures choses que vous puissiez faire est d'acheter en pharmacie un coussinet spécial voûte plantaire que vous placerez dans votre chaussure. Cela réduit la pression sur le nerf. »

Le grand frisson. L'application chaque soir d'une vessie de glace réduit l'enflure et apaise la douleur, ajoute le Dr Braver. N'oubliez pas d'envelopper la glace dans une serviette. Faites comme indiqué dans « Et le soir, refroidissez-les ».

Essayez la thérapie physique. « Un massage classique ne sert à rien, mais une stimulation électrique des nerfs peut réduire l'enflure », dit le Dr Braver. Pour ce faire, vous aurez besoin d'un physiothérapeute. L'injection de stéroïdes peut également calmer la douleur.

Cors et durillons : de vilaines bosses

Les cors sont des amas de peau morte qui se forment sur les parties osseuses des pieds, orteils par exemple. Ils sont causés par la friction, suite au port de chaussures trop serrées. Les durillons sont essentiellement des cors placés sur des parties non osseuses. Les uns et les autres vous donneront l'impression de marcher sur des galets. À moins d'éprouver une douleur constante et intense – dans un tel cas, l'aide d'un médecin s'impose –, vous pouvez habituellement résoudre seule ces problèmes. Voici comment.

Ça ne va pas ? Vous n'achetez pas. « Si vos chaussures vous vont bien, vous n'aurez ni cors ni durillons », affirme le Dr Jan P. Silfverskiold.

Pour être certaine d'avoir de bonnes chaussures, demandez qu'on mesure la largeur et la longueur de vos pieds chaque fois que vous désirez acheter des chaussures, conseille le Dr Gastwirth. La forme de votre pied influencera le style de vos chaussures. En général, les meilleurs styles pour les femmes qui ont facilement des cors sont les sandales et les chaussures de marche ou de course où il y a suffisamment de place pour les orteils. « Si vous devez porter des talons, ajoute le Dr Gastwirth, achetez des chaussures avec des talons larges et stables qui ne dépassent pas cinq centimètres ; cherchez des modèles confortables qui absorbent bien les chocs. »

Mettez une crème hydratante. Les cors et les durillons étant la conséquence d'un frottement excessif, il vaut mieux que votre peau soit douce et bien hydratée. Le Dr Levine conseille d'appliquer une crème hydratante sur vos pieds immédiatement après le bain ou la douche. Si votre peau présente déjà des cors ou des durillons, grattez-les avec une pierre ponce au rythme qui vous convient le mieux, une fois par jour ou deux fois par semaine, ajoute le Dr Silfverskiold.

Attention aux produits spécialisés. Les produits anticors et antidurillons qu'on trouve en ventre libre en pharmacie (Dr Scholl's, par exemple) contiennent de l'acide salicylique destiné à éroder ces amas disgracieux. Mais attention : ces produits ne doivent être appliqués que sur la zone à traiter et peuvent brûler la peau saine, prévient le Dr Levine. N'usez jamais de produits contenant de l'acide salicylique si vous avez du diabète ou une mauvaise circulation sanguine : il existe des coussinets protecteurs de cors qui ne contiennent aucun médicament.

Ampoules et oignons : de la bulle et de l'os

Les ampoules sont des sortes de bulles qui s'emplissent de liquide suite à une friction excessive. Les oignons sont des excroissances d'os et de peau durcie qui se situent sur le côté du pied, à la base du gros ou du petit orteil. Ils peuvent être accompagnés d'un affaissement de la voûte plantaire (pieds plats) et d'une dérive du gros orteil vers le petit orteil. Des chaussures trop serrées, de l'arthrite ou l'hérédité peuvent provoquer des oignons. Comme pour les cors et les durillons, le choix de chaussures qui soutiennent bien peut empêcher la formation des ampoules et des oignons. Si vous souffrez déjà de ce problème, voici comment le résoudre.

Câlinez-les... ou crevez-les. Les semelles, le velours de coton, ou même de petites boules d'ouate placées entre les orteils, peuvent soulager les souffrances causées par les ampoules et les empêcher de revenir. Quand ces dernières sont trop importantes, crevez-les en poussant tout le liquide vers un côté de la « bulle », avant de piquer cet endroit avec une aiguille préalablement stérilisée à la flamme ou à l'alcool. Une fois le liquide écoulé, recommencez l'opération au bout de 12 heures, puis à nouveau 12 heures plus tard pour être bien certaine d'avoir tout ôté, conseille le Dr Rodney Basler. N'arrachez pas la peau, mais, si elle s'est soulevée, lavez la plaie à l'eau oxygénée ou au savon et à l'eau avant d'appliquer un onguent antibiotique.

Redressez la situation. La douleur des oignons peut être soulagée grâce à un redresseur d'orteil que vous trouverez facilement dans toute bonne pharmacie ou dans un catalogue de vente par correspondance. Le type le plus répandu est une sorte de « bouchon » qui éloigne le gros orteil du deuxième orteil et calme la douleur. Un redresseur d'orteil est plus efficace que tout ce que l'on peut vous proposer d'autre.

Le pied d'athlète :
un champignon peu recommandable

Ce champignon, qui provoque desquamations, rougeurs et démangeaisons, peut s'attraper n'importe où, surtout dans les endroits chauds et humides tels que les vestiaires (d'où son nom). Une fois que vous l'avez, il est difficile de se débarrasser du pied d'athlète parce qu'il prolifère dans vos chaussures, mais les médicaments en vente libre sont parfaitement efficaces. Les lotions sont préférables aux crèmes, qui gardent l'humidité. Le meilleure façon de traiter le pied d'athlète est bien entendu de l'éviter. Voici comment.

Le coup de la chaussette. Quand vous ôtez vos chaussettes, prenez l'une d'elles pour bien vous frotter entre les orteils, conseille le Dr Basler. Ainsi, les pieds restent secs. Si la méthode de la chaussette ne vous plaît pas, utilisez un séchoir à cheveux (réglé à la température minimale). Et si vous transpirez habituellement des pieds, un déodorant antitranspiration pour les pieds après avoir pris votre douche, ajoute-t-il.

Changez de chaussures. Changez le plus souvent possible de chaussures, dit le Dr Basler. Ces dernières sont humides après une journée d'utilisation, et il leur faut au moins un jour de « repos » pour sécher. Si vous ne possédez pas suffisamment de paires de chaussures, vaporisez-les avec un désodorisant de la gamme Akiléine à la fin de la journée pour permettre la désinfection et éviter le pied d'athlète.

Pourquoi pas le bicarbonate ? Il existe plusieurs poudres qui permettent de lutter contre le pied d'athlète, mais le bicarbonate de soude remplit exactement les mêmes fonctions et ne coûte pratiquement rien, dit le Dr Levine. Saupoudrez-en vos pieds tous les jours pour absorber l'humidité.

L'ongle incarné :
il vous fait souffrir dans votre chair

Un minuscule morceau d'ongle peut causer de grandes douleurs. Là encore, les chaussures trop serrées peuvent compliquer le problème en poussant les ongles vers le bas. Si votre ongle est incarné au point de vous faire souffrir le martyre, seul un spécialiste pourra vous soulager. Voici comment éviter la douleur.

Coupez vos ongles droits. Laissez les demi-lunes pour les nuits de brume. La meilleure façon de soigner un ongle incarné et de l'empêcher de rentrer dans la chair est de le couper bien droit, ni légèrement incurvé, ni en demi-lune comme le font la plupart des gens, indique le Dr William Van Pelt. Il ne doit pas non plus être trop court ; il lui faut tout juste dépasser son repli épidermique. Pour faciliter la coupe, commencez par tremper vos pieds dans de l'eau chaude.

Voyez votre pharmacien. Il vous conseillera plusieurs produits qui vous permettront de ramollir un ongle incarné ainsi que la peau qui l'entoure, ce qui soulagera la douleur. Le Dr Levine recommande, là encore, les remèdes du Dr Scholl's. Suivez attentivement les instructions. N'utilisez pas ce type de produit si vous avez du diabète ou des problèmes de circulation, parce qu'ils contiennent des acides puissants qui peuvent être dangereux pour les femmes ayant une sensation limitée au niveau des pieds.

La mycose de l'ongle : un champignon coriace

La mycose de l'ongle ne fait pas mal. Elle ne met pas en danger votre santé. En fait, personne ne remarquera vos ongles épais et jaunâtres si vous gardez vos chaussures. Il est cependant difficile de se débarrasser de ce champignon. « Les laboratoires pharmaceutiques cherchent tous le produit qui réduira à néant la mycose de l'ongle, dit le Dr Braver, qui travaille justement pour l'un de ces laboratoires. Si je trouvais le remède, je serais un homme riche. »

Certains experts pensent que la mycose de l'ongle est souvent causée par un problème du système immunitaire avant d'être aggravée par l'humidité. Il est donc essentiel d'avoir les pieds propres et secs pour tenir la mycose de l'ongle à l'écart. La soigner est une chose délicate, qui nécessite l'aide d'un spécialiste – surtout si vous avez tendance à transpirer des pieds. Commencez donc par l'éviter. Voici comment.

Choisissez des chaussures larges. « On peut éviter la mycose de l'ongle en s'assurant que les chaussures sont assez larges pour laisser aux orteils la place de respirer, dit le Dr Braver. Les coureurs, les danseurs et autres athlètes ont souvent une mycose de l'ongle parce que leurs orteils présentent des microtraumatismes à force de venir taper contre le bout de la chaussure. Si vous le pouvez, portez des chaussures plus lâches. »

Appliquez un déodorant antitranspiration. Transpirer ne fait qu'empirer les choses : prenez les devants et traitez vos pieds comme vos aisselles, utilisant quotidiennement un déodorant antitranspiration en stick, conseille le Dr Braver. « Il existe aussi un produit, Etiaxil pieds, vendu en pharmacie, qui non seulement lutte contre les odeurs, mais permet aussi de réguler la transpiration. »

Les odeurs de pieds : le nez est le seul juge

Vous vous lavez les pieds et changez de chaussettes chaque jour. Malgré cela, ils continuent à sentir. Que cela vous console : vous n'êtes pas la seule dans ce cas. Voici comment lutter contre les odeurs désagréables.

Ayez des pieds sains. « Les odeurs sont habituellement liées à des infections fongiques : des pieds qui transpirent ou pèlent, voilà un signe qui ne trompe pas, dit le Dr Braver. Traitez les odeurs comme vous le feriez de tout problème de mycose, avec la solution antitranspirante Pédi-relax, en vente libre. »

Chassez l'odeur. On peut aussi supprimer les odeurs en appliquant du Lysol dans les chaussures et un déodorant antitranspiration sur les pieds, ajoute le Dr Braver.

Les verrues plantaires

Comme les autres verrues, ces petits désagréments de quelques millimètres de diamètre qui viennent troubler la plante de vos pieds sont provoqués par un virus, probablement attrapé lorsque l'on marche pieds nus. Le gros problème des verrues plantaires, c'est que la pression de la marche les aplatit jusqu'à ce qu'elles soient couvertes de durillons. Quand les durillons durcissent, vous avez l'impression de marcher sur des galets. « Environ 13 % des verrues plantaires disparaissent toutes seules, sans le moindre traitement, dit le Dr Braver. Malheureusement, plusieurs souches du virus responsable des verrues ont une dissémination très rapide. » Ce médecin conseille donc un traitement radical pour se débarrasser des verrues avant d'en arriver à cette situation. Essayez donc ces quelques mesures.

Mangez des légumes. « Tout prouve que la vitamine A aide à se protéger des verrues », dit le Dr Braver. Cette vitamine sous forme de complément peut être toxique, mais elle se trouve à l'état naturel dans les légumes et les fruits jaunes ou orange tels que les carottes, les courges, les patates douces, les melon cantaloup, les abricots et les nectarines, mais aussi dans les légumes à feuilles vertes comme les épinards.

Passez à la pharmacie. Un appareil à ôter les cors et les verrues, que l'on appelle un coupe-cor, peut vous être très utile. Vous en trouverez dans n'importe quelle pharmacie.

N'allez pas pieds nus. La meilleure façon d'éviter les verrues plantaires est de porter des chaussures ou des sandales, dit le Dr Braver. « Il est important de couvrir la plante des pieds quand vous marchez autour d'une piscine ou dans une zone humide favorable aux virus. » Si un membre de votre famille a des verrues plantaires, empêchez-le de les disséminer en nettoyant et en désinfectant parfaitement le sol et la douche.

Consultez un médecin. Si vous avez essayé les mesures ci-dessus pendant six semaines et n'avez pas vraiment remarqué d'amélioration, ou si les problèmes empirent, consultez un podologue. Le traitement des verrues par un professionnel peut s'effectuer par brûlure ou destruction par le froid, sans parler des méthodes traditionnelles d'ablation ou l'usage du laser chirurgical.

PILULE

Elle a changé, vous aussi

Vous vous rappelez l'époque où vos copines et vous-même avez parlé pour la première fois de la pilule ? Leur dire que vous la preniez vous donnait l'impression d'être enfin adulte et responsable. Cela signifiait que vous aviez une vie sexuelle, un petit ami, et, surtout, des rapports effrénés chaque fois que vous le désiriez.

Les années ont passé, et vous vous retrouvez en train de parler de la pilule avec ces mêmes copines. Mais maintenant, la conversation vous donne comme un coup de vieux. Vous parlez moins de sexe et plus de l'impact que la pilule pourrait avoir sur votre santé à long terme. Jadis, vous bénissiez la pilule pour sa capacité à prévenir la grossesse (en inhibant l'ovulation) ; aujourd'hui, vous redoutez de ne pas être assez bien protégée contre les maladies sexuellement transmissibles. Vous vous inquiétez également des risques que l'on a associés à une longue utilisation de la pilule : cancer, maladies cardiaques ou stérilité.

Que vous le vouliez ou non, cette conversation trahit votre âge. Vous vous retrouvez en train de parler de cancer du col de l'utérus, de taux de cholestérol élevé et de sida. C'en est fini des longues tirades sur l'orgasme et les préludes. Oui, vous avez vieilli, mais vous êtes aussi plus réfléchie. Vos questions et vos inquiétudes relatives à la pilule ne portent plus sur son rôle contraceptif. C'est désormais un problème de santé.

C'est vers l'âge de 35 ans que les femmes commencent à demander à leur gynécologue s'il est raisonnable qu'elles continuent à prendre la pilule, dit le Dr Edward Linn.

La bonne nouvelle, c'est qu'il n'y a pas plus de mauvaises nouvelles qu'avant. On pourrait même dire qu'il y a plus d'avantages que d'inconvénients. Les experts pensent que, chez les femmes de 30 ou de 40 ans, si elles sont en bonne santé et ne fument pas, les avantages de la pilule dépassent largement ses inconvénients.

Problèmes de cœur

Quand on parle de vieillissement et de pilule, les fumeuses sont celles qui courent le plus de risques. Les fumeurs, tous sexes confondus, ont le maximum de risques de faire un accident cardiaque ; chez les femmes, celles qui prennent la pilule augmentent encore ces risques. Les statistiques montrent que les femmes de plus de 30 ans qui fument entre 1 et 24 cigarettes par jour multiplient par trois les risques de crise cardiaque quand elles prennent aussi la pilule. Et si le nombre de cigarettes dépasse 25 par jour, ces mêmes risques sont multipliés par dix !

La cigarette et la pilule font également mauvais ménage quand on parle d'accident vasculaire cérébral. Les chiffres sont proches de ceux des crises cardiaques : les femmes de plus de 30 ans qui fument entre 1 et 24 cigarettes par jour multiplient par trois les risques d'accident cérébro-vasculaire lorsqu'elles prennent la pilule. Si le nombre de cigarettes dépasse 25 par jour, ces mêmes risques sont, là encore, multipliés par dix.

Si vous ne fumez pas et êtes par ailleurs en bonne santé, vous pouvez dire que la pilule est relativement inoffensive. Les études montrent que la pilule des années 90 ne menace que très peu votre santé générale.

Cette conclusion est radicalement différente de celle révélée aux femmes aux premiers temps de la pilule, c'est-à-dire dans les années 60. Cela tient à ce que l'œstrogène de synthèse, ingrédient qui confère à la pilule son action protectrice, est plus faiblement dosé que jamais. Les chercheurs ont découvert qu'un petit pourcentage du taux d'hormone utilisé précédemment suffit à donner son efficacité à la pilule. Ce petit dosage exerce par ailleurs des effets positifs.

À un tel dosage, l'œstrogène fait diminuer le taux de cholestérol LDL (lipoprotéines à densité faible), le mauvais cholestérol qui provoque la formation de caillots dans les artères. L'œstrogène semble également augmenter le taux de cholestérol HDL (lipoprotéines à densité forte), le bon cholestérol qui empêche l'obstruction des artères en éloignant le mauvais cholestérol des parois artérielles. Même lorsque le mauvais cholestérol est présent, les études montrent que l'œstrogène agit de manière bénéfique sur la paroi artérielle en empêchant la formation de la plaque.

L'ère des MST

C'est un soulagement de savoir que la pilule ne vient plus menacer la santé comme elle le faisait auparavant. Il est également réconfortant de savoir que la pilule, utilisée correctement, offre une protection quasi totale contre la grossesse. Mais, dans les années 60, le sida et les maladies sexuellement transmissibles, ou MST, étaient loin de préoccuper les femmes.

Utilisée seule, sans préservatif, la pilule ne protège nullement contre le virus d'immunodéficience responsable du sida ou contre les maladies sexuellement transmissibles telles que la gonorrhée, les chlamydiae et le virus du papillome (HPV), responsable des verrues génitales. Chez les femmes ayant entre 25 et 44 ans, le sida est la quatrième cause de mortalité aux États-Unis ; dans certaines régions du pays, c'est la cause numéro un. La maladie se répand quatre fois plus vite chez les femmes que chez les hommes. En France, le nombre de femmes victimes du sida n'a cessé d'augmenter : il est passé de 11 % en 1985 à 20 % en 1993.

Chaque année, les MST sont à l'origine de 150 000 cas de stérilité féminine et de 45 000 grossesses extra-utérines (l'ovule est fécondé dans les trompes au lieu de l'être dans l'utérus). Certaines souches de HPV ont été associées à divers types de cancer du col de l'utérus, lequel tue près de 3 000 femmes par an. En utilisant la pilule sans autre protection, la femme peut mettre en danger sa santé et sa vie.

La pilule protège tout de même d'une maladie sexuellement transmissible : elle peut réduire les risques de maladie inflammatoire du pelvis. Au cours de cette maladie, des organismes sexuellement transmis infectent les trompes et l'utérus et peuvent déboucher sur la stérilité. Les chercheurs ne comprennent pas complètement comment cela se passe, mais la pilule empêche l'infection des voies génitales inférieures (chlamydia ou gonorrhée) de passer dans les voies supérieures et de provoquer une inflammation du pelvis.

Questions sur le cancer

Vous vous posez peut-être plus de questions qu'auparavant sur la pilule et le cancer. Vous avez entendu dire que le cancer du sein était le type de cancer le plus répandu chez les femmes, et vous voulez savoir quel rôle la pilule joue dans son développement – si rôle il y a.

Malheureusement, certaines questions relatives au cancer du sein et à la pilule restent encore sans réponse. L'étude menée par le centre de contrôle des maladies infectieuses des États-Unis (CDC) sur les rapports entre le cancer et l'hormone stéroïde, ou rapport CASH, apporte toutefois certains éclaircissements.

Le rapport CASH a étudié l'effet de la pilule sur le cancer chez 10 000 Américaines. Les résultats indiquent que les femmes, jusqu'à 35 ans, ont 1,4 fois plus de risques de développer un cancer du sein si elles prennent la pilule que les femmes du même âge qui ne prennent pas de contraceptifs oraux. Pour les femmes de 35 à 44 ans, le risque est multiplié par 1,1 fois. Et chez les femmes de plus de 45 ans, le risque est un peu moindre, puisqu'il n'est que de 0,9 fois. En d'autres termes, la pilule augmente légèrement les risques de cancer du sein.

Si le verdict est légèrement négatif dans ce cas, il n'en est rien lorsque l'on étudie les rapports entre la pilule et le cancer des ovaires ou celui de l'utérus. Dans ces derniers cas, la pilule est reconnue non coupable.

En fait, la pilule pourrait même protéger contre ces cancers. Les études montrent que, lorsqu'une femme prend la pilule depuis un an, les risques de présenter ces deux formes de cancer diminuent de 50 %, indique le Dr Herbert Peterson. Il ajoute que l'effet protecteur se poursuit après qu'elle a cessé de prendre la pilule.

La fécondité est-elle affectée ?

Les femmes de 30 ans et de 40 ans ont une autre préoccupation : elles se demandent si la pilule ne va pas affecter leur fécondité. « La fécondité décline naturellement avec l'âge, et peu importe si la femme prend ou non la pilule, » déclare le Dr Linn, qui ajoute que les contraceptifs oraux ne semblent pas avoir fait diminuer la fécondité.

Plusieurs études montrent que les contraceptifs oraux peuvent légèrement retarder l'aptitude à procréer, mais ce retard ne dépasse jamais quelques mois.

Dans une étude menée à Oxford, en Angleterre, les femmes qui prenaient des contraceptifs oraux ont connu un retard de conception de deux mois. Plus les femmes étaient âgées quand elles arrêtaient la pilule, ou toute autre méthode – 35 ans au lieu de 30, par exemple –, plus il leur fallait de temps pour être enceintes, mais cela ne prenait la plupart du temps qu'un mois ou deux, précise le Dr Carolyn Westhoff, qui a participé à l'étude britannique. Pour elle, le retard est davantage imputable à l'âge qu'à la pilule.

Une autre étude, menée par l'université de Yale à New Haven (Connecticut), signale également des retards de conception chez les femmes qui prenaient la pilule, mais cela ne dépassait jamais quelques mois. Les femmes qui avaient recours à d'autres méthodes contraceptives attendaient habituellement quatre mois avant de concevoir, celles qui prenaient la pilule six mois.

Votre meilleure protection

Si vous prenez la pilule ou envisagez de le faire, voici ce que vous devez savoir.

Une visite annuelle chez le médecin. Votre décision de commencer, de continuer ou d'arrêter la pilule doit être dictée par votre état de santé. Il vous faut donc aller voir votre médecin tous les ans. N'hésitez pas à lui poser des questions et à lui demander son avis. Et n'ayez pas peur de prendre l'avis d'un autre confrère. Souvenez-vous que les médecins pensent que les avantages sont supérieurs aux inconvénients chez une femme en bonne santé qui ne fume pas.

Connaissez votre passé familial. Si un membre de votre famille a eu une maladie de cœur, un cancer du sein, de l'hypertension artérielle ou encore un cancer des ovaires ou de l'utérus, parlez-en à votre médecin. Ces facteurs doivent être pris en considération, mais ils ne vous empêchent pas forcément de prendre la pilule, dit le Dr Linn.

Protégez-vous. La pilule vous protège peut-être de la grossesse, mais nullement des maladies sexuellement transmissibles ou du sida. C'est là qu'interviennent les préservatifs. Ceux en latex qui contiennent un spermicide, comme le nonoxynol-9, sont les plus efficaces contre les maladies sexuellement transmissibles.

L'arme de la prévention. Il est important de faire chaque mois un auto-examen des seins ; si vous prenez la pilule, vous devez le faire encore plus souvent. Les médecins vous recommandent également de passer votre première mammographie entre 35 et 40 ans, d'en faire une tous les deux ans à partir de la quarantaine, puis tous les ans après cinquante ans.

POILS INDÉSIRABLES

S'en débarrasser une fois pour toutes

Vous ne l'aviez peut-être pas remarqué quand vous étiez enfant, à l'époque où un léger duvet blond sur une peau bien lisse n'avait aucune importance. Mais maintenant que vous êtes adulte, vous constatez que les poils sont plus nombreux ou brusquement plus sombres. Cela vous fait penser à cette tante si gentille dont le sourire s'accompagnait toujours d'une ombre soutenue – mais c'est ridicule, vous n'avez pas encore son âge !

Peut-être l'avez-vous, en fait. Ou peut-être les poils indésirables sont-ils arrivés plus tôt que prévu. Quoi qu'il en soit, vous vous sentez vieillie, peu attirante, comme si votre corps saccageait votre beauté. C'est un problème très répandu chez les femmes, même si nous préférerions mourir plutôt que de le reconnaître.

Bien souvent, disent les médecins, c'est une question d'hérédité. Si votre arbre généalogique pousse sur les bords de la Méditerranée, votre lèvre supérieure s'orne peut-être d'une fine moustache et peut-être avez-vous un début de pattes, quelques poils au menton, pourquoi pas ?

En vieillissant, la pilosité devient plus importante : la principale cause en est le bouleversement hormonal qu'entraîne la ménopause, explique le Dr Victor Newcomer. « La plupart des femmes ont un léger duvet sur la lèvre supérieure après la puberté et, chez les brunes, il peut être plus marqué. Mais après la ménopause, cela se transforme en poils plus raides. » C'est parce que les effets de l'androgène, cette hormone mâle présente chez toute femme, deviennent plus prononcés quand ceux de l'œstrogène (hormone femelle) se mettent à décliner.

Si l'excès de poils sur le visage ou le corps n'est pas très répandu chez les femmes de votre famille, vous demanderez peut-être à votre médecin si les médicaments que vous prenez ne peuvent être à l'origine du problème, dit le Dr Seth L. Matarasso. Parfois les médicaments pour la tension, les stéroïdes pour l'arthrite, les diurétiques ou la pilule anticonceptionnelle peuvent stimuler la croissance des poils, dit-il.

Si vous remarquez l'apparition soudaine de plus de quelques poils, poursuit le Dr Matarasso, demandez à votre médecin de vous faire passer un examen endocrinologique. Bien que cela soit très rare, le développement inhabituel de poils chez la femme peut indiquer un problème d'origine hormonale ou thyroïdienne.

Même si les poils sur les jambes et les bras sont normaux, il est très inhabituel d'en voir pousser sur les joues et le front. Dans ces zones, les poils peuvent avoir plusieurs causes, notamment certains troubles des ovaires, des capsules surrénales ou de l'hypophyse, dit le Dr Newcomer. Certaines maladies du foie (assez rares) peuvent également stimuler la pilosité sur les joues et le front, ajoute-t-il.

Votre problème est peut-être, plus simplement, que vous êtes ennuyée depuis votre puberté par des poils persistants sur le visage et le corps. Que ces poils soient liés ou non à l'âge, voici plusieurs moyens de les traiter.

Des méthodes douces... et moins douces

Comment allez-vous chassez ces poils indésirables ? Voici quelques suggestions.

Décolorez-les. Avec des poils bruns mais pas trop nombreux, essayez une lotion éclaircissante disponible en pharmacie, dit le Dr Newcomer. Plus clairs, les poils se feront moins remarquer et n'auront pas besoin d'être enlevés. Vous pouvez prendre les gels ou crèmes de la marque Blondepil, par exemple.

Cependant, si la croissance de ces poils disgracieux vous ennuie ou si vous trouvez que vous auriez la peau plus douce sans eux, voici d'autres solutions provisoires.

Rasez-les. C'est une légende que les femmes se transmettent de génération en génération, mais raser les poils ne les fait pas repousser plus épais, dit le Dr Matarasso. On peut facilement se tromper parce que les poils qui repoussent peuvent avoir l'air plus sombres, précise-t-il. Tous les poils réapparaissent en même temps et, quand ils arrivent à la surface de la peau, ils ont un aspect rugueux. Mais ils ne sont pas plus nombreux ou plus épais pour autant.

Vous avez le choix entre le rasoir électrique (tel le Ladyshave de Philips) et le rasoir à main : vous êtes vraiment seule juge, dit le Dr Matarasso. Ils rasent aussi bien l'un que l'autre, sauf que le rasoir électrique travaille sur peau sèche. Si vous utilisez une lame, trempez-la dans l'eau pendant plusieurs minutes, puis appliquez une mousse ou un gel

L'électrolyse, une solution permanente ?

Il existe un moyen de se débarrasser des poils de manière permanente, c'est l'électrolyse professionnelle. Cette méthode peut s'appliquer aux poils de n'importe quelle partie du corps – de la lèvre supérieure aux orteils en passant par les mamelons –, sauf les paupières, le nez et les oreilles. En revanche, elle est assez douloureuse, prend un certain temps et est assez chère. Voici comment les choses se passent.

L'esthéticienne nettoie votre peau à l'alcool, introduit une aiguille électrique stérile dans le follicule du poil et met le courant. Le courant détruit le follicule, mas il n'y parvient parfois qu'au bout de plusieurs séances. Certaines femmes trouvent cette méthode trop pénible. Si elles s'obstinent, c'est parce qu'à la fin du traitement, les poils renoncent enfin à pousser.

C'est peut-être valable quand la zone à dépiler est peu importante, dit le Dr Seth L. Matarasso, mais il y a tout de même des risques. On observe parfois une modification du pigment de la peau, une petite cicatrice ou une folliculite, c'est-à-dire une inflammation des follicules, explique-t-il. Même si c'est très improbable avec les méthodes de

de rasage sur votre peau ; attendez quelques secondes avant de vous raser. Cela adoucira la peau et donnera de meilleurs résultats. Si vous n'avez que quelques poils sur le visage, pas de problème. En revanche, s'ils deviennent trop nombreux, consultez un spécialiste.

Prenez une pince. S'il n'y a que quelques poils récurrents, une des méthodes les plus simples consiste à utiliser une pince à épiler tout en vous aidant éventuellement d'un miroir grossissant, dit le Dr Newcomer. L'intérêt de la pince à épiler, c'est qu'elle est efficace et d'un emploi discret. Les follicules pileux peuvent disparaître à la longue, mais il faut des années de pratique avant d'arriver à un résultat définitif.

Essayez les lotions dépilatoires. Des lotions chimiques telle que Veet sont idéales, dit le Dr Matarasso, mais commencez par les appliquer sur un petit carré de peau pour voir si vous n'y êtes pas allergique. « Les produits chimiques ne sont pas dangereux, mais ils peuvent être abrasifs », dit-il. Ils dissolvent le poil juste en dessous de la peau et le résultat tient pendant deux semaines.

stérilisation employées de nos jours par la plupart des esthéticiennes, il y a toujours le risque de dissémination d'une maladie, hépatite par exemple.

Pour bien vous protéger contre l'infection, assurez-vous que votre esthéticienne emploie chaque fois une aiguille neuve et qu'elle porte des gants en caoutchouc, dit le Dr Victor Newcomer.

Vous vous demandez peut-être si les appareils à électrolyse vendus en pharmacie ou par correspondance fonctionnent aussi bien. Les experts, quant à eux, en doutent.

« Certains appareils sont censés fonctionner sans provoquer de douleur avec des ondes radio et détruire le follicule à la base, dit Carole Walderman. Mais le poil ne conduit pas l'électricité. Comment une telle méthode pourrait-elle en détruire la racine ? »

Même quand le courant galvanique des appareils à électrolyse cautérise directement les follicules, dit-elle, vous avez toujours 90 % de repousse ; c'est pourquoi un traitement répété est nécessaire pour ôter le poil de manière permanente.

Les dépilatoires sont d'un usage simple et non douloureux, mais leur odeur est désagréable. Appliquez la lotion sur votre peau, attendez une quinzaine de minutes puis rincez à l'eau chaude. Évitez d'en appliquer près des yeux ou sur le pubis.

Si vous mettez une lotion dépilatoire sur votre visage, n'en appliquez que très peu dans un premier temps. Ne la laissez pas trop longtemps si vous ne voulez pas avoir des rougeurs, conseille le Dr Newcomer. « Vous la tolérerez plus longtemps si vous êtes brune à la peau mate, mais les blondes à peu claire ont une tolérance moindre aux produits chimiques », dit-il. La texture du poil joue aussi sur l'action du dépilatoire. Les poils rugueux et épais mettent plus de temps à se dissoudre que les poils fins.

Songez à la cire, au moins une fois. Vous avez probablement entendu dire qu'il était aussi facile de s'épiler à la cire que de retirer un sparadrap. Ce n'est pas tout à fait exact. Le côté agréable de l'épilation à la cire (celui qui fait que les femmes la choisissent malgré quelques inconvénients), c'est qu'elle rend la peau douce et la débarrasse des poils pendant près de six semaines. Ceux qui repoussent sont doux et soyeux au début.

La cire convient à toutes les parties du corps – visage, bras, jambes et même maillot. Mais faites attention en approchant du pubis. « La cire peut couler dans les poils pubiens et vous ne pourrez plus vous en débarrasser », dit le Dr Newcomer.

Quel est le principe ? Dans un institut, la cire chaude est appliquée sur votre peau à l'aide d'une spatule. Quand elle durcit, l'esthéticienne arrache des bandes – et les poils en même temps. On applique ensuite une lotion apaisante. Malgré cela, les femmes trouvent ce procédé assez douloureux. Vous pouvez acheter des bandes toutes prêtes en pharmacie, mais, comme le dit le Dr Newcomer, « il faut pas mal de cran pour s'en servir ».

La douleur de l'arrachage est trop intense ? « Allez chez votre dermatologue une heure avant de vous faire épiler à la cire et demandez-lui d'appliquer sur votre peau un anesthésiant local, dit le Dr Matarasso. Vous ne sentirez pratiquement rien. »

Si vous désirez vous épiler à la cire mais utilisez par ailleurs une crème antirides contenant de la trétinoïne (Retin A) ou n'importe quelle lotion pour la peau contenant de l'acide glycolique, arrêtez d'en mettre quelques jours avant de vous épiler, conseille le Dr Matarasso. Ces préparations sont exfoliantes et ôtent les deux couches superficielles de l'épiderme, ce qui rend la peau plus sensible, explique-t-il. « Si vous appliquez de la cire sur une peau dénudée, vous vous blesserez cruellement, dit-il. Vous risquez d'enlever énormément de peau. »

Et n'oubliez pas que vos poils doivent repousser d'au moins 6 mm avant d'être à nouveau ôtés à la cire. Cela peut poser un problème en été, quand vous voulez vous promener jambes nues.

Évitez tout ce qui est électrique. Ne vous servez pas des épilateurs à disque que l'on trouve facilement dans les magasins de parapharmacie, dit le Dr Matarasso. « Ils sont très abrasifs et peuvent blesser votre peau », dit-il. Ils agissent par massage rotatif et « cassent les poils, comme n'importe quel rasoir », ajoute le Dr Newcomer.

Certains systèmes fonctionnant à l'électricité saisissent les poils et les arrachent de leur racine, mais ils le font dans n'importe quelle direction, contrairement à la cire qui tire dans le sens du poil. « C'est le principe de la pince à épiler, rien de plus, dit le Dr Matarasso. Certaines femmes sont très stoïques, mais la plupart trouvent cette méthode pénible. De plus, les poils repoussent aussi vite qu'avec une crème dépilatoire ou un rasage. »

RÉGIME

Se priver n'est pas une solution

Votre mère a passé toute sa vie à faire des régimes. En vieillissant, cela tournait à l'obsession. Mais, comme elle, vous prenez le chemin de la cuisine et vous chantonnez...

Une belle feuille de laitue bien craquante. Comme assaisonnement, un peu de fromage blanc. Que diriez-vous d'une demi-pêche au sirop ? Faut voir... Quoi encore ? Mais oui, bien sûr. Une petite biscotte très fine. Ah, voilà un bon repas. Et pour couronner le tout, une sucrette dans votre café.

Eh bien, non. Il n'y a pas de quoi chantonner.

Les régimes, cela ne marche jamais. D'accord, vous commencez par perdre un peu de poids. Mais il arrive un jour où vous avez si faim que, comme Laurel et Hardy, vous en mangeriez votre chapeau, et alors adieu le régime ! En peu de temps, vous reprenez plus de kilos que vous n'en avez perdu, constate le Dr John Foreyt.

Qui ne s'est jamais dit : « J'aurais l'air bien plus jeune si je perdais cinq kilos » ? La triste vérité, c'est que la graisse gagnée à la fin de ce cycle de prise et de perte de poids pèse bien lourd sur la santé de votre corps. Pour vous en rendre compte, il vous suffit de regarder votre peau qui se ride et s'affaisse, dit le Dr George Blackburn.

En revanche, ce que vous ne voyez pas, c'est le vieillissement intérieur : les organes et les systèmes qui vieillissent bien avant l'âge.

Un absurde Yo-Yo

Une vie passée à faire des régimes peut imposer un lourd tribut à votre cœur. Les recherches menées par le Dr Kelly Brownell ont permis de montrer que des régimes à répétition peuvent susciter des maladies cardiaques. On a ainsi constaté, à l'issue de ces études, que les personnes

Les comprimés controversés

Les pilules et autres comprimés destinés à faire maigrir font-ils de l'effet ou n'apportent-ils que de faux espoirs ?

« Certains antidépresseurs peuvent aider les personnes qui ont de sérieux problèmes de poids causés par une boulimie permanente due à des troubles psychiatriques ou comportementaux, dit le Dr David Schlundt. Mais il faut toujours les associer à une psychothérapie. »

Que doit-on penser des coupe-faim que l'on trouve en vente libre dans les pharmacies ? La plupart des experts n'y sont pas favorables. Leur ingrédient actif, le phénylpropanolamine hydrochloride (PPA), est un stimulant proche de l'adrénaline. « Chez les gens qui ne sont pas en excellente santé – ceux qui ont de l'hypertension artérielle, du diabète, de l'asthme ou des troubles cardiaques –, le PPA peut causer de sérieux problèmes », dit le Dr Schlundt. Même un faible dosage peut faire augmenter la tension et le rythme cardiaque. Un fort dosage peut provoquer de l'anxiété, de l'insomnie, parfois même des convulsions. Le PPA peut également entraîner des abus, prévient le Dr Schlundt. Il provoque un « pic » qui rappelle celui procuré par le speed (amphétamines) et l'on peut même devenir « accro ».

Pour les individus présentant une surcharge pondérale vraiment importante, une pilule qui « bloquerait la graisse » se profile à l'horizon, indique le Dr John Foreyt. Elle porte le nom d'orlistat (Xenical) et est actuellement testée en Europe et aux États-Unis. « L'orlistat n'est pas destiné aux personnes qui ont besoin de perdre 3 ou 5 kilos, mais à celles qui ont une obésité moyenne ou prononcée », dit-il. Ce médicament inhibe l'absorption de graisse.

« Attention, cette pilule n'est pas un remède magique, insiste le Dr Foreyt. Même avec l'orlistat, il faut continuer de suivre un régime pauvre en graisses et un programme sportif. »

---

présentant d'importantes fluctuations de poids augmentaient de 75 % leurs risques de mourir d'une maladie de cœur par rapport à celles dont le poids était relativement constant. « Il faut une grosse fluctuation de poids pour vous faire rentrer dans cette catégorie, pas deux kilos par-ci par-là », dit le Dr Brownell.

Les régimes en Yo-Yo sont également responsables d'hypertension artérielle et ils redistribuent la graisse dans les parties du corps où elle provoque le plus de dégâts, dans les fesses ou dans le ventre. Selon les spécialistes, les personnes trop bien pourvues en graisse abdominale, par exemple, sont plus sujettes aux maladies cardiaques.

Les régimes vous mettent dans l'impossibilité de jouir pleinement des bienfaits de l'activité physique. Une étude menée à l'université de l'Arizona à Tempe a montré que les femmes qui avaient suivi au moins quatre régimes différents au cours de l'année précédente brûlaient moins de calories pendant le sport que les autres. De plus, elles pesaient plus lourd et avaient plus de graisse corporelle que les femmes qui n'avaient pas suivi de régime.

Baratins et charlatans

« Perdez un kilo par jour ! », « J'ai perdu 45 kilos en trois mois ! », « Perdez du poids grâce à la pilule miracle ! », « Les kilos fondent à vue d'œil ! », « Régime pauvre en hydrates de carbone ! », « Régime riche en protéines ! », etc. Voilà ce que claironnent les publicités dans les journaux à sensations.

Ça vous dit quelque chose ? Les régimes qui proposent une perte de poids rapide ne marchent pas, c'est aussi simple que cela. Vous perdrez peut-être du poids rapidement, mais ce sera surtout de l'eau. Et le jour où vous cessez de vous affamer, vous récupérez toute l'eau perdue – et de la graisse en prime.

Voici comment reconnaître un programme d'amaigrissement sérieux dans la jungle des régimes fantaisistes.

Vitesse égale mensonge. Ne vous laissez pas séduire par les méthodes qui se targuent de jouer la montre, prévient le Dr Blackburn. La plus grande vertu d'un régime amaigrissant qui réussit, c'est la patience, car ce n'est que lentement que l'on peut perdre du poids. Le mieux, selon lui, c'est entre 500 grammes et un kilo par semaine.

Ne dites jamais fontaine... Les privations n'amènent rien ; en revanche, les changements dans le mode de vie débouchent sur quelque chose, nous dit le Dr Janet Polivy. Un projet alimentaire solide – quelque chose qui s'intéresse à la santé et non à la perte de poids – n'interdit pas de céder parfois à des plats riches en graisses, dit-elle. « Si l'on vous dit de ne jamais manger de friture, vous culpabiliserez au maximum lorsqu'on vous en servira – ce qui ne manquera pas d'arriver –, et vous délaisserez la bonne chère parce que vous n'y verrez que l'échec. »

Oubliez les régimes magiques. « Il n'existe pas d'aliment magique, pamplemousse par exemple, qui annule les calories déjà consommées, dit le Dr Blackburn. C'est de la fumisterie. »

Ne croyez pas les témoignages. « Les témoignages sont une des méthodes préférées des régimes fantaisistes », explique le Dr Terrence Kuske. Voici un exemple typique de témoignage bidon : « "J'ai perdu 15 kilos en un mois avec le régime Dy-na-mite du Dr Simon !", nous écrit

Stéphane Martin de Paris. » Il y a de grandes chances pour que ni le Dr Simon, ni Stéphane Martin n'existent. Ou, s'ils existent, ils sont certainement très proches du PDG de la firme qui commercialise ce régime extraordinaire ! Un programme d'amaigrissement doit reposer sur des données scientifiques, pas sur des témoignages inventés le plus souvent de toutes pièces.

RESPIRATION
(MALADIES LIÉES À LA -)

Le souffle, c'est la liberté

Vous marchez sur un chemin escarpé qui longe la mer de Glace. Dans la vallée, Chamonix vous semble bien minuscule. Autour de vous, c'est le silence, les neiges éternelles et le ciel.

Vous aspirez l'air vif au plus profond de vos poumons, le retenez prisonnier puis le chassez lentement. Et vous recommencez de nombreuses fois, jusqu'à ce que chaque cellule de votre organisme soit submergée d'air pur.

Si vous aviez la grippe, de l'emphysème ou un simple rhume, vous ne pourriez faire cela. Il vous faudrait respirer péniblement à chaque pas comme si vous aviez 100 ans. Chaque inspiration un peu profonde vous ferait tousser, et vous auriez une respiration sifflante.

Cela ne vous arrivera pas si vous gardez vos poumons en parfaite santé, affirme le Dr Robert Bethel.

Nos poumons sont faits pour résister à toutes les épreuves que nous leur imposons, et cela jusqu'à plus de 70 ans. Certes, le tabac peut modifier ce scénario, encombrer nos poumons et nous faire chercher notre respiration. Le rhume, le coup de froid, la pneumonie et bien d'autres maladies infectieuses en font autant, mais seulement de façon provisoire. D'autres maladies peuvent également affecter les poumons, mais elles sont plus rares.

Renforcez vos défenses naturelles

Chaque jour, votre appareil respiratoire aspire environ 10 800 litres d'air qu'il combine à 12 000 litres de sang envoyés par le cœur dans les poumons.

La tuberculose est de retour

La tuberculose est une infection bactérienne que l'on pensait pratiquement disparue dans les pays occidentaux ; en fait, elle est non seulement bien vivante, mais en pleine expansion.

La maladie déclinait depuis la fin des années 40, mais le nombre de cas de tuberculose a augmenté de près de 16 % en l'espace de 6 ans, entre la fin des années 80 et le début des années 90.

Les grandes villes ont particulièrement été frappées. Aux États-Unis, au début des années 90, les cas de tuberculose étaient sept fois supérieurs à la moyenne nationale à Atlanta, six fois à Newark (New Jersey) et cinq fois à New York, si l'on en croit les statistiques du Centre de contrôle des maladies infectieuses (CDC).

La cause ? La dissémination discrète des bactéries responsables de la tuberculose chez les malades du sida, les SDF et les émigrés de fraîche date – pour ne rien dire du développement de souches bactériennes résistantes aux médicaments.

La tuberculose circule dans les gouttelettes contenues dans les éternuements, la toux et la simple respiration Les bactéries sont inhalées dans les poumons. Chez les personnes jouissant d'une bonne défense immunitaire, ces bactéries sont alors entourées par une légion de défenseurs qui les rendent inoffensives. Chez les autres, moins favorisées, les bactéries s'installent dans les poumons et s'y multiplient.

Ces derniers expédient l'oxygène dans les artères pour vivifier le reste de votre corps et fournir un échappement aux déchets gazeux du métabolisme, gaz carbonique par exemple.

Vos poumons sont des organes internes qui récupèrent les micro-organismes du monde extérieur à chaque inspiration : leur système de défense naturelle est donc particulièrement important lorsqu'il s'agit de préserver la circulation d'oxygène dans tout votre corps. Heureusement, chez la plupart des individus, les lignes de défense des poumons – avec le mucus et des filaments, appelés cils vibratiles – parviennent à écarter des voies respiratoires les pollens, les poussières, les virus et les bactéries.

La plupart du temps, ils font un superbe travail. Mais, parfois, ils sont affaiblis par des substances irritantes, fumée de cigarette par exemple, ou débordés par une horde de microbes.

Au fil du temps, elles peuvent détruire une partie des poumons et laisser des cavités. Les organes finissent par ressembler à un morceau de gruyère.

Aujourd'hui, la tuberculose est en effet en recrudescence dans la plupart des pays et tue chaque année 3 millions de personnes dans le monde. Néanmoins, la plupart des malades des pays industrialisés ne présentent pas les symptômes typiques de toux, de fatigue et de perte de poids.

« Je crois que la population en général court des risques, déclare le Dr Robert Bethel. Dans une grande mesure, on ne sait pas si l'on est exposé ou non à la tuberculose. »

« Je ne veux pas être alarmiste, s'empresse-t-il d'ajouter, mais si vous prenez le bus, le métro ou l'avion avec un tuberculeux et que celui-ci se met à tousser, les personnes qui l'entourent sont exposées et vulnérables. »

Heureusement, des soins longs et complexes peuvent venir à bout de la tuberculose et la laisser en veilleuse. Le traitement précoce est très important. Si vous croyez avoir été exposée à la tuberculose, parlez-en à votre médecin. Un simple test cutané ou une radiographie pulmonaire le renseignera immédiatement sur votre état de santé.

Chaque année, des millions de Français se plaignent de maux qui affectent bronches et poumons. En effet, l'asthme, qui touche 4 à 7 % des adultes, tue 1 500 personnes, 34 % de la population sont touchés par la grippe, la pneumonie à pneumocoque est encore responsable de près de 12 000 décès, et nous attrapons pratiquement tous un coup de froid.

Comment peut-on protéger ses poumons des maladies et des irritants qui nous épuisent ? Voici ce qu'en pensent les experts.

La sobriété pour les cils vibratiles. La boisson interfère avec les mécanismes de nettoyage qui tiennent nos poumons à l'écart des germes porteurs de maladies, dit le Dr Stephen R. Mostow. « Les cils vibratiles de l'appareil respiratoire s'enivrent autant que vous », explique-t-il. Si vous ne buvez qu'un ou deux verres par jour, vos cils iront très bien. Mais si vous décidez brusquement de boire plus que de coutume, vos cils ne seront plus capables de faire leur travail.

Faites appel aux ultrasons. Pour maintenir en pleine forme votre appareil respiratoire, humidifiez votre environnement en hiver à l'aide d'un humidificateur à ultrasons, dit le Dr Mostow. L'humidité accrue aidera les cils à chasser poussières, virus, bactéries et pollens.

Faites travailler vos poumons. Ne vous arrêtez pas à vos biceps. Faites des exercices sportifs qui obligent le cœur et les poumons à travailler, dit le Dr Mostow. Cela aidera vos poumons à fonctionner au top niveau. La marche, la course ou la natation pendant 20 minutes trois fois par semaine sont certainement idéales, mais commencez par en discuter avec votre médecin traitant pour qu'il établisse avec vous un programme d'entraînement conforme à vos besoins spécifiques.

Bannissez la fumée. Fumer une cigarette ou même se trouver dans la même pièce que des fumeurs peut abîmer vos poumons, dit le Dr Bethel. La fumée incite vos défenses naturelles à sécréter une enzyme qui, en s'attaquant aux substances chimiques nocives, digère littéralement les poumons. Ce processus fait bien entendu le lit des futures maladies tout en provoquant immédiatement une gêne respiratoire.

Attaquez les symptômes du rhume

Le rhume, les infections des voies respiratoires supérieures et la bronchite peuvent être déclenchés par toutes sortes de micro-organismes qui vous donnent l'impression d'avoir perdu toute capacité à respirer.

On attrape ces maladies en inhalant les germes d'une tierce personne ou en touchant quelqu'un qui a un virus, puis en portant la main à son nez ou à ses yeux, ce qui permet aux germes de pénétrer dans le corps.

Une fois que le virus vous a envahi, il s'installe dans votre gorge et fabrique des centaines de virus semblables à lui-même. Ceux-ci se disséminent dans tout votre corps et déclenchent les symptômes bien connus du rhume : le nez qui coule, la gorge irritée, les courbatures et la toux.

Il est impossible à l'heure actuelle de guérir le rhume, mais voici comment vous pouvez en traiter les symptômes.

Attaquez en force. Le piment et les épices telles que le curry déclenchent la sécrétion des muqueuses. Le surcroît d'humidité peut diluer le flegme dans les voies nasales et lubrifier une gorge douloureuse ou qui chatouille.

Vapeur et bouillon. Buvez du bouillon de poulet ou attardez-vous sous une douche bien fumante, suggère le Dr Thomas A. Gossel. Les liquides que vous buvez ou inhalez diluent le mucus du nez et de la gorge afin de faciliter la respiration. Utilisez des aérosols décongestionnants au moment de vous coucher, mais pas plus de cinq jours d'affilée pour éviter d'enflammer les tissus.

Système D. Certains médicaments contre la toux proposés en vente libre comprennent la syllabe DEX dans leur nom (Nodex, par exemple) : c'est la première syllabe du nom de leur principe actif, le dextrométhorphane. Les médecins ne jurent que par ça. Suivez bien les indications de la notice.

Du zinc en comprimé. Voilà quelques années que l'on sait que le zinc peut aider à lutter contre le rhume. Une étude menée par le Dartmouth College de Hanover (New Hampshire) révèle que des comprimés de zinc peuvent réduire de 42 % la durée d'un rhume. Ce minéral ne doit cependant pas être pris sous n'importe quelle forme. Il vous faut du gluconate de zinc avec glycine. C'est assez nouveau sur le marché et votre pharmacien n'en a pas obligatoirement.

Endormez votre gorge. Sucez des pastilles pour endormir votre gorge et l'adoucir, propose le Dr Gossel. Ou utilisez un aérosol en visant bien le fond de la gorge. Suivez attentivement les conseils des notices.

Chassez la douleur. Essayez l'aspirine, le paracètamol ou l'ibuprofène pour vous débarrasser des petits maux engendrés par le rhume, dit le Dr Gossel.

Buvez. L'impression d'être « trop fatiguée pour bouger », qui accompagne fréquemment le rhume, est due à la déshydratation, selon le Dr Gossel. Buvez au moins six verres d'eau par jour pour empêcher cette désagréable sensation.

Votre ennemi, le stress. Une étude menée par l'université Carnegie Mellon de Pittsburgh a démontré que plus on est soumis au stress, plus on a de risques d'attraper les virus qui rôdent dans les parages.

Les chercheurs ont interrogé 394 hommes et femmes âgés de 18 à 54 ans à propos des stress qui avaient pu survenir dans leur vie – deuils récents, régime, changement de travail, perte d'argent, manque de sommeil ou dispute avec d'autres membres de la famille – et les ont divisés en cinq groupes. Chaque groupe a reçu des gouttes nasales contenant l'un des cinq virus responsables du rhume.

Le résultat ? Les personnes qui étaient le plus stressées étaient cinq fois plus vulnérables au rhume que les autres.

Vivre avec l'emphysème et la bronchite

Le syndrome respiratoire obstructif chronique peut mettre votre appareil respiratoire à la retraite anticipée. Ce terme recouvre la bronchite chronique, qui détruit les alvéoles pulmonaires, et l'emphysème, au cours duquel le poumon perd de son élasticité, ce qui interdit à l'air d'entrer et de sortir librement. En revanche, ce n'est pas le cas de la bronchite commune que l'on peut attraper en même temps qu'un rhume : ce n'est qu'une irritation des bronches qui fait tousser pendant quelques jours avant de disparaître.

La bronchite chronique – toux grasse qui dure au moins trois mois – et l'emphysème sont habituellement provoqués par la cigarette. Dans l'un et l'autre cas, les symptômes sont le souffle court, la capacité limitée à se dépenser physiquement, l'accumulation de mucus et la toux. Ces deux maladies sont en augmentation aux États-Unis, alors qu'en France, depuis dix ans, elles diminuent en même temps que le tabagisme. Les hommes étant plus nombreux à fumer que les femmes, ils sont deux fois plus nombreux à avoir de l'emphysème, mais les femmes les rattrapent à grands pas. La bronchite chronique, elle, affecte plus les femmes.

On ne guérit pas la bronchite chronique et l'emphysème, mais les stratégies suivantes peuvent résoudre en partie les problèmes de souffle court provoqués par l'obstruction des voies aériennes et rendre la vie un peu plus facile.

Évitez les gens qui éternuent. Tout type d'infection respiratoire peut faire empirer l'emphysème et la bronchite chronique, dit le Dr Bethel. Autant que possible, évitez les lieux surpeuplés et les gens infectés. Consultez votre médecin si une maladie telle que le rhume ou la grippe vient aggraver vos problèmes respiratoires.

Faites-vous vacciner. Prévenez les complications de la grippe et de la pneumonie (pneumopathie microbienne) en vous faisant immuniser, conseille le Dr Bethel.

Apprenez à économiser votre souffle. Si vous avez de l'emphysème, demandez à votre médecin de vous recommander un kinésithérapeute. « Il peut aider les patients qui ont le souffle court et dont les activités quotidiennes sont limitées, dit le Dr Bethel. Il leur apprend à mieux gérer ce genre d'activités. »

Un programme enseignera à votre corps comment utiliser plus efficacement l'oxygène dont il dispose. Ainsi, le peu d'oxygène dont vous disposez vous permettra d'aller plus loin.

Dilatez vos voies aériennes. Votre médecin peut vous prescrire des médicaments qui dilatent au maximum les voies aériennes, dit le Dr Bethel. Suivez attentivement les directives.

L'asthme : une maladie mortelle en progression

L'asthme est différent de la bronchite chronique et de l'emphysème en ce que l'obstruction des voies aériennes est à la fois intermittente et réversible.

Pendant une crise d'asthme, la voie aérienne se contracte, ses parois s'épaississent sous le coup de l'inflammation et le mucus s'accumule. Vous avez l'impression que vous allez périr étouffée, mais, après la crise, la voie aérienne retrouve son aspect normal. Malheureusement, des années de crises du même ordre peuvent provoquer des dégâts permanents.

Soyez rassurée si vous n'avez jamais eu de crise d'asthme. Il y a peu de chances pour que vous développiez cette maladie après 30 ans, dit le Dr Harold Nelson.

« L'asthme a tendance à frapper plusieurs membres d'une même famille, dit-il. Certaines personnes sont certainement prédisposées, mais nous pensons que l'asthme est causé par une inflammation des voies aériennes. »

« Tous les mécanismes ne nous sont pas encore connus, ajoute-t-il. Parfois, l'inflammation est provoquée par des allergènes que les malades inhalent. Parfois, c'est une simple exposition sur le lieu de travail. L'exposition à un grand nombre d'agents – soudure utilisée dans l'industrie électronique ou vapeurs nées de la fabrication du plastique – peut sensibiliser les voies respiratoires et rendre quelqu'un asthmatique. Bien souvent, quand des patients font de l'asthme, on ne sait pas quelle en est la cause. »

Une chose est cependant certaine : l'asthme affecte 6 à 10 % des enfants, 4 à 7 % des adultes et tue chaque année 1 500 personnes en France.

Selon l'Association américaine de pneumologie, la cause de l'augmentation du nombre de cas liés à l'asthme et de la mortalité demeure mystérieuse. Bien des choses peuvent déclencher une crise d'asthme, y compris les allergies, la fumée de cigarette et les autres irritants, une infection du système respiratoire ou des brûlures d'estomac, qui peuvent déclencher des quinte de toux et des spasmes au niveau des poumons. Pour le Dr Nelson, même une émotion forte ou un exercice sportif trop intense – surtout par temps froid – peuvent causer des problèmes.

Les cas d'asthme, nouveaux ou récurrents, peuvent débuter en prenant l'apparence de banales infections des voies respiratoires. Consultez immédiatement un médecin si vous avez du mal à respirer ou si vous vous sentez oppressée.

Si c'est bien d'asthme qu'il s'agit, le médecin peut prescrire des médicaments destinés à calmer les symptômes. Les inhalateurs contenant des corticostéroïdes sont certainement le moyen le plus efficace pour réduire l'enflure et vous aider à respirer. Les médicaments vendus sans ordonnance sont rarement aussi efficaces, dit le Dr Nelson.

« Ce n'est pas une maladie que vous pouvez soigner seule, dit le Dr Nelson. L'asthme est une chose bien trop sérieuse pour cela. » Voici ce que les spécialistes suggèrent pour traiter cette maladie.

Luttez contre la pollution. « Tout prouve que la vie dans un environnement pollué augmente l'incidence de maladies pulmonaires telles que l'asthme », dit le Dr Bethel. C'est pourquoi vous devez vous efforcer d'éviter les endroits lourdement pollués comme les zones industrielles et les autoroutes urbaines.

La qualité de l'air est fréquemment contrôlée par diverses agences. Contactez votre agence locale pour connaître le degré de pollution de la région où vous vivez ou travaillez.

Portez une écharpe. Quand l'air est froid et sec, respirer peut comprimer les voies respiratoires et faire tousser ou manquer de souffle. La solution ? Portez une écharpe que vous tirez devant votre nez et votre bouche pour respirer. Efforcez-vous de respirer surtout par le nez : l'air se réchauffe quelque peu et s'humidifie avant d'atteindre les poumons.

Le remède est dans la cuisine. Une étude sur les habitudes alimentaires de 9 000 adultes a montré que plus ils ingéraient de vitamine C et de niacine, moins ils souffraient de maladies respiratoires. Les aliments particulièrement riches en vitamine C sont le cassis, la goyave, le jus d'orange et le poivron rouge. La niacine se trouve surtout dans le blanc de poulet, le thon en boîte et l'espadon.

Devancez la crise. Un appareil permettant de mesurer la capacité respiratoire peut vous aider à identifier une respiration normale et une respiration qui ne l'est pas, dit le Dr Nelson. L'écoulement d'air pouvant chuter plusieurs heures, voire plusieurs jours, avant la crise, vous serez prévenue avant l'arrivée de celle-ci et pourrez prendre les médicaments prescrits par votre médecin.

Votre praticien vous expliquera comment fonctionne exactement ce type d'appareil, qui porte le nom de spiromètre.

Prenez le médicament qui vous convient. Les médicaments sur ordonnance destinés à traiter l'asthme incluent les anti-inflammatoires (stéroïdes, par exemple), qui suppriment l'inflammation, et les bronchodilatateurs, qui dilatent les voies respiratoires.

Certaines personne ne se servent que de bronchodilatateurs, dit le Dr Nelson. « Tout patient dont l'asthme est plus que léger et occasionnel doit être mis sous anti-inflammatoires et pas seulement sous bronchodilatateurs. Ensemble, ils réduisent les symptômes, diminuent probablement le nombre de crises aiguës qui nécessitent normalement une hospitalisation, atténuent le besoin en bronchodilatateurs, et, c'est du moins ce qu'espèrent les médecins, préviennent le développement à long terme d'une obstruction irréversible. »

Survivre à la grippe et à la pneumonie

Ni la grippe ni les formes les plus communes de pneumonie ne vont abîmer vos poumons, mais elles peuvent vous couper le souffle au point que vous vous sentirez dans l'impossibilité de monter un étage.

La grippe, qui provoque généralement fièvre, migraines, gorge irritée, congestion nasale, douleurs musculaires et sentiment d'épuisement, frappe habituellement entre décembre et mars. Elle est causée par l'une des deux souches virales, A ou B, qui infectent chaque année entre 33 et 52 % de la population. La grippe touche plus gravement les personnes âgées : aux États-Unis, c'est la sixième cause de décès.

La pneumonie, généralement caractérisée par la toux, l'émission de flegme, la fièvre, les frissons et les douleurs dans la poitrine, peut être causée par une variété d'agents infectieux : virus, mycoplasmes parasitaires et bactéries. Elle se manifeste chez 80 % des malades du sida. Appelée pneumonie à *Pneumocystis carinii*, elle est déclenchée par un parasite et ne s'observe que rarement chez les personnes n'ayant pas le sida.

Heureusement, la grippe et les types de pneumonie les plus mortels comme les plus communs peuvent fréquemment être prévenus ou traités sans que vos poumons subissent de dégâts permanents. Voici comment.

Guettez les signes avant-coureurs. Certains types de pneumonie, comme les pneumopathies à staphylocoques ou le bacille de Friedlander, peuvent détériorer les poumons, dit le Dr Mostow, « et ils ne seront plus jamais les mêmes après ». Consultez de toute urgence votre médecin si vous avez de la fièvre, une difficulté respiratoire ou une toux qui ne veut pas disparaître.

Défendez-vous contre la pneumonie. Le vaccin contre la pneumonie ne vous protège pas de la maladie, indique le Dr Mostow, mais il peut vous empêcher d'en mourir si elle s'abat sur vous. Le vaccin est efficace contre 23 types de germes bactériens – ceux responsables de 90 % des décès par pneumonie. On ne se fait vacciner qu'une seule fois dans sa vie.

Protégez-vous contre la grippe. Le vaccin contre la grippe est extrêmement efficace, dit le Dr Mostow.

Toute personne souffrant d'une maladie pulmonaire ou cardiaque chronique, de diabète, de maladie rénale, de chute de l'immunité, d'anémie ou d'autre problème sanguin doit se faire vacciner chaque année à l'automne ; il en va de même pour toute personne de plus de 65 ans ou travaillant dans le voisinage immédiat de malades.

Qui ne peut pas se faire vacciner ? Le vaccin étant incubé dans les œufs, toute personne allergique aux œufs devrait l'éviter. En général, si vous pouvez manger des œufs, vous pouvez sans danger recevoir le vaccin antigrippe.

Rendez visite à votre médecin de famille. Si vous oubliez de vous faire vacciner, deux médicaments antiviraux peuvent couper la route à la grippe, dit le Dr Mostow. Il s'agit de l'amantadine (Mantadix) et de la rimantadine (Roflual). Ces deux molécules protègent de la souche A, la seule capable de tuer. Mais attention : votre médecin doit vous les prescrire dans les 48 heures après les premiers symptômes.

Si vous oubliez de vous faire vacciner contre la pneumonie – ou si vous avez la malchance d'être frappée par un des types de pneumonie que le vaccin ne contrôle pas –, votre médecin vous prescrira un antibiotique spécialement conçu pour tuer le virus ou la bactérie qui vous a agressée, dit le Dr Mostow. Si vous avez la forme de pneumonie qui affecte les malades du sida, celle à *P. carinii*, votre médecin vous donnera du triméthoprime (Antrima), un médicament qui ne guérit pas mais contrôle étroitement la pneumonie.

RIDES

Des sillons qu'il ne faut pas creuser

Très concentrée, vous plissez le front et commencez à vous maquiller. Vous fermez doucement les yeux pour appliquer de l'ombre à paupières, puis vous les ouvrez tout grands quand vient le tour du mascara et du coup de blush. Ensuite, vous faites la moue et c'est le tour du rouge à lèvres. Parfait. Vous vous gratifiez d'un sourire dans le miroir.

Et alors, vous remarquez que le pli au front est toujours là. Ainsi que les pattes d'oie et les petits sillons à la commissure des lèvres.

Des rides ? Déjà ? Des rides de caractère, c'est très bien, et vous admirez les femmes qui vieillissent avec grâce ; mais là, c'est un peu prématuré, non ? Décidément, vous n'êtes pas prête pour les rides.

Et brusquement, vous vous sentez vieillie. Peut-être moins attirante, aussi. Vous craignez qu'un grand sourire ne révèle encore plus ces affreux sillons. Vous gardez les yeux bien ouverts pour dissimuler vos pattes d'oie.

Les racines du mal

Les médecins disent que les inévitables rides produites par la génétique et la gravité ne devraient pas se manifester avant la soixantaine. Mais bien souvent, elles arrivent beaucoup plus tôt, parfois même alors que nous avons tout juste trente ans. Voici pourquoi.

Dans les années 20, la grande styliste Coco Chanel était revenue bronzée et resplendissante d'un voyage sous les tropiques – rompant ainsi avec une tradition séculaire qui voulait qu'on se préservât du soleil et qu'on eût la peau diaphane. Un peu partout, les femmes à la page entreprirent de se faire dorer au soleil. En quête d'un bronzage élégant, elles initièrent une nouvelle tradition : celle des coups de soleil et du bronzage en cabine, mais aussi celle du cancer de la peau et des rides précoces. Même sur une peau naturellement sombre, disent les médecins, les dégâts occasionnés par le soleil sont responsables de 80 à 90 % des signes visibles du vieillissement, rides comprises.

La cause numéro deux des rides, c'est le tabagisme, qui peut faire vieillir de dix ans votre peau. Fumer diminue l'apport sanguin à la peau et affaiblit ses capacités réparatrices. Cela favorise aussi les enzymes qui attaquent les tissus de la peau, à la façon des attendrisseurs qui affaiblissent les fibres de la viande. La peau acquérant une « mémoire » quand elle est sans cesse sollicitée au même endroit, le simple geste de fumer est également créateur de rides. Tirer constamment sur une cigarette fait que les lèvres se plissent ; la fumée qui s'élève fait fermer à demi les yeux et creuse les tristement célèbres pattes-d'oie.

Certaines rides ne sont que la conséquence de nos émotions – un sourire omniprésent ou un front plissé par l'inquiétude. La façon de dormir peut également laisser un « souvenir » à la peau, surtout si l'on a le visage enfoui dans l'oreiller.

Mais que pouvez-vous faire si vous avez déjà derrière vous des années d'habitudes propres à favoriser les rides ? Les dégâts peuvent-ils être réparés ? Oui. Vous pouvez empêcher la majorité des nouvelles rides de se former et supprimer, avec l'aide d'un spécialiste, les pires rides anciennes.

L'arme de la prévention

Si vous êtes décidée à lutter contre les rides, même si cela signifie abandonner le bronzage pour une beauté plus pâle mais plus saine, voici par où commencer.

Plantez un parasol chimique. L'écran solaire doit être votre arme de prédilection contre de nouvelles agressions solaires, dit le Dr Albert M. Kligman. Utilisez un écran total qui protège des deux types de rayonnement ultraviolet (UV A et UV B), et mettez-en toute l'année, jour après jour. Le matin, après avoir nettoyé votre peau, laissez-la légèrement humide et appliquez de petites noisettes d'écran solaire sur vos joues et votre front ; massez doucement pour faire pénétrer sur toute l'étendue de votre visage. N'oubliez pas le revers de la main, le cou et le décolleté.

Vous devez utiliser un écran solaire dont l'indice est égal ou supérieur à 15. Un indice 15, cela signifie que vous pouvez rester 15 fois plus longtemps au soleil avant d'avoir un coup de soleil que si vous n'aviez pas pris cette précaution. Souvenez-vous qu'un indice 15 vous protégera tous les jours dans les situations normales, mais qu'il vous faudra recourir à un indice supérieur et appliquer fréquemment votre écran solaire si devez passer de longues heures à l'extérieur.

Les médecins ne sont pas d'accord sur la limite à ne pas dépasser. Pour certains, un indice supérieur à 25 donne un faux sentiment de sécurité. Les indices très élevés évitent les brûlures par UV B, certes, mais ils peuvent laisser passer davantage d'UV A. Les rayons UV A pénètrent plus profondément dans la peau et provoquent la plupart des changements liés à l'âge, telles les rides, nous dit le Dr Melvin L. Elson.

Le Dr Joseph Bark n'est pas du même avis. Selon lui, la recherche montre que la peau peut brûler même avec un indice 15 et il recommande donc d'utiliser l'indice le plus élevé que vous puissiez trouver, même pour un usage quotidien.

Ne négligez pas de lire la notice explicative. « Les meilleurs écrans totaux contiennent du dioxyde de titane, de fines particules qui restent dans la peau et résistent au lavage ou au frottement », explique le Dr Kligman.

Ne comptez pas sur les produits cosmétiques. Le rayon cosmétiques de votre magasin préféré propose peut-être des bases et des crèmes hydratantes qui contiennent de l'écran total à indice peu élevé, mais cela ne suffit pas à vous protéger efficacement, dit le Dr Kligman.

Protégez vos yeux. Quand vous faites du sport et que vous transpirez, il serait fâcheux que l'écran total que vous avez mis vous coule dans les yeux. Essayez ce petit truc mis au point par le Dr Elson : « Prenez un stick pour les lèvres et appliquez-le autour de vos yeux, sa cire empêchera l'écran solaire de couler », dit-il. Vous devez également protéger vos yeux avec une bonne paire de lunettes, fermées sur le côté de préférence. Assurez-vous qu'elles bloquent bien les rayons ultraviolets.

Habillez-vous en conséquence. Les couturiers ont lancé des chemisiers, des maillots de bains et des vêtements de tous les jours dont la texture empêche les rayons du soleil d'atteindre votre peau.

Abandonnez cette habitude détestable. On se tue à vous répéter que le tabac est néfaste. Vous avez maintenant une raison de plus de cesser de fumer.

Une nourriture pour le visage. Pour une bonne santé générale de la peau, adoptez une alimentation équilibrée riche en fruits, en céréales complètes et en légumes. Vous pouvez également prendre des compléments permettant de réduire les lésions dues au soleil, dit le Dr Karen Burke. Elle recommande une prise quotidienne de 10 microgrammes de sélénium (sous la forme 1-sélénométhionine de préférence), plus 400 UI de vitamine E. Utilisez la vitamine E naturelle, delta-tocophérol, ou d'origine naturelle, d-alpha-tocophérol ou RRR-alpha tocophérol, plutôt que la vitamine E synthétique, acétate de All-RAC-alpha tocophérol ou acétate de d-l-alpha-tocophérol, qui est moins active. Un tel dosage ne devrait pas entraîner d'effets secondaires, indique le Dr Burke. Même si l'on n'a pas fait de recherches spécifiques prouvant que ce nutriment peut atténuer les rides, ils peuvent vous aider, ajoute-t-elle.

Étudiez votre image. Pendant quelques jours, posez un petit miroir à main à côté de votre téléphone et observez-vous quand vous êtes en pleine conversation. Vous avez peut-être des habitudes faciales dont vous n'avez même pas conscience, froncer les sourcils ou faire la moue, par exemple. Le miroir vous aidera à détendre les muscles de votre visage que vous mettez parfois trop à contribution, et vous réduirez les rides d'expression.

Pas d'aérobic pour le visage. La gymnastique du visage est préconisée dans un certain nombre d'instituts de beauté, mais elle ne fait que renforcer les rides, dit le Dr Burke. Quand, lors de ces exercices, vous grimacez ou vous livrez à des contorsions faciales, vous faites travailler les muscles déjà responsables de vos rides, explique-t-elle.

Dormez sur le dos. « C'est la meilleure position pour avoir un visage plus jeune et dépourvu de rides », dit le Dr Gary Monheit. Si, depuis des années, vous vous cachez le visage dans l'oreiller, dormir chaque nuit sur le dos avec un oreiller sous les genoux peut vous aider à modifier vos habitudes.

L'ABC du gommage des rides

Maintenant que vous avez la ferme volonté d'empêcher l'apparition de nouvelles rides, êtes-vous obligée de garder celles que vous avez déjà ? Non, pas toutes. La dermatologie et la chirurgie esthétique ont fait beaucoup de progrès et peuvent vous aider à supprimer vos rides. Cela va des lotions desquamantes à l'intervention chirurgicale.

Mais n'oubliez jamais ceci : « Vous ne pouvez pas faire appel sans arrêt à la chirurgie. Recourez-y le moins possible pour en tirer le maximum de bénéfice, conseille le Dr Geoffrey Tobias. Vous ne retrouverez jamais votre jeunesse et n'effacerez pas vingt années de votre visage, mais si deux ou trois rides vous préoccupent, n'hésitez pas. Vous vous sentirez beaucoup mieux. »

Envisagez d'abord les solutions suivantes.

Aplanissez-les avec Retin A. La trétinoïne (Retin A), dérivée de la vitamine A, s'est acquis une belle réputation de lisseuse de rides, plus particulièrement lorsqu'il s'agit des fines ridules causées par des années d'exposition au soleil. Mais attention : la crème Retin A ne peut être délivrée que sur ordonnance. Il existe d'innombrables lotions et produits cosmétiques fabriqués à partir d'ingrédients portant le même genre de nom, mais ce n'est bien sûr pas la même chose. Mieux vaut consulter votre dermatologue. (Sur l'utilisation de Retin A, voir page 527).

Essayez les lotions à base de AHA. Votre dermatologue dispose d'un moyen nouveau pour réduire les rides, nous apprend le Dr Elson. Des lotions extrêmement concentrées faites à partir d'alpha-hydroxy-acides (AHA) dérivés du vin, du lait, de la pomme, du citron et de la canne à sucre vont progressivement ôter les couches supérieures de peau morte. « Avec le temps, les petites rides et les pattes-d'oie sont moins visibles », dit le Dr Elson. Les lotions les plus prisées contiennent de l'acide glycolique tiré de la canne à sucre : la peau en absorbe plus facilement les petites molécules.

Une faible concentration d'AHA est également disponible en magasin sous forme de nettoyants et d'hydratants. Ils sont bien entendu moins efficaces que les produits plus concentrés prescrits par le dermatologue.

Pour l'instant, les AHA sont les seuls à défier Retin A dans la lutte contre les rides. Les lotions aux AHA donnent des résultats moins spectaculaires, mais sont aussi moins irritantes pour la peau.

Décollez vos rides. Le nom peut sembler effrayant, mais la desquamation chimique est un procédé assez doux, explique le Dr Sorrel S. Resnick. Le dermatologue nettoie votre visage à l'acétone, qui est un solvant assez puissant, avant d'appliquer de l'acide sur votre peau à l'aide d'un tampon. La peau blanchit et pique doucement quand l'acétone pénètre ; quelques jours plus tard, plusieurs couches de peau (et de fines rides) se détachent. Les spécialistes exécutent parfois une série de trois à six « peelings » doux à plusieurs semaines d'intervalle ; les résultats sont moins visibles qu'avec une seule desquamation effectuée plus en profondeur. Avec la méthode de la série, vous éprouvez moins de gêne et guérissez plus rapidement, en quelques jours habituellement. L'acide trichloracétique est sûr et efficace ; l'acide glycolique, moins pénétrant, est également très prisé.

Les peelings très profonds peuvent être dangereux, met en garde le Dr Resnick, et ne sont habituellement proposés qu'aux personnes dont la peau est épaisse et parcheminée. Le produit chimique utilisé dans ce cas-là est le phénol, qui peut entraîner des problèmes cardiaques ou rénaux. Le phénol doit être appliqué en salle d'opération, où l'on peut effectuer un monitoring cardiaque intensif.

Faites regonfler vos rides. Gonfler la peau sous les rides constitue une solution de rechange, indique le Dr Monheit. Des dermatologues utilisent plusieurs substances, mais la plus connue est fabriquée à partir du bétail : c'est le collagène. Ce dernier est un tissu fibreux qui forme un réseau résistant juste sous la surface de la peau. Le médecin injecte le collagène dans vos rides et une boursouflure apparaît à la surface de la peau. Quand elle disparaît (en six heures tout au plus), les rides ont disparu.

Le collagène pose-t-il des problèmes ? Il n'est malheureusement que provisoire : les résultats ne durent que de 4 à 15 mois, dit le Dr Monheit. De plus, certaines personnes peuvent être allergiques au collagène, et le praticien doit d'abord effectuer un test d'allergie.

Si vous êtes effectivement allergique au collagène animal, vous pouvez essayer une nouvelle méthode, dit le Dr Elson, celle de l'implant tissulaire autogène. Un fragment de peau prélevé sur une autre partie du corps est envoyé à un laboratoire qui le traite afin d'en extraire votre propre collagène. Il est alors renvoyé au médecin dans la seringue même qui servira à l'injection.

Un produit servant à remplir les rides peut durer jusqu'à cinq ans, dit le Dr Monheit. Il s'agit de gélatine que l'on mélange à votre propre sérum

Remettez les pendules à l'heure avec Retin A

Retin A n'est pas seulement recommandé pour l'acné.

« Je ne vois pas comment soigner une patiente qui a des rides sans lui prescrire Retin A, dit le Dr Melvin L. Elson. Cette crème agit en transformant la peau pour la rendre plus douce. » Elle augmente l'apport sanguin à la peau pour lui donner une couleur plus jeune, plus rose, et attire près de la surface les cellules qui fabriquent du collagène, substance qui tend à emplir les rides.

Les effets de la trétinoïne (Retin A) sur la peau ont été découverts par le Dr Albert M. Kligman. Ceux de ses patients qui soignaient leur acné avec la crème Retin A étaient heureux de constater que leur peau était à la fois plus lisse et plus ferme. Depuis, de nombreuses études ont démontré les effets antivieillissement de la crème Retin A, et le Dr Kligman recommande de l'utiliser assez jeune pour prendre une longueur d'avance sur les rides.

« Si vous avez beaucoup de rides et que vous êtes encore jeune, même si vous n'avez qu'une vingtaine d'années, n'attendez pas d'avoir 40 ou 50 ans, des rides profondes et des marbrures, dit-il. Si vous avez la peau claire et avez vécu une enfance normale sous nos climats, vous devriez commencer tôt avec Retin A et en mettre jusqu'à la fin de vos jours. »

Retin A pour les rides se vend en gel et en crème à divers dosages : votre dermatologue et vous-même devrez peut-être tâtonner pour trouver ce qui vous convient le mieux. Dans un premier temps, il se peut que votre peau soit irritée, bizarre, mais elle s'adaptera en un mois ou deux. Si vous avez une peau très sensible, commencez par en mettre tous les trois jours, puis tous les deux jours, jusqu'à ce que votre peau s'habitue ; ou commencez avec un dosage minimal (crème à 0,25 %) et augmentez progressivement jusqu'à atteindre une forte concentration, conseille le Dr Kligman. Une forme moins irritante de Retin A, Renova, devrait prochainement obtenir l'approbation du ministère de la Santé.

Si vous décidez de lutter contre les rides avec Retin A, sachez que c'est un combat que vous devrez mener toute votre vie. Les rides les plus fines reviendront immédiatement si vous cessez d'utiliser ce médicament. Comme Retin A augmente la sensibilité de la peau au soleil, il vous faudra aussi mettre tous les jours un écran solaire doté d'un indice assez élevé.

sanguin avant de l'injecter sous une ride. Votre corps réagit en fabriquant son propre collagène qui, à son tour, vient remplir la ride. Des inconvénients ? Ces injections font plus mal que les piqûres de collagène et la procédure est bien plus longue, dit le Dr Monheit.

« Pour remplir une ride, la meilleure substance serait quelque chose qui vient de votre corps », constate le Dr Michael Sachs. Une technique en est encore au stade expérimental : c'est celle du transfert de graisse, ou microlipo-injection. Le médecin extrait un peu de graisse d'une autre partie de votre corps, le ventre ou les fesses par exemple, et l'injecte sous la ride. Il n'y a aucun danger de réaction allergique puisqu'il n'y a aucune substance extérieure à vous-même. Malheureusement, les résultats ne tiennent pas longtemps. Les chercheurs ignorent pourquoi, mais les cellules graisseuses ne vivent pas longtemps une fois transplantées.

Un fil chirurgical peut également regonfler une ride, dit le Dr Sachs. « Le chirurgien place un fil à base de protéines directement sous la ride, où il stimule les cellules locales pour qu'elles produisent leur propre collagène. En six mois environ, le fil se dissout et le collagène emplit la ride pendant un laps de temps variant entre deux et cinq ans. » Le Dr Sachs est l'inventeur de cette méthode. Demandez à votre médecin si elle peut s'appliquer dans votre cas.

Grattez-les. La méthode dite de la dermabrasion, souvent utilisée pour supprimer les cicatrices d'acné, peut être très efficace pour les rides du contour de la bouche, mais pas lorsque la peau est très fine, autour des yeux par exemple, dit le Dr Sachs. Un instrument spécial gratte les couches supérieures de la peau, laissant des traces qui disparaissent en une dizaine de jours. Malheureusement, la dermabrasion supprime souvent le pigment de la peau, prévient le Dr Resnik. Si vous optez pour cette méthode de suppression des rides, il vous faudra toujours maquiller la zone traitée.

Si vous envisagez la chirurgie

Il existe de nombreuses méthodes chirurgicales qui vous permettront de vous débarrasser de vos rides, dit le Dr Tobias. Certaines opérations tirent la peau du visage et lissent les rides, d'autres ôtent les poches ou remplissent les plis des rides. Voici deux autres solutions.

Bien lisse autour des yeux. Au fil des ans, vos paupières peuvent se plisser et vous donner en permanence l'air d'être épuisée. Lors d'une blépharoplastie traditionnelle (lifting des paupières), le chirurgien supprime la peau excédentaire afin de rajeunir l'ensemble de l'œil. Vous pouvez également avoir au-dessus ou au-dessous des yeux des poches constituées principalement de graisse. Une méthode nouvelle, inventée par le Dr Sachs, pourra alors vous aider : c'est celle de la blépharoplastie avec fusion de la graisse. Le chirurgien insère une sonde chauffée dans une minuscule incision pratiquée au coin de l'œil et vaporise le contenu aqueux de la graisse, ce qui fait littéralement fondre les poches. La guérison peut prendre de quelques jours à une semaine, voire plus, selon la technique employée, dit le Dr Sachs.

Perdez cet air émacié. Un des processus naturels du vieillissement est la perte progressive d'os au niveau de la mâchoire et de tissus mous sous les joues. Les implants de silicone solide peuvent combler les creux dus au vieillissement et supprimer les rides qui en sont la conséquence, dit le Dr Tobias. Les implants solides n'ont pas été associés aux problèmes résultant des implants de silicone liquide, ajoute-t-il. Le chirurgien pratique de petites incisions dans la bouche et insère les implants sous les joues ou le long de la mâchoire.

Sexualité (Troubles de la –) et MST

Prévoir et guérir la plupart

Depuis des années, vous tentez en vain d'avoir un orgasme. Vous avez lutté contre de pénibles infections urinaires et contre la sécheresse vaginale.

Vous avez maintenant peur de perdre votre sex appeal dans une société qui ne recherche que la beauté et l'éclat de la jeunesse. Et tout ce que l'on raconte sur le sida fait que vous vous demandez, pour la première fois, si vos pratiques sexuelles ne risquent pas de vous communiquer une maladie sexuellement transmissible.

Et dire que vous croyiez que le sexe, c'était le pied !

Mais oui, rien n'a changé. La réalité, c'est que les problèmes sexuels et les maladies sexuellement transmissibles peuvent gâcher vos relations les plus intimes, détruire votre amour-propre et, dans le cas du sida, vous tuer. Dans le meilleur des cas, les problèmes sexuels vous donnent l'impression d'avoir été rattrapée par les années : ils sapent votre sex appeal et rendent l'acte d'amour aussi passionnant qu'un débat à la chambre des députés.

« Dans notre culture, le sexe passe pour une chose très importante, qui est aussi le domaine réservé de la jeunesse. De sorte que, quand une femme commence à se trouver moins attirante du point de vue sexuel ou pense que quelque chose va mal dans ses relations sexuelles, cela peut saper l'opinion qu'elle a d'elle-même et lui donner l'impression qu'elle est en train de vieillir », explique le Dr Beth Alexander.

Chaque année, quelque 6 millions d'Américaines contractent une maladie sexuellement transmissible. Mal traitée, une maladie de ce genre peut abaisser le désir sexuel, déclencher de l'arthrite aiguë et certaines maladies chroniques ou encore endommager gravement le système nerveux central. Certaines maladies entraînent la démence et même la mort.

« Quand une femme apprend qu'elle a une maladie sexuellement transmissible, elle peut se sentir salie, psychologiquement parlant. Cela affecte sa sexualité, bien souvent au point qu'elle perd tout intérêt pour les choses du sexe », dit le Dr Michael Brodman.

Heureusement, vous pouvez par bien des façons empêcher les problèmes sexuels et les maladies sexuellement transmissibles de s'installer. S'ils sont déjà là, vous pouvez dans la grande majorité des cas les traiter, ce qui signifie que vous avez encore devant vous de nombreuses années d'activité sexuelle.

Comment écarter les problèmes

Bien des femmes ont eu ou auront des problèmes d'ordre sexuel à un moment ou à un autre de leur vie, qu'il s'agisse de rapports douloureux, d'infections urinaires ou d'inhibition du désir sexuel, nous dit le Dr Domeena Renshaw.

Certains de ces problèmes sont causés ou aggravés par des maladies telles que le diabète ou les maladies cardiaques, et ils exigent une grande attention médicale. Mais les médecins disent que la plupart des femmes peuvent écarter les problèmes et améliorer leurs chances de vivre pleinement leur sexualité si elles suivent ces conseils.

Écrasez votre cigarette. « Si vous avez la trentaine ou la quarantaine et désirez avoir une vie sexuelle formidable jusqu'à 70 ou 80 ans, il vaut mieux que vous arrêtiez de fumer dès aujourd'hui », conseille le Dr Alexander. Fumer limite l'apport sanguin aux organes sexuels et inhibe l'excitation.

Posez votre verre. C'est vrai, un ou deux verres de vin ou de bière peuvent assouplir les inhibitions sexuelles, mais davantage peut vous empêcher d'avoir un orgasme, dit le Dr Alexander. L'alcool peut également entraîner des bouleversements hormonaux qui font baisser le désir sexuel.

Attention aux médicaments. « L'abus de médicaments peut affecter vos réactions sexuelles », prévient le Dr Alexander. Les médicaments pour l'hypertension artérielle, les antidépresseurs tels que l'hydrochlorure de fluoxétine (Prozac) et le lithium, les stéroïdes, le traitement contre les ulcères et les bêtabloquants comme le timolol (Timoptol, par exemple) font partie des centaines de médicaments qui affectent de diverses manières vos réactions sexuelles. Si vous pensez qu'un médicament agit sur votre vie sexuelle, demandez à votre médecin si vous pouvez en changer ou s'il peut en modifier le dosage.

Du calme, ralentissez. Si vous êtes constamment en train de courir et travaillez plus de 50 heures par semaine, vous risquez de foncer la tête la première dans un problème sexuel, dit le Dr Alexander. « Si vous pouvez changer les choses qui vous apportent du stress, n'hésitez pas, parce que diminuer le stress et penser davantage à vous-même ne peut qu'améliorer vos performances sexuelles », dit-elle. Trouvez le moyen de vous détendre régulièrement – faites un tour le soir dans le quartier ou dévorez un bon roman avant de vous coucher.

Éros et Morphée. Évitez d'avoir des rapports sexuels quand vous êtes fatiguée, car vous risquez davantage dans ce cas de connaître la frustration. « Il ne faut pas que vous ayez l'impression d'y consacrer vos ultimes forces, dit Shirley Zussman. Je vous recommande de réserver un laps de temps pour le sexe. Cela ne fait pas très spontané, mais, à long terme, votre relation en bénéficiera. Non seulement vous ferez l'amour, mais vous le ferez avec plaisir. »

Ne vous en faites pas trop. Peu importe l'expérience amoureuse qu'elle peut avoir, toute femme connaît un jour ou l'autre une frustration d'ordre sexuel. Quand cela arrive, n'en faites pas toute une histoire : c'est le meilleur moyen pour créer un problème chronique, dit Marty Klein.

« Si vous croyez que cela peut vous arriver un jour ou l'autre, lorsque cela arrive vraiment, ce n'est pas si grave que cela, dit-il. C'est comme avoir une éruption de boutons. Tout le monde en a à un moment ou un autre de son existence. Mais si vous êtes trop sûre de vous et qu'une éruption se déclare, c'est la catastrophe, et cela peut suffire à provoquer des récidives. »

Difficultés à parvenir à l'orgasme

La nature n'a pas la notion du temps. Prenez l'orgasme, par exemple. Les femmes mettent jusqu'à quatre fois plus de temps que les hommes pour y arriver, dit le Dr Renshaw. Il ne faut donc pas s'étonner si seulement 20 à 30 % des femmes connaissent régulièrement l'orgasme et si elles sont 10 % à ne jamais en avoir eu pendant un rapport sexuel. Voici quelques suggestions qui pourront vous être utiles.

Faites des exercices Kegel. Ils peuvent aider les femmes à arriver à l'orgasme en augmentant la conscience que le corps peut avoir des sensations sexuelles, dit le Dr Cynthia Mervis Watson. Les exercices Kegel renforcent les muscles pubo-coccygiens (situés dans la région génitale). Pour trouver ces muscles, essayez d'arrêter l'écoulement de l'urine. Écartez les jambes pour que vos cuisses ne se touchent pas. Quand vous arrêtez l'urine, vous avez l'impression de faire remonter votre bassin et vous éprouvez une sorte de resserrement au niveau de l'anus. C'est ainsi que se pratiquent les exercices Kegel. Quand vous maîtrisez bien cette technique, bloquez, puis relâchez pendant trois secondes. Faites cela 30 fois de suite.

Pensez à autre chose. Dites simplement à votre compagnon que vous n'essaierez pas d'avoir d'orgasme pendant les deux prochaines semaines. Cela devrait vous aider à vous débarrasser de la pression qui vous accable et vous profiterez mieux de l'acte sexuel proprement dit, conseille le Dr Klein. Plus vous serez détendue, plus vous aurez de chances de connaître l'orgasme.

Les infections urinaires

Pendant les rapports, le pénis peut faire remonter des bactéries jusque dans la vessie et déclencher une infection des voies urinaires. Une femme sur cinq a connu au moins une fois dans sa vie ce problème qui suscite un besoin incessant d'aller uriner, une sensation de brûlure durant la miction, une douleur au-dessus de l'os du pubis et parfois même du sang dans les urines. Voici quelques moyens de prévenir une infection urinaire.

Urinez après l'amour. En urinant après un rapport sexuel, vous réduirez les risques d'infection des voies urinaires, dit le Dr Thomas Hooton. « En faisant cela, vous chasserez toutes les bactéries qui peuvent provoquer une infection dans la vessie », explique-t-il.

Essuyez-vous soigneusement. « Après avoir uriné, essuyez-vous de l'avant vers l'arrière, vers le rectum », dit le Dr Brodman. En faisant le contraire, vous risquez d'amener dans l'urètre des bactéries présentes au niveau du rectum et d'augmenter ainsi les risques d'infection urinaire.

Revoyez votre méthode de contraception. Si vous avez des infections urinaires fréquentes et utilisez un diaphragme enduit de spermicide, il serait peut-être bon que vous envisagiez une autre forme de contraception. Lors d'études conduites par l'université de Washington, des échantillons d'urine prélevés après un rapport sexuel ont révélé que les femmes qui se servaient d'un diaphragme avec spermicide couraient davantage de risques de contracter la bactérie *Escherichia coli*, responsable de l'infection urinaire. La combinaison diaphragme-spermicide tue apparemment les bonnes bactéries, celles qui protègent le vagin et les voies urinaires de l'infection, et encourage la prolifération de la bactérie *E. coli*.

Perte du désir sexuel : ravivez la flamme

Quand vous vous êtes rencontrés, votre compagnon et vous-même comptiez les heures entre deux rapports sexuels. Mais, peu à peu, la passion s'est refroidie, les heures se sont changées en jours, puis en semaines, et vous en êtes aujourd'hui au point d'essayer d'éviter de faire l'amour.

Jusqu'à 48 % des adultes américains perdent à un moment ou à un autre tout intérêt pour les choses du sexe, estiment les chercheurs. Environ 70 % des personnes cherchant à raviver le désir sexuel sont des femmes. La dépression, l'alcoolisme, les maladies chroniques (foie, par exemple) sont quelques-unes des causes physiques qui peuvent accélérer ce processus, dit le Dr Alexander. Mais les problèmes physiques inhibent rarement le désir sexuel chez les femmes de moins de 55 ans.

« Le problème n'est pas nécessairement qu'une personne est rendue malheureuse ou gênée par son désir sexuel. Le problème, c'est qu'elle en veut habituellement plus ou moins que son partenaire, dit le Dr Michael Seiler. Si vous avez moins envie de sexe que votre partenaire, vous pouvez vous sentir étrange, anormale, et sans aucun doute vieillie. »

Voici quelques idées destinées à faire renaître la passion dans vos relations.

Parlez-en. Si votre compagnon veut faire l'amour quatre fois par semaine et vous quatre fois par mois, parlez de vos besoins et tentez de trouver un compromis. Autrement, le problème s'intensifiera. « Un couple a besoin de parler de ses sentiments, dit le Dr Seiler. S'il ne peut se rencontrer sur le plan des émotions, il y a de fortes chances pour qu'il n'y parvienne pas autrement. »

Si vous croyez que votre partenaire perd tout intérêt pour le sexe, évitez de lui dire des choses du genre : « C'est un gros problème », ou « Tu as tant de complexes », suggère le Dr Anthony Pietropinto. Dites-lui plutôt : « Depuis quelque temps, je remarque que tu ne t'intéresses pas trop au sexe. Est-ce que je peux faire quelque chose pour toi ? » L'important est de dédramatiser la situation.

Rêvez-en. « Apprendre à fantasmer peut raviver votre désir sexuel », dit le Dr Seiler. Pour ce faire, consacrez cinq minutes par jour à l'évocation d'une image sexuelle qui vous excite. Ce peut être une star de cinéma, votre compagnon ou même un ex-petit ami. Quand vous devez faire l'amour, évoquez cette image et voyez si elle vous excite encore.

La migraine, avant et après

Les ébats amoureux peuvent parfois guérir le mal de tête, mais il est plus fréquent qu'ils le provoquent, dit le Dr George H. Sands. Il s'agit bien souvent du type de migraine explosive qui vous dévaste le crâne au moment où vous approchez de l'orgasme. Toute migraine apparue durant les rapports doit être signalée à un médecin : ce peut être le symptôme d'un trouble grave, comme l'anévrisme cérébral.

Luttez contre la sécheresse vaginale

Cela va de la sensation désagréable mais passagère à la douleur fréquente qui rend tout acte sexuel pratiquement impossible. Des rapports douloureux peuvent être la conséquence d'un herpès génital, du syndrome prémenstruel, d'une infection vaginale, de l'endométriose, d'une grossesse ou d'un accouchement récent, mais le coupable est bien souvent la sécheresse vaginale. C'est une chose dont se plaignent fréquemment les femmes au moment de la ménopause. Voici comment l'éviter.

Pas de précipitation. Demandez à votre partenaire de ralentir et accordez plus de temps aux préludes amoureux. Rappelez-vous qu'en vieillissant, la femme a bien souvent une lubrification amoindrie.

Mettez un lubrifiant. Vous pouvez envisager de recourir à un lubrifiant vaginal soluble dans l'eau et vendu sans ordonnance tel qu'Astroglide, dit le Dr Lonnie Barbach. Certaines femmes préfèrent les gels à base de vaseline, mais attention, n'utilisez pas ce type de produit avec un préservatif en latex : le gel peut ramollir le latex et augmenter les risques de fuite.

En cas de refus total

Avancez lentement votre doigt vers votre œil. Au moment où vous croyez pouvoir toucher votre globe oculaire, la paupière se referme pour le protéger.

C'est pratiquement le même réflexe qui est responsable du vaginisme, une contraction involontaire des muscles de la région du vagin qui interdit toute pénétration.

Environ 2 % des femmes souffrent de vaginisme, maladie provoquée par des rapports douloureux, une crainte extrême de la grossesse, un sentiment de culpabilité ou de honte ou quelque autre cause d'origine psychologique.

Le vaginisme ne peut être combattu qu'avec l'aide d'un sexologue ou d'un psychiatre.

Vivre sans les MST

Si tous les Américains frappés par une maladie sexuellement transmissible devaient se rendre au Canada, la population de ce pays ferait plus que doubler ! Quelque 40 millions d'Américains ont une maladie sexuellement transmissible, ou MST. Chaque année, on enregistre 12 millions de cas nouveaux répartis équitablement entre hommes et femmes.

« Nous avons une formidable épidémie sur les bras », déclare Peggy Clarke.

La plupart des MST peuvent être soignées, mais plus vous attendez, plus vous risquez de souffrir de handicaps physiques et mentaux plus ou moins permanents. Vous devez également savoir que les MST sont bien souvent dépourvues de tout symptôme et qu'elles peuvent se dissimuler dans votre corps pendant des années : vous infectez alors vos partenaires sans même le savoir.

En dehors de l'abstinence, obliger votre partenaire à mettre un préservatif est la seule façon de ne pas attraper une MST, dit Clarke. Si vous avez déjà eu ou avez actuellement une lésion, des rougeurs ou des pertes, consultez votre médecin.

Le centre de contrôle des maladies infectieuses (CDC) d'Atlanta a identifié plus de 50 syndromes et organismes sexuellement transmis. Voici quelques-uns des plus répandus.

Herpès génital. Plus de 300 000 personnes souffrent d'herpès génital. Causé par le virus HSV2, l'herpès génital est une maladie tenace qui suscite des plaies génitales (une fois par mois chez certaines femmes). Certaines femmes n'ont jamais de plaies, mais sont tout aussi infectieuses. L'aciclovir (Zovirax) est un médicament oral qui peut apaiser les symptômes, mais ne guérit pas la maladie. Les plaies de l'herpès et des autres MST augmentent également les risques d'attraper le sida : le virus peut en effet facilement pénétrer dans le corps en profitant des lésions.

Le sida : la lutte contre le fléau

Nous sommes nombreuses à connaître au moins une personne qui souffre du sida ou qui en est morte. Mais au-delà des statistiques sinistres qui nous apprennent que plus de un million d'Américains souffrent aujourd'hui de cette horrible maladie et que plus de 25 000 Français en sont déjà décédés, il y a encore une lueur d'espoir.

« Au début, les patients mouraient quelques mois seulement après que l'on avait établi le diagnostic. Depuis, nous avons appris tellement de choses que l'on peut y survivre pendant assez longtemps », dit Peggy Clarke.

Les substances antivirales telles que la zidovudine ou AZT (Retrovir), la didanosine (Videx) et la zalcitabine (Hivid) peuvent freiner l'évolution de la maladie, laquelle détruit progressivement le système immunitaire et permet aux infections et au cancer de pénétrer librement dans l'organisme.

Il n'y a pas encore de remède. La meilleure façon de lutter contre le sida est donc de ne pas le contracter. Cela veut dire utiliser un préservatif ou avoir une relation exclusivement monogame dans laquelle les deux partenaires ont passé un examen et ont été reconnus exempts du virus d'immunodéficience humaine (VIH), qui est la cause du sida. Si vous vous faites des injections par voie intraveineuse, ne partagez jamais vos aiguilles : le VIH peut se transmettre par les liquides corporels qui subsistent dans l'aiguille.

Syphilis. C'est le grand imitateur : les premiers symptômes de cette maladie singent en effet ceux d'une horde d'autres maladies. La syphilis commence souvent par une plaie indolore dans la région génitale, et sa progression en trois étapes peut durer près de 30 ans. Elle peut gâcher la vie d'une femme en induisant des maladies cardiaques, des lésions cérébrales, voire la cécité. Sans traitement, elle peut même entraîner la mort. En France, le nombre de cas déclarés chez la femme serait de 500 à 1 000. Cette maladie est soignée grâce aux antibiotiques, mais les dégâts sont irréversibles.

Blennorragie. Connue depuis l'Antiquité, la blennorragie frappe chaque année 1,5 million d'Américains, mais semble régresser en France. Cette menace bactérienne peut rendre la miction douloureuse et provoquer des pertes vaginales dans les 2 à 10 jours qui suivent l'infection. Non traitée, elle peut entraîner la stérilité, de l'arthrite, des maladies de peau et des infections cardiaques ou cérébrales. La blennorragie peut être transmise au bébé pendant l'accouchement. Les antibiotiques sont très efficaces.

Chlamydia. Les symptômes sont semblables à ceux de la blennorragie, mais il peut ne pas y en avoir du tout. C'est le premier germe responsable de MST et il touche 4 à 5 % des femmes. Importante cause de stérilité féminine, cette maladie peut provoquer des dégâts irréversibles aux trompes de Fallope. Le traitement antibiotique est très long.

Verrues génitales. Près d'un million de cas nouveaux chaque année. Cette MST est causée par le Papillomavirus, que l'on associe parfois au cancer du col de l'utérus. Il n'y a pas de remède, mais les verrues peuvent être ôtées chirurgicalement, brûlées ou détruites par le froid. Elles sont fréquemment récurrentes.

Hépatite B. Cette maladie peut entraîner une cirrhose ou même un cancer du foie. On déplore 200 000 nouveaux cas chaque année, bien que la vaccination soit très efficace. La France est un des pays où l'endémie est la plus faible.

Pour toute information concernant les MST ou pour connaître les coordonnées des groupes de soutien, adressez-vous à votre gynécologue.

SOUCIS

Ne pas céder, mais se battre

Chaque matin, vous regardez vos petites filles partir prendre le bus qui les emmène à l'école. Font-elles bien attention en traversant ? Est-ce qu'elles vont avoir assez chaud ? Le conducteur est-il bien réveillé ?

Vous voici arrivée au bureau. Le dossier Leriche est-il bien parti ? Les chiffres sont mauvais : va-t-il y avoir compression de personnel ? Que ferez-vous si vous perdez votre emploi ?

Le soir, vous rentrez juste à temps pour les actualités télévisées. On signale un nouveau trou dans la couche d'ozone. Un proche de l'ancien Président a été retrouvé suicidé. L'Indonésie est en proie aux émeutes populaires.

La vie nous procure toutes sortes d'inquiétudes. Et parfois, c'en est trop. Peut-être souffrez-vous de migraines en permanence ou vous sentez-vous tout le temps fatiguée. Les soucis vous nouent peut-être l'estomac. Il n'y a pas si longtemps, quelques années seulement, vous vous sentiez gonflée d'espoir et d'optimisme, prête à apporter une solution à tous les problèmes de la planète. Aujourd'hui, vous vous sentez désemparée, impuissante, fatiguée, incapable de résoudre le plus petit dilemme.

« Les soucis ? Une vraie camisole de force, déclare d'emblée Mary McClure Goulding. Vous avez l'impression d'être bonne à rien, et vous ne faites rien. C'est une manière totalement improductive de vivre les plus belles années de votre vie. Mais c'est une chose que vous devez changer – que vous pouvez changer ! – dès aujourd'hui. »

Les faits tels qu'ils sont

Nous avons tous des soucis. Nous éprouvons tous de l'inquiétude. L'individu moyen (hommes et femmes confondus) passe environ 5 % de chaque journée, soit 48 minutes, à se faire du souci pour une chose ou une autre. Les sondages montrent que, chez un Américain ou un Européen, les premières causes de souci sont la famille et les relations, le travail, l'école, la santé et les finances.

L'inquiétude prend cependant un tour chronique chez 6 % de femmes. Elle peut même évoluer en un trouble clinique appelé anxiété généralisée. Les personnes qui souffrent de ce trouble s'inquiètent de multiples problèmes en même temps, et cela va jusqu'aux choses sur lesquelles elles n'ont que peu ou pas du tout d'emprise, comme le temps qu'il fait ou la guerre nucléaire. Elles se font trop de soucis et consacrent – malgré elles – 50 % de leur temps à cela, quand ce n'est pas 100 %, dit la psychologue Jennifer L. Abel. Chez les femmes, l'inquiétude chronique commence habituellement à se manifester vers l'âge de vingt ou trente ans.

Rien ne prouve que le souci est directement cause de maladies, dit le Dr Timothy Brown. Dans bien des cas, les soucis peuvent entraîner des troubles du sommeil, dont la fatigue et l'irritabilité sont les conséquences évidentes. Mais c'est sur le plan psychologique que l'addition est la plus lourde. Les gens inquiets ne peuvent pas se concentrer, ils ont des migraines et ne sont pas toujours capables d'affronter efficacement et de résoudre leurs problèmes, » dit-il.

Les gens inquiets sont presque toujours issus de familles où l'on se fait du mauvais sang, dit Mary McClure Goulding. Vous avez peut-être appris à vous faire du souci en observant votre mère, votre père, votre grand-mère ou une tante. Les gens inquiets ont parfois une mauvaise opinion d'eux-mêmes, poursuit-elle, et on leur a souvent appris à réprimer leurs sentiments – surtout lorsqu'ils sont positifs.

Tout cela débouche sur un problème central : le sentiment d'impuissance. « Vous n'avez pas l'impression de maîtriser votre existence, dit le Dr Susan Jeffers. Vous croyez que tout va de travers. Il devient impossible de résoudre les problèmes les plus simples sans déployer de grands efforts et sans éprouver beaucoup d'anxiété. »

Une étude menée auprès de 24 étudiants américains confirme cela. Quand on leur demande ce qui se passera s'ils n'obtiennent pas de bonnes notes, les optimistes répondent de manière typique qu'ils auront des professions moins intéressantes et gagneront moins d'argent. Les inquiets chroniques évoquent les mêmes choses, mais pas de la même façon. Certains redoutent de sombrer dans la drogue. D'autres pensent qu'ils seront en proie à des douleurs physiques constantes. D'autres enfin disent qu'ils en mourront – certains ajoutent même qu'ils finiront en enfer !

« Alors là, vous devez vraiment vous demander si cela vaut le coup de s'inquiéter de tout, dit le Dr Jeffers. Vous devez décider si vous voulez passer la fin de vos jours à vous angoisser ou si vous allez enfin faire quelque chose. C'est une décision difficile à prendre, mais il faut espérer que vous opterez pour la seconde solution. »

Calmez l'angoissée qui sommeille en vous

Appelez-la Germaine la pipelette, si cela peut vous amuser. C'est cet oiseau de mauvais augure qui vit dans votre crâne et ne cesse de vous parler de choses qui vont ou pourraient aller mal.

Il est temps qu'elle la mette un peu en sourdine.

« Vous devez faire taire cette voix qui ne cesse de vous harceler, dit Mary McClure Goulding. Si vous l'écoutez, vous ne cesserez de vous faire du souci. »

Prenez conscience de cette voix. Installez-vous dans un endroit tranquille et écoutez vos pensées. Quand vous commencez à entendre des pensées négatives, remplacez-les consciemment par des pensées positives. Des affirmations – de simples phrases positives que vous vous répétez fréquemment – peuvent très bien marcher. Essayez des phrases du genre « Il n'y a rien à craindre », « Je maîtrise mon existence », « J'ai la situation bien en main », ou encore « Tout marche comme sur des roulettes ».

C'est la fameuse méthode Coué de nos aïeux. « La répétition, voilà la clef de la solution. Au début, vous n'avez même pas à croire ce que vous dites, dit le Dr Susan Jeffers. Parler de manière positive change notre énergie et nous aide à aller de l'avant. »

Mary McClure Goulding suggère quant à elle d'être plus sévère avec notre critique intérieure. Levez-vous, mettez les mains sur les hanches et hurlez à Germaine : « Boucle-la ! Je ne t'écoute plus ! » Jurez comme un charretier, faites tout ce qui vous passe par la tête. « Chassez au loin cette voix, dit-elle. Ensuite, vous pourrez emplir votre esprit de pensées agréables et positives. »

Soyez plus forte que vos soucis

Il faut des années pour s'édifier un monde d'inquiétude et de soucis, et il vous faudra quelque temps pour le mettre à bas. Mais rassurez-vous, le temps joue en votre faveur. Une enquête menée auprès d'inquiets de tous âges a montré que l'on a tendance à se faire moins de souci en vieillissant. Les plus âgées des 163 personnes étudiées par les professeurs de l'université du Massachusetts à Amherst étaient les moins inquiètes quant aux problèmes financiers et sociaux et ne s'en faisaient pas pour leur santé.

Mais pourquoi attendre si longtemps pour que les choses s'améliorent ? Si vous êtes prête à chasser les soucis dès aujourd'hui, voici quelques conseils que vous offrent les spécialistes.

Pensez-y tout de même. Allez-y, faites-vous un peu de souci. Cela vaut mieux que de supprimer toute l'anxiété. « Cessez d'essayer d'arrêter ces pensées négatives, conseille le Dr Daniel Wegner. Mes recherches démontrent que plus vous essayez de supprimer des pensées indésirables, plus elles risquent de vous obséder. C'est particulièrement vrai quand vous êtes soumise à une forte pression, à un stress ou à une surcharge mentale. Quand vous essayez d'éviter des pensées négatives, vous êtes encore plus triste que lorsque vous les affrontez courageusement. »

Le Dr Jeffers aime à rappeler que 99 % des choses pour lesquelles nous nous inquiétons n'arrivent jamais. « Ressentez votre peur, c'est humain, dit-elle. Mais que cela ne vous empêche pas d'agir, et sachez que vos peurs sont pour la plupart sans fondement. »

Prenez votre temps. C'est une chose que de penser à vos problèmes, c'en est une autre que de les laisser dominer vos pensées. Le Dr Wegner dit que les recherches effectuées auprès d'inquiets chroniques montrent que, s'ils passent du temps la nuit à se préoccuper sérieusement de leurs problèmes, la tendance générale à se faire du souci diminue plutôt. « Après tout, des pensées auxquelles on consacre une heure par nuit finissent par sembler assez ennuyeuses », dit-il.

Le Dr Michael Vasey suggère pour sa part de consacrer 30 minutes par jour aux soucis (même lieu et même moment de la journée). « Concentrez-vous sur vos soucis pendant tout ce laps de temps et tentez de trouver des solutions aux problèmes », dit-il. Si vous craignez d'être licenciée, imaginez le scénario – le licenciement et ses conséquences – et ne laissez pas l'image vous quitter.

Dans un premier temps, vous serez certainement plus anxieuse, mais les choses iront en s'améliorant. « Si vous vous entraînez à vous concentrer sur vos soucis et à leur chercher des solutions, et ce pendant 30 minutes par jour, tous les jours pendant plusieurs semaines, votre anxiété commencera à diminuer, dit le Dr Vasey. Vous réussirez mieux à imaginer des solutions ou comprendrez que tout cela n'en vaut pas le coup. »

Écrivez une nouvelle fin. Les personnes qui s'inquiètent peuvent être extraordinairement créatrices, dit Mary McClure Goulding. Elles transforment le scénario le plus insignifiant en une véritable catastrophe en imaginant le pire. Tentez de mettre à profit cette créativité en transformant vos frayeurs en délires imaginatifs. Vous redoutez que le bus ait un accident ? Imaginez votre fille qui reprend le volant et sauve tous les passagers. Puis imaginez la réception triomphale à la mairie. D'ici à ce qu'on lui remette les clefs de la ville…

Vous désarmez vos soucis et vos inquiétudes en procédant ainsi, dit Mary McClure Gould. En accolant une fin heureuse ou totalement fantaisiste à un souci, vous vous donnez la chance d'être enfin positive, explique-t-elle. Vous aurez alors franchi une étape importante.

Dressez la liste de vos problèmes. Faites la liste de vos soucis. Vous redoutez qu'il pleuve dimanche prochain quand vous allez recevoir des amis ? Vous n'y pouvez strictement rien, et Mary McClure Gould vous propose de ranger cette inquiétude dans la catégorie « Ne fait pas partie de mes compétences ». Vous craignez que les hommes vous trouvent peu attirante même quand vous savez que ce n'est pas vrai ? Cela entre dans la catégorie « Imagination ».

Pourquoi s'en faire pour les choses qui appartiennent à ces deux catégories ? « Cela ne rime à rien, dit Mary McClure Goulding. Pourquoi vous inquiéter pour le temps ? Pour des choses qui ne sont même pas vraies ? » Une fois que vous avez compris que ce sont des sujets d'inquiétude sans intérêt, dit-elle, il est plus facile de les balayer.

Passez à l'action. Certains soucis sont plus légitimes que d'autres. Vous vous inquiétez pour votre santé ? Faites la liste de tout ce que vous pouvez faire pour améliorer la situation. Vous pourriez commencer par marcher davantage. Manger mieux. Ou arrêter de fumer. Décidez ensuite laquelle de ces résolutions vous allez appliquer. Le secret, c'est agir, agir et encore agir. « Quand vous travaillez activement sur une solution, dit le Dr Jeffers, l'inquiétude n'est plus vraiment un problème. Vous commencez à vous dire que vous créez votre vie et que vous n'en êtes pas victime. »

Allez trouver une amie. Parlez de vos craintes à quelqu'un que vous estimez. « Quand vous parlez de vos soucis, cela les dégonfle. On ne peut les supprimer, ils sont bien là, mais ils perdent de leur importance », dit le Dr Wegner.

Prenez garde à ce que votre amie ne noircisse pas le tableau malgré elle. Par gentillesse, elle peut vous dire que c'est normal de s'en faire ou dire « Je comprends que tu sois inquiète ! » Mary McClure Goulding explique que cela peut renforcer votre besoin de vous inquiéter. Si vous décidez de partager vos pensées, assurez-vous que votre confidente est d'accord jouer la carte de la franchise et vous aider à trouver des manières positives et constructives d'aborder vos soucis.

STÉRILITÉ

Quand la nature a besoin d'un coup de pouce

Pauline Courbet avait tout juste vingt ans au moment de son mariage et elle pensait qu'elle avait tout son temps pour avoir des enfants.

« Nous voulions des gosses, mais nous préférions commencer par avoir une maison et une carrière professionnelle bien établie », dit cette femme de 43 ans.

Comme ils approchaient de la trentaine, son mari, Charles, et elle-même décidèrent que le moment était venu d'avoir un bébé, mais la nature ne voulut pas coopérer. « Nous avons essayé pendant un an, et il ne s'est rien passé, se souvient Pauline. Pendant ce temps-là, toutes les femmes de notre tranche d'âge tombaient enceintes. Les amis et la famille nous ont demandé ce qui se passait : pourquoi attendions-nous aussi longtemps ? Nous avions le sentiment de ne plus avoir beaucoup de temps devant nous pour essayer. J'avais vraiment l'impression que mon horloge biologique était ma pire ennemie et que je vieillissais à toute allure. »

L'histoire de Pauline et Charles est typique des 10 à 15 % de couples qui luttent contre la stérilité. Comme tous les autres, ils ont vu les mois se transformer en année, et l'espoir en déception. Le sexe devenait une obligation et, chaque fois que Pauline ne concevait pas, elle se sentait de plus en plus inutile.

« La stérilité est une chose traumatisante. Pour une femme, se sentir jeune, c'est en grande partie être capable de procréer, dit le Dr Reed C. Moskowitz. Il n'y a rien de plus dramatique pour une femme que de se dire qu'elle ne peut concevoir d'enfant. Psychologiquement, cela peut ruiner l'image qu'elle a d'elle-même et lui donner l'impression qu'elle est vieille et décrépite. »

Comment parler à votre compagnon

Vos rêves de bercer un petit bébé et l'espoir de votre compagnon de le voir jouer un jour au PSG tombent à l'eau. Votre vie sexuelle a toute la spontanéité et la passion d'une gaufre glacée. Et un jour, votre frustration prend le dessus et vous explosez. C'est la dispute.

Peu importe l'attention que vous portez à votre partenaire, le poids de la stérilité sur vos relations peut être énorme. Heureusement, vous pouvez atténuer les tensions si vous préservez une bonne communication et mettez à profit ce problème pour renforcer votre couple plutôt que de le déchirer, dit le Dr Reed C. Moskowitz.

« Acceptez que ce n'est ni vous ni lui qui avez un problème. En tant que couple, vous avez un problème commun. Il vous affecte tous les deux, dit le Dr Moskowitz. Peu importe qui a des difficultés d'ordre physique. Souvenez-vous que vous éprouvez tous deux cette douleur psychologique parce que vous désirez tous deux avoir un enfant. »

Tentez de vous concentrer sur les aspects positifs de votre relation et comprenez que la qualité de votre vie de couple peut continuer à s'améliorer, même si la stérilité est plus forte que vous, conseille le Dr Vicki Rachlin. Vous devez également encourager votre partenaire à partager ses sentiments avec vous.

« Dans notre culture, les hommes n'ont pas souvent l'occasion d'exprimer leurs sentiments en dehors de la colère et de la frustration, dit le Dr Rachlin. Une femme peut donc dire à l'homme de sa vie : " Il est normal que cette stérilité nous attriste et il est normal que nous nous sentions vulnérables. " Cela pourra l'aider à exprimer toutes les émotions qu'il ressent. »

Qu'est-ce que la stérilité ?

Il y a de grandes chances pour que ce soit votre professeur de sciences naturelles qui vous ait appris comment on faisait des bébés. Il vous a longuement expliqué comment, lors de l'acte sexuel, l'homme éjacule des millions de spermatozoïdes dans le vagin de la femme et comment ces spermatozoïdes remontent dans les trompes de Fallope. Si le couple fait l'amour pendant ces rares jours du mois où l'ovule issu de l'ovaire descend dans l'une des trompes, l'ovule et les spermatozoïdes se rencontrent. Si l'un

À la recherche des causes

Cela fait un an, et vous n'êtes toujours pas enceinte. Il est vraiment temps d'aller chez le médecin.

En premier lieu, le praticien étudiera votre passé médical et vous examinera de manière approfondie. Si cela ne permet pas d'identifier le problème, votre compagnon et vous-même devrez passer des examens biologiques minutieux. Voici ceux qui s'appliquent à une femme.

Prise de sang destinée à déterminer le taux de progestérone. Ce taux augmente après l'ovulation et stimule le développement de la muqueuse utérine afin de la préparer à recevoir l'ovule fécondé. Cet examen s'effectue le 20e ou le 21e jour du cycle (qui dure 28 jours). Un faible taux de progestérone peut signifier que l'endomètre n'est pas assez développé pour permettre l'implantation de l'ovule fécondé.

Test postcoïtal, ou test de Huhner. On examine la qualité de la glaire cervicale et la capacité du sperme à y circuler, on cherche aussi tout signe de maladie sexuellement transmissible ou de bactéries. Dans les heures qui suivent le rapport, une petite quantité de glaire cervicale est prélevée à l'aide d'une seringue. Un test normal montre un grand nombre de spermatozoïdes sains et actifs.

Biopsie de l'endomètre. Un fragment de muqueuse utérine est prélevé pour y chercher toute anomalie et voir s'il y a eu ovulation. Après le

d'eux pénètre dans l'ovule, il y a fécondation, et c'est le début de la grossesse. Si les conditions sont idéales et que le couple n'utilise pas de contraceptif, il y a chaque mois une chance sur cinq de grossesse.

En revanche, il est probable que votre professeur ne vous a pas dit ce qui pouvait ne pas fonctionner dans cette belle mécanique. Le diagnostic de stérilité est habituellement établi quand un couple a des rapports sans contraceptif depuis 12 mois et ne parvient pas à concevoir. La stérilité peut survenir alors que vous avez déjà eu des enfants. Dans 40 à 50 % des cas, les médecins constatent que la femme a des problèmes au niveau de ses organes reproducteurs, dit le Dr Frederick Licciardi. Dans 40 % des cas, c'est l'homme qui est à l'origine du problème. Parfois, l'homme et la femme ont des difficultés qui font obstacle à la grossesse ; dans 10 % des cas, les médecins ne parviennent pas à déterminer l'origine de la stérilité.

Chez la femme, la difficulté tient normalement à ce qu'elle n'a pas d'ovulation (non production d'ovule) ou que ses trompes sont soit obstruées, soit abîmées, de sorte que l'ovule et les spermatozoïdes ne

21e jour du cycle, une petite quantité de muqueuse utérine est prélevée, lors d'une intervention chirurgicale assez proche de l'examen pelvien. Le tissu doit être spongieux. Les nouveaux instruments rendent ce test indolore, mais nombre de femmes continuent à le trouver assez désagréable. Envisagez une anesthésie locale.

Hystérosalpingographie. On vérifie si les deux trompes de Fallope sont bien ouvertes et on inspecte les contours internes de l'utérus. Une semaine après les règles, une teinture est injectée dans l'utérus lors d'un examen pelvien. Une radio montre le contour de l'utérus et des trompes. La plupart des femmes ressentent des crampes lors de cet examen : demandez un anti-inflammatoire avant le test. Une injection pratiquée plus lentement est mieux supportée.

Laparoscopie. Permet de chercher toute anomalie : endométriose, lésions des trompes, obstruction de l'utérus, des trompes et des ovaires. Lors de cet acte chirurgical, un laparoscope, tube de métal pourvu d'une lentille optique, est glissé dans une incision pratiquée à hauteur du nombril. Les organes peuvent ainsi être observés de près. Les adhésions mineures peuvent être ôtées au cours d'une opération chirurgicale effectuée sous anesthésie générale (mais sans hospitalisation). L'incision risque de vous faire un peu souffrir.

peuvent se rencontrer. Les causes sont alors très nombreuses : déficience hormonale, infections du pelvis, fibromes, kystes, maladies sexuellement transmissibles telles que la blennorragie, l'infection par chlamydia ou l'endométriose. C'est cette dernière maladie qui était responsable de la stérilité de Pauline Courbet. Il y a endométriose quand les cellules de l'utérus se multiplient hors de celui-ci, dans les ovaires et les trompes de Fallope, suscitant ainsi une inflammation et des marques de scarification.

« Au moins 50 % des femmes qui viennent se faire soigner pour stérilité souffrent d'endométriose, dit le Dr Donald I. Galen. Personne ne connaît vraiment l'origine de cette maladie, mais toujours est-il qu'elle empêche la fécondité. »

L'endométriose et les infections pelviennes peuvent également provoquer une grossesse ectopique, c'est-à-dire extra-utérine. Une grossesse sur cent est ectopique : au lieu de s'installer dans l'utérus, l'ovule fécondé prend position et se développe dans les trompes, dans les ovaires ou même dans l'abdomen. Une grossesse extra-utérine doit être interrompue : le fœtus peut mettre en danger la vie de la mère ou endommager gravement les trompes et interdire de nouvelles grossesses, selon le Dr Niels Lauersen.

La glaire cervicale est une sécrétion qui permet normalement au sperme de pénétrer dans l'utérus. Ses anomalies sont également causes de stérilité. Quand la glaire cervicale est trop épaisse ou se présente en faible quantité, le sperme ne réussit pas à rejoindre les trompes de Fallope, explique le Dr Eli Reshef. Les spécialistes de la fécondité pensent également que certaines femmes développent des anticorps qui prennent – à tort – le sperme pour un envahisseur nuisible et réduisent ainsi ses chances d'atteindre et de féconder l'ovule.

Le tabac, l'abus d'alcool, les drogues, le stress et l'exposition à la pollution, aux substances chimiques et aux rayons peuvent également réduire la fécondité de la femme, dit le Dr Galen.

Quand le temps se met contre vous

Pour la plupart des femmes, le gros problème, c'est le temps. Quand une femme vieillit, sa fécondité – véritable horloge biologique – s'altère peu à peu.

« La quarantaine est une période critique pour les femmes, car c'est là que nous constatons un déclin spectaculaire du taux de fécondité », dit le Dr Galen.

« La stérilité survient chez moins de 1 % des couples adolescents, explique le Dr Sherman Silber. Quand ils ont une vingtaine d'année, le chiffre passe à 13 ou 15 % et augmente régulièrement jusqu'à l'âge de 35 ans. Environ 25 % des couples entre 35 et 40 ans sont stériles ; après 40 ans, près de 50 % ne peuvent plus concevoir. »

Bien que la stérilité ne soit habituellement évoquée qu'après un an de rapports infructueux, les couples de plus de 35 ans qui tentent en vain de concevoir depuis six mois devraient consulter un spécialiste, pense le Dr Licciardi.

« Au bout de six mois, commencez à passer des examens, suggère le Dr Licciardi. Cela ne veut pas dire que vous devez entreprendre une action immédiate, mais vous aurez déjà franchi la première étape. »

Prenez votre revanche

La victoire sur la stérilité féminine passe bien souvent par le cabinet d'un gynécologue ou d'un endocrinologue spécialiste de la reproduction qui, après examen, peut vous suggérer des médicaments favorisant la fertilité ou des techniques opératoires de pointe. Nous en reparlerons plus tard. En attendant, voici quelques façons naturelles d'augmenter vos chances d'avoir un enfant.

Choisir le bon moment. Attendez d'être en pleine ovulation pour avoir des rapports si vous voulez être enceinte. Souvenez-vous que vous ne produisez qu'un ovule par mois et qu'il ne peut être fécondé que pendant les 24 à 48 heures qui suivent l'ovulation. « La plupart des femmes savent approximativement quand elles ovulent, mais, parfois, elles ne sont pas très sûres », dit le Dr Licciardi. Pour le savoir, notez la température basale de votre corps. Chaque jour, prenez votre température dès que vous vous réveillez, avant de faire quoi que ce soit d'autre. Votre température diminue avant l'ovulation et remonte quand un ovule est libéré. Si cela vous semble trop compliqué, achetez chez votre pharmacien un test pour examen d'urine qui change de couleur au moment de l'ovulation.

Écartez le stress. « Le stress peut troubler l'ovulation et provoquer des spasmes des trompes de Fallope, gênant ainsi la descente de l'ovule », explique le Dr Moskowitz. La pratique de techniques destinées à réduire le stress peut vous aider (biofeedback ou relaxation musculaire progressive).

Soyez vraiment excitée. Les femmes qui sont vraiment excitées produisent davantage d'hormones, et cela peut augmenter leurs chances d'être enceintes, dit le Dr Lauersen. Il suggère de faire durer les préliminaires au moins 20 minutes.

Fermez tout. Immédiatement après les rapports, maintenez fermées les lèvres de votre vagin avec vos doigts pendant quelques minutes, conseille le Dr Lauersen. Vous conserverez ainsi le sperme à l'intérieur de votre corps et lui donnerez une chance de remonter vers les trompes de Fallope.

Ne bougez pas. Après l'amour, allongez-vous sur le dos, un oreiller sous le bassin, pendant une petite demi-heure. Là encore, le sperme est encouragé à remonter dans les trompes de Fallope, dit le Dr Lauersen.

Essayez les médicaments contre la toux. Les médicaments contre la toux qui contiennent de la guaïfénésine (Vicks Vaposyrup, par exemple) diluent la glaire cervicale et permettent aux spermatozoïdes de mieux y nager, dit le Dr Lauersen. Prenez-en une ou deux cuillerées par jour, en commençant trois ou quatre jours avant l'ovulation.

Oubliez les lubrifiants. Les gels et les autres lubrifiants facilitent peut-être l'acte sexuel, mais ils peuvent nuire à la motilité du sperme, même quand ils ne contiennent pas de spermicides, dit le Dr Wolfram Nolten.

Pas trop d'exercice. Des exercices physiques intensifs – courir au moins 60 kilomètres par semaine, par exemple – peuvent entraîner des règles irrégulières et perturber l'ovulation, dit le Dr Mary Jane De Souza. Les raisons en sont toujours mystérieuses, mais on pense que l'excès de sport peut inhiber la sécrétion des hormones de la reproduction.

En revanche, marcher, nager ou pratiquer la bicyclette pendant 20 à 30 minutes, trois fois par semaine, ne devrait pas affecter votre faculté à procréer, dit le Dr Reshef.

Écrasez votre cigarette. Si vous fumez, vos chances de devenir mère partent littéralement… en fumée, dit le Dr Galen. Les femmes qui fument produisent moins d'ovules. Une fois enceinte, une femme qui fume risque plus de faire une fausse couche qu'une femme qui ne fume pas.

Tenez-vous à l'écart de l'oxyde de carbone. Des études laissent à penser que l'oxyde de carbone réduit le taux de fécondité. Voilà encore une bonne raison pour s'arrêter de fumer et éviter le tabagisme passif. Les poêles à bois et les cheminées produisent aussi de l'oxyde de carbone : les conduits de cheminée doivent être bien ramonés et les pièces aérées, dit le Dr Jarnail Singh.

Prenez des protéines. Bien sûr, il est difficile d'éviter tous les endroits où la concentration en oxyde de carbone est assez élevée, mais un régime alimentaire riche en protéines peut constituer un bon moyen de lutter contre la pollution, dit le Dr Singh. Au cours d'études menées en laboratoire, ce médecin a constaté que des souris exposées à l'oxyde de carbone et dont l'alimentation comprenait 8 % de protéines étaient cinq fois moins fécondes que celles vivant dans le même environnement, mais dont l'alimentation comprenait 16 % de protéines. « Si je peux suggérer quelque chose aux femmes qui veulent être enceintes, c'est d'augmenter la portion de protéines de leur alimentation et d'éviter tout environnement riche en oxyde de carbone », dit-il.

Si vous voulez faire le plein de protéines, votre menu type pour une journée doit comprendre un bol de flocons d'avoine et un yoghourt au petit déjeuner, un sandwich au thon et un bol de soupe aux haricots blancs à déjeuner, un yoghourt l'après-midi et des lasagnes à dîner. Évitez les sources traditionnelles de protéines telles que le bœuf gras et les autres viandes rouges parce qu'elles sont chargées de graisses saturées et de cholestérol, qui contribuent aux maladies cardiaques.

Surveillez votre poids. Les hormones de la reproduction, y compris l'œstrogène, sont déséquilibrées si vous êtes trop mince ou avez trop de poids, et cela ne peut que rendre la grossesse plus difficile, dit le Dr Lauersen. Pour une fécondité maximale, essayez de maintenir votre poids dans la fourchette suggérée par votre gynécologue.

Réduisez la caféine. Le café, le thé, le Coca-Cola et les autres boissons contenant de la caféine peuvent augmenter les risques de stérilité, dit le Dr Francine Grodstein. Lors d'une étude comparant la consommation de caféine (avant la conception) de 3 833 femmes venant récemment d'accoucher et de 1 050 femmes ayant des problèmes de stérilité, le Dr Grodstein a découvert que les femmes qui buvaient plus de deux tasses de café ou quatre canettes de Coca-Cola par jour couraient plus de risques d'avoir une lésion des trompes ou de l'endométriose. La caféine, selon elle, soit réduit l'apport sanguin et endommage ainsi les trompes, soit stimule la production d'œstrogène, ce qui peut provoquer l'endométriose.

Drogues et médicaments. Bien que la plupart des médicaments n'affectent pas l'aptitude à concevoir, des substances légales, telles que les antidépresseurs, et illégales, comme la marijuana et la cocaïne, augmentent les risques de stérilité, dit le Dr Lauersen. Indiquez à votre gynécologue quel médicament – ou quelle drogue – vous prenez.

N'abusez pas de l'alcool. Une quantité excessive d'alcool peut provoquer une ovulation irrégulière. « Buvez modérément, dit le Dr Galen. Je dirais qu'il ne faut pas dépasser une ou deux boissons alcoolisées par jour. »

Techniques de pointe

Bon. Comme Pauline Courbet et son mari, vous avez essayé toutes les méthodes naturelles, et vous n'êtes toujours pas parents. Ne perdez pas espoir. Dans la plupart des cas, les spécialistes peuvent, grâce aux formidables progrès en matière de médicaments et de techniques opératoires, identifier et résoudre vos problèmes de fécondité. Plus de la moitié des couples qui font appel à ces types de traitement finissent par avoir un enfant.

Que va donc faire le médecin ? Après des examens approfondis, il peut prescrire des médicaments favorisant la fécondité tels que le clomiphène (Clomid) ou des ménotropines (Humégon) pour stimuler l'ovulation. Si vous souffrez d'endométriose, de trompes bouchées ou que vous avez eu une grossesse extra-utérine, votre médecin peut vous recommander une chirurgie correctrice. Reprenons le cas de Pauline : elle a subi deux opérations en cinq ans pour supprimer son endométriose et suivi plusieurs cures de médicaments. Moins de trois ans après, elle a eu une fille, puis un fils sept ans plus tard.

En cas de lésion des trompes de Fallope ou si la patiente ne réagit pas aux médicaments propices à la fécondité, les médecins peuvent recourir à des techniques de fécondation très poussées.

Voici quelques-unes des méthodes les plus utilisées.

Insémination artificielle. Le sperme est déposé directement dans le vagin ou dans l'utérus. Si le sperme de l'homme est de piètre qualité, le couple peut faire appel à celui d'un donneur.

Fécondation in vitro (FIV). Les ovules sont prélevés dans les ovaires, déposés dans une boîte de Petri et mêlés au sperme du partenaire en vue de la fécondation. Après deux jours d'incubation, quelques ovules fécondés (ou embryons) sont placés dans l'utérus.

Transfert de gamète (GIFT). Les ovules et le sperme (gamètes) sont déposés dans une trompe où l'on espère que la fécondation se produira.

Transfert de zygote (ZIFT). Comme dans le cas de la fécondation *in vitro*, les ovules et le sperme se rencontrent dans une boîte de Petri et l'incubation dure deux jours. Mais plutôt que d'être placé dans l'utérus, l'embryon, ou zygote, est déposé dans la trompe de Fallope. De là, il suit son chemin naturel et vient s'installer dans l'utérus. L'avantage de cette méthode par rapport à celle du transfert de gamète est que l'on est sûr que la fécondation a bien eu lieu.

Dissection partielle de la zone pellucide (PZD). Lors de cette procédure, effectuée en laboratoire, le chirurgien utilise des substances chimiques, un faisceau laser ou une aiguille pour entrouvrir la couche extérieure de l'ovule, ou zone pellucide, et faciliter ainsi la pénétration du spermatozoïde.

Insémination subzonale (SUZI). Une fine aiguille permet de placer un spermatozoïde entre la zone pellucide et l'ovule proprement dit. Cette technique en est encore au stade expérimental.

STRESS

Se maîtriser avant tout

Vous ne savez pas vous reposer et vous n'en faites jamais assez. Votre estomac, le pauvre, est toujours noué.

« Le stress est le grand responsable, dit le Dr Leah J. Dickstein. Il peut vraiment vous mettre à plat. Mais le vrai problème, c'est que vous préparez le terrain aux autres maladies. »

L'Institut américain du stress, à Yonkers (New York), estime que 90 % des consultations chez le médecin sont liées au stress. Chez les femmes, ce trouble est associé à la fatigue, à la perte de cheveux, à un teint brouillé, à l'insomnie, à la perturbation du cycle menstruel, à la baisse de la libido et à l'absence d'orgasme, entre autres choses. Il est même prouvé que cela peut augmenter les risques de troubles plus sérieux comme l'hypertension artérielle et les maladies cardiaques.

« Le stress accélère tout votre organisme et suscite chez des gens assez jeunes des états rencontrés habituellement chez des personnes plus âgées, dit le Dr Allen J. Elkin. Pratiquement aucune partie de votre corps ne peut échapper aux ravages du stress. »

Il existe bien des façons de réduire le stress dans notre vie de tous les jours. Mais avant de chercher à le vaincre, les experts disent qu'il faut comprendre ce qu'il est – et comment il fonctionne.

On ne peut pas toujours courir

Malgré sa mauvaise réputation, le stress est l'un des meilleurs systèmes de défense de notre corps. Quand nous sentons qu'il y a danger – une voiture qui nous fonce dessus, par exemple –, notre organisme sécrète de l'adrénaline et d'autres substances qui nous rendent plus alertes, élèvent notre tension artérielle et augmentent notre force, notre rapidité et notre temps de réaction.

Le stress s'additionne-t-il ?

Souvenez-vous : le stress vient de l'intérieur. Votre attitude par rapport à l'existence n'est pas étrangère à l'intensité du stress que vous ressentez. Ce questionnaire, tiré du livre du Dr Robert S. Eliot et de Dennis L. Breo, *Is It Worth Dying For ?*, passe en revue votre conception des choses et votre stress global. Lisez chaque phrase, puis accordez-vous un point si vous ne pensez presque jamais cela, deux points s'il vous arrive de penser ainsi, trois points si vous pensez fréquemment cela et quatre points si vous êtes presque toujours de cet avis.

1. Les choses doivent être parfaites.
2. Je dois le faire seule.
3. Je me sens exclue loin de ma famille ou de mes amis intimes.
4. Je trouve que les gens devraient mieux écouter.
5. Ma vie va plus vite que moi.
6. Je ne dois pas échouer.
7. Je ne peux pas dire non sans me sentir coupable.
8. J'ai sans cesse besoin de générer l'excitation pour combattre l'ennui.
9. Je ressens comme un manque d'intimité avec les gens qui m'entourent.
10. Je suis incapable de me relaxer.
11. Je suis incapable de rire d'une plaisanterie dont je fais les frais.

C'est formidable lorsque nous réagissons à une menace qui exige une action physique de notre part. Malheureusement, dit le Dr Dickstein, notre corps ne sait pas faire la différence entre une menace physique et une menace mentale. Quand une échéance vous rend nerveuse, par exemple, vous pouvez produire les mêmes substances chimiques que lorsqu'un chauffard menace de vous écraser. Si nous ne brûlons pas ces substances par le biais de l'exercice physique, elles subsistent dans le sang et commencent à causer des problèmes.

Les études montrent que le stress peut réduire l'efficacité de notre système immunitaire. Une étude britannique a exposé 266 personnes, ayant pour la plupart une trentaine d'années, à un virus du rhume assez courant, puis étudié celles qui tombaient malades. Chez les sujets présentant peu de signes de stress, seuls 28,6 % attrapèrent un rhume, mais chez les individus stressés, le chiffre atteignit les 42,4 %.

12. J'évite de dire ce que je pense.

13. Je me sens tout le temps dans l'obligation de réussir.

14. J'exprime systématiquement des attitudes négatives.

15. Je me sens davantage dépassée par les événements en fin qu'en début de journée.

16. J'oublie les dates limites, les rendez-vous, les objets personnels.

17. Je me sens irritable et déçue par les gens qui m'entourent.

18. Le sexe, c'est plus de problèmes que d'agrément.

19. Je me considère comme exploitée.

20. Je me réveille plus tôt et ne peux pas dormir.

21. Je ne me sens pas reposée.

22. Je ne suis pas satisfaite par ma vie personnelle.

23. Je ne suis pas satisfaite par ma vie professionnelle.

24. Je ne suis jamais là où je voudrais être.

25. J'évite de rester seule.

26. J'ai du mal à m'endormir.

27. J'ai du mal à me réveiller.

28. Je n'ai pas envie de me lever.

Faites l'addition. Si vous avez 29 points ou moins, vous êtes faiblement stressée. Entre 30 et 58, c'est un stress acceptable. Entre 59 et 87, c'est un stress modéré. Si vous avez plus de 87 points, c'est que vous êtes vraiment très stressée.

Pourquoi ? Le stress peut inhiber les cellules défensives de notre système sanguin. « Tout le monde est malade un jour ou l'autre, dit le Dr Dickstein. Mais quand vous êtes très stressée, vous pouvez capituler devant un virus que vous auriez vaincu en temps normal. »

D'autres études révèlent que les femmes en état de stress risquent davantage d'accumuler de la graisse abdominale. Une étude de l'université de Yale à New Haven (Connecticut) s'est intéressée à 42 femmes obèses : celles qui présentaient de la graisse abdominale – femmes au corps « en forme de pomme » – sécrétaient plus d'hormones liées au stress que les femmes « en forme de poire », lesquelles accumulent de la graisse au niveau des hanches. Et les médecins savent que les individus en forme de pomme ont un risque accru de maladies cardiaques.

Jusqu'à la ménopause, les femmes sont protégées contre les problèmes cardiaques. Et cela grâce à l'œstrogène, qui empêche la formation de

Le travail vous épuise-t-il ?

Tout le monde éprouve une certaine pression au travail. Mais parfois, tout vous échappe et vous vous sentez épuisée, furieuse et peu productive ?

Pour calculer votre niveau de stress au travail, faites ce test conçu par le Dr Paul J. Rosch. Marquez un point par question avec laquelle vous n'êtes pas d'accord, deux points lorsqu'il vous arrive d'être d'accord et trois points quand vous êtes tout à fait de cet avis.

1. Au travail, je n'arrive pas à dire ce que je pense vraiment.
2. J'ai beaucoup de responsabilité mais pas beaucoup d'autorité.
3. Je travaillerais mieux si j'avais plus de temps.
4. Il m'arrive rarement d'être appréciée ou remerciée.
5. Je ne suis ni fière ni satisfaite de mon travail.
6. Je fais l'objet d'une certaine discrimination au travail.
7. Mon lieu de travail n'est ni très sûr ni agréable.
8. Mon travail empiète sur mes obligations familiales et mes besoins personnels.
9. J'ai tendance à discuter souvent avec mes supérieurs, mes collègues ou les clients.
10. J'ai l'impression d'avoir peu d'emprise sur ma vie professionnelle.

Voici comment interpréter les résultats : de 10 à 16 points, vous gérez bien votre stress ; de 17 à 23 points, modérément bien ; entre 24 et 30 points, vous devez absolument résoudre les problèmes qui sont à l'origine de votre stress.

plaque athéromateuse sur les parois artérielles. Mais dès l'instant où nous cessons de produire de l'œstrogène, nous connaissons les mêmes risques que les hommes. C'est alors que le stress peut vraiment faire des dégâts. « Le stress augmente le rythme cardiaque et la tension artérielle, transformant ainsi le revêtement intérieur de nos vaisseaux sanguins et rendant notre sang plus prompt à former des caillots, dit le Dr Robert DiBianco. Le stress peut changer la manière dont le cholestérol est traité par nos vaisseaux sanguins et, ce faisant, favoriser la formation de la plaque. »

Même si nous jouissons habituellement de deux ou trois décennies de répit pour ce qui est des maladies cardiaques, les femmes plus jeunes connaissent déjà d'autres problèmes liés au stress. Au Danemark, une étude portant sur 5 872 femmes enceintes a montré que celles soumises à un stress modéré ou élevé au cours du dernier trimestre connaissaient de 1,25 à 1,75 fois plus de risques d'accoucher prématurément. Le bruit stresse plus les femmes que les hommes. Les études montrent que les premières sont irritées par des sons dont le volume est inférieur de moitié à celui qui perturbe les hommes ; en revanche, elles entendent mieux les plus hautes fréquences, selon le Dr Caroline Dow.

Une étude de ce médecin montre bien ce que peut faire le bruit. Cent étudiantes passèrent un test sur ordinateur. La moitié travaillait sur des terminaux qui émettaient des sons aigus. Les femmes qui avaient des ordinateurs bruyants eurent des résultats inférieurs de 8,5 %. Elles avaient travaillé plus vite et faisaient plus facilement des erreurs – ce qui indique bien, explique le Dr Dow, qu'elles étaient stressées.

Même la société peut nous stresser. Aujourd'hui que les femmes réussissent professionnellement aussi bien que les hommes, nous connaissons tout comme eux le stress du monde du travail. En fait, c'est notre job qui est la cause de la majorité de notre stress, dit le Dr Dickstein. Mais cela ne s'arrête pas là. Les femmes qui travaillent doivent continuer à faire la cuisine, les courses, le ménage, s'occuper des enfants et être des épouses attentionnées. Ce stress à deux visages n'est pas tendre. Une étude suédoise portant sur des hommes et des femmes de 30 à 50 ans, cadres dans des usines de construction automobile, a révélé que la tension artérielle et le niveau d'hormones du stress augmentaient chez tous les individus pendant la journée de travail. Mais quand les hommes rentraient à la maison, la tension et le taux d'hormones baissaient de manière spectaculaire, tandis que ceux des femmes restaient élevés parce qu'elles avaient encore beaucoup à faire.

« Cette étude explique tout, dit le Dr Margaret A. Chesney. C'est la preuve psychologique que les femmes font une deuxième journée de travail à la maison. Les hommes savent qu'ils sont hors circuit une fois à la maison. Mais les femmes ne le sont pas. Elles sont encore sous la contrainte. »

Débranchez-vous !

Le secret pour vaincre le stress ? Créer un sentiment de maîtrise des événements. Nous devons comprendre qu'une certaine dose de stress est inévitable. En fait, un peu de stress nous aide à exécuter nos tâches et à atteindre nos objectifs, dit le Dr Dickstein. Mais trop de stress d'origine néfaste – discussions âpres avec le conjoint, par exemple, ou espérances irréalistes au travail comme à la maison – peut nous donner un sentiment de désespoir et d'impuissance devant les événements. C'est alors que le stress effectue la majeure partie de sa sale besogne.

Voici quelques conseils pour vous permettre de tenir le stress en respect.

Épuisez-le. Rien ne supprime plus le stress que l'exercice physique, selon le Dr Davis S. Holmes. « Un sport pratiqué régulièrement diminue plus efficacement le stress que tout médicament, toute intervention psychiatrique, toute rétroaction (biofeedback) ou méthode conventionnelle de gestion du stress. »

L'exercice physique permet de brûler toutes les substances chimiques liées au stress. De plus, votre corps libère aussi des endorphines qui détendent l'esprit, ajoute le Dr Holmes. Le sport renforce le cœur et vous protège contre les ravages ultérieurs du stress.

Les recherches du Dr Robert Thayer montrent que 30 minutes de sport intense diminuent instantanément les tensions, plus efficacement encore qu'un exercice modéré tel que la marche.

Dressez une liste. Tant de projets et si peu de temps ! Pour vaincre le stress, vous devez apprendre à établir des priorités, dit le Dr Lee Reinert. Au début de chaque journée, voyez quelle est la chose la plus importante et faites-la. Si vous êtes une adepte des listes, n'y inscrivez jamais plus de cinq rubriques. Vous aurez plus de chances de tout faire et vous éprouverez le sentiment d'avoir bien fait votre travail tout en exerçant une certaine domination sur les choses extérieures, dit le Dr Reinert. Vous pourrez alors dresser une nouvelle liste. Pendant que vous y êtes, faites aussi la liste des choses que vous pouvez déléguer à vos collaborateurs ou aux membres de votre famille. « Souvenez-vous : vous n'avez pas à faire tout toute seule, dit le Dr Reinert. Trouvez de l'aide et du soutien dans votre entourage. »

Apprenez à dire non. Parfois, vous devez apprendre à poser des limites. « Bien souvent, les gens stressés ne savent pas s'affirmer, dit le Dr Joan Lerner. Et ils acceptent tout. Au lieu de dire " Je ne veux pas faire ça " ou " J'ai besoin d'aide ", ils font tout eux-mêmes. Et ils ont de plus en plus à faire. »

Demandez à votre patron de choisir. « Dites-lui : " J'aimerais vraiment faire ça, mais je ne peux pas sans délaisser autre chose. Qu'est-ce que vous préférez me voir faire ? ", dit le Dr Merrill Douglass. La plupart des patrons peuvent accepter cela, ajoute le Dr Douglass. La même stratégie s'applique chez vous auprès de votre conjoint, de vos enfants, de vos amis et de votre famille. Si vous avez du mal à dire non, commencez en douceur. Dites à votre chéri de se faire son sandwich. Ou à votre fille de trouver quelqu'un pour la ramener de la piscine.

Accordez une rallonge à votre planning. « Dites-vous bien que presque tout prend plus de temps que prévu », dit le Dr Richard. En vous accordant suffisamment de temps pour faire un travail, vous réduisez votre dose d'anxiété. En règle générale, si les dates limites sont pour vous un problème, accordez-vous 20 % de temps en plus que ce que vous pensez être nécessaire.

Changez votre BMW pour une Clio. Vivre au-dessus de vos moyens, voilà qui peut vous rendre malade. Un chercheur de l'université de

Une solution rapide et efficace

Quand vous vous sentez trop stressée, c'est souvent au niveau du cou que vous éprouvez une certaine tension. Essayez cette méthode en quatre points que l'ancien champion d'athlétisme Greg Herzog recommande dans son livre *The 15-Minute Executive Stress Relief Program* (répétez trois fois chaque exercice).

1. Avec votre main droite, passez au-dessus de votre tête et de votre oreille gauche pour attraper votre cou. Tirez doucement votre tête vers votre épaule droite.
2. Refaites le même exercice, avec la main gauche cette fois-ci. Abaissez votre tête vers votre épaule gauche.
3. Croisez les mains derrière la nuque en écartant les coudes et en penchant la tête vers votre poitrine. Détendez-vous 30 secondes dans cette position. Tout en tirant vers le bas avec vos mains, poussez lentement votre tête en arrière jusqu'à ce que vous regardiez le plafond.
4. Placez la paume de votre main gauche sur votre front et faites-la reposer sur l'arête de votre nez. Placez votre avant-bras droit sur votre poitrine, de sorte que votre coude gauche repose sur votre poignet droit. Maintenant, poussez sur votre paume gauche avec votre front tout en bloquant le bras droit. Changez de main et recommencez.

l'Alabama à Tuscaloosa a étudié les feuilles de recensement britanniques de 8 000 foyers et découvert que les familles qui vivaient sur un pied plus grand qu'elles ne pouvaient se le permettre risquaient davantage d'avoir des problèmes de santé.

Tenez-vous droite. Une bonne position verticale améliore la respiration et augmente l'afflux de sang au cerveau. Nous nous affaissons souvent quand nous sommes stressées, ce qui réduit le souffle et l'irrigation sanguine tout en augmentant le sentiment d'impuissance.

Ayez de la poigne. Conservez une balle de tennis dans le tiroir de votre bureau et serrez-la plusieurs fois quand vous êtes tendue. « Quand le stress envoie de l'adrénaline dans le sang, une action musculaire s'impose, dit le Dr Roger Cady. Comprimer un objet a quelque chose de satisfaisant pour le réflexe de lutte ou de fuite du corps. »

Crevez des bulles. Une étude a révélé que des étudiants pouvaient réduire leur tension interne en faisant claquer les bulles des feuilles de plastique servant à l'emballage des objets fragiles. « Nous savons enfin pourquoi les gens conservent ce genre de choses », dit le Dr Kathleen Dillon, auteur de cette étude.

Un bon bain chaud. Vous voulez détendre vos muscles ? Prenez un bain chaud. Pour qu'un bain soit particulièrement relaxant, restez 15 minutes dans une eau dont la température est légèrement supérieure à celle de votre corps, 38 °C par exemple. Mais prenez garde : un trop long séjour dans l'eau chaude peut faire brutalement baisser votre tension artérielle.

Calmez-vous... avec une pomme de terre. Si vous voulez débrayer en fin de journée, mangez un repas riche en hydrates de carbone, conseille le Dr Judith Wurtman. Les hydrates de carbone permettent au cerveau de produire de la sérotonine, un neurotransmetteur qui vous apaisera. On trouve beaucoup d'hydrates de carbone dans le riz, les pâtes, les pommes de terre, le pain, les pop-corn sans matière grasse et les biscuits basses calories. Le Dr Wurtman dit qu'il suffit de 50 grammes d'hydrates de carbone (l'équivalent d'une pomme de terre cuite, d'un bol de riz ou de spaghettis) pour effacer l'anxiété d'une journée.

Mangez des fibres. « Le stress s'attaque bien souvent directement aux intestins », dit le Dr George Blackburn. Cela signifie crampes et constipation. Afin d'éviter ces problèmes, le Dr Blackburn vous suggère de manger plus de fibres pour obliger votre système digestif à fonctionner. Progressivement, vous devez arriver à 25 grammes de fibres par jour. Cela signifie davantage de fruits, de légumes et de céréales. Essayez de manger des fruits entiers plutôt que de boire du jus de fruits au petit déjeuner ; adoptez les céréales complètes et les muffins riches en fibres.

Une bonne pinte de rire. L'humour réduit le stress, c'est prouvé. Les experts disent qu'un rire franc détend les muscles, fait pénétrer davantage d'oxygène dans votre organisme et abaisse la tension artérielle. Regardez donc votre film préféré. Lisez des bandes dessinées. Appelez une copine et délirez quelques minutes. Cela aide également de se forcer à rire de temps en temps. Vous verrez que votre stress fond à vue d'œil.

Retenez votre souffle. Cette technique doit vous aider à vous relaxer en 30 secondes. Respirez bien à fond et retenez votre souffle. Appuyez vos mains l'une contre l'autre, paume contre paume et doigts contre doigts. Attendez 5 secondes puis soufflez à fond tout en laissant vos mains se détendre. Faites cela cinq ou six fois de suite.

Faites une pause de dix minutes. La méditation permet de supprimer le stress, mais il est parfois difficile de trouver le lieu et l'instant où la pratiquer. Le Dr Reinert vous suggère de décrocher pendant quelques minutes en vous offrant des mini-vacances dans votre bureau ou dans votre cuisine. Fermez les yeux, aspirez bien à fond (par l'estomac) et imaginez-vous sur une plage à Bali. Vous sentez le soleil sur votre peau, vous entendez le bruit des vagues, vous sentez l'air salé. « Mettez un peu de

distance entre votre stress et vous-même, conseille le Dr Reinert.
Quelques minutes par jour peuvent vous être d'un grand secours. »

Baissez le niveau sonore. Si vous travaillez, vivez ou jouez dans un
environnement bruyant, songez à mettre des boules Quiès. Assurez-vous
qu'elles diminuent le niveau sonore d'au moins 20 décibels, dit le
Dr Ernest Peterson.

Vous pouvez également mettre les sons de votre côté. Essayez d'écouter
de la musique douce, avec des flûtes et des cordes par exemple, suggère le
Dr Emmett Miller, qui recommande aussi de faire des promenades dans
des lieux paisibles et d'écouter le bruissement des feuilles et des ruisseaux.
Des enregistrements de vagues ou de pluie peuvent également vous
relaxer, dit-il.

SURCHARGE PONDÉRALE

Revenez aux bonnes proportions

Vous voyez cette femme mince qui dirige le cours d'aérobic ? Il n'y a pas si longtemps, elle pesait 90 kilos pour à peine 1,65m. Incroyable, non ?

La vie était loin d'être rose pour Corinne, cette infirmière d'une quarantaine d'années qui évolue aujourd'hui devant nous avec tant d'assurance.

« J'étais tout le temps épuisée, physiquement et mentalement, sans parler de la souffrance permanente qu'on éprouve quand on est obèse », se souvient-elle. Comme pour bien d'autres femmes, sa lutte contre le poids remonte à l'adolescence. « Je me rappelle que quand j'avais seize ans et que j'allais à la plage avec ma mère, c'est elle que les garçons sifflaient, pas moi. Je n'avais pas du tout l'impression d'être une jeune fille. »

Ce sentiment d'être plus vieille que son âge ne la quitta pas quand elle devint adulte. « Dans ma tête, j'étais une jeune femme, dit Corinne. J'avais trois enfants en bas âge et un mari qui rentrait encore dans son uniforme de la Marine nationale. Mais dans mon corps, j'avais l'impression d'être ma propre grand-mère et je n'arrivais pas à croire à ce qui m'arrivait. Il me semblait que ma vraie personnalité était prisonnière du corps d'une autre. »

Pendant des années, Corinne a cru qu'un problème thyroïdien était responsable de son poids. Et puis, en franchissant la barre des 90 kilos, « j'ai compris qui était responsable, explique-t-elle. C'étaient mes artères. » Elle suivit alors un régime sans graisse et un programme sportif. En huit mois, elle perdit 40 kilos, devint mince pour la première fois de sa vie ; depuis 11 ans, elle est toujours au même poids.

Une fois son poids bien stabilisé, elle devint consultante en fitness et ouvrit un cours d'aérobic. En août 1993, elle remporta un championnat de fitness, où participaient pourtant des femmes qui n'avaient qu'une vingtaine d'années.

Oui, Corinne le sait bien, la surcharge pondérale touche l'esprit autant que le corps. Vous avez l'impression d'avoir perdu votre jeunesse et votre vitalité. Et vous laissez la porte ouverte à des maladies traditionnellement liées au vieillissement tels que les maladies cardiovasculaires, l'hypertension artérielle, le diabète, l'arthrite et le cholestérol – pour ne rien dire des maux de reins et autres douleurs infligées par le fait de transporter en permanence un poids trop lourd.

Et le cancer n'est pas loin. « Quand vous êtes obèse, vous augmentez les risques de plusieurs types de cancer, dont celui de l'endomètre, de l'utérus, du col, des ovaires et de la vésicule biliaire », dit le Dr John Foreyt.

Les kilos appellent les maladies

La plupart des études consacrées aux rapports entre la surcharge pondérale et les maladies cardiaques se sont limitées aux hommes, mais cela commence à changer. Une étude menée auprès de 116 000 femmes par des chercheurs de l'université de Harvard, à Cambridge (Massachusetts), a permis de démontrer que le lien entre obésité et maladies cardiovasculaires existait autant chez la femme que chez l'homme. La surcharge pondérale était à l'origine des troubles cardiaques de 70 % des femmes obèses et de 40 % des femmes qui dépassaient leur poids idéal.

L'hypertension artérielle est également liée à la surcharge pondérale. Quand un cœur doit travailler plus dur pour porter des kilos excédentaires, la tension grimpe en flèche.

Le diabète de type II (diabète gras) est également associé à la surcharge pondérale. Le fait de porter des kilos excédentaires affecte la capacité du corps à utiliser le sucre sanguin. Nombre d'obèses souffrant de diabète se rendent compte qu'ils peuvent abandonner leurs médicaments une fois qu'ils ont perdu une dizaine de kilos.

Le rapport entre surcharge pondérale et arthrite est tout aussi évident : plus la charge à porter est lourde, plus les articulations souffrent. Une étude sur l'ostéoarthrite du genou, menée auprès des 5 200 habitants d'un village du Massachusetts, a ainsi permis de montrer que les femmes obèses qui perdaient 5 kilos réduisaient de près de 50 % les risques d'arthrite du genou.

Pour ce qui est du cancer, celui du sein en particulier, la perte des kilos excédentaires peut vous assurer une protection supplémentaire. Les recherches des centres de contrôle et de prévention des maladies d'Atlanta (CDC) indiquent un danger particulier pour les femmes qui dépassent d'au moins 25 % leur poids idéal à l'époque où l'on diagnostique chez elles un cancer du sein. Chez ces femmes, le risque de récidive est de 42 % plus élevé.

La surcharge pondérale peut augmenter les risques de cancer du sein, dit le Dr Foreyt. « Un régime alimentaire riche en graisses conduit à l'obésité, et les graisses de l'alimentation sont associées à un risque accru de cancer du sein », explique-t-il.

Le poids idéal, qu'est-ce que c'est ?

Ne soyez surtout pas esclave de votre balance. « Le poids idéal, c'est le résultat d'une alimentation saine et d'un exercice sportif raisonnable, dit le Dr John Foreyt. Voilà votre objectif. »

Mais peut-être avez-vous envie de savoir dans quelle fourchette vous devriez vous situer. Le tableau ci-dessous vous permettra de savoir quel est le poids que vous devez vous efforcer d'atteindre.

Taille en cm	Squelette léger	Squelette moyen	Squelette lourd
150,0	49,4	54,0	58,5
155,0	51,7	56,7	61,2
160,0	54,4	59,4	64,4
165,0	57,2	62,1	67,6
170,0	59,9	64,7	70,8
175,0	62,6	67,6	73,5

(poids en kg)

La porte ouverte au vieillissement

La plupart des femmes savent qu'il est difficile de perdre du poids. Le métabolisme féminin, c'est-à-dire le processus par lequel notre corps brûle des calories, ralentit avec le temps. Le Dr Reubin Andres croit qu'il est sans danger de prendre deux ou trois kilos par décennie quand on a plus de 20 ans – mais seulement si vous êtes en bonne santé au départ et si vous n'avez pas de maladies comme le diabète ou des troubles cardiaques. Mais de nombreux spécialistes pensent que tout gain de poids doit être évité, quel que soit votre âge.

Dans le doute, mieux vaut ne pas prendre de poids. Après avoir suivi pendant 27 ans un groupe d'anciens étudiants de Harvard, les chercheurs ont constaté le plus bas taux de mortalité chez les hommes qui se situaient 20 % en dessous du poids idéal (vu leur âge et leur taille). Les résultats furent confirmés même lorsqu'on supprima des résultats les individus qui pesaient moins que les autres pour des raisons de tabagisme ou de maladie (ces particularités auraient pu fausser les données).

L'étude montre également que les hommes dont le poids était légèrement supérieur à leur poids idéal – de 2 à 6 % – voyaient quelque peu augmenter les risques de crise cardiaque ; ceux qui pesaient 20 % de plus voyaient les risques passer du simple au double.

Peu importe où vous vous situez sur le tableau : si vous sentez que vous vous battez contre plus de quelques kilos en trop et ne souffrez ni de problèmes thyroïdiens, ni d'autres maladies, c'est peut-être que vous mangez trop – des aliments gras principalement – et ne faites pas assez de sport.

Alors, que faire ? Bien sûr, vous pouvez vous imposer un régime draconien. Mais cela ne vous apportera certainement que de la frustration. « Les régimes, ça ne marche pas, déclare le Dr Janet Polivy. Les régimes sont très prisés parce qu'ils font de l'effet pendant une semaine ou deux, et tout le monde vous dit : « Tu devrais essayer ! » Mais parlez-en à ces gens dans un ou deux ans : ils auront tous échoué. » Quand vous suivez un de ces régimes qui promettent de vous faire perdre 2 ou 3 kilos par semaine, vous les perdez, c'est vrai – mais ce sont des kilos de liquide, pas de graisse. Et dès que vous abandonnez le régime, vous retrouvez vos kilos.

A long terme, la meilleure façon d'atteindre un poids bénéfique pour la santé consiste à modifier ses habitudes alimentaires et à faire davantage d'exercice.

Cela a parfaitement fonctionné pour Corinne. « J'ai maintenant 45 ans et je viens d'être grand-mère, dit-elle. Depuis que j'ai perdu du poids, les gens qui me voient en compagnie de mon fils aîné croient que c'est mon petit ami ! Si j'ai pu y arriver, vous aussi vous y arriverez. »

État des lieux

La première chose à faire quand on veut perdre vraiment du poids, c'est de s'accepter tel qu'on est aujourd'hui, dit le Dr Thomas A. Wadden. Ce n'est qu'après que vous pouvez élaborer une stratégie destinée à vous assurer la maîtrise de votre poids. Voici comment faire.

Voyez loin. La clef d'une perte de poids saine et réussie, quel que soit votre âge, c'est un changement lent et régulier. L'idéal consiste à ne pas perdre plus de 500 g par semaine, dit le Dr George Blackburn. Visez donc à atteindre votre poids idéal dans un an, pas la semaine prochaine, conseille-t-il.

N'enviez pas les top modèles. Ne vous occupez pas de ces filles que l'on étale dans les magazines et qui ne sont pas plus épaisses qu'un fétu de paille. Ce sont pour la plupart des adolescentes outrageusement maquillées. « Il vous faut comprendre que vous ne pouvez pas ressembler aux mannequins si minces des journaux, et l'âge mûr est idéal en cela », dit le Dr Wadden. Une fois que vous avez abandonné ces fantasmes irréalistes et compris que vous ne pouvez pas prendre une adolescente pour modèle, vous pourrez élaborer un planning d'amaigrissement sain et raisonnable, dit-il.

Trouvez de l'aide autour de vous. Pour bien perdre du poids, il faut être soutenu, dit le Dr Foreyt. Demandez à vos amis et à votre famille de vous encourager. Ils pourraient même partager avec vous des repas sans graisse.

« Vous pouvez former un groupe de femmes qui partagent les mêmes préoccupations, dit le Dr Foreyt. Ou entrer dans un groupe qui existe déjà. Les Weight Watchers, par exemple, sont très intéressants parce qu'ils enseignent l'autodiscipline. » Si vous avez tendance à perdre contrôle ou à faire des festins engendrant un sentiment de culpabilité, ce genre de groupe ne peut que vous être utile.

Surveillez vos émotions. Parfois, vous pouvez confondre la faim avec d'autres désirs, surtout quand vous vous sentez déprimée ou stressée ou quand vous tombez sur une superbe photo dans un magazine gastronomique. Si ce n'est pas votre estomac qui parle, vous devez essayer de définir quelles émotions ou quels troubles déclenchent votre besoin de manger, dit le Dr Foreyt. Puis cherchez le moyen de résoudre le problème. « Comment pouvez-vous satisfaire ce besoin sans manger ? dit-il. Faites le tour du quartier, appelez une amie, méditez, prenez un bain, brossez-vous les dents ou faites un bain de bouche. Cela brise la chaîne et crée un autre schéma de comportement. »

Boycottez la télévision. Si vous regardez la télévision plus de trois heures par jour, vous doublez les risques de vous retrouver avec des kilos excédentaires, dit le Dr Larry A. Tucker. Effondrée sur votre canapé, vous ne brûlez pas assez de calories et mangez tout un tas de petits gâteaux. Éteignez le poste pour marquer solennellement le début de votre perte de poids.

Comment manger et perdre du poids

Les recherches les plus récentes en matière de nutrition montrent qu'il existe une manière originale de perdre du poids – sans faire de régime et sans mourir de faim. Il faut pour cela comprendre quels types d'aliments sont capables de vous revitaliser et de vous donner de l'énergie – et quels aliments viennent aussitôt grossir vos cuisses. Vous serez peut-être surprise d'apprendre que les changements les plus spectaculaires n'exigent pas de votre part que vous mangiez moins – mais que vous mangiez différemment. Voici comment.

Bannissez la graisse alimentaire. La graisse alimentaire fait prendre du poids parce qu'elle se stocke dans le corps plus facilement que les hydrates de carbone ou les protéines, nous apprend le Dr Peter D. Vash. Le corps brûle ces combustibles presque immédiatement, alors que la graisse plus dense en calories brûle plus lentement et a plus de chances de subsister – sur vous.

Commencez par supprimer la graisse la plus évidente, celles des viandes grasses, des aliments frits, des produits laitiers trop riches et des desserts. Prenez aussi garde aux salades qui baignent dans l'huile et aux sauces qui accompagnent les crudités. Il est recommandé de veiller à ce que les calories fournies par les graisses ne dépassent pas 25 % de votre consommation quotidienne.

« Un régime alimentaire riche en graisses est lié à l'obésité, laquelle est associée à des risques accrus de cancer. La prudence nous enseigne que le régime gras est facteur de tant de maladies qu'il est logique de lui préférer des aliments pauvres en graisses », dit le Dr Foreyt.

Et noyez-la. « Boire de grandes quantités d'eau est de loin la meilleure façon de réduire l'appétit », dit le Dr Blackburn. Avec l'eau, votre estomac se sent rempli ; de plus, bien des gens pensent que leur estomac crie famine alors qu'ils ont seulement soif, ajoute-t-il. Buvez donc 8 verres de liquide par jour, la moitié seulement à la fois.

Vous buvez toute la journée, c'est fort bien, mais rappelez-vous que la caféine contenue dans le café, le thé ou le Coca-Cola a des inconvénients. La caféine est un diurétique, qui chasse l'eau du corps. Pour cette raison, les médecins recommandent aux personnes désireuses de maigrir de ne pas boire plus de trois boissons caféinées par jour.

Vos amis, les hydrates de carbone. Ne vous affamez pas. Quand vous remplacez les calories issues des graisses par des aliments tels que les hydrates de carbone, vous pouvez manger plus tout en perdant des kilos. Dans le cadre d'une étude de l'université de l'Illinois, à Chicago, on demanda à des sujets dont l'alimentation était modérément grasse de maintenir leur poids pendant 20 semaines en passant à un régime pauvre en graisses et riche en hydrates de carbone. Ils mangèrent tout ce qu'ils voulurent, mais perdirent 11 % de leur graisse corporelle et 2 % de leur poids global. Vous pouvez donc vous régaler avec des pâtes riches en hydrates de carbone (mais sans sauce grasse), de céréales sans graisses, de pain, de haricots secs, de fruits et de légumes, et vous remplir le ventre tout en perdant des kilos.

Permettez-vous des écarts. Si vous avez l'impression de devoir tout refuser tout le temps, vous risquez de tomber dans l'excès inverse et de manger n'importe quoi, dit le Dr Susan Kayman. C'est pourquoi elle conseille d'appliquer la règle des 80/20. Si vous mangez sans graisse 80 fois sur 100, profitez de ce que vous dînez avec des amis, chez vos beaux-parents ou en ville pour manger plus gras sans pour autant culpabiliser.

Attention au couple infernal. C'est celui que forment les graisses et les sucreries. Quand le corps reçoit du sucre, il réagit en sécrétant de l'insuline. Mais l'insuline est une hormone qui facilite le stockage, elle ouvre les cellules adipeuses afin qu'elles engrangent de la graisse. Quand vous mangez du sucre, diminuez votre apport en graisses. Sucres et graisses consommés ensemble ne font qu'augmenter votre appétit. Manger des sucreries ne fait qu'accroître le taux de sucre dans le sang, ce qui, par

Quand le ventre ne veut pas disparaître

Même si vous surveillez attentivement votre poids, vous pouvez conserver un estomac légèrement proéminent. La recherche nous apprend que c'est bien souvent une conséquence naturelle du vieillissement, tant chez les femmes que chez les hommes. Chez les femmes, c'est souvent dû à un goût immodéré pour les régimes amaigrissants – chaque prise de poids se déposant alors sur le ventre. C'est peut-être aussi un souvenir de vos grossesses. Vous pouvez toutefois aplatir votre estomac sans recourir à des exercices extraordinaires et à des gadgets coûteux. Voici comment.

Un verre, ça va... Ce que l'on appelle familièrement la « brioche » est une chose qui existe bel et bien, et vous devez pouvoir la faire disparaître en diminuant la quantité d'alcool absorbée. Une étude à grande échelle a montré que les hommes et les femmes qui buvaient plus de deux boissons alcoolisées par jour avaient le plus grand rapport taille/hanches (c'est ainsi que les médecins évaluent la taille du ventre).

Écrasez votre cigarette. Au cours de la même étude, les chercheurs de la faculté de médecine de l'université de Stanford et ceux de l'université de Californie ont détecté les mêmes effets avec la cigarette. Il y avait deux fois plus de gros abdomens chez les fumeurs que chez les non-fumeurs. Demandez à votre médecin qu'il vous conseille pour mettre un terme à cette fâcheuse habitude.

réaction en chaîne, dynamise l'appétit, dit le Dr Wadden. Répondez donc à votre désir de douceurs par un verre de jus de fruits ou un bol de céréales sucrées mais pauvres en graisse au lieu de piocher dans les biscuits et les bonbons.

Accrochez-vous. Vous suivez un régime sans graisses ? Tenez-vous y et vous n'aurez bientôt plus envie d'aliments gras. Une étude menée pendant quatre ans auprès de 2 000 femmes par le centre Fred Hutchinson (recherches sur le cancer) de l'université du Washington, à Seattle, a montré que les femmes qui limitaient leur apport en graisse mettaient six mois ou moins pour perdre tout intérêt pour les aliments gras ; elles finissaient par trouver franchement désagréable tout ce qui comportait du gras.

Mangez souvent. Certains chercheurs sont favorables au fractionnement des repas – plusieurs petits repas dans la journée au lieu de

Place au sport. La danse du ventre, voilà peut-être la solution. Plus sérieusement, pour faire fondre un ventre, l'exercice sportif doit parvenir à deux choses, indique le Dr Bryan Stamford. Il doit en premier lieu déclencher une forte sécrétion d'adrénaline, ce qui libérera la graisse qui servira de combustible. On y arrive fort bien en marchant d'un pas vif, dit-il. Cette activité vigoureuse doit être suivie d'un exercice prolongé qui brûlera la graisse libérée. Marcher régulièrement conviendra tout à fait. Mais vous pouvez aussi vous donner à fond aux travaux domestiques avant de ratisser le jardin. « Accélérez de temps en temps pour donner un coup de fouet à votre sécrétion d'adrénaline », dit-il.

Durcissez vos muscles. Maintenant que la graisse est partie suite à une alimentation saine et à un entraînement sportif quotidien, ces exercices abdominaux vont vraiment vous aider à acquérir la silhouette idéale, dit le Dr Stamford. Commencez par des compressions isométriques : tendez au maximum les muscles de votre abdomen et tenez pendant six à dix secondes. Détendez-vous, puis recommencez plusieurs fois. Ensuite, dit-il, allongez-vous sur le dos, jambes écartées et genoux pliés. Croisez les bras sur la poitrine. Levez la tête vers le plafond. Continuez jusqu'à ce que vos omoplates se soulèvent doucement du sol. Tenez deux secondes, puis allongez-vous à nouveau. Recommencez. Progressivement, vous devrez arriver à faire dix fois ce mouvement à la suite.

trois gros – afin de mieux maîtriser l'appétit et d'empêcher tout désir de festin. « Vous ne pouvez pas vous nourrir de bonbons, de chips et de glaces, dit le Dr James Kenney. Mais si vous grignotez des aliments riches en fibres et pauvres en graisses qui ne sont pas bourrés de calories, comme les carottes, les pommes, les pêches, les oranges et les poivrons rouges, vous calmerez votre appétit. »

Un petit coup de chaleur. Des épices telles que le poivre de Cayenne ou le raifort donnent un coup de fouet à votre métabolisme, ce qui peut aider votre corps à brûler davantage de calories, dit le Dr Kenney. « Quand on mange un plat épicé, on transpire bien souvent, ce qui indique une augmentation du taux métabolique. Plus ce dernier est élevé, plus le corps produit de chaleur. Souvenez-vous que ce qui vous réchauffe vous fait aussi maigrir », dit-il. Mais évitez les plats gras, même s'ils sont épicés.

Avez-vous des ailes de chauve-souris ?

Cette petite robe de plage vous a tapé dans l'œil. Mais attendez… il n'y a pas de manches. Inconsciemment, vous pincez le haut de votre bras. Oui, malheureusement, c'est toujours là…

Poliment surnommés « ailes de chauve-souris » par les médecins, ces replis de graisse et de peau ont trois causes principales, dit le Dr Alan Matarasso. Premièrement, vous avez peut-être hérité une tendance à accumuler la graisse sous vos bras. Deuxièmement, si vous jouez au Yo-Yo avec votre poids depuis plusieurs années, votre peau s'est étirée et contractée si souvent qu'elle en a perdu son élasticité. Troisièmement, la peau est ici très fine, comme celle de l'intérieur des cuisses, explique le Dr Matarasso. « Elle est bien plus fine, plus lâche aussi, que celle de l'intérieur de l'avant-bras ou de l'abdomen », dit-il.

Comment vous rogner les ailes ? Le Dr Matarasso vous conseille cet exercice qui renforce le triceps, le muscle situé à l'arrière du bras, entre l'aisselle et le coude. Il existe d'autres exercices de ce type que n'importe quel entraîneur sportif pourra vous indiquer, mais celui-ci est très facile.

En position debout, tenez devant vous, à deux mains, un petit haltère pesant entre 1,5 et 2,5 kilos ; les coudes légèrement fléchis (à gauche). Levez lentement l'haltère au-dessus de votre tête (à droite). Voilà votre position de départ. En pliant les coudes, abaissez l'haltère vers votre nuque, puis ramenez-le en position de départ, au-dessus de votre tête. Continuez à lever et à abaisser lentement le poids, refaites l'exercice pour arriver à une série de dix.

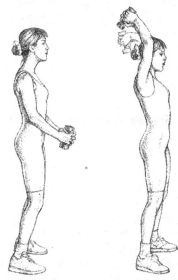

Une bonne soupe pour commencer. Une soupe en début de repas réduit la quantité absorbée au cours de ce dernier : c'est ce qu'indiquent plusieurs études. Ainsi, l'étude effectuée par l'université Johns Hopkins de Baltimore a montré que les individus qui commençaient leur repas par une soupe consommaient 25 % de calories de moins que ceux qui débutaient par du fromage et des petits gâteaux. C'est peut-être dû au volume que la soupe occupe dans l'estomac ou au fait que la plupart de ses calories sont issues d'hydrates de carbone au lieu de graisses. Il y a peut-être aussi un facteur psychologique. « Une soupe chaude détend bien quand vous avez un appétit capricieux », dit le Dr Kenner.

Ne cédez pas à vos caprices. Quand vous avez subitement envie d'un éclair au chocolat, ne prenez surtout pas cela pour un ordre, dit Linda Crawford. Bien des gens pensent que les envies prennent de l'ampleur jusqu'à devenir irrésistibles, mais la recherche montre que les envies alimentaires augmentent, se stabilisent, puis disparaissent. Distrayez-vous en allant faire un tour ou n'importe quoi d'incompatible avec le fait de manger, conseille Crawford. « C'est comme faire du surf, dit-elle. Plus vous chevauchez la crête des vagues, plus cela vous semble facile. » En revanche, si votre caprice est toujours là 20 minutes plus tard, cédez-lui… en toute petite quantité. Et appréciez ce que vous mangez.

Votre meilleur allié : le sport

Adopter un régime alimentaire plus sain vous aide à perdre du poids, mais vous gagnerez plus facilement – et conserverez – une belle silhouette si vous ajoutez la pratique du sport à vos nouvelles habitudes.

L'exercice sportif est excellent en ce qu'il renforce votre cœur et vos artères et dynamise la confiance que vous avez en vous-même : en bref, il contrecarre les effets néfastes de la surcharge pondérale. Le sport peut même freiner votre appétit.

Si vous n'avez pas l'habitude de faire du sport, consultez votre médecin avant de commencer. Dès qu'il vous donne le feu vert, vous pouvez y aller. Voici quand même quelques conseils.

Soyez régulière. « Le meilleur ami de la gestion à long terme de votre poids, c'est l'activité sportive qui augmente votre rythme cardiaque, dit le Dr Foreyt. Marcher d'un bon pas est une chose facile : la plupart des gens font cela régulièrement. L'efficacité de ce genre d'exercice physique a été prouvée à de nombreuses reprises. » N'importe quel exercice quotidien vous aidera : trente minutes par jour vous permettront de brûler la graisse et de tonifier vos muscles – à condition de faire cela régulièrement.

Fabriquez du muscle. Un entraînement tel que celui décrit ci-dessus doit toujours faire partie de votre programme de perte de poids, mais quand vous effectuez des exercices de résistance, soulever des poids, par exemple, vous maintenez votre poids à son plus bas niveau. « Le tissu musculaire a besoin de davantage de calories, dit le Dr Janet Walberg-Rankin. En augmentant votre masse musculaire tout en perdant de la graisse, vous consommez plus de carburant. » C'est au moment où vous vous trouvez dans une réunion ou faites la queue devant le guichet de la banque que vos muscles dévorent littéralement les calories, dit-elle.

« Faire travailler ses muscles, ce n'est pas seulement soulever des poids et haltères », ajoute le Dr Foreyt, même si c'est un excellent moyen de renforcer les bras. Pour faire travailler les différents groupes de muscles, demandez au responsable de la salle de gymnastique de vous présenter les différents appareils. Il en est qui font peser des poids sur les muscles du cou, des bras, des jambes ou de la poitrine. Vous pourrez poursuivre cet entraînement à la maison avec l'aide de petits haltères. « Faire jouer les muscles contre une chose qui ne cède pas est un excellent moyen de les faire devenir plus robustes », dit-il.

SYNDROME PRÉMENSTRUEL

Continuez à vivre sans lui prêter d'attention

Le syndrome prémenstruel…

Il vous est certainement arrivé d'employer cette expression en parlant à des amies. Ou bien ce sont des amies qui l'ont utilisée. En tout cas, il n'y avait pas grand-chose à rajouter. En deux mots, vous aviez tout dit.

Que ces jours-là, vous n'êtes pas dans votre assiette, que vous vous sentez anxieuse et de mauvaise humeur.

Que vous vous trouvez laide et grosse et que vous feriez mieux de rester couchée.

Mais surtout, que vous ne vous trouvez pas à la hauteur de la femme dynamique que vous êtes en temps normal. Parce que là, vous avez l'impression d'être vieille, fatiguée, irritable, déprimée. Vous avez du mal à vous concentrer. Votre dos vous fait souffrir. Vous n'avez envie de voir personne. Vous ne voulez plus rien faire.

Votre vie s'arrête.

Qu'est-ce que le syndrome prémenstruel ?

L'expression « syndrome prémenstruel » est passée dans le langage courant : les femmes l'utilisent pour faire référence à ce qu'elles ressentent avant leurs règles. Elles sont nombreuses à faire l'expérience de syndromes prémenstruels douloureux, désagréables, pénibles à vivre. En revanche celles qui évoquent ce fameux syndrome n'en sont pas forcément toutes affectées.

Les experts ont bien du mal à définir le syndrome prémenstruel ; cependant, la plupart sont d'accord pour dire que les symptômes doivent se manifester tous les deux ou trois cycles pour qu'une femme ait officiellement un syndrome prémenstruel. La période de symptômes prémenstruels doit être suivie d'une période dépourvue de tout symptôme. Ces fameux symptômes – une femme peut en connaître plus de 150 différents ! – viennent entraver son fonctionnement normal.

On estime que de 29 à 95 % des femmes en âge d'avoir des enfants connaissent, d'une façon ou d'une autre, le syndrome prémenstruel. Cela varie d'une femme à l'autre, même d'un mois au mois suivant. Mais seules 3 à 5 % d'entre elles le vivent de manière si intense que cela interfère avec leurs activités quotidiennes.

« Les femmes qui ont un syndrome prémenstruel disent qu'elles se sentent différentes, qu'elles ne sont plus elles-mêmes, dit le Dr Kathleen Hubbs Ulman. Chez certaines, les changements surviennent lentement, en un jour ou quelques heures. Mais d'autres disent qu'elles se réveillent un matin en se sentant différentes. » Certaines femmes voudraient bondir hors de leur corps. D'autres sont exceptionnellement tristes, molles, fatiguées et déprimées. Elles se sentent aussi « très irritables, poursuit le Dr Ulman. Elles ne savent pas tenir leur langue. Elles sont capables de se disputer avec leur mari ou leurs enfants pour la moindre chose. Mais ce ne sont que des sentiments. Les femmes qui éprouvent cela n'ont pas besoin de passer à l'action. » Grâce à un diagnostic correct et à des conseils éclairés, les femmes peuvent trouver le moyen de vivre ces sensations sans agir de manière impulsive et destructrice, dit-elle.

Un syndrome controversé

Le syndrome prémenstruel fait l'objet d'une controverse. Les spécialistes sont d'accord sur les grandes lignes, mais la définition exacte varie de l'un à l'autre. Pour certains, le syndrome prémenstruel consiste en plusieurs sous-groupes différents organisés autour des symptômes que les femmes peuvent présenter. Ainsi, on distingue les femmes dont les symptômes prédominants sont la prise de poids, les mains, les pieds et les chevilles enflés, la sensibilité des seins et des ballonnements abdominaux, et les femmes marquées par une certaine tension nerveuse, une irritabilité et des sautes d'humeur. D'autres experts rangent le syndrome prémenstruel selon le niveau de gravité et de régularité des symptômes. Les femmes qui présentent des symptômes légers et réguliers pendant tout le cycle entrent dans une catégorie dite faiblement symptomatique. Celles dont les symptômes sont plus graves, du genre mauvaise humeur ou irritabilité, et empirent juste avant les règles font l'objet d'une « magnification prémenstruelle ». Les femmes présentant un syndrome prémenstruel classique ont des symptômes légers ou passant inaperçus après leurs règles, mais leur état se détériore avec l'arrivée des règles suivantes.

Autre type de controverse : le syndrome prémenstruel doit-il être officiellement classé dans les maladies psychiatriques ? Le syndrome prémenstruel faiblement symptomatique n'est pas reconnu comme trouble mental par le manuel de l'Association psychiatrique américaine. En revanche, le syndrome dépressif prémenstruel, marqué par une dépression assez sévère pour interférer avec l'activité quotidienne, est cité dans l'appendice du manuel. Selon l'Association psychiatrique américaine, cela ne désigne pas officiellement ce trouble comme une maladie mentale. Les opinions divergent : pour certains, cette classification peut aider les femmes présentant un syndrome prémenstruel grave à trouver l'aide médicale qu'elles recherchent ; pour d'autres, cela peut les stigmatiser en associant les troubles mentaux au processus naturel de la menstruation.

Les spécialistes ne sont pas plus d'accord sur l'origine du syndrome prémenstruel. Les théories évoquent les niveaux d'hormones ou des facteurs nutritionnels tels que le manque de vitamine B_6 ou de magnésium, ou encore l'impact des variations du taux hormonal sur les neurotransmetteurs que sont la sérotonine et la dopamine, mais on parle aussi de facteurs psychologiques comme le stress.

Pourquoi les femmes de trente ans sont-elles plus touchées ?

Le syndrome prémenstruel se manifeste moins souvent quand une femme est adolescente ou qu'elle a une vingtaine d'années. « Je vois plus de femmes qui ont la trentaine, c'est certain. Certaines abordent même la quarantaine », dit le Dr Marcia Szewczyk.

Les chercheurs ont une petite idée sur la question.

Le syndrome prémenstruel est le résultat d'un déséquilibre hormonal – plus précisément, une diminution du rapport progestérone/œstrogène. On pense que la progestérone a un effet apaisant. Quand le rapport progestérone/œstrogène est trop bas, cela peut augmenter la tension, l'anxiété et l'irritabilité.

En plus de cela, une des principales raisons pour lesquelles les femmes d'une trentaine d'années présentent un syndrome prémenstruel est qu'elles sont plus sujettes à de brusques variations hormonales telles que grossesses, fausses couches, adoption ou abandon de la pilule, dit Stephanie DeGraff Bender.

D'autres chercheurs, le Dr Nancy Fugate Woods par exemple, disent que le stress joue un grand rôle dans le développement du syndrome prémenstruel : c'est pour cela que nous l'observons plus chez les femmes de 30 et 40 ans. La vie des femmes tend à devenir plus complexe quand elles vieillissent, explique le Dr Fugate Woods. De nos jours, dit-elle, toutes sortes de choses peuvent survenir aux femmes entre 30 et 45 ans : elles peuvent avoir des enfants, aider leurs parents, avoir un travail harassant ou être mères célibataires. « Ne s'intéresser qu'à la biologie des femmes est leur rendre un mauvais service, dit-elle. Nos recherches doivent se pencher sur leur mode de vie en général. »

Prévenir le syndrome prémenstruel

Quelle qu'en soit la cause, si vous souffrez du syndrome prémenstruel et craignez qu'il ne vous vole votre jeunesse – celle du corps comme celle de l'esprit –, voici quelques trucs que vous pouvez essayer pour minimiser les symptômes.

Secouez-vous. « Les femmes qui font régulièrement du sport disent que cela atténue leur syndrome prémenstruel », affirme le Dr Szewczyk. Le type d'exercice qu'elles choisissent dépend bien entendu de leurs goûts et de leur forme physique. La marche, le tennis et le jogging ne sont que trois exemples parmi tant d'autres. L'exercice physique dynamise les endorphines, qui sont des antalgiques naturels, et cela peut aider à combattre les crampes et les changements d'humeur. Il donne aussi aux femmes l'impression qu'elles sont plus maîtresses de leur corps, ajoute le Dr Szewczyk. Il existe de nombreuses occasions de faire du sport que nous négligeons bien souvent, dit Stephanie Bender. Des activités toutes simples comme faire un tour à pied ou à bicyclette ou encore mettre la chaîne hi-fi et danser frénétiquement sur deux ou trois chansons, voilà qui peut faire l'affaire, dit-elle.

Prenez garde au sucre. Évitez le sucre dans votre alimentation, dit le Dr Szewczyk. Cela signifie que vous devez vous tenir à l'écart des gâteaux, des bonbons et du chocolat. En modérant votre consommation de sucre, vous empêchez le taux de sucre dans le sang de fluctuer inconsidérément. Votre niveau d'énergie sera plus stable et vous pourrez mieux affronter l'inconfort que vous éprouverez.

Attention à la caféine. « Je dis toujours aux femmes d'éviter la caféine », dit le Dr Szewczyk. La caféine stimule le système nerveux, ce qui entraîne de l'anxiété et des sautes d'humeur. Les femmes devraient diminuer progressivement et se tenir à l'écart de tout ce qui contient de la caféine, explique-t-elle. On peut essayer de mélanger café normal et décaféiné dans un premier temps, puis diminuer peu à peu la proportion de café contenant de la caféine pour ne plus boire, en fin de compte, que du café décaféiné.

Reposez la salière. La réduction de la consommation de sel peut contribuer à diminuer les ballonnements et la rétention d'eau. Lisez soigneusement les étiquettes. Tout ce qui commence ou finit par *sodium* est un sel : si plus de trois ingrédients présentent ce terme, il y a de grandes chances pour que l'aliment soit riche en sel, dit Bender. Attention aussi au sel caché, dans les sauces des salades, par exemple. Si vous devez manger au restaurant, préférez une vinaigrette toute simple à toutes ces sauces dont la composition vous est inconnue.

Foncez sur le calcium. Pour les femmes de plus de 24 ans, on recommande habituellement une dose quotidienne de 800 milligrammes de calcium, mais une dose bien plus élevée peut aider à atténuer les symptômes prémenstruels. Une petite étude portant sur des femmes atteintes de syndrome prémenstruel a montré que l'augmentation de la quantité de calcium réduisait les sautes d'humeur et la mauvaise concentration, explique le Dr James G. Penland, auteur de l'étude en question. D'autres études du même type ont abouti aux mêmes résultats, ajoute-t-il.

On pense que le calcium joue un rôle dans la régulation de certains types de muscles, et il affecte aussi les neurotransmetteurs, substances chimiques émises par le cerveau et qui peuvent influencer l'humeur. La plupart des femmes ne consomment que 600 mg de calcium par jour, dit le Dr Penland. Il leur suffit d'ajouter à leur alimentation un quart de litre de lait à 1 ou 2 % et un yoghourt pour que la quantité de calcium passe à 1 200 mg. « Les statistiques montrent qu'une prise de calcium accrue peut apporter un bienfait immédiat aux femmes souffrant de symptômes prémenstruels déplaisants », dit-il.

Surveillez vos symptômes. Bien des femmes disent que tenir un journal les aide vraiment, dit le Dr Ellen Freeman. Cela les force à repérer leurs symptômes, explique-t-elle, et à les anticiper. « Les femmes peuvent être les meilleures spécialistes de leur corps, acquiesce le Dr Fugate Woods. Elles peuvent établir les diagnostics les plus justes. »

Prenez le temps de vous détendre. Les femmes présentant un syndrome prémenstruel peuvent tirer profit des diverses méthodes de relaxation, dit le Dr Freeman. Cela va « d'écouter de la musique à faire du yoga, en passant par la méditation ou la lecture d'un livre. Tout ce qui vous fait du bien est parfait. » Lisez des manuels pour savoir quoi faire ou suivez des cours de technique de relaxation.

Essayez la réflexologie. Une pression manuelle sur des points spécifiques des oreilles, des mains et des pieds peut soulager certains des symptômes vécus par les femmes, dit le Dr Terry Oleson, responsable de la première étude sérieuse sur la réflexologie. Les femmes peuvent faire seules de la réflexologie, dit-il. Pincez entre deux doigts différents points de votre oreille jusqu'à ce que vous trouviez ceux qui sont sensibles. Ensuite, appuyez fermement mais doucement pendant 30 secondes à une minute, puis relâchez. Vous pouvez répéter trois fois cette opération.

Parlez de votre syndrome prémenstruel. Confiez-vous à votre partenaire, dites-lui ce qu'est un syndrome prémenstruel, ce que l'on ressent, comment vous risquez de vous comporter, ce que vous faites dans ce cas et comment il peut vous aider, suggère Stephanie Bender. Faites cela à une période du cycle où vous n'avez aucun symptôme. « Toute communication relative au syndrome prémenstruel doit se faire lorsque le syndrome en question n'est pas présent », explique-t-elle.

Communiquez avec vos enfants. Il est important de dire à vos enfants que vous avez un problème de santé et que vous vous en occupez, dit Mme Bender. Elle vous propose de dire à votre enfant : « Il y a un déséquilibre dans mon corps et j'essaye de régler le problème. Mais quand il est là, je ne joue pas autant avec toi, je ne te parle pas autant. Même si j'ai l'air d'être la même, je ne me sens pas pareille. »

Inventez des signes qui font comprendre à votre enfant que vous êtes en plein syndrome prémenstruel. Par exemple, s'il est assez petit, placez sur le réfrigérateur un aimant représentant un visage souriant que vous retournerez quand le syndrome sera là ; votre enfant comprendra que vous ne vous sentez pas bien. Avec un enfant plus âgé, cochez sur le calendrier accroché dans la cuisine les jours où vous risquez d'être « différente ». Mme Bender recommande aussi de dire aux enfants qu'ils peuvent vous aider. Proposez-leur de vous trouver des aliments peu sucrés, par exemple.

Consultez votre médecin. Si vous êtes persuadée d'avoir un syndrome prémenstruel, il est nécessaire que vous alliez voir votre médecin pour qu'il établisse un diagnostic officiel. Il vous interrogera sur votre passé médical, vous examinera et voudra connaître votre psychologie, puis il vous demandera de noter vos symptômes pendant trois mois. Bien des femmes persuadées d'avoir un syndrome prémenstruel comprennent qu'il n'en est rien quand elles dépistent leurs propres symptômes, dit le Dr Fugate Woods. Les femmes découvrent souvent que ces symptômes correspondent à des facteurs extérieurs à leurs cycles menstruels tels que des événements de leur existence ou certaines relations, dit-elle.

TABAGISME

Purifiez l'air et faites du temps votre allié

Si vous êtes comme ces millions de femmes qui ont commencé à fumer alors qu'elles étaient encore adolescentes et qui ne souhaitaient qu'une chose, paraître et se sentir plus âgées, et bien vous êtes satisfaite, peut-être même plus que vous ne le croyez. Rien ne vieillit plus l'allure physique, l'esprit et la santé que le tabagisme, le plus répandu et le plus nocif de tous les vices.

Demandez au Dr Elizabeth Sherertz ce qu'elle en pense. « Nous avons constaté qu'en moyenne, les fumeurs paraissent entre cinq et dix ans de plus que leur âge, à cause des rides développées lorsqu'ils fument, dit-elle. Les gens qui fument risquent plus facilement d'avoir des rides parce que le tabac endommage le tissu élastique qui tend la peau et amplifie aussi, probablement, les effets néfastes du soleil. »

Interrogez aussi le Dr Richard Jenks, qui étudie les effets du tabagisme sur notre état émotionnel et qui a constaté, lui aussi, que les fumeurs souffrent. « Les fumeurs savent que cette habitude est le meilleur moyen pour avoir des problèmes de santé, et ils sont encore plus prompts que les non-fumeurs ou les anciens fumeurs pour dire que c'est une sale habitude, dit-il. Mon étude m'a également permis de voir que les fumeurs ont tendance à être moins maîtres de leur existence que les non-fumeurs ; ils sont aussi moins satisfaits de la vie qu'ils mènent. »

Vous pouvez demander à n'importe quel médecin ou à n'importe quel chercheur qui s'est un peu penché sur le problème quels sont les effets du tabac sur notre bien-être physique et émotionnel. Étude après étude (et il y en a eu des centaines), les experts répètent les mêmes choses : si le tabac ne vous tue pas – dans le monde, une personne sur cinq meurt chaque d'année d'une maladie liée au tabac ! –, il vous vole à coup sûr quelques années de votre vie. Comme le dit le Dr Margaret A. Chesney, « si vous voulez ralentir radicalement le processus du vieillissement et vivre plus longtemps, arrêtez de fumer. »

Fumeuse, voici le visage que vous aurez. Remarquez les rides qui partent de la commissure des lèvres et du coin de l'œil. Remarquez aussi les joues et leurs rides profondes, sans parler des crevasses qui courent le long du maxillaire inférieur.

Une rude bataille pour les femmes

C'est plus facile à dire qu'à faire, nous sommes souvent payées pour le savoir. « Quand le premier rapport du ministère de la Santé américain sur le tabac et la santé fut publié dans les années 60, les hommes étaient deux fois plus nombreux à fumer que les femmes, dit le Dr Douglas E. Jorenby. Aujourd'hui, il y a pratiquement autant d'hommes que de femmes ; dans quelques années, la tendance sera inversée : les femmes seront plus nombreuses que les hommes à fumer. »

Aujourd'hui, plus de 24 % des Américaines de plus de 18 ans fument ; elles étaient 34 % quand le rapport du ministère fut publié en 1964. Les hommes sont aujourd'hui 28 % à fumer, ce qui constitue une diminution spectaculaire par rapport aux 52 % qui fumaient en 1964. Ce qui est alarmant, c'est que les très jeunes sont de plus en plus nombreux, et que donc les chiffres ne vont plus diminuer. Le cancer du poumon tue aujourd'hui plus de femmes que le cancer du sein.

Dès l'instant où nous autres, femmes, commençons à fumer, les statistiques montrent que nous avons bien plus de mal à abandonner, tant physiquement que psychologiquement. « Tout prouve qu'il y a autant d'hommes que de femmes qui veulent arrêter, mais les hommes y parviennent deux fois plus vite, dit le Dr Jorenby. Cela tient en partie à ce que les femmes signalent plus de dépression quand elles arrêtent, et nous savons grâce à diverses études que la dépression encourage à fumer à nouveau. »

On dirait aussi, ajoute-t-il, que les femmes ont moins envie d'arrêter. « Bien des femmes se sentent tellement écrasées par leur travail et leur famille qu'elles trouvent un refuge dans la cigarette. Et elles hésitent à arrêter, même si elles savent que ce serait vraiment bénéfique pour leur santé. »

Les femmes, particulièrement celles qui ont moins de 25 ans, sont devenues la cible numéro un des fabricants de cigarettes. « Un des grands messages qui se cachent derrière les publicités est que fumer aide à maîtriser son poids, dit le Dr Jorenby. Dans une publicité, il y avait la photo d'un mannequin, déjà assez maigre, qu'un trucage photo faisait paraître encore plus maigre, au-delà de ce qui est possible pour un être humain. Le message, adressé aux femmes de 18 à 25 ans, est évident : fumer vous aide à rester mince et sensuelle. »

Et il semble que cela marche. Suzie Gates, porte-parole du Bureau du tabagisme et de la santé des CDC d'Atlanta, dit que la plupart des 3 000 personnes qui commencent chaque jour à fumer sont des femmes de moins de 25 ans – et certaines n'ont pas plus de 12 ans.

Les fumeuses ne sont pas plus minces

Malgré ce que l'on peut croire, les fumeuses ne sont pas plus minces que les autres. C'est vrai, la nicotine fait légèrement chuter l'appétit : quand on fume, on mange moins. Mais quand elles mangent, les fumeuses ont plus tendance que les autres à se tourner vers les aliments riches en calories et en

Cigarettes et kilogrammes

Les femmes qui désirent arrêter de fumer craignent bien souvent de prendre du poids.

Ne vous inquiétez plus. C'est officiel : selon les Centres de contrôle et de prévention des maladies d'Atlanta (CDC), la prise de poids moyenne est de 2 à 3 kilos quand on arrête de fumer. Cette prise de kilos peut être évitée par une alimentation équilibrée et une gestion du stress.

Pour beaucoup de femmes, explique le Dr Douglas Jorenby, arrêter de fumer fait partie d'un programme global de remise en forme qui inclut une pratique régulière du sport et une modification des habitudes alimentaires.

En attendant, prenez des vitamines

Rien ne saurait remplacer l'abandon de la cigarette, mais, en attendant ce jour, les vitamines antioxydantes offrent une certaine protection contre les effets néfastes du tabac.

Le Dr Jeffrey Blumberg recommande ces vitamines pour préserver votre système immunitaire et contrecarrer quelques-uns des dégâts occasionnés par le tabac.

Vitamine C : de 250 à 1 000 milligrammes par jour. La dose habituellement recommandée est de 60 mg. On trouve beaucoup de vitamine C dans les agrumes, les brocolis, le melon, le poivron rouge, les kiwis et les fraises.

Vitamine E : de 100 à 400 UI par jour. La dose recommandée est de 12 UI, ou 8 mg d'équivalents alpha-tocophérol. La vitamine E se trouve dans les huiles de cuisine, le germe de blé et les mangues.

Bêtacarotène : de 15 à 30 mg par jour. Il n'y a officiellement aucune dose recommandée. On en trouve surtout dans les fruits et légumes jaune orange et vert foncé tels que les carottes, les patates douces et les courges, ainsi que dans les épinards et les autres légumes feuillus.

graisses, nous dit le Dr Doris Abood. Dans son étude consacrée à l'alimentation, à la boisson, au tabac et au sport, concernant 1 820 personnes, elle a constaté que les fumeurs faisaient moins de sport et buvaient plus d'alcool, très riche en calories comme chacun sait. Le Dr Abood et d'autres chercheurs ont constaté que plus les gens fumaient, plus ils avaient de mauvaises habitudes et plus celles-ci étaient nombreuses.

Toute mauvaise habitude mise à part, c'est le tabagisme qui fait le plus de dégâts puisqu'il provoque près de un demi-million de morts par an en Europe. Il joue aussi un rôle majeur dans des dizaines de maladies : cela va du cancer au rhume, en passant par la maladie de cœur et la fracture de la hanche. « Les effets du tabac sont si bien répartis dans le corps humain qu'il a un impact sur pratiquement toutes les maladies », dit le Dr Jorenby.

Le tabac tue. Pourquoi ?

La fumée de cigarette contient quelque 4 000 substances chimiques, dont de minuscules quantités de poisons tels que le formol, le DDT ou le formaldéhyde. À chaque bouffée, ces poisons sont inhalés dans les poumons

– qui en retiennent jusqu'à 90 % – avant de passer dans le sang. Certains poisons, l'oxyde de carbone par exemple, sont des radicaux libres qui privent les globules rouges de leur oxygène. Les radicaux libres ont été associés à une multitude de problèmes, des rides au cancer.

Pendant ce temps, la nicotine du tabac fait que les surrénales sécrètent des hormones qui augmentent le rythme cardiaque et la tension artérielle, ce qui contraint votre cœur à travailler plus dur. C'est pour cela que les fumeuses ont deux fois plus de risques que les femmes qui ne fument pas d'avoir des attaques cardiaques et près de trois fois plus de risques d'avoir une maladie cardiovasculaire. Les risques sont encore plus élevés quand elles prennent des contraceptifs oraux.

Fumer vous rend vulnérable aux maladies infectieuses telles que le rhume et la grippe ; le tabac endommage les cils vibratiles, qui retiennent et chassent les particules étrangères des poumons. Quand les cils ne font pas leur travail, le goudron des cigarettes bouche les voies respiratoires, provoquant ainsi l'emphysème et le cancer du poumon. Il vous empêche aussi de rester en forme, puisqu'il prive votre corps et votre esprit de l'oxygène qui leur est si nécessaire. En moyenne, les femmes qui fument arrivent à la ménopause au moins un an plus tôt que les non-fumeuses, et la ménopause est associée à un risque accru de crise cardiaque précoce.

Même les symptômes associés au tabagisme suscitent leurs propres dommages. Par exemple, les femmes qui fument sont plus enclines à l'incontinence urinaire, en raison de la toux associée à leur désagréable habitude. « Même si le tabac n'est pas le facteur causal d'une maladie donnée, il peut l'exacerber, dit le Dr Jorenby. Nous savons que le tabac ne provoque pas de diabète, mais les diabétiques qui fument ont un pronostic plus mauvais que les autres. »

Encore une chose : une étude due à des chercheurs britanniques a montré que les fumeurs atteints par le virus VIH développaient deux fois plus vite le sida que les autres. Les scientifiques ne savent cependant pas pourquoi.

Comment arrêter – pour de bon

La bonne nouvelle, c'est qu'une partie de tous ces dégâts peut être réparée. Un an après avoir arrêté de fumer, les risques de maladie cardiaque diminuent de moitié ; au bout de trois ans, ils sont comparables à ceux encourus par une personne qui n'a jamais touché une cigarette. Les risques concernant d'autres maladies diminuent également : c'est le cas de l'emphysème, de la bronchite et du cancer. De plus, vous aurez l'air et vous sentirez plus jeune, débordante d'énergie… et moins ridée.

C'est vrai, il n'est pas facile d'arrêter. Moins de 10 % des 20 millions de personnes qui tentent chaque année d'abandonner la cigarette y parviennent vraiment, dit Rachi Bachiman. Il existe diverses stratégies

Que faut-il penser des produits de substitution ?

Les dispositifs transdermiques, ou patchs, et les chewing-gums à la nicotine, mais aussi l'hypnose, peuvent alléger la douloureuse sensation de manque que vous ressentez lorsque vous arrêtez de fumer, mais ne croyez pas qu'ils peuvent remplacer le courage et la volonté.

Les fumeurs qui arrêtent avec l'aide de ces méthodes ont deux ou trois fois plus de chances de réussir que ceux qui cessent brutalement, du jour au lendemain. La technique de l'arrêt brutal, pourtant très prisée, ne connaît que 5 % de réussite. Le fumeur qui utilise chewing-gum ou patch et participe à un programme de soutien augmente ses chances d'arrêter et peut compter sur un taux de réussite variant entre 23 et 40 %. La méthode de l'hypnose donne un taux de succès de l'ordre de 15%.

Il y a toutefois des effets secondaires quand on utilise des patchs ou des chewing-gums à la nicotine : les médecins les prescrivent aux gros fumeurs, ceux qui n'arrivent pas à arrêter ou ont déjà essayé mais ont connu des symptômes de manque assez prononcés.

Le patch transdermique est un carré adhésif qui sécrète de la nicotine, laquelle franchit la barrière de la peau pour aller dans le sang et permettre d'alléger les symptômes dus au manque. Il peut causer des démangeaisons et des brûlures mineures. Fumer ne serait-ce qu'une seule cigarette, quand on porte un patch, peut déclencher une crise cardiaque.

L'efficacité du chewing-gum est annulée si vous mangez ou buvez quoi que ce soit – principalement des diurétiques tels que le café et le Coca-Cola – dans les 15 minutes qui suivent. On ne doit normalement plus mâcher de chewing-gum quatre mois après avoir fumé sa dernière cigarette, mais un fumeur sur douze continue pendant plus d'un an.

Un bon conseil : si vous avez déjà essayé d'arrêter de fumer et avez malheureusement échoué, demandez à votre médecin traitant de vous parler de ces deux produits de substitution. Mais surtout, comme le dit le psychologue qu'est le Dr Mitchell Nides, vous devez « apprendre » à être une non-fumeuse, et c'est une chose qu'aucun produit pharmaceutique ne pourra vous enseigner ou faire à votre place.

élaborées pour vous aider : s'occuper les mains, mâchonner des carottes, respirer bien à fond l'air frais, boire beaucoup d'eau ou même se récompenser par un petit cadeau. Mais voici comment vous pouvez augmenter vos chances d'arrêter vraiment sans récidiver au bout de quelques semaines.

Notez vos progrès. La première chose à faire, c'est de vous fixer une date butoir, dans trois semaines par exemple, à laquelle vous fumerez votre dernière cigarette. En attendant, notez chaque cigarette fumée – à quel endroit, dans quelles circonstances, conseille le Dr Don R. Power, ancien fumeur lui-même. Cela vous aidera à identifier les situations où vous fumez et à trouver des comportements de rechange.

Retardez le plaisir. Si vous arrêtez progressivement, attendez 5 bonnes minutes avant d'allumer votre cigarette chaque fois que vous en avez envie, suggère le Dr Powell. Au bout de quelques jours, passez à 10 minutes. Attendez encore quelques jours et passez à 15 minutes, et ainsi de suite. « Vous verrez que le vrai besoin de fumer à n'importe quel moment disparaît relativement vite », dit-il.

Cherchez de l'aide. Que vous arrêtiez d'une minute à l'autre ou très progressivement en diminuant chaque jour le nombre de cigarettes fumées, vous y parviendrez probablement mieux si vous y êtes encouragée. « Comme elles ont plus de mal à arrêter, les femmes ont besoin du maximum de soutien, dit le Dr Jorenby. L'aide d'un groupe peut vraiment beaucoup vous apporter, qu'il s'agisse de proches ou de membres d'une thérapie de groupe. » Demandez à votre médecin de vous donner l'adresse d'organismes qui viennent en aide aux personnes désireuses d'arrêter de fumer.

Buvez du jus d'orange. Le plus difficile quand on arrête brusquement – méthode la plus pratiquée –, c'est d'affronter les symptômes du manque de nicotine, lesquels peuvent durer jusqu'à deux semaines. Mais vous surmonterez mieux l'irritabilité, l'anxiété, la confusion et les difficultés à vous concentrer ou à dormir si vous buvez beaucoup de jus d'orange pendant tout ce temps-là.

Le jus d'orange rend votre urine plus acide et la nicotine quitte plus vite votre organisme, explique Thomas Cooper. « De plus, ajoute le Dr Jorenby, le goût spécifique de l'orange dans votre bouche vous dégoûtera de l'envie même de fumer. »

En revanche, si vous arrêtez avec l'aide de patchs ou de chewing-gums à la nicotine prescrits par votre médecin, évitez le jus d'orange et les autres boissons acides : en effet, ils chasseraient trop vite la nicotine de votre corps.

Imaginez que vous avez la grippe. « Avant les patchs et les chewing-gums à la nicotine, je disais aux gens qui voulaient arrêter de fumer d'imaginer qu'ils avaient la grippe, dit le Dr Jorenby. Les symptômes du manque sont semblables à ceux de la grippe : vous vous énervez facilement, vous avez du mal à vous concentrer, vous avez peu d'énergie. Comme pour la grippe, vous ne pouvez qu'attendre que cela passe. Mais vous aurez le dessus. Si vous ne rechutez pas et ne reprenez pas de cigarette, le manque sera vaincu en une semaine ou deux. »

Évitez les bars. C'est dans les bars que l'on risque le plus de rechuter, dit le Dr Jorenby. « Pour bien des gens, avoir un verre dans une main, c'est avoir une cigarette dans l'autre. Je conseille aux patients désireux d'arrêter de fumer d'éviter les bars pendant au moins deux semaines. » Il suggère d'aller à la bibliothèque, au musée et dans d'autres endroits publics où il est interdit de fumer. « Les gens qui arrêtent de fumer n'ont pas à maudire les bars, mais de nombreuses études montrent qu'ils risquent bien plus de se remettre à fumer quand ils s'y rendent que quand ils s'en éloignent pendant quelques semaines. »

Envoyez une lettre à une personne qui vous est chère. Quand l'envie de nicotine s'empare de vous, prenez un stylo plutôt qu'une cigarette et écrivez à une personne que vous appréciez une lettre où vous lui expliquez pourquoi fumer est si important dans votre vie, propose le Dr Robert Van de Castle. Dans cette lettre, expliquez-lui pourquoi vous vous accrochez à cette habitude qui, vous le savez bien, vous tuera, plutôt que d'arrêter et de rester en vie pour voir votre enfant devenir adulte et se marier ou de pouvoir assister à quelque autre événement important. Quand les patients du Dr Van de Castle se lancent dans ce genre de lettre, dit-il, ils se sentent si égoïstes que cela leur donne bien souvent le courage d'affronter les symptômes du manque et de s'abstenir définitivement de fumer.

TACHES DE VIEILLESSE

Que faire quand les dégâts sont déjà là

C'était une très belle femme d'un certain âge. Elle était mince et se tenait parfaitement droite. Vous admiriez son style, ses habits, son maquillage. Vieillir comme ça, ce n'est pas un problème, vous disiez-vous. Et puis, brusquement, vous avez remarqué ses mains. Elles étaient couvertes de taches brunes. Quelle horreur !

Depuis quelque temps, vous regardez vos mains avec inquiétude. Oh, il n'y en a que quelques-unes… mais il y en a tout de même. Des taches de vieillesse. Leur nom ne trompe pas. Elles ajoutent à votre allure générale des années dont vous vous seriez bien passée et vos mains vous trahissent. Mais de nos jours, quand vous avez des taches de vieillesse, vous pouvez faire autre chose que les compter et vous lamenter.

Faites le tri

Dans un premier temps, il vous faut apprendre à reconnaître une vraie tache de vieillesse. Il existe plusieurs sortes de taches d'aspect désagréable, mais elles ont toutes une cause commune, disent les médecins : le soleil. Vous avez peut-être omis de protéger votre peau en vous exposant aux rayons ultraviolets, que ce soit ceux d'une lampe à bronzer ou de l'astre du jour. Et votre peau a tenté de se protéger seule en fabriquant en surabondance de la mélanine – pigment présent dans les cellules pigmentées de la peau qui apparaît sous forme de taches.

Quelle est la différence entre les taches de vieillesse et les taches de rousseur ? Ces dernières apparaissent quand on est jeune, elles sont plus nombreuses en été et tendent à s'atténuer avec l'âge, indique le Dr Nicholas Lowe. Les taches de vieillesse empirent et ne s'en vont pas.

Si vous êtes déjà allée au soleil alors que vous étiez enceinte, vous avez peut-être connu le « masque de la grossesse » – une tache plus ou moins foncée sur la peau. Il ne s'agit pas d'une tache de vieillesse. Appelée mélasme ou mélanodermie, cette tache apparaît le plus souvent sur le visage et peut disparaître seule.

Causes chimiques

Certaines substances mises en contact avec notre peau peuvent provoquer des taches de vieillesse, dit le Dr Karen Burke. Des substances chimiques appelées psoralènes sont présentes dans des aliments tels que le persil, le panais ou le citron vert. Quand vous manipulez ces aliments puis sortez au soleil, votre peau peut être plus sensible et brûler plus facilement à l'endroit où les psoralènes l'ont touchée. Quand les petites cloques des brûlures se sont cicatrisées, on peut voir apparaître des taches de vieillesse.

Des antibiotiques tels que la tétracycline (Amphocycline), certains diurétiques et des antipsychotiques comme la chlorpromazine (Largactil) peuvent également produire des taches de vieillesse sur votre peau quand celle-ci n'est pas suffisamment protégée du rayonnement solaire, dit le Dr Burke.

Si votre parfum ou lotion préférée contient du musc ou de la bergamote, ingrédients assez communs en parfumerie, vous ne vous contenterez pas de sentir bon. Vous risquez aussi d'avoir des taches de vieillesse, prévient le Dr Burke.

Un peu de prévention

La chose la plus importante que vous puissiez faire pour empêcher la formation de nouvelles taches de vieillesse est de mettre de l'écran solaire – tout le temps.

Une application quotidienne. « Commencez par utiliser chaque jour un écran solaire dont l'indice de protection est égal ou supérieur à 15 », dit le Dr John E. Wolf. Vous avez peut-être remarqué sur les emballages de crème solaire les trois lettres SPF. Ce sont les initiales de « Sun Protection Factor », ou facteur de protection solaire : c'est ce que nous appelons l'indice. Un facteur de protection solaire 15 (SPF 15) indique que vous pouvez rester 15 fois plus longtemps au soleil sans prendre de coups de soleil que si vous n'aviez rien sur la peau.

« Mettez-en sur le dos de votre main et sur votre visage. Faites cela dès le matin, avant même de vous maquiller ou d'appliquer une crème hydratante, conseille le Dr Wolf. Quand vous vous lavez les mains, n'oubliez pas de remettre de l'écran solaire. Si vous voyez apparaître des taches de vieillesse ou des mélasmes, passez à un indice supérieur. »

Souvenez-vous que si vous n'êtes pas prête à appliquer de l'écran solaire 365 jours par an, il ne sert à rien de vous lamenter sur vos taches de vieillesse, dit le Dr Lowe. Sans application quotidienne, « votre peau sera redevenue la même dans quelques mois », ajoute-t-il.

Lavez-vous bien les mains. Lavez soigneusement vos mains après avoir manipulé des aliments qui contiennent des psoralènes et remettez de l'écran solaire avant de sortir, dit le Dr Burke.

Ne parfumez que les parties cachées. Appliquez votre parfum ou votre lotion sur des parties de votre corps qui ne seront pas exposées au soleil, suggère le Dr Burke.

Supprimez les taches

Quand vous avez des taches de vieillesse, la toute première chose à faire est de vous assurer qu'il ne s'agit pas de lésions précancéreuses, dit le Dr Wolf. « Si une tache brune apparaît mystérieusement ou qu'une tache ancienne change de forme ou de couleur ou se met à saigner, demandez à un dermatologue de voir s'il ne s'agirait pas d'un mélanome », dit-il. Le nombre de cas de mélanome, forme potentiellement fatale de cancer de la peau, augmente plus rapidement que tout autre type de cancer. (Pour en savoir plus sur le mélanome, voir le chapitre Peau (Cancer de la –), page 237.)

Si vous n'avez que quelques taches et qu'elles ne sont pas trop sombres, vous pouvez essayer un remède en vente libre dans toutes les pharmacies. En revanche, si vous avez vraiment beaucoup de taches de vieillesse, votre dermatologue peut vous prescrire plusieurs traitements efficaces.

Blanchissez-les. Dirigez-vous vers le rayon de produits capillaires d'une pharmacie ou d'une grande surface. Cela prendra du temps, mais de l'eau oxygénée à 30 % peut faire disparaître les taches de vieillesse les plus petites. Les produits contenant le maximum d'eau oxygénée sont ceux qui s'adressent aux blondes : le Dr Burke vous conseille d'appliquer l'eau oxygénée à l'aide d'un Coton-Tige. Vous devrez le faire tous les jours pendant plusieurs semaines.

Un teint de porcelaine. Les vieux remèdes censés donner à la peau « un teint de porcelaine » existent toujours et sont toujours aussi efficaces. Une crème telle que Aïda contient de l'hydroquinone, qui interfère avec la production de mélanine par la peau. Le Dr Burke met toutefois en garde contre la lenteur de ces produits. Les préparations médicales à base d'hydroquinone ont un effet plus rapide.

Toujours plus fort. Des crèmes qui contiennent un fort dosage d'hydroquinone peuvent effacer les taches de vieillesse quand elles sont plus grosses ou plus vieilles. La trétinoïne (Retin A), qui se présente sous forme de gel ou de crème, est également efficace quand il s'agit d'ôter des taches, même si elle est habituellement utilisée dans le traitement de l'acné ou des rides. Retin A ramène progressivement la peau à son état normal et fait disparaître les taches de vieillesse. Votre médecin jugera si vous pouvez l'associer à l'hydroquinone, dit le Dr Burke.

Des méthodes plus radicales. Votre dermatologue peut essayer l'acide trichloroacétique, fréquemment employé lors des peelings chimiques et assez efficace sur les taches de vieillesse. Le choix s'impose si les taches sont claires et peu nombreuses, dit le Dr Wolf. On peut aussi refroidir les taches à l'azote liquide. Ces traitements doivent être pratiqués en cabinet médical. Vous risquez toutefois de voir les substances chimiques faire trop bien leur travail et laisser des taches blanches, dépigmentées, à l'endroit des anciennes taches de vieillesse.

Le recours au laser. Manié par un spécialiste expérimenté, le laser constitue la solution dernier cri en matière de taches de vieillesse, dit le Dr Lowe. C'est aussi la plus coûteuse. « Ce qu'il y a de formidable avec un laser manié par un expert, c'est que vous ne risquez pas de troquer vos taches brunes contre des taches blanches », dit-il. Demandez à votre dermatologue s'il peut vous proposer un traitement au laser. Est-ce que cela fait mal ? Un instant seulement. La douleur est semblable à celle d'un élastique qu'on fait claquer contre votre peau, dit le Dr Lowe, rassurant.

Rappelez-vous qu'avec tous ces traitements, il est essentiel de mettre en permanence de l'écran solaire. Sinon, de nouvelles taches de vieillesse feront leur apparition.

Thyroïde
(Affections de la -)

Le grand régulateur de votre corps

Pendant la majeure partie de notre vie, notre thyroïde se conduit comme le bailleur de fonds d'une société et travaille en coulisses pour garder notre corps en pleine forme. Petit organe en forme de papillon, elle occupe une place discrète à la base de la gorge et sécrète des hormones qui régulent le métabolisme du corps, la température et le rythme cardiaque. Quand elle fonctionne normalement, nous savons à peine qu'elle existe.

Il arrive cependant que cette glande plus qu'effacée fasse un coup d'éclat. Comme le compartiment à glaçons de notre réfrigérateur, elle peut totalement perdre les pédales en fabriquant des hormones à échelle industrielle ou, au contraire, en les délivrant au compte-gouttes.

Quand cela arrive, la thyroïde – qu'elle soit trop active ou pas assez – peut provoquer une accélération ou un ralentissement spectaculaire de l'activité métabolique de notre corps. Dans le même temps, les perturbations du métabolisme engendrent toutes sortes de symptômes déplaisants qui peuvent avoir une influence dévastatrice sur notre allure et notre moral. Mal traitée, une thyroïde déréglée peut finir par déclencher des problèmes cardiaques, quand elle n'entraîne pas le coma ou la mort.

Tout cela est très inquiétant, direz-vous, mais « avec une détection précoce et un traitement approprié, presque tous les problèmes thyroïdiens peuvent être corrigés et les symptômes inversés, dit le Dr Brian Tulloch. La plupart des patients continuent de mener une existence normale, fonctionnelle et productive. »

Quand la thyroïde ne travaille pas assez

Votre thyroïde débraye et ralentit considérablement sa production d'hormones. Votre corps présente alors, et de manière progressive, toutes sortes de signes qui indiquent bien qu'il tourne à vide : fatigue, frissons, peau sèche, cheveux ternes, règles douloureuses, visage bouffi, pour n'en citer que quelques-uns. Cela peut également affecter le fonctionnement de votre mental et déboucher sur une concentration amoindrie, des pertes de mémoire et de la dépression. Vos pulsions sexuelles et votre fécondité peuvent en pâtir. Ce tableau est celui de l'hypothyroïdie.

Le gros problème de l'hypothyroïdie, c'est que bien des symptômes qui lui sont associés sont si courants que vous ne pensez pas que votre glande malade puisse en être responsable. « Il est facile de passer à côté d'une thyroïde trop peu active parce que les symptômes sont semblables à ceux associés aux maladies les plus banales et imitent souvent les changements physiques propres au vieillissement, dit le Dr Lawrence Wood. De nombreux patients – mais aussi des médecins – mettent ces symptômes sur le compte du vieillissement, de sorte que, bien souvent, le problème est ignoré ou mal diagnostiqué. »

Il y a plusieurs générations, le grossissement de la thyroïde, ou goitre, était assez répandu en France à cause d'une carence en iode dans l'alimentation. Aujourd'hui, le responsable du goitre n'est plus l'absence d'iode mais la thyroïdite de Hashimoto, qui est une maladie auto-immune.

L'hypothyroïdie diminue le rythme auquel le corps brûle ses calories, c'est pourquoi bien des femmes obèses mettent leur gain de poids sur le compte d'une thyroïde paresseuse. Celle-ci n'est pourtant pas à blâmer. « L'obésité et les prises de poids importantes sont rarement liées à une thyroïde trop peu active, dit le Dr Tulloch. La plupart des prises de poids associées à la thyroïde se limitent à quelques kilos, et le responsable est bien souvent la rétention d'eau. »

Même si les médecins ne réussissent généralement pas à obliger une thyroïde hypoactive à fonctionner à plein régime, ils peuvent toutefois maîtriser le problème. « Tout ce que nous avons à faire consiste à restaurer l'équilibre hormonal de l'organisme en lui apportant ce qu'il ne fabrique pas », dit le Dr Martin I. Surks. Les femmes pourvues d'une thyroïde paresseuse prennent des petits comprimés qui contiennent une version synthétique de cette hormone qu'est la thyroxine. Seul inconvénient, elles doivent en prendre quotidiennement jusqu'à la fin de leurs jours.

Et quand elle travaille trop

Imaginez à présent la situation inverse : votre thyroïde fabrique bien trop d'hormones. Ces hormones excédentaires incitent le métabolisme à passer en surmultiplié, ce qui déclenche une combinaison unique en son genre de symptômes amplifiés : rythme cardiaque très élevé, perte de poids, faiblesse, nervosité, irritabilité et tremblements.

Cet état, c'est l'hyperthyroïdie. Sa cause principale est la maladie de Basedow, désordre auto-immun qui frappa, peut-être vous en souvenez-vous, l'ancien président des États-Unis George Bush et sa femme, Barbara. La Première Dame s'inquiétait d'une rapide perte de poids, d'avoir les yeux exorbités et des problèmes de vision (symptômes classiques de la maladie de Basedow) ; son mari prit conscience de sa maladie de Basedow après des crises de tachycardie.

Les médecins disposent de plusieurs options lorsqu'ils doivent soigner une hyperthyroïdie. La méthode la plus simple et la plus prescrite est l'usage d'iode radioactif afin de réduire le nombre de cellules thyroïdiennes hyperactives. On peut également prescrire des médicaments qui bloquent la production de l'hormone thyroïdienne ou les effets de cette hormone sur le corps. Enfin, il est possible de pratiquer l'ablation chirurgicale de la thyroïde trop active (en totalité ou en partie). Comme la chirurgie et l'iode radioactif peuvent déclencher une hypothyroïdie ultérieure, des comprimés de thyroxine à vie sont souvent nécessaires.

Qui est concerné?

Plusieurs facteurs clés peuvent être responsables du fait qu'une femme présente des troubles thyroïdiens. Le seul fait d'être une femme en est un. « Les femmes risquent cinq fois plus que les hommes d'avoir des problèmes avec leur thyroïde, dit le Dr Surks. Bien des problèmes thyroïdiens se manifestent pendant ou après la grossesse ou après la ménopause. »

La maladie de Basedow et les autres causes d'hyperthyroïdie frappent surtout les femmes de 20 à 40 ans, mais elles peuvent également survenir chez des sujets plus âgés. Vers 50 ans, au moins une femme sur dix présente des signes d'hypothyroïdie. Vers 60 ans, ce chiffre passe à 17 %.

La génétique joue également un rôle. Si votre famille est marquée par des maladies thyroïdiennes ou des maladies auto-immunes telles que le diabète et le rhumatisme articulaire, vous serez candidate aux problèmes de thyroïde en vieillissant. Autre chose : selon une étude hollandaise, le tabagisme semble jouer un rôle important dans l'apparition de la maladie de Basedow chez des sujets prédisposés. Cette découverte implique évidemment que la suppression de cette mauvaise habitude peut vous empêcher de développer ce trouble si vous avez un passé familial marqué par les maladies thyroïdiennes.

Autres facteurs de risque : avoir reçu un traitement par radiothérapie au niveau de la tête et du cou quand on était enfant, l'utilisation de certains médicaments tels le lithium ou avoir vécu une expérience particulièrement stressante telle que la perte d'un être cher.

Que peuvent faire les femmes ?

En dehors du fait de manger équilibré et de ne pas fumer, il n'y a pas grand-chose à faire pour empêcher une maladie thyroïdienne. « Il est important de détecter tôt une maladie thyroïdienne, avant qu'elle ne gâche votre corps, vos émotions ou votre vie », dit le Dr Wood.

Demandez à votre médecin traitant de surveiller tout symptôme ou toute anomalie qui peut faire penser à une hypothyroïdie ou à une hyperthyroïdie. Selon le Dr Wood, toute femme de plus de 50 ans, surtout si elle appartient à un groupe à risque, devrait passer chaque année un examen de la thyroïde. « Des examens réguliers sont de plus en plus importants quand on vieillit, parce que bien des symptômes des maladies thyroïdiennes sont moins évidents et plus difficiles à déceler », explique-t-il.

Un examen du sang suffit généralement à contrôler la fonction thyroïdienne. Si une grosseur ou un nodule est présent, le médecin peut pratiquer une biopsie pour prélever un fragment de tissu thyroïdien qu'il examinera attentivement.

Alors que les traitements à base d'hormone thyroïdienne sont assez sûrs, les études montrent qu'un excès d'hormone de synthèse peut augmenter les risques d'ostéoporose, cet appauvrissement des os qui peut déboucher sur une fracture de la hanche ou des vertèbres. C'est pour cette raison qu'il est important d'effectuer un check-up annuel comportant un test à la thyréostimuline (ou test de Quérido), de prendre la quantité d'hormone thyroïdienne qui vous est nécessaire et de suivre un programme alimentaire et sportif approprié.

ULCÈRES

Éteignez le feu intérieur

Si vous avez un ulcère, réfléchissez bien avant de montrer du doigt l'un des suspects habituels. Une personne sur dix a ou aura un ulcère, et beaucoup de gens pensent que les ulcères sont la conséquence d'un excès de stress professionnel ou d'un abus de mets épicés.

En réalité, disent les chercheurs, ces excuses sont encore plus creuses que la cavité qui s'est formée dans votre estomac. Les différentes études indiquent que les ulcères sont plus répandus chez les chômeurs. Et rien n'indique que les épices jouent le moindre rôle dans leur formation.

« Bien souvent, ce n'est pas ce que les gens pensent, mais les causes d'ulcères sont nombreuses, et l'âge semble jouer un certain rôle dans la plupart des cas », dit le Dr Jorge Herrera. Cela paraît assez évident puisque les ulcères font vieillir prématurément en suscitant des douleurs qui peuvent entraver l'activité physique et exiger beaucoup d'attention de la part du malade. La plupart des femmes ont tendance à traiter l'ulcère en recourant à des recettes de grand-mère et en ne se nourrissant que de compote de pommes, de fromage blanc et autres plats plus insipides les uns que les autres.

D'où viennent les ulcères ?

Les ulcères se forment lorsque les sucs digestifs – qui sont, en fait, des acides, – attaquent le revêtement rose et délicat de vos organes digestifs. C'est habituellement le résultat d'une détérioration de la couche protectrice de l'estomac ou du duodénum, qui est la partie supérieure de l'intestin grêle.

Il existe deux types d'ulcère. L'ulcère de l'estomac est plus fréquent chez les femmes et survient ordinairement après 50 ans. Ses symptômes incluent une brûlure ou une sensation de « faim » au niveau de l'estomac ou sous le sternum, un malaise vague et même des nausées chroniques. L'ulcère du duodénum est plus répandu chez les hommes et se manifeste habituellement entre 20 et 40 ans. Il touche une partie plus avancée de l'appareil digestif, puisqu'il s'agit du commencement de l'intestin. Dans le cas de l'ulcère du duodénum, la douleur disparaît souvent après les repas ; il n'en est rien avec celui de l'estomac. Les deux types d'ulcère peuvent engendrer des selles noires ou marron malodorantes et des vomissements rappelant l'aspect du café moulu.

« La cause première de l'ulcère gastrique est la prise de certains médicaments, dit le Dr Herrera. Les ulcères de l'estomac s'observent plus fréquemment chez les femmes, surtout quand elles vieillissent, parce que les médicaments incriminés soignent des maladies qui accompagnent le vieillissement : c'est le cas des remèdes contre l'arthrite et des autres antalgiques. »

Les femmes plus jeunes peuvent elles aussi souffrir d'ulcères à l'estomac. « Les plus grands coupables, tout simplement parce qu'ils sont les plus employés, sont l'aspirine et les anti-inflammatoires non stéroïdiens que l'on trouve en vente libre, dit le Dr Herrera. Si vous prenez l'un de ces médicaments pendant plus de trois mois d'affilée, ce que font beaucoup de femmes, vous augmentez de manière significative vos risques d'ulcère. »

Ces substances nuisent en inhibant la production du mucus et des agents protecteurs chargés de neutraliser les acides ; l'aspirine peut aussi affaiblir le revêtement de l'estomac et provoquer des saignements. « En fait, bien des patients ne se rendent même pas compte qu'ils ont un ulcère, à cause des antalgiques contenus dans les médicaments qu'ils prennent, ajoute-t-il. Parfois, ils viennent consulter parce qu'ils ont trouvé du sang dans leurs selles : c'est seulement alors qu'ils comprennent qu'ils ont un ulcère. »

L'ulcère du duodénum est souvent la conséquence du tabac, qui déclenche une production exagérée de sucs digestifs. Toutefois, les études révèlent qu'au moins 95 % des patients souffrant d'un ulcère du duodénum abritent aussi la bactérie *Helicobacter pylori*, dit le Dr William Ruderman. Ces bactéries sont transmises d'un individu à l'autre, comme toute maladie infectieuse, et peuvent être détruites par les antibiotiques. « Ces bactéries sont assez répandues lorsque l'on vieillit, dit le Dr Ruderman. L'exposition à ces bactéries augmente avec le temps. Et les défenses de l'organisme perdent de leur efficacité. Sur cinq personnes infectées par cette bactérie, une d'entre elles présente aussi un ulcère du duodénum. »

Comment échapper au piège

Si vous croyez que vous avez un ulcère, allez consulter votre médecin. Un praticien peut prescrire des médicaments qui réduisent les sécrétions acides et apaisent la douleur, mais aussi des antibiotiques afin de lutter contre *H. pylori*. En attendant, voici ce que vous pouvez faire pour prévenir l'ulcère ou en atténuer la gravité.

Optez pour le paracétamol. En cas de migraines et d'autres maux mineurs, prenez du paracétamol, plutôt que de l'ibuprofène, qui entre dans la composition d'Advil et de Nurofen. L'ibuprofène est un anti-inflammatoire et les produits qui en contiennent peuvent provoquer des ulcères, dit le Dr Herrera. « Bien sûr, ils exercent un effet antalgique, mais d'autres médicaments aussi, qui ne donnent pas d'ulcère. Si vous avez une migraine ou une petite douleur nécessitant un antalgique, prenez plutôt du paracétamol. » Et évitez l'aspirine, qui est plus agressive que l'ibuprofène. L'aspirine affaiblit la muqueuse de l'estomac et provoque des saignements.

Arrêtez de fumer. La cigarette est deux fois plus nocive chez les personnes susceptibles d'avoir un ulcère. « Le tabac peut provoquer des ulcères parce qu'il augmente plusieurs fois la production d'acide, surtout si vous fumez après dîner ou avant de vous coucher, dit le Dr Herrera. La production d'acide est toujours plus forte la nuit. »

Une fois que vous avez un ulcère, l'acide créé par le tabac vous donne encore moins de chances de vous en débarrasser. « Il empêche les ulcères de guérir et leur donne l'occasion de revenir », ajoute le Dr Mark H. Ebell.

Calmez-vous. Les gens qui pensent que leur vie est trop stressée ont deux ou trois fois plus de risques de développer un ulcère que ceux qui prennent les choses avec une certaine philosophie, dit le Dr Robert Anda. Mais puisque nous sommes toutes stressées, pourquoi certaines ont-elles des ulcères et d'autres pas ?

« Cela tient à la façon dont vous interprétez le stress », explique le Dr Anda. Quand vous sentez que le poids du monde repose sur vos épaules et que vous ne voyez que l'aspect négatif des événements stressants, vous êtes la candidate idéale à l'ulcère parce que votre perception se traduit par une surproduction d'acide gastrique. En revanche, on rencontre moins d'ulcères chez les femmes qui admettent connaître un certain stress, mais qui l'acceptent comme une chose naturelle et ne se laissent pas submerger.

Les femmes qui réagissent négativement au stress peuvent trouver de l'aide en parlant de leurs problèmes avec des amies sincères, en faisant régulièrement des exercices de méditation ou de relaxation ou en ayant une pratique régulière du sport, indique le Dr Howard Mertz.

Évitez le lait. Rien ne prouve qu'un régime alimentaire insipide vous aidera, mais on sait maintenant qu'un grand verre de lait aura l'effet contraire. Le vieux remède qui consiste à boire du lait quand on a un ulcère fait peut-être plus de mal que de bien, dit le Dr Richard W. McCallum. Dans un premier temps, le lait a un effet neutralisant sur les acides, mais au bout d'une trentaine de minutes, il se produit un effet ricochet par lequel calcium et protéine du lait stimulent la production d'acide.

VARICES

S'en passer facilement

Quelle femme n'a pas horreur des varices, qu'elles soient petites et diffuses comme une toile d'araignée ou bleues et boursouflées comme des cordages ? Après 40 ans, les varices envahissent les jambes de la moitié des femmes. Avec elles, impossible d'oublier que l'on vieillit. Tout d'un coup, on hésite avant de se mettre en short ou en maillot de bain.

Quand nous parlons de toile d'araignée, les médecins parlent de télangiectasie, ou angiome. Il s'agit de capillaires ou de veines dilatés, que l'on trouve souvent sur le haut du mollet et sur la cuisse. Les varices, elles, apparaissent plutôt sur les jambes. Dans les deux cas, il s'agit de vaisseaux plus gros qu'ils ne devraient l'être.

Pour les femmes, les taches rouges de l'angiome ne constituent bien souvent qu'un problème d'ordre esthétique ; en revanche, les vraies varices peuvent être vraiment gênantes. Elles suscitent parfois dans les mollets une impression de lourdeur et de fatigue chronique. Elles peuvent déclencher des crampes nocturnes ou des mouvements des jambes qui perturbent le sommeil et vous laissent épuisée. Les veines gonflées sont souvent irritées et sujettes à des démangeaisons. Enfin, même si cela est assez rare, des varices peuvent trahir la présence d'un caillot dans une veine plus profonde.

Pour les femmes, principalement

D'où viennent les varices ? De vos gènes, pour commencer. Vous pouvez hériter de la tendance à avoir des varices de l'un ou l'autre parent.

Mais le fait est que les varices sont six fois plus répandues chez les femmes que chez les hommes, ce qui mène les chercheurs à penser que les hormones femelles contribuent largement à leur formation.

Selon une théorie, quand une femme est enceinte, l'augmentation de son volume sanguin intensifie la pression sur les veines. Parallèlement, le taux plus élevé de progestérone peut contribuer à dilater les veines. Ajoutez à cela le poids de l'utérus sur les veines pelviennes qui, à leur tour, transmettent une pression supérieure aux veines des jambes. La porte est désormais ouverte aux varices.

La menstruation peut également exercer une pression sur les veines à cause de l'augmentation du volume sanguin qui survient avant les règles. C'est pourquoi vos jambes sont peut-être douloureuses juste avant les règles.

Le mode de vie peut aussi aggraver les problèmes veineux. Si vous fumez, vous courez davantage de risques d'avoir des varices parce que le tabac affecte le flux sanguin en interférant avec la régulation de la fibrine, protéine responsable de la formation des caillots. Même si l'obésité ne provoque pas directement des varices, dépasser de 20 % son poids idéal peut contribuer à faire apparaître des varices chez les femmes qui ont une tendance héréditaire à en avoir. Soulever de lourdes charges et courir sur des surfaces dures peut également hâter l'apparition de ce trouble.

Parfois, le problème sous-jacent est d'ordre physiologique. Les individus qui ont des varices ont une faiblesse héréditaire des valves des veines des jambes. Ces valves empêchent normalement le sang de retomber quand il remonte vers le cœur. Lorsqu'une valve est défectueuse, la gravité ramène le sang dans les veines inférieures quand vous vous levez. Il suffit que le processus se répète un certain nombre de fois pour que les parois veineuses soient détendues en permanence.

« Chaque fois que vous êtes debout ou assise avec les jambes plus bas que le cœur, la gravité travaille contre vous », explique le Dr Malcolm O. Perry.

Les retombées d'une alimentation pauvre en fibres

Les médecins sont sûrs d'une chose : les varices ne font pas partie du processus naturel de vieillissement. En fait, le Dr Glenn Geelhoed a étudié les varices dans les populations du monde entier et a constaté que dans certaines cultures du tiers-monde, les varices sont inexistantes, même chez les femmes qui ont eu des enfants. Il a également remarqué que, quand ces gens émigrent en Europe ou aux États-Unis et adoptent les habitudes alimentaires de ces pays – régime alimentaire pauvre en fibres et mode de vie sédentaire –, ils commencent à avoir des varices.

Trop peu de fibres, cela signifie constipation, donc efforts pour expulser les selles, et c'est peut-être en cela que le régime alimentaire affecte le plus la santé de nos veines. Les Occidentaux qui consomment peu de fibres ont des selles plus petites et plus dures que les habitants du tiers-monde, qui

Faites disparaître les toiles d'araignée

Certaines femmes parlent de toiles d'araignée quand elles évoquent les petites lignes rouges dessinées sur leurs jambes, leurs cuisses principalement.

Comment s'en débarrasser ? Si ces lignes sont assez grandes, la sclérothérapie conventionnelle est habituellement la méthode la plus sûre, dit le Dr Arthur Bertolino.

« Pour un traitement idéal, la varice doit avoir au moins la taille d'un trait de stylo à bille, dit-il. Si elles sont trop petites, on ne peut pas y enfoncer d'aiguille. »

Si vous n'avez que de minuscules toiles d'araignée, recourez au maquillage : dissimulez-les sous une base verdâtre qui cachera leur teinte rougeâtre, conseille-t-il.

Quand vous avez plusieurs varices sur le visage ou les jambes, la sclérothérapie réussit parfaitement. Une minuscule aiguille est introduite dans la veine et on injecte une solution. Vous voyez le petit réseau rouge disparaître au fur et à mesure que le liquide pénètre dans la veine, dit-il.

ont moins de varices, note le Dr Geelhoed. Quand on fait des efforts en vain, on fait pression sur les veines du rectum, lesquelles transmettent une pression accrue aux veines des jambes.

À Framingham (Massachusetts), où une étude fut menée pendant plus de 40 ans auprès de plus de 5 200 personnes, on a découvert que les facteurs de risque des varices étaient les mêmes que ceux des maladies cardiovasculaires, c'est-à-dire la surcharge pondérale et la sédentarité. Cette étude a montré que, en comparaison avec les femmes dépourvues de varices, celles qui présentaient des problèmes des membres inférieurs étaient plus souvent obèses et moins actives, qu'elles étaient hypertendues et avaient commencé plus tard leur ménopause.

Non, les varices ne sont pas inévitables

Si les varices touchent plusieurs membres de votre famille mais vous épargnent encore, vous avez de nombreux moyens de les repousser.

Perdez du poids. Si vous avez une surcharge pondérale significative, un programme d'amaigrissement progressif et raisonnable peut être le

Des effets secondaires ? Parfois, la solution provoque une crampe musculaire passagère au niveau de la cheville ou au bas du mollet ; une ou deux minutes de massage suffisent à la faire disparaître. Assez rarement, un ulcère de la peau se forme quand du liquide s'échappe d'une veine abîmée. Parfois, on observe aussi une décoloration brune de la peau, qui disparaît presque toujours seule mais peut aussi être traitée avec un laser à vapeur de cuivre.

Le laser à colorant pulsé permet aux médecins de supprimer les capillaires faciaux dilatés, indique le Dr David Green. Les ondes lumineuses émises par le laser sont absorbées par les molécules d'hémoglobine du sang. « Cela vaporise l'hémoglobine, ce qui transforme l'énergie lumineuse en énergie thermique et fait "pétiller" la paroi du vaisseau », dit-il.

« Les lasers actuels ne sont pas performants quand on s'attaque à des veines ou à des capillaires situés en dessous de la taille, dit le Dr Green. Mais ils sont excellents au-dessus du cou, particulièrement sur le nez et les joues. »

meilleur allié de vos veines, dit le Dr Alan Kanter. Des kilos excédentaires exercent sur vos jambes une pression superflue.

Mangez des fibres. Assurez-vous que votre alimentation est assez riche en fibres pour que vos intestins soient en bonne santé et que vos selles soient molles. Cela vous évitera les efforts dus à la constipation, explique le Dr Kanter. Les fibres se trouvent en abondance dans les fruits, les légumes et les céréales entières.

Buvez de l'eau. Pour ramollir les selles, vous devez également être bien hydratée. Pour cela, buvez au moins huit verres d'eau par jour, conseille le Dr Kanter.

Ne fumez pas. Ou arrêtez si vous avez déjà commencé, dit le Dr Geelhoed. Fumer augmente les risques de développer une maladie veineuse sous-jacente, laquelle peut contribuer à la formation de varices.

Attention aux poids que vous soulevez. Ce type d'exercice sportif aide à maîtriser son poids, mais il doit être pratiqué raisonnablement si vous voulez éviter d'encourager les problèmes veineux. Soulevez plusieurs fois de petits haltères plutôt qu'une seule fois des gros. Demandez à un entraîneur de vous conseiller.

Courez sur du mou. Étudiez le parcours que vous allez effectuer et faites en sorte de courir sur de la terre, de l'herbe ou de la cendre, dit le Dr Kanter. L'impact sur une piste trop dure peut aggraver le gonflement des veines.

Quittez votre chaise. Ne restez pas assise trop longtemps quand vous travaillez, conseille le Dr Perry. Levez-vous et marchez assez souvent pour permettre au sang de circuler. L'étude menée à Framingham a montré que les femmes qui consacraient au moins huit heures par jour à des activités sédentaires (assises ou debout) présentaient plus souvent des varices.

Petit traitement à domicile

Si vous constatez déjà l'apparition de quelques varices, voici comment les empêcher de prendre trop d'ampleur.

Dormez en pente. Placez des cubes de 15 cm sur 15 au pied de votre lit, dit le Dr Perry. Cela empêchera le sang de s'accumuler dans vos jambes quand vous dormez. Vous vous adapterez rapidement à cette inclinaison.

Mettez des bas. Si vous n'avez que de petites varices, choisissez des bas de maintien de bonne qualité dans un magasin spécialisé et portez-les régulièrement, suggère le Dr Perry. Ils exercent une légère pression qui aide à diminuer le volume les veines. Quand les varices sont plus importantes, optez pour des bas de compression.

Comprimez-vous. Les bas de maintien ne suffisent pas quand les varices sont trop importantes, explique le Dr Perry. Vous devez donc prendre des bas de compression. « Ils sont chauds et lourds, mais ils sont efficaces », dit-il. La plupart des femmes les mettent sous des pantalons quand elles vont travailler et font appel aux bas de maintien, plus légers, quand elles sont en robe.

Les grands remèdes

Il existe deux traitement médicaux destinés aux personnes qui souffrent de varices. Il s'agit de la sclérothérapie (injection) et de l'ablation chirurgicale (stripping, ou éveinage).

Les progrès les plus récents de la sclérothérapie et de la chirurgie veineuse font appel à la technologie des ondes sonores (imagerie par ultrasons). Le matériel à ultrasons sert à localiser les veines profondes et à guider les injections avec précision, explique le Dr Kanter. Les ultrasons sont à la fois sûrs et indolores.

La méthode dite de la sclérothérapie implique l'injection d'un liquide dans la veine pour que les parois de celles-ci soient absorbées par le corps. Aucune anesthésie n'est nécessaire et « vous pouvez reprendre immédiatement vos activités », dit le Dr David Green. Quelques semaines ou quelques mois plus tard, la veine n'est plus qu'un fil invisible de tissu cicatriciel dissimulé sous la peau.

Si les veines que vous faites traiter par sclérothérapie sont assez grosses, il vous faudra porter des bas de compression pendant six semaines, ajoute le Dr Green.

Le coût de ce traitement varie selon le nombre d'injections nécessaires. Des traitements multiples seront peut-être utiles si de nombreuses veines sont touchées.

À qui la sclérothérapie s'adresse-t-elle ? Pratiquement à toutes les femmes, si elles ne sont pas enceintes et n'ont pas de problème de coagulation, dit le Dr Green. Si la procédure est simple et efficace, il peut y avoir des effets secondaires. Si la solution s'échappe de la veine, elle peut provoquer un ulcère sur la peau. Dans 20 % des cas, une ligne brune se dessine sur la peau, qui suit le tracé de la veine. Chez plus de 90 % des patients concernés, cette décoloration disparaît complètement en quelques mois, un an ou deux tout au plus.

Le laser peut supprimer la décoloration lorsqu'il est manipulé par un spécialiste. On utilise alors le laser à vapeur de cuivre. Une étude australienne a montré que 11 des 16 patients traités au laser à vapeur de cuivre pour un problème de décoloration faisant suite à une sclérothérapie connaissaient une amélioration significative au bout de trois mois.

Le stripping chirurgical est parfois recommandé lorsque les varices sont très importantes. L'opération peut s'effectuer sous anesthésie locale, mais les patientes préfèrent souvent une légère anesthésie générale, dit le Dr Perry. Cela se pratique souvent dans le cadre d'une chirurgie ambulatoire : on rentre chez soi le soir même. Pendant plusieurs semaines, voire quelques mois, il faut porter des bas de compression.

Même si les veines affectées sont totalement supprimées, votre circulation sanguine générale ne court aucun risque parce que d'autres vaisseaux peuvent facilement compenser la disparition des veines superficielles, indique le Dr Perry.

Des longueurs de veine importantes peuvent être extraites par une petite incision ; il reste naturellement une petite cicatrice.

Quels sont les avantages de cette technique chirurgicale ? De nombreux spécialistes des veines disent que même des varices assez importantes peuvent être traitées par sclérothérapie. Certains chirurgiens vasculaires ajoutent toutefois que l'on assiste à un taux élevé de récidive avec la méthode par injection et que de nombreuses visites sont nécessaires si de nombreuses veines sont affectées. Pourtant, quand on a recours à l'imagerie par ultrasons pour mieux guider le chirurgien, les résultats préliminaires montrent un meilleur taux de réussite et des interventions moins fréquentes.

LA VESSIE ET
SES PROBLÈMES

Comment résoudre un
problème désagréable

Jadis aussi sûre que le barrage de Serre-Ponçon, votre vessie a perdu de sa fiabilité. Où que vous alliez désormais, vous craignez que les vannes ne s'ouvrent pour vous plonger dans l'embarras le plus total.

Votre vie sociale en pâtit. Vous vous sentez frustrée, furieuse, humiliée. Vous pensez que vous êtes trop jeune pour ce genre de problèmes. Mais vous avez trop honte pour demander de l'aide à quelqu'un, ne serait-ce qu'à votre médecin.

« L'impact psychologique d'un problème de vessie est inimaginable. Quand une femme âgée de 30 à 50 ans se met à uriner plus fréquemment, s'oublie ou présente d'autres affections de la vessie qu'elle associe au vieillissement, je suis certain qu'elle se dit : "Cela ne m'est jamais arrivé. Mon Dieu, je me fais vieille. C'est la première chose qui est arrivée à ma tante Suzanne quand elle a commencé à décliner" », dit le Dr Alan Wein.

En réalité, la plupart des problèmes de vessie ne constituent pas un signe inévitable de vieillissement. En fait, les infections de l'appareil urinaire et l'incontinence (les deux affections les plus fréquentes) peuvent toucher des femmes de n'importe quel âge et être habituellement traitées de manière efficace ou être guéries, ajoute le Dr Wein.

Mais voyons de plus près quelles sont les causes et les remèdes de ces deux affections.

Les bactéries passent à l'attaque

Cela peut commencer par une douleur aiguë chaque fois que vous urinez. Vous éprouvez rapidement le besoin pressant de retourner aux toilettes, même si vous y êtes déjà allée il y a quelques minutes. Parfois, votre urine a une odeur assez forte et peut se teinter de sang. Dans les cas les plus graves, vous pouvez aussi être affectée de douleurs lombaires, frissons, fièvres, nausées et vomissements.

Il est pratiquement certain que vous avez une infection urinaire, le problème de vessie le plus fréquent que connaissent les femmes ayant atteint la trentaine ou la quarantaine, explique le Dr Wein. On sait que 25 à 35 % des femmes entre 20 et 40 ans ont eu au moins une fois une infection urinaire. Parmi celles-ci, près de 20 % ont fait au moins une rechute, précise le Dr Penny Wise Budoff. En règle générale, les femmes ont jusqu'à 50 fois plus de risques que les hommes de présenter une infection urinaire.

Cela est dû au fait que l'urètre, tube qui permet à l'urine de sortir de la vessie, ne mesure que cinq centimètres de long. Sa petite taille fait que cet organe est vulnérable aux invasions des bactéries normalement présentes dans le vagin et le rectum. Les rapports sexuels font parfois remonter les bactéries dans les voies urinaires, où ces micro-organismes peuvent provoquer une inflammation de l'urètre, de la vessie ou des reins.

Attendre trop longtemps pour uriner provoque fréquemment des infections urinaires. Quand vous passez des heures sans uriner, les muscles de la paroi de la vessie s'étirent et s'affaiblissent au point qu'elle ne peut plus évacuer toute l'urine. Le résidu augmente les risques d'infection.

Dès que l'infection se manifeste, votre médecin doit vous prescrire des antibiotiques, explique le Dr Jonathan Vapnek.

Votre généraliste est tout à fait à même de traiter une infection urinaire, mais vous devez consulter un urologue ou un gynécologue si vous avez du sang dans les urines, des infections urinaires récurrentes ou des antécédents d'infections rénales ou de calculs, précise le Dr Vapnek.

Dans certains cas, des femmes présentant des infections urinaires peuvent développer une cystite interstitielle, maladie chronique qui entraîne une inflammation de la vessie. Elles peuvent alors éprouver le besoin d'uriner jusqu'à 60 fois par jour. On ne connaît ni la cause ni le remède de cette maladie, mais les symptômes sont souvent soulagés par des médicaments tels que les stéroïdes et les antihistaminiques.

Toute infection urinaire doit vous conduire à consulter un médecin, mais il existe de nombreuses façons de prévenir ce trouble. Voici comment.

Remplissez votre vessie. Boire quotidiennement au moins six verres de 250 ml d'eau et de boissons sans caféine dilue l'urine dans la vessie et rend plus difficile le développement des bactéries, dit le Dr Budoff.

Urinez souvent. Efforcez-vous de vider votre vessie au moins quatre à six fois par jour. Cela aidera cette dernière à se débarrasser des bactéries.

Il ne devrait pas être difficile d'aller aussi souvent aux toilettes si vous buvez assez.

Essayez le jus de canneberge. Ce remède de grand-mère a reçu l'aval scientifique des chercheurs de la faculté de médecine de Harvard, lesquels ont réparti 153 femmes en deux groupes. Celles du premier groupe durent boire du jus de canneberge, les autres pas. Celles qui absorbèrent quotidiennement 300 ml de cette boisson piquante eurent 42 % de moins d'infections de la vessie que les autres. Les chercheurs pensent que le jus de canneberge peut empêcher les bactéries d'adhérer à la paroi de la vessie.

Allez aux toilettes après l'amour. Urinez peu de temps après les rapports sexuels, suggère le Dr Deborah Erickson. La miction (le fait d'uriner) chasse les bactéries qui ont pu remonter dans la vessie pendant l'acte sexuel. Si vous souffrez d'infections à répétition, demandez à votre médecin si vous pouvez prendre un antibiotique après l'amour.

Remettez en question votre méthode de contraception. Les chercheurs de l'université de Washington ont établi un lien entre les infections urinaires à répétition et les femmes qui utilisent un diaphragme en conjonction avec un spermicide. Celles qui ont recours à cette méthode contraceptive ont plus de risques d'abriter dans leur urine la bactérie *Escherichia coli*, principale responsable des infections urinaires. Si vous utilisez un diaphragme et une crème spermicide et que vous souffrez de fréquentes infections urinaires, songez à vous tourner vers une autre méthode de contrôle des naissances, conseille le Dr Seth Lerner. Parlez-en à votre médecin.

L'hygiène avant tout. En vous lavant les mains avant et après avoir uriné, vous aurez moins de risques de développer une infection urinaire, dit le Dr Budoff. Quand vous vous essuyez, faites-le de l'avant vers l'arrière. Cela tiendra les bactéries potentiellement dangereuses à l'écart de votre urètre. Pour encore plus de propreté, le Dr Budoff propose d'utiliser un gros morceau de coton humide que vous passerez de l'avant vers l'arrière.

Prenez une douche, pas un bain. Paresser dans une baignoire emplie d'eau savonneuse ou de bain moussant peut irriter la paroi des voies urinaires, particulièrement si vous avez des antécédents d'infections de la vessie récurrentes, nous dit le Dr David Rivas.

Choisissez le coton. Évitez les slips en Nylon qui empêchent l'air de circuler, conservent l'humidité et encouragent le développement bactérien aux alentours de l'urètre, ajoute le Dr Rivas. Portez plutôt des sous-vêtements en coton, plus larges, afin de permettre à l'air de mieux circuler. Si vous portez des collants, assurez-vous qu'ils ont bien un entrejambe en coton.

L'horreur de perdre contrôle

Quand votre fils casse une vitre avec son ballon de football ou que votre mari rentre avec la voiture dans un tas de neige, vous ne vous en faites pas trop parce que vous vous dites que ce sont des choses qui arrivent. Mais les accidents qui vous adviennent depuis quelque temps ne sont pas si faciles à ignorer. Vous avez du mal à parvenir à temps aux toilettes ou vous sentez une fuite gênante quand vous toussez, éternuez ou même soulevez des poids en faisant de la gymnastique.

« L'incontinence pousse certaines femmes à se sentir plus vieilles parce qu'elles pensent que c'est le signe infaillible du début de leur décrépitude. Cela laisse supposer un manque de maîtrise de soi et suggère que les autres valeurs positives de l'existence – faire du sport, voyager ou même vivre seule – sont en jeu », dit Katherine Jeter.

L'incontinence n'est pas nécessairement liée au vieillissement, dit le Dr Lerner. En fait, les études montrent qu'une femme sur quatre entre 30 et 59 ans a souffert au moins une fois d'incontinence dans sa vie d'adulte. Le chiffre est à peu près le même pour les femmes de plus de 60 ans.

« L'incontinence, ce n'est pas comme les cheveux gris. Ce n'est pas inévitable, explique le Dr Lerner. Il y a habituellement une cause physiologique que l'on peut traiter. »

Les femmes âgées souffrent d'incontinence pour d'autres raisons que les femmes plus jeunes, précise le Dr Tamara Bavendam. L'arthrite, par exemple, peut empêcher une femme âgée de se rendre rapidement aux toilettes. Les femmes âgées ont plus tendance à prendre des médicaments ; ceux qui sont prescrits pour traiter les maladies de cœur, par exemple, peuvent générer une surproduction d'urine que le volume de la vessie est incapable de gérer.

De toutes les formes d'incontinence, celle due à l'effort et celle due à la pression sont les plus répandues chez les femmes de 30 à 50 ans, explique le Dr Lerner. Il peut y avoir incontinence d'effort quand les muscles du plancher pelvien sont affaiblis ou endommagés. La cause peut en être une grossesse ou un accouchement, une surcharge pondérale ou une production hormonale amoindrie. La vessie et l'urètre s'affaissent et le sphincter ne se referme pas complètement. Tout effort abdominal – rire, éternuer ou soulever un objet lourd – peut déclencher une fuite.

L'incontinence par pression peut être provoquée par une infection urinaire ou une inflammation de la vessie et se produit lorsque les muscles de la vessie, irrités ou trop actifs, se contractent de manière incontrôlable. La femme éprouve un besoin pressant d'uriner. Si elle hésite, elle peut perdre un peu d'urine avant d'arriver aux toilettes, dit le Dr Bavendam. Il arrive que des femmes présentent une incontinence due à la fois à l'effort et à la pression.

Dans un autre type d'incontinence, appelé incontinence par débordement, la femme n'éprouve pas le besoin d'évacuer : la vessie se remplit à ras bord et la pression est telle que l'urine excédentaire s'écoule toute seule. Le diabète est l'une des causes premières de cette affection de la vessie. Les femmes qui se retiennent habituellement pendant plus de cinq ou six heures peuvent détériorer les muscles de leur vessie et développer une incontinence par débordement, précise le Dr Bavendam. Les accidents vasculaires cérébraux, les lésions de la moelle épinière, la sclérose en plaques et divers autres troubles neurologiques peuvent aussi être cause d'incontinence par débordement.

Il est important de se souvenir que l'incontinence n'est pas une maladie, mais le symptôme d'une maladie sous-jacente, rappelle le Dr Erickson. Si vous avez des fuites, ne croyez pas que vous devrez porter une couche pour adultes jusqu'à vos derniers jours. Votre médecin pourra très certainement vous aider. Vous n'aurez peut-être qu'à prendre des médicaments qui resserreront le sphincter ou détendront la vessie pour éviter les contractions involontaires. En dernier ressort, la chirurgie peut rendre sa position naturelle à une vessie affaissée ou comprimer un urètre. Mais, dans la plupart des cas, le problème est résolu par des remèdes simples : faire travailler les muscles pelviens, ou changer ses habitudes d'alimentation ou d'évacuation. Voici quelques moyens de rester au sec.

Prenez des notes. Notez tout ce qui a trait à vos problèmes urinaires pendant la semaine ou les quinze jours qui précèdent votre visite chez le médecin, propose le Dr Vapnek. Notez ce que vous mangez et buvez, quand vous allez aux toilettes, quand et où vous avez des fuites. Est-ce que vous toussiez ? Est-ce que vous avez voulu aller aux toilettes sans avoir le temps d'y arriver ? Ces notes aideront votre médecin traitant à résoudre vos problèmes.

Connaissez vos médicaments. Certains médicaments – diurétiques, antihistaminiques, sédatifs, anticholinergiques tels que pilules contre le mal des transports et remèdes contre le froid – peuvent affaiblir le contrôle de la vessie, dit le Dr Wein. Si vous prenez des médicaments, demandez à votre pharmacien ou à votre médecin s'ils peuvent contribuer à vos problèmes.

Surveillez votre alimentation. Certaines femmes déclarent que la consommation de thé, café, boissons allégées, édulcorants artificiels, chocolat, tomates, épices, etc., ne fait qu'empirer leur incontinence, nous apprend le Dr Bavendam. Si vous pensez qu'un aliment aggrave votre problème, éliminez-le de votre régime alimentaire pendant une semaine et voyez ce qui se passe. Si les symptômes s'améliorent, continuez d'éviter cet aliment parce qu'il irrite peut-être votre vessie.

Ne fumez plus. Les femmes qui fument ont 2,5 fois plus de risques d'être incontinentes que les autres, dit le Dr Richard Bump, qui a en effet étudié l'incontinence chez 606 femmes fumeuses et non fumeuses. Il suppose que la toux excessive, fréquente chez les fumeurs, affaiblit les muscles du plancher pelvien et provoque une incontinence d'effort. Fumer peut également irriter les muscles de la vessie, qui se contractent plus souvent et provoquent des fuites. Donc, si vous fumez, arrêtez.

Buvez. « Beaucoup de femmes diminuent leur consommation de liquide en se disant que "moins il en entre, moins il en sort" », déclare le

Dr Jeter. En vérité, cette technique aggrave les problèmes au lieu de les résoudre : l'urine extrêmement concentrée irrite la vessie, qui se contracte pour s'en débarrasser dès qu'elle le peut. Un apport insuffisant en liquides peut également provoquer déshydratation, constipation, infections urinaires et calculs rénaux. Chaque jour, nous conseille le Dr Erickson, buvez au moins six à huit verres d'eau ou de jus de fruits.

Allez à la selle. La constipation peut contribuer à l'incontinence. Plein, le rectum peut appuyer sur la vessie et augmenter les risques d'incontinence par pression. Ayez une alimentation riche en fibres : fruits, légumes, céréales et pain complets.

Le Dr Jeter recommande la recette suivante. Mélangez dans un bol une tasse de compote de pommes, une tasse de son d'avoine et une tasse de jus de pruneaux. Ajoutez de la cannelle ou de la muscade pour le goût et mettez au réfrigérateur. Introduisez progressivement ce mélange dans votre alimentation, jusqu'à deux cuillères à soupe tous les soirs en cas de besoin, suivies d'un grand verre d'eau. L'eau est essentielle, nous explique le Dr Jeter : sans elle, l'apport en fibres ne ferait qu'empirer les choses.

Urinez en deux fois. Si vous pensez que votre vessie ne se vide pas complètement, urinez en deux fois. Restez assise jusqu'à ce que votre vessie vous semble vide, relevez-vous pendant 10 ou 20 secondes, asseyez-vous à nouveau légèrement penchée en avant, détendez-vous, et attendez que votre vessie se vide complètement, conseille le Dr Jeter.

Perdez quelques kilos. L'excès de poids est mauvais pour les muscles du plancher pelvien et augmente les risques d'incontinence, dit le Dr Vapnek. « Les femmes qui ont une surcharge pondérale modérée affirment que la perte de 2 ou 3 kilos peut tout changer », ajoute le Dr Jeter. Demandez à votre généraliste si cela ne pourrait pas vous être utile.

Évitez l'alcool. L'alcool est un diurétique qui vous fait produire beaucoup d'urine en très peu de temps. Si vous avez des problèmes d'incontinence, la consommation d'alcool ne peut que les aggraver, prévient le Dr Rivas.

Faites travailler vos muscles. Les exercices Kegel peuvent renforcer les muscles de votre plancher pelvien et réduire les risques d'incontinence, dit le Dr Erickson. Il suffit de resserrer les muscles de votre rectum comme si vous vouliez empêcher le passage de gaz. Cela doit également tendre les muscles du plancher pelvien. Vous sentirez le mouvement ascendant de la contraction. Serrez vos muscles, comptez lentement jusqu'à quatre, détendez-vous et comptez quatre à nouveau. Essayez de répéter une telle série 10 fois par jour. Quand vos muscles deviennent plus robustes, augmentez peu à peu votre temps de contraction jusqu'à ce que vous parveniez à 25 ou 30 séries de 10 secondes chacune. La maîtrise de votre vessie devrait s'améliorer en trois ou quatre semaines.

Équilibrez vos besoins. La maîtrise de la vessie est bien souvent une affaire d'équilibre, dit le Dr Bavendam. La femme moyenne peut tenir trois ou quatre heures sans uriner. Quand vous urinez toutes les heures, par exemple, vous évitez à votre vessie d'atteindre sa pleine capacité. En revanche, quand vous attendez plus de quatre heures, vous forcez sur les muscles de votre vessie au point qu'ils ne peuvent plus contenir l'urine.

Si vous avez tendance à vous retenir longtemps, n'allez pas à l'encontre de la nature, conseille le Dr Erickson. Quand vous éprouvez le besoin de vous vider, allez-y, même si vous participez à une réunion de travail des plus importantes. Cela vous évitera des problèmes ultérieurs.

Si vous urinez plus souvent que vous ne le souhaiteriez, essayez de vous retenir. Pour cela, urinez dès que vous vous levez, puis réglez une minuterie sur une heure. Allez aux toilettes, même si vous n'en éprouvez pas vraiment le besoin. Remettez le minuteur sur une heure. Faites cela chaque matin pendant une semaine. La semaine suivante, ajoutez 30 minutes entre chaque visite aux toilettes… jusqu'à la septième semaine, où vous devez en être à quatre heures. Si vous avez envie de vous vider avant la fin du temps imparti, faites des exercices Kegel ou concentrez-vous sur autre chose – mémorisez le numéro de téléphone de dix amis, par exemple – jusqu'à ce que le besoin passe de lui-même.

VISION
(TROUBLES DE LA -)

Voir plus net et plus longtemps

Vous avez réservé la meilleure table du restaurant et voici venu le moment de régaler vos clients de province. Le sommelier vous tend la carte des vins. Vous le remerciez d'un sourire et ouvrez le livret pour faire votre choix.

Aïe. Vous n'arrivez pas à lire. Vos yeux ne peuvent déchiffrer les caractères les plus fins. Vous tendez alors la carte à bout de bras et plissez les paupières.

En une seconde, vous êtes passée de la femme d'affaires redoutable à la mémé assise dans son fauteuil avec *l'Almanach de Rustica*. Il ne vous manque plus que les besicles, les aiguilles à tricoter et la coiffe en dentelle, et le tableau sera complet.

C'est ainsi, et l'on n'y peut rien : tôt ou tard, la vision diminue. Neuf femmes sur dix entre 40 et 64 ans portent des lunettes ou des verres de contact pour lire ou effectuer des travaux de précision dans de meilleures conditions.

Ne désespérez pas. Vous pouvez ralentir le processus grâce à des examens réguliers de vos yeux, une alimentation équilibrée et quelques exercices extrêmement simples. Plus important encore, vous pouvez déjà vous armer contre des troubles plus graves tels que le glaucome, la cataracte et la dégénérescence maculaire, susceptibles de déboucher sur une vision très réduite, voire la cécité.

Plus près, plus flou

Vous vous rappelez les coccinelles du jardin de votre tante Nicole ? Vous les attrapiez doucement et les laissiez courir sur vos doigts et les rapprochiez tout près de vos yeux pour compter les petits points noirs sur leur dos et connaître leur âge.

Essayez de faire la même chose aujourd'hui. Il y a de grandes chances pour que vous ne puissiez distinguer une coccinelle d'une pastille pour la toux si elle se trouve à moins de vingt centimètres de votre visage. C'est parce que les cristallins de vos yeux commencent à durcir avec l'âge. Moins ils s'incurvent et plus vous avez du mal à voir ce qui est près.

C'est ce que l'on appelle la presbytie. C'est une chose aussi inévitable que la pluie quand on organise un pique-nique. « Il n'y a vraiment rien à faire pour l'éviter, constate le Dr Richard Bensinger. C'est facile à corriger, mais cela implique que vous devrez probablement porter des lunettes ou des verres de contact. »

S'il vous faut des verres correctifs, le choix entre lunettes classiques et verres de contact ne dépend que de vous. « Dans la plupart des cas, ce n'est qu'une question de goût, dit le Dr Bensinger. Certaines femmes préfèrent les lunettes, qu'elles peuvent ôter quand elles le désirent. D'autres choisissent les verres de contact, qui leur permettent de voir sans montrer aux autres que leur vue est déficiente. »

Même s'il vous faut des lunettes à double foyer, qui permettent de voir de près et de loin, vous n'avez pas besoin de le crier à la face du monde. Les spécialistes ont conçu des verres progressifs (Varilux) qui ne présentent

---

Vrai ou faux ?

Lire dans la pénombre peut abîmer les yeux. Faux. Une lumière faible peut fatiguer l'œil, mais en aucun cas l'abîmer.

Regarder trop longtemps la télévision nuit à la vue. Faux. Rien ne prouve que regarder trop longtemps ou trop près la télévision est mauvais pour les yeux.

Trop de lecture nuit aux yeux. Faux. Là encore, lire peut fatiguer les yeux, mais rien ne prouve que cela peut les endommager.

Manger beaucoup de carottes améliore la vision. Vrai et faux. Il vous faut de la vitamine A pour bien voir, mais en toute petite quantité : moins d'une carotte par jour. Un régime équilibré, avec ou sans carotte, vous apporte toute la vitamine A nécessaire.

aucune ligne révélatrice entre les deux épaisseurs de verre. Vous pouvez également essayer les verres de contact à double foyer, qui vous permettent de voir de près quand vous baissez les yeux et de loin quand vous les relevez. Le Dr Bensinger tient à dire qu'ils coûtent bien plus cher que des lentilles normales ; de plus, tout le monde ne les supporte pas.

Votre ophtalmologiste peut aussi vous prescrire des lentilles de contact monovision. Vous placez une lentille de contact pour voir de loin sur votre œil dominant (celui de droite, habituellement) et une lentille pour voir de près sur l'autre œil. « Il n'est pas aussi difficile de s'y habituer que cela peut paraître, dit le Dr Bensinger. Vous n'avez pas à vous adapter consciemment chaque fois que vous changez de mise au point. » Les lentilles monovision sont fabriquées comme des lentilles normales et coûtent moins cher que des lentilles à double foyer.

En plus de la presbytie, taches et « mouches volantes » se manifestent plus fréquemment quand vous vieillissez. Ce sont de petits points plus ou moins mobiles qui apparaissent occasionnellement dans votre champ de vision et disparaissent au bout d'une heure ou d'une journée. Le Dr Bensinger explique que ces points surviennent quand certaines parties de l'humeur aqueuse de l'œil s'épaississent.

« En général, ce n'est rien de très grave, dit le Dr Bensinger. Les points passent dans votre champ de vision, c'est tout. En revanche, si vous voyez brusquement beaucoup de points ainsi que des flashs lumineux, c'est le signe de quelque chose de beaucoup plus grave, et vous devez immédiatement consulter votre médecin. »

Si vous vivez dans une région particulièrement exposée au vent et à la poussière, vous risquez de développer des chalazions ou des orgelets, qui sont des excroissances charnues bénignes autour des yeux. Ils peuvent apparaître dès l'âge de 25 ans, le plus souvent au coin interne de l'œil (celui qui est le plus près du nez). Le Dr Bensinger dit qu'ils ne constituent qu'un problème d'ordre esthétique, à moins de devenir si gros qu'ils cachent la vue. L'ablation chirurgicale des chalazions se fait sans problème.

Une protection à long terme

À moins d'un accident, vos yeux doivent vous servir fidèlement jusqu'à plus de soixante ans. Peut-être vous faudra-t-il changer de temps en temps de verres de lecture, mais toujours est-il que vous ne remarquerez aucune détérioration sérieuse de votre vision.

Les spécialistes tiennent toutefois à vous prévenir que vous devez prendre garde. La plupart des maladies des yeux sont indolores et ne présentent aucun symptôme pendant plusieurs années. Si vous ne faites pas examiner régulièrement vos yeux, vous n'apprendrez peut-être la mauvaise nouvelle que bien trop tard. Voici quelques maladies dont vous devez vous méfier.

Le glaucome : êtes-vous un sujet à risque ?

Oui. Tout le monde est sujet à risque mais certaines personnes sont plus exposées que d'autres. Pour savoir où vous situer, répondez aux questions suivantes, établies par l'Association américaine pour la prévention de la cécité.

1. Des membres proches de votre famille ont-ils un glaucome ?
2. Avez-vous plus de 40 ans ?
3. Êtes-vous de race noire ?
4. Prenez-vous des stéroïdiens ?
5. Avez-vous eu une blessure ou une intervention chirurgicale à l'œil?
6. Avez-vous du diabète ?

Si vous avez répondu oui à l'une de ces questions, prenez rendez-vous avec votre médecin traitant pour qu'il vous parle du glaucome. Si vous avez répondu oui deux fois ou plus, vous courez davantage de risques et devrez probablement consulter chaque année un ophtalmologiste.

Glaucome. Cette maladie sournoise évolue toujours vers la cécité quand elle n'est pas traitée à temps. En ce qui concerne les Français, quand on consulte pour les premiers troubles, 90 % du champs visuel a déjà définitivement disparu. Ce trouble se caractérise par une augmentation de la pression du liquide de l'œil ; après plusieurs années, cela peut endommager de manière irréversible les nerfs qui transmettent les images au cerveau.

Les médecins ignorent ce qui provoque la plupart des glaucomes et ne peuvent donc les soigner. La vision endommagée par un glaucome ne peut redevenir normale, mais un glaucome détecté de manière précoce peut être maîtrisé. Des gouttes ou des comprimés peuvent parfois abaisser la pression interne de l'œil. En cas d'échec, le laser chirurgical peut déboucher les drains naturels de l'œil, permettre au liquide de s'écouler et diminuer la pression. Si cela ne suffit pas, le chirurgien peut créer un drain artificiel.

On estime que la prévalence du glaucome chronique à angle ouvert serait de 2 % de la population de plus de 40 ans. Celle de l'hypertonie oculaire, signe avant-coureur de la maladie, serait de plus de 10 % de la population. Le meilleur conseil en matière de glaucome ? Faites-vous examiner dès aujourd'hui. « Plus cette maladie est décelée tôt, mieux nous la contrôlons », dit le Dr Carl Kupfer. Un examen régulier des yeux est nécessaire, surtout si vous êtes un sujet à risque pour le glaucome.

Cataracte. Même si ce n'est que rarement un problème quand vous n'avez pas atteint l'âge de la retraite, la cataracte semble bien souvent se former assez tôt, surtout si vous avez eu une blessure à l'œil, une transplantation d'organe ou un traitement par radiothérapie ou chimiothérapie.

Au fil des ans, le cristallin de l'œil peut devenir jaunâtre sous l'effet d'une accumulation de protéines. Le cristallin peut prendre un aspect blanc laiteux et devenir translucide, perturbant la vision au point que l'on doit vous greffer un cristallin artificiel. Cette lentille de remplacement en plastique ne se plie pas pour concentrer la lumière, comme le fait normalement un cristallin. Mais avec des verres correcteurs, votre vision redevient acceptable.« Nous ne pouvons pas encore guérir la cataracte, mais nous pouvons rendre une bonne vue à nos patients », dit le Dr Bensinger.

Comme le glaucome, la cataracte a peut-être un aspect héréditaire. Si la cataracte frappe un ou plusieurs membres de votre famille, vous courez plus de risques et devez donc vous faire examiner plus souvent.

Dégénérescence maculaire. Cette maladie insidieuse vous prive d'une caractéristique importante de la vision : la précision. « Dans les cas les plus avancés, vous savez que quelqu'un se tient devant vous, mais ne pouvez pas dire qui, explique le Dr Bensinger. Vous voyez un bus dans la rue, mais vous ne distinguez pas son numéro. »

La cause de cette maladie demeure inconnue, mais il y a une détérioration de la macula, partie centrale de la rétine responsable de la mise au point. Actuellement, il n'y a malheureusement que peu de chances de restaurer la vision après une dégénérescence maculaire, même si le laser chirurgical peut la stabiliser quelque temps. Il y a quand même une lueur d'espoir : la dégénérescence maculaire ne frappant normalement qu'après 60 ans, vous pouvez déjà lutter contre elle à l'aide d'un régime alimentaire équilibré.

Rétinopathie diabétique. Elle frappe en premier lieu les personnes atteintes de diabète et représente la première cause de cécité chez les 20-50 ans. La perte de la vision commence lorsque les vaisseaux sanguins du fond de l'œil se mettent à fuir, brouillant la vision et privant parfois l'œil de nutriments.

« Si vous avez du diabète, dit le Dr Bensinger, je ne puis que vous conseiller fermement de faire vérifier régulièrement vos yeux. Cela peut vous sauver la vue. »

Le traitement au laser aide à ralentir les dégâts occasionnés par les vaisseaux déficients. Mais, là encore, l'aide médicale ne peut intervenir que si vous avez subi des examens réguliers. « La détection précoce de la rétinopathie diabétique est encore plus efficace que celle du glaucome », dit le Dr Kupfer. Si l'on s'y prend assez tôt, il y a 95 % de chances pour que vous conserviez votre vue pendant au moins cinq ans.

La gymnastique des yeux

Chaque semaine, vous travaillez dur pour aplanir votre estomac, raffermir vos cuisses et muscler vos bras. Alors, pourquoi ne pas consacrer quelques minutes à vos yeux ?

Les spécialistes ne sont pas tous d'accord pour dire que la gymnastique est favorable aux yeux, mais un nombre toujours croissant de thérapeutes de la vision pense que quelques exercices quotidiens peuvent vous aider à conserver la jeunesse de vos yeux.

« La logique qui sous-tend la thérapie de la vision, dit le Dr Steven Ritter, veut que si vous fatiguez votre système visuel en effectuant des tâches minutieuses, vous devez aussi pouvoir le restaurer. »

Les thérapeutes de la vision peuvent prescrire 208 exercices différents. Aucun exercice ne peut seul soigner tous les problèmes, mais ceux que nous vous proposons ici ne peuvent pas vous faire de mal.

Lisez le journal. Si vous travaillez devant un écran d'ordinateur pendant plusieurs heures d'affilée, essayez ceci. Placardez au mur, à 2,5 m de vous, une page de journal. Interrompez votre travail toutes les dix minutes pour regarder le journal. Efforcez-vous de déchiffrer les caractères des articles. Puis remettez-vous à votre écran d'ordinateur. Faites cela pendant 30 secondes environ six fois par heure. Cela peut éliminer la vision trouble que l'on connaît souvent après une journée de travail.

Jouez à la balle. Si vous jouez déjà au tennis, au hand-ball ou au squash, cet exercice à deux ne vous fera pas peur. Mettez-vous à un mètre ou un mètre cinquante d'un mur lisse. Demandez à votre amie de se positionner derrière vous et de lancer une balle de tennis contre le mur. Quand cette balle a rebondi, essayez de l'attraper. Cet exercice peut améliorer votre coordination œil/main.

Suivez votre pouce. Tendez le bras et regardez votre pouce. Dessinez des cercles, des X et des zigzags, de plus en plus près de vos yeux puis de plus en plus loin. Suivez-le bien du regard. Ce faisant, faites en sorte que le maximum du local où vous vous trouvez entre dans votre

Le meilleur remède ? La prévention

Vous ne pouvez pas changer vos gènes, vous ne pouvez donc rien contre le principal facteur de risque en matière de vision : l'hérédité. Voici malgré tout quelques conseils qui vous permettront d'entrer avec 10 sur 10 dans le vingt et unième siècle.

champ de vision. Continuez l'exercice en fermant un œil. Recommencez avec l'autre œil. Cela améliorera votre vision périphérique.

Traquez la lumière. Cet amusant exercice peut améliorer votre faculté à suivre un objet des yeux. Il faut seulement un(e) partenaire et deux lampes électriques. Mettez-vous devant un mur dans une pièce obscure. Demandez à votre ami(e) d'éclairer le mur et de dessiner des arabesques avec le faisceau de sa lampe. Tentez d'éclipser son cercle de lumière avec votre propre faisceau, tout en gardant un livre en équilibre sur votre tête. Cela vous oblige à traquer la lumière avec vos yeux sans remuer la tête.

La balle volante. Écrivez des lettres ou des chiffres sur une balle de Ping-Pong que vous suspendrez au plafond à l'aide d'une ficelle. Plus les caractères sont petits, plus l'exercice est difficile. Donnez une pichenette dans la balle. Essayez de dire tout haut les lettres ou les chiffres que vous voyez. Cet exercice vous aide à garder nette une cible en mouvement.

Enfilez des perles. Cet exercice apprend aux deux yeux à converger sur une même cible. Il apprend aussi à votre cerveau à ne pas occulter la vision d'un œil. Attachez trois perles de couleur à une corde de deux mètres de long. Attachez une extrémité de la corde à un mur à la hauteur de vos yeux et tenez l'autre extrémité près de votre nez. Une perle doit se trouver près du mur, l'autre au milieu de la corde et la troisième à 40 cm de votre visage.

Regardez la perle la plus éloignée. Vous verrez deux cordes former un V qui converge vers la perle. Dirigez vos deux yeux vers la perle du milieu. Remarquez le X à l'endroit où les deux cordes semblent converger. Passez rapidement à la perle la plus proche et observez un X semblable. Changez de perle à toute allure et continuez d'observer le V ou le X. Si vos deux yeux travaillent de concert, vous devez toujours voir deux cordes se recouper à l'endroit que vous regardez. S'ils travaillent indépendamment l'un de l'autre, vous verrez d'autres dessins ou une seule corde.

Faites examiner vos yeux. Les médecins ne le répéteront jamais assez.

« Un examen régulier des yeux est de loin la chose la plus importante que vous puissiez faire pour préserver votre vue, » dit le Dr Bensinger.

Testez vous-même votre vision

On estime qu'un automobiliste sur vingt voit mal et l'ignore. Ces tests fort simples vous permettront de découvrir si votre vue a besoin que l'on prenne soin d'elle.

Attention : ces tests ne remplacent en rien l'examen que peut pratiquer un spécialiste. Ils viennent seulement tirer le signal d'alarme si besoin est.

Test 1. Vision de loin (page de droite). *Si possible, demandez à quelqu'un de vous aider à faire ce test. Ne le faites pas si vous êtes fatiguée. Si vous avez des lunettes ou des verres de contact, n'oubliez pas de les mettre. (1) Posez le tableau à 3 mètres de vous, contre un mur ou une porte. Assurez-vous que la pièce est bien éclairée et évitez la luminosité des fenêtres. (2) Recouvrez doucement votre œil gauche d'un morceau de papier. Gardez les deux yeux ouverts et dites à votre amie (ou écrivez-le) où se situe l'ouverture de chaque C du tableau. Commencez par les plus grands C pour aller vers les plus petits. Répétez l'opération en couvrant votre œil droit. (3) Si vous avez la moindre erreur, recommencez le test un autre jour.*

Près de la moitié des cécités peuvent être évitées. Tout le monde devrait régulièrement passer un examen des yeux.

Test 2. **Vision rapprochée.** *Mettez vos lunettes ou vos verres de contact uniquement s'ils vous servent à lire. (1) Installez-vous dans une pièce bien éclairée, loin de la luminosité de la fenêtre. (2) Gardez les deux yeux ouverts et tenez le test ci-dessus à 35 cm de votre visage. (3) Lisez les phrases du test ou écrivez-les. (4) Notez l'emplacement des ouvertures de chaque C. Si vous avez une seule erreur, mieux vaut recommencer le test un autre jour.*

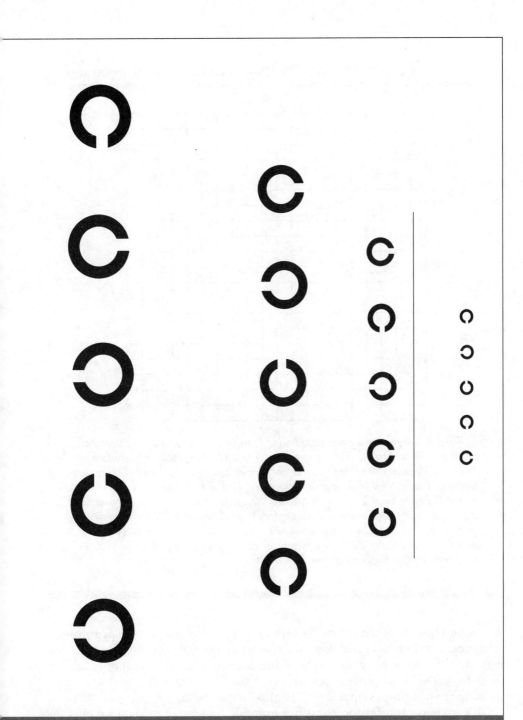

Testez vous-même votre vision – suite

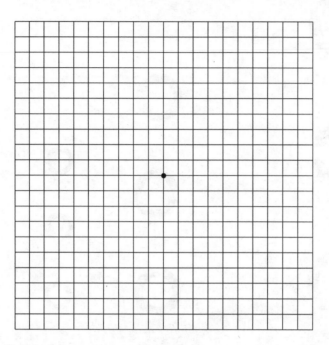

Test 3. Dégénérescence maculaire. *Pour ce test, ne mettez vos lunettes ou vos verres de contact que s'ils vous servent à lire. (1) Demandez à quelqu'un de tenir le tableau contre un mur ou une porte en évitant toutefois la luminosité des fenêtres. Assurez-vous que le point central est bien à la même hauteur que vos yeux. (2) Placez-vous à 35 cm du tableau. Regardez le point central et recouvrez votre œil gauche avec une feuille de papier. Vous devez voir les quatre coins du quadrillage. Si le tableau vous apparaît distordu ou si vous voyez des taches blanches ou des lignes ondulées après avoir ouvert l'œil droit, songez à vous en souvenir. Répétez l'opération avec l'œil droit.*

Si vous avez entre 30 et 50 ans et n'avez jamais eu de problèmes oculaires, nous vous conseillons de consulter un ophtalmologiste tous les trois ans. Si vous avez des antécédents familiaux de glaucome ou de diabète, ou si vous portez des lunettes ou des verres de contact, votre spécialiste vous proposera des visites plus rapprochées.

Il convient toutefois de consulter immédiatement si vous êtes dans l'un des cas suivants :

- Changement soudain de vision affectant un œil ou les deux yeux
- Rougeur inexplicable de l'œil
- Grand nombre de taches ou de mouches flottantes, ou encore pluies d'étincelles aux coins des yeux
- Douleur oculaire qui ne disparaît pas
- Contact accidentel avec des substances chimiques, teintures en particulier

Mettez-vous à l'abri. Les verres solaires qui empêchent le passage des UV A et des UV B, ainsi que de la lumière bleue, peuvent aider à diminuer le risque de cataracte, indique le Dr Bensinger. Les lunettes qui protègent le côté de l'œil sont évidemment recommandées. Essayez de porter un chapeau dont la visière empêche les rayons solaires de frapper directement vos yeux. « L'exposition au soleil abaisse l'âge auquel vous pouvez développer une cataracte, dit le Dr Bensinger. Quand vous sortez, il tombe sous le sens que vous devez éviter le soleil au maximum. »

Arrêtez de fumer. Cancer. Rides. Vêtements qui puent. Haleine fétide. Dents jaunes. Emphysème. Cela ne vous suffit pas ? Vous voulez une autre bonne raison pour arrêter ? Eh bien le tabac peut causer des cataractes. L'étude menée par la faculté de médecine de Harvard auprès de 120 000 infirmières a montré que les femmes qui fumaient plus de 35 cigarettes par jour avaient 63 % de plus de risques de développer une cataracte.

La raison en est inconnue, mais les chercheurs pensent que le tabac réduit le taux d'antioxydants dans le sang et favorise ainsi le développement de la cataracte.

Mangez des fruits et des légumes. Les rapports de cause à effet entre l'alimentation et la vue sont encore mal connus, mais on sait maintenant qu'une substance appelée glutathion peut aider à ralentir l'évolution de la dégénérescence maculaire. On trouve cette substance dans les légumes frais verts, rouges et jaunes. Les légumes en conserve ou surgelés perdent tout leur glutathion.

Le zinc peut aussi être utile, même si rien ne le prouve vraiment. Le Dr Bensinger dit que la prise de compléments vitaminés contenant du zinc « n'est probablement pas une mauvaise idée tant que vous ne tombez pas dans les médicaments gadgets ».

Les antioxydants – vitamines A, C et E et bêtacarotène – se sont révélés utiles contre la cataracte, comme l'a montré l'étude de Harvard portant sur les infirmières. Selon une communication faite à l'*American Journal of Clinical Nutrition*, les gens qui mangent chaque jour 3,5 portions de fruits et légumes ont également un risque inférieur de cataracte.

Comme le dit le Dr Paul F. Jacques, « une alimentation saine peut retarder le vieillissement naturel du cristallin et ainsi retarder la cataracte ».

Troisième partie

Renforcez votre capital jeunesse

AÉROBIC

Buvez à la fontaine de jouvence

À quoi pensez-vous quand vous entendez le mot « aérobic » ? À Véronique et Davina ? Peut-être. Mais surtout aux cours d'aérobic, ceux auxquels vous assistez fidèlement deux ou trois fois par semaine... enfin, quand vous avez le temps.

Les cours d'aérobic sont aujourd'hui l'une des activités les plus prisées des clubs de gymnastique, particulièrement chez les femmes. Au point que le mot « aérobic » est devenu synonyme de fitness, de forme physique.

C'est parfaitement justifié. Un cours d'aérobic dure entre 20 minutes et une heure : il stimule votre cœur, fait travailler vos principaux groupes de muscles, améliore votre système cardiovasculaire et vous maintient en forme.

En vérité, l'aérobic va bien au-delà des cours auxquels vous pouvez assister. Il englobe aussi de nombreux exercices sportifs tels que la marche, la course, la natation ou le vélo. Il ne se contente pas non plus de vous mettre en forme. Vous vous sentez plus jeune, aujourd'hui, mais aussi demain. L'aérobic se situe en tête sur la liste des activités à même d'effacer les marques du temps. Ses bienfaits sont de longue durée.

L'aérobic participe à la lutte contre le vieillissement en prévenant les maladies cardiovasculaires, en préservant la force des muscles et des os et en conservant la vivacité de l'esprit. Il peut aussi jouer un rôle dans la lutte contre le diabète et certains types de cancer. Il contribue à effacer le stress quotidien en dynamisant votre humeur et votre énergie. L'exercice sportif permet souvent de diminuer le syndrome prémenstruel et les symptômes de la ménopause.

« S'il existe vraiment une fontaine de jouvence, c'est là que vous la trouverez », affirme le Dr William Simpson. La personne qui effectue régulièrement des exercices d'aérobic et s'entraîne sur des appareils est aussi celle qui affrontera le mieux le vieillissement, dit-il.

L'ami du cœur

L'aérobic est le bienfaiteur du cœur et du système cardiovasculaire. Les chiffres indiquent que l'aérobic contribue à faire diminuer les risques de maladies cardiovasculaires, cause de mortalité numéro un chez les hommes et les femmes européens ou américains, indique le Dr Alan Mikesky. Rien que pour cela, dit-il, l'aérobic devrait être une priorité.

On ne sait pas exactement dans quelle mesure l'aérobic protège les femmes des maladies cardiovasculaires, dit le Dr Simpson. Cela tient au fait que les études menées au cours de ces deux dernières décennies ne se sont intéressées qu'aux hommes. « Il n'y a pas vraiment eu d'étude systématique sur les femmes », dit-il, mais les chercheurs pensent qu'elles en tirent les mêmes profits que les hommes.

La recherche montre que l'aérobic peut faire diminuer chez les hommes les risques de première crise cardiaque. L'étude menée auprès de 16 936 anciens étudiants de Harvard âgés de 35 à 74 ans a permis de constater que les hommes les moins actifs couraient 64 % de plus de risques de crise cardiaque que les hommes les plus actifs.

D'autres chiffres incontestables montrent que les hommes sédentaires ont entre 30 et 40 % plus de risques de mourir d'une maladie coronarienne que ceux qui brûlent plus de 1 000 calories par semaine, soit 15 km de marche (environ 40 minutes de marche, trois ou quatre fois par semaine).

Un cœur plus fort, une tension plus faible

L'aérobic aide à diminuer le risque de maladie cardiovasculaire en renforçant le cœur et en le rendant plus efficace. Lorsque vous faites vos exercices, vos muscles ont besoin de davantage du combustible qu'est l'oxygène. Votre cœur fonctionne plus intensément pour chasser davantage de sang – porteur d'oxygène – dans les muscles. Quand le cœur fait cela régulièrement, il devient plus fort et plus efficace, dit le Dr Simpson. « Votre pompe cardiaque y gagne en puissance. »

L'exercice améliore aussi la qualité de la circulation. « L'exercice ayant tendance à dilater les vaisseaux, le cœur envoie plus facilement du sang dans le reste du corps, dit le Dr Simpson. Cela fait diminuer la tension artérielle au repos. Le cœur rencontre moins de résistance. »

L'aérobic peut aussi augmenter votre taux métabolique, le rythme auquel votre corps brûle des calories. Cela réduit la graisse corporelle et permet de perdre du poids.

Garder la forme permet non seulement de se sentir mieux, mais aussi d'abaisser en permanence la tension artérielle, risque majeur de maladie cardiovasculaire. Les études montrent que la tension artérielle diminue si l'on pratique des exercices au moins trois fois par semaine. Lors d'une étude menée par l'université de Californie de San Diego auprès de

641 femmes de 50 à 89 ans, la tension artérielle était nettement plus basse chez les femmes actives que chez les femmes sédentaires.

Maîtrisez votre cholestérol

L'aérobic permet également de diminuer le risque de maladies cardiovasculaires en assurant la maîtrise du taux de cholestérol. Les études révèlent que l'exercice sportif fait augmenter le cholestérol HDL (lipoprotéines de haute densité), le bon cholestérol, qui permet d'éliminer des artères le cholestérol LDL (lipoprotéines de faible densité), ou mauvais cholestérol. L'exercice sportif très intense fait augmenter de 5 à 15 % le taux de cholestérol HDL.

Les recherches montrent que l'exercice fait augmenter le taux de cholestérol HDL chez les femmes aussi bien que chez les hommes. Quand les femmes s'entraînent régulièrement – on recommande habituellement 30 minutes, trois fois par semaine, à un rythme cardiaque équivalent au moins à 50 % de votre rythme cardiaque maximal (220 moins votre âge) –, les taux de cholestérol élevés ont tendance à décliner.

Les femmes ont un avantage : elles n'ont pas besoin de s'entraîner aussi dur que les hommes pour atteindre les mêmes résultats. Des exercices modérés leur permettent de faire augmenter leur cholestérol HDL. Les hommes doivent, pour leur part, s'exercer plus intensément.

Entretenez votre mémoire

Ignoriez-vous que l'exercice pouvait préserver votre jeunesse en luttant contre le déclin de la forme mentale ? C'est pourtant le cas, selon le Dr Joanne Stevenson, spécialiste de l'impact du sport sur la mémoire des personnes âgées.

La mémoire à long terme – ou capacité de se souvenir des événements anciens – ne se détériore généralement pas avec l'âge. Mais la mémoire à court terme – celle qui concerne les événements récents –, si. Cela tient en partie, explique le Dr Stevenson, à ce que les cellules du cerveau ne reçoivent plus autant de nutriments et d'oxygène qu'avant. La pratique de l'aérobic peut ralentir ce processus. Elle contribue aussi à augmenter le nombre des substances chimiques du cerveau (neurotransmetteurs) pour que les messages soient portés plus rapidement d'un neurone à l'autre. « En maintenant un apport de nutriments et une oxygénation élevés, l'exercice vient contrecarrer le processus du vieillissement », explique-t-elle.

Le vieillissement peut également affecter ce que les chercheurs appellent l'intelligence fluide, votre capacité à conceptualiser. Ce type de mémoire exige davantage d'oxygène que tout autre travail mental. « La rapidité de pensée et la capacité d'acquérir une vision globale d'une situation ralentissent à l'âge mûr et au début de la vieillesse, dit le

Dr Stevenson. L'aérobic lutte contre ce ralentissement », ajoute-t-elle, et permet aux individus de conserver encore longtemps souplesse et vivacité mentales.

Lors de l'étude menée auprès de 87 253 femmes par le laboratoire Channing, de la faculté de médecine de Harvard, et le *Brigham and Women's Hospital*, tous deux situés à Boston, on a constaté que les femmes qui faisaient sérieusement du sport au moins une fois par semaine réduisaient leurs risques de diabète.

Une autre étude s'est intéressée à 5 990 anciens étudiants (hommes) de l'université de Pennsylvanie à Philadelphie : ceux qui étaient très sportifs avaient 15 % de moins de risques d'avoir un cancer du côlon que ceux qui étaient inactifs. Les chercheurs pensent que le sport protège probablement du cancer du côlon en réduisant le temps de transit intestinal des agents cancérigènes potentiels.

Un résultat immédiat

L'aérobic peut vous permettre de vous sentir plus jeune en dynamisant l'image que vous avez de vous-même et en améliorant votre comportement mental. Un entraînement régulier vous apporte plusieurs gratifications – force musculaire, meilleure forme, sentiment de maîtrise de votre environnement, encouragement positif de la part de vos camarades de sport – qui font que vous vous sentirez mieux.

Une étude menée auprès de 26 athlètes universitaires a montré qu'une séance de 30 minutes sur vélo d'appartement réduisait considérablement l'anxiété et que l'effet se faisait encore sentir pendant près d'une heure.

L'aérobic permet aussi de lutter contre la fatigue. « Malgré ce que l'on croit parfois, un programme d'entraînement augmente le niveau d'énergie plutôt qu'il ne le diminue », dit le Dr Simpson. Si les gens prenaient plus conscience de leur état d'esprit après un entraînement, ils constateraient qu'ils sont plus alertes, pleins d'énergie, et que ces impressions subsistent pendant plusieurs heures.

Il est probable que l'exercice sportif réduit l'anxiété et la fatigue en faisant grimper le taux d'endorphines, lesquelles permettent d'améliorer naturellement l'humeur. Les femmes qui font régulièrement du sport constatent que cela contribue à atténuer les symptômes du syndrome prémenstruel tels que l'anxiété, l'irritabilité et la dépression, mais aussi le sentiment de dépression qui accompagne parfois la ménopause.

Les endorphines sont aussi des antalgiques naturels. C'est peut-être pour cela que l'activité physique régulière, qui déclenche la sécrétion d'endorphines, réduit l'intensité des crampes prémenstruelles.

Quand on fait le total de tous ces bienfaits, on comprend que l'aérobic peut vous aider à vivre plus longtemps. L'institut de recherche Cooper, à Dallas, s'est intéressé à 3 120 adultes et a montré que plus leur forme physique était bonne, plus le taux de mortalité était bas.

Une autre étude de l'université de Harvard a démontré que, à l'âge de 80 ans, les hommes qui avaient fait du sport entre 35 et 79 ans vivaient un ou deux ans de plus que ceux qui s'étaient montrés assez inactifs.

Recommandation des médecins

En ce qui concerne l'aérobic, les médecins conseillent de faire 30 minutes d'exercices continus pour que votre rythme cardiaque oscille entre 50 et 90 % de votre rythme maximal, et ce au moins trois fois par semaine. À combien doit monter votre rythme cardiaque pour que vous luttiez efficacement contre le vieillissement ? Cela dépend de l'âge, du sexe et de la forme physique. En règle générale, les femmes dont la forme physique n'est pas très bonne devraient effectuer des exercices qui font monter leur rythme cardiaque entre 50 et 65 % de leur maximum. Pour une forme physique moyenne, on peut arriver à 70 ou 75 % ; et pour une forme excellente, il convient de viser entre 80 et 90 %.

Les statistiques montrent que les Français sont de plus en plus sportifs, puisque 48 % d'entre eux consacrent du temps à des exercices physiques. Si 30 minutes d'affilée vous semblent impossibles, répartissez ce temps sur la journée en marchant par exemple 10 minutes pour vous rendre au travail, 10 minutes après déjeuner et 10 minutes le soir en rentrant chez vous. Il semble que ce soit l'activité cumulée, et pas celle pratiquée à un moment donné, qui procure des bienfaits durables.

C'est décidé, vous commencez !

C'est une chose de savoir que vous devriez faire du sport, c'en est une autre que de s'y mettre vraiment et de s'y tenir. Voici quelques conseils destinés à vous aider.

Faites un check-up. Avant de vous lancer dans un programme sportif, allez consulter votre médecin traitant. Il vous demandera si vous avez déjà fumé et s'il y a dans votre famille des cas de maladies cardiovasculaires, d'hypertension artérielle, de cholestérol, de mort prématurée ou de crise cardiaque, dit le Dr Simpson. Pendant l'examen, le médecin prendra votre tension et vérifiera si vous avez déjà eu des accidents musculaires ou des fractures susceptibles de se réveiller. Si vous n'avez jamais fait de sport, avez plus de 35 ans et présentez des facteurs de risque de maladies cardiovasculaires, votre médecin peut vous demander de passer un électrocardiogramme d'effort ou un test sur tapis de jogging.

Demandez conseil. Au moment d'entamer votre programme d'entraînement, il est très important que vous vous placiez sous la surveillance d'une personne expérimentée, dit le Dr Janet P. Wallace. Seule, vous aurez tendance à trop en faire. Seul un spécialiste pourra vous conseiller le bon rythme. De plus, il vous incitera à suivre les cours d'aérobic au lieu de trouver tous les prétextes pour vous prélasser sur votre canapé.

Surveillez bien votre rythme cardiaque

Admettons que vous n'avez jamais fait de sport et que vous entamez un programme d'entraînement. Comment pouvez-vous savoir si vous travaillez assez dur ? Interrogez votre rythme cardiaque.

Commencez par fonctionner à 55 ou 60 % de votre rythme cardiaque maximal. Pour calculer ce rythme maximal, prenez votre âge et ôtez-le de 220. Calculez 50 et 65 % du résultat pour connaître votre fourchette.

Exemple : vous avez 40 ans. 220 moins 40 égale 180. 50 % de 180, cela fait 90, et 65 %, 117. Votre cœur doit donc battre entre 90 et 117 pulsations à la minute. Prenez votre pouls pendant 15 secondes au cours d'une activité sportive et multipliez par 4 : vous saurez si vous êtes au bon rythme.

Si le nombre que vous trouvez est inférieur à 90 – et si vous correspondez à l'example donné – il vous faut faire un peu plus d'effort. S'il est supérieur à 117, il convient de ralentir, car vous ne pourrez jamais tenir ce rythme pendant 30 minutes.

Quand vous atteindrez sans problème le chiffre le plus élevé de la fourchette (117 pulsations/minute dans le cas présent), augmentez progressivement votre effort.

L'aérobic, une priorité. Pour vous, ce ne doit pas être une activité de loisir, mais une véritable nécessité, dit le Dr Mikesky. En d'autres termes, prenez rendez-vous avec vous-même pour aller vous entraîner, et décidez que ce genre de rendez-vous ne peut être ni supprimé, ni reculé, ni décalé.

Échauffez-vous. Il est important de bien vous échauffer et de vous étirer avant de faire travailler vos muscles. L'échauffement améliore la circulation sanguine dans les muscles, il les assouplit et prévient les risques de blessure, explique Mark Taranta. Marchez, courez doucement ou faites du vélo d'apartement à petite vitesse pendant quelques minutes. Quand vous commencez à transpirer, étirez-vous pendant huit ou dix minutes.

Amusez-vous. Vous suivrez plus régulièrement votre programme d'exercice si vous choisissez une activité qui vous plaît vraiment, constate le Dr Wallace. Si c'est ennuyeux ou trop dur, vous n'accrocherez pas. Essayez différentes choses avant de trouver celle que vous aimez vraiment.

Alternez. « Les activités d'aérobic ne sont pas toujours passionnantes », reconnaît le Dr Wallace. Associez-les donc à une chose que vous aimez. Si vous êtes adepte du tennis, marchez pendant 15 minutes avant ou après avoir joué. « Si vous vous trouvez au club, passez d'un appareil à un autre », dit-elle. Il est moins ennuyeux de n'utiliser un appareil que pendant dix minutes.

Faites-vous accompagner. Voyez si vous ne pouvez pas aller au club avec votre compagnon, dit le Dr Wallace. Une étude menée auprès de 16 couples lui a permis de constater que le taux d'abandon était moins important (6 %) chez les femmes qui venaient au club avec leur mari que chez celles qui y venaient seules (42 %). Votre compagnon n'est pas obligé de faire du sport – il suffit qu'il vous accompagne –, mais cela ne lui fera pas de mal !

Allez-y en groupe. Si vous avez vraiment du mal à faire du sport seule, visez une activité de groupe. Entrez dans un groupe qui existe déjà ou créez le vôtre, pourquoi pas. Si vous manquez une séance, on vous demandera pourquoi la fois suivante, dit le Dr Stevenson, et cela vous encouragera à persévérer.

Faites une pause. L'entraînement trop régulier peut devenir assez ennuyeux ; autorisez-vous donc à craquer de temps en temps, dit le Dr Wallace. « Si vous laissez passer un jour, même une semaine, vous pourrez toujours vous rattraper la fois suivante. »

AFFIRMATIONS

Des phrases qui chantent vos louanges

Il y a des jours où tout le monde vous critique. C'est votre mari (« Ton plat est raté »), vos filles (« Elle est moche, ta robe »), votre chef de bureau (« Les statistiques sont fausses »). Seigneur ! Est-ce vraiment trop demander, un petit compliment de temps en temps ?

Au lieu d'attendre que ce soit les autres qui le fassent, pourquoi ne vous dites-vous pas des choses aimables ? Une affirmation, une petite phrase sympathique qui vous concerne, vous et votre univers. Les spécialistes disent que le fait même de la répéter jour après jour renforcera l'idée que vous vous faites de vous-même, donnera un coup de neuf à votre vitalité et vous aidera à voir le monde de manière plus optimiste.

« Il y a tant de négativité autour de nous que cela finit par nous abattre un jour ou l'autre, dit le Dr Susan Jeffers. Les affirmations sont très efficaces pour vous aider à mener une vie plus heureuse et réduire les les pensées négatives qui obscurcissent vos résolutions. »

Le pouvoir des pensées positives

Écoutez vos pensées, ne serait-ce que quelques minutes. Si vous êtes comme la plupart des femmes, la petite voix qui parle en vous est affreusement négative. « Chaque fois que l'on vous fait un compliment, vous le noyez immédiatement dans un concert de critiques, dit le Dr Jeffers. Pour quelque raison, votre voix intérieure vous empêche d'admettre que vous êtes à la hauteur. »

Les affirmations peuvent lutter contre cette voix intérieure, négative mais puissante, et finir par la réduire à un murmure. Plus nous disons de choses positives – à propos de nos réussites, de nos sentiments, de nos

Des mots qui gagnent

Vous voulez être forte, agressive, vous voulez gagner ? Commencez par parler ainsi ! « Une grande partie de ce que nous disons aux autres regorge de mots douloureux, des expressions du genre « je ne peux pas » ou « je devrais », affirme le Dr Susan Jeffers. Si nous remplaçons ces mots douloureux par des mots vainqueurs, cela change réellement notre attitude et notre vision des choses. Les mots vainqueurs sont comme des affirmations que vous pouvez intégrer à tout moment dans votre conversation. »

Pendant quelques jours, faites attention à ce que vous dites, suggère-t-elle. Si vous vous entendez prononcer des mots douloureux comme ceux de la colonne de gauche, efforcez-vous de les remplacer par des mots de la colonne de droite.

Mots douloureux	Mots vainqueurs
Je ne peux pas	Je ne veux pas
Je devrais	Je pourrai
J'espère	Je sais
Si seulement	La prochaine fois
Ce n'est pas ma faute	Je suis responsable
C'est un problème	C'est une opportunité
Comment vais-je faire ?	Je vais y arriver
La vie est un combat	La vie est une aventure

ambitions –, moins nous avons de temps à consacrer aux pensées négatives. Même si vous ne croyez pas à ce que vous dites dans un premier temps, les messages optimistes s'insinueront dans votre inconscient et deviendront aussi puissants que l'étaient jadis les messages négatifs.

D'accord, cela paraît un peu tiré par les cheveux. Comment le fait de répéter une phrase du genre « Je réussis tout ce que je fais » peut-elle vous faire vraiment réussir ?

« Le pouvoir de l'autosuggestion est très important, nous apprend Douglas Bloch. Quand vous dites une chose à haute voix et la répétez, cette pensée devient concrète. Vous commencez à y croire et vous mettez à agir en conséquence. » En d'autres termes, si vous dites que vous êtes une femme d'affaires talentueuse, il est probable que vous commencerez à agir avec plus de confiance en vous et une motivation accrue. La réussite devrait suivre.

Si vous doutez de la force de l'optimisme, lisez les lignes suivantes. Des chercheurs de l'université de Pennsylvanie se sont penchés sur les discours électoraux des principaux candidats à la présidence des États-Unis entre 1948 et 1984. Le résultat ? Les hommes politiques qui ont prononcé les discours les plus positifs et prôné l'action ont été élus neuf fois sur dix. Les candidats qui se tordaient les mains et s'attardaient sur les problèmes ont été balayés d'un revers de la main (Jimmy Carter, par exemple).

« C'est un problème d'attitude, dit le Dr Jeffers. Quand nous disons que nous allons échouer et que cela va être très dur, nous nous mettons en situation d'échec. Mais quand nous disons que nous viendrons à bout de tout ce que nous entreprendrons, nous acquérons une force intérieure. Et nous nous conditionnons à la réussite. »

Les affirmations chassent le stress. « Vous devriez toujours avoir sous la main une liste d'affirmations à répéter en cas de stress, suggère le Dr Emmett Miller. Elles n'ont pas besoin d'être très compliquées. Il suffit de penser « Je peux résoudre ce problème », ou « Je connais la question mieux que quiconque ». Cela vous écarte du réflexe animal devant le stress – mains glacées, respiration haletante – et vous rapproche d'une réaction raisonnée qui s'adresse à l'intellect. »

Faites-vous des compliments

Avant de commencer à vous servir d'affirmations, vous devez posséder deux choses. La première, c'est la patience. « Cela prend du temps d'abattre toute la négativité que vous avez amoncelée, dit le Dr Jeffers. Certains des effets des affirmations sont immédiats : vous vous sentirez tout de suite un peu plus optimiste. Mais ce n'est que par la répétition que vous construirez une structure positive de pensées intérieures qui vous suivra toute votre vie. »

La deuxième chose, ce sont justement ces fameuses affirmations. Voici quelques trucs qui vous permettront d'en élaborer et de les utiliser.

Soyez personnelle. Ces affirmations ne sont faites que pour vous. Examinez donc votre existence afin d'identifier les zones qui méritent une certaine amélioration. Vous voulez être plus confiante ? Vous voulez vous mettre moins souvent en colère ? Vous voulez mieux vous entendre avec vos collègues de travail ? Commencez par choisir un ou deux objectifs, conseille le Dr Jeffers, et notez les autres pour y revenir ultérieurement.

Soyez brève... et douce. Peut-être avez-vous décidé que l'un de vos objectifs est de cesser de vous tracasser. Organisez vos pensées sous une forme positive, rédigez votre affirmation en ne faisant qu'une phrase et écrivez-la toujours au présent pour la rendre plus immédiate. « Tout se passe parfaitement bien » est une phrase qui peut vous convenir. Essayez-la plusieurs fois pour voir si cela déclenche quelque chose. « Si cela marche, vous sentez la tension nerveuse vous abandonner immédiatement », dit le Dr Jeffers.

Une affirmation doit toujours reposer sur un aspect positif, conseille le Dr Jeffers. C'est bien mieux qu'une phrase négative. Par exemple, dites « Je vais me construire une superbe carrière », au lieu de « Je ne vais pas ruiner ma carrière ».

Soyez réaliste. Une affirmation est un outil qui vous aide à atteindre un but. Ce n'est pas une incantation magique : ne lui en demandez donc pas trop, et pas trop vite. « Il y a tout de même une nuance entre une pensée positive et un souhait positif », dit Bloch. Vous connaîtrez certainement plus de réussite avec des affirmations relatives aux émotions et à la confiance en vous. Évitez celles qui ne visent que les objectifs matériels. « Cela ne marchera probablement pas si vous répétez inlassablement : " Je vais conduire une sublime voiture de sport rouge " », dit Douglas Bloch.

Cela ne veut pas dire que vous n'aurez pas un jour la voiture de vos rêves. Douglas Bloch dit qu'une affirmation peut vous aider si elle est utilisée de manière correcte. Une affirmation telle que : « J'ai confiance en ma réussite » peut déboucher sur une autre du genre : « Je suis prête à décrocher un super travail », et peut-être un jour finirez-vous par dire réellement à un interlocuteur : « Bonjour, Monsieur le vendeur, je veux une voiture de sport rouge. »

Dites-vous oui

Les affirmations fonctionnent mieux quand vous les façonnez de telle sorte qu'elles répondent à vos besoins personnels. Mais si vous venez de commencer, les spécialistes vous proposent de reprendre à votre compte quelques-unes de ces phrases.

Je suis ouverte à toute possibilité
Je peux y arriver seule
Je me sens de plus en plus forte.
Tout se passe merveilleusement bien.
Il n'y a rien à craindre.
J'ai confiance en moi.
Je mérite d'être heureuse.
Je dis pardon, à moi comme aux autres.
Je m'accepte telle que je suis.
Mes prières sont toujours exaucées.

Répétez, répétez sans cesse. Le Dr Jeffers suggère de répéter vos affirmations entre 20 et 30 fois par jour. Et n'hésitez pas à parler fort. « Le fait de les entendre les rend en quelque sorte plus puissantes », explique-t-elle. C'est une bonne idée que de réserver du temps pour cette activité.

Si vous éprouvez le besoin de répéler ces affirmations lorsque vous êtes en public, contentez-vous alors de les penser très fort.

Écoutez-vous. En plus de vos répétitions orales, essayez d'enregistrer vos affirmations sur bande magnétique. Le Dr Jeffers vous conseille de les écouter quand vous vous endormez ou juste en vous réveillant. « Il y a des instants où vous êtes particulièrement réceptive au message », dit-elle. Autres moments propices : en faisant du sport, en promenant le chien, en faisant la cuisine. Si vous n'aimez pas votre voix, enregistrez-vous sur fond musical.

Surprenez-vous. Cachez des messages dans des endroits choisis au hasard. Écrivez vos affirmations à n'importe quelle page de votre agenda. Collez-les sous le lavabo pour tomber dessus quand vous faites le ménage. « Trouver vos affirmations dans des endroits incongrus quand on s'y attend le moins ne peut que renforcer le message, dit le Dr Jeffers. C'est une véritable décharge d'énergie positive. »

Explorez le monde spirituel. Les affirmations sont encore meilleures quand vous faites appel à une puissance supérieure, dit Bloch. « Nous tirons notre force du sentiment que nous ne sommes pas seules. Il est réconfortant de demander une aide spirituelle. »

Essayez une affirmation du genre « Je suis bénie du ciel », ou « Partout où je suis, Dieu est ». Vous pouvez même emprunter des phrases à la Bible : « Le Seigneur est mon berger, je n'ai rien à redouter. » Si les références religieuses vous gênent, le Dr Jeffers vous suggère de faire appel à votre moi le plus profond : « Je ne fais qu'un avec l'univers » peut convenir. Elle explique : « Il n'est pas nécessaire de croire en Dieu. Il vous faut seulement croire que vous pouvez atteindre un niveau supérieur de votre existence par le biais de la réflexion et de la confiance. »

Ne vous arrêtez pas. Une affirmation, c'est un engagement à long terme. Ne l'abandonnez pas, même si tout va bien. « Sinon, vous risquez de retomber dans les habitudes que vous voulez rejeter, dit le Dr Jeffers. Il y a peut-être bien des choses négatives dans le monde, mais l'usage correct des affirmations nous aide à voir le côté positif de chaque chose. »

ALIMENTS ALLÉGÉS

Manger plus léger et y prendre plaisir

Ce n'est pas la première fois que vous vous lancez sur la piste des aliments allégés. Vous savez que le secret de la forme et de la longévité passe par une remise en question des habitudes et par un bannissement de vos repas de tout ce qui, de près ou de loin, ressemble à de la graisse ou à de l'huile. Vous consacrez alors tout votre budget épicerie à l'achat d'aliments bio bien verts et vous faites semblant d'être heureuse.

Il ne faut pas longtemps pour que vos papilles gustatives se réveillent, que votre estomac se fasse entendre et que votre imagination vous abreuve d'images de charcuterie, de plats en sauce et de poires Belle-Hélène. Sans même vous en rendre compte, vous foncez au supermarché et remplissez votre chariot de paquets de chips et de biscuits. Encore un régime qui n'aboutira pas.

Se nourrir d'aliments allégés était une activité plutôt tristounette – ils n'avaient pas de goût et ne remplissaient pas l'estomac. Mais de nos jours, il n'est plus utile de mourir de faim, de souffrir ou de renoncer aux goûts et aux parfums pour chasser la graisse superflue de nos repas. Les supermarchés proposent désormais une grande variété de produits frais et des rayons entiers d'articles savoureux dont les graisses ne constituent qu'une faible partie.

« C'est une erreur que de croire que réduire les graisses consiste à supprimer tous les aliments que nous aimons, dit Judy Dodd. Il n'y a pas de mauvais aliments, seulement de mauvaises habitudes alimentaires, et il est facile de les modifier si l'on y va progressivement. » Voici comment.

Faites plaisir à votre corps

Supposons que vous consommez depuis des années vos plats préférés. Ou que vous n'avez pas vraiment de kilos en trop. Vous est-il si nécessaire que cela de songer à adopter un style de « vie allégée » en vieillissant ? La réponse est oui, sans hésitation. La plupart des spécialistes s'accordent pour dire qu'une alimentation trop grasse est la principale cause de problèmes très graves telles que maladies cardiovasculaires, hypertension artérielle, diabète, accident vasculaire cérébral et certains types de cancer.

Un régime pour une vie plus longue

Que diriez-vous si un régime allégé réussissait à vous emmener plus loin que vous ne l'espérez, à vous faire vivre plusieurs décennies de plus par exemple ? Certains scientifiques pensent qu'en réduisant considérablement le nombre de calories que vous ingérez, vous pourriez vivre plusieurs années, voire plusieurs dizaines d'années de plus. Le prix à payer ? Ce régime doit être suivi à vie, et il exige beaucoup d'abnégation.

Le « régime très basses calories » (ou VLCD, initiales de *Very Low Calorie Diet*) est également appelé jeûne modifié. Certains chercheurs disent qu'un VLCD est un régime qui comprend 800 calories par jour ou moins. Pour d'autres, un régime allégé, riche en nutriments et apportant jusqu'à 1 800 calories par jour, peut être considéré comme un jeûne raisonnablement modifié.

Et cela marche, nous apprend le Dr Roy Walford, responsable médical de Biosphère 2, écosystème fermé installé dans l'Arizona, où, pendant deux ans, les scientifiques qui y vivaient connurent des restrictions alimentaires inattendues. Avec des rations quotidiennes très strictes variant entre 1 800 et 2 200 calories (au lieu des 2 500 calories qu'ils auraient dû recevoir, vu le travail physique rigoureux que l'on exigeait d'eux), ils perdirent tous du poids et réduisirent de façon notable leur tension artérielle et leur taux de cholestérol.

Ces résultats sont identiques à ceux observés à la suite des restrictions alimentaires que subirent des rongeurs : leur durée de vie augmenta et l'on observa une réduction des maladies et des changements physiologiques associés à l'âge, nous dit le Dr Edward J. Masoro. Ce dernier pense toutefois qu'un jeûne modifié à long terme n'est pas

Si une longue vie exempte de maladies ne vous semble pas une raison suffisante pour adopter une alimentation pauvre en graisses, en voici trois autres que vous ne pouvez pas ignorer : vos hanches, vos cuisses et vos fesses. « La graisse que vous mangez a de grandes chances de devenir celle que vous porterez, dit le Dr Robert Kushner. Les graisses fournissent environ 9 calories par gramme, ce qui est à peu près le double de ce qu'apporte le même poids de protéines et d'hydrates de carbone. Contrairement aux protéines et aux hydrates de carbone, facilement brûlés et métabolisés par le corps, les aliments gras brûlent lentement et risquent plus de se déposer dans les régions adipeuses du corps. »

« humain » et que peu de gens accepteraient d'adopter un régime aussi strict jusqu'à la fin de leurs jours.

Mais enfin, si vous avez une âme de Spartiate, voici comment vous lancer sans danger dans un régime très basses calories .

Demandez à votre médecin de vous aider. Personne ne devrait s'embarquer dans une telle expérience sans être surveillé par un médecin, disent les experts.

Connaissez votre passé. Si vous êtes sujette aux calculs, oubliez tout de suite le VLCD, dit le Dr James Everhart. Les études montrent que jusqu'à 25 % des adeptes du régime très basses calories développent des calculs.

Rien en dehors. « Un jeûne modifié équilibré doit être très riche en nutriments et exclut tous les aliments industriels sans valeur nutritive », dit le Dr Walford. Il n'y a pas la moindre place pour les aliments très gras ou les calories vides.

Voyez du côté de Pritikin. À côté du régime proposé par le Dr Walford dans son livre, le régime le plus proche de celui adopté par les chercheurs de Biosphère 2 est celui du centre de longévité Pritikin : largement végétarien, riche en fibres, avec seulement 10 % des calories tirées de la graisse, indique le Dr Walford.

Pas d'alcool. Les résultats de l'expérience Biosphère 2 sont la conséquence d'un jeûne modifié totalement dépourvu d'alcool, dit le Dr Walford.

Prenez des compléments de vitamines et de minéraux. « Prenez un cocktail de multivitamines pour éviter toute carence, » dit le Dr Walford. L'équipe de Biosphère 2 ajoutait à son programme 400 UI de vitamine E et 500 milligrammes de vitamine C chaque jour.

Le problème, selon le Dr Kushner, c'est que notre corps stocke les calories excédentaires sous forme de cellules adipeuses. Si nous mangeons 100 calories de graisse, elles se transforment presque toutes en cellules de graisse au niveau de la taille et des hanches. En convertissant la même quantité d'hydrates de carbone et de protéines en graisse de stockage, le corps en brûle 20 %. En d'autres termes, les calories converties en graisse corporelle sont moins nombreuses quand nous mangeons des hydrates de carbone et des protéines que des graisses seules.

En fait, la recherche scientifique indique qu'un peu moins de graisse dans votre alimentation ne peut que vous rendre plus mince. Selon une étude due à l'université Cornell d'Ithaca (New York), les personnes qui mangent allégé perdent du poids même lorsqu'elles n'essayent pas de limiter leur apport total en calories ou la quantité de nourriture qu'elles consomment. Pendant onze semaines, les treize sujets de cette étude ont réduit leur apport de graisse à 20 ou 25 % du total des calories et ont perdu cinq cents grammes par semaine. Mais, surtout, elles n'ont connu ni la sensation de faim, ni les envies irrépressibles, ni la dépression.

Les études révèlent aussi qu'un régime alimentaire allégé réduit les risques de développer des maladies chroniques. Le Dr James W. Anderson et d'autres chercheurs de l'université du Kentucky ont montré que des adultes de 30 à 50 ans présentant un taux modérément élevé de cholestérol sanguin (substance qui bouche les artères et produit l'hypertension, les maladies cardiovasculaires et les accidents vasculaires cérébraux) peuvent le diminuer de 9 % en réduisant l'apport de graisses à 25 % du total des calories. De plus, quand cette alimentation allégée est associée à une consommation importante de fibres solubles (substance sans graisse que l'on trouve dans le son d'avoine et les autres céréales entières), le taux de cholestérol peut continuer à diminuer jusqu'à 13 %.

En bref, si la santé et la longévité font partie de vos objectifs, les aliments allégés vous aideront à les atteindre.

Pleins feux sur la graisse

Tout cela signifie-t-il donc que la graisse est une chose néfaste ? Pas du tout ! En fait, c'est un nutriment essentiel qui fait office de source d'énergie pour le corps et apporte à nos cellules des composés essentiels qui leur permettent de remplir leurs fonctions quotidiennes.

C'est seulement quand nous mangeons trop de graisse – ce que font la plupart des femmes – que ladite graisse est potentiellement dangereuse. « La femme américaine moyenne tire jusqu'à 40 % de ses calories de la graisse, ce qui est bien trop, dit Diane Grabowski. C'est infiniment plus élevé que ce que consomment les populations de culture différente. Ce n'est pas une coïncidence si, en Amérique, l'incidence des maladies cardiovasculaires et de l'obésité est bien plus importante que dans les autres nations du monde. »

TABLEAU DES GRAISSES

Ce tableau indique le pourcentage des graisses saturées et insaturées des huiles et des graisses de cuisson les plus communément utilisées. (Le total n'est pas toujours égal à 100 : les substances grasses mineures ne sont pas indiquées ici.)

Huile/graisse	Graisse saturée (%)	Graisse mono-insaturée (%)	Graisse polyinsaturée (%)
11 CORPS GRAS A PRÉFÉRER...			
Huile de colza	7	60	30
Huile de carthame	9	13	76
Huile de noix	9	23	65
Huile de tournesol	11	20	67
Huile de maïs	13	25	59
Huile d'olive	14	76	9
Huile de soja	15	24	59
Huile d'arachide	17	47	32
Huile de riz	19	42	38
Huile de germe de blé	19	15	63
Margarine	20	48	32
... ET 7 À ÉVITER			
Huile de noix de coco	89	6	2
Beurre	64	29	4
Huile de palme	50	36	9
Saindoux	39	45	11
Gras de poulet	30	45	20
Huile de graines de coton	26	18	53
Matière grasse végétale	25	45	20

LISTE DES ALIMENTS ALLÉGÉS

Ce guide pratique vous montre quels types d'aliments vous pouvez intégrer dans un régime alimentaire basses calories et combien de grammes de graisse chacun comprend.

Aliment	Portion	Lipides (g)
PAINS ET PRODUITS DÉRIVÉS		
Gressins italiens	100 g	10
Biscotte	1	0
Wasa	1 (11g)	0,2
Gâteau de riz	1 part	0,3
Pita	1	0,6
Cracotte	1	0,7
Blé concassé	1 tranche	0,9
Multicéréales	1 tranche	0,9
Seigle	1 tranche	0,9
Blanc	1 tranche	1
Pain de mie	1 tranche	1,1
Seigle noir	1 tranche	1,1
Tortilla (maïs)	1	1,1
Blé complet	1 tranche	1,1
Son d'avoine	1 tranche	1,2
Bagel	1	1,4
Baguette	1 tranche	1,4
Taco	1	2,2
CÉRÉALES		
Pétales de blé	1 tasse	0
Cornflakes	1 tasse	0,1
Riz soufflé	1 tasse	0,1
Blé soufflé	1 tasse	0,1
Weetabix	1 biscuit	0,7
Flocons de son	1 tasse	0,7
Germes de blé grillé	1 c. à s.	0,8
Son aux raisins	1 tasse	1
Flocons d'avoine	1 sachet	1,7
Porridge	$^{1}/_{2}$ tasse	2,4
Pétales de blé complet	100 g	2
Muesli	100 g	3,0
All-bran	100g	3,5

Aliment	Portion	Lipides (g)
FROMAGES		
Lait écrémé	100 g	0
Yaourt maigre	1	0
Fromage blanc, 10%	¹/₂ tasse	1,2
Parmesan râpé	1 c. à s.	1,5
Lait écrémé	100 g	1,55
Gruyère allégé	30 g	2
Mozzarella au lait écrémé	30 g	4,5
Ricotta semi-écrémée	¹/₄ tasse	4,9
Feta	30 g	6,1
Bleu	30 g	8,1
POULET		
Blanc, sans peau, rôti	100 g	3,5
Cuisse, sans peau, rôtie	1 petite	5,7
Roulé de poulet, viande maigre	100 g	7,3
Blanc, avec peau, rôti	100 g	7,8
Pilon, sans peau, rôti	100 g	8
Pilon, sans peau, à l'étouffée	100 g	8,1
Blanc pané, frit	100 g	8,8
Cuisse panée, frite	1 petite	9,2
CONDIMENTS		
Raifort, préparé	1 c. à s.	0
Sauce de soja, pauvre en sodium	1 c. à s.	0
Worcestershire sauce	1 c. à s.	0
Sauce aux canneberges	¹/₄ tasse	0,1
Ketchup	1 c. à s.	0,1
Moutarde jaune	1 c. à s.	0,3
Moutarde brune	1 c. à s.	1

(à suivre)

LISTE DES ALIMENTS ALLÉGÉS – SUITE

Aliment	Portion	Lipides (g)
BISCUITS		
Gaufrette de seigle	1	0
Blé complet, faible en sodium	1	0
Galette au seigle	1	0,4
Galette au blé	1	0,4
Farine complète	1	0,5
DESSERTS		
Gélatine	½ tasse	0
Compote pomme/banane	100 g	0,3
Gaufrette à la vanille	1	0,6
Figolu	1	0,7
Yaourt surgelé aromatisé aux fruits	½ tasse	1
Dessert vanillé, sans sucre, lait à 2 %	½ tasse	1,2
Pain d'épices	1 tranche	1,4
Gâteau sec au gingembre	1	1,6
Dessert chocolaté, sans sucre, lait à 2 %	½ tasse	1,9
Sorbet à l'orange	½ tasse	1,9
Flan au caramel	100 g	2,5
Lait glacé à la vanille	½ tasse	2,8
Crème dessert à la vanille	100 g	4
Pudding au chocolat	½ tasse	4
Pudding au tapioca	½ tasse	4
Gâteau de riz aux raisins secs	½ tasse	4,1
Macaron	1	4,5
Chausson aux pommes	30 g	4,7
Doughnut	1	5,8
Crème glacée à la vanille	½ tasse	7,2
Tarte sablée aux fraises	1	8,9

Aliment	Portion	Lipides (g)
ŒUFS		
Blanc seulement, cru	1 gros	0
Entier, cru	1 gros	5
POISSON		
Anchois, filet, en boîte	1	0,4
Thon au naturel, en conserve	100 g	0,5
Cabillaud, cuit	100 g	0,9
Haddock, cuit	100 g	0,9
Flet, grillé	100 g	1,5
Sole, grillée	100 g	1,5
Flétan, grillé	100g	2,9
Truite arc-en-ciel, cuite	100 g	4,3
Espadon, cuit	100 g	5,1
FRUITS		
Prunes	2 petites	0
Pamplemousse	½ moyen	0,1
Pêche	1 moyenne	0,1
Melon de Casaba, en dés	1 tasse	0,2
Figues	2 petites	0,2
Melon d'Espagne, en dés	1 tasse	0,2
Orange	1 moyenne	0,2
Papaye, en tranche	1 tasse	0,2
Abricot	2 petits	0,3
Raisins	12 grains	0,3
Kiwi	1 moyen	0,3
Cantaloup, en dés	1 tasse	0,4
Dattes	½ tasse	0,4
Pruneaux	½ tasse	0,4
Raisins secs	½ tasse	0,4
Pomme, non pelée	1 moyenne	0,5
Banane	1 moyenne	0,6
Myrtilles	1 tasse	0,6
Mangue	1 moyenne	0,6

(à suivre)

LISTE DES ALIMENTS ALLÉGÉS –
SUITE

Aliment	Portion	Lipides (g.)
FRUITS – SUITE		
Brugnon	1 moyen	0,6
Fraises	1 tasse	0,6
Poire Bartlett	1 moyenne	0,7
Ananas en morceaux	1 tasse	0,7
Pastèque en morceaux	1 tasse	0,7
Cerises, sucrées	12	0,8
FONDS DE SAUCE ET SAUCES		
Sauce Chili	¹/₄ tasse	0
Sauce tomate, en boîte	¹/₄ tasse	0,1
Sauce Barbecue	¹/₄ tasse	1,2
Fond de sauce au bœuf, en boîte	¹/₄ tasse	1,2
Fond de sauce à la dinde, en boîte	¹/₄ tasse	1,2
Sauce Taco	¹/₄ tasse	1,4
Fond de sauce aux champignons	¹/₄ tasse	1,6
Sauce Marinara, en boîte	¹/₄ tasse	2,1
Sauce Spaghetti, en boîte	¹/₄ tasse	3
Fond de sauce au poulet, en boîte	¹/₄ tasse	3,6
JUS DE FRUITS		
Pruneau	1 verre	0,1
Canneberge	1 verre	0,1
Raisin	1 verre	0,2
Pomme	1 verre	0,3
Orange	1 verre	0,5
LÉGUMINEUSES		
Haricots Mungo, germés	1 tasse	0,2
Haricots de Lima, bouillis	1 tasse	0,5
Lentilles, bouillies	1 tasse	0,7
Petits flageolets, cuisinés	1 tasse	1
Haricots rouges, cuisinés	1 tasse	1
Pois cassés, secs, cuisinés	1 tasse	1
Haricots Pinto, bouillis	1 tasse	1,2

Aliment	Portion	Lipides (g)
Haricots blancs	1 tasse	1,2
Haricots rouges en boîte	1 tasse	2,7
Chili con carne en boîte	100 g	2,6
VIANDES		
Lard Canadien	1 tranche	2
Rôti de porc dans le filet, maigre	100 g	4,8
Jambon, extra maigre	100 g	5,5
Rôti de veau, épaule ou noix, maigre	100 g	5,8
Côtelette, côte d'agneau, maigre, grillée	1	7,4
Gigot d'agneau, rôti	100 g	7,7
Côte de veau, maigre, braisée	100 g	7,8
Rôti dans le jambon, maigre	100 g	8,9
Rôti de bœuf, gîte, maigre	100 g	9,6
Potée, jarret	100 g	9,9
PRODUITS LAITIERS		
Condensés non sucrés, écrémés	½ tasse	0,3
Écrémés	1 tasse	0,4
Succédané sans produit laitier	1 c. à s.	1
Crème fouettée sans lait, surgelée	1 c. à s.	1,2
Mélange mi-crème mi-lait	1 c. à s.	1,7
Babeurre	1 tasse	2,2
Allégé, 1 %	1 tasse	2,6
Crème aigre, imitation	1 c. à s.	2,6
Crème, allégée	1 c. à s.	2,9
Crème aigre, avec ferments lactiques	1 c. à s.	3
Lait allégé, 2 %	1 tasse	4,7
Crème, épaisse, fouettée	1 c. à s.	5,5
Crème entière	1 tasse	8,2
PETITS GÂTEAUX		
Au son d'avoine avec raisins secs	1 petit	3
Aux myrtilles	1 petit	4
Au maïs	1 petit	4
Au son	1 petit	5,1

(à suivre)

LISTE DES ALIMENTS ALLÉGÉS –
SUITE

Aliment	Portion	Lipides (g)
Noix et graines		
Châtaignes, grillées	¹/₂ tasse	0,9
Graines de sésame, grillées	1 c. à s.	4,3
Pépins de courge, grillés	¹/₂ tasse	6,2
Huiles et graisses		
Mayonnaise basses calories	1 c. à c.	1,3
Margarine, basses calories, maïs	1 c. à c.	1,9
Beurre fouetté	1 c. à c.	2,4
Margarine fouettée	1 c. à c.	2,7
Mayonnaise	1 c. à c.	3,7
Beurre	1 c. à c.	3,8
Margarine à tartiner, maïs ou carthame	1 c. à c.	3,8
Plaquette de margarine, maïs	1 c. à c.	3,8
Huile d'olive	1 c. à c.	4,5
Huile végétale	1 c. à c.	4,5
Pâtes et céréales		
Riz blanc, cuit	1 tasse	0
Boulgour, cuit	1 tasse	0,4
Macaronis, blé complet, cuits	1 tasse	0,8
Spaghetti, cuits	1 tasse	1
Pâtes aux épinards, cuites	1 tasse	1,3
Riz complet, cuit	1 tasse	1,8
Pâtes aux œufs, cuites	1 tasse	2
Riz à l'espagnole	1 tasse	4,2
Pains et biscuits secs		
Pain précuit	1	2
Pain dur	1	2
Pain au lait pour hamburger/hot dog	1	2,1
Biscuit sec	1 petit	5,1
Fruits de mer		
Crevettes, cuites	100 g	1,1

Aliment	Portion	Lipides (g)
Coquilles Saint-Jacques, à la vapeur	100 g	1,4
Palourdes	100 g	5,8
DINDE		
Blanc, sans peau, rôti	100 g	0,7
Filet de dinde, venant du blanc	100 g	1,6
Fumé	100 g	3,9
Jambon de dinde, venant de la cuisse	100 g	5
Viande rouge, sans peau	90 g	7,2
Pastrami de dinde	100 g	7,2
Roulé de dinde, viande blanche	100 g	7,2
LÉGUMES		
Carotte, crue	1 moyenne	0,1
Céleri branche	1 tige	0,1
Laitue romaine, en lanières	1 tasse	0,1
Patate douce, au four	1 moyenne	0,1
Bettes, bouillies	1 tasse	0,1
Courgettes, bouillies	1 tasse	0,1
Courge doubeurre, au four	1 tasse	0,2
Chou-fleur, cru	1 tasse	0,2
Pomme de terre, au four, pelée	1 moyenne	0,2
Épinards hachés, crus	1 tasse	0,2
Potiron, au four	1 tasse	0,3
Champignons, crus	1 tasse	0,3
Poivron, cru	1 petit	0,3
Tomate	1 moyenne	0,3
Brocolis, bouillis	1 tasse	0,4
Chou, bouilli	1 tasse	0,4
Haricots verts, bouillis	1 tasse	0,4
Petites fèves jaunes, bouillies	1 tasse	0,4
Asperges, bouillies	1 tasse	0,6
Choux de Bruxelles, bouillis	1 tasse	0,8
Maïs, frais, bouilli	1 petit épi	1
Rondelle d'oignon frit	1	2,7
Frites, surgelées	10	4,4

La plupart des aliments contiennent de la graisse. Elle est parfois visible (le gras d'un bifteck, par exemple) ; d'autres fois, elle est bien cachée. De plus, la composition de la graisse diffère d'un aliment à un autre. Quand on l'observe au microscope, la graisse est en fait constituée d'éléments appelés acides gras. Les nutritionnistes distinguent trois acides gras primaires de structure différente : les saturés, les mono-insaturés et les polyinsaturés.

Chaque aliment gras contient chacun de ces trois éléments selon une combinaison qui lui est propre. Par exemple, les graisses animales, le beurre et les huiles tropicales (noix de coco, palme) présentent une concentration extrêmement élevée de graisses saturées. La margarine, le poisson et certaines huiles de cuisson (carthame, maïs) contiennent surtout des graisses polyinsaturées. D'autres huiles (colza, olive), mais aussi l'avocat et certaines noix, sont riches en graisses mono-insaturées.

Ces trois types de graisses sont également néfastes pour votre ligne : si vous surveillez votre apport en graisses, il vaut donc mieux supprimer les trois. Les experts pensent toutefois qu'il convient de s'intéresser en premier chef aux aliments riches en graisses saturées. « Les graisses saturées tendent à élever le taux de cholestérol sanguin, ce qui fait augmenter les risques de maladies cardiovasculaires », dit Diane Grabowski.

En revanche, les graisses mono-insaturées ne semblent pas avoir d'incidence sur le cholestérol ; des études montrent de plus que les graisses polyinsaturées sont susceptibles de faire diminuer le taux de cholestérol. C'est pourquoi, si vous devez utiliser des huiles ou si vous mangez des aliments qui contiennent de la graisse, faites en sorte que ces huiles et ces aliments contiennent principalement des graisses mono-insaturées et polyinsaturées.

Les superstars de l'allégé

Diminuer la graisse, ce n'est pas jouer à tout ou rien. En fait, les aliments que vous aimez sont bien souvent pauvres en graisses. Et les autres ne sont pas si mauvais – du moment que vous n'en mangez pas chaque jour. Voici quelques aliments que Diane Grabowski vous recommande d'intégrer à votre menu allégé.

Pommes de terre et patates douces. Les patates de toutes sortes sont une véritable source d'énergie. Il suffit de ne pas les noyer dans le beurre, la crème ou la sauce.

Légumes secs. Haricots, pois et lentilles apportent les mêmes vitamines, minéraux et protéines que les viandes, mais ils sont dépourvus de graisse.

Fruits et légumes. S'il est vrai que certains fruits et légumes sont riches en graisses (avocats, noix de coco), la grande majorité en contient peu ou pas du tout. Les matières grasses de ces fruits sont mono ou polyinsaturées. Les fruits et les légumes sont aussi d'excellentes sources de fibres, de vitamines, de minéraux et d'hydrates de carbone.

Pains complets, céréales complètes, pâtes, riz brun. Ces aliments sont virtuellement exempts de toute graisse, à moins que nous les chargions de beurre et de sauces. Ce sont aussi les meilleures sources d'hydrates de carbone complexes – ces nutriments qui donnent à notre corps la forme d'énergie la plus durable et la plus fiable – et de fibres, pour lutter contre les maladies et faciliter le transit intestinal.

Poissons et volaille. Suivre une alimentation allégée ne signifie pas que vous devez vous passer de viande. Pourtant, si vous mangez des poissons, des fruits de mer et de la volaille, vous aurez autant de protéines et de minéraux que dans les viandes rouges, mais bien moins de graisse.

Chassez le gras, mais gardez le goût

Il n'est pas question que vous supprimiez radicalement du jour au lendemain tout apport de graisse. Quelques changements simples et progressifs à vos habitudes alimentaires suffisent à obtenir des réductions majeures.« Regardez ce que vous mangez déjà et voyez comment vous pourriez manger la même chose avec moins de graisse », conseille le Dr Susan Kayman. Voici quelques suggestions.

N'ajoutez pas de graisse à un bon plat. Bien des aliments que nous mangeons sont naturellement pauvres en graisses, jusqu'au moment où nous les accompagnons de beurre, de sauces et de crèmes. Votre programme de réduction des graisses peut commencer par une utilisation moindre de condiments et de compléments gras. Par exemple, mettez sur votre toast du matin une cuillerée à soupe de confiture au lieu de le beurrer : cela vous fera 100 grammes de calories de graisse en moins. Mettez de la moutarde dans votre sandwich à la place de la mayonnaise. « Sur une année, cela fait une grosse différence », dit le Dr Kayman.

Assaisonnez modérément. Ajoutez des herbes, des épices ou du jus de citron ou de tomate pour mettre en valeur le goût d'un aliment sans ajouter de graisse, dit Diane Grabowski.

Choisissez des fromages sans matières grasses. Le fromage est l'un des plus gros fournisseurs de graisses, dit le Dr Wayne Miller. La plupart des fromages contiennent 66 % de calories tirées de la graisse, mais certains arrivent à 80 %. Vous pouvez généralement distinguer à leur couleur les variétés riches en graisses des autres, indique le Dr Miller. Les fromages de couleur blanche, comme la mozzarella, la ricotta ou le parmesan, ont bien moins de graisses que les fromages de couleur jaune, le chester par exemple.

Minimisez la graisse du lait. Passer du lait entier au lait à 1 % réduira considérablement votre apport en graisses : le lait à 1 % tire de la graisse 23 % de ses calories, contre 48 % pour le lait entier. Pour de meilleurs résultats, prenez du lait écrémé : il n'a pratiquement pas de graisse. Si vous avez du mal à vous faire au goût du lait allégé ou écrémé, le Dr Miller vous suggère de faire une transition progressive en mélangeant le lait écrémé au lait entier, dans un premier temps, puis d'augmenter peu à peu la proportion de lait écrémé jusqu'à ce qu'elle atteigne 100 %.

Vos mets préférés en version allégée. « Il est plus difficile de bannir totalement la crème glacée que de la troquer contre une glace allégée ou un yoghurt glacé allégé », dit le Dr Kayman. Il est aujourd'hui extrêmement simple de trouver une solution de rechange équilibrée à vos plats favoris. Une étude a démontré que le passage aux produits allégés dans seulement sept catégories d'aliments (fromage, crème aigre, sauce pour salade, desserts glacés, fromage cuit, fromage blanc et desserts au four) peut réduire l'apport de graisse de 14 % par jour.

Mangez des viandes moins grasses. Il y a tout de même de la place pour la viande rouge dans votre alimentation allégée si vous choisissez celle qu'il faut et n'en consommez que deux ou trois fois par semaine, nous explique Judy Dodd. Demandez à votre boucher des morceaux tels que le bifteck dans l'aloyau, où moins de 40 % des calories proviennent de la graisse. Chaque portion ne doit pas dépasser une centaine de grammes (un morceau de la taille d'un paquet de cartes) ; ôtez tout le gras visible avant la cuisson – au gril ou à la poêle, sans beurre, naturellement.

VOTRE OBJECTIF PERSONNEL

Ce tableau vous indique le nombre maximal de grammes de graisse que vous devriez absorber chaque jour pour être certaine : (1) de ne pas tirer des graisses plus de 20 % du total de vos calories et (2) de vous maintenir à votre poids actuel. Si vous voulez maigrir, visez le poids en graisse correspondant au poids que vous voulez atteindre.

Votre poids (kg)	Calories ingérées	Poids de graisse maximal (g)
50	1 300	29
55	1 400	31
60	1 600	35
65	1 700	38
70	1 800	40
75	1 900	42
80	2 000	44
85	2 200	48

Abandonnez les fritures. Supprimez les fritures, vous supprimerez une bonne partie de la graisse consommée habituellement. La cuisson dans l'huile, même s'il s'agit d'une volaille maigre, fait considérablement augmenter le contenu en graisse, indique le Dr Miller. Préférez la viande bouillie ou cuite au four.

Ôtez la peau. Le poulet et le canard sont plus maigres que le bœuf ou le porc, dit Diane Grabowski, mais vous pouvez les alléger davantage si vous ne mangez pas la peau.

Un passage au réfrigérateur. Pour rendre les sauces moins grasses, Diane Grabowski vous recommande la méthode suivante : après préparation, placez-les plusieurs heures au réfrigérateur. Une grande partie de la graisse va se figer et remonter en surface. Vous n'aurez plus qu'à l'ôter avec une cuiller. Au moment de servir, réchauffez au micro-ondes.

Mangez si vous avez faim. Si vous remplacez la graisse par des aliments allégés mais plus riches en nutriments essentiels, vous pouvez manger davantage et continuer à perdre des kilos ou maintenir votre poids habituel, dit le Dr Annette Natow. Les hydrates de carbone – pâtes, céréales, pains, haricots et la plupart des légumes et des fruits frais – vous empliront l'estomac sans vous apporter de graisse. La plupart de ces aliments, sous forme entière ou non traitée, sont également riches en fibres, lesquelles s'attachent aux graisses pour les chasser plus vite de votre organisme.

Le frein sur les sucreries. Bien des aliments sucrés sont également riches en graisses. Ainsi, une barre au chocolat tire la majeure partie de ses calories de la graisse, dit le Dr Natow. Les envies de douceurs et de sucreries sont malheureusement bien souvent des envies de matière grasse. Essayez plutôt les fruits frais, des céréales sucrées avec du lait écrémé. Quand vous faites la cuisine, remplacez le chocolat par du cacao, moins gras.

Gérez vos apports en graisse

En suivant le tableau ci-dessus, vous pourrez réduire vos apports en graisse pour qu'elle ne constitue pas plus de 30 % du total des calories que vous absorbez.

Pour nombre de spécialistes, 30 %, c'est encore trop. Selon Diane Grabowski, par exemple, le régime proposé par le centre Pritikin vise à atteindre le chiffre de 10 %.

À moins que votre médecin traitant ou votre nutritionniste ne vous demande plus, il est raisonnable de s'en tenir à 20 ou 25 %. Pour ce faire, vous devez surveiller étroitement la quantité de graisse que vous consommez. « Il ne suffit pas de savoir que les chips sont mauvaises, dit le Dr Ron Goor. Il faut aussi savoir à quel point elles le sont. » Voici ce que vous devez faire.

Établissez votre budget graisse. Savoir combien de graisse on peut manger par jour, c'est comme toucher un salaire, dit le Dr Goor. « Une fois que vous savez ce que vous pouvez vous permettre, vous pouvez vous offrir un double cheeseburger si cela vous fait plaisir, tant que vous mangez moins de graisse le reste de la journée. » Votre budget repose sur votre apport total en calories.

Tenez votre journal. Procurez-vous un guide qui indique la teneur en matières grasses et le nombre de calories par aliment et notez tout ce que vous mangez pendant trois jours, conseille le Dr Goor. Cela vous indiquera quelle est votre alimentation normale. Vous vous rendrez mieux compte de ce que vous absorbez et vous chercherez quels sont les produits de substitution allégés. Dans quelques mois, la lecture de ce journal vous renseignera sur le chemin que vous aurez parcouru.

Lisez attentivement les étiquettes. Les proportions sont habituellement données pour 100 grammes, mais il arrive, pour certains biscuits par exemple, que les chiffres correspondent à un seul biscuit : si vous en mangez six d'affilée, n'oubliez pas de multiplier ce chiffre par six pour connaître le véritable apport en graisses et en calories.

AMITIÉS

Elles rendent la vie plus belle

Josette était si heureuse de passer une semaine loin de Paris avec son amie Thérèse qu'elle se jeta dans ses bras quand elles se retrouvèrent sur le quai de la gare Montparnasse. Elles bavardèrent pendant tout le trajet, et il semble qu'elles n'arrêtèrent pas de toutes les vacances.

Un jour qu'elles se rendaient au marché des Sables-d'Olonne, elles discutèrent de leur mariage. Un autre jour, pendant une promenade dans la forêt de pins, Josette raconta comment Pierre et elle-même avaient fait des efforts pour améliorer leur vie sexuelle. Une autre fois, allongée sur la plage, Thérèse confia à son amie qu'elle ne se sentait plus très utile dans son travail – et Josette la comprit fort bien. Les confidences s'écoulaient entre les deux jeunes femmes comme d'une fontaine.

Pierre était à la maison quand Josette rentra. Il venait de passer quelques jours à la pêche en compagnie de Bruno, le mari de Thérèse.

« C'était bien, la pêche ? », demanda Thérèse.

« Super, répondit-il. Tu t'es bien amusée avec Josette ? »

« Oh, on a parlé pendant des heures et des heures. J'ai cru qu'on ne s'arrêterait jamais. Je lui ai fait toutes sortes de confidences. C'est une amie merveilleuse. Et avec Bruno, vous avez parlé de choses personnelles ? »

Pierre réfléchit un instant. « Je ne crois pas, non. »

Cette histoire reflète bien la tendance qu'ont les hommes à « faire » des choses ensemble alors que les femmes sont plus enclines à « partager » – leurs envies et leurs sentiments, principalement. Mais, même si les hommes et les femmes pratiquent l'amitié, chacun à sa façon, ils en tirent en fin de compte la même chose : une vie plus longue et plus saine.

Les bienfaits de l'amitié

« L'amitié a un profond effet sur le bien-être physique, dit le Dr Eugene Kennedy. Avoir de bonnes relations améliore la santé et écarte la dépression. Vous n'avez pas spécialement besoin de médicaments ou de traitements médicaux pour arriver à cela : rien que des amis. »

La jeunesse et la vivacité d'une vie prolongée, voilà peut-être l'une des plus importantes conséquences bénéfiques de l'amitié.

Une des premières études consacrées au rapport entre relations sociales et longévité a été menée dans le comté d'Alameda, en Californie. Les chercheurs y ont constaté, au bout de neuf ans d'observation, que les personnes qui entretenaient les plus forts liens sociaux étaient aussi ceux qui mouraient le moins. Le taux de mortalité le plus élevé s'observait chez les personnes isolées.

Des études plus récentes ont abouti aux mêmes résultats : chaque fois, les personnes seules avaient de trois à cinq fois plus de risques de mourir que les personnes très entourées.

Le Dr Redford B. Williams reconnaît un lien précis entre amitié et longévité. Son équipe a suivi pendant neuf ans 1 368 malades du cœur. Les chercheurs ont découvert que le fait d'être marié (même si le mariage n'était pas particulièrement heureux) ou d'avoir un ami proche permettait de prédire qui mourrait ou qui vivrait après une crise cardiaque.

« Ce que nous avons remarqué, dit le Dr Williams, c'est que les individus qui n'ont ni ami ni compagnon risquent trois fois plus de mourir que ceux qui entretiennent une relation étroite avec quelqu'un. »

Apprenez à être agréable

Être agréable, c'est un don. Et un don, ça se cultive, dit le Dr Arthur Wassmer. Voici quelques petits trucs qui vous feront apprécier de tout le monde le jour où vous ferez des rencontres.

- Rompez la glace avec des questions du style :
  « Vous venez d'où ? », ou : « Vous trouvez la soirée sympa ? ».
- Sachez écoutez les autres.
- Posez des questions.
- Révélez vos sentiments et vos expériences.
- Faites des compliments sincères.

Les femmes ont tendance à avoir des relations plus profondes que les hommes. « Les femmes sont plus émotives et plus désireuses d'exprimer leurs besoins profonds, dit le Dr Michael Cunningham. Quand elles éprouvent le désirs de rencontrer de nouvelles personnes ou simplement de parler, elles entrent plus facilement en contact avec quelqu'un que les hommes. Et c'est une excellente chose. »

Vouloir exprimer des émotions, cela ne suffit pas toujours quand il s'agit de se faire des amis. Bien des femmes ont des difficultés à développer des relations parce qu'elles manquent d'un certain savoir-faire en ce domaine. Heureusement, il n'est jamais trop tard pour apprendre.

On récolte ce que l'on a semé

Les amis ne poussent pas comme les fleurs des champs. Il faut les cultiver comme les roses. Et comme les roses, ils s'épanouissent et se développent aussi longtemps que vous les soignez. Voici quelques conseils qui vous aideront à cultiver votre jardin d'amis et à récolter les vertus rajeunissantes de l'amour et de l'amitié.

Soyez une amie pour la vie. L'amitié ne se matérialise pas du jour au lendemain. Elle exige un échange de confiance et de confidences qui ne peut se développer qu'avec le temps, dit le Dr Cunningham. Vous devez soigner vos amis en faisant preuve d'un intérêt sincère et continu à leur égard. Ne dites pas seulement « Comment ça va ? ». Dites-le et écoutez vraiment la réponse à votre question. Ensuite, dites comment vous allez.

L'amitié et le langage du corps

En travaillant avec de grands timides, le Dr Arthur Wassmer a appris que la façon de se mouvoir est tout aussi importante que ce que l'on dit quand on veut se faire des amis. Voici six conseils qu'il vous propose de mettre en pratique lorsque vous aurez l'occasion de rencontrer des gens nouveaux.

- Sourire
- Posture ouverte (pas de bras croisés)
- En avant (penchez-vous vers la personne, ne vous en écartez pas)
- Toucher (un léger contact sur le bras ou l'épaule)
- Contact oculaire
- Hocher la tête quand vous êtes d'accord

Votre ami Médor

Il a une haleine épouvantable, laisse ses poils sur le tapis et vous a déjà massacré plusieurs paires de chaussures. Mais au moins, il est honnête. Il ne cache pas les bêtises qu'il commet.

Pourquoi vous entendez-vous si bien avec Médor ? Parce qu'il est si différent du reste de votre vie. Les relations ne sont pas toujours au beau fixe, les amis, ça va ça vient, le boulot, ce n'est pas terrible. Mais Médor est toujours là et vous aime sincèrement.

Votre chien vous apporte bien plus que quelques touffes de poils ou des traces de dents sur vos escarpins. Les chercheurs l'ont bien montré : la compagnie d'un animal domestique fait baisser votre stress tout autant que votre tension artérielle.

De nombreuses études ont montré que les animaux domestiques sont excellents pour le stress et la longévité. Selon celle menée auprès de 5 741 habitants de Melbourne, en Australie, les propriétaires d'animaux avaient une tension et un taux de cholestérol inférieurs à ceux des gens sans animaux – même si les deux groupes avaient les mêmes mauvaises habitudes, fumer ou manger trop gras, par exemple.

Au cours d'une autre étude, 96 survivants à la crise cardiaque furent observés pendant un an après leur sortie de l'unité de soins coronaires de la faculté de médecine de l'université du Maryland à Baltimore. Les chercheurs ont constaté que les propriétaires d'animaux vivaient plus longtemps que ceux qui rentraient chez eux sans y être attendus par un animal. Là aussi, les autres problèmes médicaux ne changeaient rien.

Votre chien peut aussi vous protéger d'une maladie cardiovasculaire. Quarante-cinq amies des chiens subirent un test d'effort à l'université d'état de New York à Buffalo. Plus tard, ces femmes refirent le test alors

---

Essayez de nouvelles activités. On attire souvent des amis en faisant des choses auxquelles eux-mêmes s'intéressent, constate le Dr Cunningham. « Acceptez de découvrir de nouvelles activités ; vous entrerez ainsi en contact avec des gens qui peuvent devenir de bons amis », conseille-t-il.

Soyez ouverte, soyez vraie. « L'amitié dépend du partage et des réactions mutuelles, dit le Dr Kennedy. Il n'y a pas de formule magique pour se faire des amis. La seule exigence, c'est d'être vous-même et de le montrer aux autres. »

Bien des femmes pensent courir beaucoup de risques en se révélant : elles craignent de se ridiculiser, dit le Dr Arthur Wassmer. Ce sentiment est

que leur chien était présent dans la pièce ou qu'elles étaient accompagnées par une amie. Le résultat ? Les réactions cardiovasculaires de ces femmes au stress étaient moindres quand leur chien se trouvait près d'elles. Les chercheurs pensent que c'est la présence aimante et bienveillante des animaux qui a abaissé la réaction physique au stress.

Bien que toutes sortes d'animaux aient des effets thérapeutiques, c'est le chien qui l'emporte, surtout lorsqu'il faut apporter soutien et réconfort aux personnes âgées. Une étude menée par l'école de santé publique de l'université de Californie à Los Angeles a montré que les personnes âgées, veuves depuis peu et sans animaux, voyaient 16 % plus souvent leur médecin que les propriétaires d'animaux et 20 % plus souvent que les maîtres de chiens. Les propriétaires de chiens voyaient moins souvent leur médecin parce qu'ils éprouvaient un plus grand attachement à leur compagnon. Les chercheurs pensent aussi que l'effet bénéfique d'un chie son maître vient du fait que ce dernier doit sortir le promener!

Et pourquoi pas un compagnon à plumes ? Certaines études laissent entendre qu'il pourrait y avoir un risque accru de cancer du poumon pour ceux qui vivent avec un oiseau : des spores de champignons néfastes pour les poumons pourraient s'envoler des excréments des oiseaux et voler dans l'air. Mais d'autres chercheurs disent que ce lien n'est pas vraiment prouvé.

À vous de choisir. Que vous promeniez votre chien, caressiez votre chat ou parliez à votre canari, vous aurez de l'amour, un stress moindre et une meilleure santé cardiaque. Qu'est-ce alors que quelques poils sur le canapé et quelques coups de dents sur les chaussures ?

habituellement la conséquence d'une mauvaise image de soi : il fait croire aux femmes qu'elles ne sont pas dignes de partager leurs sentiments avec autrui. En réalité, vous n'obtiendrez presque jamais de réponse négative de la part de quelqu'un si vous êtes sincère et exposez un problème personnel.

Demandez ce dont vous avez besoin. Ce n'est pas parce que vous parlez de vos problèmes à quelqu'un que vous trouverez le soutien affectif dont vous avez tant besoin. Demandez donc le type de soutien dont vous avez besoin, conseille le Dr Cunningham. Si vous voulez un conseil, dites-le franchement. Si vous voulez être acceptée ou recherchez la sympathie d'autrui, dites-le aussi.

Trouvez un groupe de personnes compréhensives. C'est peut-être une lapalissade, mais ce sont les gens seuls et dans le besoin – pas forcément matériel – qui ont le plus de mal à se faire des amis. Leurs besoins effraient les autres. Le Dr Cunningham dit que l'on développe une « allergie sociale » aux personnes dans le besoin, car elles lassent et finissent par énerver. C'est pourquoi il faut chercher des amis parmi les gens susceptibles de comprendre ce que vous vivez. Si vous êtes une veuve éplorée ou une alcoolique repentie, ou encore si vous connaissez pas mal de problèmes aliénants, cherchez autour de vous des groupes d'entraide. Les membres de ces groupes ne vous jugeront pas, vous vous sentirez plus sûre de vous et serez plus apte à vous faire des amis.

Ayez des copains. Essayez d'avoir des amitiés sans caractère sexuel avec des hommes. Parfois, les femmes apprécient les hommes parce qu'ils leur apportent un point de vue différent auquel elles n'auraient jamais songé en ne fréquentant que des femmes.

Communiquez par tous les moyens. De nos jours, les gens sont si occupés qu'il est parfois difficile de joindre ses amis. Mais il y a toujours le téléphone, le fax, Internet, ou le bon vieux courrier : il n'est pas indispensable d'être constamment en contact direct pour entretenir une bonne amitié.

Ne mettez pas tous vos œufs dans le même panier. Il peut être dangereux de ne compter que sur une seule personne, qu'il s'agisse d'une amie ou de votre mari. Que se passera-t-il si votre unique amie en a assez de vous entendre ressasser vos problèmes ? Ou si vous perdez subitement votre compagnon ? Vous vous retrouverez seule et isolée, et vous aurez probablement l'impression de prendre quelques années en un rien de temps. Il est plus sage de discuter de vos besoins affectifs avec plusieurs personnes en même temps.

ANTIOXYDANTS

L'attaque est la meilleure des défenses

Vous achetez une mignonne maison, vous refaites la peinture et la décoration pour lui donner un cachet particulier. Mais là, sous vos yeux, ou plutôt dans la charpente, une colonie de termites vient de s'installer.

Et pendant que vous jouissez de votre bonheur domestique, les envahisseurs cachés grignotent, lentement mais sûrement, votre doux foyer. Quand vous vous en rendez enfin compte, il est trop tard. Les planchers craquent, les fondations lâchent et votre maison penche comme la tour de Pise. Il n'y a plus qu'à téléphoner à une entreprise spécialisée dans la désinsectisation pour faire venir un exterminateur. Et à un entrepreneur.

Quand il vieillit, votre corps est semblable à une maison. Il n'est pas assiégé par de petites bestioles voraces, mais par des molécules néfastes, déséquilibrées, que l'on appelle des radicaux libres. Ces substances parcourent votre organisme en quête de cellules saines. Dès qu'elles ont trouvé une chose à laquelle s'attacher, elles se multiplient pour la détruire et ce processus ne cesse de s'amplifier.

Mais où est donc l'exterminateur qui viendra au secours de votre corps ? Peut-être bien dans votre réfrigérateur. Ou dans votre armoire à pharmacie. Certains nutriments ont la faculté de neutraliser les radicaux libres : vitamine C, vitamine E, bêtacarotène... ces nutriments capables d'effacer les marques du temps portent le nom d'antioxydants.

Le grand responsable : l'oxygène

Quelle ironie ! L'oxygène, ce gaz extraordinaire qui gonfle nos poumons et nous permet de vivre est impliqué dans un processus dont l'effet peut nous être fatal.

Pour trouver l'énergie qui leur est nécessaire, les cellules du corps font appel à l'oxygène pour brûler des combustibles tels que le glucose (sucre du sang), mais il arrive que certaines molécules d'oxygène perdent un électron. Ces molécules portent désormais le nom de radicaux libres et ne songent plus qu'à une chose : attaquer les autres molécules de la cellule pour remplacer l'électron qui leur manque.

En lui prenant son électron, le radical libre transforme la malheureuse cellule en un nouveau radical libre. « Bientôt, on observe une réaction en chaîne de vol d'électron qui peut provoquer d'importants dégâts au niveau de la chimie et du fonctionnement de la cellule, dit le Dr Denham Harman. Ce processus d'oxydation biochimique n'est pas très éloigné de celui qui fait rouiller un morceau de métal étincelant. »

La peau ridée, les muscles avachis, les os friables : ce sont là quelques-unes des marques du vieillissement que les femmes redoutent le plus. Ils peuvent être dus en partie à ce processus destructeur d'oxydation, somme de millions de réactions avec les radicaux libres. De leur côté, les chercheurs sont préoccupés par le fait que ces radicaux libres causent quelques-unes des maladies les plus insidieuses.

Prenons par exemple l'athérosclérose : le durcissement des artères est la cause première des maladies cardiovasculaires et cérébro-vasculaires. Il est provoqué par l'accumulation du cholestérol LDL (lipoprotéines de faible densité), celui que l'on appelle le mauvais cholestérol. Mais, selon le Dr Balz Frei, ce n'est que lorsque les radicaux libres oxydent le cholestérol LDL qu'il prend sa forme la plus sournoise.

Si nous pouvions ralentir la réaction en chaîne des radicaux libres ou la supprimer avant même qu'elle commence, le cholestérol LDL ne deviendrait peut-être jamais « mauvais », dit le Dr Frei. Et l'ADN, le matériau génétique contenu dans nos cellules, ne connaîtrait jamais de mutation débouchant sur la formation d'un cancer. De même, les tissus oculaires résisteraient peut-être mieux à la cataracte. En d'autres termes, il serait possible de ralentir le processus du vieillissement, d'augmenter l'espérance de vie et d'améliorer la qualité de l'existence.

Les antioxydants à la rescousse

Votre corps n'est pas totalement désemparé quand les radicaux libres partent sur le sentier de la guerre. Il commence même à produire certains enzymes destinés à combattre les envahisseurs ; seulement, il n'en fabrique pas assez pour les détruire tous. Et il a besoin d'une aide extérieure – de toute urgence.

C'est là qu'interviennent les antioxydants alimentaires, les « charognards » de la nutrition qui patrouillent dans tout le corps à la recherche des radicaux libres. « Grâce à leur structure moléculaire unique, les antioxydants peuvent céder un ou plusieurs électrons aux radicaux libres

Deux mots sur la vitamine A

Le bêtacarotène n'est pas seulement un antioxydant, il apporte aussi un autre nutriment important : la vitamine A. Le corps transforme le bêtacarotène en vitamine A, mais uniquement selon ses besoins.

Mais attention, le bêtacarotène et la vitamine A ne sont pas du tout la même chose. La vitamine A ne vous offrira pas la même protection que le bêtacarotène, et une trop grande quantité de vitamine A peut se révéler toxique.

Pour cette raison, les nutritionnistes demandent de ne pas dépasser la dose conseillée en vitamine A (800 microgrammes équivalents rétinol ou 4 000 UI) et d'éviter tout supplément de vitamine A ou tout complément multivitaminé contenant plus que la dose recommandée de vitamine A – à moins qu'un médecin ne le prescrive, naturellement. « Nous tirons toute la vitamine A dont nous avons besoin de la viande, des légumes ou des aliments qui contiennent du bêtacarotène », dit le Dr Jeffrey Blumberg.

Les doses excessives de bêtacarotène ne sont pas aussi dangereuses que celles de vitamine A, poursuit le Dr Blumberg. Il est impossible de consommer du bêtacarotène à un niveau qui soit toxique, mais il peut y avoir un effet secondaire étonnant : votre peau devient orange.

sans pour autant devenir nuisibles, explique le Dr Frei. Ils rendent inoffensifs les radicaux libres et mettent un terme à la réaction en chaîne avant que les dégâts ne prennent trop d'importance. »

La plupart des chercheurs ont concentré leur attention sur trois nutriments antioxydants : la vitamine C, la vitamine E et le bêtacarotène, substance que le corps convertit en vitamine A. Toutes les études ont montré qu'un fort dosage de ces trois nutriments se traduit par une faible incidence de nombreuses maladies chroniques.

Au cours de ses propres recherches, le Dr Frei a constaté que les vitamines C et E peuvent protéger le cholestérol LDL de l'oxydation. « Ces études semblent indiquer que les nutriments antioxydants, vitamine C en particulier, sont capables de prévenir les maladies cardiovasculaires, ou, au moins, d'en ralentir la progression », dit-il.

Les scientifiques ont également constaté une relation entre les antioxydants et l'incidence de la cataracte. Une étude canadienne laisse entendre qu'un dosage accru de vitamines C et E peut diminuer d'au moins 50 % les risques de cataracte.

Le Dr Paul F. Jacques a observé que le risque de cataracte était cinq fois plus élevé chez les personnes dont le sang présentait « un niveau amoindri de tous les types de carotène, dont le bêtacarotène ».

Le Dr Jacques a également étudié le rôle de la vitamine C dans la lutte contre l'hypertension artérielle. Selon lui, l'hypertension s'observe deux fois plus souvent chez les personnes dont l'apport en vitamine C est inférieur à la dose recommandée de 60 milligrammes.

Il semblerait que les antioxydants constituent également notre meilleure protection contre le cancer. Les chercheurs de l'école de dentisterie de Harvard ont récemment montré lors d'expériences effectuées sur des hamsters qu'un cocktail de bêtacarotène, de vitamine C et de vitamine E protégeait réellement contre les cancers de la région buccale.

Les recherches ne s'arrêtent pas là. Le spécialiste du cancer qu'est le Dr Gladys Block a passé en revue 180 études comparant les effets des fruits et des légumes et de leurs antioxydants respectifs sur divers types de cancer. « Cent cinquante-six études ont révélé une réelle réduction du risque sur pratiquement tous les sites susceptibles d'avoir un cancer », dit-elle.

Le Dr Block a constaté, entre autres choses, qu'une dose trop faible de vitamine C doublait les risques de cancer de la bouche, de l'œsophage et de l'estomac. La vitamine E et le bêtacarotène protégeraient également contre le cancer du poumon et celui de l'estomac. Elle note aussi que la vitamine C alimentaire, présente dans les fruits et les légumes, pourrait constituer un facteur de protection contre le cancer du sein aussi efficace que les graisses saturées sont néfastes. De même, les vitamines C et E et le bêtacarotène pourraient présenter un effet protecteur contre le cancer du col de l'utérus.

Quelle est la quantité nécessaire ?

Aux États-Unis, le Conseil national de la nutrition a établi une dose recommandée pour chacun des nutriments que nous devons consommer chaque jour afin de répondre à nos besoins de santé fondamentaux et de prévenir les maladies par carence. Pour une femme de 25 à 50 ans, les doses quotidiennes sont de 60 milligrammes de vitamine C, 8 mg équivalents alpha-tocophérol (ou 12 UI) de vitamine E et 800 microgrammes équivalents rétinol (ou 4 000 UI) de vitamine A, ou 4,8 mg de bêtacarotène.

Un régime équilibré constitué d'une grande variété de fruits et de légumes est la meilleure façon d'avoir quotidiennement un dosage convenable en antioxydants. « Quatre ou cinq fruits ou légumes par jour doivent vous apporter, sinon la totalité, du moins la majeure partie de la dose d'antioxydants recommandée, plus des vitamines et des minéraux importants », dit Diane Grabowski.

Tout cela est parfait quand on est en bonne santé ; mais pour atteindre les résultats annoncés par les études scientifiques, il faut largement

LE JARDIN DES DÉLICES

La majeure partie des antioxydants qui vous protègent provient d'aliments que vous adorez déjà manger. « En général, dit Diane Grabowski, plus les fruits et les légumes sont vert foncé ou vivement colorés, plus ils sont riches en antioxydants. »

Voici quelques-unes des meilleures sources d'antioxydants.

Sources de vitamine C

Aliment	Portion	Vitamine C (mg)
Jus d'orange frais	1 tasse	124
Brocolis frais bouillis	1 tasse	116
Choux de Bruxelles frais cuits	1 tasse	97
Poivrons rouges et verts crus	¹/₂ tasse	95
Cocktail au jus de canneberge	1 tasse	90
Melon cantaloup (en dés)	1 tasse	68

Sources de vitamine E

Aliment	Portion	Vitamine E (UI)
Graines de tournesol grillées	¹/₄ tasse	26,8
Patates douces bouillies	1 tasse	22,3
Chou frisé bouilli	1 tasse	14,9
Ignames bouillis ou au four	1 tasse	8,9
Épinards bouillis	1 tasse	5,9

Sources de bêtacarotène

Aliment	Portion	Bêtacarotène (mg)
Patate douce au four	1	14,9
Carotte crue	1	12,2
Épinards bouillis	¹/₂ tasse	4,4
Courge doubeurre au four	¹/₂ tasse	4,3
Thon cuit frais	100 grammes	3,9
Melon cantaloup (en dés)	1 tasse	3,1
Verdure de betterave, bouillie	¹/₂ tasse	2,2

dépasser les doses recommandées. Et les régimes alimentaires les plus sains sont bien incapables d'apporter la quantité d'antioxydants utilisée en laboratoire.

C'est là que les compléments vitaminés entrent en jeu. Un complément peut assurer le maximum de protection tout en corrigeant les carences de l'alimentation. Malheureusement, un comprimé de vitamines ne suffit pas. « Ces nutriments ne sont pas magiques et ils doivent être associés à d'autres pratiques alimentaires, manger allégé et consommer des fibres, par exemple », dit le Dr Jeffrey Blumberg.

Les recherches se poursuivent afin de déterminer la forme et la quantité exacte d'antioxydants nécessaires à une santé et à une protection optimale contre les maladies. Pour l'instant, la plupart des chercheurs pensent que nous nous protégeons le mieux en alliant régime alimentaire et suppléments. Le Dr Blumberg vous suggère d'essayer de trouver dans votre alimentation le maximum de la dose recommandée pour chaque antioxydant. Pour une protection renforcée, il conseille de prendre chaque jour un complément contenant entre 100 et 400 UI de vitamine E, entre 500 et 1 000 mg de vitamine C et entre 6 et 30 mg de bêtacarotène.

Maximisez vos défenses

Voici comment les femmes peuvent tirer le meilleur profit des antioxydants et prévenir les effets néfastes des radicaux libres.

Mangez moins de calories. La digestion a besoin d'oxygène, en très grande quantité. Plus nous consommons de calories, plus il faut d'oxygène, ce qui accroît le risque de formation de radicaux libres. Réduire les quantités que nous mangeons ne peut que faire diminuer les risques d'oxydation, dit le Dr Harman. Cela ne veut pas dire que vous devez vous affamer ou faire n'importe quoi pour réduire l'apport de nutriments essentiels. Cherchez plutôt à éliminer de votre alimentation les calories superflues (desserts, bonbons, sodas par exemple).

Respirez. Les radicaux libres sont également générés dans l'environnement par les substances chimiques industrielles, les métaux lourds, les gaz d'échappement, l'air conditionné et autres polluants véhiculés par l'air. Nous ne pouvons échapper à tous ces polluants d'origine humaine, mais tout ce qui permet d'y être moins exposé est bénéfique, indique le Dr Harman. Par exemple, si vous travaillez dans une usine ou dans un bureau, allez vous promener à l'heure du déjeuner pour vous éloigner brièvement des impuretés qui rôdent probablement dans votre lieu de travail. Ouvrez les fenêtres. Ou mettez en marche un appareil destiné à purifier l'air.

Ne vous enfumez pas. La fumée de cigarette apporte à chaque bouffée de très grandes quantités de radicaux libres. Les antioxydants peuvent prévenir bien des dégâts occasionnés par la fumée, dit le Dr Frei, mais si vous vous débarrassez complètement de cette mauvaise habitude, ces mêmes antioxydants seront disponibles pour lutter contre d'autres radicaux libres.

Un verre, ça va... Un cocktail de temps en temps ne vous fera pas de mal et peut même faire baisser les risques de maladies cardiovasculaires, mais une consommation régulière d'alcool peut augmenter le nombre de radicaux libres dans l'organisme, dit le Dr Frei. De plus, le taux d'antioxydants est inférieur chez les alcooliques. Selon une étude menée par l'école de médecine et de dentisterie du King's College, à Londres, les alcooliques présentent un taux bien inférieur de vitamine E et de bêtacarotène, ce qui correspond respectivement à une incidence accrue de la cirrhose et de lésions hépatiques.

Ne forcez pas. Quand vous faites du sport, « s'entraîner n'est pas s'exténuer », comme on dit. L'exercice est bénéfique pour la santé, mais l'apport supplémentaire d'oxygène soumet les muscles et les autres tissus à une plus grande oxydation. Dépasser ses limites peut entraîner une surproduction de radicaux libres, ce qui aura un effet dévastateur sur votre physique et votre moral.« C'est peut-être pour cela que les athlètes surentraînés trouvent que leurs performances en souffrent ou qu'ils tombent malades, » dit le Dr Robert R. Jenkins.

Cela veut-il que vous devez négliger le sport ? Sûrement pas ! La plupart des médecins et des scientifiques pensent que l'oxydation est au minimum avec un entraînement normal et annulée par les bienfaits supplémentaires que procure le sport. Selon une étude britannique concernant les coureurs de fond, un exercice régulier et non épuisant remonte le niveau de certains enzymes antioxydants du sang. Une étude, due à la faculté de médecine de l'université Washington à Saint Louis, a démontré que de fortes doses de vitamine C, de vitamine E et de bêtacarotène semblent abaisser les signes d'oxydation de l'organisme, sans toutefois empêcher le corps de connaître le stress et l'oxydation induits par l'exercice sportif.

Un exercice physique régulier et modéré semble donc constituer l'équilibre parfait, dit le Dr Harman. Mais n'oubliez pas d'absorber chaque jour la dose recommandée de vitamines antioxydantes.

APPRENDRE

À *chacun sa façon*

L'algèbre au lycée, vous vous souvenez ? Et la chimie à la fac ? Tout cela, c'est de l'histoire ancienne. En tant qu'adulte, vous pouvez apprendre ce que vous voulez, comme vous le voulez, à n'importe quel moment, en éprouvant de la satisfaction et du plaisir.

« C'est l'un des grands avantages de l'âge adulte, dit Ronald Gross. Quand vous étiez à l'école, on vous disait tout le temps quoi apprendre. Maintenant, vous pouvez choisir vos propres sujets d'intérêt et en changer si cela vous fait plaisir. Cela vous procure un vrai sentiment de liberté. »

Une impression de jeunesse, également. Quand vous étiez petite fille ou jeune fille, le monde vous paraissait immense, riche de conquêtes et d'espoir. Apprendre peut ressusciter cette impression. Alors lisez les grands philosophes. Programmez un ordinateur. Apprenez à réparer votre tondeuse à gazon. C'est un peu comme redevenir une enfant qui découvre pourquoi il pleut ou ce qui fait que le ciel est bleu. Le plus beau, c'est que votre vie ne sera pas sanctionnée par un examen de passage dans la classe supérieure ou une simple interrogation écrite.

Donnez de la souplesse à votre cerveau

Commençons par tordre le cou à l'un des grands mythes du vieillissement. C'est vrai, vous perdez chaque jour entre 50 et 100 000 cellules irremplaçables, mais cette perte n'est pas énorme puisque vous en aviez plus de 100 milliards au moment de votre naissance. Quand vous arriverez à l'âge de 70 ans, il vous en restera encore 99 %.

Et puis, ce n'est pas le nombre de cellules qui importe, disent les spécialistes. C'est la façon de les utiliser. « Que ce soit l'esprit ou les muscles, cela ne s'use que si l'on ne s'en sert pas, dit le Dr Marian Diamond.

L'exercice physique développe les muscles et l'exercice mental développe les connexions entre les neurones. »

« Les études montrent que la partie du cerveau consacrée à la compréhension des mots est bien plus développée chez un étudiant en faculté que chez un lycéen, ajoute le Dr Diamond. Pourquoi ? Parce que les étudiants passent plus de temps à travailler avec les mots. »

Il n'y a pas de raison pour que les adultes ne puissent apprendre aussi bien que les enfants. En fait, être adulte faciliterait même les choses. « Vous pouvez remettre les choses dans leur contexte, dit Ronald Gross. Quand vous apprenez quelque chose, de la philosophie par exemple, vous avez des années d'expérience qui vous aident à voir l'aspect pratique. Vous n'aviez pas cette possibilité quand vous étiez jeune. »

Les experts disent que les femmes plus âgées s'adaptent mieux aux rigueurs de l'université que leurs cadettes. Une étude menée auprès de 85 étudiantes de l'université d'État de Pennsylvanie à University Park a révélé que celles qui avaient plus de 26 ans éprouvaient moins de stress que les étudiantes d'âge plus « normal ». L'expérience du monde du travail et de la vie familiale aide peut-être à lutter contre le stress.

Lancez-vous

Pour bien apprendre, il faut surtout rejeter l'idée qu'il s'agit d'une chose ennuyeuse ou intimidante. Ce ne doit être ni l'un ni l'autre. « Apprendre, ce peut être la plus grande joie de l'existence, dit Ronald Gross. C'est l'essence même de l'être humain. » Vous avez peur d'apprendre ? « Pourquoi s'inquiéter quand vous ne le faites que pour vous-même ? demande-t-il. L'échec n'est pas un problème. Il n'y a pas de concours. Apprenez pour le plaisir d'apprendre et vous adorerez cela. »

Alors, vous êtes prête ? Les spécialistes vous donnent ces quelques conseils.

Suivez votre cœur. Qu'avez-vous toujours désiré apprendre ? Le jardinage ? L'espagnol ? La soudure à l'arc ? Ronald Gross dit que vous devriez établir une liste et ne pas vous demander si ce sont des choses « importantes » ou pas. Rappelez-vous, c'est pour vous que vous apprenez.

Choisissez une ou deux choses, gardez les autres pour plus tard. Et jetez-vous à l'eau.

Soyez personnelle. À l'école, tout le monde apprenait de la même façon : en restant bien sage en classe, en écoutant le professeur, en rentrant chez soi et en étudiant. Certaines de vos camarades étaient excellentes, d'autres l'étaient moins.

C'est parce que les gens apprennent de différentes façons. Certaines femmes aiment appartenir à un groupe. D'autres veulent travailler seules. D'autres encore aiment échanger des idées avec une ou deux bonnes amies.

En bloc ou en détail?

Quelle est la meilleure façon d'apprendre ? La vôtre, bien évidemment. Si vous voulez commencer par la fin d'un manuel, tant mieux. Si vous aimez manier dix sujets à la fois, super. Les spécialistes sont d'accord : pour bien apprendre, il faut apprendre comme on en a envie.

Pour savoir quelle est votre meilleure façon d'apprendre, faites ce test conçu par David Lewis et James Greene, du Groupe d'étude sur la puissance de l'esprit (Londres). Pour chaque question, cochez a ou b.

1. Quand vous étudiez un sujet qui ne vous est pas familier, vous :
    a. préférez trouver des informations en puisant à diverses sources
    b. préférez vous concentrer sur un seul ouvrage
2. Vous aimeriez mieux :
    a. en savoir un peu sur beaucoup de sujets
    b. devenir une spécialiste sur un seul sujet
3. Quand vous étudiez dans un manuel, vous :
    a. sautez des pages et lisez sans ordre les chapitres qui vous intéressent
    b. passez systématiquement d'un chapitre au chapitre suivant et n'en changez pas si vous n'avez pas tout assimilé
4. Quand vous interrogez quelqu'un pour avoir des informations sur un sujet qui vous intéresse, vous :
    a. avez tendance à poser des questions vagues qui appellent des réponses générales
    b. avez tendance à affiner vos questions pour avoir des réponses très précises
5. Quand vous furetez dans une librairie ou une bibliothèque, vous :
    a. faites tous les rayons pour regarder des livres traitant de divers sujets
    b. restez plus ou moins dans une section pour regarder les livres traitant d'un ou deux sujets
6. Vous vous rappelez mieux :
    a. les principes généraux
    b. les détails précis

Et vous ? Vous préférez les conférences bourrées de monde ou les cours particuliers ? Vous êtes plus à l'aise le soir ou le matin ? Vous vous concentrez mieux dans le silence le plus total ou avec une radio en fond sonore ?

7. Quand vous faites un travail, vous :
   a. voulez avoir toutes sortes d'informations pas spécialement liées à
   ce travail
   b. préférez vous concentrer sur les informations directement utiles
8. Vous pensez que les éducateurs devraient :
   a. intéresser leurs élèves à toutes sortes de sujets
   b. s'assurer que les élèves acquièrent une bonne connaissance des
   matières du programme
9. En vacances, vous préférez :
   a. passer chaque fois quelques jours dans plusieurs endroits
   b. passer tout le temps dans un seul endroit pour le connaître à fond
10. Quand vous apprenez quelque chose, vous préférez :
    a. suivre des directives générales
    b. travailler avec un plan d'action détaillé
11. Pensez-vous que, en plus d'une spécialité, les gens devraient avoir
des connaissances en maths, arts, physique, littérature, politique,
psychologie, langues, biologie, histoire et médecine ? Si vous croyez que
l'on devrait étudier au moins quatre sujets différents, octroyez-vous un a.

Faites le total des a et des b. Si vous avez au moins six a, vous êtes
« en bloc » ; si c'est au moins six b, vous êtes « en détail ».

Qu'est-ce que cela signifie ? Les adeptes de la culture en bloc sont
des gens qui ont besoin d'apprendre sans structure établie, selon
Ronald Gross. Vous vous attelez à un sujet, commencez par la fin si cela
vous chante et étudiez plusieurs choses à la fois. Vous ne vous
préoccupez pas des détails. Vous les apprendrez au moment opportun.

Les partisans de la culture en détail s'attachent plus aux petites
choses. Ils aiment suivre un plan ou une structure qui leur fait effectuer
un voyage logique à l'intérieur du sujet. Ronald Gross conseille de lire
la table des matières de plusieurs ouvrages traitant du sujet qui vous
intéresse. Développez un plan d'attaque. Et soyez sûre d'avoir bien
compris le sujet avant de continuer plus avant. Vous apprendrez plus
agréablement si vous maîtrisez le domaine étudié.

« La façon d'apprendre tient une part importante dans ce que vous
apprenez, dit Ronald Gross. Trouvez votre style propre et soyez à l'aise. »

Prenez votre temps. C'est une chose que de savoir manier les
baguettes au restaurant chinois. C'en est une autre que de savoir tenir la

partie de violon de la Cinquième de Beethoven. C'en est encore une autre que de savoir jouer du violon comme Yehudi Menuhin, préparer la soupe aux truffes comme Paul Bocuse et courir sur piste comme Marie-Jo Pérec.

En d'autres termes, prenez votre temps. Sinon, cela ne servira à rien. « L'excès de stimulation perd toute valeur, dit le Dr Diamond. Enrichissez votre vie mentale et entretenez votre cerveau, c'est sûr, mais laissez-vous assez de temps pour assimiler chaque information. »

Quittez le navire ! Vous avez toujours eu envie d'apprendre à naviguer. Et vous voilà aujourd'hui, seule à la barre, avec le vent qui claque dans la voilure. Mais la navigation ne vous semble pas aussi amusante que vous le pensiez.

Sautez dans le canot de sauvetage et essayez autre chose. « Il est absurde de continuer à faire une chose qui ne correspond pas à ce dont on a envie, dit Ronald Gross. Il n'y a aucune honte à cela. Faites autre chose, tout simplement. »

Mais attention. Avant de sauter par-dessus bord, demandez-vous pour quelle raison vous agissez ainsi. Vous abandonnez parce que cela ne vous intéresse pas ? Ou parce que vous éprouvez quelque difficulté à apprendre les rudiments ? Maîtriser un nouveau domaine, c'est naviguer par gros temps. Mais surmonter la tempête apporte énormément de plaisir.

Lancez-vous un défi. Vous n'aimez que les mots croisés dont vous trouvez facilement la solution ? Dans ce cas, vous ne vous lancez pas de défis. Demander trop inhibe l'envie d'apprendre, mais ne pas se montrer assez exigeante est tout aussi frustrant. Ronald Gross dit que vous devez toujours viser plus haut. « Avancez à votre propre rythme, mais avancez sans cesse. Si vous atteignez votre but, réjouissez-vous de la victoire, mais visez aussitôt un autre but. »

N'ayez pas peur de demander. Si vous suivez des cours de couture et ne faites pas la distinction entre le point de croix et le point de tige, posez l'aiguille et levez la main. Si vous ne savez pas trop comment changer le filtre à air de votre voiture, appelez un garage et demandez. Ou consultez la bibliothèque municipale (ceci dit en passant, une carte de bibliothèque est l'un des plus beaux outils qui soient). « Savoir quand poser des questions, c'est aussi cela, apprendre, dit Ronald Gross. Essayez de trouver vous-même la solution. Il n'est pas profitable si d'arriver dans une impasse et de ne plus en bouger. »

ASPIRINE

Facile à trouver, facile à prendre... et bonne pour presque tout

Chaque semaine, vous lisez les mêmes titres fracassants à la une des magazines féminins spécialisés dans la santé : « Une pilule révolutionnaire apporte jeunesse et vitalité ! », « La crise cardiaque enfin vaincue ! », ou encore « Le cancer terrassé ! »

Malheureusement, effacer les marques du temps n'est pas aussi simple que cela. Peu importe ce que disent les journaux, on n'a encore rien trouvé qui remplace une alimentation saine, une pratique raisonnable du sport et le rejet du tabac.

En revanche, si vous recherchez un vrai médicament qui vous aide à rester jeune en prévenant la crise cardiaque, le cancer, les calculs, la migraine et bien d'autres maladies, vous l'avez sûrement déjà là, dans votre armoire à pharmacie.

C'est l'aspirine, le supercomprimé le plus modeste du monde.

Le fond du problème

Les médecins connaissent l'aspirine depuis plus de 2 000 ans. Hippocrate en personne disait à ses amis grecs de mâcher de l'écorce de saule chaque fois qu'ils avaient des douleurs ou de la fièvre. Il s'avère que l'écorce en question contient de l'acide salicylique, forme non raffinée de l'aspirine.

Vous savez probablement déjà que l'aspirine peut soulager des douleurs mineures, les migraines courantes, les symptômes de l'arthrite et les fièvres modérées. Elle fait effet en inhibant la production de prostaglandines, substances chimiques qui apportent au cerveau les messages de douleur.

Les effets secondaires sont tout aussi importants. Les prostaglandines participent à la formation des caillots, de sorte que l'aspirine réduit la coagulation. Ce peut être un problème dans certains cas, mais il est avéré que l'aspirine peut prévenir les crises cardiaques en réduisant les caillots qui se forment dans les artères coronaires.

L'étude sur la santé menée pendant 15 ans par Harvard auprès de 121 000 infirmières a montré que les femmes qui prenaient entre un et six comprimés d'aspirine par semaine voyaient diminuer de 30 % les risques de crise cardiaque.

L'aspirine n'est cependant pas faite pour tout le monde, prévient le Dr JoAnn Manson, coresponsable de la partie cardiovasculaire de cette étude. « L'aspirine peut être bénéfique aux femmes postménopausées qui présentent de forts risques de maladies cardiovasculaires. » Mais pour les autres femmes, ajoute-t-elle, le tableau n'est pas si net.

« Quelles que soient les circonstances, une thérapie à base d'aspirine ne devrait être entreprise que sous la surveillance d'un médecin », avertit le Dr Manson.

Le pouvoir antivieillissement de l'aspirine ne s'arrête pas à votre cœur. L'aspirine peut vous aider à éviter certaines formes d'accident vasculaire cérébral en réduisant les caillots de sang. Les experts disent que l'aspirine peut cependant faire augmenter légèrement les risques d'hémorragie interne (rupture de vaisseaux sanguins). Consultez toujours votre médecin traitant avant de prendre de l'aspirine à titre préventif. L'Étude sur la santé des médecins a montré que les hommes qui prenaient de l'aspirine un jour sur deux avaient moins recours à la chirurgie en cas de vaisseaux sanguins bouchés.

L'aspirine peut augmenter vos chances d'éviter le cancer du côlon. Une étude menée auprès de 600 000 personnes a révélé que celles qui prenaient au moins 16 fois par mois de l'aspirine divisaient par deux les risques de ce type de cancer. Le Dr Clark W. Heath, Jr., dit que cela s'explique par le fait que l'aspirine semble ralentir le développement des adénomes, polypes souvent précurseurs du cancer du côlon.

L'Étude sur la santé des médecins a également montré que ceux qui prenaient de l'aspirine un jour sur deux avaient 20 % de migraines en moins. Les chercheurs tentent maintenant de voir si les mêmes résultats s'appliquent aux femmes. Le Dr Seymour Diamond croit pour sa part que l'aspirine ne fait pas grand-chose pour arrêter les migraines déjà établies.

Les personnes qui risquent de développer des calculs peuvent aussi profiter des bienfaits de l'aspirine. Une étude britannique menée auprès de 75 patients prédisposés à la formation de calculs nous a ainsi appris que les 12 utilisateurs d'aspirine du groupe n'avaient pas eu de calculs, et que 20 des 63 non-utilisateurs en avaient eu.

Les antalgiques : choisissez vos armes avec discernement

L'aspirine n'est plus le seul médicament capable de lutter contre les petites douleurs, et ce n'est pas non plus le meilleur. D'autres médicaments en vente libre peuvent remplir le même rôle que l'aspirine sans en avoir les effets secondaires (maux d'estomac ou bourdonnements d'oreille, par exemple).

Chaque antalgique vendu sans ordonnance est composé d'une ou de plus d'une substance parmi les trois suivantes : aspirine ; ibuprofène, que l'on trouve dans des marques comme Advil, Nurofen et Tiburon ; et paracétamol, que l'on trouve dans le Doliprane, le Panadol et l'Actifed. Le choix n'est pas très difficile quand vous savez à quoi sert chacune de ces molécules.

Maux de tête. Pour les migraines banales, chacun des trois antalgiques peut faire l'affaire, indique Frederick Freitag.

Fièvres et maux mineurs. Tous les trois sont parfaits, mais l'ibuprofène a un petit avantage parce qu'il attaque moins que les autres la muqueuse de l'estomac.

Maux de dents. L'ibuprofène est de loin le meilleur antalgique. Une étude publiée dans *American Pharmacy* a montré qu'il battait largement l'aspirine et le paracétamol.

Douleurs musculaires. L'ibuprofène et l'aspirine viennent en tête parce que ce sont des agents anti-inflammatoires qui contribuent à la réduction de l'enflure des muscles agressés. Chez certaines personnes, l'ibuprofène a un effet moins nocif sur l'estomac que l'aspirine.

Foulures et tendinites. Là encore, l'ibuprofène et l'aspirine viennent en tête parce qu'ils réduisent les enflures.

Douleurs menstruelles. L'ibuprofène constitue le meilleur choix. Son effet est renforcé si vous commencez à en prendre trois jours avant vos règles.

Utile, mais pas inoffensive

Toute médaille a son revers, dit-on. Quel est donc celui de l'aspirine ? Eh bien, c'est un médicament, et ses effets secondaires peuvent être chez certaines femmes plus forts que ses bienfaits.

D'abord, l'aspirine peut irriter la muqueuse de l'estomac. Quand cela se produit, vous éprouvez une sensation de brûlure, même si les dégâts ne sont habituellement pas très importants. Dans de rares cas, l'aspirine peut déclencher une intense douleur abdominale, des ulcères, voire des saignements gastro-intestinaux.

Il est également possible que l'aspirine augmente les risques d'accident vasculaire cérébral déclenché par une hémorragie dans le cerveau, dit le Dr Julie Buring. D'un autre côté, l'aspirine peut faire diminuer le risque d'une autre forme d'accident vasculaire cérébral dans la tête plus courante, causée non pas par une hémorragie mais la formation d'un caillot dans le crâne.

L'aspirine peut aussi causer des acouphènes (bourdonnements d'oreille). Votre médecin vous conseillera alors de la remplacer par un produit contenant du paracétamol.

Petits conseils avant de prendre des comprimés

Si vous pensez que l'aspirine augmentera vos chances d'éviter une maladie cardiovasculaire ou tout autre problème, souvenez-vous des choses suivantes.

Ne jouez pas au médecin. Une thérapie à base d'aspirine comporte des risques. Demandez à votre médecin si cela vous convient ou non. « Vous devriez toujours consulter votre médecin traitant avant de prendre de l'aspirine pendant une période assez longue », prévient le Dr James E. Muller.

Allez-y doucement. Puisqu'un peu d'aspirine fait un peu d'effet, pourquoi ne pas en prendre plus ? Les tests le prouvent : une dose énorme d'aspirine ne fait pas plus de bien qu'une petite dose.

La recherche s'est principalement intéressée aux personnes qui prennent un comprimé de 325 milligrammes – taille standard aux États-Unis – un jour sur deux. L'Étude sur la santé des médecins a montré qu'une telle prise réduisait le risque de crise cardiaque.

Une étude hollandaise a révélé qu'une dose plus petite – dix fois moins, en fait – procurait pratiquement les mêmes résultats. « Cette étude vient soutenir ceux qui affirment que les doses d'aspirine habituellement conseillées à titre préventif sont plus élevées qu'elles ne devraient l'être », dit le Dr Muller.

Votre médecin devrait pouvoir vous indiquer la dose qui vous convient le mieux, ajoute-t-il. Et vous ne devez pas réduire de vous-même la dose que l'on vous a conseillée.

Attention à votre estomac. Essayez de prendre l'aspirine avec les repas : vous risquerez moins d'avoir des maux d'estomac ou des nausées. Si vous devez en prendre entre les repas, veillez à boire un grand verre d'eau (1/4 de litre).

Et à vos intestins. Certaines aspirines normales ou faiblement dosées sont recouvertes d'une substance qui leur permet de traverser sans encombre l'estomac et d'être digérées dans l'intestin grêle. Prenez donc une marque où les comprimés sont « tamponnés ».

Menez une vie saine. Aussi forte soit-elle, l'aspirine ne résoudra pas tous vos problèmes. Elle peut prévenir une crise cardiaque, mais il en va de même pour une alimentation équilibrée et une pratique raisonnable du sport.

« Vous devriez faire tout ce qui est en votre pouvoir pour réduire des facteurs de risque tels qu'un taux de cholestérol élevé, le tabagisme, la surcharge pondérale ou le manque d'exercice » dit le Dr Alexander Leaf.

Bilan de santé

Consacrez quelques instants à cette épreuve de vérité

Aucune femme n'apprécie particulièrement l'idée d'être allongée à demi nue sur une table froide pour se faire examiner par un quasi-étranger. Et pourtant, nous le faisons, parce que nous savons qu'un bilan de santé est une chose extrêmement positive.

Chaque année, en France, les femmes rendent en moyenne 7,6 visites à leur médecin, alors que les hommes n'y vont que 5,4 fois. Nous vivons aussi 8,2 années de plus qu'eux, en moyenne. Certains spécialistes disent qu'on ne peut pas établir de relation entre ces deux statistiques.

Quand vous faites régulièrement un bilan de santé, votre médecin traitant et vous-même pouvez repérer des problèmes éventuels et peut-être y mettre fin. Tout aussi importante, la rencontre avec le médecin peut vous donner l'occasion de discuter de certains facteurs liés au style de vie qui font la différence entre une vie longue et saine et une existence brève et ponctuée de maladies, et ce jusqu'à 85 ans.

Le médecin qu'il vous faut

Il semble assez simple de se faire faire un bilan de santé, mais cela peut ressembler à la quête du Graal si vous vous montrez assez exigeante. Qui est vraiment qualifié pour un tel examen ? Et vous, en consommatrice avisée, qui allez-vous rechercher ?

« A priori, tout membre du corps médical est assez qualifié pour effectuer le bilan de santé d'un adulte normalement constitué, dit le Dr Douglas Kamerow. Je dirais tout de même que deux catégories sont plus particulièrement qualifiées par leur formation : les médecins d'hôpital

Le bilan de santé : à quel rythme ?

Un examen physique doit avoir lieu chaque année. Quand ils pensent au bilan de santé, la plupart des gens évoquent des piqûres et des prélèvements effectués systématiquement, même s'ils ne sont pas nécessaires. Cela relève beaucoup de la tradition.

En 1922, l'Association médicale américaine préconisa l'examen annuel des personnes en bonne santé. Cela resta la règle pendant de nombreuses années.« Ce n'est qu'en 1983 que l'Association revint sur sa position », nous dit le Dr Douglas Kamerow.

On pense maintenant que les examens préventifs doivent être plus personnalisés s'ils veulent être efficaces. Les bilans complets n'ont plus besoin d'être aussi fréquents.

Si vous n'avez pas de maladie sérieuse qui nécessite d'être suivie de près, la plupart des spécialistes vous recommandent de voir votre généraliste tous les trois à cinq ans entre 30 et 39 ans, tous les deux ou trois ans entre 40 et 49 ans et chaque année après 50 ans.

Cependant, ajoute le Dr Kamerow, un frottis doit toujours être pratiqué chaque année, indépendamment de votre âge, si vous avez des partenaires sexuels multiples ou présentez des signes potentiellement inquiétants au niveau du col de l'utérus.

spécialisés en médecine générale et les médecins de famille. »

Certains spécialistes de la santé de la femme se montrent plus difficiles. « Mon choix numéro un serait un médecin d'hôpital, dit le Dr Lila Wallis. Mais pas n'importe lequel. Il doit avoir des connaissances particulières en gynécologie et connaître les besoins psychologiques des patientes. »

Selon le Dr Wallis, le médecin de famille constitue le choix numéro deux. « Si je ne le place pas en premier, c'est parce qu'il doit passer tellement de temps à connaître les maladies des enfants qu'il ne lui en reste plus beaucoup pour s'intéresser aux problèmes de santé des femmes. »

Les gynécologues, que bien des femmes placent en première position, viennent en troisième pour le Dr Wallis. « Les médecins d'hôpital et les médecins de famille ont une bonne connaissance du reste du corps, mais les gynécologues s'intéressent exclusivement aux organes sexuels et à l'appareil reproducteur de la femme, note le Dr Wallis. Ils ont donc trop de choses à apprendre pour être choisis en premier lieu. »

La spécialisation n'est pas une chose que vous pouvez ignorer, ajoute le Dr Wallis. « Bien des médecins des hôpitaux sont spécialisés dans des disciplines telles que l'hématologie ou la cardiologie. Mais vous devez vous assurer qu'ils ne négligent pas de suivre une formation permanente relative aux problèmes de santé spécifiquement féminins, en plus de leurs autres centres d'intérêt. »

Préparez votre bilan de santé

Sherlock Holmes découvrait peut-être la vérité à partir des indices les plus infimes, mais votre médecin a, pour sa part, besoin d'informations extrêmement solides. Vous les lui fournirez sans problème si vous vous donnez la peine de préparer chez vous votre bilan.

Racontez vos repas. Quand on évoque les habitudes de santé, les informations les moins précises sont celles qui concernent l'alimentation. Faites-vous attention à tout ce que vous grignotez dans la journée ? Cette barre chocolatée au beau milieu de la matinée, ce sachet de chips dans les embouteillages... Toutes ces petites choses viennent s'additionner et votre médecin a besoin de les connaître. Toutes ces petites manies alimentaires prennent soudain un tour inattendu dans le cabinet médical.

« Si vous savez que vous devez passer un bilan de santé et désirez parler de votre alimentation, il serait judicieux de noter tout ce que vous mangez au cours de la semaine qui précède votre visite, conseille le Dr Kamerow. Ne modifiez pas vos habitudes, mais notez tout. Ce sont les choses les plus insignifiantes qui fabriquent la graisse et c'est sur elles que vous devrez vous concentrer lors de l'entretien. »

Un tour dans votre arbre généalogique. La liste des maladies qui ont pu affecter les membres de votre famille peut modifier le type d'examens que l'on vous fera subir. « Les personnes dont l'histoire familiale recèle certains problèmes de santé ont davantage de risques de développer ces mêmes problèmes, et il est raisonnable de rechercher plus souvent ou plus précocement ces maladies », dit le D Kamerow.

Des centaines de maladies peuvent être transmises de façon héréditaire, mais seules quelques-unes doivent vraiment vous inquiéter. « Le cancer du sein vient en premier lieu, dit le Dr Kamerow. Le ministère américain de la Santé ne recommande pas de mammographie avant l'âge de 50 ans, mais on peut faire des exceptions pour les femmes dont la mère ou la sœur ont été frappées par cette maladie, surtout si c'est après leur ménopause. » En France, la mammographie est préconisée à partir de 50 ans à raison de une tous les deux ans. Chez les femmes plus jeunes, sauf cas particulier, le dépistage est encore controversé.

L'ostéoporose est un autre sujet de préoccupation. « Des antécédents familiaux d'ostéoporose peuvent me prédisposer à demander une étude de la densité osseuse au moment de la ménopause, examen que je ne préconise pas d'ordinaire », dit le Dr Wallis. Un passé familial marqué par des maladies cardiovasculaires ou toutes sortes de cancer – dont celui des ovaires, du côlon, du sein, de l'utérus et du pancréas – doit également être exposé au médecin.

Préparez vos dossiers. Assurez-vous que votre médecin est bien en possession des examens que ses confrères vous ont précédemment prescrits. Parlez-lui des médicaments que vous avez pris et de leurs éventuels effets secondaires. Vous pouvez aussi préparer une liste de questions, de symptômes éprouvés, etc.

Un bilan bien mené

Maintenant que vous avez choisi le médecin et préparé vos dossiers, vous voici dans la salle d'attente en train d'écouter une version dégoulinante de mièvrerie d'un tube d'Eddy Mitchell et de feuilleter un magazine dont les pages s'ornent de photos de Venise et de Florence. Mais qu'est-ce qui vous attend au-delà du sourire bienveillant de la secrétaire médicale ? Ou, plus exactement, que devrait-il se passer dans la salle d'examen pour que votre bilan de santé soit le plus complet possible ?

« La palpation des seins est l'une des composantes les plus importantes de l'examen physique, affirme le Dr JoAnn Manson. Après cela et, bien entendu, un examen pelvien et un frottis, il y a toute une liste d'options, dont certaines sont plus importantes que d'autres. »

Le Dr Manson suggère que votre médecin s'arrête sur les points suivants :

- Poids, taille et tension artérielle
- Examen de la langue et des gencives pour rechercher tout signe d'un éventuel cancer ou toute nécessité de soins dentaires
- Étude de l'artère du cou : des bruits anormaux peuvent indiquer la présence d'un caillot
- Examen du cou : dimensions de la thyroïde, présence de ganglions
- Examen de la peau, en particulier des régions exposées au soleil : recherche de signes précurseurs du cancer
- Examen au stéthoscope : souffles cardiaques, bruits pulmonaires anormaux, respiration sifflante

« Chez certaines personnes, principalement celles qui sont jeunes et en bonne santé, il est moins important de palper le foie, les reins et l'estomac ou de vérifier les réflexes en vue d'éventuelles lésions nerveuses, dit le Dr Manson. La nécessité de nombreux examens dépend de l'âge, du passé médical et des facteurs de risque. Les femmes ne doivent donc pas toutes s'attendre à subir ce genre d'examen au cours d'un bilan de santé. »

Quoi d'autre encore ?

« Ce n'est pas une mauvaise idée que de rechercher le taux de cholestérol total, surtout s'il y a des maladies cardiovasculaires dans la famille », dit le Dr Kamerow.

Le frottis est très important. La plupart des spécialistes vous recommandent de subir un frottis chaque année. Cet examen est particulièrement important pour les femmes qui ont une vie sexuelle active en dehors d'une relation monogame : bien des médecins pensent que le virus du papillome humain (maladie sexuellement transmissible) est souvent à l'origine du cancer du col de l'utérus. Si vous avez plusieurs partenaires sexuels, le Dr Kamerow vous suggère de demander une recherche des autres MST.

On peut bien entendu subir un examen du sang, un examen d'urine, un électrocardiogramme et une radiographie pulmonaire, mais ce n'est pas nécessaire à chaque bilan lorsque l'on est en bonne santé.

Après la ménopause

Dès que nous arrivons à la ménopause, il est nécessaire d'ajouter un examen au bilan classique. « Pour vraiment savoir comment se comportera l'ossature d'une femme, il n'y a rien de tel qu'une étude de la densité osseuse au moment de la ménopause, dit le Dr Wallis. Si la patiente présente des facteurs de risque tels qu'une ostéoporose familiale, une peau de blonde, des cheveux blonds ou roux, une origine nordique, un manque d'exposition au soleil ou une décalcification, je lui conseille fortement de faire pratiquer cet examen. »

Cela prend entre cinq minutes et une demi-heure, selon la technique employée ; l'examen est indolore et effectué par des appareils qui, à l'aide d'un faible rayonnement, calculent la masse osseuse.

L'autre modification du bilan de santé classique intervient vers 40 ans. À cet âge, la plupart des médecins recommandent aux femmes de passer une mammographie. « Certains demandent aussi une recherche du sang dans les selles et une sigmoïdoscopie pour dépister le cancer du côlon et du rectum », dit le Dr Kamerow.

L'examen des selles est évidemment le moins contraignant. Il suffit d'apporter au laboratoire des selles recueillies à la maison. La mammographie n'est rien de plus qu'une radiographie des seins, mais elle peut être momentanément douloureuse. Il y a aussi la sigmoïdoscopie, qui est assez désagréable. Un tube mince est inséré dans le rectum et la partie basse du côlon afin d'y rechercher les polypes précancéreux.

Suivez les conseils du médecin

Respirez bien, relaxez-vous. L'examen physique est terminé. Il est maintenant temps de braquer le projecteur de la science sur votre mode de vie. « En dehors des examens et des piqûres que vous pouvez subir, la partie la plus importante du bilan de santé est la discussion de vos habitudes avec le médecin traitant », dit le Dr Kamerow. Les quatre sujets à aborder sont le sport, l'alimentation, la sexualité et les vices tels que boisson et tabagisme, dit-il. « Les mauvaises habitudes contribuent largement aux causes majeures de maladie et de mortalité de ce pays, et ce sont des choses pour lesquelles la médecine ne peut pas grand-chose. »

Si vous fumez, demandez à votre médecin comment arrêter. Il en va de même pour les drogues dites douces, l'usage excessif de médicaments (sédatifs entre autres), l'abus d'alcool, les régimes amaigrissants. Si vous aimez changer souvent de partenaire sexuel, ayez une franche conversation sur le thème de la sexualité sans risque et sur les dangers potentiels de vos pratiques. Le régime alimentaire ? Montrez au médecin les notes que vous avez prises et demandez-lui des conseils pour avoir une vie plus active.

Ne vous inquiétez pas si vous restez longtemps dans le cabinet du médecin. « Le plus important dans un bilan, ce sont les conseils et ce que la patiente met ensuite en pratique, dit le Dr Kamerow. Les médecins commencent à comprendre que l'information et la motivation sont certainement les meilleurs remèdes qu'ils peuvent donner. »

BOISSONS ALCOOLISÉES

À *consommer avec modération*

Il vous est quelquefois arrivé de vous sentir un peu partie. Un ou deux matins, vous vous êtes réveillée avec ce que l'on appelle vulgairement la gueule de bois. Mais vous ne vous êtes jamais coiffée d'un abat-jour. En revanche, vous buvez un verre de vin quand la journée est terminée et, malgré tout ce que vous avez entendu dire à propos de la modération, vous vous demandez si ce que vous faites est convenable.

Oui, vous pouvez boire – modérément, disent les médecins –, parce qu'un verre d'alcool par jour n'est rien de plus qu'un tonique qui vous aide à combattre le stress, à réfléchir plus sereinement, à repousser les maladies cardiovasculaires et à favoriser la longévité.

« Si vous étudiez les courbes de mortalité, vous constaterez que les personnes qui vivent le plus longtemps boivent un ou deux verres d'alcool par jour. Si l'on est capable de contrôler sa consommation d'alcool, un verre de vin, une canette de bière ou un petit cocktail quotidien peut prolonger sa durée de vie », dit le Dr Eric Rimm.

En fait, les courbes de mortalité des femmes qui dégustent un verre par jour sont inférieures de 16 % à celles des femmes qui boivent soit davantage, soit pas du tout, ajoute le Dr Rimm.

À votre santé

Nous avons toutes entendu parler de ces études françaises qui concluent qu'une consommation modérée de vin rouge diminue les risques de maladies cardiovasculaires. D'autres études ont montré qu'une canette de bière (33 cl), un cocktail contenant 5 cl d'alcool ou un verre de vin blanc (14 cl) étaient tout aussi bénéfiques pour le cœur.

À Oakland (Californie), les chercheurs du *Kaiser Permanente Medical*

Center ont suivi 72 008 femmes pendant sept années. Ils ont conclu que les vins blancs et rouges étaient les plus protecteurs – réduction de 30 % des maladies cardiovasculaires –, et que la bière et l'alcool l'étaient un peu moins.

« Peu importe ce que vous buvez. Si vous examinez les études, vous verrez que ce peut être de l'alcool fort, de la bière ou du vin », dit le Dr William P. Castelli, qui suit plus de 5 200 personnes depuis 1948.

Effet sur les maladies cardiovasculaires

En règle générale, les études permettent de constater une diminution des risques allant de 20 à 40 % chez les buveurs modérés. Cette diminution correspond à peu près à celle que l'on obtient en abaissant le taux de cholestérol ou la pression sanguine, ou en pratiquant régulièrement une activité sportive, indique le Dr Michael Criqui.

Par exemple, la faculté de médecine de Harvard a mené une étude auprès de 87 526 infirmières âgées de 34 à 59 ans. Celles qui buvaient entre 3 et 9 verres par semaine avaient 40 % de moins de risques que les non-buveuses de développer des maladies cardiovasculaires.

Une autre grande étude organisée par le Centre national des statistiques de la santé a suivi 3 718 femmes pendant 13 ans. Celles qui disaient boire un ou deux verres par jour avaient près de 40 % de moins de maladies cardiovasculaires.

De petites quantités d'alcool peuvent combattre les maladies cardiovasculaires en augmentant la quantité de cholestérol HDL (lipoprotéines de haute densité) présente dans le sang, dit le Dr Criqui. Le cholestérol HDL (ou bon cholestérol) aide à chasser le cholestérol LDL (lipoprotéines de faible densité), le mauvais cholestérol qui peut former des caillots et endommager les parois artérielles. Le Dr Criqui pense aussi que l'alcool peut prévenir les caillots responsables des crises cardiaques et de certains accidents vasculaires cérébraux.

Une étude britannique a comparé 172 femmes qui avaient eu un accident vasculaire cérébral et 172 autres qui n'en avaient pas eu. Les femmes qui ne buvaient pas avaient près de 2,5 fois plus de risques d'avoir un accident que les autres. La modération est ici le maître mot et l'on sait que les gros buveurs courent davantage de risque d'être victimes d'un accident vasculaire cérébral.

L'alcool peut également élever le taux d'œstrogène des femmes postménopausées, dit le Dr Judith S. Gavaler. Au cours d'une étude menée auprès de 128 femmes, le Dr Gavaler a noté que celles qui buvaient de trois à six verres par semaine avaient un taux d'œstrogène naturel de 10 à 20 % plus élevé que celles qui ne buvaient pas. Un taux d'œstrogène plus élevé peut aider à prévenir les maladies cardiovasculaires et l'ostéoporose chez les femmes ménopausées.

À doses modérées, l'alcool peut également contribuer à dissiper l'inhibition et la tension, déclare le Dr Frederick C. Blow. En luttant contre l'inhibition sexuelle, l'alcool aide les femmes à se détendre et à mieux apprécier les relations sexuelles.

Un effet positif sur l'esprit

De plus, un verre peut aider à garder l'esprit vif, dit le Dr Joe Christian. À l'issue d'une étude qui a duré 20 ans et concerné 4 000 jumeaux de sexe masculin, le Dr Christian a constaté que les hommes qui consommaient régulièrement une ou deux boissons alcoolisées par jour avaient, après soixante et soixante-dix ans, une meilleure faculté d'apprentissage et de raisonnement que ceux qui buvaient moins ou plus. Il pense de plus qu'une quantité modérée d'alcool améliore l'afflux sanguin au cerveau et a probablement les mêmes effets sur les femmes.

Si un verre par jour fait du bien, pourquoi ne pas en boire quatre ? « L'alcool est à la fois la meilleure et la pire des choses, dit le Dr Criqui. Avec un ou deux verres par jour, nous ne subissons pas les complications de l'alcool. En revanche, les problèmes médicaux et sociaux engendrés par une forte consommation sont connus de tous. Il y a de terribles problèmes familiaux, des foyers brisés, des conjoints et des enfants battus. Tout cela est associé à l'abus d'alcool. »

En outre, les risques d'accident vasculaire cérébral, de maladies cardiovasculaires, de maladies du foie et d'alcoolisme augmentent lorsque l'on dépasse deux verres par jour. Les risques de cancer du sein peuvent augmenter après un seul verre. L'Institut national pour la lutte contre le cancer a suivi 34 femmes âgées de 21 à 44 ans : il a constaté que deux verres par jour entre le 12e et le 15e jour du cycle menstruel peuvent élever de 21 à 31 % le taux d'œstrogène. On sait qu'un taux accru d'œstrogène favorise le cancer du sein. Les scientifiques ignorent à quel moment l'œstrogène peut déclencher la maladie et préfèrent donc privilégier la prudence : limitez-vous à un verre par jour.

Si vous buvez, voici quelques recettes pour modérer votre consommation.

N'abusez pas. Difficile d'être plus clair. Un verre par jour, c'est un verre par jour. « La consommation d'alcool doit s'effectuer en petite quantité répartie sur tous les jours de la semaine, dit le Dr Criqui. Boire sept verres le vendredi soir et sept autres le samedi soir peut faire grimper la tension artérielle dans des proportions inquiétantes et augmenter les risques de formation de caillots. »

Fixez-vous une limite. Si vous savez combien vous allez boire avant d'avaler la première gorgée, il vous sera bien plus facile de vous en tenir à cette limite, même si la pression de vos amis vous incite à la dépasser, explique le Dr William Miller.

Les femmes ne devraient pas boire plus d'un verre par jour, conseille le Dr Sheila Blume. Elles s'enivrent plus rapidement que les hommes parce qu'elles pèsent moins lourd, ont moins d'eau dans le corps pour diluer l'alcool et moins d'enzymes gastriques permettant de métaboliser l'alcool.

Faites durer le plaisir. Si vous buvez lentement, vous donnez à votre foie la possibilité de mieux métaboliser l'alcool et celui-ci ne stagnera pas dans votre organisme. Faites en sorte que votre verre quotidien dure plus d'une heure, dit le Dr Blume.

Mangez un peu. Manger ralentit le rythme auquel l'alcool est absorbé par le sang. Mais évitez les petits gâteaux apéritifs salés et les cacahuètes qui donnent soif et vous incitent à boire davantage, conseille le Dr Miller.

Faites quelque chose. Dansez, jouez au billard ou aux jeux vidéo, parlez à quelqu'un, suggère le Dr Miller. Vous boirez probablement moins si vous vous occupez.

Diluez votre boisson. Commencez par un verre normal. Quand vous en avez bu la moitié, ajoutez de l'eau ou du soda. Chaque fois que le verre est à moitié vide, recommencez l'opération, préconise le Dr Blume.

Buvez de l'eau. « Quand vous avez soif, c'est d'eau que votre corps a besoin, pas d'alcool, déclare le Dr Miller. Il est absurde de dire que l'alcool étanche la soif. C'est tout à fait le contraire. Si vous commencez par boire un grand verre d'eau, vous boirez ensuite de l'alcool avec modération. »

Pourquoi pas le jus de raisin ? Comme le vin rouge, le jus de raisin contient du resvératrol, substance chimique sécrétée par la peau du raisin pour lutter contre les champignons. Les chercheurs pensent qu'elle diminue les risques d'athérosclérose. Au lieu de boire du vin une fois que votre verre d'alcool quotidien est avalé, passez au jus de raisin.

Protégez votre bébé. Les malformations de naissance sont plus fréquentes quand la femme enceinte continue de boire, dit le Dr Blume. « Un verre de temps en temps ne fera pas de mal au bébé, mais nous ne savons pas exactement quelle dose convient à une femme enceinte. Elle varie probablement d'une femme à l'autre et la meilleure solution, c'est de ne pas boire du tout. »

Appelez un taxi. En France, l'alcool est impliqué dans près de un tiers des accidents de la circulation. Si vous pesez 70 kilos, par exemple, et avez bu quatre verres avant de prendre le volant, vous risquez 4 fois plus d'avoir un accident que si vous êtes sobre, nous explique Steve Creel. Avec 10 verres, le risque est 65 fois plus élevé. Même si vous ne buvez pas assez pour être légalement considérée comme étant en état d'ivresse, vous pouvez être arrêtée par la police si elle considère que vous mettez en danger votre vie ou celle d'autrui. Si vous buvez, demandez à quelqu'un de prendre le volant à votre place ou rentrez en taxi.

CALCIUM

La matière première de votre squelette

Bien des femmes défient le vieillissement en consacrant davantage de temps et d'énergie à la mise en forme de leur silhouette - réduire une courbe par-ci, renforcer un muscle par-là. Mais qu'en est-il des os qui se cachent sous ces muscles et ces courbes ? Ils vous apportent stature et soutien. Ce sont des organes vivants parcourus par des vaisseaux sanguins, qui fabriquent constamment de nouvelles cellules destinées à donner de la force à votre squelette.

Si vous désirez vous doter d'une ossature solide au cours des années qui viennent, il est important de comprendre que vos os ont besoin d'être nourris. Le nutriment qui offre jeunesse et force à vos os et, plus important encore, vous épargne les inconvénients de l'ostéoporose, c'est le calcium. Si vos os pouvaient parler, ils vous en demanderaient probablement plus.

Si vous êtes comme la plupart des femmes, vous savez déjà que le moyen le plus facile d'obtenir du calcium est de boire du lait et de manger des produits laitiers. Mais, comme la plupart des femmes, vous n'en consommez certainement pas assez. Peut-être versez-vous un nuage de lait dans votre café. Ou peut-être rejetez-vous les produits laitiers comme le fromage parce que vous surveillez votre poids.

Si vous comptez sur le calcium des légumes, vous risquez d'être bien déçue. Le calcium présent dans les légumes vert sombre (épinards ou chou frisé) ne trouve pas toujours le chemin de vos os, dit le Dr Clifford Rosen. « Les gens absorbent de manière très variable le calcium des végétaux.

Vous ne pouvez pas savoir si vous l'absorbez efficacement, même si vous en consommez beaucoup », dit-il.

Parfois, le stress de la vie professionnelle et une mode qui pousse les femmes à être ultra-minces nous encouragent à manger de façon sporadique ou à faire des régimes à répétition. Ce type d'alimentation peut provoquer de sérieuses carences en calcium.

On ne peut rien sans lui

Le calcium est un minéral dont on a absolument besoin pour survivre. Quand le corps a besoin de sa dose quotidienne de calcium et ne la trouve pas dans l'alimentation, il s'attaque aux os. Avec le vieillissement, les os trop sollicités deviennent poreux et friables. Malheureusement, vous ne vous en apercevez bien souvent que lorsqu'il est déjà trop tard – quand vous tombez et vous cassez quelque chose. Cette perte osseuse porte le nom d'ostéoporose, une maladie particulièrement cruelle pour les femmes âgées.

L'hormone femelle qu'est l'œstrogène aide considérablement à protéger les os contre ce vol de calcium. Mais une fois que la ménopause est là et que l'œstrogène diminue, vos os se retrouvent sans défense, vulnérables. Ajoutez à cela une faible consommation de calcium, et la perte osseuse s'accélère.

Le calcium peut également contribuer à faire baisser le cholestérol. À l'issue d'une étude, les chercheurs placés sous la direction du Dr Margo Denke ont constaté que les sujets présentant un taux de cholestérol élevé (entre 2,4 g et 2,6 g), mais prenant un supplément de 1 800 mg de calcium par jour, voyaient leur taux de cholestérol total diminuer de 6 %. Mieux encore, le cholestérol LDL (le mauvais cholestérol, celui qui est associé aux lipoprotéines de faible densité) chutait de 11 %. Bien que l'étude fût menée auprès d'hommes exclusivement, le Dr Denke pense que les résultats s'appliquent également aux femmes.

Notre dose quotidienne

Le calcium a une importance énorme, et nos besoins évoluent tout au long de notre vie. Un enfant en pleine croissance osseuse en a besoin de 1 200 milligrammes ; après 24 ans, quand la croissance s'est arrêtée, 800 mg suffisent.

De nombreux médecins croient cependant que les femmes devraient en consommer beaucoup plus. Les chercheurs disent souvent que la dose optimale se situe entre 1 000 et 1 500 mg par jour pour ce qui est de la protection osseuse. Certains, dont le Dr Denke, vont jusqu'à 2 000 mg par jour pour bénéficier également d'une diminution du taux de cholestérol.

Les études montrent qu'en France, 30 % des femmes n'arrivent pas à la dose recommandée. On estime que les femmes ménopausées n'en consomment en moyenne que 700 à 800 mg par jour Voici ce que vous pouvez faire pour relever ce chiffre.

OÙ TROUVER DU CALCIUM ?

Le calcium est présent dans bien des aliments, mais les produits laitiers viennent largement en tête. Voici une liste de quelques aliments riches en calcium.

Aliment	Portion	Calcium (mg.)
Yoghourt maigre	1 tasse	452
Lait écrémé	220 cl	351
Ricotta semi-écrémée	½ tasse	337
Parmesan	30 g	330
Gruyère	30 g	300
Yoghourt aux fruits écrémé	1 tasse	314
Babeurre	220 cl	285
Lait chocolaté	220 cl	280
Yoghourt au lait entier	1 tasse	274
Ricotta au lait entier	½ tasse	256
Brocolis cuits	110 g	205
Chester	30 g	202
Munster	30 g	200
Saumon rose en boîte, avec arêtes	100 g	181
Lait écrémé	100 g	122
Lait demi-écrémé	100 g	124
Lait entier	100 g cl	121
Roquefort	30 g	210
Sardines évidées avec arêtes	2 (30 g)	92
Camembert	30 g	31

Pas un jour sans produits laitiers. Les laitages sont donc si importants ? « Le calcium est particulièrement bénéfique à votre corps quand il provient du lait et des produits laitiers », dit le Dr Richard J. Wood.

Pour éviter la graisse et les calories, ne buvez que du lait écrémé. Les rayons de votre supermarché regorgent de produits à base de lait écrémé (fromages, fromages blancs, yoghourts, etc.). Ne faites pas la fine bouche tant que vous n'avez pas essayé.

Les dérivés du lait sont aussi les produits qui apportent le maximum de calcium par cuillerée. Ainsi, 220 grammes de yoghourt écrémé contiennent 141 mg de calcium. Le lait écrémé en contient 351 mg pour la même quantité.

La ricotta semi-écrémée que vous mettez dans une bonne portion de lasagnes en contient pour sa part 337 milligrammes.

Et en dehors du lait ? Si vous avez des difficultés à digérer les laitages ou, tout simplement, ne les appréciez pas, vous pouvez manger des brocolis, très riches en calcium ; 110 grammes de brocolis cuits vous apporteront 205 mg de calcium, bien plus que tous les autres légumes.

Vous pouvez également essayer le tofu, dérivé du soja que l'on trouve dans les magasins diététiques. Il est chargé de calcium, mais la quantité dépend d'une marque à une autre. Cela dépend de l'agent de liaison. Une demi-tasse de tofu fait avec du nigari (chlorure de magnésium) contient 258 mg de calcium, alors que celui fait avec du sulfate de calcium en contient 860 mg pour la même quantité. Là encore, lisez attentivement les étiquettes.

N'oubliez pas le poisson. Comme le calcium s'installe dans vos os, il semble logique que les poissons qui ont des arêtes constituent une bonne source de calcium. Le saumon rose en boîte contient 181 mg de calcium par 100 grammes ; deux sardines en contiennent 92 milligrammes.

Soyez plus forte grâce à la vitamine D. « Peu importe la quantité de calcium que vous recevez, vos os n'en profiteront pas si vous manquez de vitamine D », prévient le Dr Michael F. Holick. Heureusement, un apport suffisant en vitamine D ne constitue pas un problème pour la plupart des femmes. Une exposition régulière au soleil – 15 minutes par jour suffisent – satisfait vos besoins en vitamine D, dit le Dr Holick. La lumière solaire déclenche en effet la production de vitamine D par la peau.

La vitamine D se trouve aussi dans bon nombre d'aliments que nous consommons quotidiennement, comme le lait, les céréales et le pain. Les médecins déconseillent de prendre des compléments de vitamine D : une trop grande quantité peut en effet être toxique.

N'imitez pas Popeye. Les épinards contiennent beaucoup de calcium, mais aussi certains composés appelés oxalates : ils se lient au calcium qu'ils rendent en grande partie indisponible pour le corps. Même si vous appréciez les épinards pour les autres nutriments qui le constituent, n'en abusez pas, conseille Paul R. Thomas. « Manger des épinards quatre ou cinq fois par semaine, ça va ; mais n'y voyez surtout pas votre premier fournisseur en calcium », ajoute-t-il.

Faites appel aux compléments

La plupart des médecins vous diront qu'un régime bien équilibré constitué de viande maigre, de poisson et d'une abondance de fruits et de légumes, mais aussi de céréales entières et de produits laitiers, vous apporte les vitamines et les minéraux nécessaires à votre santé. Mais ils ajouteront qu'un tel régime ne vous garantit pas forcément la dose de calcium dont vous avez besoin, surtout si vous êtes âgée de plus de 30 ans. C'est peut-être dans les compléments de calcium que vous trouverez votre meilleure protection.

« Si vous préférez tirer votre calcium de compléments, choisissez ceux qui sont à base de citrate de calcium », conseille le Dr Denke. Certaines formes de calcium peuvent nuire à l'absorption du fer ou provoquer des calculs rénaux. Le citrate de calcium est la molécule la moins susceptible de déclencher des calculs.

Si vous optez pour le carbonate de calcium, il convient de le prendre avec les repas, dit le Dr Rosen. L'acide que produit votre corps quand vous mangez décompose le carbonate de calcium et permet de mieux l'absorber.

On trouve du carbonate de calcium dans les comprimés antiacides, et bien des femmes en sucent rien que pour le calcium qu'ils contiennent. Mais là aussi, il faut faire attention. Certaines marques – Anti-H, Gastropax – ne sont pas recommandées parce qu'elles contiennent aussi de l'aluminium, lequel peut empêcher une bonne minéralisation osseuse. Il vaut mieux leur préférer les pastilles Rennie, sans aluminium.

Combien devrez-vous en prendre ? « Si vous buvez trois grands verres de lait par jour, un supplément de 500 mg vous conviendra parfaitement, dit le Dr Rosen. Tout ira bien si vous arrivez à un total de 1 500 milligrammes par la seule alimentation ou en alliant alimentation et compléments. »

Confiance en soi

Votre meilleure amie, c'est vous-même

Quelle image avez-vous de vous-même ? Celle d'une femme énergique, intelligente, une battante avec qui tout le monde voudrait être ami ? Ou celle d'une femme légèrement accablée par les années, une femme dont les attributs les plus remarquables sont de petites rides au coin des yeux et de la cellulite sur les cuisses ?

Il est remarquable que quelques rides ou un peu de cellulite puissent ébranler à ce point l'estime qu'une femme peut avoir pour elle-même, sa façon de s'apprécier et de s'accepter dans ce qu'elle a de plus intime. De petits signes de vieillissement peuvent aussi faire voler en éclats la confiance en soi d'une femme – la foi qu'elle met dans ses capacités et ses talents. « Nos cultures mettent la jeunesse sur un piédestal, dit le Dr Bonnie Jacobson. Si la jeunesse est pour vous l'unique critère de qualité, vous éprouverez inévitablement un sentiment d'inutilité et de doute quand vous découvrirez les premiers signes de vieillissement. »

Il n'est pas question que vous réagissiez ainsi. La confiance en soi n'est pas une question d'âge et d'apparence, mais d'attitude. Chez certaines femmes, l'estime et la confiance qu'elles se portent ne font que se renforcer avec l'âge, nonobstant quelques cheveux gris ou des vêtements qui prennent une ou deux tailles de plus avec les ans. Comme elles ont de la chance !

La confiance en soi donne des résultats étonnamment rajeunissants. Une femme sûre d'elle-même – malgré les signes de vieillissement qu'elle peut présenter – est effectivement plus jeune dans sa tête, son apparence et son maintien. Elle rayonne presque d'elle et d'énergie intérieures, dit le Dr Thomas Tutko. Une femme sûre d'elle respectera mieux son corps en mangeant correctement, en faisant du sport et en évitant des poisons tels que cigarettes, drogues et alcool.

La confiance en soi fait également des merveilles pour l'esprit. C'est une protection contre l'anxiété. Elle chasse les sentiments de culpabilité, de désespoir et de médiocrité. Elle nous donne le courage de réaliser nos rêves. Elle nous donne aussi la volonté d'essayer de nouvelles choses, de relever de nouveaux défis, d'élargir notre univers, ajoute le Dr Tutko.

Surtout, la confiance en soi se perpétue : les bienfaits que nous en tirons reviennent dynamiser ce que nous avons déjà en nous. En général, plus nous avons confiance en nous, plus nous nous estimons et plus la vie nous

---

Pourquoi haïssons-nous les maths ?

Pendant des années, vous vous êtes dit que vous n'étiez pas bonne en maths. Bienvenue au club, proclame le Dr Sylvia Beyer, parce que bien des femmes pensent la même chose.

Les femmes sont-elles génétiquement de mauvaises mathématiciennes ? Pas vraiment, dit le Dr Beyer. Mais depuis des générations, les femmes sont conditionnées pour sous-estimer leurs possibilités et moins attendre d'elles-mêmes quand elles abordent les maths et autres matières traditionnellement réservées aux hommes.

Au cours de ses recherches, le Dr Beyer a examiné les objectifs et les résultats aux tests de maths d'un certain nombre d'hommes et de femmes. Elle a constaté que les femmes s'attendent à faire de moins bons résultats que les hommes quand elles commencent un exercice ; ensuite, elles pensent avoir fait pire que ce qu'elles ont fait vraiment.

Ces observations nous font mieux comprendre pourquoi si peu de femmes se lancent dans des carrières traditionnellement dominées par les hommes – même si elles ont les capacités pour réussir. « Parce qu'elles ont été formées à penser qu'elles ne peuvent pas être bonnes dans une discipline telle que les mathématiques, bien des femmes minimisent leurs résultats même quand elles ont bien réussi, dit le Dr Beyer. Elles disent que leur réussite est un coup de chance ou trouvent toutes sortes d'excuses. Le danger de ce type de pensée tient à ce qu'il peut empêcher des femmes très talentueuses d'effectuer une activité ou de se lancer dans une carrière pour laquelle elles ont un grand potentiel ou qui leur apporterait beaucoup de satisfactions. »

La réponse ? Comprenez que vous avez inutilement minimisé vos espérances pendant toutes ces années et sachez qu'il n'y a probablement aucune raison pour que vous ne puissiez exceller en mathématiques ou en mécanique automobile par exemple.

apporte de satisfactions. Cela nous donne non seulement la force de survivre, mais aussi celle d'étreindre littéralement l'existence.

Des messages de l'intérieur

Il est difficile de différencier la confiance en soi et l'estime que l'on peut se porter. « Une personne qui s'estime beaucoup a une excellente image d'elle-même, et cela inspire obligatoirement la confiance en soi, dit le Dr Tutko. De même, une foi solide en vos capacités et l'attitude positive qui va de pair ne peuvent que renforcer l'estime dans laquelle vous vous tenez ».

D'où viennent donc ces sentiments ?

Selon une étude due à l'équipe du Dr Robert A. Josephs, les hommes et les femmes tirent confiance et estime de choses bien différentes. Alors que les sentiments d'un homme sont plus liés à ses réalisations, ceux de la femme s'associent davantage à ses rôles multiples d'épouse, de mère, de fille et d'amie.

Tout cela remonte aux années d'enfance. « On encourage davantage les garçons à apprendre et à mettre en pratique leurs connaissances. On demande plus aux filles de développer une personnalité agréable et d'avoir un joli minois, dit le Dr Nathaniel Branden. Le problème, c'est que ni la beauté ni la personnalité ne nécessitent de compétence et qu'elles n'apportent rien de profondément satisfaisant. Elles ne suscitent donc aucun sentiment durable de confiance en soi ou d'estime. »

Relevez la tête

Si vous pensez que vous manquez de confiance en vous, vous avez probablement raison. Voici ce que les experts vous recommandent afin de renforcer cette fameuse confiance en soi que vous souhaitez tant acquérir.

Soyez en forme. L'exercice sportif améliore-t-il la confiance en soi ? Oui. Lors d'une étude conduite par l'université d'État de New York à Brockport, 57 personnes furent divisées en deux groupes : le premier souleva de la fonte pendant 16 semaines, le second suivit un cours théorique sur l'éducation physique. À votre avis, quel groupe avait meilleur moral à la fin du stage ?

Le Dr Merrill J. Melnick explique pourquoi le premier groupe tira un tel profit : « Vous risquez de vous considérer comme inférieure si votre apparence physique ne vous satisfait pas. » En vous dotant d'un peu de muscle et en perdant un peu de graisse, vous pouvez améliorer l'image que vous avez de votre corps et de votre moi profond.

Bâillonnez votre critique intérieur. Les femmes qui ont une piètre estime d'elles-mêmes ont tendance à entendre et surtout à trop écouter la petite voix qui résonne dans leur tête. « Tu n'y arriveras pas, leur dit-elle. Tu es minable. Tu ne vaux rien. » Chaque fois que cette petite voix entreprend de vous rabaisser, réduisez-la immédiatement au silence, conseille le Dr Jacobson. Comprenez qu'elle essaye de vous faire du mal. À chacune de ses critiques, répondez par une affirmation. Répétez-vous inlassablement que vous êtes forte, capable et digne de confiance – jusqu'à ce que la voix se taise. C'est d'ailleurs la même chose avec les critiques extérieurs. « Vous devez rejeter la domination de certaines personnes en apprenant à vous accepter en fonction de vos propres critères », dit-elle.

Faites l'inventaire. « Au lieu de nous attarder sur nos défauts, mieux vaut tirer satisfaction des choses que nous possédons et pouvons bien faire », dit le Dr Stanley Teitelbaum. Pour cela, tracez deux colonnes sur une feuille de papier. Dans la première colonne, faites la liste de vos réalisations, de vos activités, de vos traits positifs et de vos points forts. Dans l'autre colonne, inscrivez vos faiblesses, vos traits négatifs et les choses que vous aimeriez modifier. Vous serez étonnée de constater que la liste « positive » est bien plus longue que l'autre. Rien que cela peut vous redonner confiance. Mais pour que ce sentiment s'installe vraiment en vous et perdure, accentuez les aspects positifs et supprimez les autres.

Dressez la hiérarchie de vos objectifs. Se fixer des buts impossibles à atteindre, c'est le meilleur moyen d'échouer. « Se donner un objectif, c'est bien, mais il faut apprendre à ramper avant de pouvoir marcher », dit le Dr Tutko. Mettons que vous vouliez faire un score de 300 points au bowling. C'est assez irréaliste si votre score moyen est de 58. Au lieu de vouloir faire 300 tout de suite, fixez-vous des étapes intermédiaires : 100, 150, 200, 250, puis enfin 300. « La réussite au premier niveau doit vous aider à accéder au niveau suivant », ajoute le Dr Tutko.

Spécialisez-vous. Êtes-vous du genre « apte à tout et bonne à rien » ? Faites-vous tellement de choses que vous ne vous intéressez vraiment à aucune ? La diversification n'apporte que la déception, selon le Dr Tutko. Trouvez les deux ou trois choses que vous appréciez vraiment – du style jouer du basson, faire du ski de fond ou programmer un ordinateur – et consacrez-y la majeure partie de votre énergie. Il vaut mieux réussir sur quelques points qu'échouer sur tous.

Accrochez-vous. La meilleure façon de perdre confiance en soi consiste à se faire piéger dans une activité que l'on n'apprécie pas ou que les autres vous ont imposée, dit encore le Dr Tutko. Plutôt que de végéter dans une carrière ou une activité qui ne vous apporte aucune satisfaction, voyez quelles choses vous plaisent vraiment et faites-les à fond. Vous réussirez mieux et cela aura un effet positif sur votre psychisme.

Soyez serviable. Donner une partie de son temps et de ses capacités à la communauté ou à des personnes dans le besoin peut renforcer la confiance en soi, dit le Dr Jacobson. De plus, cela vous donne la satisfaction du travail bien fait et vous démontre que vous êtes utile et digne d'intérêt.

Fréquentez des gens positifs. Quand la confiance en soi vacille, la dernière chose à faire est bien de s'entourer d'individus qui vous critiquent

Avez-vous vraiment confiance en vous ?

Avez-vous une haute opinion de vous-même ou vous considérez-vous comme totalement dépassée et bonne à mettre au rebut ? Cette question est fort simple d'apparence, mais elle ne l'est pas en réalité, nous dit le Dr Thomas Tutko. Bien des femmes ont vaguement conscience d'avoir un problème existentiel, mais elles sont incapables de le définir précisément.

Voici quelques signes qui vous indiquent que l'image que vous avez de vous-même est quelque peu mise à mal.

- Vous êtes obsédée par vos fautes, vos faiblesses et vos erreurs, et vous vous adressez des critiques
- Vous laissez souvent les autres vous rabaisser
- Vous essayez fréquemment de nouvelles coiffures, de nouveaux vêtements, n'importe quoi en fait qui puisse vous rendre attirante ou acceptable aux yeux d'autrui
- Vous accordez plus d'intérêt aux jugements et aux opinions des autres qu'aux vôtres
- Vous vous comparez souvent aux autres
- Vous êtes abattue par la critique négative

Voici maintenant quelques signes qui indiquent que vous n'avez pas beaucoup confiance en vous.

- Votre routine quotidienne ne varie pratiquement jamais
- Vous vous écartez des nouveaux défis et des situations embarrassantes
- Vous privilégiez toujours la sécurité au risque
- Après une première tentative malheureuse, vous faites rarement un deuxième essai
- Vous pensez que la réussite ne se mesure qu'à l'aune des gains financiers ou des biens accumulés
- Vous ne pouvez pas exprimer vos envies et vos désirs intérieurs.
- Vous vous trouvez des excuses pour ne pas faire ceci ou cela ou pour justifier la situation présente

tout le temps. Fréquentez plutôt des gens qui mettent en valeur vos aspects positifs. Ils ont confiance en eux et s'estiment. « Ces individus ne sont pas prompts à juger ou à rabaisser quelqu'un, dit le Dr Jacobson. Ils ont beaucoup d'amour et d'encouragement à donner, et leur attitude face à la vie peut déteindre sur vous. »

Récompensez-vous. Flattez la confiance et l'estime que vous vous portez en vous faisant plaisir chaque fois que vous faites quelque chose de bien, suggère le Dr Tutko. Félicitez-vous ou faites-vous un petit cadeau. Cela renforce la foi que vous avez en vous-même et donne plus de poids à la valeur de votre acte.

Acceptez votre âge. « Certaines personnes croient qu'en achetant la panoplie de la jeunesse, cela renforcera l'opinion qu'elles ont d'elles-mêmes », constate le Dr Teitelbaum. La vérité est très simple : vous ne redeviendrez pas adolescente en vous glissant dans un minuscule Bikini. Mais vous vous ridiculiserez à coup sûr.

Soyez la meilleure... pour vous, pas en général. Les sports de compétition sont excellents lorsqu'il s'agit de renforcer la confiance en soi. Mais si battre des adversaires et remporter des trophées constitue la seule mesure de la réussite, la confiance que vous avez en vous est déjà bien mal en point. « Faire du sport peut être fantastique, mais uniquement si c'est par amour du sport et par désir de mettre au premier plan ce qu'il y a de meilleur en vous », dit le Dr Tutko.

Ne craignez pas l'échec. L'échec ne doit pas être une malédiction, mais l'occasion donnée de connaître un nouveau succès, dit le Dr Daniel Wegner. « La vie n'est qu'une suite de tâtonnements, et nous ne progressons pas si nous nous arrêtons à l'échec, constate-t-il. Dans l'ordre des choses, la plupart des « échecs » que nous connaissons ne sont pas, et de loin, aussi néfastes que les maux que nous nous infligeons quand nous cédons à l'obsession des échecs à venir. »

Dégonflez vos inquiétudes. Faire taire la voix critique intérieure n'est pas toujours facile. Vous pouvez parfois lui claquer la porte au nez, mais elle peut faire de la résistance. Il peut arriver que plus vous essayez de supprimer les pensées parasites et les anxiétés, plus elles vous obsèdent, dit le Dr Wegner. Au lieu de perdre votre temps à tenter de supprimer des idées indésirables, accordez-leur un peu de temps. Établissez des « séances d'inquiétude » de 30 minutes par jour, puis plongez-vous à fond dans la vie.

Battez-vous. Avez-vous déjà envisagé la pratique d'un art martial ? Le Dr Charles Richman est un fervent convaincu des conséquences positives des arts martiaux. Comme les autres sports, ils vous aident à bâtir votre corps, ce qui permet déjà de renforcer la confiance que l'on a en soi, dit-il. Mais ils mettent également en valeur la discipline et le contrôle de soi. « En alliant la pensée disciplinée et la maîtrise de nouvelles techniques au fait que vous pouvez vous défendre quand vous êtes physiquement agressée, vous assistez à une formidable transformation de la confiance et de l'estime que vous pouvez vous porter. » Consultez les pages jaunes de l'annuaire ou le Minitel pour trouver le club d'arts martiaux qui vous apportera toute satisfaction.

CRÉATIVITÉ

Assurer l'harmonie de l'esprit et du corps

Faire de l'aquarelle, c'est être créatif. De même que composer une symphonie, mettre en scène une pièce de théâtre ou sculpter un buste.

Mais la créativité ne se limite pas aux arts. Organiser son jardin est créatif, tout comme écrire un programme informatique, élaborer une nouvelle recette de cuisine, concevoir un repas, établir la carte des gènes humains ou construire une cabane dans les arbres.

La créativité est, tout simplement, le fait de fabriquer, d'inventer, de produire. Et cela, c'est une chose que nous faisons toutes.

« J'appelle créativité de tous les jours ce que d'autres appellent attention – quand nous nous concentrons sur le processus de l'invention par opposition au résultat final. Cette créativité de tous les jours, cette invention, est excellente pour la santé et le bien-être de chacun », explique le Dr Ellen J. Langer.

C'est une chose si essentielle pour notre existence que la nouveauté, la surprise et la variété apportées par notre créativité viennent alimenter notre soif de vivre. Les recherches du Dr Langer auprès des personnes âgées montrent qu'elles mènent plus longtemps une vie plus heureuse quand on les encourage à être créatives et attentives. « Si notre esprit n'est pas actif, il s'éteint doucement en même temps que le corps », dit-elle.

Ce qui revient à dire que lorsque nous cessons de créer, nous cessons d'exister.

Heureusement, la capacité créatrice demeure intacte tout au long de la vie, même si le nombre de certains types de produits que nous pouvons créer – peintures, jardins ou sculptures – risque de décliner avec l'âge.

Les assassins de la créativité

Certains jours, nous baignons littéralement dans la créativité. Mais d'autres jours, la source semble tarie ou retenue par un barrage inébranlable.

« La créativité est une chose fragile qui peut être étouffée ou détournée bien plus facilement qu'elle n'est suscitée », dit le Dr Teresa Amabile.

Mais elle ajoute aussitôt que vous pouvez donner libre cours à votre créativité si vous vous tenez à l'écart de tout ce qui peut l'assassiner.

- **Les négativistes.** Les critiques et les sceptiques peuvent limiter votre champ de pensée et ébranler votre processus créateur.
- **La motivation matérielle.** La motivation créatrice vient normalement de l'intérieur, mais les paramètres extérieurs – argent, renommée, récompenses, acceptation – peuvent gravement nuire à nos capacités créatrices.
- **Le score.** L'obligation de marquer des points, de répondre à certains critères ou d'être à la hauteur des espérances d'autrui est mauvaise pour nos talents créateurs.
- **Créer dans la foule.** Pourriez-vous créer si vous saviez que votre professeur, votre patron ou le monde entier regardait en permanence par-dessus votre épaule ? Les recherches du Dr Amabile prouvent que de tels environnements étouffent la créativité. Essayez de travailler dans un cadre qui mette une certaine distance entre vous et ceux qui vous guettent.
- **Manque de temps.** Horloges, emplois du temps et dates butoirs peuvent réprimer l'évolution d'une grande idée. Efforcez-vous de travailler à un rythme agréable et constant.
- **Médicaments et alcool.** Rien ne prouve scientifiquement que la créativité peut être renforcée par des moyens chimiques. À long terme, ces substances ont la capacité de détruire vos facultés créatrices, bien plus qu'elles ne pourraient les épauler.

« La productivité créatrice atteint généralement son apogée vers 30 ans lorsqu'il s'agit de poésie, de mathématiques, de sciences ou de tout ce qui requiert une pensée abstraite, dit le Dr Carolyn Adams-Price. Pour l'histoire, la philosophie, la littérature et tout ce qui exige beaucoup de connaissances, l'apogée se situe plutôt vers 60 ans. »

Mais c'est seulement le nombre de produits créatifs qui connaît un déclin, pas la faculté de créer ou la qualité de ce qui est produit, ajoute aussitôt le Dr Adams-Price.

Écartées pendant des siècles

Jusqu'à la seconde moitié du siècle dernier, l'éducation et les études qui auraient permis aux femmes d'exprimer leur créativité étaient souvent découragées par les stéréotypes culturels qui définissaient et limitaient la place des femmes dans la société.

Virginia Woolf a ainsi pu imaginer que William Shakespeare avait une sœur aussi douée que lui, Judith, mais que l'on envoyait celle-ci raccommoder les chaussettes et préparer le repas pendant que William allait à l'école étudier le théâtre et la littérature.

Historiquement parlant, les hommes ont toujours eu l'avantage sur les femmes quand il s'agit d'être aidé à développer sa créativité.

L'histoire montre que, bien souvent, la société a été plus prompte à fournir aux hommes les moyens de s'instruire et de stimuler leur créativité. Elle montre aussi que les enseignants ont eu davantage tendance à renforcer le comportement créatif des garçons, tandis que l'on attendait des filles qu'elles aient un comportement irréprochable et suivent les règles de la société. Les spécialistes pensent que le fait d'encourager l'assurance, la domination, l'ego et le goût du risque chez les garçons – dans tous les domaines, de la physique au football – aide les jeunes hommes à développer la ténacité et l'obstination nécessaires à la réalisation de leurs visions créatrices dans un monde bien souvent hostile à la créativité.

Puisez dans votre imagination

Aujourd'hui, les femmes sont bien représentées dans les galeries d'art, les théâtres, les compagnies de danse, les facultés de médecine, les affaires et bien d'autres institutions. En fait, les femmes dépassent en nombre les hommes dans les académies artistiques et les écoles de danse.

Comment pouvez-vous libérer la créativité qui sommeille en vous ? Que vous désiriez créer une œuvre d'art publique ou une expression plus privée de votre « moi » intérieur, tout ce qu'il faut pour démarrer, c'est une idée et le désir de partir en exploration. Voici comment commencer.

Identifiez le problème. Demandez-vous : « De quoi le monde a-t-il besoin ? D'une formule permettant de remplacer les maisons de retraite des vieillards ? De méthodes permettant de mettre à profit le talent des retraités ? » Bien souvent, la première étape consiste tout simplement en une identification du problème, dit le Dr Langer. De là, vos idées peuvent partir dans une centaine de directions différentes.

On trouve souvent de bonnes idées en en élaborant énormément, sans se donner la peine de les juger. Ce n'est qu'ensuite que l'on peut distinguer les bonnes des mauvaises.

Prenez une feuille de papier et notez une idée. En vous en inspirant, notez le plus d'idées voisines possibles. Passez-les en revue. Gardez celles que vous préférez et rejetez les autres.

Créativité et folie

Isadora Duncan dansait au clair de lune en compagnie des fées. Vincent Van Gogh s'est coupé l'oreille. Et Gérard de Nerval promenait un homard en laisse.

Cela veut-il dire que les créateurs risquent plus de connaître la folie que le commun des mortels ?

C'est une question passionnante, mais, en dépit des efforts des scientifiques, la réponse n'est toujours pas donnée clairement.

Dans le cadre d'une étude sur plus de 1 000 hommes et femmes, le Dr Arnold M. Ludwig de l'université du Kentucky à Lexington a constaté que les poètes, les écrivains, les musiciens et les autres créateurs avaient plus tendance à « fréquenter » la folie que les individus appartenant à des professions moins créatrices – fonction publique, armée, haute finance, etc.

On trouve chez les artistes de théâtre un taux plus élevé d'alcoolisme et de toxicomanie, de crises maniaques, de problèmes d'anxiété et de tentatives de suicide. Les écrivains sont plus enclins à la dépression et à l'alcoolisme. Les artistes ont des problèmes liés à l'alcool, de la dépression, de l'anxiété et des problèmes d'adaptation. Musiciens et compositeurs sont assez déprimés. Les poètes donnent dans l'alcoolisme et la toxicomanie, la dépression, les manies, le suicide et la psychose en général.

La tendance à la folie des créateurs semble assez évidente, mais quelques remarques s'imposent toutefois, dit le Dr Ludwig dans son étude. Premièrement, les exigences imposées aux professions créatrices ont tendance à aggraver les problèmes existants. Quand on est génétiquement prédisposée à la dépression, par exemple, une carrière théâtrale peut vous y faire basculer, ce qui n'est pas le cas d'une carrière de banquier.

Deuxièmement, notre culture s'attend à ce qu'écrivains, musiciens et poètes soient assez bizarres, et que banquiers et officiers soient très stables de caractère. Les professions artistiques peuvent donc attirer les gens prédisposés à l'excès, alors que les professions « établies » attirent davantage les individus graves et pondérés.

« Parfois, une grande idée n'est rien de plus qu'une vieille idée que l'on a abordée différemment », dit le Dr Gabriele Rico. Par exemple, la crème glacée était jadis servie sur une gaufre. Un jour, un penseur créatif a eu l'idée de plier la gaufre en forme d'entonnoir. Et voilà ! Le cornet de glace était né !

Notez vos idées et vos rêves. De grandes idées peuvent naître et mourir en un instant, c'est pourquoi bien des créatrices tiennent un journal où elles notent tout ce qui leur passe par la tête, indique le Dr Rico. Il suffit pour cela d'un petit carnet que vous rangerez dans une poche ou sous votre oreiller, car les rêves sont également source de créativité.

« C'est au cours du sommeil que l'esprit établit quelques-unes de ses associations et connexions les plus intéressantes », dit le Dr Rico. Commencez donc votre journée en notant ce que vous pouvez de vos rêves.

Revoyez vos échecs. Les erreurs et les résultats inattendus peuvent apporter de grandes satisfactions, dit le Dr Langer. Par exemple, une nouvelle colle conçue par la société 3M fut considérée comme défectueuse parce qu'elle ne collait pas assez. Mais une fois appliquée sur un morceau de papier, elle devint un des produits les plus pratiques de tous les temps : le Post-It. La prochaine fois que vous avez ce genre de « bombe » entre les mains, ne la rejetez pas tout de suite. Prenez plutôt la peine de la voir sous un autre angle, on ne sait jamais...

Lancez un défi à la pensée orthodoxe. « Un des gros problèmes de notre société, c'est qu'elle encourage l'inhibition et le conformisme aveugle, affirme le Dr Langler. Nous avons peur de regarder le monde sous un angle différent et de défier les idées bien établies. » Pour renforcer notre créativité, nous devons oublier bien des conventions que nous avons mis tout une vie à apprendre.

Une personne créatrice ne doit pas craindre de défier les idées ou de penser d'une manière que d'aucuns considèrent comme peu orthodoxe.

Apprenez. Si vous avez choisi d'exprimer votre créativité dans un domaine particulier, le chant ou la peinture par exemple, apprenez tout ce que vous pourrez sur ce moyen de communication, conseille le Dr Rico. Commencez lentement, travaillez régulièrement et sachez reconnaître vos points forts comme vos points faibles. Quand votre technique se développera, votre créativité pourra mieux s'affirmer.

Trouvez un modèle. Vous pouvez trouver énormément d'inspiration dans l'imitation des œuvres et des techniques des géants propres au domaine qui vous passionne, dit le Dr Rico. Mais ne soyez pas une simple imitatrice. Imitation n'est pas synonyme de créativité. Reprenez les thèmes explorés par votre modèle, mais considérez-les sous un tout autre angle.

Plongez en vous-même. Une femme créatrice doit être désireuse d'explorer toutes sortes d'émotions, d'expériences et de souvenirs. « Les personnes âgées puisent souvent leur créativité dans leur expérience personnelle », dit le Dr Adams-Price.

Explorez le monde. La plupart des femmes tirent leur inspiration et leur énergie créatrice des choses qui les entourent : le spectacle d'un coucher de soleil, l'arôme d'une fleur, le bruit d'un sifflet de train, le contact de la mousse. « Plus nous savons, sentons et expérimentons de choses dans le monde qui nous entoure, plus nous développerons notre instinct créateur », conclut le Dr Rico.

ENDURANCE

Prenez votre vie à bras-le-corps

Petite fille, vous voyiez votre grand-mère peiner sur les tâches ménagères les plus simples. Il lui fallait déployer toute son énergie pour se lever de son fauteuil. Traverser le couloir lui prenait un temps infini. Elle réussissait à se débrouiller toute seule, mais dans quelles conditions !

Vous vous êtes juré de ne jamais être comme ça.

C'est pourquoi vous faites des exercices d'aérobic, mangez sainement et dormez suffisamment.

Mais n'avez-vous rien oublié ?

Si. Une chose que l'on appelle l'endurance et qui consiste à soulever des poids. Cela peut vous aider à préserver, pour ne pas dire améliorer, votre qualité de vie.

L'entraînement à la résistance améliore la force musculaire et l'endurance – deux qualités qui vous permettront d'exercer longtemps les activités que vous affectionnez. Ce type d'entraînement permet aussi de faire baisser le taux de cholestérol, de renforcer la force osseuse, de surveiller le poids et d'améliorer l'image que l'on a de soi-même.

« Si les personnes qui s'y adonnent continuent d'être actives et poursuivent les activités qui font travailler les muscles, elles peuvent lutter contre certains effets du vieillissement, dit le Dr Alan Mikesky. Elles peuvent faire plus longtemps les choses qui leur plaisent. Non seulement ça, mais elles peuvent aussi les faire tout aussi bien qu'avant. »

Force et qualité

Un des grands avantages de l'endurance, et l'un des plus évidents, c'est son effet sur la force musculaire. Préserver ou améliorer la force musculaire est crucial pour toute femme qui veut conserver son indépendance malgré les années, dit le Dr Miriam E. Nelson. Une force musculaire satisfaisante vous permet de porter des bagages, de grimper des escaliers, de vous coucher et de sortir du lit sans problème.

L'endurance augmente la force musculaire en demandant à un muscle de faire plus d'efforts que de coutume. Ce travail supplémentaire stimule la croissance, au sein de chaque cellule musculaire, de petites protéines qui jouent un rôle capital dans la capacité à générer de la force. « Quand vous soulevez des poids, vous forcez ou défiez les cellules musculaires, et elles s'adaptent en fabriquant davantage de protéines génératrices de force », dit le Dr Mikesky.

Soulever des poids contribue également à améliorer l'endurance musculaire, ajoute-t-il. Vous aurez acquis non seulement la force de soulever votre valise, mais aussi celle de la transporter plus longtemps.

Il ne faut pas beaucoup de temps pour améliorer la force musculaire, dit le Dr Mikesky. « Vous pouvez y arriver très rapidement, en 2 ou 3 semaines. » Une augmentation remarquable de la taille des muscles exige plus de temps, de 6 à 8 semaines. Certaines études ont montré une augmentation de 100 %, sinon plus, en 12 semaines. Le problème, c'est que l'on peut tout perdre aussi rapidement. « Si vous manquez une semaine d'entraînement, au retour, vous aurez plus de mal à soulever le même poids », explique le Dr Mikeski.

Diverses méthodes permettent d'augmenter l'endurance : vous pouvez soulever des haltères, utiliser des machines, pratiquer la gymnastique suédoise, etc. Les haltères peuvent être de petite taille, il peut aussi s'agir de barres équipées de disques plus ou moins lourds : vous êtes alors responsable du choix du poids à soulever et de la position de votre corps tout au long du déroulement des mouvements. Avec les appareils, vous soulevez également des poids, mais ce n'est plus vous qui déterminez votre position. La gymnastique suédoise fait en sorte que le poids de votre corps serve de force de résistance. Il est également possible de recourir à une bande élastique pour obliger les muscles sollicités à acquérir de la résistance. Lors d'une étude conduite par l'université de l'Indiana, 62 adultes d'un certain âge suivirent pendant 12 semaines un entraînement mettant à profit les vertus de la bande élastique : leur force augmenta en moyenne de 82 %.

« La grosse différence entre les appareils et les haltères pratiqués seuls, c'est que les appareils sont d'une utilisation plus agréable », dit Mark Taranta. Avec un appareil, il ne faut pas beaucoup de technique ou de coordination. « Les haltères exigent un meilleur équilibre et une meilleure technique », ajoute-t-il.

Quelle est la technique idéale ? Les théories sont nombreuses à ce sujet. Cela dépend beaucoup de votre objectif individuel. En général, soulever un gros poids en trois séries de 8 à 12 répétitions constitue le meilleur moyen d'acquérir de la force. Mais soulever plus fréquemment un poids plus léger donne du tonus et de l'endurance.

C'est bon pour le cœur

Soulever des poids donne un coup de pouce à votre système cardiovasculaire. Les études menées sur les rapports entre ce type d'entraînement et le taux de cholestérol sont assez controversées, prévient le Dr Mikesky, mais certaines d'entre elles suggèrent une amélioration du taux de cholestérol parallèle à l'évolution du poids soulevé.

Lors d'une étude, six hommes et huit femmes améliorèrent leur endurance à raison de trois séances par semaine, chaque séance durant entre 45 et 60 minutes. Leur taux de cholestérol diminua de manière notable. Chez les femmes, le rapport entre le cholestérol total et le cholestérol HDL (ou bon cholestérol) baissa de 14,3 %. Ce type de calcul renseigne parfaitement sur les risques cardiovasculaires encourus, parce que l'on sait ainsi combien on a de cholestérol LDL (ou mauvais cholestérol).

Chez les hommes, le rapport entre le cholestérol total et le cholestérol HDL diminua de 21,6 %. Dans l'idéal, ce rapport doit être assez bas. Un résultat de 3,5 est souhaitable ; entre 3,5 et 6,9, les risques sont modérés. Au-dessus de 7, les risques de problèmes cardiovasculaires sont assez importants.

Lors d'une autre étude, menée auprès de 88 femmes en bonne santé et n'ayant pas encore atteint l'âge de la ménopause, 46 d'entre elles furent soumises à un programme d'entraînement au cours duquel elles soulevèrent des poids afin de faire travailler les muscles des bras, des jambes, du tronc et de la région lombaire ; les autres femmes constituaient le groupe de contrôle. Les 46 femmes soulevaient 70 % maximum de leur poids en trois séries de huit répétitions, et cela trois jours par semaine. Au bout de cinq mois, on observa une nette diminution du taux de cholestérol total et de cholestérol LDL. En revanche, il n'y eut pas de changement marquant au niveau du cholestérol HDL et des triglycérides.

On pense que le fait de soulever plus fréquemment un poids plus léger aurait un effet supérieur sur la réduction du taux de cholestérol, indique le Dr Janet Walberg-Rankin. Mais les chercheurs ne comprennent pas très bien comment le fait de soulever des poids peut abaisser le cholestérol. Un tel exercice influe peut-être sur le poids et la composition du corps. La perte de poids et la réduction de la masse de graisse auraient alors pour conséquence une chute du taux de cholestérol.

Et excellent pour le squelette

Le travail d'endurance joue sur la composition du corps. Les muscles brûlent plus de calories que la graisse : en augmentant la masse musculaire, vous accélérez votre métabolisme, brûlez des calories et réduisez les tissus graisseux.

Une étude sur des femmes, dont l'apport en calorie fut modérément diminué, montra que celles qui suivaient un entraînement voyaient augmenter leur masse musculaire et leur poids diminuer.

L'endurance fait travailler les os tout autant que les muscles, et permet ainsi d'augmenter la masse minérale osseuse, donc de prévenir l'ostéoporose. Les exercices tels que marche et course permettent de préserver la force osseuse au niveau des jambes et des hanches, mais ils ont peu d'effet sur le torse et la colonne vertébrale. En revanche, indique le Dr Walberg-Rankin, l'endurance agit également sur ces parties du corps.

L'université de l'Arizona a effectué une étude sur 40 femmes de 17 à 38 ans qui avaient leurs règles. Celles à qui l'on demanda de soulever des poids présentèrent une meilleure densité osseuse au niveau des poignets, des hanches et de la colonne vertébrale.

Améliorez votre image

Le travail d'endurance est également excellent pour l'image du corps. L'université Brigham Young de Provo (Utah) a ainsi conduit une étude auprès de 60 femmes sédentaires âgées de 35 à 49 ans. Celles qui participèrent à un programme d'endurance améliorèrent l'image de leur corps 2,4 fois plus que celles qui firent uniquement de la marche. L'image d'corps s'améliora surtout chez les femmes qui s'entraînèrent intensément et régulièrement.

Soulever des poids dynamise l'opinion que l'on a de soi-même : cela tient en partie à ce que le résultat est immédiat. On voit ses muscles prendre du volume et son tonus musculaire augmenter. Les progrès sont faciles à détecter. « En deux semaines, vous constatez que vous pouvez mettre des poids plus lourds sur un appareil », dit le Dr Walberg-Rankin.

Comment faire ?

Pourquoi attendre plus longtemps alors que vous pouvez vous y mettre tout de suite ? Voici quelques conseils avant de commencer.

Faites le bilan. Celui de votre santé, naturellement. Avant de vous lancer dans un programme d'entraînement, demandez d'abord à votre médecin de vous faire un examen complet, conseille le Dr Walberg-Rankin. N'oubliez pas de mentionner si vous avez des antécédents d'ostéoporose, de maladies cardiovasculaires ou d'hypertension artérielle.

Ne travaillez pas seule. Ne faites pas n'importe quoi : suivez les instructions que vous donnera une personne expérimentée, dit le Dr Walberg-Rankin. Dans un club de gymnastique, l'instructeur vous dira quelle méthode d'entraînement vous convient le mieux et vous établira un programme personnalisé. Si vous travaillez chez vous sur un appareil ou avec des poids et haltères, commencez par visionner une cassette où l'on explique les différentes techniques. Pour les autres méthodes, parlez-en avec un physiothérapeute ou un physiologiste du sport.

N'oubliez pas de respirer. Quand vous soulevez un poids, ne retenez pas votre souffle, dit le Dr Walberg-Rankin. Inspirez ou expirez, à votre choix : cela n'a pas vraiment d'importance. En revanche, bloquer son souffle peut faire grimper en flèche votre tension artérielle, ce qui peut être extrêmement dangereux.

Commencez en douceur. « Débutez lentement et progressez tout aussi lentement », dit le Dr Mikesky. Prenez un poids léger que vous soulèverez 10 ou 15 fois ; au fil des semaines, vous passerez à des poids plus lourds.

Persévérez. Si vous travaillez régulièrement, votre force augmentera progressivement au fil des mois. Il arrivera un jour où vous stagnerez, mais il est important de continuer pour préserver la force acquise.

Choisissez vos exercices. Il existe plusieurs types d'exercice pour chaque groupe musculaire. « Si un exercice ne vous plaît pas, conseille le Dr Mikesky, ne vous attardez pas : faites-en un autre. »

Reposez doucement. Faites bien attention de reposer doucement les poids et haltères que vous avez soulevés. Cette seconde partie du mouvement porte le nom de contraction négative, ou excentrique, et stimule encore plus la croissance musculaire, indique le Dr Nelson. Comptez jusqu'à trois quand vous soulevez un poids, mais jusqu'à quatre quand vous le reposez.

N'hésitez plus, allez-y ! Il n'est jamais trop tard pour commencer. Les muscles peuvent gagner de la force même quand on est âgé. Les recherches de l'université Tufts font état de gains de force allant entre 100 et 200 % chez des individus âgés de plus de 90 ans !

FIBRES

Comment rester jeune à l'intérieur et à l'extérieur

Mon père avait raison, disait Sacha Guitry. Vous, c'est votre mère. D'accord, c'était parfois difficile à admettre : la coupe de cheveux qu'elle vous a imposée pour votre entrée en sixième n'était pas vraiment extra. Mais pour le reste, il faut reconnaître qu'elle avait raison. Quand elle vous faisait prendre des céréales au petit déjeuner, par exemple. Ou encore quand elle vous faisait manger des carottes cuites et vous disait de croquer une pomme plutôt que de grignoter un gâteau.

Aujourd'hui, la science prouve tout ce que votre mère pressentait : il y a quelque chose de spécial dans les fruits, les légumes et les céréales – quelque chose qui fait vraiment du bien. Elle disait que cela faisait éliminer. Les nutritionnistes parlent quant à eux de fibres alimentaires, et c'est là une des armes les plus simples, mais aussi les plus puissantes, de tout notre arsenal lorsqu'il s'agit d'effacer les marques du temps.

Les fibres se battent en première ligne contre les maladies cardiovasculaires, le cancer du sein et divers autres types de cancer, l'athérosclérose, l'excès de cholestérol, l'hypertension artérielle, la constipation, les problèmes digestifs, le diabète et même la surcharge pondérale. Mangez suffisamment de fibres, et votre corps fonctionnera sans encombre comme une machine bien huilée.

Le problème, c'est que les femmes ne consomment pas assez de fibres. On recommande habituellement d'en prendre 25 à 30 grammes par jour. « La plupart des Françaises n'en mangent pas plus de 15 grammes », constate Diane Grabowski.

Un remède naturel

Les fibres sont un mélange complexe de substances non digestibles qui constituent le matériau structurel des plantes. Elles ont très peu de calories et fournissent peu d'énergie au corps. Quand nous les ingérons, elles passent dans nos intestins sans être dissociées.

Les fibres font des merveilles en emportant loin de notre organisme tout ce qui est mauvais : le cholestérol, les acides biliaires et autres toxines. Elles se présentent sous deux formes : il y a les fibres solubles, celles qui se dissolvent dans l'eau, et les fibres insolubles. La plupart des aliments d'origine végétale contiennent les deux types de fibres, mais certains sont plus riches en une forme qu'en une autre.

Les fibres insolubles, les plus dures, sont celles qui font éliminer, comme disait votre mère. « Elles vous récurent littéralement, dit le Dr David Jenkins. Une fois dans l'organisme, elles absorbent de l'eau et ramollissent les selles. Les aliments n'ont pas de mal à circuler dans l'appareil digestif. »

C'est donc un remède parfaitement naturel contre la constipation, l'irritation des intestins, la diverticulose et les hémorroïdes.

Les fibres solubles agissent différemment. À l'intérieur du corps, elles deviennent poisseuses, collantes. Lors de leur trajet dans l'appareil digestif, elles récupèrent la bile et les autres toxines avant de les évacuer.

Le combat contre la maladie

Les fibres occupent une place de choix dans la lutte contre les maladies cardiovasculaires et l'athérosclérose. Les études ont montré qu'une alimentation riche en fibres réduit le taux de cholestérol LDL (le cholestérol associé aux lipoprotéines de faible densité, appelé mauvais cholestérol). Une étude menée par le Dr Jenkins a démontré que les fibres, prises en grande quantité, continuaient d'abaisser le taux de cholestérol même quand l'alimentation ne comportait presque plus de graisse ni de cholestérol.

« Le cholestérol s'accumule dans notre sang et bouche nos artères s'il n'est pas rejeté sous forme d'acides biliaires, dit le Dr Jenkins. Quand les fibres solubles entraînent ces substances hors du corps, elles soustraient le cholestérol au sang et le transforment en bile que nous éliminons régulièrement – tant que nous consommons des fibres. »

D'autres études ont montré que les fibres font baisser la tension, réduisant par là même les risques de crises cardiaques et d'AVC.

Ce n'est pas tout. Les fibres insolubles seraient à la base de la prévention contre le cancer du sein, le type de cancer le plus répandu chez les femmes jeunes. Comment s'y prennent ces fibres ? En réduisant le taux d'œstrogène : un taux élevé favorise en effet ce type de cancer.

Une alimentation riche en fibres semble aussi diminuer les risques de cancer du côlon et du rectum. Les fibres diluent la concentration d'acides biliaires et d'autres carcinogènes et font passer plus rapidement les selles dans les intestins : les parois du côlon sont donc moins longtemps en contact avec les carcinogènes. Les fibres augmentent également l'acidité du côlon et le rendent moins accueillant envers les toxines responsables du cancer.

Les fibres vous aident aussi à mieux gérer votre diabète en régulant le taux de sucre dans le sang et en réduisant ainsi les besoins en insuline. Ainsi, l'estomac se vide plus lentement, de sorte que les sucres de la nourriture so ent absorbés plus lentement.

Une alimentation riche en fibres fait perdre plus facilement du poids parce qu'elle vous cale bien – et vous mangerez moins de ces aliments trop gras qui font que les kilos succèdent aux kilos. Les aliments riches en fibres forment des bouchées que l'on mâche plus lentement, et chaque bouchée comporte moins de calories.

Le son : où le trouver en quantité

Le meilleur moyen de consommer beaucoup de fibres consiste à manger du son : c'est la cosse extérieure de l'avoine, du blé, du riz et du maïs, celle où la concentration en fibres est la plus élevée.

Attardons-nous un instant sur le son d'avoine, celui que le grand public connaît le mieux depuis un certain nombre d'années. « Le son d'avoine se distingue des autres sons parce qu'il est celui qui possède en plus grande quantité une fibre alimentaire appelée bêtaglucane, dit le Dr Michael H. Davidson. Le bêtaglucane semble bien plus efficace que les autres fibres quand il s'agit d'abaisser le taux du cholestérol sanguin. »

Efficace, oui, mais à quel point ? On sait que 60 grammes de son par jour (un bol de taille moyenne) suffisent à faire diminuer de 15 % votre taux de cholestérol LDL. L'inconvénient, c'est que vous devez manger du son d'avoine tous les jours, sous peine de voir votre taux de cholestérol remonter.

Le son de blé est bourré de fibres insolubles, c'est donc celui que choisissent les personnes qui ont des problèmes digestifs. C'est probablement le plus commun de tous les sons : on le trouve dans pratiquement toutes les céréales et dans les produits à base de blé complet.

On trouve les deux types de fibres, solubles et insolubles, dans le son de riz, d'avoine et de maïs.

À moins que votre médecin ne vous le déconseille, l'idéal est, pour la plupart des femmes, de consommer un mélange de ces sons. Vous consommerez ainsi une dose convenable de fibres solubles et insolubles, mais introduirez aussi une certaine diversité dans votre alimentation.

(suite page 568)

DES FIBRES EN QUANTITÉ SUFFISANTE

Il vous semble impossible de consommer 25 grammes de fibres par jour ? C'est en fait très facile quand vous savez où les trouver. Ce tableau vous aidera certainement.

Aliment	Portion	Fibres (en g)
PAINS ET PRODUITS DÉRIVÉS		
Blé complet	1 tranche	2,1
Pain de seigle noir	1 tranche	1,9
Muffin anglais	1	1,6
Seigle	1 tranche	1,6
Bagel	1	1,2
Gaufre	1	0,8
Pain blanc	1 tranche	0,5
FRUITS		
Fraises, fraîches	1 tasse	3,9
Dattes	5 moyennes	3,5
Orange	1	3,1
Pomme, non pelée	1	3
Compote de pommes	1/2 tasse	1,9
Ananas, en boîte	1 tasse	1,9
Banane	1	1,8
Pruneaux	3 moyens	1,3
Cantaloup, en dés	1 tasse	1,3
Raisins	1 tasse	1,1
Jus d'orange	1/2 tasse	0,1
Légumes		
Choux de Bruxelles, cuits	1/2 tasse	3,4
Pois, surgelés	1/2 tasse	2,4
Carotte crue, 19 cm	1	2,3
Brocolis, cuits	1/2 tasse	2
Haricots verts, surgelés	1/2 tasse	1,8
Tomate	1 moyenne	1,6

Aliment	Portion	Fibres (en g)
Betterave, en boîte	$^1/_2$ tasse	1,4
Laitue, coupée	1 tasse	1,4
Maïs, en boîte	$^1/_2$ tasse	1,2
Céleri, râpé	$^1/_2$ tasse	1
HARICOTS ET LÉGUMES SECS		
Doliques à œil noir, cuits	$^1/_2$ tasse	8,3
Haricots rouges, en boîte	$^1/_2$ tasse	7,9
Pois chiches, en boîte	$^1/_2$ tasse	7
Porc et flageolets, en boîte	$^1/_2$ tasse	6,9
Lentilles, cuites	$^1/_2$ tasse	5,2
Haricots Pinto, cuits	$^1/_2$ tasse	3,4
CÉRÉALES POUR LE PETIT DÉJEUNER		
All-Bran Plus	$^1/_2$ tasse	15
All-Bran Pétales	$^1/_2$ tasse	8
Kellog's Country Récolte Fruits	$^1/_2$ tasse	6
Kellog's Extra Fruits	$^1/_2$ tasse	5
Fruit'n Fibre Optima	$^1/_2$ tasse	5
Spécial Muesli	$^1/_2$ tasse	5
Kellogs' Extra	$^1/_2$ tasse	4
Clusters	$^1/_2$ tasse	4
Crispy Muesli 5 Fruits	$^1/_2$ tasse	4
Kellog's Country Store	$^1/_2$ tasse	4
Country Crisp Fraises	$^1/_2$ tasse	4
Country Crisp Chocolat noir	$^1/_2$ tasse	3
Quaker Oats	$^1/_2$ tasse	3
Special K	1 tasse	1
Rice Krispies	$1^1/_4$ tasse	1

Vous pouvez facilement consommer du son en mangeant des céréales, des petits gâteaux au son ou du pain complet. « Les produits raffinés comme le riz blanc, le pain blanc et bien souvent la farine, ont été privés de leur son lors du processus de mouture, explique Diane Grabowski. Le son d'avoine instantané, par exemple, a bien moins de fibres que l'avoine complète ou le son d'avoine pur. »

Mettez des fibres dans votre vie

Il est assez facile d'avoir une alimentation riche en fibres. Voilà comment.

Commencez en douceur. Les fibres sont formidables, mais une trop grande quantité en trop peu de temps peut avoir des conséquences désagréables du genre gaz, ballonnements, diarrhées et crampes, dit le Dr Jenkins. La première semaine, n'augmentez que de cinq grammes par jour votre dose habituelle. Faites en sorte d'atteindre la dose idéale au bout d'un mois. Si votre médecin constate que vous la supportez bien, augmentez encore un peu.

Ne vous desséchez pas. Nous savons toutes qu'une alimentation riche en fibres combat la constipation, mais si vous ne buvez pas assez, elle aura l'effet contraire et vos intestins seront bouchés, dit le Dr Jenkins. Buvez huit à dix verres par jour pour lutter contre la constipation.

Variez vos sources. Les médecins ne peuvent dire avec précision quelle proportion de fibres solubles et insolubles vous devez consommer par jour, indique le Dr Jenkins. Il est donc raisonnable de prendre autant des unes que des autres. Pour cela, diversifiez tout au long de la journée les aliments riches en fibres.

Du côté des verts. Le son et les céréales ne sont pas les seules sources de fibres. « N'oubliez pas les fruits et les légumes frais, rappelle Diane Grabowski. Les légumes secs, les pois, les salades et les fruits peuvent apporter beaucoup de fibres à votre alimentation. Pour trouver des fibres supplémentaires, prenez des fruits dont les pépins sont comestibles, du genre fraise et kiwi. »

Saupoudrez. « Les fibres sont faciles à trouver dans votre alimentation si vous y incluez le pain au blé complet, les haricots, les pois, les légumes et les fruits frais », dit Mme Grabowski. Mais pour en avoir encore plus, achetez une boîte de son d'avoine au supermarché et saupoudrez-en votre yoghourt, votre glace, vos salades ou vos fruits. Utilisez-le à la place de la chapelure dans toutes vos préparations. Ou remplacez la farine blanche par du son quand vous faites cuire un plat au four.

Lisez soigneusement l'étiquette. Ce n'est pas parce qu'un produit comporte les mots « son », « fibres » ou « avoine » dans sa composition qu'il répond forcément à vos besoins. Vérifiez toujours le contenu nutritionnel sur le côté de la boîte ou voyez combien il y a de fibres dans chaque portion. « Le mot " complet " doit toujours suivre le nom d'une céréale, dit Mme Grabowski. Vous saurez ainsi que rien n'a été ôté, et vous tirerez le meilleur parti du son. »

Évitez les comprimés. Comprimés et pilules au son constituent un moyen rapide d'absorber des fibres, mais la plupart des spécialistes ne les recommandent pas, dit Diane Grabowski. Cela coûte cher, et il faut plusieurs comprimés pour avoir autant de fibres que dans un seul fruit. Pour répondre à vos besoins en fibres, mangez tout simplement les aliments qui en contiennent beaucoup.

Soyez « complet ». De petits changements dans votre façon de manger peuvent ajouter des fibres à votre alimentation, dit Mme Grabowski. Au lieu d'un grand verre de jus d'orange chaque matin, mangez une orange, une vraie : la majeure partie des fibres disparaît en effet lors de la pression. Servez du riz complet au lieu de riz blanc. Si vous aimez la viande et les pommes de terre, remplacez la purée par une pomme de terre en robe des champs cuite au four.

Les fibres ne peuvent pas tout faire. Vous pensez peut-être que le fait de manger des fibres vous permet de manger plus de graisses, puisque ces fibres chassent les impuretés hors du corps. Il n'en est rien. « Une alimentation riche en fibres ne neutralise pas ou n'équilibre pas les mauvaises habitudes alimentaires, dit le Dr Davidson. Un cheese-burger ou une barre chocolatée ne font que rendre plus ardu le travail des fibres. Ces dernières ne font effet que lorsqu'elles sont accompagnées d'une alimentation pauvre en graisses et en cholestérol et d'une bonne pratique de l'exercice sportif.

HUMOUR

*Ce n'est pas une blague :
l'humour, c'est bon pour la santé*

Vous vous souvenez du goûter d'anniversaire organisé pour les dix ans de votre copine Élodie ? Elle avait organisé un grand jeu et sa petite sœur, Marion, avait eu un gage : elle avait dû embrasser son chien sur la truffe, et le chien lui avait débarbouillé la figure à grands coups de langue. Vous aviez tant ri que votre appareil dentaire s'en était décroché et que tout le monde était plié en deux en voyant la tête que vous faisiez.

Vous étiez encore très jeune et déjà vous faisiez connaissance avec l'une des meilleures recettes qui soient pour effacer les marques du temps : l'humour. Dans l'univers trop pressé et trop sérieux des adultes, un sourire ou un franc éclat de rire peuvent vous faire retrouver vos joies d'enfant. L'humour détend le corps, apaise l'esprit, chasse le stress et dynamise la créativité.

« Le sens de l'humour n'est pas la panacée universelle, dit le Dr Joel Goodman. Mais c'est une excellente façon de traiter le stress et l'inquiétude, de mieux apprécier la vie. Le plus intéressant, c'est que vous pouvez vous soigner seule. »

Un esprit heureux dans un corps heureux

Quand vous trouvez quelque chose amusant, vous riez. Et quand vous riez, votre corps réagit, dit le Dr William F. Fry. Vous tendez puis relâchez quinze muscles du visage plus des dizaines d'autres, répartis dans tout le corps. Votre pouls et votre respiration augmentent légèrement pour mieux oxygéner votre sang. Et votre cerveau perçoit la douleur de manière amoindrie, car il y a production d'endorphines antalgiques et dispensatrices de plaisir.

Le Dr Kathleen Dillon nous apprend que le rire peut aiguillonner votre système immunitaire, augmenter l'activité des lymphocytes et autres « cellules tueuses » (anticorps), et peut-être augmenter le taux d'immunoglobuline A de votre sang (lutte contre la maladie). Une étude a même montré que l'immunoglobuline A pouvait être transmise aux enfants *via* le lait maternel, et que des mamans heureuses et des bébés joyeux étaient moins affectés par les maladies respiratoires.

Quand vous riez, votre corps est plus calme, votre cerveau plus clair, et vous pouvez même constater que votre migraine ou votre torticolis a disparu. La recherche démontre que vous pouvez même résoudre plus de problèmes que vous ne le croyiez possible. Pas mal pour une demi-minute d'effort – si l'on peut appeler cela un effort !

Riez sans complexe

Il est difficile de mesurer les effets à long terme de l'humour. Un auteur américain, Norman Cousins, disait que le rire l'avait aidé à combattre une terrible maladie des tissus conjonctifs. Une fois le diagnostic connu, Norman Cousins s'était enfermé dans une chambre d'hôtel avec des cassettes, des livres, des magazines et des bandes dessinées humoristiques. La guérison ne s'était pas fait attendre.

Les spécialistes ne sont pas comme Norman Cousins : pour eux, l'humour seul ne peut soigner une maladie ou prolonger l'existence. Malgré tout, un certain nombre de médecins intègrent l'humour dans leurs traitements, que les malades soient atteints du cancer ou suivent une psychothérapie. « Utilisé judicieusement, je crois qu'il peut contribuer à la guérison, dit le Dr Fry. Au minimum, le patient se sent un peu mieux pendant quelques minutes. »

Même si vous êtes en parfaite santé, un bon sens de l'humour peut améliorer l'image que vous avez de vous-même, et, pourquoi pas, améliorer votre image aux yeux d'autrui. « L'humour peut vous aider à affronter des situations difficiles ou déplaisantes, dit le Dr Goodman. Si vous pouvez rire de vous-même ou d'une situation délicate, il est probable que vous vous en sortirez mieux et que vous vous sentirez mieux à longue échéance. »

Autre chose encore : ne craignez pas d'avoir des rides à force de rire. Que vous fassièz la tête ou riez aux éclats, vous en aurez, de toute façon. Des spécialistes disent, à l'instar du Dr Karen Burke, que les rides « positives » (nées du rire, par exemple) donnent du caractère à votre visage, de même que les femmes acariâtres ont de part et d'autre de la bouche des plis qui leur donnent en permanence un air revêche.

Affûtez vos armes... avec humour

Vous connaissez certainement les aventures de Lucky Luke. Vous vous souvenez du croque-mort verdâtre, celui qui prend les mesures des gens du village au cas où il faudrait leur préparer un cercueil d'urgence ? Eh bien même lui pourrait avoir le sens de l'humour.

« Tout le monde peut rire, même si cela vous semble parfois bien difficile, assure le Dr Goodman. Ce qu'il faut, c'est travailler votre propre sens de l'humour, l'affûter au maximum et l'utiliser à votre avantage. »

Comment pouvez-vous rendre votre existence un peu plus amusante ? Les experts vous donnent ces quelques trucs.

Traquez l'humour. Cherchez l'humour dans votre vie quotidienne. Pour le Dr Goodman, cela vous fera du bien de vous prendre, quelques minutes par jour, pour l'animateur de la Caméra invisible. « Cherchez les gens qui font des choses amusantes, les animaux, les enfants, tout ce qui peut vous faire rire, en fait. Plus vous cherchez l'humour, plus vous le trouverez. »

Retrouvez vos yeux d'enfant. Vous croulez sous une pile de dossiers ? Elle vous semble bien haute, mais demandez-vous comment la verrait un enfant de sept ans. Le Dr Goodman dit qu'il faut tenter de voir les pires situations avec des yeux d'enfant. Le patron aboie des ordres ? Le commercial vous pleure dans le giron ? Votre tante Mireille rouspète encore ? Ils ont tous l'air un peu moins menaçant quand vous adoptez le point de vue d'un gamin.

Analysez votre sens de l'humour. Le rire, cela dépend de chacun, et une blague qui amuse quelqu'un peut ne pas faire sourire une tierce personne. Le Dr Fry vous suggère de passer une semaine à décortiquer votre sens de l'humour. Quelles bandes dessinées vous font rire ? Quels films ? Quelles amies et quelles collègues de travail ? Vous arrive-t-il de rire quand vous contemplez les jeux de votre enfant ? Quand vous aurez défini votre sens de l'humour, commencez une collection humoristique. Découpez des blagues et collez-les sur la porte de votre réfrigérateur. Louez des films comiques, achetez des magazines d'histoires drôles. Filmez votre chien en train de prendre son bain ou votre voisin quand il tond sa pelouse, fier comme un pape sur son petit tracteur.

« C'est une chose très simple, dit le Dr Fry. Malgré cela, bien des femmes ne pensent pas à ajouter un peu d'humour à leur existence. C'est dommage, parce que cela peut leur faire trouver la vie plus belle. »

Remplissez votre quota de rire. Le Dr Goodman suggère d'essayer de rire quinze fois par jour, même si vous devez vous forcer pour trouver quelque chose de drôle. « Ce nombre n'a rien de magique, explique-t-il. Je le trouve convenable, c'est tout. Si vous parvenez à votre quota d'humour, la vie vous semblera superbe. »

Même si vous n'avez pas envie de rire, essayez tout de même. Les réflexes, le sourire et les changements physiologiques que connaîtra votre

La collection privée du rire

Certains jours, il est difficile d'élaborer le moindre sourire sans une aide extérieure. C'est à ces moments-là que vous devez puiser dans votre collection privée.

« Tout le monde devrait avoir semblable collection, dit le Dr Patch Adams. En ouvrant un livre amusant, vous pouvez changer toute votre journée. »

Le *Gesundheit Institute*, que dirige le Dr Adams, intègre l'humour dans la thérapie médicale. Le Dr Adams et ses collègues ont ainsi traité plus de 15 000 patients. Il lui arrive souvent de leur rendre visite déguisé en gorille, en Louis XIV ou en père Noël. Le Dr Adams a constaté qu'un contexte humoristique favorisait le processus de guérison. Il a une telle confiance dans les vertus de l'humour qu'il souhaite la construction d'un « hôpital en folie », avec passages secrets, panneaux coulissants, farces et attrapes et bien d'autres caractéristiques fort peu médicales.

Le Dr Adams a plus de 12 000 objets dans sa collection privée du rire : on y trouve plus de 1 500 bandes dessinées, des cassettes de films comiques, des recueils de blagues.

Sans aller jusque là, vous aussi pouvez commencer dès aujourd'hui votre collection privée. Les suggestions que nous pourrions vous faire ne vous amuseraient peut-être pas : tout le monde ne hurle pas de rire en regardant *Les Trois Frères* ou *Le père Noël est une ordure*, ou en lisant les bandes dessinées du Concombre masqué et de Calvin et Hobbes. Votre collection doit refléter vos goûts, et peu importe si certaines de vos amies trouvent telle ou telle chose « affligeante », voire « vulgaire ». C'est vous qui riez, pas elles.

corps feront que vous vous sentirez mieux. Vous vous prendrez peut-être à insuffler un peu d'humour dans des situations tendues ; une excellente technique, au bureau comme dans le lit conjugal.

Riez à bon escient. Le rire est contagieux. La peste et le choléra aussi. Si vous racontez des histoires gentiment racistes, vous risquez de faire le vide autour de vous. Évitez les histoires belges devant votre chef de service s'il s'appelle Van Der Meulen, par exemple. « Choisissez des sujets qui rassemblent les individus dans la bonne humeur, conseille le Dr Fry. Et n'isolez jamais personne. L'individu visé pourrait très mal réagir et chercher à se venger à un moment où vous êtes vulnérable. »

Fixez des limites. Tout n'est pas drôle. Et l'humour ne résout pas les dilemmes les plus graves. « Parfois, il faut prendre les choses au sérieux, dit le Dr Goodman. Rire de tout peut être une forme de fuite. Il y a des événements de la vie en face desquels il faut se retenir de rire : au cours d'un enterrement, dans un tribunal ou lors d'une réunion professionnelle capitale. Demandez-vous toujours si rire aujourd'hui ne vous nuira pas demain. »

IMMUNITÉ

Une défense puissante contre le vieillissement

Quelque part dans votre organisme, en cet instant précis, votre système immunitaire conçoit la chorégraphie de la valse implacable à laquelle succomberont virus, bactéries, champignons et autres envahisseurs indésirables.

Comme un corps de ballet professionnel, votre système immunitaire fait preuve d'une remarquable synchronisation. C'est, au meilleur de sa forme, un redoutable ennemi du vieillissement qui vous permet de vous sentir en pleine forme et de resplendir d'énergie, dit le Dr Terry Phillips.

« Quand le système immunitaire fait son travail et que vous êtes en bonne santé, vous n'avez même pas à y penser, dit le Dr Phillips. La meilleure façon de le conserver dans cet état est de faire tout ce qui peut préserver sa force naturelle : pratiquer un sport, manger sainement et réagir le mieux possible au stress, par exemple. »

Cependant, nous vieillissons, et notre système immunitaire, comme un danseur étoile sur le déclin, perd une partie de sa souplesse. Ce système de défense extraordinairement complexe s'affaiblit progressivement et réussit moins bien à chasser les organismes qui cherchent à nous envahir.

« Il est certain que le système immunitaire vieillit et fonctionne moins bien lorsque nous prenons de l'âge. Nous pensons que le déclin de ses fonctions est lié à l'apparition du cancer, de maladies auto-immunes comme le rhumatisme articulaire, ainsi qu'à la fréquence et à la gravité des maladies infectieuses. À vingt-sept ans, par exemple, la pneumonie est gênante, mais à soixante-dix ans, elle peut être fatale », dit le Dr Michael Osband.

Les vedettes de la troupe

Le système immunitaire est constitué de millions de cellules qui jouent toutes un rôle bien spécialisé. Certaines détiennent des postes clefs, d'autres sont stimulées pour n'agir que dans des situations données. Les vedettes sont les lymphocytes B et T, qui sont deux types de globules blancs. Les cellules B sont tapies dans la rate et les ganglions lymphatiques où elles attendent des envahisseurs spécifiques, ou antigènes. Quand une cellule B identifie un envahisseur, elle libère des anticorps dans le sang. Ces protéines en forme de Y viennent marquer les antigènes pour que diverses cellules viennent en assurer la destruction.

Les cellules T viennent à maturité dans le thymus – une petite glande de la gorge –, et ce sont l'une des composantes les plus importantes du système immunitaire. Elles font partie des rares cellules du corps qui savent établir la distinction entre cellules normales et ennemis du genre cellules cancéreuses, virus, champignons et bactéries, dit le Dr John Marchalonis. Comment les cellules T apprennent-elles à faire cela ? C'est assez compliqué, mais disons seulement qu'il y a à la surface de chaque cellule T un récepteur, c'est-à-dire une molécule chimique susceptible de reconnaître l'un des 10 millions d'antigènes connus. Quand une cellule T détecte un antigène, elle ne se contente pas de le détruire, mais elle adresse aussi des signaux aux autres parties du système immunitaire qui décident de la réaction que le corps va opposer à l'envahisseur.

Les cellules T, par exemple, peuvent activer les macrophages, cellules ressemblant à des amibes, qui avalent littéralement l'envahisseur ou demandent aux cellules B d'augmenter leur production d'anticorps.

Un lent déclin

Le système immunitaire connaît son apogée à l'époque où vous entrez dans la puberté. Ensuite, le thymus se met à décliner, et avec lui la production et la fonction des cellules T. Bien sûr, vous continuerez à fabriquer des cellules T tout au long de votre vie, mais elles ne pourront plus aussi bien identifier les envahisseurs et mettre en scène l'effort de destruction du système immunitaire que lorsque le thymus était au sommet de sa forme, explique le Dr Osband. Pourquoi le thymus s'atrophie-t-il ? Cela demeure un mystère, mais certains chercheurs pensent que les hormones qui déclenchent la puberté ralentissent aussi l'activité de cette glande.

« On ne fabrique généralement pas beaucoup de cellules T après le déclin du thymus. Ce dernier est important, car c'est là que les cellules T apprennent à reconnaître les antigènes, dit le Dr Osband. Apparemment, le processus d'apprentissage ne s'arrête pas quand le thymus décline, mais les cellules T doivent continuer à apprendre seules. C'est comme s'instruire en lisant une encyclopédie au lieu d'aller à l'université. »

Refusez la grippe

Votre système immunitaire est robuste, mais tous les ans, vous attirez sur vous la dernière version du virus de la grippe. Une piqûre suffit pourtant à protéger la plupart des gens de cette maladie. Une vaccination annuelle, voilà qui empêche les citoyens de toute une ville de passer l'hiver au lit, dit le Dr William H. Adler.

Pour être immunisée, n'attendez pas que tous ceux qui vous entourent toussent et éternuent comme des malheureux. Il sera certainement trop tard : le vaccin met au moins deux semaines pour être vraiment efficace. Si possible, faites-vous vacciner dès le début du mois d'octobre. Une simple piqûre, et vous serez hors d'affaire.

La génétique et les radicaux libres – molécules d'oxygène instables qui peuvent faire des dégâts dans tout le corps – contribuent également au déclin du système immunitaire, ajoute le Dr Marguerite Kay.

Enfin, certains envahisseurs comme le virus VIH (virus de l'immunodéficience humaine et responsable du sida) s'attaquent directement au système immunitaire et le détruisent.

Une immunité au mieux de sa forme

Un moindre fonctionnement du système immunitaire fait partie du processus de vieillissement, mais le Dr Phillips et plusieurs autres chercheurs croient que quelques modifications apportées au mode de vie permettraient de conserver encore très longtemps sa vigilance. « En fin de compte, constate-t-il, c'est la façon dont nous nous occupons de nous qui détermine celle dont notre système immunitaire s'occupe de notre corps. » Voici quelques moyens de renforcer les défenses naturelles de votre organisme.

Évitez le stress. Les scientifiques pensent depuis longtemps que le stress affaiblit le système immunitaire, et des preuves toujours plus nombreuses viennent étayer cette théorie.

Ainsi, les chercheurs de l'université Carnegie-Mellon de Pittsburgh ont donné, sous forme de gouttes nasales, le virus du rhume à 400 volontaires, tandis que 26 autres recevaient un placebo. Les chercheurs ont alors identifié le niveau de stress des membres des deux groupes et attendu de nouvelles infections. Les volontaires très stressés eurent deux fois plus de rhumes que ceux moins stressés. Et aucun des 26 volontaires placés sous placebo ne s'enrhuma.

Les scientifiques pensent que les stéroïdes produits par les surrénales sont libérés pendant le stress et qu'ils suppriment l'activité des cellules du système immunitaire, nous explique le Dr Phillips.

La façon de réagir au stress est un choix personnel, mais nous vous conseillons de jouer avec votre chien ou vos enfants, de faire du jardinage ou de la menuiserie, de pratiquer la méditation ou le yoga, de regarder un film comique ou de lire un bon livre.

Dormez suffisamment. « Le sommeil est le meilleur réparateur du système immunitaire », affirme le Dr Phillips. Pendant le sommeil, votre corps se repose, mais pas votre système immunitaire. Il peut bénéficier pleinement des nutriments nécessaires au renforcement des mécanismes de lutte contre la maladie. Un manque de repos ne peut que faire souffrir votre système immunitaire. Par exemple, la faculté de médecine de l'université de Californie à San Diego a mené une étude auprès de 23 personnes et constaté une diminution de 30 % de la réponse immunitaire quand il leur manquait au moins trois heures de sommeil par nuit.

Le Dr Phillips vous suggère donc d'essayer de dormir au moins six ou huit heures.

Arrêtez de fumer. La fumée de cigarette contient du formaldéhyde, une substance chimique qui paralyse les macrophages dans les poumons et vous rend plus vulnérable aux maladies respiratoires des voies supérieures, dont le rhume et la grippe, dit le Dr Phillips. Conclusion : si vous fumez, arrêtez. Et si vous ne fumez pas, ne commencez pas.

Transpirez. Un exercice sportif modéré peut empêcher les bactéries de proliférer dans les poumons et renforcer la vigilance du système immunitaire en favorisant la circulation des anticorps dans le sang, dit le Dr William H. Adler.

Après une étude de 15 semaines menée auprès de 18 femmes d'une trentaine d'années à qui l'on demanda de marcher 45 minutes par jour, les chercheurs d'une université de Caroline du Nord ont constaté que celles qui marchaient avaient moitié moins de rhumes et de grippes que celles qui étaient sédentaires.

Pour garder votre système immunitaire au mieux de sa forme, faites des exercices – marche, jogging, natation ou vélo – pendant au moins 20 minutes par jour et le plus souvent possible.

Mangez et buvez... en toute immunité

« Le rôle de l'alimentation dans l'immunité est primordial, affirme le Dr Jeffrey Blumberg. Des nutriments spécifiques jouent un rôle très important dans la qualité de la défense immunitaire. »

Voici un petit guide de A à Z des vitamines et des minéraux qui aideront votre système immunitaire à passer à la vitesse supérieure.

Commençons par le A. La vitamine A fortifie la couche superficielle de l'épiderme et évite les craquelures par lesquelles les envahisseurs peuvent pénétrer. Elle lutte aussi contre les tumeurs cancéreuses, probablement en renforçant l'activité des globules blancs. Mais attention, nous dit le Dr Rajit Chandra, un excès de vitamine A peut être nocif. Il vaut donc mieux s'en tenir aux doses recommandées que de prendre des suppléments bien trop riches. L'apport journalier recommandé est de 800 microgrammes équivalents rétinol (ou 4 000 UI). Une patate douce de taille moyenne contient plus du double de vos besoins en vitamine A. On trouve également cette vitamine dans le foie, les carottes, les épinards, les brocolis, la laitue, les abricots et la pastèque.

Faites le forcing sur le bêtacarotène. C'est un antioxydant qui se transforme en vitamine A à l'intérieur du corps : il combat les radicaux libres et peut renforcer le système immunitaire dans sa lutte contre le cancer. Comme la vitamine A, le bêtacarotène est présent dans des aliments tels que les carottes, les épinards, les brocolis et la laitue. En revanche, cet élément n'est pas toxique et peut être pris sous forme de supplément. Le Dr Osband conseille une dose quotidienne de 6 à 9 milligrammes.

N'oubliez pas la B$_6$. « Si les personnes âgées reçoivent une alimentation déficiente en vitamine B$_6$, leur immunité diminue substantiellement, dit le Dr Blumberg. Quand les doses augmentent progressivement, l'immunité revient peu à peu à la normale – mais seulement après l'apport de la dose recommandée, soit 1,6 milligramme. »

Vous pouvez trouver ces 1,6 mg de B$_6$ dans deux grosses bananes. Cette vitamine est également présente dans le poulet, le poisson, le foie, le riz, les avocats, les noix, le germe de blé et les graines de tournesol. Le Dr Blumberg met cependant en garde : trop de vitamine B$_6$ (de 1 000 à 2 000 mg par jour) peut être toxique.

Faites le plein de vitamine C. La vitamine C renforce chaque composante du système immunitaire, nous dit le Dr Blumberg : elle empêche les virus de se multiplier et stimule les cellules qui attaquent les tumeurs. On trouve ce nutriment en grande quantité dans les fruits et les légumes : oranges, fraises, brocolis et poivrons rouges. La dose optimale va de 500 à 1 000 mg par jour.

Le soleil brille sur la vitamine D. Les scientifiques savent que la vitamine D renforce l'immunité, mais ils sont tout de même mystifiés par le rôle qu'elle tient. Ils savent que la vitamine D est excellente pour la robustesse des os, ce qui est très important puisque les cellules du système immunitaire se forment dans la moelle osseuse. Heureusement, la plupart des gens reçoivent une dose suffisante de vitamine D. La dose quotidienne conseillée est de 5 microgrammes, soit 200 UI. Un grand verre de lait contient 100 UI. Elle est également abondante dans le fromage et les poissons gras, comme le hareng, le thon et le saumon. Le soleil nous apporte aussi de la vitamine D : en effet, le rayonnement ultraviolet déclenche la production de vitamine D grâce à une substance présente dans la peau. En été, de 10 à 15 minutes d'exposition au soleil apportent toute la vitamine D nécessaire. Ce nutriment est cependant toxique en grande quantité, et les médecins demandent de ne jamais en prendre sous forme de complément.

Mangez des E. Véritable usine à énergie, la vitamine E donne un véritable coup de fouet à votre système immunitaire. Elle empêche en particulier les radicaux libres d'endommager les cellules, améliore l'activité des globules blancs et augmente le taux d'interleukine-2, substance responsable de la croissance des lymphocytes T. Elle annule enfin les effets de la prostaglandine E2, substance naturelle qui a un effet néfaste sur le système immunitaire.

La vitamine E est aussi un antioxydant. On la trouve dans les huiles, les noix et les graines, mais l'alimentation ne suffit pas à en procurer une dose suffisante pour garder une bonne santé et améliorer l'immunité, dit le Dr Blumberg. Une alimentation saine n'apporte, en règle générale, que 20 UI par jour. La dose correcte se situerait entre 100 et 400 UI quotidiennes.

Supprimez les graisses. Selon le Dr Chandra, les études portant sur des animaux de laboratoire ont montré qu'un régime alimentaire tirant 40 % de ses calories des graisses avait une influence désastreuse sur le système immunitaire. Il faut donc réduire votre consommation de graisses jusqu'à ce qu'elles ne constituent plus que 25 % des calories.

Pour ce faire, utilisez des produits laitiers écrémés ou demi-écrémés, ôtez la peau et le gras des viandes et ne mangez pas plus de 100 grammes de poulet, de poisson ou de viande rouge par jour (la taille approximative d'un paquet de cartes). Et faites en sorte d'avoir quotidiennement au moins six portions d'aliments tels que des céréales, du pain, des haricots secs et du riz, ainsi que cinq portions de fruits et légumes (poires, pommes, épinards, brocolis, par exemple).

Une santé de fer. Le fer est un catalyseur vital, qui aide votre système immunitaire à chasser les intrus et à circonscrire les cellules anormales, comme les cellules cancéreuses. La plupart des femmes ont besoin de 15 mg de fer par jour. Un repas constitué de 100 grammes de viande maigre, d'une pomme de terre au four de taille moyenne et d'une demi-tasse de pois en apporte plus de 7 milligrammes. Parmi les autres aliments riches en fer, citons les palourdes et les huîtres, le porc, le poulet, les abricots secs et les légumes à feuilles vertes. Mais ne prenez pas de complément de fer à moins que votre médecin ne vous l'ait indiqué. Trop de fer pose des problèmes de santé : constipation, décoloration de la peau, cirrhose du foie et diabète.

Maximisez votre magnésium. Certaines études laissent entendre que les carences en magnésium peuvent rendre fou le système immunitaire, dit le Dr Phillips : il s'attaque alors aux cellules normales du corps et provoque des maladies auto-immunes telles que le rhumatisme articulaire. Un complément à base de magnésium convient bien aux femmes placées sous diurétiques ou souffrant d'hypertension artérielle. On perd aussi ce précieux minéral quand on boit de trop grandes quantités d'alcool. La dose recommandée est de 280 milligrammes et on la trouve aisément grâce à une consommation régulière de légumes à feuilles, de pommes de terre, de céréales complètes, de lait et de fruits de mer.

Stockez le sélénium. Ce nutriment est un antioxydant. Il participe à la lutte contre le cancer et réveille les agents responsables de la lutte contre l'infection. Une alimentation normale en apporte des quantités suffisantes. Pour une femme, la dose recommandée est de 55 microgrammes de sélénium. Un sandwich au thon en procure déjà 138 microgrammes. Les poissons, les fruits de mer, le pain complet et les céréales complètes sont riches en sélénium. Toutefois, de très fortes doses peuvent perturber les réponses immunitaires, dit le Dr Chandra, qui conseille de ne jamais dépasser 200 microgrammes par jour.

Terminons sur le zinc. « De tous les minéraux, le zinc est probablement le plus important quand il s'agit de préserver l'immunité », dit le Dr Phillips. Une carence peut faire chuter la production des globules blancs qui encerclent et détruisent les envahisseurs microscopiques. Le zinc aide également l'organisme à synthétiser la vitamine D, autre nutriment important en ce qu'il favorise l'immunité. Vous avez besoin de 12 mg par jour que vous trouverez dans les viandes rouges maigres, les huîtres, le lait, l'avoine, les céréales complètes, les œufs et la volaille. Évitez de dépasser la dose de 40 milligrammes si vous prenez des compléments, demande le Dr Blumberg. Au-dessus d'une telle dose, le zinc peut ralentir le système immunitaire.

LIQUIDES

Des besoins à ne pas négliger

La scène est idyllique. Un petit dîner aux chandelles, rien que pour vous deux. Il tend la main vers le seau à glace, en tire une bouteille aux formes gracieuses et remplit votre flûte de cristal avec… de l'eau.

De l'eau, oui. Ce liquide incolore et sans saveur qui joue pourtant un si grand rôle lorsqu'il s'agit d'effacer les marques du temps. L'eau est omniprésente en nous. Elle occupe chacune de nos cellules, chacun de nos tissus, et joue un rôle dans pratiquement tous les processus biologiques, de la digestion à la respiration en passant par la circulation sanguine. Elle transporte les nutriments dans l'organisme et permet l'évacuation des toxines et des déchets. Elle régule notre température corporelle, lubrifie nos articulations et nos organes.

C'est bien parce qu'elle fait tant de choses que l'eau doit être constamment renouvelée. « L'eau a besoin de couler en permanence, d'entrer dans notre corps, d'y circuler et d'en sortir, dit Diane Grabowski. Deux ou trois litres sont éliminés chaque jour sous forme d'urine, de sueur et de respiration, et il convient de les remplacer. »

Cela, c'est uniquement pour répondre à nos besoins minimaux. Boire beaucoup d'eau est nécessaire à toute femme qui souhaite préserver la jeunesse de sa peau ou la force de ses muscles. « La satisfaction permanente de nos besoins quotidiens en eau permet un meilleur fonctionnement de tous les organes du corps, dit Grabowski. C'est l'ingrédient numéro un pour qui veut être au summum de sa forme, de son allure et de ses activités. »

Dangers de la déshydratation

À moins que vous soyez un chameau, votre corps ne peut pas tenir plus de trois jours sans eau sans crier pouce. Mais ne croyez pas que la déshydratation ne survient que lorsque vous êtes aussi sèche que des os blanchis par le temps. Vous pouvez être techniquement déshydratée même si le niveau de vos liquides internes est juste un peu plus bas que la normale.

En temps normal, ce n'est pas un problème, parce que vous éprouvez une grande soif et décidez qu'il vous faut boire sans plus attendre. Mais parfois, votre capacité à détecter la soif se laisse supplanter par d'autres facteurs tels que la température élevée, l'altitude, l'exercice physique… ou l'âge.

Quand vous êtes déshydratée, vous perdez de l'eau ainsi que des électrolytes de grande valeur, des éléments essentiels comme le sodium et le potassium. Vous pouvez vous sentir épuisée. « Quand votre corps est ne serait-ce qu'un tout petit peu pauvre en liquides, ce sont les performances physiques et l'activité mentale qui en font les frais, dit le Dr Miriam E. Nelson. Bien avant que vous n'éprouviez une sensation de soif, votre corps peut générer des symptômes tels que fatigue, tête qui tourne, migraine ou rougeurs cutanées. Tous ces troubles sont causés par une augmentation de la température corporelle. »

Alerte à la déshydratation

La déshydratation peut vous prendre par surprise. Vous pouvez être terriblement déshydratée sans même le savoir. Prenez garde aux signes avant-coureurs.

Premiers signes

- Tête qui tourne, fatigue
- Faiblesses, migraine
- Peau qui rougit
- Bouche sèche
- Perte d'appétit

Signes plus avancés

- Vision troublée, problèmes d'audition
- Difficultés à déglutir
- Peau sèche et brûlante
- Pouls rapide, souffle court
- Démarche incertaine
- Envie très fréquente d'uriner (surtout si vous n'avez pas bu et que votre urine est jaune foncée et trouble)

Une déshydratation fréquente ou de longue durée peut vous laisser dans un état pitoyable : battements de cœur irréguliers, démarche hésitante, difficultés à avaler et souffle court. Dans les cas extrêmes de déshydratation, on observe un dessèchement de la peau et des lèvres.

Faites le plein

Le robinet de la cuisine n'est pas la seule source à laquelle vous pouvez vous abreuver. Les experts recommandent de boire entre six et huit verres de liquide par jour. Il peut s'agir d'eau, mais aussi de jus de fruits, de bouillons… de n'importe quel breuvage, en fait.

« Les personnes plus lourdes doivent évidemment boire davantage, dit Grabowski. Il est bon de boire un grand verre par 7 kilos de poids. » Si vous pesez 60 kilos, vous devrez ainsi boire entre huit et neuf verres par jour. Il faut également une plus grande quantité de liquide si l'on fait un régime, que l'on vit dans un environnement chaud ou sec, que l'on a de la fièvre, de la diarrhée ou des vomissements : toutes ces circonstances vous privent d'une grande partie de vos liquides internes.

L'eau est partout, il est donc simple de s'approvisionner. Voici quelques conseils pour boire convenablement.

Un verre dès le réveil. Quand vous dormez, votre pauvre corps passe des heures sans eau. Offrez-vous donc un grand verre dès que vous vous réveillez, conseille Grabowski. Ne comptez pas sur le café du matin. Bien que stimulant, il peut être déshydratant parce que c'est un diurétique.

Un peu à chaque fois. N'essayez pas d'avaler en une fois votre dose quotidienne. Vous aurez l'impression d'exploser et, du fait que votre corps ne peut pas accepter autant de liquide d'un seul coup, vous urinerez davantage, explique Grabowski. Buvez plutôt de façon régulière, un verre toutes les heures ou toutes les deux heures, pour être constamment hydratée. Buvez davantage si le temps est chaud ou humide, ou si vous vous sentez les yeux, la bouche ou la peau sèche.

Mangez régulièrement. Une grande partie de l'apport en liquide provient des repas. Mangez des aliments riches en eau comme les fruits et les légumes ; buvez toujours pendant les repas.

Évitez l'alcool et la caféine. L'alcool, la bière, le café, le thé et le Coca-Cola sont des diurétiques : ils encouragent l'excrétion des liquides. Ces boissons peuvent étancher votre soif dans un premier temps, mais elles finissent par ôter les liquides de votre corps, explique Grabowski.

Fuyez les aliments salés. Les aliments salés peuvent vous assécher, dit Grabowski. Limitez-en la consommation et assurez-vous de boire beaucoup.

Attention aux laxatifs. L'usage fréquent des laxatifs vole d'énormes quantités d'eau à votre corps, tout en perturbant le fonctionnement normal du système digestif et de l'élimination. Ils ne doivent pas être pris régulièrement en dehors d'une surveillance médicale.

Ne jetez pas la pulpe. Les presse-agrumes électriques sont très pratiques, constate Grabowski, mais certains séparent le jus de la pulpe végétale, qui contient la plus grande concentration de fibres ainsi que des nutriments supplémentaires. Versez une partie de cette pulpe dans votre verre.

Les liquides et le sport

Une femme peut perdre deux litres d'eau par heure quand elle s'entraîne ou fait du sport, plus particulièrement si le temps est chaud et humide, dit le Dr Nelson. C'est pourquoi les femmes actives doivent prêter une grande attention à leurs besoins en liquides. Suivez donc ces conseils.

Buvez avant, pendant et après. Buvez entre un quart et un demi-litre d'eau par heure avant de vous entraîner, conseille le Dr Nelson. « Le volume du corps et la température du lieu affectent la quantité d'eau que vous devriez boire. Plus vous êtes corpulente et plus il fait chaud, plus vos besoins sont grands. » Évitez tout de même la surdose : vos performances seront moins bonnes, prévient le Dr Nelson. Vous vous sentirez désagréablement ballonnée et aurez des crampes d'estomac.

Montez sur la bascule. Quelle quantité devez-vous boire après l'exercice ? Si vous vous pesez avant et après votre entraînement, vous saurez combien d'eau vous avez perdu. Par demi-livre perdue, buvez 25 cl d'eau, conseille le Dr Nelson.

Allez plus loin que votre soif. Même si votre soif immédiate est calmée, les réserves de votre corps ne sont peut-être pas reconstituées, prévient le Dr Nelson. Buvez donc quelques gorgées supplémentaires. Quelques minutes plus tard, recommencez, et ainsi de suite, pendant une heure.

Buvez frais. L'eau fraîche abaissera plus rapidement la température de votre corps. Elle se disperse également plus rapidement dans les tissus, dit le Dr Nelson.

Adaptez-vous à votre environnement. Si vous sortez d'un bâtiment climatisé et entreprenez de faire un jogging de huit kilomètres par une chaude journée d'été, le choc éprouvé par votre organisme fera perdre davantage d'eau à votre corps que si vous vous accoutumez lentement à la température extérieure.

Évitez le soleil. Le soleil direct vous desséchera comme une vieille prune, déclare le Dr Nelson. Si vous faites du sport au soleil, portez un chapeau ou une casquette ainsi que des vêtements légers qui respirent et laissent passer l'air. « Si vous avez la tête qui tourne, arrêtez-vous immédiatement », prévient-elle. Trouvez de l'ombre et de l'eau pour faire baisser votre température corporelle. »

Allez-y en douceur. Si vous n'avez jamais fait de sport, ne vous lancez pas dans un programme trop intensif. Il vous faudrait faire plus d'efforts, donc transpirer plus que quelqu'un qui est en meilleure forme physique

que vous. Pour éviter les risques de déshydratation, commencez en douceur et avancez progressivement. Cela permettra à votre organisme de réguler ses liquides internes et sa température, explique le Dr Nelson.

N'abusez pas des boissons énergisantes. Ces boissons sont riches en électrolytes – nous en perdons quand nous faisons du sport – et souvent vantées pour leurs capacités régénératrices. Elles sont excellentes, c'est vrai, mais vous n'en avez pas besoin chaque fois que vous faites un peu de sport. « Après l'entraînement ou pendant la pause, elles peuvent vous être d'un grand secours, mais elles ne sont pas plus efficaces que l'eau, et c'est cela que votre corps réclame », dit le Dr Nelson. La supériorité des boissons énergisantes sur l'eau n'est utile que lorsque vous sortez d'un exercice sportif extrêmement épuisant, un marathon ou deux heures de tennis en plein soleil par exemple. Vous avez alors un besoin immédiat d'électrolytes, et elles seules peuvent vous les apporter.

LOISIRS (MOMENTS DE –)

Aucune femme ne peut s'en passer

Dès la sonnerie du réveille-matin, vous êtes sur les chapeaux de roue. Vous faites le café, prenez une douche rapide, réveillez les enfants, préparez le petit déjeuner, vous habillez, foncez au travail, passez huit heures sinon plus au bureau, récupérez votre fils à son cours de judo, emmenez votre fille au poney-club, préparez le dîner, aidez les enfants à faire leurs devoirs, les mettez au lit, repassez quelques vêtements, écrivez une lettre à l'inspecteur des impôts qui n'a toujours rien compris et classez des papiers en vue de la réunion du lendemain.

Assez ! Il serait peut-être temps de décrocher un peu, non ? Tous les médecins vous diront que les loisirs ne sont pas un luxe, mais une nécessité si vous voulez vous sentir jeune.

Les loisirs jouent un rôle très important dans votre bien-être et votre santé, affirme le Dr Leslie Hartley Gise. Il suffit que vous n'en ayez pas assez pour commencer à vous sentir grognon, fatiguée, déprimée. Au fil du temps, l'absence de loisirs peut déboucher sur l'ulcère, la migraine, les maladies cardiovasculaires, l'hypertension artérielle et autres problèmes physiques, explique-t-elle.

« Les activités de loisirs peuvent certainement vous aider à mieux apprécier la vie que vous menez. Cela veut-il dire que vous vous sentirez plus jeune ? Ma réponse est oui, déclare le Dr Howard Tinsley. Certaines personnes prendront l'expression « plus jeune » au sens propre, d'autres trouveront qu'elles ont plus de goût pour l'existence. Elles peuvent se sentir plus énergiques, plus en forme dès le matin. »

Refaites vos réserves

Si vous voulez bien comprendre l'importance des loisirs, imaginez que votre corps est un immense champ de pétrole qui possède deux types d'énergie. Une partie de ce pétrole, ou énergie superficielle, est semblable à l'essence : elle nous donne les brèves poussées d'énergie nécessaires à notre vie quotidienne. Mais l'autre type, l'énergie de profondeur, ressemble à une huile à combustion lente qui nous permet de tenir en cas de maladie et de stress prolongé. Cette dernière forme d'énergie est irremplaçable et destinée à durer toute la vie, dit le Dr Walt Schafer.

« Avec suffisamment de sommeil, de temps passé en dehors de toute pression, de jeux aussi, nous pouvons refaire nos réserves d'énergie superficielle, explique le Dr Schafer. Dans le cas contraire, nous sommes obligées de puiser dans nos réserves d'énergie de profondeur, et cela accélère le processus de vieillissement. »

Apprendre à jouer

Malheureusement, bien des femmes n'ont pas appris à créer leurs propres loisirs ou à les utiliser correctement. Pour elles, jouer n'est qu'une corvée de plus.

« Certaines femmes considèrent les loisirs comme s'il s'agissait d'un travail, dit le Dr Schafer. Leurs loisirs sont régis par la demande, la pression, le désir de bien faire. Au lieu de profiter de la joie et de l'aspect ludique des loisirs, elles prennent le risque de puiser encore un peu plus dans leurs réserves. »

Quelle ironie ! Une telle approche des loisirs peut engendrer un stress – et c'est justement le stress que les loisirs sont censés effacer. Les spécialistes soupçonnent ce dernier de nous voler notre jeunesse.

« Nous voulons toutes nous sentir utiles, contribuer à quelque chose. Mais en faisant cela, on ne se transforme en aucun cas, dit le Dr Jeanne Murone. Les loisirs, c'est le temps privilégié du renouvellement. Sans lui, nous nous consumons. Les loisirs – ces instants où vous n'avez pas à être parfaite mais seulement à jouir du moment présent – sont probablement aussi nécessaires que le sommeil, la pratique du sport et une saine alimentation. »

Voici quelques conseils qui vous permettront d'augmenter le temps que vous consacrez aux loisirs.

Planifiez vos loisirs. Les loisirs, ça n'arrive pas comme ça. Il faut déployer des efforts pour intégrer le plaisir à son existence. Lisez le bulletin municipal, regardez les affiches, achetez un magazine spécialisé. Téléphonez aux musées et aux parcs d'attraction de votre département, aux clubs de sport, aux cours de travaux manuels, vous suggère Patsy B. Edwards. Vous pouvez aussi explorer la bibliothèque et l'église de votre paroisse afin de découvrir de nouvelles activités.

Chaque jour, consacrez un peu de temps aux loisirs, même s'il ne s'agit que de dix minutes de marche à pied autour du pâté de maisons, dit le Dr Schafer.

Trouvez-vous une motivation. Trouvez une bonne raison de faire une petite place aux loisirs dans votre vie, conseille le Dr Carol Lassen. Ce peut être aussi simple que de vous dire que vous voulez vivre plus longtemps ou avoir de meilleures relations avec votre compagnon, vos enfants ou vos amies. Peu importe : ce doit de toute façon être plus important que votre travail. Sinon, vous ne vous y tiendrez pas.

Où passe le temps perdu ?

La plupart des femmes ont plus de temps libre qu'elles ne le croient. Mais c'est ce que nous en faisons qui est un problème, aux yeux des spécialistes.

En moyenne, comme l'affirme William Danner, une femme a environ 41 heures de liberté par semaine quand elle ne travaille pas, n'effectue pas de tâches ménagères ou ne dort pas. Mais le nombre des activités de loisirs augmente tellement que la quantité de temps consacrée à une seule de ces activités diminue de façon spectaculaire.

Ne réfléchissez pas trop

La journée tire à sa fin, et voilà que votre patron vous demande de trouver une solution originale à un problème qui mine votre société depuis des mois. Vous avez pourtant l'impression que, plus vous réfléchissez au problème, plus il vous est difficile de proposer des idées aussi neuves que flamboyantes.

Arrêtez de vous torturer, conseille le Dr Jeanne Murrone. Marchez un peu, faites des mots croisés. Ce qu'il y a de miraculeux dans les loisirs, c'est qu'ils ne se contentent pas de vous rajeunir, mais vous rendent aussi certainement plus créative que vos collègues qui, elles, ne songent qu'à travailler.

« On est bien souvent plus créatif quand on ne pense pas à son travail, affirme le Dr Murrone. C'est comparable au travail du boulanger. Vous pouvez mettre tous les ingrédients ensemble, si vous ne les laissez pas reposer pendant quelque temps, la pâte ne prendra pas et le pain ne sera pas bon. Les loisirs répondent à la même finalité. Si vous réservez certains moments de votre vie aux loisirs, vous vous rendrez compte que vous êtes finalement plus productrice et plus créative. »

Il y a toutefois une activité – regarder la télévision – qui dévore nos loisirs sans que l'on s'en rende très bien compte. Une étude menée par l'équipe de William Danner auprès de 5 000 personnes a permis de montrer que nous passons 30 % de notre temps de loisirs – près d'une heure sur trois de notre temps libre – scotchées à notre poste de télévision. En comparaison, les relations amicales et la lecture ne viennent qu'en deuxième et troisième positions, avec respectivement 8 et 6 %.

Si vous voulez passer votre temps libre à faire des choses plus intéressantes que de regarder la télévision, les spécialistes vous recommandent la méthode ci-dessous.

Tenez un journal. Pendant une semaine, notez toutes les 30 minutes ce que vous êtes en train de faire, y compris des choses comme prendre une douche, faire la cuisine et travailler, dit le Dr Roger Mannell. À la fin de la semaine, jetez un coup d'œil à votre journal et voyez combien de temps vous avez consacré au travail et combien aux loisirs.

Chaque jour, notez si vous êtes satisfaite de vos activités de loisir. Le match de tennis de mardi a-t-il été plus agréable que la réception de vendredi ? Si vous passez votre temps à des activités que vous trouvez peu gratifiantes, vous devez changer cela.

Fixez des limites. Il est important de bien séparer votre travail et votre vie domestique. Par exemple, évitez de ramener du travail à la maison. « Vous montrerez ainsi à votre employeur et à votre famille que votre temps libre a pour vous autant d'importance que le fait d'arriver à l'heure au bureau ou d'honorer vos rendez-vous », dit le Dr Murrone.

Apprenez à changer de vitesse. Créez un espace en fin de journée – même si ce n'est que 10 ou 15 minutes – où vous serez seule avec vos pensées, et ce afin de ménager la transition entre le travail et la maison. Marcher, lire le journal ou écouter de la musique peut vous y aider. Pour certaines personnes, il suffit tout simplement de changer de vêtements, indique le Dr Lassen.

Créez vos propres loisirs. Ce que vous appelez loisir, d'autres l'appellent travail, et inversement. Connaissez-vous vous-même, connaissez aussi vos loisirs. Faites une liste de vos points forts et de vos faiblesses, de ce que vous aimez faire et de ce que vous détestez. Ensuite, partez de là pour créer vos propres loisirs. « S'occuper de son jardin amuse certaines personnes, dit le Dr Schafer, mais pour d'autres, c'est terriblement ennuyeux. Personnellement, j'adore faire du kayak en eaux vives, mais d'autres trouveront cela terrifiant. »

Soyez imparfaite. Certaines personnes refusent de s'adonner à tel ou tel type de loisir parce qu'elles pensent qu'elles ne sauront pas bien le pratiquer. « Il est important de reconnaître que vous n'avez pas tout à faire à la perfection, dit le Dr Murrone. Écrivez une histoire, mais ne la publiez pas. Faites un dessin et ne le montrez à personne. Vous n'avez pas à remporter le tournoi de golf, à gagner la course ou à brosser un tableau digne des plus grands maîtres de la peinture. On ne vous demande pas de bien faire, mais de prendre plaisir à ce que vous faites. »

Maquillage

Quantité n'est pas qualité

Vous souvenez-vous, quand vous étiez lycéenne et que vous alliez au rayon Maquillage de la grande surface voisine ? Quand vos copines et vous achetiez du rouge à lèvres orange, du mascara vert, de l'ombre à paupières nacrée en quatre couleurs pastel, pour ne rien dire du blush, du vernis à ongles noir et des petites étoiles adhésives ?

« Oh ! j'ai vraiment fait ça ? », direz-vous.

Oui. Mais ça vous a passé.

Pour avoir l'air jeune et fraîche et pleine de vie – et plutôt que de ressembler à une enseigne au néon –, utilisez le maquillage à votre avantage. Voici comment, en commençant par le commencement, c'est-à-dire par la base.

Un peu plus sombre. Les minuscules rides qui apparaissent sur votre visage sont l'un des premiers signes de la marche implacable du temps. Pour les adoucir, choisissez un fond de teint légèrement plus foncé que celui que vous utilisez d'habitude, dit Marina Valmy, esthéticienne.

« Si vos cheveux grisonnent ou si vous aimez vous habiller en noir, choisissez un fond de teint avec un léger reflet rosé ou appliquez un peu de blush rose sur vos joues, votre front, votre nez et votre menton », conseille Carole Walderman.

Cela permettra aussi d'égaliser votre teint.

La propreté avant tout. Pour sortir le produit de son flacon, dit Leila Cohoon, ne prenez pas vos doigts, mais un abaisse-langue en bois facilement disponible chez le pharmacien. Cela empêchera les bactéries de s'installer dans votre maquillage et d'amener des impuretés sur votre peau.

« Avec un applicateur propre, déposez le fond de teint sur une éponge à maquillage humidifiée à l'eau claire », ajoute Carole Walderman.

De la douceur. « Appliquez très légèrement le produit, sans chercher à frotter », dit Carole Walderman. Des gestes trop appuyés peuvent déchirer les tissus délicats situés sous la peau. Près de vos yeux, n'utilisez que votre annulaire, qui exercera une pression moindre que l'éponge ; par petits coups, allez du coin extérieur de l'œil vers le nez.

Mettez en valeur ou dissimulez. Vous pouvez insister sur les traits de votre visage que vous préférez, vos pommettes saillantes, par exemple, et masquer légèrement ceux qui vous plaisent moins, comme les petites poches sous les yeux.

À l'aide d'un anticernes, vos poches s'atténueront, mais prenez bien soin de ne pas déborder : à la lumière du jour, vous n'obtiendriez que l'effet contraire, dit Carole Walderman. Inversement, le fard à joues vous permettra de rehausser certains points particuliers.

Si vous devez dissimuler des zones plus importantes ou des taches sombres, essayez les maquillages spéciaux. « Ce sont de purs pigments sans huile ni base à la cire, et ils couvrent très naturellement », vous conseille Leila Cohoon.

Ne poudrez qu'en cas de besoin. Utilisez une poudre translucide pour parachever le travail, mais « très légèrement, uniquement pour atténuer les zones un peu brillantes du nez, du menton et du front. N'en recouvrez surtout pas tout le visage, dit Carole Walderman. Cela ne ferait qu'accentuer vos rides. »

Évitez les poudres colorées dites « nacrées ». Pourquoi ? Elles contiennent des particules qui reflètent la lumière et mettent en valeur qualités comme défauts de la peau. Si vous insistez sur les collines (la surface de votre peau), les vallées (rides et pores) n'en paraîtront que plus profondes, dit Carole Walderman.

Pas de ligne de démarcation. On ne doit pas remarquer à quel endroit votre visage s'arrête et où commence votre cou. N'arrêtez pas brutalement le fond de teint à hauteur de la mâchoire.

Vaporisez. Pour avoir l'air plus frais, faites suivre l'application du fond de teint et de la poudre par une légère vaporisation d'eau minérale, dit Carole Walderman. Vous trouverez facilement un atomiseur d'eau chez votre pharmacien. Cela hydrate le maquillage et lui ôte cet aspect figé qu'il pourrait avoir.

Quand le rouge vous monte aux joues

Vous ne rougissez plus aussi souvent que lorsque vous étiez petite fille, mais il est toujours charmant d'apporter un peu de chaleur à votre teint et de lui appliquer une touche de couleur.

Soyez subtile. Choisissez un blush naturel, que l'on voit à peine, et ne l'appliquez pas trop près du nez pour ne pas donner à ce dernier trop d'importance, dit Carole Walderman. Une trace de blush suffit pour donner un air de jeunesse. N'appliquez jamais plus bas que la base du nez et plus haut que le coin extérieur de l'œil.

Sept mauvaises habitudes à ne plus suivre

Certaines techniques de maquillage auxquelles vous recourez depuis des années vous font peut-être paraître plus vieille que vous ne l'êtes vraiment. Pour garder un visage jeune et naturel, voici sept choses que vous devez désormais éviter.

Fini le bleu. L'ombre à paupière turquoise ou de n'importe quelle nuance de bleu est autant à bannir que les petits souliers vernis, dit Leila Cohoon.

Base à la cire. Le maquillage compact n'est plus utilisé que par les speakerines de la télévision, dit Leila Cohoon. À moins que vous ne désiriez leur ressembler...

Contours caverneux. La poudre sombre qui creuse les joues, il n'y a rien de plus visible, prévient Carole Walderman.

Joues de clown. On voit parfois des femmes avec de grosses taches rouges sur les joues. Ce n'est ni subtil ni flatteur, constate Leila Cohoon.

Mâchoires rouges. Le blush se met à hauteur des pommettes, pas sous la ligne de la mâchoire inférieure. Cela fait tomber le visage, dit Leila Cohoon.

Sourcils noirs et broussailleux. Il ne faut surtout pas insister sur ses sourcils quand on prend des années, dit Carole Walderman. Cela donne un air inutilement sévère.

Teint trop mat. De la douceur, encore de la douceur, répètent les spécialistes. Une touche de maquillage vous rajeunira. Utilisez un pinceau fin ou une petite brosse, pas une truelle de maçon.

Fondu enchaîné. Étalez le rouge à joues avec un pinceau à maquillage ; faites en sorte qu'il soit de plus en plus discret au fur et à mesure que vous vous rapprochez des tempes, précise Carole Walderman.

Consultez une spécialiste. Si vous ne savez pas quel blush choisir, demandez de l'aide à une vendeuse spécialisée. Elle doit pouvoir vous dire quelle teinte de blush vous ira le mieux, affirme Marina Valmy.

Les secrets du fard à paupières

Les yeux sont peut-être les fenêtres de l'âme, mais leurs stores sont parfois bien craquelés. Le maquillage peut dissimuler ces petits défauts.

Ayez la main légère. Utilisez un peu moins d'ombre que d'habitude, conseille Marina Valmy. Une couche épaisse attire le regard sur les rides et les replis.

Corrigez avec des couleurs. Si vos yeux vous semblent trop éloignés ou trop rapprochés l'un de l'autre, trop creux ou trop saillants, ou si vos paupières commencent à tomber, appelez le fard à la rescousse, dit Leila Cohoon. « S'ils sont trop rapprochés, mettez du fard plus sombre sur la partie extérieure de la paupière supérieure, explique-t-elle. S'ils sont trop éloignés, mettez plus de sombre au centre. »

Les yeux enfoncés ressortent grâce à des teintes plus pâles ; inversement, une teinte plus sombre atténuera des yeux trop saillants. Quoi qu'il en soit, mettez toujours des touches légères.

Mettez-vous en valeur. Si vous avez des yeux sombres, prenez une ombre beige clair avec une base rouge, pas verte, dit Marina Valmy. S'ils sont clairs, prenez une ombre brune ou grise avec une base verte, mais pas bleue. Le vert sied mieux aux yeux clairs.

Ne marquez pas les cernes. Si vous avez souvent des cernes sombres sous les yeux, évitez les ombres brunes ou couleur prune. Elles ne peuvent qu'accentuer les cernes, dit Carole Walderman.

Relevez le coin de l'œil. Cela vous donnera un coup de jeunesse. Les coins de vos yeux ont tendance à tomber ? Appliquez légèrement de l'ombre en partant du coin extérieur de l'œil et en remontant vers les sourcils selon un angle de 45 °, suggère Carole Walderman.

Les charmes de l'eye-liner

Vous n'avez pas à abandonner l'eye-liner. Faites-vous seulement des yeux plus doux et plus subtils, dit Leila Cohoon.

Réfléchissez bien à la couleur. Sauf si vous êtes de race noire, un eye-liner noir ne peut que paraître trop dur. Il vaut mieux lui préférer un gris ou un brun léger, explique Carole Walderman.

En douceur. Utilisez parcimonieusement votre eye-liner, le plus près possible de vos cils qui paraîtront ainsi plus fournis, ajoute Marina Valmy.

Taillez votre crayon. Faites cela avant chaque usage, dit Carole Walderman. Pourquoi ? Une pointe fine vous évite d'écraser le crayon contre la peau délicate du contour de vos yeux. Avec de l'eye-liner liquide, appliquez par petites touches et ne tracez jamais de lignes trop nettes. Corrigez à l'aide d'un coton humide.

Pas de point de rencontre. L'eye-liner appliqué sur la paupière supérieure et celui de la paupière inférieure ne doivent pas se rencontrer au coin de l'œil. Vos yeux paraîtraient plus petits qu'ils ne sont, dit Carole Walderman.

Cils et sourcils

Vos cils et vos sourcils se font plus rares avec l'âge, mais voici plusieurs moyens de donner une impression de plénitude.

Attention au mascara. Le mascara n'est pas le meilleur ami des cils. Pour éviter les pâtés et les taches noires, juste après avoir mis du mascara, appliquez à l'aide d'un pinceau très fin un peu de poudre juste sous les cils inférieurs, conseille Marina Valmy.

Faux et usage de faux. On trouve désormais des faux cils extrêmement bien imités, dit Carole Walderman. Il suffit de les appliquer juste à la base de vos vrais cils. Avec un peu de pratique, chacun croira qu'ils sont tout à fait naturels.

Dans le cas de faux cils, ne mettez de mascara que sur vos propres cils et laissez sécher ; sinon, vous vous arracherez des cils en vous démaquillant, prévient Marina Valmy.

Il existe aussi des faux cils « individuels ». Leur pose peut demander jusqu'à 45 minutes de travail. Ils se présentent par touffes de quatre ou cinq cils. Ils résistent à la douche et à la natation parce qu'ils sont fixés à l'aide d'une colle permanente. Évitez de vous nettoyer la peau du contour de l'œil avec un produit à base d'huile, cela les décollerait.

Colorez vos sourcils. Pour paraître plus jeune, il vaut mieux que vos sourcils soient toujours un peu plus clairs que vos cheveux. Si vous avez des cheveux châtain clair, gris ou blancs, la couleur taupe vous mettra en valeur, dit Carole Walderman.

En revanche, si vos sourcils sont vraiment trop clairs, prenez un crayon à papier # 2. Les mines ne sont plus en plomb et il n'y a plus aucun risque pour la santé, dit Marina Valmy. « N'en appliquez que par endroits pour que cela paraisse plus naturel », ajoute-t-elle.

Donnez de la vie à vos lèvres

La couleur des lèvres fait partie de votre teint et, quand vous vieillissez, elles peuvent redonner un peu de jeunesse à votre visage.

Beauté du corail. Les tons corail vont mieux aux femmes qui n'ont plus vingt ans, dit Carole Walderman. Si vous avez la peau pâle, prenez un corail très clair. Pour une peau plus chaude, une teinte orangée conviendra mieux. Mais que ce soit un orange discret, cela pourrait sinon accentuer le jaunissement naturel de vos dents dû au vieillissement.

Halte aux débordements. Il est franchement désagréable de voir déborder son rouge à lèvres, surtout quand on a de fines rides sur la lèvre supérieure. Pour éviter cela, marquez d'abord le contour de vos lèvres au crayon, dit Mme Valmy. Mettez le rouge à lèvres, tamponnez avec un mouchoir en papier, puis repassez le rouge à lèvres.

Évitez la cire. Vous avez des rides au-dessus de la lèvre supérieure et vous vous épilez habituellement à la cire. Prenez plutôt de l'eau oxygénée, dit Carole Walderman. « Le duvet de la lèvre absorbe l'humidité qui, sans cela, se fond au rouge à lèvres et l'encourage à pénétrer au fond des rides. »

Redessinez votre bouche. Parfois, la lèvre supérieure s'affine un peu quand nous vieillissons, dit Leila Cohoon. Si c'est le cas pour vous, écartez-vous un peu du rebord de la lèvre quand vous en tracez le contour au crayon. Avec le rouge à lèvres, personne ne verra la différence. Mais n'exagérez pas, bien entendu.

MARIAGE

Cela pourrait être pour le meilleur

Se marier est certainement l'une des choses les plus étranges que vous ferez jamais. Mais ce qui vous pousse à vous avancer vers l'autel est l'espoir que la vie sera meilleure quand vous serez mariée que lorsque vous étiez célibataire. Avez-vous raison ? Peut-être.

Si vous vivez un mariage heureux, il est probable que vous buvez moins, grignotez moins de « cochonneries » et faites davantage de sport. Vous semblez également plus détendue et tombez malade moins souvent.

« Il est clair qu'un mariage satisfaisant peut faire que vous vous sentez plus jeune, plus dynamique. C'est bon pour la santé, et cela vous aide à mener une vie plus productive et plus heureuse », dit le Dr Howard Markman.

Ce qu'il a de si bien

Demandez à une douzaine de scientifiques pourquoi le fait d'être mariée vous aide à vivre plus longtemps, et vous obtiendrez une douzaine de réponses différentes. Les chercheurs du Centre national américain de la statistique médicale vous diront, par exemple, que les femmes mariées vivent en moyenne dix ans de plus que les célibataires. Bien des études montrent que les célibataires et les divorcées sont plus enclines aux blessures, aux maladies et au suicide que les femmes bien mariées.

Après avoir étudié 47 000 foyers, le Centre de la statistique médicale a constaté que les femmes mariées disaient plus souvent que les divorcées ou les célibataires que leur santé était bonne ou excellente. Les femmes mariées avaient moins de maladies chroniques, avaient six jours de maladie de moins par an et se remettaient plus vite du rhume, de la grippe ou des blessures (les femmes divorcées présentaient deux fois plus de blessures).

D'autres études indiquent que la durée de vie des femmes célibataires et des femmes mariées est à peu près identique. Certaines recherches, en revanche, laissent entendre que les célibataires survivent à leurs amies mariées, dit le Dr Estelle Ramey.

Pourquoi des statistiques aussi contradictoires ? Parce que ce n'est pas le mariage en soi, mais le bonheur qu'on en tire qui contribue à la longévité d'une femme.

« La santé d'une femme semble suivre celle du couple, dit le Dr Robert D. Levenson. Si le mariage est satisfaisant, la santé des deux partenaires semble assez bonne. Si leur mariage ne les satisfait pas, leur santé en souffre. »

Ce n'est toutefois pas la même chose pour les hommes, qui tirent profit de tout type de mariage. Pour eux, la qualité du mariage n'a pas d'importance : leur santé semble s'améliorer même quand leur union est catastrophique.

Les chercheurs sont surpris par cette différence. Certains pensent que les femmes célibataires mangent mieux, font plus de sport et, en général, prennent mieux soin d'elles-mêmes que les femmes mariées. Quand un couple se forme, l'homme adopte généralement les habitudes de sa femme, tandis qu'il y a peu de changements qui exercent une influence positive sur la santé de la femme. Parallèlement, cette dernière passe davantage de temps en cuisine et en tâches ménagères.

D'autres pensent, comme le Dr Levenson, que, en cas de mariage raté, les hommes se détachent sur un plan émotionnel, et que les femmes doivent travailler plus dur pour panser leurs blessures. Cet effort nuit à leur santé.

« Dans un mauvais mariage, il y a beaucoup de colère, de récriminations et d'émotions négatives, mais pour une raison inconnue, cela n'affecte pas les hommes autant que les femmes. Les hommes vont chercher ailleurs, dit le Dr Levenson. Les femmes sont moins promptes à se défiler. Elles s'accrochent bien souvent pour tenter de résoudre les problèmes du mariage. Cela produit beaucoup de stress, potentiellement néfaste à la santé. »

Il peut aider en cas de crise

Si une femme mariée a une maladie grave, elle cherche plus tôt à se faire soigner et a plus de chances de survie que sa sœur célibataire. En fait, après avoir étudié 27 779 cas de cancer, le Dr James Goodwin a conclu que les femmes mariées présentaient un taux de survie comparable à celui de célibataires ayant dix ans de moins.

« Ce fut une découverte assez surprenante, reconnaît le Dr Goodwin. Les traitements anticancéreux – chimiothérapie, radiothérapie – peuvent rendre très malade. Le fait d'avoir un compagnon qui vous soutient permet mieux aux patientes de supporter les traitements. »

Le regard de l'amour

Quand vous regardez votre mari, voyez-vous votre propre reflet ? C'est très possible, surtout si vous êtes unis depuis assez longtemps.

Après avoir examiné de près les photographies de 12 couples mariés depuis plus de 25 ans, un groupe d'observateurs de l'université du Michigan a conclu que les caractéristiques faciales des membres des couples se rapprochent au bout d'un certain nombre d'années.

Pourquoi ? Inconsciemment, les partenaires d'un couple reprennent les expressions faciales de leur conjoint, dit le Dr Robert Zajonc. Avec le temps, les mimiques restructurent les muscles et les rides du visage pour que les deux visages aient les mêmes caractéristiques. On observe également une similitude de la gestuelle, de l'attitude physique, etc.

Un mariage heureux peut même aider à guérir d'autres maladies graves. Dans une petite étude préliminaire, les femmes qui avaient eu une crise cardiaque et pouvaient en parler librement avec leur mari faisaient preuve d'une meilleure santé, avaient moins de douleurs thoraciques et risquaient moins d'être à nouveau hospitalisées au cours de la même année, selon le Dr Vicki Helgeson.

Les femmes satisfaites de leur mariage font également moins de dépressions graves que celles dont le ménage est perturbé, ajoute le Dr James Coyne.

Hormis cela, les chercheurs de l'université d'État de l'Ohio ont remarqué que, plus les couples récemment mariés recouraient au sarcasme, au mépris, aux paroles et aux gestes insultants quand ils avaient un conflit, plus leur tension artérielle était élevée et leur système immunitaire affaibli. Bien sûr, une querelle le mardi ne vous fera pas attraper un rhume le mercredi, mais les chercheurs parfois pensent que les couples qui se disputent sont plus sujets aux infections et aux maladies.

Remèdes pour mariage en péril

Il y a le doute, la passion qui vacille et, parfois, l'ennui vous fait suffoquer. En dépit de tout cela, vous chérissez l'homme de votre vie. Mais même les meilleures relations ont parfois besoin d'être réveillées. Voici quelques suggestions pour redonner vigueur à votre mariage.

Si l'on se quittait...

Vos relations sont plus froides qu'un glaçon. Votre passion a disparu depuis si longtemps que vous pourriez faire appel à Jacques Pradel. Mais le moment est-il venu de se séparer ?

« La fin d'un mariage, c'est l'équivalent psychologique de l'amputation d'un bras ou d'une jambe », dit le Dr John Mirowsky.

Certains signes sont pourtant clairs : il vaut mieux cesser votre relation maritale. Cela va des problèmes de drogue ou d'alcool aux mauvais traitements physiques ou mentaux en passant par la simple incapacité à communiquer.

« Mes patients me demandent souvent quand ils doivent s'en aller. Je leur réponds : « Vous le saurez quand le moment sera venu », dit Sherelynn Lehman. C'est quand votre âme meurt, que votre esprit est piétiné. Je dis souvent que l'expression : " Jusqu'à ce que la mort vous sépare " s'applique à la mort de l'âme. Si vous vous mourez intérieurement, il est peut-être temps de partir. »

Forcez les choses. Si vous ne décidez pas de passer des moments ensemble, cela risque de ne jamais se produire. Essayez de passer au moins 20 minutes par jour à parler avec votre conjoint. « Vous consacrez chaque jour autant de temps au sport pour maintenir votre corps en forme, faites-en au moins autant pour votre mariage », dit Sherelynn Lehman.

Écoutez-le, jusqu'à ce que vous l'entendiez. Si votre mari dit se sentir frustré parce que vous ne l'écoutez pas, reconnaissez qu'il a peut-être raison et prenez le temps de l'écouter, dit Dennis Gersten. Faites-lui savoir que vous entendez ses récriminations en les lui répétant : « Je sais que ce doit être frustrant de me voir travailler aussi tard sans te téléphoner. » Si ce n'est pas ce qui le dérange, demandez-lui de répéter jusqu'à ce que vous ayez compris. Dites-lui : « J'essaie vraiment de te comprendre, mais je n'y arrive pas. Ne peux-tu t'exprimer différemment pour que ce soit plus clair ? »

Surprenez-le. « Pour garder vivace l'étincelle du mariage, vous devez vous montrer créative », dit le Dr Ruth Rice. Faites-lui des surprises comme un week-end dans une auberge sympa, une promenade au clair de lune autour du lac ou un petit mot sous son oreiller.

Jouez ensemble, restez ensemble. Les centres d'intérêt communs éloignent l'ennui : c'est le ciment qui préserve la cohésion d'un mariage.

« Les partenaires qui aiment vraiment partager des activités, que ce soit voyager ou jouer au tennis, ont un avantage à mesure qu'ils avancent en âge et ont plus de temps libre », dit le Dr Martin Goldberg.

Riez ensemble. « Pouvoir être comme des enfants et rire ensemble est important parce que cela signifie que vous vous sentez suffisamment en confiance pour vous laisser aller », dit le Dr Arlene Goldman.

Concentrez-vous sur vos sentiments. Le meilleur moyen d'entamer une dispute, selon le Dr Goldman, c'est de dire des choses du genre :

Le lien sacré du mariage... à nouveau...

Aujourd'hui, les Français divorcent trois fois plus qu'il y a quinze ans. Vous êtes effondrée quand votre union tombe en morceaux. Mais voilà que vous envisagez de convoler une nouvelle fois en justes noces.

Dans un certain sens, c'est bien, parce que les femmes divorcées qui se remarient retrouvent bien des avantages de santé des femmes heureusement mariées, remarque le Dr Patrick McKenry. Mais avant de vous présenter devant M. le Maire, vous devriez penser à certaines choses susceptibles d'augmenter vos chances de faire (enfin) un mariage heureux.

Tout d'abord, ne vous précipitez pas. « Bien des femmes tentent de venir à bout de leur divorce en se remariant », dit le Dr McKenry. Il dit qu'une femme a besoin d'au moins un à deux ans avant d'entreprendre une nouvelle relation. Rappelons qu'en France, le législateur impose un délai de viduité de 300 jours entre la date de jugement de divorce et le remariage.

Demandez-vous ce que vous attendez du mariage, suggère le Dr Joel Kahan. « Si une femme ne veut pas d'une relation forte ou intime, elle ne doit pas se marier. Il lui faut réfléchir à ce problème avant de s'engager dans toute nouvelle relation. »

Demandez-vous sincèrement ce qui a mal tourné dans votre mariage précédent et demandez-vous si de semblables problèmes peuvent entacher votre future relation. « Un grand nombre de femmes se remarient avec des hommes qui ressemblent trait pour trait à leur précédent conjoint. C'est une des grandes choses à éviter », dit le Dr Sol Gordon. Si votre nouvel amour a des traits négatifs qui vous rappellent votre précédent mari, demandez-vous si vous pourrez mieux vous en accommoder cette fois-ci. Si la réponse est non, ne vous mariez pas !

« Tu as tort » ou « Tu dis des idioties ». Elle explique : « Les phases commençant par "tu" sont presque toujours blessantes ». Dites : « Je suis anxieuse quand je ne sais pas où tu es. Si j'avais un message, je pourrais au moins te joindre en cas de besoin », plutôt que « Tu es toujours en retard ».

Commencez par vous regarder. Intéressez-vous à vos propres fautes avant celles de votre conjoint, suggère le Dr Markman. Vous avez davantage de contrôle sur votre propre comportement que sur le sien ; bien souvent, quand l'un des membres d'une relation entreprend des changements, l'autre suit.

Les petits changements font la différence. « Faire de gros changements au sein d'une relation, c'est en fait la conséquence d'une série de petits changements, dit le Dr Markman. Si vous pouvez adresser une critique de moins chaque jour à votre conjoint, vous êtes sur la bonne voie. »

Rangez votre aiguillon. Un mot bien senti au milieu d'une dispute satisfera peut-être votre amour-propre, mais votre conjoint en oubliera les vingt choses gentilles que vous avez pu lui dire précédemment, constate le Dr Markman. Mieux vaut se mordre la langue que de provoquer inutilement une nouvelle blessure.

Quand le cœur penche d'un autre côté

Votre meilleure amie est au centre des conversations du bureau depuis que les frasques amoureuses de son conjoint ont brisé son mariage. Heureusement, rien de tel ne pourrait arriver à votre relation, n'est-ce pas ?

« Vous ne pouvez pas être certaine à 100 % que votre mariage ne sera pas entaché par une histoire sentimentale, dit Sherelynn Lehman. Faites la cour chaque jour à votre conjoint, ne baissez jamais la garde. » Quelque part, une femme se dit que votre mari est une excellente affaire.

Les hommes et les femmes ont des aventures par ennui ou par solitude, dit Lehman. Préservez la communication entre vous et donnez du piquant à votre vie sexuelle : ce sont deux moyens d'empêcher une aventure de survenir. Mais une infidélité ne signifie pas que tout est perdu.

« Un mariage ébranlé par une affaire sentimentale est comme un œuf craquelé. La fêlure sera toujours là, mais on peut faire avec. Il suffit de le manipuler doucement et de savoir qu'un conseiller conjugal est indispensable », dit-elle.

Ne montrez pas du doigt. Blâmer votre mari au lieu de reconnaître que vous avez une responsabilité dans vos problèmes ne fait qu'accroître vos chances de vous retrouver devant le juge. Pour sortir de là, dit le Dr Markman, dites à votre mari : « Je sais que depuis quelque temps nous nous prenons de haut pour la moindre chose, mais je vais essayer d'être moins critique à ton égard et de te voir sous un jour plus positif. »

Division du travail. Si votre époux assure une part du travail ménager plus grande que la vôtre, cela peut provoquer du ressentiment, dit le Dr Rice. Établissez la liste de tout ce qu'il faut faire : aspirateur, repassage, jardin, courses, réparations, poubelles, etc. Répartissez les tâches équitablement avec, pour chacun de vous, des choses agréables et d'autres qui le sont moins. Si vous le pouvez, engagez une femme de ménage.

Recourez aux gadgets. Si l'un de vous d'eux est rivé en permanence à télévision mais pas l'autre, cela peut nuire à votre couple, constate le Dr Rice. Enregistrez les émissions préférées et regardez-les plus tard. De même, si le téléphone ne cesse de sonner, mettez un répondeur et filtrez les messages pour pouvoir passer plus de temps ensemble.

MASSAGE

Un soulagement tant attendu

Toute la semaine, vous avez attendu cette heure d'extase. L'anxiété au travail, les tensions à la maison, les muscles et les articulations qui font mal – tout cela disparaît sous les mains de votre masseur.

Au bout de 45 minutes, la magie a une fois de plus opéré. C'en est fini de la nuque crispée, du dos endolori. Vous vous relevez, rafraîchie, détendue, comme si 20 ans de douleurs et de soucis restaient sur la table du masseur.

« Il n'y a pas de meilleure cure de jouvence qu'un massage, dit Madeline P. Rudy. Il n'y a vraiment rien de mieux si vous voulez vous retrouver dans le coup et vous sentir plus jeune. »

Études sur la relaxation

N'importe quelle femme vous dira qu'un massage, c'est formidable. Mais la science médicale ne sait pas encore pourquoi.

« Il n'y a pas beaucoup de recherches dans ce domaine », dit le Dr Tiffany Field. Nous commençons cependant à comprendre comment fonctionne un massage. D'abord, il semble réduire l'émission de cortisol par le corps : cette hormone joue un rôle important dans le déclenchement des réactions de stress. Moins vous sécrétez de cortisol, moins vous éprouvez de stress, dit le Dr Field. On sait aussi que le massage améliore la phase de sommeil dit « profond ». On suppose également qu'il augmente la production de sérotonine, hormone liée aux changements d'humeur positifs et à l'amélioration de l'immunité.

Le Dr Field a montré par une étude que 15 minutes de massage quotidien semblaient faire diminuer l'anxiété, rendre les gens plus alertes

Vous aussi, vous pouvez vous masser

Parfois, le massage du vendredi après-midi vous semble bien loin. Vous savez que vous éprouvez beaucoup de plaisir à ce moment-là, mais maintenant ? Essayez l'automassage. Ces petits gestes vont faire des merveilles. Et ils ne nécessitent pas beaucoup de matériel : des balles de tennis, un coin tranquille et vos deux mains.

Tête

Des points de pression sur votre crâne peuvent détendre tout votre corps. « Il y a deux points d'acupression très importants à la base du crâne, sur ce que nous appelons la crête occipitale, dit le Dr Robert DeIulio. Si vous appliquez une pression constante sur ces deux points, vous obtiendrez une relaxation totale. »

Comment faire ? Prenez deux balles de tennis, mettez-les dans une chaussette et fermez l'extrémité. Couchez-vous sur le dos et placez les balles sous votre nuque, de sorte qu'elles touchent la partie du crâne située juste au-dessus du petit creux. Restez ainsi 20 minutes. Écoutez de la musique douce si cela vous fait plaisir. « Ces points d'acupression envoient des messages dans la colonne vertébrale afin de relaxer tous les muscles », dit le Dr DeIulio.

Visage

Touchez simplement votre visage. Inutile de le masser. Très légèrement, massez vos tempes et vos joues. Vos mains ne doivent pas peser plus lourd qu'une pièce de monnaie. Attardez-vous une minute. « La chaleur des mains détend les muscles et le tissu conjonctif, ce qui apporte une sensation globale de soulagement, » dit le Dr DeIulio.

Mâchoire

Tirez doucement sur vos oreilles, vers l'extérieur, vers le bas puis vers le haut. Ou bien, avec l'index, pressez l'endroit où le lobe se raccroche à la tête. Pressez et relâchez, changez d'oreille. Faites-le 10 ou 15 fois.

Torse

Donnez-vous un coup de fouet en frottant la zone au-dessus des reins, au niveau de la taille où la peau est encore tendre. Massez fermement avec vos poings en dessinant des cercles. « C'est une façon agréable de donner de l'énergie à tout le corps », selon le Dr DeIulio.

Pieds

Il y a, en ce bas monde, peu de choses plus agréables qu'un massage des pieds. Voici quelques techniques particulièrement efficaces. Après avoir pratiqué cela sur un pied, passez à l'autre pied, puis recommencez.

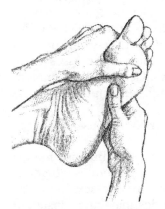

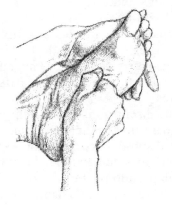

Serrez le poing et enfoncez-le dans la plante de votre pied en allant du talon vers les orteils. Répétez cinq fois.

Asseyez-vous sur une chaise et placez un pied sur la cuisse opposée. Appliquez de l'huile ou de la lotion de massage sur votre pied si vous en avez envie. Avec vos pouces, faites pression sur la plante du pied en allant toujours de l'arrière de la voûte plantaire vers le gros orteil. Recommencez cinq fois.

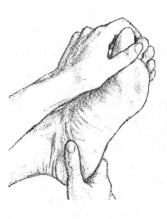

Massez chaque orteil en le tenant fermement et en le bougeant de droite à gauche. Tendez doucement chaque orteil et relevez-le. Puis faites pression entre chaque orteil.

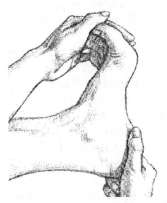

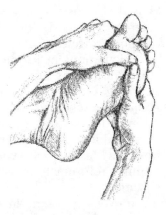

Tenez vos orteils dans une main et pliez-les vers l'arrière, très naturellement, pendant cinq à dix secondes. Puis pliez-les dans l'autre direction pendant le même laps de temps. Répétez trois fois.

Appuyez et faites rouler vos pouces sous les os de la plante du pied.

et augmenter la vitesse à laquelle ils résolvaient des problèmes de mathématiques. « La clef d'une meilleure main-d'œuvre, ce pourrait être le massage », affirme le Dr Field.

L'institut du Dr Field travaille sur une série de 34 études incluant des centaines de participants et s'intéressant aux effets thérapeutiques du massage sur toutes sortes de choses, de la dépression à la grossesse, en passant par l'hypertension artérielle et les migraines. Ces études examinent également comment les hommes séropositifs peuvent améliorer leurs fonctions immunitaires.

Certains médecins disent qu'ils aimeraient connaître mieux le massage avant de le prescrire dans un but thérapeutique.

« Personne n'est disposé à accepter une explication nébuleuse fondée sur des métaphores à propos de l'énergie, des toxines, des bonnes vibrations ou de tout autre délire pseudo-poétique », dit le Dr Larry Dossey.

Mais cette attitude va peut-être changer. Bien des masseurs constatent que leurs clients les plus fidèles sont des médecins.

Conseils de première main

Le prix d'une séance de massage est variable. Elle dure une cinquantaine de minutes. Allez-y aussi souvent que vous le pouvez.

Il y a massage et massage. Renseignez-vous bien sur l'endroit où vous allez vous faire masser. Évitez les officines suspectes et les propositions de massages « exotiques ». Tout le monde connaît les fameux « massages thaïlandais » ! Renseignez-vous auprès de votre médecin traitant, de votre pharmacien, d'un membre des professions de santé, ou encore d'un club de sport.

Faites-vous plaisir. Il y a toutes sortes de massages classiques. Le massage suédois, qui utilise beaucoup d'huile, est celui auquel on pense le plus fréquemment. Mais il y a aussi le shiatsu, ou massage oriental : le masseur travaille sur certains points, le long de canaux nerveux, afin de soulager la douleur. Vous pouvez trouver cela pénible. Les massages sportifs cherchent à calmer les articulations et les muscles douloureux. Il existe aussi toutes sortes de techniques aux noms compliqués (Rolfing, Feldenkrais, Aston-Patterning, etc), qui prônent l'allongement du corps ou le réalignement de la colonne vertébrale.

« Discutez d'abord avec le masseur, conseille Madeline Rudy. Vous trouverez bien une spécialité qui vous convienne. Et qui soit honnête ! »

Respectez vos limites. Massage est synonyme de relaxation. Mais attention : certaines femmes refusent le massage suédois parce qu'il leur faut se déshabiller entièrement.

« N'acceptez que ce qui vous convient, dit Madeline Rudy. Ce moment est à vous, ne le gâchez pas inutilement. »

Les masseurs doivent avoir conscience de vos sentiments. Ils doivent recouvrir les parties du corps sur lesquelles ils ne travaillent pas, et ne toucher ni vos seins ni votre bas-ventre. Ils ne doivent pas vous poser de questions sur votre vie intime et sont censés respecter vos souhaits. Sinon, allez en voir un autre.

« L'important, c'est la santé et le bien-être, dit Madeline Rudy. S'il y a des tensions ou des pressions dans votre relation avec le masseur, allez autre part. »

Sachez dire non. Le massage, ce n'est pas fait pour tout le monde. Il n'est pas conseillé aux personnes qui souffrent de phlébites ou autres maladies circulatoires, de certaines formes de cancer ou de maladies cardiovasculaires, d'infections ou de fièvre. Dans la plupart des cas, évitez les massages pendant trois jours après une fracture ou une foulure. Si vous avez le moindre doute, demandez conseil à votre médecin.

OBJECTIFS

La carte d'état-major de votre vitalité

Après votre premier pas, vous avez voulu courir. Après votre premier saut périlleux avant, vous avez voulu tenter le saut périlleux arrière. Dès que vous avez obtenu votre premier job, vous en avez voulu un meilleur.

Toute votre vie durant, vous avez eu des objectifs. Chaque fois que vous faites quelque chose d'important, vous avez un sursaut de fierté. Comme pour la plupart des femmes, les objectifs constituent une partie essentielle de votre vie. Ils vous apportent vitalité et énergie : ils vous permettent d'aller de l'avant.

« Les objectifs laissent entendre qu'il existe un avenir qui vaut le coup d'être vécu, explique le Dr Marilee C. Goldberg. Ils vous font avancer et préservent votre optimisme ; avoir un but peut faire que vous vous sentez plus jeune. »

« Les objectifs renforcent le sentiment de bien-être et d'utilité de la femme. Il est tout à fait naturel de se sentir mieux et plus capable quand on est productif, ajoute le Dr Barry Rovner. C'est aussi simple que cela : comme votre cœur a besoin de sang, votre esprit a besoin d'un objectif ou d'un but. Ceux qui n'ont pas cela se sentent perdus, comme à la dérive. »

Ils font du bien au corps

Nous avons toutes des objectifs, même s'ils sont aussi banals que le fait de régler ses factures à temps. En fait, chaque semaine, la femme moyenne atteint des dizaines d'objectifs parmi lesquels faire son quota de travail, rentrer à temps pour aller voir son fils jouer au football ou se promener après dîner avec son mari, dit le Dr Paul Karoly.

« Nous avons tous le même désir général dans la vie, explique-t-il, et c'est d'aller du point A au point B. Fondamentalement, cela signifie avoir des objectifs et naviguer pour les atteindre. Les études montrent que les individus qui se fixent des objectifs raisonnables sont mieux satisfaits de la vie et d'eux-mêmes. »

Les objectifs contribuent aussi à garder l'esprit et le corps au maximum de leur forme, dit le Dr Dennis Gersten. « Quand vous n'avez pas d'objectifs, que se passe-t-il ? Vous n'êtes pas motivée pour préserver votre santé et le bon état de votre corps. Votre vie n'a pas de sens et vous ne vous sentez pas entière. Avoir des objectifs vous apporte une plénitude sur le plan psychologique, spirituel et physique. Et cela peut vous donner une meilleure santé et éloigner le stress. »

Les objectifs empêchent l'ennui, ce qui est important parce que l'ennui augmente les risques de maladie, nous apprend le Dr Howard Friedman.

« Il se passe quelque chose que nous ne comprenons pas très bien, cependant, dit-il. Il se peut que, lorsque vous vous sentez défiée par un objectif à atteindre, cela déclenche un processus psycho-physiologique dans votre corps. Il se peut aussi que les gens qui ont un objectif fassent d'autres choses positives, comme manger mieux ou faire davantage de sport. »

De plus, les objectifs difficiles à atteindre, mais tout de même réalisables, sont plus motivants que ceux trop faciles ou impossibles, dit encore le Dr Karoly.

« Quand une tâche vous apparaît trop facile ou impossible, vous n'avez aucune motivation. Mais si elle vous semble raisonnable, cela vaut le coup d'essayer. Votre pouls s'accélère et vous vous sentez plus énergique. »

Votre objectif est-il vraiment un rêve ?

Imaginez que vous voulez aller de Paris à Lyon. Vous montez en voiture, mais vous n'avez pas de carte routière et il n'y a aucun panneau de signalisation. Le compteur de votre voiture est en panne. Vous ne savez pas combien de kilomètres vous parcourez, ni même si vous êtes dans la bonne direction. C'est cela, avoir un rêve ou une vision sans objectifs.

Les objectifs sont la carte routière, les panneaux et le compteur qui vous aident à rester sur la bonne route pour que vous puissiez réaliser votre rêve, dit le Dr Goldberg. Les rêves ou les visions sont souvent difficiles à réaliser parce qu'ils sont trop vagues. Les objectifs, eux, sont bien précis.

« Les gens ne savent pas faire la distinction entre objectifs et visions, et cela les mène à l'échec, ajoute-t-il. Dire « Je veux être célèbre » relève de la vision, pas de l'objectif. Cette affirmation n'a pas de critère permettant de mesurer si vous êtes en progrès et est impossible à réaliser. Un objectif, ce serait : « Je vais téléphoner à dix personnes et leur demander de prendre le café avec moi, je ne m'arrêterai que lorsque l'une d'elles aura dit oui. ». Cela, c'est mesurable. Vous pouvez savoir si vous avez passé vos coups de fils et si quelqu'un a accepté. »

Établissez votre stratégie

Vos objectifs n'ont pas besoin d'être grandioses ou spectaculaires pour vous donner de l'énergie, dit le Dr Gersten. Mais que vous décidiez de passer plus de temps avec votre famille, d'organiser une vente aux enchères ou de trouver dix mille francs pour aider un village vietnamien, plus vous donnez forme à vos objectifs, plus vos rêves auront de chances de se transformer en réalité. Voici comment.

Notez vos objectifs. Jeter vos objectifs sur le papier vous les rendra plus tangibles, conseille le Dr Friedman. Conservez votre liste dans un endroit facile d'accès et cochez chaque objectif une fois atteint. Assurez-vous d'y mêler des objectifs faciles, qui vous encouragent (lire le journal chaque jour, par exemple), et d'autres plus difficiles, qui vous lancent des défis (augmenter votre productivité quotidienne de 10 %, par exemple).

Commencez par le commencement. Après avoir établi la liste de vos objectifs, demandez-vous lesquels sont les plus importants et commencez à travailler dessus. « Les gens commencent souvent par les choses les moins importantes, constate le Dr Friedman, et les choses vraiment importantes ne sont jamais réalisées. »

Faites le tri. Ne vous dispersez pas trop. Si vous avez plus d'objectifs que ce que vous pouvez accomplir, vous épuiserez votre énergie et vous sentirez découragée et déprimée. Il vaut mieux avoir un ou deux objectifs bien définis et d'importance qu'une douzaine moins intéressants, dit le Dr Friedman.

Aimez votre objectif. Choisissez des objectifs qui vous passionnent et vous aurez plus de chances de les atteindre, dit le Dr Gersten. Si vous commencez à collectionner les petites cuillères en argent et que le cœur n'y est pas, vous ne vous y tiendrez probablement pas. Mais si vous êtes une fan de tennis, il est évident que vous réussirez mieux si vous vous mettez à collectionner les autographes et autres souvenirs.

Allez au positif. « Au lieu de vous concentrer sur ce que vous ne voulez pas, créez un objectif qui exprime vos désirs », suggère le Dr Gersten. Les objectifs positifs sont plus agréables et plus efficaces que les négatifs. Si vous dites : « Je ne mangerai pas d'éclairs au chocolat », vous fixez votre attention sur un objectif négatif, et cela rend les éclairs au chocolat encore plus désirables. Il vaut mieux se dire : « Je vais avoir une alimentation plus équilibrée qui comprenne davantage de fruits et de légumes. Si j'ai envie d'un éclair, ce sera une récompense et je ne me sentirai pas coupable. »

Soyez réaliste. Les objectifs doivent être spécifiques, mais aussi réalistes, dit le Dr Goldberg. Si vous dites que vous ne regarderez plus jamais la télévision, c'est assez irréaliste parce que les objectifs comprenant des mots tels que « jamais » ou « toujours » sont impossibles à atteindre. Il est plus raisonnable de limiter la télévision à deux heures par jour, par exemple.

Ne vous faites pas souffrir. Un objectif trop difficile à atteindre ou qui met votre santé en danger n'est pas valable. « Prenez votre bien-être en compte, quel que soit votre objectif, dit le Dr Goldberg. Si vous voulez faire le jardin mais avez mal dans le dos, vous obliger à vous mettre à genoux n'est peut-être pas une riche idée. Si c'est vraiment important, demandez de l'aide à un voisin ou à un jardinier. »

Fixez une date butoir. Sans cela, nous serions bien peu à atteindre nos objectifs. « Fixer une date limite ne signifie pas que vous êtes mauvaise si vous ne la respectez pas, nous rassure le Dr Goldberg. Elle vous donne un but bien ciblé dans le temps. Si vous n'avez pas fait tout ce qui était prévu quand cette date survient, pardonnez-vous, réévaluez votre projet et donnez-vous une nouvelle date. »

Divisez pour mieux régner. Constituer des objectifs intermédiaires permettra de mieux atteindre le but final, dit le Dr Goldberg. Si vous voulez mettre 15 000 francs de côté pour faire un voyage en Chine dans deux ans, vous aurez probablement plus de mal à économiser si vous pensez à la somme globale ; essayez plutôt d'économiser 20 francs par jour ou 150 francs par semaine.

Impliquez vos amies. Si vous parlez de votre objectif à une amie ou, mieux, si vous réussissez à ce qu'elle vous aide à l'atteindre, vous vous sentirez plus motivée, dit le Dr Friedman.

Trouvez-vous un modèle. Si quelqu'un que vous admirez est parvenu au même objectif que vous, inspirez-vous de cette personne, conseille le Dr Gersten. Accrochez sa photo ou une citation d'elle sur la porte du réfrigérateur. Chaque jour, imaginez le plaisir qu'elle a pu éprouver à faire ce que vous-même avez envie de faire.

Pas de compétition. Apprenez en observant le succès des autres, mais ne cherchez pas à le dépasser. Si vous écrivez des chansons, étudiez les œuvres des grands auteurs-compositeurs, mais ne cherchez pas à vendre plus de disques que les Beatles. « Vous serez moins stressée et plus créative si vous faites de votre mieux, plutôt que d'essayer d'être la meilleure du monde », dit le Dr Gersten.

Oubliez votre ego. Préparez-vous au rejet et à la critique. Vous devez même accueillir la critique parce qu'elle vous aide à vous concentrer sur votre objectif. « Quand vous entreprenez de travailler sur une chose qui vous importe, mettez votre fierté de côté et laissez les gens vous passer à la Moulinette, dit le Dr Gersten. Quand j'écris un livre, je le donne à six amis qui le démolissent. Je dois complètement réorganiser mon travail. Pour atteindre son objectif, il faut se plier à ce genre de critique. »

Oubliez la perfection. Si vous pensez que vous devez faire les choses à la perfection, il est probable que vous n'atteindrez jamais votre objectif. « Vous devez faire de votre mieux, mais la perfection n'est pas votre objectif », affirme le Dr Gesten.

Votre objectif ne doit pas vous nuire. Un objectif qui vient interférer avec la vie sociale ou familiale peut être synonyme de problèmes, dit le Dr Brian Little. « Supposons que votre but est de perdre 10 kilos et que vous allez faire une heure de jogging chaque matin, dit-il. A moins d'en parler à votre mari, vous ne saurez peut-être pas qu'il adore parler avec vous pendant cette heure-là parce que c'est votre seul moment de tranquillité de la journée avant que les enfants ne se lèvent. Votre objectif doit répondre à vos désirs, sans pour autant négliger les envies d'autrui. » Faites un compromis : au lieu d'une heure le matin, courez deux fois 30 minutes dans la journée.

Ayez la vision de la réussite. Imaginez que vous avez déjà atteint votre but et que chacun loue vos efforts. Cela peut vous motiver pour atteindre cet objectif. « J'imagine que le livre que j'écris est en tête des ventes et cela me donne envie d'écrire le meilleur livre dont je sois capable », dit le Dr Gersten.

Récompensez-vous. Faites-vous de petits cadeaux, un compact disque par exemple, un séance chez la manucure ou un un petit dessert allégé, quand vous atteignez un but, aussi petit soit-il, conseille le Dr Goldberg. Et n'oubliez pas de vous féliciter.

Revoyez vos objectifs. « Il est important de faire le point de vos objectifs tous les six mois, parce que les circonstances ont peut-être changé ; certains objectifs ne correspondent peut-être plus à vos besoins », dit le Dr Goldberg. Si tel est le cas, ne vous y accrochez pas. Trouvez quelque chose de plus important que vous puissiez faire dès maintenant.

OPTIMISME

Le meilleur allié de votre santé

Vous vous demandez parfois si cette femme resplendissante, oui, celle qui a son bureau au rez-de-chaussée, n'a pas, parfois, « un petit pois dans la tête ». Même lorsqu'elle passe par des moments difficiles, elle semble toujours voir le côté positif des choses. Et vous vous dites : « Elle n'éprouve donc pas les mêmes choses que nous ? Les optimistes ne voient donc pas les aspects sombres de l'existence ? »

Pas du tout. L'optimisme, ce n'est pas ignorer ce qui est réel, mais prendre conscience de la façon dont on interprète la cause des événements, dit le Dr Martin Seligman. « Et il y a de grandes chances pour que l'optimisme vous maintienne en meilleure santé pendant votre maturité et votre vieillesse. »

Ce qui est vraiment au cœur de l'optimisme, explique le Dr Seligman, c'est la façon de s'expliquer ses expériences négatives. Quand une chose désagréable arrive à une pessimiste, elle se lance la plupart du temps dans une sorte de grommellement mental du genre : « Tout est de ma faute, il n'y a rien à faire, c'est la catastrophe. »

Quelle est l'explication de l'optimiste ? « Je n'ai pas eu de chance, cela va passer et je m'en tirerai mieux la prochaine fois grâce à ce que m'a appris mon expérience. » Avec ce type de raisonnement, l'optimiste a l'impression de mieux dominer son avenir – et sa santé.

Autorisez-vous à guérir

L'optimisme peut vous apporter une véritable souplesse de caractère quand vous prenez des années. « La recherche a montré que les attitudes et les idées optimistes sont associées à une moindre incidence des maladies ainsi qu'à une plus prompte guérison », dit le Dr Christopher Peterson.

« Vous ne trouverez pas une femme de 85 ans n'en paraissant que 20, même si elle arbore un badge prétendant cela! », dit le Dr Peterson. Mais les optimistes étant plus à même de penser qu'ils peuvent prendre en charge leur santé et ne pas entrer passivement dans la vieillesse, ils ont tendance à prendre mieux soin d'eux. « Ils dorment mieux, ne boivent pas ou ne fument pas autant, font régulièrement du sport et échappent davantage à la dépression », ajoute-t-il.

Qui a le plus de chances de vivre mieux et plus longtemps ? Si vous êtes fataliste et croyez que rien de ce que vous pouvez faire n'arrêtera le vieillissement, vous serez moins motivée pour vous tenir à l'écart des habitudes qui accélèrent l'arrivée de la vieillesse, dit le Dr Peterson. Les optimistes ont, pour leur part, tendance à faire des choix plus sains.

« Quand un optimiste tombe malade, dit encore le Dr Peterson, il va voir son médecin, suit ses conseils et prend les médicaments prescrits. Il s'autorise à guérir, en un mot. »

Tout est dans l'attitude

Le pessimisme est le reflet négatif de l'optimisme : il peut abaisser la résistance aux maladies, augmenter les risques de maladies cardiovasculaires et même abréger la durée de vie.

Le pessimisme peut affaiblir le système immunitaire. C'est ce qu'ont découvert les chercheurs de l'université de Yale, de l'université de Pennsylvanie et de l'hôpital du Prince de Galles à Sidney (Australie). Ils ont interrogé 26 hommes et femmes pour savoir quelles explications ils donnaient à leurs problèmes de santé, puis ont testé l'activité de leurs cellules immunitaires. Ils ont découvert que les pessimistes avaient un taux plus élevé de cellules T-suppressives, qui interfèrent avec l'action des cellules chargées de dynamiser l'immunité. Les chercheurs ne connaissent pas le mécanisme exact du rapport entre le pessimisme et l'immunité, mais ils pensent qu'il peut constituer un important facteur de risque dans le cas des maladies liées à l'immunité.

Votre système immunitaire n'est pas la seule partie de votre organisme déprimée par le pessimisme. Le Dr Seligman dit que le pessimisme est une sorte de dépression – une étude montre d'ailleurs qu'un cœur « lourd » est plus enclin aux maladies cardiaques –, chez les hommes en tout cas. Le Centre national pour la prévention des maladies chroniques à Atlanta a suivi pendant 12 ans la santé et les attitudes de 2 832 adultes. On a constaté que ceux qui affichaient les attitudes les plus négatives et les plus désespérées couraient le plus grand risque de développer des maladies cardiovasculaires. L'étude ne s'est intéressée qu'à des hommes, mais, pour le Dr Seligman, les femmes déprimées sont peut-être encore plus vulnérables.

De nombreuses études montrent que la dépression touche plus les femmes que les hommes. Les raisons diffèrent énormément – cela va des différences génétiques, des niveaux de stress et de l'inégalité des salaires à la volonté accrue qu'ont les femmes de faire connaître leur maladie afin d'obtenir du secours.

Mais le Dr Susan Nolen-Hoeksema a passé en revue des centaines d'études sur la dépression et le sexe pour conclure que la plupart de ces raisons ne reposent sur rien de bien concret. Et elle propose une autre explication.

Cela tient probablement à la façon différente dont les femmes et les hommes réagissent à des situations et des pensées déprimantes, dit le Dr Nolen-Hoeksema. Les études ont montré que les hommes ont tendance à passer à l'action pour se distraire quand ils sont déprimés. Les femmes ont plus tendance à ruminer et à analyser leur état, ce qui ne peut que renforcer les sentiments pessimistes.

Il y a beaucoup à dire sur l'apprentissage des attitudes optimistes, une chose à faire dès aujourd'hui, avant que la vieillesse ne s'installe. Certains chercheurs pensent que le pessimisme commence à avoir un effet négatif sur la santé entre 35 et 50 ans. D'autres études montrent que, lorsque l'on se sent triste ou abattu, on risque davantage d'accueillir prématurément la Camarde et sa faux.

Les chercheurs du Centre de gérontologie de l'université Brown, à Providence (Rhode Island), ont étudié les réponses apportées par 1 390 hommes et femmes âgés aux questions concernant leur vie quotidienne et leurs problèmes de vieillissement. Ceux qui pensaient que leurs problèmes étaient le résultat inévitable du vieillissement présentèrent, dans les quatre années suivantes, un taux de mortalité supérieur de 16 % par rapport à ceux qui pensaient qu'ils étaient dus à des maladies spécifiques pouvant être prises en charge par la médecine.

« Les gens qui pensent que leurs problèmes ne sont dus qu'à l'âge disent en fait qu'ils ont une maladie incurable, dit le Dr William Rakowski. En revanche, les optimistes – ceux qui pensent qu'il s'agit d'un trouble spécifique et guérissable – disent : « Je peux y faire quelque chose ». »

Apprendre à espérer

Que faire si vous avez depuis toujours l'habitude de broyer du noir ? Vous pouvez apprendre à cultiver une attitude un peu plus combative, et il n'est jamais trop tard pour débuter, dit le Dr Seligman. « Je suis moi-même pessimiste de naissance, dit-il. J'ai dû apprendre ces techniques et je les utilise tous les jours. »

Observez vos amis. Regardez l'attitude de vos amis, dit le Dr Peterson. « L'optimisme et le pessimisme sont des états contagieux. Pour « attraper » l'optimisme, fréquentez principalement des gens positifs. »

Négociez avec les individus négatifs. De même, vous ne pouvez être la seule optimiste d'une famille de pessimistes, dit le Dr Peterson. Vous ne

Quand le pessimisme se révèle utile

Le pessimisme extrême ne fait de bien à personne, mais certains métiers exigent une solide dose de réalisme. Le pessimisme est alors synonyme de réussite, dit le Dr Martin Seligman.

Selon lui, les pessimistes modérés réussissent fort bien dans les branches d'activité suivantes :

- Design et sécurité
- Estimation des coûts
- Négociation de contrats
- Comptabilité et contrôles financiers
- Droit (mais pas litiges)
- Administration des entreprises
- Statistiques
- Rédaction technique
- Contrôle de qualité
- Gestion des ressources humaines

Quand avez-vous besoin d'être une optimiste à tout crin ? Dans la vente, le courtage boursier, les relations publiques, la comédie, la collecte de fonds, les métiers créatifs, très compétitifs ou impitoyables, l'optimisme est absolument recommandé.

---

pourrez que céder sous le poids du nombre et devenir pessimiste vous-même. Si un membre de votre famille suinte le pessimisme par tous les pores de sa peau, dites-lui : « Ça me rend folle de t'entendre parler comme ça, tu ne pourrais pas être négatif une fois par semaine, pas plus ? »

Savourez votre réussite. On nous apprend toujours à être modeste, constate le Dr Peterson, mais il ne convient pas de minimiser vos succès en disant tout simplement « J'ai eu de la chance ». Dites-vous plutôt : « J'ai travaillé dur, j'ai fait du bon boulot et je suis fière de moi », explique-t-il. C'est la façon optimiste de saluer un événement heureux, réalisé grâce à vos propres efforts.

Affrontez les faits sans jamais abandonner. L'optimisme, cela ne signifie nullement que vous n'êtes pas en contact avec la dure réalité des choses, dit le Dr Rakowski. « Soyez réaliste à propos de ce qui s'est passé dans votre vie : "Oui, j'ai eu des moments difficiles", "Dans ce cas-là, j'ai été victime des circonstances", "Ça, c'était de ma faute, mais ça, ça ne l'était pas", ou encore "J'ai bien réussi". Servez-vous de l'optimisme pour résoudre vos problèmes. Dites-vous : "Avec de l'effort et de l'initiative, mais aussi un peu de chance, je vais encore connaître des moments superbes" », dit-il.

Tirez le meilleur parti des difficultés. Certaines personnes rencontrent beaucoup d'adversité et, malgré tout, se considèrent toujours comme optimistes, déclare le Dr Rakowski. Pourquoi ? « Quand vous êtes optimiste, dit-il, vous croyez aussi que vous pouvez tirer le maximum de ce qui vous arrive. Parfois, vous devez redéfinir vos objectifs et abandonner un projet initial. Mais votre objectif fondamental est de toujours tirer le meilleur parti des choses. »

Prenez vos distances. Il est essentiel de se rendre compte qu'il y a une différence entre ce que l'on croit et ce qui est, prévient le Dr Seligman. Si une collègue de travail vous jalouse et vous dit : « Tu es une gestionnaire lamentable, tu n'y arriveras jamais à ce poste », vous savez ignorer ses remarques. Mais quand vous vous dites : « Je suis incapable d'équilibrer mon budget, je suis vraiment idiote », que faire ? C'est aussi peu fondé que les insultes nées de la jalousie, c'est seulement une pensée négative. « Vérifiez la crédibilité de ce que vous croyez et discutez avec vous-même », suggère-t-il.

L'ABC de l'optimiste. Il se passe trois choses quand vous êtes confrontée à une situation difficile, dit le Dr Seligman. Rappelez-vous les lettres A, B et C. Vous régissez à l'**A**dversité par une certitude **B**ien fondée qui détermine des **C**onséquences. Prenons l'exemple suivant : vous êtes au téléphone en train d'essayer de vendre un produit. Votre premier interlocuteur vous raccroche au nez : adversité. Vous réagissez par une certitude bien fondée : « S'il dit non, c'est que le prochain dira oui ». Conséquence : vous vous détendez et repartez d'un bon pied. Comparez avec la réaction suivante : « Je n'y arriverai jamais, je suis vraiment nulle. » Elle n'engendre que des réactions négatives.

Chassez les pensées négatives. Quand vous avez pris conscience de vos pensées négatives, vous pouvez apprendre à cesser de penser de manière pessimiste. Quand une pensée négative trotte sans arrêt dans votre tête, vous pouvez abattre votre poing sur la table en criant que ça suffit. Ou vous mettre un élastique autour du poignet et le faire claquer contre votre peau à chaque pensée négative. Ou encore la jeter sur un morceau de papier pour y réfléchir plus tard. Ces techniques peuvent tuer le pessimisme dans l'œuf.

Donnez un peu. Si des circonstances négatives vous ont rendue malheureuse, faire de votre mieux pour aider autrui peut vous procurer une vision des choses plus optimiste, dit le Dr Rakowski. Que vous travailliez comme bénévole dans une association ou écoutiez simplement les misères d'une amie, peu importe : vous trouverez bien un moyen d'aider. Il y a un sentiment du devoir accompli lorsque l'on donne, explique-t-il, et cela peut vous arracher à votre douleur.

Sortez de la dépression. « Si vous êtes une vraie pessimiste, il y a de grandes chances pour que vous soyez déprimée », dit le Dr Peterson. « Il convient que vous entrepreniez une thérapie qui vous donnera meilleure santé et améliorera votre vie. » La thérapie comportementale cognitive vous apprend à repousser les manières de penser défaitistes : elle est particulièrement utile lorsque la dépression rôde alentour, dit-il. Les malheureux chroniques ne cessent d'émettre des commentaires négatifs sur leur existence, si souvent qu'ils n'en ont même plus conscience. Un thérapeute peut enseigner à penser différemment quand cela vous arrive. Ces techniques ne réduisent pas la fréquence des épisodes dépressifs, mais elles les raccourcissent, indique-t-il. Dans certains cas, plus graves, il faut également avoir recours aux antidépresseurs.

PARDON

Une excellente thérapie pour le corps et pour l'âme

Nous avons toutes été victimes des injustices de la vie. Il y a le petit ami qui vous brise le cœur. Le patron qui vous flanque à la porte. Le voyou qui vous arrache votre sac. Vous êtes furieuse. Mais, la plupart du temps, vous vous en remettez.

Pourtant, quand vous gardez une dent contre quelqu'un, ce n'est pas seulement votre calme que vous perdez. Votre énervement et votre colère peuvent se retourner contre vous, nuire à votre productivité et à vos performances professionnelles, à vos relations et peut-être même à votre bonheur. Si vous n'y prenez pas garde, tout cela se retournera contre vous.

« Il est indiscutable que le fait de s'accrocher à des griefs et de se montrer impitoyable peut vous faire vieillir, dit Dr Gerald G. Jampolsky. Cela peut non seulement provoquer de la tristesse et de l'anxiété, mais aussi des rides, des maladies cardiovasculaires, de la dépression et tout un tas de problèmes physiques qui viennent gâcher votre vie. En revanche, quand vous pardonnez, vous effacez l'ardoise et pouvez même réparer certains dégâts. »

Vous n'avez pas à vous humilier

Vous devez d'abord apprendre ce qu'est le pardon. Ce n'est ni se comporter comme une lavette, ni tendre l'autre joue quand on vous a frappée. Vous n'avez pas à « la jouer cool » avec l'objet de votre fureur ni même laisser les gens qui vous ont fait du mal revenir dans votre vie.

« Pardonner, ce n'est pas faire comme si la situation ne s'était jamais présentée, dit le Dr Robert Enright. Cela signifie que vous acceptez ce qui s'est produit, tentez d'accepter celui ou celle qui vous a fait du mal et reconnaissez le préjudice, tout en prenant la peine de ne pas laisser ce préjudice détruire votre existence. »

Le Dr Redford B. Williams ajoute : « Cela ne veut pas dire que vous devez pardonner et oublier. Il est bon de se souvenir. Mais cela ne doit pas devenir un obsession. Une fois que vous avez abandonné tout désir de vengeance, vous prenez consciemment la décision de vous empêcher de penser sans arrêt au mal qu'on vous a fait. Quand vous faites cela, vous vous sentez mieux, tant sur le plan physique qu'émotionnel. »

Pardon et bien-être

En collaboration avec le Dr S. T. Tina Huand, le Dr Enright a découvert que plus les gens éprouvaient du ressentiment, plus cela affectait leur tension artérielle. « Nous avons constaté chez les patients étudiés que, chaque fois qu'ils se rappelaient un épisode douloureux, on assistait à une brusque montée de la tension artérielle s'ils ne savaient pas pardonner à ceux qui leur avaient fait du mal », dit le Dr Enright.

Les personnes qui avaient appris à pardonner voyaient leur tension diminuer. C'est important, car les experts pensent qu'une vieille rancœur peut provoquer les mêmes dégâts chez un homme que chez une femme. Les hommes ont un taux plus élevé de maladies cardiovasculaires et, cela dit en passant, plus de mal à accorder leur pardon.

« Tout le mal qu'une colère non résolue peut faire à un homme, il le fait aussi à une femme, dit le Dr Williams. Ce « mal » s'en prend aussi bien aux hommes qu'aux femmes. Votre cœur n'est pas le seul à en faire les frais. Les individus moins enclins à pardonner courent un risque supérieur de mourir de toutes sortes de choses. »

Y compris du cancer. La recherche montre qu'une tendance au ressentiment et une incapacité notoire à pardonner sont associées à un risque accru de cancer, dit le Dr O. Carl Simonton. D'autres chercheurs soutiennent que le stress lié à la rancune l'est également à un taux plus élevé de migraines, d'ulcères, de douleurs lombaires et de rides, et même de rhumes, de grippes ou d'autres maladies infectieuses.

Ne pas savoir pardonner fait également payer un lourd tribut à votre jeunesse. « Nous avons constaté que les personnes les moins aptes à pardonner étaient aussi celles qui s'estimaient le moins et présentaient les plus hauts taux d'anxiété et de dépression, dit le Dr Enright. Mais quand elles apprennent à pardonner, l'estime pour elles-mêmes augmente en même temps que diminuent l'anxiété et la dépression. Je crois pouvoir dire que les gens qui ont une meilleure idée d'eux-mêmes s'occupent mieux d'eux et se sentent mieux. » Il est même possible qu'ils paraissent plus jeunes.

Comment favoriser le pardon

Comment apprend-on à pardonner ? Après tout, cela ne revient-il pas à envoyer un message comme quoi vous êtes au-delà de la douleur, ou même que vous fermez les yeux sur certains types de comportement ? Pardonner, n'est-ce pas passer pour un gogo ?

« Pas si vous réalisez qu'il y a une différence entre pardon et réconciliation, dit le Dr Enright. Disons que, quand vous avez grandi, un de vos parents était quelque peu éloigné de vous du point de vue affectif. Peut-être votre père travaillait-il trop ou ne passait-il pas assez de temps avec vous. Avec le pardon, vous essayez de comprendre la situation de son point de vue : peut-être n'a-t-il tant travaillé que pour rapporter de l'argent à la maison. Avec le pardon, vous faites de votre mieux, seul, pour reconstruire quelque chose sur cette relation. Avec la réconciliation, c'est vous deux qui tentez de reconstruire la relation. »

Heureusement, c'est une chose que l'on fait mieux quand on devient adulte. « Lors d'une étude, les étudiants étaient moins enclins à pardonner que leurs parents et éprouvaient plus d'anxiété qu'eux par rapport à un problème donné », dit le Dr Enright. À l'âge adulte, nous sommes statistiquement plus désireux de pardonner. Les experts disent qu'en pratiquant la pardon dès aujourd'hui, et peu importe votre âge, vous pouvez conserver jeunesse et santé pendant encore longtemps. Voici comment.

Pensez au présent. Les enfants vivent dans le présent : ils ne s'attardent pas dans le passé et ne s'inquiètent pas de l'avenir. C'est un modèle à suivre pour les femmes qui essayent de venir à bout de leurs souffrances. « Quand vous avez quatre ans et qu'un ami vous prend votre jouet, vous jurez que vous le détestez et ne lui parlerez jamais plus. Dix minutes plus tard, vous jouez ensemble comme s'il ne s'était rien passé », dit le Dr Jampolsky.

« Il est important de faire de la paix de l'esprit notre unique objectif, ajoute-t-il, et de reconnaître que l'attachement à la colère n'apporte pas vraiment la paix. Les gens qui se sentent le moins accablés par l'âge sont ceux qui ont plus de quatre-vingts ou de quatre-vingt-dix ans : ils ont ce que j'appelle une amnésie céleste et ne vivent plus que dans le présent. »

Choisissez d'être heureuse, pas d'avoir raison. Il est important de se demander si l'on veut être heureuse ou avoir raison, et il est important de ne pas donner systématiquement tort aux autres et raison à soi-même. « La première étape du pardon, c'est le désir de pardonner, dit le Dr Jampolsky. Quand nous comprenons que se tenir à des pensées impitoyables revient à un désir de souffrir, il nous est plus facile d'avoir le désir de pardonner, de guérir le passé. Quand nous pardonnons, l'autre n'a pas à changer. Ce sont seulement nos pensées et nos attitudes qui changent. Pardonner ne signifie pas être d'accord avec un comportement. »

Gardez cela pour vous. Vous vous sentez gênée ou ridicule de dire à quelqu'un « Je te pardonne » ? Eh bien ne le dites pas. Vous n'avez pas à offrir directement votre pardon aux gens qui vous ont fait du mal, dit le Dr Sidney B. Simon. Vous essayez simplement de voir les choses de leur point de vue.

Demandez-vous ce qui vous tracasse vraiment. Parfois, l'origine de votre ressentiment est dissimulée au plus profond de vous et vous ne le savez même pas – jusqu'à ce que vous vous cogniez dans un coin de table, et alors c'est le déchaînement ! « Quand on s'énerve pour la moindre des choses de la vie de tous les jours, c'est que l'on est perturbé par une chose intérieure que l'on n'a jamais pardonnée », dit le Dr Simon. Demandez-vous d'où vous vient cette colère et saisissez-la à bras le corps. Si vous n'y arrivez pas seule, un psychothérapeute pourra vous aider.

Ne soyez plus une victime. Il y a souvent ressentiment quand vous êtes victime – d'un crime, d'une histoire d'amour brisée ou de toute autre situation où vous vous êtes sentie impuissante. Parfois, l'incapacité à nous pardonner vient du sentiment que nous n'en avons pas fait assez pour arrêter cet événement. Mais en agissant après coup, bien des femmes se pardonnent plus facilement. Agissez contre l'injustice. Votre mécanicien auto vous prend de haut ? Dites-lui d'arrêter, sinon vous n'aurez plus affaire à lui. Votre mari vous trompe ? Faites-lui connaître vos sentiments. Vous êtes victime d'un crime ? Portez plainte.

Prenez la plume. Il se peut que vous éprouviez de la colère ou du ressentiment, mais ne sachiez pas trop pourquoi. Si vous savez pourquoi, vous n'osez peut-être pas nommer le coupable. Quoi qu'il en soit, jetez vos pensées sur le papier, dit le Dr James Pennebaker. Écrivez vos sentiments – dites comment vous vous sentez au lieu de dire simplement que vous vous sentez mal. En faisant cela tous les jours, à raison de 20 minutes par jour, votre « cahier de doléances » vous permettra de faire le tri dans vos sentiments et de mieux cerner l'objet de votre ressentiment. Vous pourrez ainsi mieux pardonner.

PEAU (SOINS DE LA –)

Des efforts qui en valent la peine

Votre vie est si active que vous avez à peine le temps de dormir, de manger ou d'aller chez l'épicier. Il est évident que vous n'avez pas une minute à consacrer à votre peau.

Et pourtant, protéger votre peau ne prend que peu de temps. Malgré les noms ronflants des produits sophistiqués ou la complexité des techniques de soin, ce n'est une chose ni difficile, ni coûteuse.

Il vous suffit de nettoyer votre peau, de l'hydrater et de la protéger du photo-vieillissement – les taches, rides et craquelures provoquées par une trop longue exposition au soleil.

Si vous utilisez une protection solaire quotidienne, les médecins vous assurent que, au bout d'un certain temps, votre peau réparera seule les dommages subis : vous vous sentirez alors plus jeune et plus fraîche.

Certains produits, comme la crème hydratation active Neutrogena, qui combine crème hydratante et protection solaire, vous permettent de gagner du temps.

Intéressons-nous donc à un programme réaliste, qui laisse votre peau saine et jeune sans pour autant nuire à votre emploi du temps.

Toujours en douceur

Peu importe que votre peau soit normale, grasse, sèche ou abîmée par le soleil : selon les dermatologues, le maître mot du nettoyage est « en douceur ». Des produits doux, une manipulation douce. Pourquoi ? Chaque fois que vous frottez d'une manière ou d'une autre votre peau, vous risquez d'étirer les minuscules fibres cachées sous sa surface et qui lui donnent sa fermeté et sa jeunesse.

« Tout ce que vous faites à votre visage ajoute un peu de vieillissement », affirme le Dr Albert M. Kligman.

Choisissez des produits doux. Oubliez les lotions astringentes, conseille le Dr Seth L. Matarasso. Un savon au lait peu coûteux comme Dove ou Neutrogena est bien suffisant.

Si votre peau est particulièrement sèche, vous n'avez besoin que d'une toilette matinale avec un pain sans savon ou uniquement de l'eau claire, ajoute le Dr Matarasso. Faites l'essai pour voir ce qui vous convient le mieux.

Pas d'éponge abrasive. En vous nettoyant à l'éponge abrasive, vous aurez l'impression de passer votre visage à l'éponge à vaisselle, dit Carole Walderman. Les minuscules cicatrices enflamment votre peau et attirent les bactéries, et vous risquez de vous retrouver avec une éruption cutanée qui vous rappellera l'acné de votre jeunesse.

De l'eau à température modérée. Utilisez de l'eau chaude, mais pas brûlante, pour vous rincer, dit Leila Cohoon. Et ne pensez pas que de l'eau glacée refermera les pores de votre peau. Pour la bonne raison qu'ils ne s'ouvrent ni se referment, comme chacun le croit à tort.

Tamponnez-vous. Ne vous séchez pas énergiquement, mais tamponnez-vous avec une serviette sèche, dit le Dr Matarasso. « La peau doit conserver une légère pellicule d'humidité, pareille à une rosée » ajoute-t-il.

Une lotion tonique douce. Pour un sentiment de propreté accru, utilisez une lotion tonique à l'eau de fleurs après vous être nettoyée et rincée, dit Carole Walderman. « Quand nous avons la trentaine, nos pores paraissent plus gros parce que la gravité tire sur les follicules pileux et donne aux pores une impression de profondeur, explique-t-elle. Une lotion tonifiante resserre temporairement les pores, peut-être pendant 45 minutes, et permet de mieux appliquer le maquillage. » Appliquez la lotion avec un coton préalablement humidifié et effectuez des gestes délicats de bas en haut.

L'avantage des crèmes hydratantes

Les publicités peuvent dire ce qu'elles veulent : les crèmes hydratantes n'apportent pas d'eau à la peau. Mais elles aident à retenir l'eau présente sur votre visage et votre corps après la toilette, laquelle vient aplanir les fines rides et lisser le visage, dit le Dr Matarasso. Si vous vous essuyez trop le visage, une crème hydratante – quel que soit son prix – paraîtra graisseuse. Mais si vous conservez une pellicule humide après vous être rincée, la crème hydratante permettra à l'eau de pénétrer dans les pores. Si votre peau est grasse, il est possible que vous n'ayez pas besoin de crème hydratante : cela risquerait d'augmenter vos problèmes d'acné.

Voici d'autres choses qu'il vous faut savoir à propos des crèmes hydratantes.

Prenez des AHA. Sous ces lettres étranges se dissimulent les alpha-hydroxy-acides, tirés de sources alimentaires telles que le vin rouge, le lait aigre et les fruits. Certaines études montrent que ces acides peuvent favoriser

Petites recettes pour le visage

Si vous avez un paquet de haricots rouges secs, un mixer et quelques ingrédients de base, vous pouvez vous offrir, de temps à autre, un superbe traitement pour le visage. Marina Valmy vous propose ces recettes qui vous permettront, deux fois par semaine, de rafraîchir votre peau.

Pour une peau normale ou sèche :

Commencez par un masque purifiant. Mettez 2 tasses de haricots rouges secs dans le mixer et broyez en poudre. Mélangez-en 1/2 tasse avec un peu d'eau pour former une pâte que vous étalerez sur tout votre visage (sauf autour des yeux). Gardez ce masque 5 minutes, puis rincez abondamment à l'eau claire. Rangez le reste des haricots broyés dans un pot bien hermétique.

Poursuivez avec un masque hydratant. Mélangez une cuillerée à café de miel, un jaune d'œuf, 1/2 cuillerée à café d'huile d'olive et 1/2 cuillerée à café de crème entière ou demi-écrémée. Appliquez sur votre visage, y compris le pourtour des yeux, et gardez ce masque 15 à 20 minutes tandis que vous vous relaxez. Rincez à l'eau.

Pour une peau grasse :

Nettoyez avec le masque aux haricots (ci-dessus) puis faites un masque tonifiant. Mélangez une cuillerée à café de yoghourt allégé, 1/2 blanc d'œuf, 1/4 de cuillerée à café d'huile d'avocat et une cuillerée à café de persil haché. Conservez 15 à 20 minutes, puis rincez abondamment.

le renouvellement des cellules d'une peau endommagée par le soleil, en adoucir et en affermir la texture. Les magazines féminins en parlent souvent, mais on ne sait pas encore à quel point les alpha-hydroxy-acides des nouvelles crèmes hydratantes réduisent vraiment les rides les plus fines.

Le problème tient peut-être à la faible concentration que l'on trouve dans les produits du commerce, dit le Dr Matarasso. La plupart des produits cosmétiques hydratants ne renferment que de très petites quantités d'alpha-hydroxy-acides, dit-il. Si vous voulez savoir ce que les alpha-hydroxy-acides peuvent vraiment pour vous, parlez des crèmes à haute concentration avec votre dermatologue.

Ne bouchez pas vos pores. Si vous voulez une bonne crème hydratante pour tous les jours mais qu'il vous arrive d'oublier d'en mettre, prenez une crème « non comédogène », indique le Dr Thomas Griffin. Un tel produit ne provoquera pas l'obstruction des pores.

Vérifiez le pH. Si votre peau est fragile, prenez un produit dont le pH approche celui d'une peau normale, donc compris entre 4,5 et 5,5, dit Leila Cohoon. « Bien des produits parlent de pH équilibré, mais cela ne veut rien dire. »

Comment savoir ? « Achetez chez votre esthéticienne ou en pharmacie des papiers indicateurs que vous tremperez dans le produit et qui vous renseigneront sur son pH véritable », dit-elle.

Doucement autour des yeux. Pour la journée, n'appliquez autour des yeux qu'une crème très légère, conseille Carole Walderman. Les crèmes trop épaisses donnent un maquillage épais et plâtreux.

Préservez votre visage et votre corps

L'écran solaire est le produit le plus important que vous puissiez utiliser si vous voulez ralentir le vieillissement de votre peau. Même si vous avez été négligente dans le passé, l'usage dès aujourd'hui d'un écran total préservera la jeunesse de votre peau pendant des années.

Soyez simple. À moins que vous n'aimiez vous tartiner de crème solaire, la meilleure façon d'ajouter un écran protecteur à vos soins quotidiens est d'utiliser une lotion solaire hydratante, indique le Dr Matarasso.

Assurez-vous de son efficacité. Choisissez un écran ou une lotion protectrice dont l'indice SPF est au moins égal à 15, dit le Dr Kligman. Les écrans qui bloquent les UV A et les UV B (écrans totaux) sont évidemment les meilleurs : ils vous protègent des brûlures superficielles et des dégâts plus profonds, ceux qui provoquent rides et affaissement de la peau, ajoute-t-il. Bien des crèmes hydratantes vantent leur pouvoir protecteur, mais la plupart ont un faible indice de protection.

Quand vous dormez

Le soir, nettoyez une nouvelle fois votre peau. Ajoutez une crème hydratante pour la nuit si votre peau a une tendance sèche ou peut-être de la trétinoïne (Retin A) si elle est déjà abîmée par le soleil. Ensuite, dormez paisiblement : c'est le meilleur moyen d'ôter le stress et de rajeunir votre teint.

Ôtez votre maquillage. Il ne faut jamais le conserver pour dormir. Pour bien vous démaquiller, prenez un produit nettoyant à base de vaseline officinale, conseille Marina Valmy. Mais seulement le soir : la vaseline officinale est trop lourde pour un nettoyage ou une hydratation diurne, ajoute-t-elle. Votre savon préféré n'est pas obligatoire : lavez-vous et rincez-vous soigneusement, cela suffira.

Pénétrez dans les pores. Trois fois par semaine, prenez un produit nettoyant qui pénètre bien au fond des pores et que vous appliquerez avec une brosse faciale douce, dit Carole Walderman.

Dormez avec un antirides. Si le soleil a dessiné une multitude de ridules très fines sur votre peau, demandez à votre médecin qu'il vous prescrive du Retin A, dit le Dr Jonathan Weiss. « Le Retin A est un produit merveilleux contre les dégâts causés par le soleil, dit-il. Il peut améliorer la couleur jaune de la peau et la rendre plus rose. Son plus bel effet est toutefois sur les rides et les taches de vieillesse. »

Avec l'aide de votre dermatologue, vous pouvez établir la concentration en Retin A qui correspond le mieux à votre peau. « Après vous être lavée avec un savon doux, laissez votre peau sécher complètement pendant 10 à 20 minutes, dit le Dr Matarasso. Ensuite, appliquez partout gros comme un petit pois de Retin A – autour des yeux (un centimètre en dessous), sur la bouche, la poitrine, les avant-bras, le dos des mains. Si vous utilisez le Retin A, vous n'aurez pas besoin de crème hydratante nocturne, à moins que ce produit ne provoque des rougeurs. Dans ce cas, utilisez-le une nuit sur deux, et alternez avec la crème hydratante. » Vous pouvez également mettre de la vaseline autour de vos yeux. (Pour en savoir plus sur le Retin A, reportez-vous au chapitre Rides, page 278).

Hydratez-vous si cela vous chante. Si vous aimez la sensation de la crème hydratante quand vous vous couchez et que votre peau s'est un peu desséchée avec le temps, appliquez une crème de nuit assez riche, conseille Carole Walderman. Vous pouvez alors mettre une crème plus épaisse autour de vos yeux : elle retient l'hydratation naturelle pendant la nuit, même si, dans la journée, une telle crème est à déconseiller parce qu'elle rend le maquillage trop épais.

N'oubliez pas les lèvres. La nuit, mettez de la vaseline sur vos lèvres, dit Mme Valmy. Leur peau est très fine et la circulation sanguine se fait très près de la surface : cela peut encourager les lèvres à se dessécher. La vaseline interdit l'évaporation de la crème hydratante et vous évite de vous réveiller les lèves gercées.

PETIT DÉJEUNER

Un repas dont on ne peut se passer

Le jour se lève, resplendissant. Vous aussi, vous pouvez l'être – si vous prenez un petit déjeuner. Les études scientifiques montrent qu'un bon repas le matin contribue à protéger votre cœur et vous garde longtemps en pleine forme.

Commençons par parler de cette guerre que vous menez – et perdez systématiquement – pour rester mince, et voyons comment le petit déjeuner peut faire de vous un vainqueur.

Le petit déjeuner semble être le réveille-matin du métabolisme : il le stimule pour qu'il brûle davantage de calories. Une étude dirigée par le Dr Wayne Callaway a montré que les personnes qui prenaient un petit déjeuner avaient un taux métabolique de 3 à 4 % supérieur à la moyenne, alors que celles qui ne prenaient rien se situaient à 4 ou 5 % au-dessous. Cela signifie qu'au cours d'une année, ceux qui se passent de petit déjeuner « conserveront » de 5 à 7 kilos de graisse corporelle, explique le Dr Callaway.

Prendre un petit déjeuner peut également vous aider à maîtriser votre faim et, quand vous sentez la faim venir, à choisir des aliments sans graisses. L'étude menée par le Dr David Schlundt a prouvé que les amis du petit déjeuner choisissaient moins d'aliments gras et plus d'aliments sains et riches en hydrates de carbone ; ils réussissaient également mieux à lutter conte les petites faims de fin de journée.

Les modifications apportées à la chimie du cerveau pendant toute la journée nous poussent à choisir des aliments gras en fin de journée, explique le Dr Callaway. Pour la plupart, à notre réveil, ce sont des hydrates de carbone qui nous attirent, pas des graisses. « C'est comme si nous étions biologiquement programmés pour manger un petit déjeuner sain », dit-il.

Un petit déjeuner sain, c'est-à-dire pauvre en graisses et riche en hydrates de carbone, ne se contente pas de vous aider à lutter contre l'embonpoint. Il joue un rôle capital dans un problème très important, celui des maladies circulatoires : les artères bouchées provoquent en effet chaque année des centaines de milliers de crises cardiaques et d'AVC.

Les maladies circulatoires sont dues en partie aux caillots de sang qui viennent obstruer les artères. Un caillot est formé de plaquettes, petits disques du sang responsables (en temps normal) de la coagulation. Trop nombreuses, elles adhèrent aux parois des artères et les bouchent.

Les chercheurs de la *Memorial University* de Terre-Neuve s'intéressent aux effets des plaquettes. Ils sont constaté que le taux matinal de la substance qui rend les plaquettes adhésives était plus élevé chez les patients qui refusaient le petit déjeuner. Cela signifie-t-il que sauter ce repas peut inciter votre cœur à faire des siennes ?

« Il est prudent et très important de prendre un petit déjeuner chaque matin », dit le Dr George Fodor, responsable de cette recherche si particulière.

Le petit déjeuner peut aussi aider votre cœur en abaissant le taux de cholestérol. Les chercheurs de l'université de Philadelphie ont suivi les habitudes matinales de 12 000 personnes et constaté que celles qui mangeaient des céréales au petit déjeuner – n'importe lesquelles – étaient aussi celles qui avaient le taux de cholestérol le plus bas. Et qui avait le taux le plus élevé ? Les personnes qui ne prenaient pas de petit déjeuner.

« Nous savions que l'une des pires choses que l'on puisse faire pour son alimentation est de sauter le petit déjeuner. Et maintenant, nous avons la preuve que les individus qui mangent des céréales sont ceux qui ont le moins de cholestérol », dit le Dr John Stanton.

Le petit déjeuner peut aussi protéger des calculs biliaires, dit le Dr James Everhart. Se passer de petit déjeuner, c'est jeûner, même provisoirement, et l'on sait que le jeûne augmente les risques de troubles de la vésicule biliaire.

Lève-toi et mange

Bien, vous êtes enfin convaincue : le petit déjeuner tonifie le corps, ce qu'on en voit et ce qu'on n'en voit pas. Mais peut-être ne réussissez-vous pas à vous faire à l'idée de manger un vrai repas à peine levée. Ou peut-être aimez-vous les petits déjeuners à l'anglaise, avec des œufs et du bacon dégoulinant de graisse – juste ce qu'il faut pour transformer vos artères en poubelles à cholestérol. Voici quelques recettes sans danger pour bien commencer la journée.

Faites le premier pas. Vous pouvez habituer votre corps à manger un bon petit déjeuner, même s'il ne l'a jamais fait de sa vie, dit le Dr John Foreyt. « Mangez au petit déjeuner, au déjeuner et au dîner pendant une semaine, même si vous n'avez pas d'appétit. » Dans une semaine ou deux, vous aurez pris l'habitude et ne pourrez plus vous en passer.

CHOISISSEZ LES BONNES CÉRÉALES

Il n'est pas très difficile de choisir les céréales qui vous conviennent le mieux. Vous cherchez des céréales bourrées de vitamines, de minéraux et de fibres, mais où il n'y ait pas trop de graisses, de calories, de sucre ou de sodium. Lisez attentivement les étiquettes des boîtes proposées dans les supermarchés. Les quantités de nutriments indiquées sont celles contenues dans une portion moyenne.

Céréales (100 g)	Fibres (g)	Énergie (kcal)	Lipides (g)	Glucides (g)	Sodium (g)
All-Bran Plus	29	270	3,5	46	0,9
All-Bran Pétales	16	320	2	65	0,8
Kellogg's Country Récolte Fruits	11	350	9	57	0,1
Kellogg's Extra Fruits	9	440	20	58	0,3
Fruit'n Fibre Optima	9	350	6	67	0,6
Spécial Muesli	9	360	10	57	0,05
Kellogg's Extra Chocolat Noisettes	9	470	25	54	0,3

Ne grignotez pas le soir. Et encore moins la nuit, car vous auriez moins faim au petit déjeuner. C'est un cercle vicieux, nous apprend le Dr Robert Klesges : vous n'avez pas d'appétit au petit déjeuner, vous avez plus faim le soir, ce qui vous pousse à grignoter.

Habituez-vous aux céréales. Peu importe ce que vous mangez au petit déjeuner du moment qu'il y a des céréales, dit le Dr Stanton. Choisissez une marque contenant peu de matières grasses et beaucoup de fibres, ajoutez-y des fruits frais coupés pour le goût et les vitamines.

Des crêpes au petit déjeuner. « Les crêpes sont riches en hydrates de carbone et pas trop riches en graisse si vous les faites avec peu d'huile », dit le Dr Schlundt.

Préparez-en assez pour une semaine et congelez-les bien à plat sur une plaque. Quand vous êtes pressée le matin, mettez-en deux au grille-pain.

Des boissons toutes prêtes. Vous trouverez dans le commerce des boissons spécialement préparées pour le petit déjeuner, mais vous pouvez

Céréales (100 g)	Fibres (g)	Énergie (kcal)	Lipides (g)	Glucides (g)	Sodium (g)
Clusters	8,5	380	6,8	69	0,5
Crispy Muesli 5 Fruits	8,5	353	6,4	63,4	0,04
Kellogg's Country Store	8	350	5	68	0,5
Country Crisp Fraises	8	435	16,4	65,5	0,17
Country Crisp Chocolat noir	7,1	459	20,4	60,7	0,15
Quaker Oats	7	368	8	62	traces
Nestlé Fitness	5,7	360	1,4	78,8	0,6
Kellogg's Country Just Right	5	360	3	76	0,6
Cruesli Chocolat	4,5	450	16,5	67,5	traces
Cheerios	3	392	4,9	79	0,7
Kellogg's Corn Flakes	3	370	0,7	83	1,1
Special K	2,5	370	1	76	0,9
Kellogg's Honey Nut	2,5	390	3,5	82	0,7
Pétales de riz et de blé complet	2,5	361	1	75	0,9
Rice Krispies	1,5	370	1	85	1,1

aussi les confectionner. Prenez un fruit coupé en morceaux, une tasse de yoghourt allégé (n'importe quel parfum), un quart de tasse de jus d'orange et des glaçons. Passez au mixer et versez dans un verre.

Pas de bacon. « Personne n'a besoin de manger de viande au petit déjeuner, dit le Dr Schlundt. Mangez des céréales, du pain, des fruits, plus du lait écrémé ou des yoghourts allégés. Avec tout cela, vous serez rassasiée dès le matin. Les glucides de ces aliments sont une véritable source d'énergie. »

POITRINE (SOINS À APPORTER À LA –)

Gardez vos seins fermes et en bonne santé

Vous vous tournez vers la droite et regardez vos seins de profil dans le miroir. Puis vous pivotez et levez les bras au-dessus de votre tête en vous regardant de face. Enfin, vous vous tournez vers la gauche et vérifiez une fois encore.

Mais que diable cherchez-vous ?

Deux choses : Un relâchement de la peau et des vergetures, signe que vous commencez à vieillir – ce que vous allez combattre par tous les moyens à votre disposition –, et les boules, creux, suintements, nodules, une différence de volume entre les seins, un changement de forme ou de couleur, tout ce qui pourrait indiquer la présence d'un cancer.

Nulle femme ne désire constater sur son propre corps les signes du vieillissement, mais ce que nous redoutons le plus est le cancer du sein. Pour une bonne raison, d'ailleurs : c'est, chez la femme, le type de cancer le plus courant.

Ce n'est ni le médecin ni la mammographie, mais la femme elle-même qui découvre son cancer, dans la plupart des cas. Et cela en remarquant que quelque chose ne présente pas l'aspect habituel. Pourtant, 80 % des femmes n'effectuent pas d'auto-examen des seins à intervalles réguliers. Certaines disent qu'elles se sentent gênées de se palper ainsi, d'autres craignent de découvrir le cancer tant redouté.

Ces sentiments reflètent le fait que nos seins constituent un marqueur physique de la transition d'une époque de la vie à une autre : ils commencent à pousser avec les premières règles, s'épanouissent au début

532

de la vie sexuelle active, trouvent leur plénitude quand nous nous préparons à donner le jour, puis s'étiolent et s'affaissent.

Pourtant, les raisons qui font que nous ne palpons nos seins qu'à contrecoeur sont aussi celles qui devraient nous inciter à le faire plus souvent.

Le cancer du sein est une menace de santé majeure pour toute femme de plus de 30 ans, dit le Dr Sondra Lynne Carter. Et la menace ne fait que s'amplifier chaque année.

Les statistiques parlent de « chances » même quand il s'agit de risques. Employons donc ce terme. Alors que vous avez 1 chance sur 21 441 d'avoir un cancer du sein à l'âge de 25 ans, la probabilité est de 1 sur 2 462 à 30 ans, 1 sur 622 à 35 ans, 1 sur 96 à 45 ans et 1 sur 10 à 80 ans.

Comme la majorité des cancers du sein apparaissent après 45 ans, bien des femmes associent étrangement cancer du sein et affaissement de la poitrine : « Je m'en inquiéterai quand je serai vieille », disent-elles. Elles ont tort. L'une et l'autre chose peuvent survenir après 45 ans, mais la prévention doit débuter plusieurs décennies plus tôt.

L'auto-examen des seins

Pour bien soigner sa poitrine, il faut commencer par savoir quand et comment pratiquer l'auto-examen des seins.

Les médecins sont d'accord pour dire que l'auto-examen doit se situer au cours de la première semaine qui suit les règles. Votre objectif est double : premièrement, vous familiariser avec la granulation et les boules caractérisant vos seins pour que tout ce qui sort de l'ordinaire devienne plus qu'évident, et, deuxièmement, détecter toute grosseur (un bon centimètre de diamètre, par exemple) qui apparaît brusquement, demeure au même endroit et perdure pendant un ou deux cycles menstruels.

Quelle est la meilleure façon de pratiquer l'auto-examen des seins ? Celle qui vous mettra le plus à l'aise, disent les spécialistes. Certaines femmes préfèrent faire cela debout, sous la douche, quand leurs seins sont recouverts de savon ; d'autres aiment mieux se tenir devant un miroir ; d'autres enfin se couchent sur le dos.

Voici ce que les médecins préconisent pour que l'auto-examen des seins soit le plus précis possible.

Commencez par vous étirer. Avant de commencer, il est important que vous tendiez les bras au-dessus de la tête et que vous guettiez tout changement apparent dans la configuration de vos seins. Cherchez quelque chose d'important : une fossette que vous n'aviez jamais remarquée ou un mamelon rentré, couvert d'une sorte d'eczéma ou qui sécrète un liquide même quand on le presse pas. Mettez les mains sur les hanches, les épaules en arrière, tendez votre poitrine et regardez à nouveau. Puis mettez les épaules en avant et contractez les muscles de votre poitrine. Toute fossette devrait être évidente dans cette position.

Placez les mains au-dessus de la tête et cherchez toute fossette, tout écoulement anormal ou toute autre modification d'apparence.

Mettez les mains sur les hanches, remontez les épaules vers l'arrière, puis vers l'avant, et cherchez tout changement qui aurait pu survenir depuis votre dernier auto-examen.

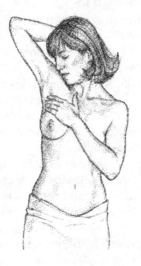

Placez la main droite derrière la tête. Du bout des doigts de la main gauche, examinez l'intégralité de votre sein droit. Répétez ces gestes en levant le bras gauche et en vous palpant le sein gauche. Les différentes techniques d'examen sont décrites dans la partie intitulée « l'auto-examen des seins ».

Cherchez méthodiquement. Il y a différentes façons de pratiquer l'auto-examen proprement dit. Vous pouvez partir du mamelon et suivre des lignes imaginaires qui en partent comme les rayons d'une roue ; en partant du mamelon, vous pouvez tracer des cercles concentriques de plus en plus grands en palpant avec vos doigts ; vous pouvez aussi imaginer que votre sein est recouvert d'un quadrillage, dont vous palpez soigneusement chaque case.

Peu importe la méthode. Placez derrière la nuque la main située du même côté du sein que vous examinez. Les tissus seront ainsi bien tendus.

Un mode de vie anticancer

Des soins de la poitrine sérieux passent également par l'adoption d'un mode de vie propre à réduire les risques de cancer. Nul ne sait trop pourquoi, mais les femmes dont le style de vie permet de réduire la quantité d'œstrogène circulant dans leur corps voient diminuer les risques de cancer du sein. Cela s'applique également aux femmes ayant des antécédents familiaux de cancers du sein.

Quelles sont les meilleures stratégies ? Voici ce que suggèrent les médecins.

Diminuez les graisses. Une étude menée par la faculté de médecine de l'université Tufts, à Boston, a comparé les taux d'œstrogène de deux groupes de femmes : les premières tiraient 40 % de leurs calories des graisses, les secondes 21 % seulement.

Le résultat ? Dans la tranche d'âge précédant la ménopause, les femmes du groupe « riche en graisses » avaient un taux d'œstrogène sanguin de 30 à 75 % supérieur à celui des femmes qui mangeaient plus maigre. Dans la tranche d'âge postérieure à la ménopause, le taux d'oestrogène des premières était supérieur de 300 % !

Mangez des fibres végétales. Les études animales indiquent que certaines substances des plantes – les phyto-œstrogènes – peuvent empêcher les œstrogènes du corps de provoquer un cancer du sein. Les légumes riches en phyto-œstrogène sont le soja, la luzerne germée, les pommes, l'orge, l'avoine et les pois.

Privilégiez les légumes. L'étude de Harvard sur la santé des infirmières, portant sur près de 90 000 femmes, a permis de constater que celles qui mangeaient deux ou trois portions de légumes par jour voyaient leurs risques de cancer du sein diminuer de 17 % par rapport à celles qui en mangeaient moins d'une portion.

Personne n'a d'explication tranchée, mais bien des scientifiques pensent que cela a un rapport avec la présence des vitamines A et C, antioxydants censés neutraliser les substances cancérigènes produites par le métabolisme normal du corps.

Évitez de boire en milieu de cycle. Une étude due à l'Institut national pour la lutte contre le cancer a montré qu'il suffisait de deux verres de cocktails alcoolisés par jour entre le 12e et le 15e jour du cycle pour augmenter de 21 à 31 % le taux d'œstrogène sanguin.

Luttez contre l'affaissement

Les soins à apporter à la poitrine doivent en priorité garder celle-ci en bonne santé, mais certaines femmes veulent également conserver des seins lisses et fermes.

Après la trentaine surviennent deux types d'affaissement selon la taille des seins : avec les gros seins, les mamelons penchent vers la taille ; avec les petits seins, ils reviennent vers le torse.

Le lifting de la poitrine

Quand vous êtes bien droite, les épaules en arrière, ils tombent. C'est désespérant. La cause de cet affaissement est double : vous êtes une femme et la force de gravité est la plus forte.

Mais cela signifie-t-il que vous devez subir un lifting de la poitrine ? Vous seule pouvez répondre à cette question après en avoir débattu avec un médecin. Voilà tout de même quelque informations sur les options qui vous sont proposées.

« Il y a fondamentalement deux types de lifting, dit le Dr Robert L. Cucin. Pour les affaissements peu importants, nous pratiquons ce que nous appelons une mastopexie en forme de beignet. On prend de la peau autour de l'aréole et on la rentre pour relever légèrement le sein. »

Quand l'affaissement est plus sérieux, le Dr Cucin explique que l'on peut pratiquer une mastopexie en forme de T renversé. Le chirurgien incise autour du mamelon, descend à la verticale, puis part en angle droit vers la gauche et la droite. La peau et la graisse excédentaires sont ôtées, le mamelon est repositionné et la peau restante tirée pour soutenir le sein. Les cicatrices font environ 23 centimètres de long et la sensibilité du mamelon dépend de la distance dont on l'a déplacé.

On peut ainsi ressembler soit à une vache qui attend la traite, soit à un garçon ! Ce n'est peut-être pas ce que le Créateur avait prévu, toujours est-il que l'affaissement peut être une réalité à partir de 30 ans.

« Entre 30 et 40 ans, le tissu élastique de la poitrine connaît une certaine dégénérescence », explique le Dr Albert M. Kligman. Les fibres de la poitrine agissent normalement comme des élastiques et sont responsables d'un certain « ballottement » quand vous marchez, mais là, elles se détendent et ne reprennent pas si bien qu'avant leur position initiale. Résultat : les seins s'affaissent, avec quelques vergetures en prime.

Les bouleversements hormonaux survenus pendant la grossesse et à l'orée de la ménopause n'arrangent pas le problème.

Pendant la grossesse, la progestérone et l'œstrogène, hormones sécrétées par les ovaires et le placenta, stimulent le développement des 15 ou 20 lobes des glandes galactogènes enfouies dans le tissu adipeux des seins. Ces changements sont permanents. Les glandes se vident quand il n'y a plus besoin de lait, mais elles ajoutent toujours masse et fermeté à la poitrine.

À la ménopause, la chute des taux d'œstrogène et de progestérone signale à la poitrine que les lobes et les canaux galactophores peuvent disparaître. Le sein diminue, acquiert de la graisse et se met à pendre sous l'effet de la gravité.

Heureusement, il existe diverses façons de prévenir et parfois même d'inverser l'affaissement des seins et les vergetures.

Soulevez des poids. « Je ne connais aucune façon de renforcer les tissus adipeux des seins, dit le Dr Carter. Mais vous pouvez forger les tissus des muscles pectoraux sous-jacents pour obtenir le même effet. »

Pour prévenir ou réduire l'affaissement, prenez deux poids de un kilo – pas plus – et faites travailler ces muscles cinq fois par semaine.

Un poids dans chaque main, écartez les bras et effectuez 15 petites rotations vers l'arrière. Agrandissez le cercle et faites 15 nouvelles rotations ; puis encore 15 avec un cercle un peu plus grand. Peu à peu, vous devrez arriver à 50 rotations pour chaque cercle.

Faites rouler vos épaules. Posez les poids et, bras ballants le long du corps, faites rouler vos épaules vers l'arrière 15 ou 20 fois de suite, conseille le D Carter. Faites cela cinq jours par semaine.

Faites des pompes. « Commencez par faire 10 pompes et augmentez peu à peu jusqu'à 20 », dit le Dr Carter. Cela peut prendre jusqu'à six mois, ajoute-t-elle, mais vous y arriverez si vous ajoutez régulièrement une pompe. Le visage à 15 cm du sol, abaissez lentement votre torse jusqu'à ce qu'il frôle le sol. Faites cela cinq jours par semaine également.

Du soutien. Un soutien-gorge est, comme son nom l'indique, un excellent moyen de prévenir l'affaissement de la poitrine, dit le Dr Kligman. Toute femme de plus de 15 ans devrait en porter un.

Trouvez un modèle qui soutienne bien et empêche le ballottement. Et portez-le toute la journée, pas seulement quand vous faites du sport.

Réduisez les vergetures. Si vous venez d'avoir un bébé et que les vergetures sur le haut et le côté des seins sont rouges et enflammées, le Dr Kligman vous conseille de les traiter en appliquant quotidiennement de la trétinoïne (Retin A). Ce produit, vendu sur ordonnance, resserre la peau détendue et permet aussi de renforcer la structure sous-jacente à la peau.

Le traitement hormonal substitutif. Une thérapie à base d'hormones peut mettre un terme à l'affaissement de la poitrine qui survient après la ménopause en empêchant la dégénérescence des fibres pectorales. Vous ne retrouverez pas vos vingt ans, mais vos seins cesseront de s'affaisser.

RELAXATION

Pour une vie meilleure :
l'arme secrète de Dame Nature

Dans vos rêves, vous vous prélassez dans une chaise longue, sur une plage dorée, au bord d'une mer turquoise. Mais dans la réalité, vous êtes bien incapable de dire quand vous êtes allée à la plage pour la dernière fois ou même quand vous avez eu l'occasion de ne rien faire, mais absolument rien.

La relaxation est pourtant une chose que vous ne pouvez vous permettre de remettre à vos prochains congés, aussi proches soient-ils. En fait, prendre quelques minutes pour se relaxer et oublier les tracas de la vie n'a rien d'un luxe : c'est même une nécessité si vous désirez conserver vigueur, productivité et santé. « Il y a trois grandes choses que vous pouvez faire pour prolonger votre existence, dit le Dr Frank J. McGuigan. La première, c'est l'exercice physique, la deuxième, avoir une alimentation saine et la troisième, savoir se détendre. C'est important si vous voulez prévenir toutes sortes de problèmes et augmenter votre efficacité dans la vie. Je crois que la question ne se pose plus de savoir si la relaxation peut avoir un effet positif sur les phobies, la dépression, l'anxiété, l'hypertension artérielle, les ulcères, la colite, les migraines et le mal de reins. »

Ralentissez, vous allez trop vite

Pour nombre de femmes, se relaxer est synonyme de faire les boutiques, de bavarder avec une amie ou de disputer une partie de Scrabble.

Ces activités peuvent éloigner le stress, mais elles peuvent aussi engendrer compétition et frustration, deux choses qui rendent la vraie relaxation encore plus difficile, nous dit le Dr Richard Friedman.

« Des recherches très précises nous ont appris que la plupart des gens ne se trouvent pas vraiment en état de détente physiologique lorsqu'ils s'adonnent à des activités que la société considère généralement comme relaxantes, par exemple faire du sport, lire le journal ou regarder la télévision, dit le Dr Friedman. La seule façon de trouver une vraie détente physiologique consiste à mettre votre esprit au point mort. »

Ne plus rien demander à votre cerveau le libère momentanément, de sorte que vous n'avez plus à juger de quoi que ce soit ou à évaluer des décisions importantes. Pendant quelques minutes ou quelques secondes, vous ne pensez plus à ce que vous auriez pu faire hier ou à ce qui pourrait advenir demain. Arrêter le mental plusieurs fois par jour diminue l'anxiété et vous aide à repousser le stress et la tension nerveuse, dit le Dr Friedman. On sait que cet état physiologique, appelé réaction de relaxation, peut abaisser le rythme cardiaque, le métabolisme, la tension artérielle et le rythme de la respiration, ralentir les ondes cérébrales et engendrer des sentiments de paix et de tranquillité, explique le Dr Herbert Benson.

Parfois, la relaxation, ou un sentiment de bien-être, surgit naturellement après une course longue et agréable ou une conversation avec un ami intime. Mais si vous avez déjà entendu quelqu'un vous dire de vous « détendre » quand vous vous sentez stressée, vous savez à quel point il est difficile de retrouver volontairement le calme et la sérénité ; vous risquez en plus de vous sentir énervée ou frustrée.

« Pour se relaxer, il faut ne pas trop essayer. C'est un peu la même chose que vouloir s'endormir. Bien souvent, les efforts déployés pour tenter de plonger dans le sommeil ne réussissent qu'à vous tenir éveillée une bonne partie de la nuit », dit le Dr Saki Santorelli.

Pour vous détendre vraiment, poursuit ce médecin, vous devez concentrer ou focaliser votre attention sur votre souffle ou toute autre sensation qui permette à votre esprit de s'installer dans un sentiment de calme. Il existe de nombreux moyens de se détendre, mais, avant d'en parler, penchons-nous sur les aspects bénéfiques de la relaxation, tant du point de vue physique que psychologique.

Un peu plus de calme pour une meilleure santé

Quand vous êtes coincée dans un embouteillage, quand vous vous battez pour respecter des délais ou que vous faites face à toute situation stressante, vos muscles se tendent, votre respiration se fait plus rapide et plus profonde, votre cœur bat plus rapidement, vos vaisseaux sanguins se contractent et votre tension s'élève, votre tube digestif se resserre et votre transpiration augmente. Ajoutez cela aux autres aléas de la vie moderne, nourriture trop grasse ou manque d'exercice, par exemple, et vous courez à la catastrophe.

Lors d'une étude menée sur des singes, animaux dont l'appareil cardiovasculaire est très semblable au nôtre, les chercheurs de la faculté de médecine Bowman Gray, de l'université de Wake Forest, à Winston-Salem (Caroline du Nord), ont découvert que le stress émotionnel (causé par la rupture des liens sociaux des animaux) augmentait sensiblement les blocages coronariens. Ces blocages survenaient sans rapport aucun avec l'alimentation et le taux de cholestérol sanguin – deux facteurs de risque majeurs en cas de maladie cardiovasculaire. Quand les singes recevaient une alimentation grasse typique, le stress émotionnel multipliait par 30 le processus de l'athérosclérose.

Le stress est également associé aux ulcères et à la colite ; il peut aussi déclencher des migraines, des douleurs dans les jambes, de la fatigue chronique, de la dépression, de l'anxiété et de l'insomnie. Il peut enfin aggraver l'arthrite et le diabète, dit le Dr McGuigan.

En fait, huit personnes sur dix vues par un médecin, sans rendez-vous, présentent des symptômes liés au stress, indique le Dr Robert S. Eliot.

Heureusement, les techniques de relaxation peuvent soulager ou prévenir la quasi-totalité des effets néfastes du stress, dit le Dr Benson.

L'entraînement à la relaxation est un élément primordial du programme développé par le Dr Dean Ornish et destiné à déboucher les artères et à faire reculer les maladies cardiovasculaires sans recourir à la chirurgie. Le Dr Ornish explique que toutes les composantes de son programme sont importantes – pratique régulière du sport, par exemple, ou alimentation végétarienne dont la graisse est quasiment absente –, mais l'entraînement à la relaxation en est certainement l'une des plus primordiales.

« Grâce à la TEP (tomographie par émission de positrons) et à l'angiographie, nous avons démontré que les personnes qui pratiquent une forme de relaxation telle que la méditation ou le yoga et qui participent régulièrement à des rencontres avec un groupe de soutien connaissent une plus grande amélioration de leurs problèmes cardiovasculaires que s'ils se contentaient de résoudre le problème d'un point de vue purement physique, en changeant leur alimentation ou en recourant à des médicaments destinés à abaisser leur taux de cholestérol », dit le Dr Ornish. La TEP est une technique d'imagerie en trois dimensions qui permet de mesurer la circulation du sang dans le cœur.

Les études menées par le Dr Benson et d'autres chercheurs montrent également que les techniques de relaxation abaissent de façon significative la tension artérielle, autre facteur de risque de maladies cardiovasculaires.

De plus, les techniques de relaxation peuvent soulager les symptômes les plus sérieux du syndrome prémenstruel, si l'on en croit les chercheurs de la faculté de médecine de Harvard. On a ainsi suivi 46 femmes pendant cinq mois : les chercheurs ont constaté que celles qui méditaient de 15 à 20 minutes deux fois par jour réduisaient de 58 % leur syndrome prémenstruel. C'était plus de deux fois mieux que les femmes qui lisaient deux fois par jour et près de 3,5 fois mieux que celles qui se contentaient de noter leurs symptômes.

La relaxation peut aussi court-circuiter les douleurs lombaires et les maux de tête. La relaxation musculaire, par exemple, a ainsi aidé 21 patientes, dont les migraines chroniques n'étaient pas soulagées par les médicaments, à réduire de 42 % l'intensité et la fréquence de leurs maux : c'est ce qu'ont constaté les chercheurs du Centre pour les troubles liés au stress et à l'anxiété à l'université d'État de New York à Albany. Les sujets d'un autre groupe se contentaient de noter leurs migraines : ils ne connurent aucune amélioration.

Quelques conseils tout simples

Vous avez probablement connu très jeune le réflexe de fuite ou de lutte puisque ce sont les deux réactions fondamentales au stress – quand vous avez porté sans sa permission la robe préférée de votre grande sœur, par exemple. Mais le Dr Eliot suggère que nous pourrions mieux nous en tirer si nous apprenions à réagir différemment.

« Quand vous ne pouvez ni fuir ni lutter, laissez passer », conseille le Dr Eliot.

Il est vrai qu'apprendre à être plus détendue prend du temps et exige une certaine assiduité, mais c'est une chose qui peut s'acquérir. « Pour moi, la relaxation, c'est être mieux dans sa peau, dit le Dr Santorelli. C'est parfois difficile, mais on peut apprendre à tout âge à cultiver cette capacité. »

Voici quelques conseils de base qui vous permettront de vous détendre.

Chassez la fumée. « Nos études montrent que le tabac resserre les vaisseaux sanguins et entrave la circulation sanguine, dit le Dr Eliot. Comme si vous essayiez de conduire en freinant en permanence. S'il y a une seule chose que les gens peuvent faire pour se sentir moins stressés et plus détendus, c'est bien d'arrêter de fumer. »

Allégez votre poids. « Il est difficile de se sentir détendue quand on porte un poids excédentaire, dit le Dr Eliot. Vous ne vous sentez pas à l'aise dans vos vêtements et l'image que vous avez de votre corps en souffre. » La surcharge pondérale contribue à l'hypertension artérielle, aux maladies cardiovasculaires et au diabète. Demandez à votre médecin traitant si une cure d'amaigrissement pourrait vous faire du bien.

Pensez aux hydrates de carbone. « Les protéines semblent augmenter le niveau d'énergie et vous tenir en alerte, dit encore le Dr Eliot. Si vous mangez un sandwich tard le soir, il est probable que vous repenserez toute la nuit à la réunion commerciale de la veille. » En revanche, les hydrates de carbone déclenchent la sécrétion d'hormones susceptibles de vous relaxer. Si vous souhaitez vous détendre le soir, mangez des spaghettis, des haricots secs ou tout autre aliment riche en hydrates de carbone pour le dîner.

Notez tout. Plus d'une douzaine d'études ont montré qu'en notant vos problèmes, vous pouvez contribuer à évacuer le stress, à améliorer votre immunité, à rendre moins souvent visite à votre médecin et à avoir une conception plus optimiste de l'existence. C'est ce qu'explique le Dr James Pennebaker. Consacrez vingt minutes par jour à noter sur un papier vos pensées et vos impressions, suggère-t-il. Ne vous préoccupez pas du style ou de l'orthographe : écrivez tout simplement ce que vous pensez des choses qui vous posent problème. Ensuite, jetez la feuille. Vous éprouverez certainement un sentiment de soulagement lorsque cela sera fait.

Le temps joue pour vous. « Chaque fois que vous regardez l'horloge ou votre montre, prenez une profonde inspiration tout en levant puis abaissant lentement et consciemment vos épaules, dit le Dr Santorelli. Cela ne prend guère plus de dix secondes et vous rappelle que vous pouvez éprouver du bien-être tout en remplissant votre emploi du temps quotidien. »

Riez. L'humour est un puissant outil de relaxation, dit le Dr Eliot. Le rire déclenche la fabrication d'endorphines, substances chimiques du cerveau qui produisent des sentiments d'euphorie. Il supprime également la production de cortisol : cette hormone sécrétée lorsque l'on est stressé augmente indirectement la tension artérielle en incitant le corps à retenir le sel. Riez donc avec vos amies ou conservez dans un tiroir un recueil d'histoires drôles que vous pouvez consulter à tout moment.

Donnez du temps aux autres. « Accordez-vous le temps de pratiquer la gentillesse la plus élémentaire, conseille le Dr Santorelli. Souriez et dites bonjour à vos collègues de travail, jouez avec votre animal domestique ou parlez avec une amie intime. Vous vous sentirez mieux, plus détendue et peut-être plus productive. »

Dormez suffisamment. Rien de tel qu'un long sommeil ininterrompu, affirme le Dr Eliot. Si vous dormez moins que nécessaire, vous vous réveillerez tendue et incapable de faire front aux problèmes les plus banals. Essayez d'avoir au moins six à huit heures de sommeil par nuit. Évitez alcool et somnifères. Même s'ils vous aident à dormir, ils interfèrent avec les cycles naturels du sommeil et vous apportent en fin de compte un sommeil moins reposant.

Une méthode adaptée à chacune

Bien des méthodes permettent de développer le calme et la sérénité, mais elles ne sont pas universelles. Il convient donc de trouver celle qui est la mieux adaptée à votre tempérament. « Je crois qu'il est important de réserver chaque jour un laps de temps pour la pratique de ces méthodes, puis de les incorporer dans votre vie quotidienne. Elles sont bien souvent si discrètes que la plupart des gens ne sauront même pas que vous faites quelque chose de spécial, » dit le Dr Santorelli. Voici quelques idées.

Prêtez attention à votre souffle. Prêter attention à sa propre respiration constitue une forme simple de méditation qui peut être très apaisante, dit le Dr Santorelli. Asseyez-vous dans un bon fauteuil ou à même le sol afin que votre dos, votre nuque et votre tête soient droits mais pas rigides. Inspirez profondément, laissez l'inhalation se faire naturellement. Concentrez-vous sur les mouvements de votre abdomen, de vos côtes ou la sensation de l'air qui passe dans vos narines. N'essayez surtout pas de vous « relaxer ». Contentez-vous de ne penser qu'à votre respiration. Si votre esprit désire battre la campagne, ramenez-le doucement vers votre respiration.

Vous pouvez également vous allonger sur le sol, poser un livre sur votre abdomen et respirer lentement et profondément, suggère le Dr Eliot. Concentrez-vous sur ce livre qui monte et redescend sur votre ventre. Tout en inspirant, dites-vous : « Doucement, esprit clair. » Et en expirant, pensez : « Calmement, corps détendu. »

Prenez une tranche de vie. Vous pouvez aussi cultiver la conscience de l'instant en vous concentrant sur de la nourriture, dit le Dr Santorelli. Prenez une simple tranche de pomme ou d'orange, une amande, un raisin sec, quoi que ce soit que vous aimez. Regardez-le soigneusement, faites-le rouler sous vos doigts. Étudiez sa couleur, sa texture, son parfum. Puis, au bout de quelques instants, prenez consciemment la décision d'en croquer un petit morceau. Mâchez lentement, faites attention à son goût et à ce qui se passe dans votre bouche. Sentez votre langue qui travaille. Puis avalez-le lentement.

Dans le même ordre d'idée, vous pouvez aussi vous concentrer sur un acte quotidien, prendre une douche ou faire la vaisselle, par exemple. « Certaines personnes reconnaissent qu'elles se sentent bien mieux après avoir agi de la sorte », admet le Dr Santorelli.

Escaladez des montagnes. L'imagerie et la visualisation peuvent encourager le sentiment de calme et de bien-être, constate le Dr Santorelli. Fermez les yeux, prenez conscience de votre respiration et suscitez en vous l'image d'une montagne. Peut-être est-ce celle que vous préférez ou celle que vous aimeriez escalader. Laissez votre corps devenir sa base solide, ses pentes prononcées, son sommet. Sentez que vous êtes solide et bien ancrée dans le sol. Quand votre sentiment de stabilité et de robustesse est bien établi, permettez aux conditions climatiques de varier un peu – un jour, la montagne est inondée de soleil, un autre elle est couverte de neige ou plongée dans la pluie et les nuages. Le temps change, mais la montagne demeure toujours la même : prenez-en bien conscience. « Cette image vous permet de comprendre que vous conservez votre force quels que soient les orages que la vie vous réserve, du plus banal, comme se retrouver dans un embouteillage, au plus terrible, comme affronter la mort d'un être cher », dit le Dr Santorelli.

Activez-vous. L'exercice physique déclenche la sécrétion d'endorphines, mais l'exercice simultané du corps et de l'esprit donne des résultats encore meilleurs, d'après les chercheurs du Centre médical de l'université du Massachusetts, à Worcester. Ils ont demandé à 40 personnes sédentaires de marcher entre 35 à 40 minutes par jour, trois fois par semaine, tout en écoutant des cassettes de relaxation. Ces cassettes guidaient les marcheurs dans une méditation qui leur permettait de se concentrer sur le rythme alterné de leurs pas. Les chercheurs conclurent que cette routine déclenchait une sorte d'euphorie et réduisait l'anxiété, comparé avec un autre groupe témoin dont les participants marchaient sans écouter de cassettes.

« Quand on focalise son esprit sur un rythme répétitif, l'esprit a tendance à se vider. Et c'est ce vide que l'on recherche, dit le Dr Santorelli. Cela donne au cerveau la possibilité de se calmer, de se revitaliser. »

Choisissez donc un exercice qui ait un rythme naturel (marche, course, natation, saut à la corde par exemple). Concentrez toute votre attention sur ce rythme – même au point de répéter les mots « un, deux » dans votre tête. Gardez bien le rythme. Comme pour la respiration ou tout autre type de méditation, votre esprit risque de vagabonder au bout de quelques minutes. Dans ce cas, concentrez-vous davantage sur le mouvement répétitif de l'exercice, précise le Dr Benson, qui conseille de faire cela pendant 20 minutes, trois fois par semaine.

Débridez vos muscles. Votre corps comporte quelque 1 030 muscles squelettiques. Quand vous êtes stressée, ces muscles se contractent naturellement et créent une tension, explique le Dr McGuigan. On peut réagir par une relaxation progressive. En faisant jouer vos muscles de manière systématique, la relaxation progressive chassera la tension de votre corps.

« Cette technique convient bien aux débutants, car elle est pratique et ne fait pas appel à l'imagination, dit le Dr Martha Davis. Elle donne des résultats parce qu'elle exagère la tension des muscles, ce qui vous aide à en prendre conscience. Vous fatiguez vos muscles et, quand vous arrêtez, ceux-ci sont plus enclins à se détendre. »

Il existe bien des variations sur ce thème, mais le Dr Davis recommande la méthode suivante. Serrez le plus fort possible votre poing droit pendant dix secondes, puis relâchez-le. Remarquez comme votre poing est maintenant beaucoup plus détendu. Faites de même pour le poing gauche puis pour les deux poings en même temps. Penchez les épaules et bandez les muscles de vos bras, puis laissez-les ballotter le long de votre corps. De la même façon, serrez les mâchoires, puis l'estomac, les cuisses, les fesses, les mollets et les pieds. L'exercice complet doit prendre 10 minutes. Répétez-le deux fois par jour.

Étirez-vous. Contrairement à la relaxation progressive, qui contracte les muscles, l'étirement de ces derniers entraîne aussi la relaxation. Cette méthode convient mieux aux personnes qui souffrent de douleurs musculaires chroniques, dit le Dr Charles Carlson.

« Si vous bandez un muscle déjà douloureux, vous ne ferez probablement qu'amplifier cette douleur, dit-il. Vous ne vous détendrez pas. Un étirement doux a deux conséquences : le muscle étiré se relâche doucement et, en vous concentrant sur ce processus, votre esprit se détend également. L'étirement musculaire doit toujours se pratiquer lentement et sans la moindre douleur. Il n'est pas question de forcer les muscles. »

Voici un exemple de relaxation par l'étirement. Relevez vos paupières avec vos index et abaissez vos joues avec vos pouces. (Prenez toujours conscience de la tension de vos muscles afin de la maîtriser, conseille le Dr Carlson.) Tenez dix secondes, puis laissez les muscles situés autour de vos yeux se détendre. Au bout d'une minute, laissez votre tête tomber doucement vers votre épaule droite puis votre épaule gauche, chaque fois pendant dix secondes.

Réunissez les mains à hauteur de votre poitrine comme pour prier. Collez bien les paumes et les doigts et écartez-les pour former un éventail. Faites descendre vos pouces sur votre sternum jusqu'à ce que vous sentiez une tension dans les avant-bras. Tenez dix secondes, puis détendez-vous.

Maintenant, croisez les doigts et levez les mains au-dessus de la tête. Tendez les coudes et ouvrez vos paumes vers l'extérieur. Laissez vos bras retomber derrière votre nuque jusqu'à ce que vous éprouviez une certaine résistance. Restez ainsi pendant dix secondes puis laissez retomber vos bras le long de votre corps et reposez-vous durant une minute.

Faites ces exercices au moins une fois par jour ou chaque fois que vous vous sentez tendue.

RELIGION ET SPIRITUALITÉ

La force d'une âme qui ne vieillit pas

Quand l'esprit murmure, nous entendons toutes des choses très différentes.

Certaines femmes perçoivent l'écho du sacré dans un livre saint ou un hymne vénéré. D'autres élèvent leur esprit par la méditation. D'autres encore trouvent leur spiritualité en communiant avec la nature. D'autres, enfin, dans une nouvelle théologie qui rejette définitivement toute relation au masculin. Les sources de notre foi et de notre croyance – et les moyens de les manifester – sont aussi diverses que nous-mêmes. Mais les conséquences bénéfiques sont identiques, comme le dit Mark Gerzon.

Les expressions publiques et privées de la spiritualité – de la méditation et la prière aux offices religieux communautaires – accroissent les sentiments de plénitude affective tout en contribuant à éloigner le stress et la dépression. Elles diminuent également les risques de maladies cardiovasculaires et de cancer. Les chercheurs disent qu'elles peuvent même aider à prévenir l'alcoolisme, l'usage des drogues et le suicide.

Ce qui importe le plus quand on veut jouir de tels avantages, c'est de vivre sa propre spiritualité à sa façon, dit Mark Gerzon. « Ce qui est important dans la spiritualité, après la quarantaine, c'est que nous avons assez vécu et vu suffisamment de gens nous quitter à jamais pour éprouver un sentiment d'urgence. Nous commençons à écouter nos voix intérieures, mais nul ne pourrait dire où elles vont nous conduire. Elles peuvent nous ramener dans l'église de notre enfance, mais peuvent aussi nous entraîner dans des endroits auxquels nous n'aurions jamais songé. »

« Il nous faut donc élargir notre conception de la spiritualité, ajoute-t-il. Pour certains, ce peut être soigner les fleurs de son jardin. Mais pour d'autres, cela peut être dire des Je vous salue Marie à la messe du matin. »

Peut-être votre sens du sacré correspond-il mieux aux promenades dans la nature et aux relations intimes qu'à la participation publique à des rites religieux. Bien des gens puisent leur force dans une forme de spiritualité individuelle, dit encore Mark Gerzon.

On peut chercher un sentiment de plénitude par la méditation ou la prière qui, c'est une chose démontrée, font baisser la tension artérielle et le rythme cardiaque et vous aident à mieux lutter contre le stress.

Le pouvoir curatif de la communauté

La plupart des conclusions scientifiques concernant la religion et la santé sont dues aux religions organisées, qui offrent aux chercheurs des groupes de sujets mesurables et impliqués dans des comportements spécifiques tels que participation à des rites ou à des actions dans la vie communautaire. Mais peut-être y a-t-il quelque chose dans la communauté religieuse – en dehors d'une foi partagée – qui vous donne une meilleure santé.

Quand vous entrez dans la vie sociale d'une communauté religieuse, vous faites alors partie d'un réseau d'entraide qui vous soutient dans les moments difficiles, explique le Dr Dave Larson.

Les femmes sont particulièrement douées lorsqu'il s'agit de créer ces réseaux d'amitié et de soutien, ajoute-t-il, parce qu'on leur a appris à exprimer leur sentiments, à communiquer et à travailler ensemble.

D'autres chercheurs ont également reconnu les bienfaits curatifs de la communauté spirituelle. « En cas de maladie, les gens se rendent visite, offrent de la nourriture et entrent en contact avec les membres de la famille et le médecin, dit le Dr Lawrence Calhoun. Quand vous participez activement à ce genre de communauté, cela adoucit bien souvent les maux de la vieillesse. »

Les spécialistes de la santé savent depuis des années que le stress joue un rôle dans de nombreux problèmes physiques : nausées, diarrhée, constipation, hypertension artérielle et anomalies du rythme cardiaque, entre autres.

Les études ont démontré qu'une foi religieuse sincère fait beaucoup pour réduire le stress – même si vous n'exprimez vos convictions religieuses qu'en privé. Mais les effets sur le stress sont bien plus puissants quand vous vous impliquez régulièrement dans la vie d'une communauté religieuse.

Les chercheurs du Centre médical de l'université Ben Gurion de Beersheba, en Israël, ont étudié 230 membres d'un kibboutz religieux frappés par des événements assez stressants. Les membres de la communauté voyaient leur foi individuelle et leurs diverses aptitudes

Les bienfaits de la méditation

Pour les femmes trop occupées et trop stressées, les moments de tranquillité et de calme sont rares et précieux. Il y a cependant un moyen pour maximiser les bienfaits de la prière et de la contemplation, nous dit le Dr Herbert Benson.

Ce dernier est en effet responsable de quelques-unes des premières études scientifiques relatives aux effets de la prière et de la foi sur la réduction du stress. Pour apprendre à ses patients à se relaxer, il leur enseigne la méthode de méditation la plus simple qui soit : s'asseoir confortablement, dans le calme, et répéter un mot ou une expression tout en ignorant les pensées parasites.

Quand on demande aux patients de répéter un mot, une phrase ou un son, 80 % d'entre eux choisissent un mot ou une prière tirée de leur propre religion. Le Dr Benson a ainsi constaté que les personnes utilisant des mots faisant référence à leur religion plutôt que des mots neutres (comme « unité » ou « calme ») avaient de meilleurs résultats. Leur santé s'améliorait suite à cette « réaction de relaxation », caractérisée par une diminution du rythme cardiaque et de la tension artérielle ainsi que par un sentiment de tranquillité.

Les mots peuvent changer, dit le Dr Benson, mais pas les effets bénéfiques. « Dans tous les contextes religieux, il semble y avoir le même potentiel propice à la santé. » Voici comment profiter de ces aspects bénéfiques.

Choisissez un mot ou une phrase facile à prononcer et assez courte pour être dite en silence chaque fois que vous expirez. Quand des pensées surviennent, ce qui est inévitable, recadrez votre attention sur ce mot. Faites cela deux fois par jour, 20 minutes à chaque fois.

renforcées par le soutien de la communauté. Cela leur permettait d'échapper plus rapidement au stress – y compris celui associé au vieillissement.

Menez une vie plus intense – et plus longue

Une autre étude insiste sur les nombreux aspects bénéfiques pour la santé de la participation aux services religieux et à la vie sociale de la congrégation. Deux psychologues, Stanislav Kasl de l'université Yale et Ellen Idler de l'université Rutgers, ont étudié 2 812 hommes et femmes âgés de New Haven (Connecticut). Ils ont constaté que les catholiques, les protestants et les juifs ouvertement religieux risquaient moins de devenir invalides que ceux qui considéraient comme peu important le fait d'aller à l'église, au temple ou à la synagogue. Ces gens conservaient une meilleure indépendance physique en vieillissant, en grande partie à cause de leur environnement religieux.

Hanoukka, Pâque ou Pâques, Noël et les autres fêtes religieuses ont peut-être plus de sens pour vous à mesure que les années passent. L'étude de New Haven a montré que les individus très croyants meurent moins pendant les mois qui précèdent et suivent les grandes fêtes religieuses. Un détail montre bien que la participation active à la foi est capitale. Chez les juifs, hommes et femmes, le taux de mortalité a chuté au moment de la Pâque, mais les femmes étaient malgré tout moins protégées. Les chercheurs pensent que cela tient au fait que les femmes sont exclues de toute participation au rituel de la Pâque.

La religion peut aussi protéger efficacement contre le cancer. Cela tient peut-être à ce que certaines communautés américaines comme les Mormons ou les témoins de Jéhovah encouragent des styles de vie plus sains, avec une alimentation végétarienne et un refus du tabac. Les analystes du Centre des sciences de la santé de l'université de Floride à Gainesville ont analysé le nombre de décès par cancer aux États-Unis et constaté que les comtés les moins touchés par le cancer étaient aussi ceux dont la population était la plus croyante.

Même les religions qui ne recommandent pas d'alimentation ou d'habitudes de santé particulières ont un effet protecteur parce qu'elles préconisent la modération en tout domaine.

Effets bénéfiques sur le cœur

La spiritualité protège tout particulièrement contre un facteur de risque majeur, celui des maladies cardiovasculaires, nous dit le Dr Larson.

Une étude menée auprès de 85 femmes et de 454 hommes de Jérusalem a montré que les individus qui se définissaient comme « séculiers » (non religieux) couraient plus de risques d'avoir une maladie cardiovasculaire que ceux qui suivaient la voie du judaïsme orthodoxe. Même après que les chercheurs eurent tenu compte d'un certain nombre de facteurs (tabagisme, cholestérol, tension artérielle), il demeura chez les deux sexes une nette association entre un moindre risque de maladie et la pratique religieuse.

Les chercheurs ignorent quels aspects de la foi sont responsables de cet état de choses, mais ils supposent que le système de soutien social très fort de ce type de communauté joue un rôle protecteur, probablement en réduisant l'isolement et le stress des individus.

Lors d'une autre étude portant sur les rapports entre la religion et le cœur, le Dr Larson et ses confrères étudièrent les relevés de tension artérielle de plus de 400 hommes d'Evans (Géorgie). Ils constatèrent que soit la croyance intime en Dieu, soit la participation aux cérémonies (même sans croire), tendait à abaisser la tension artérielle ; les hommes qui croyaient et participaient aux offices religieux étaient ceux qui présentaient la tension la plus basse.

Comme un pont sur des eaux tumultueuses

Une vie spirituelle ou religieuse active ne se contente pas de tenir à l'écart de nombreuses formes de stress ou de maladies : elle aide aussi à protéger des maladies mentales ou émotionnelles.

Le Dr Larson et son équipe de chercheurs ont passé en revue plus de 200 études concernant l'engagement religieux et la santé mentale. Ils ont découvert que les personnes croyantes présentaient un taux moindre de dépression, d'alcoolisme, de suicide ou d'usage de stupéfiants que les autres. Les jeunes qui croient réussissent mieux à l'école, sombrent moins dans la délinquance et sont moins portés sur les choses du sexe. Les personnes mariées qui vont régulièrement à la messe jouissent d'un meilleur bonheur conjugal, sont plus satisfaites de leur vie sexuelle et divorcent moins que les autres.

Les études ont également montré que la foi religieuse est directement liée à un meilleur sentiment de satisfaction par rapport à la vie en général et à une capacité accrue à affronter les problèmes et le stress, dit le Dr Larson. Les chercheurs ont examiné des comportements spécifiques de la vie réelle, assister à un service religieux par exemple, plutôt que de tenter de mesurer des attitudes ou des convictions.

À la rencontre de l'esprit

Vous éprouvez peut-être le désir croissant de connaître le sens profond de votre vie. Voici comment vous reconnecter avec votre spiritualité.

Commencez par le commencement. Avant d'embrasser à nouveau la foi de votre enfance ou de vous engager dans une autre religion, examinez-la, conseille le Dr Alan Berger. « Demandez-vous ce que vous enseigne cette tradition, dit-il. Ne l'acceptez pas tout de go, connaissez-la d'abord. »

Allez au-delà des interdits. Si la religion n'est pour vous qu'une série de règles et d'interdits, ajoute le Dr Berger, « il vous faut réviser votre jugement. Trouvez-vous un nouvel enseignement, une nouvelle communauté. Lisez les textes vous-même ou en compagnie d'une amie, explorez les différents niveaux de signification. Comprenez que la vie est une expérience fluide et dynamique pour laquelle les gens ont besoin d'aide. La religion tente de donner un sens à un univers qui, autrement, peut sembler chaotique. »

Acceptez-vous. « Il est bien de dire : "Spirituellement parlant, je ne sais vraiment pas qui je suis", dit le frère Guerric Plante. L'honnêteté est étroitement liée à la croissance spirituelle. » Une fois que vous prenez conscience de la confusion dans laquelle vous êtes peut-être plongée, le chemin vous semblera plus dégagé.

Ne restez pas seule. Essayez de trouver un groupe qui puisse vous aider dans votre quête spirituelle, dit encore frère Guerric. « La foi peut venir par les autres : leurs expériences, leurs discours, leur intérêt pour autrui. La thérapie de groupe, les services religieux ou les cures de désintoxication peuvent raviver la vie spirituelle si vous cherchez avec sincérité. »

Méditez ou priez. Dégagez une plage de temps pour contempler et écouter le calme qui est en vous, dit Mark Gerzon. « Si nous cherchons le sens et la finalité de la vie dans l'action seulement, nous sommes dans l'erreur, dit-il. Nous devons trouver cela en nous-mêmes, et la méditation est une bonne manière de commencer à apprendre ce que nous sommes vraiment. »

Élargissez vos horizons. Parfois, le fait d'encourager votre curiosité naturelle et de vous interroger sur la vie peut vous faire découvrir des vérités spirituelles. Quand vous vous posez les éternelles questions : « Pourquoi suis-je ici ? » et : « Quel est le sens de la vie ? », vous encouragez le déploiement de votre spiritualité, dit Mark Gerzon. « Il est possible de trouver une dimension spirituelle dans des réponses, mais nous avons plus de chances de la trouver dans les questions elles-mêmes. Quand nous sommes réellement émus par l'esprit de la vie, c'est parce que nous entrons en contact avec ce que nous ne connaissons pas, pas avec ce que nous connaissons. »

Allez contre vos habitudes. Votre développement spirituel sera meilleur si vous recherchez des activités différentes de ce que vous faites habituellement, dit John Buehrens. Si vous passez la journée isolée dans votre bureau, servir un repas aux indigents est peut-être ce dont vous avez besoin. Mais si vous êtes assistante sociale, vous tirerez davantage de profit d'un groupe de discussion religieux, explique-t-il.

La discipline spirituelle de John Buehrens ? « Je suis un intellectuel jusqu'à la racine des cheveux, confesse-t-il. Une de mes disciplines spirituelles consiste donc à faire régulièrement de l'exercice physique. Pour moi, c'est vraiment un temps de méditation et de prière. »

Prêtez attention aux autres. Vous devez sortir de vous-même pour vous sentir en bonne santé spirituelle, dit John Buehrens. « C'est pourquoi la communauté est si importante pour une véritable croissance spirituelle : nous sommes en effet tirés hors de nous-mêmes. Nous ne trouverons la paix au niveau religieux, racial et ethnique qu'en faisant cela. » Son conseil pour celles qui cherchent seules ? « Travaillez dans une soupe populaire, rendez visite aux indigents, oubliez un peu votre nombril ! »

Tenez votre journal spirituel. Vous pourrez illuminer le sens et la valeur de votre existence, dit encore John Buehrens, si vous notez chaque jour vos problèmes spirituels, vos doutes, vos certitudes et vos expériences. « Vous verrez que votre inconscient essaye de vous donner des méthodes pour rendre votre vie plus responsable. »

N'ayez pas peur d'interroger. « Toutes les traditions spirituelles tentent d'enseigner une meilleure conscience de soi, une plus grande vitalité spirituelle et une compassion plus profonde envers autrui », dit John Buehrens. Cependant, toute communauté spirituelle qui ne respecte pas le questionnement ou l'importance de la conscience individuelle peut être mauvaise. Il convient donc de suivre sa propre conscience pour trouver son chemin spirituel.

SEXUALITÉ

Un bon remède pour le corps

Vos amies et vous-même vous êtes interrogées pendant des années sur l'air épanoui et resplendissant qu'une femme était censée avoir après un rapport sexuel réussi. Mais combien d'entre vous ont vraiment vu cela ?

La prochaine fois que vous vous sentirez en superforme après l'amour, levez-vous et regardez-vous dans un miroir. Vous êtes belle, confiante, pleine d'énergie et de vie. Oui, vous resplendissez.

Vous savez pourquoi vous vous sentez si bien, mais cet éclat est plus qu'un sentiment. Les scientifiques l'attribuent aux endorphines : ce sont des substances chimiques que le cerveau sécrète après l'acte sexuel. Les endorphines créent un sentiment d'euphorie et éloignent le stress, indique le Dr Helen S. Kaplan.

Les chercheurs en médecine disent qu'une « dose » régulière de sexe peut également apaiser les maux et douleurs chroniques, éperonner la créativité, réveiller l'énergie et faire que vous vous sentez débordante de jeunesse.

« Tout ce qui fait que vous vous sentez bien, en pleine forme et physiquement excitée ne peut que vous donner une sensation de jeunesse et les rapports sexuels vous procurent tout cela », affirme le Dr Lonnie Barbach.

L'intimité peut également dynamiser votre système immunitaire et vous protéger des maladies, ajoute le Dr Kaplan.

Par exemple, la sexualité a aidé des femmes à endurer la douleur de maladies chroniques telles que l'arthrite, dit le Dr Sanford Roth. Les endorphines soulagent la douleur, mais le Dr Roth pense que le sexe a en outre un impact psychologique vital.

« Bien souvent, quand des patientes viennent me voir, la douleur n'est pas leur préoccupation numéro un. Elles s'inquiètent plus de la façon dont leur maladie affecte la qualité de leur vie, et la sexualité en représente une part importante, dit le Dr Roth. Préserver la fonction sexuelle malgré la maladie aide les gens à se sentir mieux et à vivre mieux. »

Le sexe pourrait également supprimer la douleur qui engendre l'excuse traditionnelle : « Pas ce soir, chéri, j'ai la migraine ». Même si le sexe n'est pas un remède assuré, les chercheurs ont découvert qu'il peut soulager certaines migraines. Dans le cadre d'une étude de petite envergure, 47 % des migraineux ont dit que le sexe soulageait la douleur, indique le Dr George H. Sands. Il se pourrait que l'orgasme court-circuite l'activité du système nerveux responsable de la douleur. (Inversement, l'acte sexuel peut aussi provoquer des migraines. Dans ce cas, parlez-en avec votre médecin.)

Pas de limite d'âge pour la sexualité

Le Dr William Masters déclare que vous étiez probablement déjà sexuellement stimulée alors que vous étiez encore dans le ventre de votre mère, et que vous pouvez rester sexuellement active jusqu'à l'heure de votre mort. En fait, sur 10 femmes de plus de 70 ans qui ont un partenaire, 7 font encore l'amour au moins une fois par semaine.

« Le sexe est une fonction naturelle tout au long de la vie si vous avez un partenaire intéressant et demeurez en bonne santé. Il ne vous abandonnera pas, dit le Dr Kaplan. Il est anormal que la sexualité disparaisse. Une personne normale a une vie sexuelle jusqu'à la fin de sa vie. »

Le sexe permet aussi de s'affirmer. « Le sexe vous donne une certaine compétence. C'est une façon de communiquer avec autrui. Il peut vous aider à prendre en charge votre propre destinée, dit le Dr Marty Klein. Le sexe est un domaine où vous pouvez vous rendre sans être tenue par les règles habituelles de la vie. »

« Le sexe devient plus important – pas moins – quand nous vieillissons, dit de son côté le Dr Kaplan. C'est souvent le dernier processus qu'affecte le vieillissement. Ce sont d'abord la peau et la vision qui pâtissent, puis on a de l'arthrite et des maladies cardiovasculaires. Mais on peut toujours avoir une vie sexuelle. C'est l'un des plaisirs durables de l'existence. »

Améliorez votre sexualité

Pour avoir une bonne sexualité, gardez votre corps en parfaite santé en évitant le tabac et les matières grasses, qui peuvent boucher les vaisseaux sanguins et rendre difficiles l'excitation et l'orgasme. Voici quelques trucs pour ajouter du piquant à votre vie sexuelle.

Faites du sport. La pratique active d'un sport, à raison de 20 á 30 minutes 3 fois par semaine, peut vous aider à améliorer votre vie sexuelle et vos performances, déclare le Dr Roger Crenshaw. Les chercheurs du Bentley College de Waltham (Massachusetts) ont ainsi montré que les femmes de

40 ans qui nageaient régulièrement faisaient l'amour sept fois par mois environ et l'appréciaient plus que leurs sœurs sédentaires, qui ne le faisaient que trois fois. En d'autres termes, les nageuses avaient une activité sexuelle comparable à celles de femmes plus jeunes de 10 ou 20 ans.

Parlez. Parler avec votre partenaire vous aidera tous les deux à expliquer ce que vous préférez. Si vous ne lui dites pas ce que vous désirez vraiment, ne vous attendez pas à ce qu'il puisse vous satisfaire, dit le Dr Shirley Zussman. Évitez les phrases négatives du genre « Ce n'est pas agréable », ou « Tu sais que je n'aime pas ça ». Soyez positive : « J'aime faire l'amour avec toi et j'ai quelques petites idées qui pourraient rendre ça encore meilleur. »

Choisissez le bon contraceptif

Aucune méthode de contrôle des naissances ne réussit à 100 %. Un contraceptif constitue donc un excellent moyen de protection contre la grossesse mais aussi contre les MST – les maladies sexuellement transmissibles –, comme le dit le Dr Michael Brodman.

Les femmes disposent de nombreuses méthodes de contrôle des naissances : pilule, bien entendu, mais aussi dispositif intra-utérin (stérilet), diaphragme, éponge, gelées ou ovules spermicides, injections hormonales, etc.

Pour choisir la méthode de contrôle de naissance qui vous convient vraiment, vous avez besoin de l'avis de votre médecin traitant ou de votre gynécologue. Quelques conseils prodigués par le Dr Brodman vous aideront toutefois à bien établir votre choix.

En premier lieu, si vous recourez à la contraception pour éviter les MST, choisissez un contraceptif qui fasse barrière, du genre éponge ou diaphragme, ou exigez de votre partenaire qu'il mette un préservatif. Un spermicide contenant du 9-nonoxynol doit être employé avec le diaphragme, comme avec le préservatif masculin, parce qu'il est très efficace contre le virus responsable du sida.

Si vous utilisez des contraceptifs pour ne pas avoir d'enfant et ne voulez courir absolument aucun risque, utilisez la pilule, un implant ou des injections hormonales parce qu'ils ont le meilleur taux de réussite.

Si le préservatif masculin représente votre méthode préférée, vous devez utiliser un spermicide, parce que les préservatifs utilisés seuls ne sont efficaces que dans 80 % des cas dans le cadre du contrôle des naissances. Un spermicide doit également être utilisé avec le diaphragme : il peut en effet bouger pendant les rapports et laisser passer du sperme dans l'utérus, ce qui accroît les risques de grossesse.

Ce que les hommes attendent vraiment des femmes

Vous voulez bavarder, il veut faire l'amour. Vous voulez un câlin, il veut faire l'amour. Vous voulez une relation durable, il veut faire l'amour. Cela vous rend perplexe, non ? Alors, bienvenue au club.

« Les hommes sont souvent plus capables que les femmes de séparer le sexe des relations émotionnelles, dit le Dr Lonnie Barbach. Bien des hommes ont du mal à avoir des relations intimes. Le sexe est pour eux une façon d'y parvenir. Souvent, ils débutent une relation par le sexe et n'y mettent du sentiment que plus tard. »

Le Dr Anthony Pietropinto est d'accord sur ce point. « Les hommes sont rétifs devant trop d'intimité. La plupart d'entre eux n'aiment pas les femmes qui veulent les faire parler de leurs émotions les plus profondes. »

Les hommes aiment la nouveauté dans leur vie sexuelle, dit le Dr Pietropinto. Ils vous demanderont facilement de porter des sous-vêtements affriolants ou chercheront des endroits invraisemblables pour faire l'amour.

Quand vous faites l'amour, l'homme est bien souvent plus inquiet de ses propres performances que vous-même. « Une femme veut savoir si l'homme aime être près d'elle et la trouve attirante, dit le Dr Pietropinto. L'homme est intéressé par une chose : était-il à la hauteur. »

Heureusement, ces traits de caractère disparaissent peu à peu quand l'homme vieillit et que ses pulsions sexuelles déclinent. Après 45 ans, les hommes ont besoin de plus de stimulation psychologique, dit le Dr Helen S. Kaplan. Ils deviennent souvent plus sensibles aux besoins émotionnels de la femme.

Montrez-vous. Parler est utile, mais montrer à votre partenaire ce que vous aimez vraiment peut aussi s'avérer utile. S'il vous caresse les seins trop brutalement, par exemple, prenez-lui doucement la main et montrez-lui comment vous aimez être caressée, suggère le Dr Klein.

Élargissez vos horizons. « L'acte sexuel passe pour le summum de l'activité sexuelle, dit le Dr Klein. Bien des gens devraient voir dans le sexe un champ d'expériences beaucoup plus vaste. » Prenez donc le temps d'embrasser, d'enlacer, de caresser, de tenir la main, de parler ou de vous engager dans des activités telles que la masturbation réciproque, qui font que vous vous sentez plus proche de votre partenaire, propose-t-il.

Les joies de l'abstinence

« Le mariage compte bien des tourments, mais l'abstinence n'a point de plaisirs, » disait Samuel Johnson, un bel esprit du XVIIIe siècle. Cette affirmation est cependant erronée pour nombre d'observateurs. De nombreux couples et plus d'une célibataire trouvent l'abstinence à leur goût et disent qu'elle renforce leurs relations ainsi que l'estime qu'ils peuvent éprouver pour eux-mêmes.

Selon le Dr Michael Broder, un couple marié sur dix n'a pas de relations sexuelles. Certaines personnes pratiquent l'abstinence pour des raisons religieuses, à cause de maladies chroniques ou suite aux effets secondaires de certains médicaments. Un nombre de plus en plus grand de couples choisit cependant l'abstinence parce qu'ils veulent renforcer leurs liens autrement.

De nombreux célibataires recourent à l'abstinence pour se protéger du sida et des autres maladies sexuellement transmissibles, parfois même pour terminer sérieusement leurs études supérieures, confie le Dr Shirley Zussman. Certaines femmes célibataires disent qu'elles attendent tout simplement d'avoir rencontré l'homme de leur vie.

« Le choix de l'abstinence pendant une certaine période de votre vie possède un gros avantage : il vous donne l'occasion de vraiment comprendre la place qu'occupe le sexe dans votre vie, dit le Dr Harrison Voigt. Il vous montre quelle relation vous avez avec autrui en dehors de la sphère sexuelle. »

Voici quelques conseils pour choisir l'abstinence :

- Comprenez que vous continuerez à avoir des pulsions sexuelles et qu'il faudra bien que vous viviez avec.
- Voyez dans votre abstinence une sorte de congé – un moment pour vous reposer ou tenter de nouvelles expériences. Ne le considérez pas comme une privation, mais plutôt comme un choix. Ce doit être pour vous l'occasion de trouver un sens plus profond à votre existence.
- Souvenez-vous que l'abstinence n'a pas besoin d'être éternelle. Vous pouvez quitter cet état à tout instant. Le sexe sera alors plus excitant et plus gratifiant que jamais.

Gardez du temps pour la chose. « Je sais que cela peut paraître comique, mais certains couples disent qu'ils n'ont pas de temps pour le sexe, déclare le Dr Carol Lassen. Pourquoi ? Tout le reste passe avant. Ils n'ont pas de temps pour faire l'amour parce qu'il leur faut faire tourner la machine à laver, aller à un match de foot ou tout simplement dormir. Ils ont très peu de temps l'un pour l'autre. »

Plutôt que de laisser les choses du sexe se perdre dans le ronron quotidien, dit le Dr Michael Seiler, prévoyez-les. « Vous réservez une table pour samedi 7 heures dans un bon restaurant. Pourquoi ne pas vous donner rendez-vous dans la chambre jeudi à 10 heures ? explique-t-il. Vous ne pouvez pas savoir si votre humeur, elle, sera au rendez-vous, d'accord, mais vous ne savez pas non plus si vous apprécierez les petits plats samedi soir. »

Fermez la porte sur le reste. « Laissez le travail, la religion et les performances à l'extérieur de votre chambre et claquez-leur la porte au nez, conseille le Dr Barbach. « Entrez dans votre chambre avec votre corps et vos sentiments, rien de plus. Concentrez-vous sur le rapport émotionnel que vous avez avec votre partenaire et tout le plaisir que votre corps a en réserve. »

Amusez-vous. « Savez-vous comment les Esquimaux appellent le sexe ? L'heure du rire, dit le Dr Zussman. Le sexe peut être amusant, frivole, relaxant. Nous sommes si loin de cela dans notre société. » Oubliez les performances, conseille-t-elle. Ne pensez qu'à passer un bon moment avec votre partenaire et le sexe ressemblera plus à l'heure du rire qu'à une heure supplémentaire de travail.

Revenez au départ. « Les couples cessent de faire les petites choses qui leur ont pourtant permis de se former, constate le Dr Seiler. Ils ne s'envoient plus de petits mots doux ni de fleurs. Ils ne se donnent plus de rendez-vous. Vous devez absolument conserver le côté ludique de votre relation. Sans cela, il n'y a ni plaisir ni amusement dans la chambre à coucher. »

Préparez donc un dîner aux chandelles ou demandez à votre partenaire de faire un tour à pied dans le quartier. Tenez-vous par la main. Vous verrez avec étonnement où cela peut vous entraîner.

Mettez un peu de piment. Si, à l'instar d'un soda éventé, votre vie sexuelle ne pétille plus, cherchez ensemble de nouvelles idées dans des revues spécialisées ou dans des cassettes érotiques, suggère le Dr Domeena Renshaw.

Gardez l'œil sur lui. « Le contact oculaire pendant l'acte sexuel renforce l'intimité. Souvent bien plus que le fait de s'embrasser ou de se tenir la main, dit le Dr Harrison Voigt. »

Inventez un rituel. Allumer une bougie, se masser mutuellement les pieds ou évoquer quelque secret bien intime, voilà qui peut entrer dans le cadre d'un rituel capable de réunir émotionnellement les couples avant l'amour, dit le Dr Voigt. « Un rituel est une sorte d'accord signifiant que le sexe est quelque chose d'unique pour le couple. Il n'a pas besoin d'être compliqué, mais doit transformer le contexte de la sexualité, laquelle ne se résumera plus à s'allonger sur le lit et à dire : " On y va ! " ».

Oubliez le livre des records. Si vous avez fait l'amour quatre fois la semaine dernière et avez chaque fois connu l'orgasme, mais si vous ne l'avez fait qu'une fois cette semaine sans éprouver d'orgasme, n'insistez pas dans le seul but de faire remonter la moyenne. « La fréquence n'est pas aussi importante que le fait de vraiment apprécier l'acte sexuel », dit le Dr Zussman.

Ce que vous disent vos amants secrets

Vous rêvez que vous vous trouvez dans une soirée élégante et que vous êtes complètement nue. Embarrassée, vous tentez de vous cacher derrière votre mari, mais Tom Cruise est là, à l'autre bout de la salle. Il vous remarque, s'approche et vous invite à danser.

Qu'est-ce que cela veut dire ? Rien, sinon que vous êtes une femme tout à fait normale.

« Chez les femmes, les rêves sexuels sont habituellement romantiques. Ils concernent bien souvent un homme qu'elles connaissent, un petit ami, un chanteur à la mode ou une vedette du cinéma qui les touche du point de vue émotionnel », explique le Dr Robert Van de Castle.

Les femmes qui font des rêves sexuels ont probablement une meilleure vie sexuelle que celles qui ne rêvent pas, ajoute-t-il. C'est parce que les femmes qui sont à l'aise avec leur sexualité dans le monde réel sont plus enclines à en rêver.

Si vous avez un problème sexuel, il peut se révéler dans vos rêves. « Une femme qui ne connaît pas l'orgasme peut rêver qu'elle est faite de neige, symbolisant ainsi le fait qu'elle se sent froide, frigide », dit le Dr Van de Castle.

Certains rêves sexuels n'ont en fait aucun rapport avec le sexe, dit le Dr Gayle Delaney. « Par exemple, si vous rêvez que vous faites l'amour avec un collègue de bureau, cela signifie rarement que vous avez le désir secret de coucher avec cette personne, dit-elle. Si ce collègue est incroyablement égoïste, votre rêve peut représenter quelque aspect égoïste de votre personnalité ou de celle d'une personne avec qui vous êtes intime. »

Dans les rêves, on n'échappe même pas à son âge. « En règle générale, nous avons tendance à rêver de partenaires sexuels qui ont à peu près le même âge que nous, dit le Dr Van de Castle. La vaste majorité des gens que vous voyez dans vos rêves a 20 ans de plus ou de moins que vous, au grand maximum. »

Ne confondez pas chambre et lieu de travail. Votre chambre doit être le lieu privilégié où votre partenaire et vous-même pouvez vous retirer pour de petits interludes intimes. Si elle est encombrée d'ordinateurs, de télévisions, de machines à écrire et de meubles de rangement, elle ressemblera plus à un bureau. « Il y a dans le désordre quelque chose d'incompatible avec les relations amoureuses. La chambre à coucher doit connaître une certaine tranquillité, » dit-elle.

SOMMEIL

Une petite pause qui revigore

Que diriez-vous si l'on vous proposait de vous sentir plus jeune, de paraître plus jeune et de faire le plein d'énergie sans dépenser le moindre centime et sans même à avoir à quitter la maison ?

Comme toutes les femmes, vous répondriez certainement : que dois-je faire ?

La réponse est extrêmement simple ! Dormez !

Cela n'a rien d'une exagération : les bienfaits du sommeil améliorent considérablement la qualité de la vie. Malheureusement, le sommeil est bien souvent la première chose que nous sacrifions quand nous avons besoin de deux ou trois heures pour terminer un travail, repasser, lire un rapport ou frotter le carrelage de la salle de bains…

« On ne peut jouer avec le sommeil sans jouer avec soi-même », déclare le Dr Mark Mahowald.

Le secret de la jeunesse retrouvée

Nous savons toutes reconnaître une personne privée de sommeil quand nous en rencontrons une : les yeux cernés, le regard vague, le muscle avachi, le pas lent, l'élocution pâteuse. Ce n'est pas vraiment le portrait de la jeunesse. Mais que se passerait-il si nous reprenions de bonnes habitudes de sommeil ? Pourrions-nous vraiment faire le plein de vitalité et repousser quelques marques du vieillissement ?

Si d'autres problèmes médicaux ne viennent pas s'interposer, la réponse est oui. « Le sommeil est une partie de cette constellation de comportements qui maximise la qualité de la vie, dit le Dr Michael Vitiello. Quand on dort mieux, on se sent mieux. On a plus de chances de travailler

Une petite sieste ?

« Pour bien des individus qui ne trouvent pas la nuit tout le sommeil qui leur est nécessaire, la petite sieste de l'après-midi serait bénéfique, dit le Dr Timothy Monk. Il y a une chute naturelle de l'attention en début d'après-midi qui fait partie de notre rythme circadien. Les personnes privées de sommeil sont souvent revitalisées par 30 minutes de sieste. »

Cependant, tout le monde n'a pas le temps de faire la sieste... et la sieste n'est pas faite pour tout le monde. « Si vous souffrez d'insomnie, vous aurez le désir de somnoler l'après-midi, mais cela ne fera que renforcer votre manque de sommeil nocturne, explique le Dr Karl Doghramji. De plus, bien des gens ne sont pas faits pour la sieste. Ils se sentent moins bien après celle-ci, à cause de ce que nous appelons l'inertie, et peuvent rester groggy pendant des heures. »

Que faire, alors ? Le Dr Monk et le Dr Doghramji conseillent de faire l'expérience. Si une petite sieste vous met en forme pour le reste de la journée, si elle n'interfère pas avec votre sommeil nocturne et si votre emploi du temps vous le permet, faites la sieste quand vous sentez le petit coup de barre de début d'après-midi. De 20 à 45 minutes après déjeuner suffisent habituellement.

au niveau optimal et de suivre un mode de vie plus sain fondé sur le sport et une alimentation équilibrée. Ajoutez le sommeil à ces bonnes habitudes, et tous ces autres aspects que nous associons à la jeunesse – allure, énergie... – finiront par s'améliorer. »

Corps et esprit, ensemble

Les scientifiques savent que c'est pendant le sommeil que le corps sécrète le maximum d'hormone de croissance – cette substance qui contribue à la réparation des tissus endommagés. Les animaux de laboratoire privés de sommeil connaissent une diminution de l'activité des cellules tueuses et des autres agents du système immunitaire qui contribuent à la lutte contre l'infection.

La plupart des spécialistes du sommeil pensent que l'esprit a également besoin d'une bonne nuit de repos.

« La privation de sommeil nous rend irritable et de mauvaise humeur, dit le Dr Mahowald. Elle limite aussi nos capacités à nous concentrer, à établir des jugements et à effectuer des tâches intellectuelles. En conséquence, cela affecte nos performances professionnelles ou, pis encore, conduit à des accidents du travail ou de la circulation. »

Le sommeil est en fait un état très actif, constitué d'une série de cycles réguliers. Chaque cycle comporte quatre stades de sommeil lent : endormissement, sommeil confirmé, transition vers le sommeil profond, sommeil profond (sommeil delta). Le cinquième stade est celui du sommeil paradoxal, ou sommeil rapide, marqué par des mouvements oculaires rapides. Les phases 4 et 5 sont essentielles, disent les experts. Sans elles, nous perdons une bonne partie de notre capacité à apprendre, à mémoriser et à raisonner.

Votre sommeil et vous

Est-ce que vous vous attendez à courir aussi vite à 40, 50 et 60 ans que vous le faisiez à 20 ou 30 ? Bien sûr que non. Mais qu'en est-il du sommeil ? Vous pensez probablement qu'il viendra sans effort et sera même facilité par l'âge. En fait, pour la plupart des femmes, une bonne nuit de sommeil est de plus en plus difficile à trouver.

Cela commence à l'âge mûr et se poursuit à l'âge d'or : il nous faut de plus en plus de temps pour nous endormir. Nous nous réveillons souvent et bénéficions de moins de temps pour les phases 4 et 5, celles du sommeil delta et paradoxal. En un mot, nous passons moins de temps à dormir.

« En vieillissant, l'horloge interne est de plus en plus perturbée, dit le Dr Timothy Monk. L'effet principal peut être que nous ne dormons plus aussi bien et que nous entrons dans un état de malaise et de dépression – comme une sorte de décalage horaire chronique. »

Satisfaites vos besoins

Combien de sommeil vous faut-il ? Cela dépend de chacune de vous. Certaines personnes s'accommodent très bien de quatre heures de sommeil par nuit, d'autres en ont besoin d'au moins dix pour se sentir en pleine forme. Pour la plupart des femmes, cela se situe entre sept et huit heures, mais vous seule pouvez répondre à cette question. « Il n'y a pas de chiffre magique. Vous devez avoir autant de sommeil qu'il vous en faut pour vous sentir reposée et être capable le lendemain de fonctionner au mieux de vos possibilités », dit le Dr Mahowald.

Comment pouvez-vous maximiser la qualité et la quantité de sommeil ? Voici des réponses.

Soyez régulière. Se coucher et se lever à la même heure tous les jours (y compris le week-end) permet de préserver le rythme circadien – l'horloge naturelle de votre corps, explique le Dr Monk. « Il vous faut certaines contraintes extérieures pour que l'horloge de votre corps fonctionne correctement. Des heures de repas constantes, en voilà une, par exemple. »

Prenez le temps de décompresser. Vous ne pouvez pas espérer passer directement de la vie professionnelle trépidante aux bras de Morphée. Donnez-vous deux heures de relaxation, décrochez en regardant la télévision, en lisant, en écoutant de la musique – n'importe quelle activité vous permettant de trouver du calme. Les affaires, les factures, tout ce qui procure du tracas, en un mot, ne doivent pas être traités avant d'aller au lit.

Soyez routinière. Bien des gens ne parviennent pas à dormir parce que leur mode de vie est trop chaotique. Établissez un rituel d'activités et de comportements qui se termine par le sommeil. Chaque soir, par exemple, vous pouvez sortir le chien, lire le journal, prendre une douche, vous brosser les dents et vous coucher. Vous vous sentirez détendue et vous trouverez dans un état propice au sommeil.

Choix de l'environnement. L'amélioration de l'environnement ne peut que profiter au sommeil. La plupart des gens sont dérangés par le bruit et la lumière : éteignez la radio, fermez les volets. Vérifiez également le thermostat : on dort souvent mieux avec une température très légèrement inférieure à la normale.

N'allez vous coucher que fatiguée. Ne restez pas au lit en attendant que le sommeil arrive, dit le Dr Vitiello. C'est la pire des choses à faire. Relevez-vous, prenez un livre ou faites quelque chose de constructif tant que vous n'êtes pas fatiguée.

Ne stockez pas le sommeil. Vous avez beaucoup de travail demain matin ? Vous devez vous lever très tôt ? Vous coucher plus tôt ne vous aidera probablement en rien, prévient le Dr Vitiello. Vous ne ferez qu'attendre le sommeil, ce qui est exactement ce qu'il ne faut pas faire : plus on l'attend, moins il arrive. « Il est facile d'accumuler un manque de sommeil, mais impossible d'en stocker », dit-il.

Évitez les plats lourds. Un petit gâteau sec avant de se coucher, d'accord, mais ne faites surtout pas de repas copieux ou ne mangez pas quelque chose de trop lourd juste avant de vous coucher, dit le Dr Karl Doghramji. Une digestion laborieuse peut vous tenir éveillée pendant des heures ou vous procurer un mauvais sommeil.

Pas de caféine. Gardez le chocolat, le thé, le café et le Coca-Cola pour la journée, dit le Dr Doghramji. La caféine est un puissant inhibiteur du sommeil qui peut rester dans le sang pendant six heures.

Limitez les boissons après 8 heures du soir. Pour des raisons évidentes : les allers et retours aux toilettes ne peuvent que perturber le sommeil.

Oubliez les petits verres. Nous savons toutes que l'alcool donne un coup de barre et peut faire dormir. Mais il perturbe les cycles du sommeil : il fera aussi que vous aurez un sommeil agité et que vous vous réveillerez plusieurs fois au cours de la nuit. Même si vous dormez longtemps, ce ne sera pas vraiment un sommeil réparateur.

Pas de médicaments. Les somnifères et autres sédatifs aident souvent, mais ils perturbent aussi les cycles du sommeil, dit le Dr Doghramji. De plus, on s'y habitue très facilement, surtout quand on les utilise à mauvais escient. Le conseil est simple : dormez sans somnifères. Et si vous ne le pouvez pas, suivez les conseils de votre médecin traitant.

Deux choses seulement. Le lit n'a été fait que pour deux choses, dit le Dr Vitiello : le sommeil et l'amour. « Quand vous introduisez des activités étranges du genre manger une pizza, régler vos factures ou regarder la télévision, le corps n'a plus envie de dormir dans un lit. »

Faites l'amour... ou pas. Certaines femmes trouvent très relaxant de faire l'amour avant de dormir ; d'autres, non, et cela les tient éveillées pendant des heures, dit le Dr Mahowald. Si l'amour vous assomme, n'hésitez pas ; sinon, gardez vos passions pour un autre moment de la journée.

Un temps pour tout. « Nous avons été conçus pour travailler le jour et dormir la nuit, dit le Dr Monk. En vieillissant, les personnes qui font les trois huit doivent retrouver un rythme naturel et ne pas lutter contre les besoins du corps. »

Doucement sur le sport. C'est un mythe que de dire que le sport à outrance épuise et fait dormir, dit le Dr Mahowald. En revanche, les personnes actives dorment mieux : l'exercice physique doit donc faire partie de votre discipline quotidienne. Une petite marche avant de se coucher, très bien ; mais un marathon ou des poids et haltères à outrance, sûrement pas. Réservez ces disciplines pour une autre partie de la journée.

Ce n'est pas l'heure des préoccupations. « Vous ne dormirez jamais bien si vous ressassez tous vos problèmes, dit le Dr Vitiello. Réfléchissez-y à un autre moment de la journée ou, au pire des cas, 30 minutes avant d'aller au lit. Celui-ci n'est pas la couche de l'anxiété, mais celle du repos. »

Traitement hormonal substitutif

Une option au milieu de votre existence

Toute votre vie durant, vous avez pris de nombreuses décisions concernant votre santé : quel type de contraception utiliser, quel sport pratiquer et comment, quel médecin consulter.

Maintenant que la ménopause approche, une autre question se pose. Et cette fois-ci, elle est vraiment de taille. Vous ne cessez de vous demander, avec des centaines de milliers d'autres femmes : « Dois-je recourir à un traitement hormonal substitutif ? »

Nous avons toutes entendu parler des problèmes inhérents à la ménopause : bouffées de chaleur et sueurs nocturnes, sécheresse vaginale et modifications de la peau, puis risques accrus de maladies cardiovasculaires et d'ostéoporose une fois la ménopause passée. Mais nous avons également entendu dire que le traitement hormonal substitutif permettait de combattre les effets du vieillissement.

En fait, le problème du traitement hormonal substitutif est l'un des tout premiers que la femme se pose lorsque la ménopause arrive, dit Joan Borton. « C'est une décision qui est toujours très difficile à prendre. Je vois beaucoup de femmes très inquiètes et désireuses de recueillir le maximum d'informations. »

Le choix est difficile, parce qu'un traitement hormonal substitutif présente beaucoup d'avantages mais aussi beaucoup de risques. Les femmes pèsent le pour : on dit que le traitement hormonal substitutif supprime la sécheresse vaginale et les bouffées de chaleur, protège des maladies cardiovasculaires et de l'ostéoporose et préserve la jeunesse des cheveux et de la peau, et le contre : elles s'inquiètent d'un risque accru de cancer du sein, de cancer de l'utérus et de calculs biliaires. Avec le traitement hormonal substitutif, les femmes recommencent à avoir des règles, ce que certaines considèrent comme gênant. La plupart des spécialistes s'accordent pour dire que c'est une décision exclusivement individuelle, qui dépend dans une large mesure du passé médical et de l'expérience de la ménopause propres à chaque femme.

Comprendre l'œstrogène

Un traitement hormonal substitutif est un cocktail d'hormones destiné à reconstituer le taux d'hormones naturel de la femme. Lors des années qui précèdent la ménopause (préménopause), le taux d'œstrogène diminue progressivement. Quand la femme cesse d'ovuler et a ses dernières règles (début de la ménopause), le taux d'œstrogène diminue encore plus brutalement. L'âge moyen de la ménopause est de 51 ans, mais elle peut survenir plus tôt : environ 1 % des femmes vivent leur ménopause avant 40 ans.

Les œstrogènes jouent un rôle vital dans la préservation des tissus et des organes : peau, tissu vaginal, seins et os. C'est pourquoi, quand le taux d'œstrogène chute au moment de la ménopause, on peut observer une sécheresse vaginale, un dessèchement de la peau, des rides, une détérioration de la masse et de la densité osseuses. Les œstrogènes affectent de même un certain nombre de fonctions corporelles, telles que le métabolisme et la régulation de la température du corps. Quand son taux d'œstrogène décline, une femme peut voir son cholestérol augmenter et courir des risques accrus pour ce qui est des maladies cardiovasculaires. Le thermomètre interne du corps peut aussi se dérégler, d'où les bouffées de chaleur et les sueurs nocturnes.

Il y a plusieurs années, les médicaments hormonaux prescrits aux femmes au moment de la ménopause ne contenaient que des œstrogènes, mais le taux en était bien trop élevé et cela contribuait à la formation de caillots sanguins. Il se révéla dangereux de ne donner que des œstrogènes : des études montrèrent que cela favorisait le cancer de l'utérus.

Les chercheurs ont donc repensé la formule, abaissant le contenu en œstrogènes et y ajoutant de la progestine, qui n'est autre que la forme synthétique d'une autre hormone, la progestérone. En plus de réguler les œstrogènes, la progestérone favorise la protection de la muqueuse utérine. La conjonction de la progestine et des œstrogènes aboutit à ce que l'on appelle aujourd'hui un traitement hormonal substitutif. Les doses plus faibles d'œstrogènes sont tout de même assez élevées pour remplacer ce qui manque et protéger le cœur ; elles ne sont toutefois pas assez fortes pour entraîner la formation de caillots. La progestine procure une protection contre le cancer de l'utérus en provoquant la mue de la muqueuse utérine (endomètre), évitant ainsi l'accumulation qui peut évoluer en cancer si on n'intervient pas. Aujourd'hui, donc, quand une femme ménopausée décide de prendre des hormones et qu'elle a toujours son utérus, la plupart des médecins lui recommandent un cocktail d'œstrogènes faiblement dosés et de progestine.

Certaines femmes ont cependant du mal à tolérer la progestine. Cette dernière peut déclencher d'insupportables symptômes proches du syndrome prémenstruel. Dans ce cas, le médecin pourra prescrire exclusivement de l'œstrogène à faible doses, et fera également pratiquer des biopsies régulières de l'utérus pour surveiller tout début de cancer. Si une femme n'a plus d'utérus, elle peut ne recevoir que de faibles doses d'œstrogènes, mais certains médecins recommandent tout de même l'alliance œstrogènes et progestine.

Le traitement hormonal substitutif conjuguant œstrogènes et progestine peut être pris de diverses façons. La composante progestine n'est disponible qu'en comprimé, que les femmes peuvent prendre soit à forte dose pendant les 10 ou 12 derniers jours de leur cycle, soit à dose réduite chaque jour du mois.

Les œstrogènes sont, pour leur part, disponibles sous diverses formes – crème, patch et comprimé – et doivent être pris chaque jour du mois ou pendant les trois premières semaines du cycle.

La crème aux œstrogènes est introduite dans le vagin à l'aide d'un applicateur et a le meilleur impact sur le tissu vaginal ; cette forme d'œstrogènes est particulièrement efficace en cas de sécheresse vaginale et de problèmes urinaires. Un patch aux œstrogènes a la taille d'un petit pansement et se porte sur l'abdomen : les œstrogènes sont libérés petit à petit et passent directement dans le sang. Cette formule est recommandée pour les femmes ayant certains troubles de santé – calculs biliaires ou hypertension artérielle – qui leur interdisent de prendre des œstrogènes par voie orale.

Les œstrogènes des crèmes et des patches passent directement dans le sang ; ils ne passent pas par les voies digestives et le foie, où ils contribuent normalement à réduire le taux de cholestérol. Ces formes d'œstrogènes sont donc moins efficaces lorsqu'il s'agit de protéger des maladies cardiovasculaires.

Les comprimés d'œstrogènes se prennent par voie orale et sont considérés comme la meilleure façon de lutter contre les maladies cardiovasculaires. Le médicament le plus répandu porte le nom de Prémarin et a une origine naturelle – œstrogènes de jument –, tandis que les autres comprimés contiennent des œstrogènes de synthèse.

Inquiétudes immédiates

Les bouffées de chaleur et la sécheresse vaginale sont les deux grands symptômes qui conduisent une femme chez son médecin et l'incitent à parler de traitement hormonal substitutif, dit le Dr Brian Walsh.

Les bouffées de chaleur affectent de 75 à 85 % des femmes, et 80 % de celles qui ont de telles bouffées les subissent pendant plus d'un an, de 25 à 50 % pendant plus de cinq ans. Une bouffée de chaleur peut être très variable : cela va de la sensation modérée de chaleur aux rougeurs et à la sudation intenses, et cela peut durer entre 5 et 12 minutes.

Les bouffées de chaleur peuvent survenir le jour ou la nuit : elles sont alors appelées sueurs nocturnes. Les femmes se réveillent en sueur, explique le Dr Walsh. Elles sont parfois si trempées qu'elles doivent changer de vêtements, ce qui interrompt leur sommeil et les laisse fatiguées et irritables pendant la journée. Le traitement hormonal substitutif est très efficace contre les bouffées de chaleur.

Les spécialistes disent que la sécheresse vaginale est également bien combattue par le traitement hormonal substitutif. La muqueuse vaginale est dotée de récepteurs d'œstrogènes. Quand cette hormone décline au moment de la ménopause, le revêtement du vagin et de l'utérus s'amincit et il en résulte une sécheresse vaginale.

Il est possible que la peau de la femme comporte aussi des récepteurs d'œstrogènes, de sorte que la peau commence à se rider avec la ménopause. Le traitement hormonal substitutif est efficace et préserve une peau jeune et lisse.

Une aide pour le cœur

Au moment de la ménopause, les femmes s'inquiètent beaucoup des maladies cardiovasculaires. Les risques qui ne touchent qu'une femme sur neuf avant 65 ans passent ensuite à une femme sur trois, si l'on en croit l'Association américaine pour le cœur.

L'œstrogène maintient élevé le taux de cholestérol HDL (lipoprotéines de haute densité), ou bon cholestérol, et faible celui de cholestérol LDL (lipoprotéines de faible densité), ou mauvais cholestérol. Il contribue aussi à empêcher les vaisseaux sanguins d'attirer le cholestérol. Quand le taux d'œstrogènes naturels d'une femme chute avec la ménopause, ces protections contre les maladies cardiovasculaires s'amenuisent avec lui.

Recourir à un traitement hormonal substitutif va-t-il restaurer cette protection ? Certaines études le laissent supposer.

Le problème avec les études en question, c'est qu'elles s'intéressent principalement à une prescription qui n'a plus cours, celle qui ne contenait que des œstrogènes. La plupart de ces études indiquent que la prise d'œstrogènes sans progestine permet de diminuer de 50 % les risques de maladies cardiovasculaires, nous apprend le Dr Cynthia A. Stuenkel.

Mais qu'en est-il du traitement hormonal substitutif qui associe œstrogènes et progestine ? Les recherches effectuées sur cette nouvelle formule sont bien moins nombreuses, et certains chercheurs se demandent si la progestine ne vient pas diminuer l'effet bénéfique des œstrogènes.

Une étude publiée dans le *New England Journal of Medicine* a toutefois comparé les effets des deux formules sur les maladies cardiovasculaires. Elle analysait des données recueillies auprès de 15 800 personnes vivant dans quatre régions différentes des États-Unis. Les chercheurs ont montré que le taux de bon cholestérol était le même, quelle que soit la formule, et que ce taux était dans les deux cas supérieur à celui des femmes qui ne prenaient pas d'œstrogènes. Les chercheurs estimèrent aussi que les femmes qui ne prenaient que des œstrogènes voyaient leurs risques de maladies cardiovasculaires diminuer de 42 % par rapport à celles qui ne suivaient aucun traitement ; les femmes qui recouraient à la formule la plus moderne avaient de meilleurs résultats, mais ceux-ci n'étaient pas quantifiables.

Un plus pour les os

Les femmes ménopausées s'inquiètent également de l'ostéoporose, maladie au cours de laquelle déclinent la densité et la robustesse des os, au niveau des hanches et des poignets particulièrement. Selon les experts, quatre femmes sur dix développent cette maladie. Les conséquences sont dramatiques : on estime que 50 000 Françaises souffrent chaque année de fractures liées à l'ostéoporose. Après la ménopause, entre 25 et 44 % des femmes ont des fractures de la hanche provoquées par l'ostéoporose. À 90 ans, les femmes courent deux fois plus de risques que les hommes de se fracturer la hanche.

La recherche laisse entendre qu'un traitement hormonal substitutif peut diminuer de 50 % les risques de fractures liées à l'ostéoporose. Chez les femmes qui souffrent déjà d'ostéoporose, le traitement hormonal substitutif est également considéré comme efficace et peut augmenter de 5 % la densité osseuse, qui n'est autre qu'une mesure de la résistance des os.

Pendant combien de temps une femme doit-elle suivre un traitement hormonal substitutif afin de bien protéger ses os ? À Boston, des chercheurs ont analysé la densité osseuse de 670 femmes blanches participant déjà à la grande enquête menée depuis 1948 sur les maladies cardiovasculaires dans la ville de Framingham (Massachusetts). L'étude a conclu que les femmes devaient suivre un traitement hormonal substitutif pendant sept ans au moins pour voir leur densité osseuse augmenter réellement. Celles qui ne suivaient ce traitement que pendant trois ou quatre ans avaient des résultats similaires à celles qui ne l'avaient pas suivi du tout.

Les chercheurs ont également montré que, chez les femmes qui suivaient un traitement hormonal substitutif pendant sept à dix ans, voire davantage avant de s'arrêter, l'effet protecteur du traitement ne perdurait que jusqu'à l'âge de 75 ans. Ensuite, les effets d'une thérapie prolongée étaient plutôt minces. C'est important, étant donné que les risques d'ostéoporose sont particulièrement élevés chez les femmes de 80 et 90 ans.

Les conclusions de cette étude ont lancé la discussion dans les milieux médicaux afin de savoir combien de temps une femme devait suivre un traitement hormonal substitutif pour conserver une bonne densité osseuse pendant les dernières décennies de son existence. Certains médecins pensent que les femmes devraient suivre indéfiniment ce traitement : commencer dès la ménopause et continuer jusqu'au bout. D'autres disent qu'elles pourraient attendre quelques années après la ménopause avant de commencer.

Les risques du traitement hormonal substitutif

D'autres problèmes de santé surviennent chez les femmes qui prennent des hormones. Il faut signaler en premier lieu le risque de cancer de l'utérus, qui affecte chaque année une femme sur mille, selon le Dr Walsh. En ne prenant que des œstrogènes, on multiplie par quatre les risques de cancer de l'endomètre, raison pour laquelle les médecins ne donnent pas ce genre de traitement à une femme qui conserve son utérus. Les femmes qui prennent un mélange d'œstrogènes et de progestine semblent tout de même avoir un risque inférieur de 30 à 40 % à celles qui ne prennent rien du tout.

Suivre un traitement hormonal substitutif fait courir un certain risque de calculs biliaires, surtout au cours de la première année, ajoute le Dr Walsh. Il existe enfin certaines femmes pour qui aucune forme de traitement n'est appropriée. C'est le cas des femmes qui ont un cancer de l'utérus ou du sein déclaré ou suspecté, de celles qui ont des problèmes d'embolie pulmonaire ou encore celles qui souffrent de maladie hépatique.

La question du cancer du sein

Les femmes se demandent également si ce traitement hormonal substitutif ne va pas augmenter le risque de cancer du sein. Le sein contient des récepteurs d'oestrogènes et l'administration d'œstrogènes chez les animaux provoque le cancer. Il y a donc certaines raisons de penser que les deux formules (œstrogènes avec ou sans progestine) peuvent favoriser le cancer du sein.

La relation entre traitement hormonal substitutif et cancer du sein est controversée : diverses études ont abouti à des conclusions divergentes. L'étude menée par le CDC d'Atlanta a recensé les résultats des différentes études et abouti à la conclusion suivante : les utilisatrices courent peut-être un certain risque, mais celui-ci est relatif à la longueur du traitement à base d'œstrogènes seuls. Il ne semble pas exister de danger chez les femmes qui suivent le traitement pendant 5 ans, mais le risque pourrait augmenter d'environ 30 % chez celles qui le suivent depuis plus de 15 ans. Les femmes qui ont suivi ce traitement dans le passé et ont arrêté ne semblent pas courir davantage de risques.

Que pouvez-vous faire ?

Prendre une décision n'est pas facile, vous l'aurez compris. Mais voici ce que vous pouvez tout de même faire.

Trouvez le bon médecin. Les médecins ont une approche différente du traitement hormonal substitutif, il est donc important d'en trouver un avec qui vous vous sentiez à l'aise et qui respecte vos sentiments et vos opinions, dit Joan Borton. N'ayez pas peur de demander conseil à vos amies et de consulter plusieurs médecins.

Connaissez vos antécédents familiaux. C'est très important lorsque vous décidez de suivre un traitement hormonal substitutif, dit le Dr Walsh. Voyez si des membres de votre famille ont eu de l'ostéoporose, des maladies cardiovasculaires, un cancer du sein ou un cancer de l'endomètre. Parlez-en à votre médecin.

Mesurez les risques. Décider de suivre un traitement hormonal substitutif consiste souvent à troquer un risque de maladie contre un autre. Une solution consiste à essayer de « décider, en tant que femme, quelle maladie vous risquez et quel est votre profil de risque, et de prendre une décision intelligente à propos des maladies que vous devez prévenir », conseille le Dr David Felson.

Notez vos règles. Quand les femmes suivent un traitement hormonal substitutif, elles retrouvent bien souvent leurs règles, surtout si la progestine est associée aux œstrogènes. Les préparations hormonales peuvent affecter les règles. Le Dr Waslsh conseille de noter quand elles surviennent. Prenez un calendrier, cochez le premier jour des règles et montrez cela à votre médecin pour qu'il puisse juger si tout se passe normalement.

Ne soyez pas trop pressée. Cela peut prendre entre quatre et six semaines pour que les hormones fassent effet, dit le Dr Walsh. Il faut parfois plusieurs mois pour que vos règles deviennent régulières.

Examinez vos seins. Toutes les questions relatives au rapport entre traitement hormonal substitutif et cancer du sein n'étant pas résolues, vous devez prendre des précautions. Chaque mois, pratiquez un auto-examen des seins : cela vous permettra de détecter un début de cancer. C'est une des choses les plus importantes qu'une femme puisse faire, dit le Dr Walsh. « La plupart des cancers du sein sont détectés par la femme elle-même, dit-il. Cette dernière a onze fois plus de chances qu'un médecin de déceler une grosseur. »

Passez une mammographie. La mammographie constitue une autre manière de détecter le cancer du sein. La plupart des médecins recommandent d'effectuer la première mammographie entre 35 et 40 ans. Le Dr Walsh ajoute qu'il est important que les femmes qui suivent un traitement hormonal substitutif passent régulièrement des mammographies. « À 50 ans, une femme devrait passer une mammographie au moins une fois par an, dit-il. Cet examen permet de détecter le cancer du sein quand il est encore petit et guérissable. »

Ne négligez pas la biopsie. La biopsie de l'endomètre cherche toute trace de cancer dans le revêtement de l'utérus. Certains médecins demandent une biopsie au début du traitement hormonal substitutif, puis en prescrivent une tous les ans. Cet examen est particulièrement important quand une femme ne reçoit que des œstrogènes parce que l'effet protecteur de la progestine est absent. Demandez à votre médecin comment il voit les choses.

Cherchez de l'aide. Pour Joan Borton, il est bon de trouver de l'aide et des conseils auprès d'autres femmes périménopausées. Parlez donc à vos amies, aux membres de votre famille.

VÉGÉTARISME

Quand les légumes verts battent la viande rouge

N'y allons pas par quatre chemins. Vous êtes une Française typique ? Eh bien vous mangez trop de matières grasses. Les Américaines sont pires que vous : elles se gavent de hamburgers et de pizza. Mais vous ne devez pas faire la fière pour autant.

Le résultat peut être catastrophique. Une alimentation alourdie par des graisses ajoutées ne peut que conduire à un taux de cholestérol élevé, à de l'hypertension artérielle et à des problèmes de l'appareil digestif. Sans parler des inconvénients tels que les cuisses flasques et les hanches empâtées dont vous ne vous souciiez pas encore il y a quelques années.

Si vous cherchez le moyen de retrouver un peu de vigueur, de perdre du poids et d'éviter les incidents de santé les plus graves, vous aurez peut-être envie de vous intéresser à un mode de vie dont la viande est totalement absente.

« Tout simplement, les végétariens ont tendance à être en meilleure santé que le reste de la population, affirme le Dr Reed Mangels. Vous tirez une grande partie de vos graisses des produits animaux. Moins vous mangerez de produits animaux, mieux vous vous sentirez. »

Plus mince, plus légère, plus vive

D'innombrables études montrent que les végétariens sont en meilleure santé que leurs semblables mangeurs de viande. Des recherches menées en Allemagne, par exemple, ont montré qu'un groupe de 1 904 végétariens connaissaient sur une période de plus de 11 ans un taux de mortalité deux fois moins important que les consommateurs de viande.

L'étude allemande a aussi montré que les végétariennes présentaient environ 25 % de moins de cas de cancer de l'appareil digestif que le reste de la population. Le nombre de maladies cardiovasculaires était de même diminué par deux.

D'autres études menées auprès de bouddhistes, d'Adventistes du septième jour, de populations de pays en voie de développement et d'Occidentaux montrent que la tension artérielle des végétariens est généralement inférieure à celle des adeptes de la viande. De même, les végétariens risquent moins d'avoir du diabète.

Les végétariens se plaignent moins de constipation ou de calculs biliaires. Les gens qui adoptent une alimentation végétarienne disent qu'ils se sentent bien mieux – plus d'énergie et de vigueur – quand ils ont écarté la viande de leurs repas.

Ces résultats extraordinaires doivent bien avoir une explication, non ? En premier lieu, les végétariens pèsent généralement moins lourd ; en partie parce qu'ils consomment moins de matières grasses, dit le Dr Mangels, et aussi parce qu'ils ont tendance à mener une vie plus active.

Ce n'est pas tout. Les végétariens fument moins. « La plupart d'entre eux ont signé un contrat à long terme avec leur santé, dit le Dr Mangels. Cela se voit dans leur style de vie, pas seulement dans leur nourriture. »

La plupart des végétariens ont une alimentation qui contient bien moins de matières grasses que l'alimentation occidentale typique. En moyenne, nous tirons plus d'un tiers de nos calories des matières grasses.

Moins de graisses, moins de poids, plus d'exercice et moins de cigarettes : tout cela s'additionne pour améliorer votre santé, selon le Dr Mangels. « Tout se tient, explique-t-elle. Vous mangez mieux, vous vous sentez mieux, votre cœur est plus solide et vous avez envie de faire davantage de choses. Le résultat final ? Une meilleure santé. »

Il semblerait même qu'une alimentation végétarienne peut aider à combattre les douleurs de l'arthrite. Les symptômes de la forme la plus courante de l'arthrite, l'ostéoarthrite, peuvent être soulagés parce que les individus qui pèsent moins lourd exercent une pression moindre sur leurs articulations, leurs genoux par exemple, dit le Dr Mangels.

Les personnes atteintes de rhumatisme articulaire peuvent être soulagées par un régime végétarien adapté à leurs besoins : c'est ce qu'indiquent des chercheurs norvégiens. Ils ont fait jeûner 27 personnes souffrant de rhumatisme articulaire, puis ont peu à peu introduit dans leur alimentation des plats végétariens, écartant ainsi progressivement les aliments qui déclenchaient des crises. Au bout de un an, ces personnes souffraient moins des articulations, se sentaient moins raides le matin et avaient une meilleure préhension des objets.

Un monde sans viande

Petite fille, on vous a appris que les quatre aliments de base étaient les laitages, la viande, les légumes et le pain.

En grandissant, vous avez préféré quatre types d'aliments bien différents : les steaks, le Coca, les chips et les gâteaux.

Il est peut-être temps de vous ressaisir.

« Vous n'avez pas besoin de manger de viande pour être en bonne santé », nous apprend Suzanne Havala.

Cette diététicienne, spécialiste du végétarisme, nous indique ce que vous pouvez manger.

Pain, céréales et pâtes. Huit portions ou plus par jour. Par portion, on entend une tranche de pain complet, un demi-bagel, une demi-tasse de céréales, de pâtes ou de riz cuits, ou encore 30 grammes de céréales sèches.

Légumes. Quatre portions ou plus par jour. Une portion équivaut à une demi-tasse de légumes cuits ou une tasse de légumes crus. N'oubliez pas le bêtacarotène, que l'on trouve dans les carottes et autres crudités, à inclure, au moins une fois par jour.

Légumineuses et substituts de viande. Deux ou trois portions par jour. Une portion, ce peut être par exemple une demi-tasse de haricots secs cuits, 120 grammes de tofu ou deux cuillères à soupe de noix ou de graines.

Fruits. Au moins trois portions par jour. On peut se servir à chaque fois un fruit frais, trois-quarts de tasse de jus ou une demi-tasse de fruits cuits ou en boîte.

Produits laitiers ou produits de substitution. Ce n'est pas obligatoire. Deux ou trois portions par jour. Une portion, c'est par exemple une tasse de lait demi-écrémé ou écrémé, une tasse de yoghourt écrémé ou demi-écrémé, 40 grammes de fromage allégé ou une tasse de lait de soja enrichi en calcium.

Œufs. Là encore, ce n'est pas obligatoire. Vous pouvez consommer trois ou quatre œufs par semaine, quantité qui comprend les œufs utilisés pour la pâtisserie. Attention : les végétariens stricts, qu'on appelle aussi végétaliens, ne mangent pas d'œufs (aucun produit d'origine animale, en fait, pas même de lait). Mais les substituts d'œuf conviennent à merveille dans la plupart des recettes.

Dites au revoir aux viandes rouges

Tout cela est fort alléchant, n'est-ce pas ? Mais de là à abandonner la viande... à tout jamais...

Peut-être pas entièrement. Vous n'avez pas à supprimer totalement la viande pour profiter de la plupart des bienfaits du végétarisme. « Si vous arrivez à réduire considérablement la proportion de viande, tout se passera bien », dit Suzanne Havala.

Elle ajoute aussitôt que, quand vous aurez découvert la variété des plats végétariens, vous aurez de moins en moins envie de viande. « D'après mon expérience, les gens trouvent la cuisine végétarienne si délicieuse qu'ils en oublient bientôt totalement la viande. »

Voici quelques conseils pour commencer.

Moins de steaks. Vous n'avez pas à éliminer du jour au lendemain la viande rouge, nous dit Suzanne Havala. « Pour certaines personnes, c'est plus facile ainsi. Mais bien des gens aiment y aller en douceur et mettent plusieurs mois avant d'y arriver. »

Commencez par une journée sans viande par semaine. Est-ce si difficile que cela ? Vous pouvez manger des céréales et des fruits au petit déjeuner, une omelette aux champignons à midi et, le soir, des pâtes avec des légumes à la vapeur et de la salade.

Passez progressivement à deux puis trois jours sans viande par semaine. Vous pourrez alors passer au végétarisme intégral, si vous le désirez.

Truquez. Les magasins de diététique et les rayons spécialisés des supermarchés proposent des plats contenant des succédanés de viande. Vous avez probablement entendu parler des burgers au tofu et des hot dogs sans viande. « Certaines personnes ont besoin de voir quelque chose qui ressemble à de la viande, dans un premier temps tout au moins, dit le Dr Mangels. Essayez ces produits pendant un certain temps, ils peuvent vous aider à faire la transition. »

Ayez de la souplesse. On croit souvent que les végétariens planifient leurs repas et calculent le moindre gramme pour avoir une alimentation parfaite. « Il vous suffit d'absorber assez de calories pour répondre à vos besoins essentiels. Vous y parviendrez mangeant toutes sortes de fruits, de céréales et de légumes. », dit Suzanne Havala.

Une chose à éviter, cependant : prendre votre aliment préféré et en manger cinq fois par jour. « L'équilibre est fondamental, dit le Dr Mangels. Ne faites pas l'erreur de ne manger que des pamplemousses pendant deux semaines avant de passer pendant quinze jours aux pommes de terre bouillies. »

Prenez garde. Les végétariens stricts – ou végétaliens – ne consomment aucun produit animal, pas même d'œufs ou de lait. Ils doivent s'assurer d'avoir un apport suffisant en vitamine B_{12}, utile au fonctionnement du système nerveux. Cette vitamine se trouve principalement dans les produits animaux et les compléments. La dose quotidienne recommandée est de 2 microgrammes.

Si vous consommez du lait ou du fromage maigres ou vous confectionnez une omelette, tout va bien. Sinon, essayez le petit déjeuner aux céréales complètes et le lait de soja.

Chassez le superflu. Aucune alimentation, avec ou sans viande, ne doit comporter de produits aussi superflus que néfastes. « Pour tirer le maximum d'une alimentation végétarienne, limitez ou éliminez les sucres et les graisses », conseille Suzanne Havala.

Traquez la graisse. La viande est chargée de matières grasses, mais ce n'est pas le seul aliment contenant les sinistres graisses mono-insaturées, saturées et polyinsaturées. Pour abaisser votre apport en graisses, le Dr Mangels vous suggère de cuire vos aliments à la vapeur, de les faire sauter dans de l'eau, du bouillon, du jus ou du vin, et de manger peu de fromage et de mayonnaise. « Les sauces salade allégées sont toutefois une bonne idée ».

Ne négligez pas les protéines. La viande n'est pas le seul aliment riche en protéines. Vous en aurez plus qu'assez avec un régime végétarien équilibré.

Pensez aussi au fer. Là encore, un régime végétarien équilibré apporte suffisamment de fer, même si la viande est toujours la meilleure source de fer facile à absorber. Vous pouvez augmenter l'absorption du fer présent dans les légumes en prenant de la vitamine C. Suzanne Havala suggère une source de vitamine C à chaque repas : on en trouve surtout dans les tomates, les brocolis, les melons, les poivrons et les agrumes.

Et au calcium. Vous trouverez tout le calcium qu'il vous faut dans un régime équilibré, dit le Dr Mangels. Du lait et du fromage allégés, mais aussi des brocolis et des choux frisés ainsi que des graines et des noix vous conviendront parfaitement.

Sortez de chez vous. Vous n'avez pas besoin de rester chez vous pour être végétarienne, la plupart des restaurants vous serviront d'excellents plats de légumes. Et n'oubliez pas les restaurants chinois : vous pourrez y faire d'innombrables repas sans même vous apercevoir qu'il n'y a pas un seul gramme de viande.

VITAMINES ET MINÉRAUX

La plus vitale des nécessités

Ah, votre petit déjeuner habituel. Un demi-gâteau sec et une tasse de café sucré à l'édulcorant, pas de lait. Le déjeuner ? Pas le temps. Une boisson basses calories, cela suffit. C'est vrai que vous essayez de perdre du poids.

À la maison, les enfants ont hâte de partir à leur entraînement. Votre conjoint et vous êtes affamés. Vous prenez un paquet de chips et il réplique par une pizza surgelée. Quelques heures plus tard, votre corps réclame sa pitance, et vous lui octroyez un grand pot de glace à la vanille et aux noix de pécan.

Franchement, vous croyez que c'est une vie, ça ? Votre corps a besoin de renforts, de matières premières susceptibles de lui conserver force, vitalité et jeunesse.

Ces matières premières, ce sont les vitamines et les minéraux, des outils dont votre corps doit disposer pour répondre aux besoins imposés par son travail et ses activités quotidiennes. Ces petites merveilles microscopiques rajeunissent vos cellules et leur donnent de l'énergie : elles rendent possible chaque processus physiologique.

Quand tous ces éléments sont là, tout va bien. Mais quand ils ne sont pas là, c'est la catastrophe. Portée à l'extrême, un carence en vitamines peu entraîner des maladies telles que le scorbut, la pellagre ou le rachitisme – maladies redoutées qui font tomber les dents et saigner les gencives, rendent les os friables et la peau sèche, font mourir parfois.

(suite page 584)

LES 13 VITAMINES ESSENTIELLES

Voici un tableau des besoins en minéraux pour une femme de 25 à 50 ans (mg : milligrammes – µg : microgrammes)..

Vitamine	Apport quotidien
Vitamine A	800 µg ou 4 000 UI (1 300 µg ou 6 500 UI en cas de grossesse ou d'allaitement)
Vitamines B	
Thiamine (B_1)	1,1 mg (1,5 mg en cas de grossesse ; 1,6 mg en cas d'allaitement)
Riboflavine (B_2)	1,3 mg (1,6 mg en cas de grossesse ; 1,8 mg en cas d'allaitement)
Niacine (B_3 ou PP)	15 mg (17 mg en cas de grossesse ; 20 mg en cas d'allaitement)
Pyridoxine (B_6)	de 1,6 à 2 mg (2,2 mg en cas de grossesse ; 2,1 mg en cas d'allaitement)
Acide folique (B_9)	de 180 à 300 µg (400 µg en cas de grossesse ; 280 µg en cas d'allaitement)
Cyanocobalamine (B_{12})	de 2 à 3 µg (2,2 µg en cas de grossesse ; 2,6 µg en cas d'allaitement)
Biotine (B_8)	30 à 100 µg *
Acide panthoténique (B_5)	4 à 10 mg *
Vitamine C	60 à 80 mg (70 mg en cas de grossesse ; 95 mg en cas d'allaitement)
Vitamine D	200 UI ou 5 µg (10 µg en cas de grossesse ou d'allaitement)
Vitamine E	12 UI ou 8 mg alpha-TE (15 UI ou 10 mg alpha-TE en cas de grossesse ; 18 UI ou 12 µg alpha-TE en cas d'allaitement)
Vitamine K	de 35 à 65 µg

REMARQUE : L'apport quotidien recommandé correspond à l'AJR (apport journalier recommandé), sauf mention contraire.

Aspects bénéfiques contre le vieillissement	Sources alimentaires
Nécessaire à la vision normale en lumière faible ; préserve la structure et le fonctionnement des muqueuses ; aide à la croissance des os, des dents et de la peau.	Fruits et légumes jaune-orange ; légumes feuillus vert sombre ; lait enrichi ; œufs.
Métabolisme des glucides, préserve la santé du système nerveux.	Porc ; produits à base de céréales complètes ; haricots ; noix.
Métabolisme des lipides, des protides et des glucides ; peau saine.	Produits laitiers ; produits à base de céréales complètes.
Métabolisme des lipides, des protides et des glucides ; fonctionnement du système nerveux ; nécessaire à l'oxygénation des cellules.	Viande ; volaille ; lait ; œufs ; produits à base de céréales complètes.
Métabolisme des protides ; nécessaire à la croissance normale.	Viande ; volaille ; poisson ; haricots secs ; céréales ; légumes feuillus vert sombre.
Développement des globules rouges ; croissance et réparation des tissus.	Légumes feuillus vert sombre ; oranges ; haricots secs.
Nécessaire à la croissance des nouveaux tissus, aux globules rouges, au système nerveux et à la peau.	Viande ; volaille ; poisson ; produits laitiers.
Métabolisme des lipides, des protides et des glucides.	En petite quantité dans de nombreux aliments.
Métabolisme des lipides, des protides et des glucides.	Produits à base de céréales complètes ; légumes ; viande.
Fabrication du collagène ; préserve la santé des gencives, des dents et des vaisseaux sanguins.	Agrumes ; poivrons ; choux ; fraises ; tomates.
Absorption du calcium ; croissance des os et des dents.	Lumière solaire ; lait enrichi ; œufs ; poisson.
Protection des cellules.	Huiles végétales ; légumes feuillus vert sombre ; germe de blé ; produits à base de céréales complètes.
Coagulation du sang.	Choux ; légumes feuillus vert sombre.

*La valeur mentionnée correspond à l'apport journalier considéré comme suffisant et sans danger. Il n'existe pas d'AJR pour cette vitamine.

Heureusement, la plupart des femmes ont une alimentation à peu près saine qui leur permet d'éviter ces maladies : bien des aliments sont enrichis en vitamines et en minéraux – c'est le cas du lait, du pain et des céréales. Mais il est possible que vous ne receviez pas toutes les vitamines dont vous avez besoin, surtout si, comme bien des femmes, vous essayez de perdre quelques kilos ou êtes trop occupée pour manger convenablement.

« En vieillissant, nous avons un besoin accru de certaines vitamines et de certains minéraux, dit le Dr Jeffrey Blumberg. Nous avons tendance à moins manger. Si l'alimentation manque déjà de certains nutriments, nous risquons d'augmenter les carences. D'une manière ou d'une autre, c'est notre corps qui en subira les conséquences. »

Un taux de vitamines et de minéraux peu élevé peut accroître la susceptibilité aux infections, le ralentissement de la guérison des blessures, la fatigue chronique et la diminution des capacités mentales, disent les nutritionnistes. La conclusion est simple : pour être au mieux de votre forme, vous ne devez pas vous priver de vitamines et de minéraux.

Les vitamines sont vitales

À l'intérieur de notre corps, des centaines de réactions chimiques ont lieu chaque seconde, 24 heures sur 24. Et comme les réactions provoquées en laboratoire, ces réactions internes ont besoin de catalyseurs pour les faciliter et les réguler. Les vitamines sont des composés chimiques organiques qui servent de catalyseurs. Chacune d'elles a une fonction spécifique – de la croissance des os à la préservation de la santé de la peau. Il suffit de la présence insuffisante d'une seule vitamine pour que les fonctions vitales qui en dépendent soient compromises.

Les nutritionnistes divisent les 13 vitamines en deux groupes, selon leur comportement dans l'organisme. Il y a les vitamines hydrosolubles : ce sont la vitamine C et les huit vitamines B (thiamine, riboflavine, niacine, B_6, acide panthoténique, B_{12}, biotine et acide folique). Elles ont une durée de vie assez brève et une action rapide, et sont stockées dans les parties aqueuses des cellules du corps. Mais pas pour longtemps. Le corps s'empresse de les mettre au travail (assistances des cellules dans les processus chimiques et traitement de l'énergie) et rejette habituellement les excédents.

Les vitamines liposolubles, A, D, E et K, se trouvent dans les parties adipeuses des cellules et régulent de nombreux processus métaboliques. Elles sont stockées à long terme et le corps ne les utilise qu'en cas de besoin.

De nombreuses études ont montré que les vitamines diminuent les risques de maladies chroniques, mais plusieurs d'entre elles sont connues pour leur capacité à ralentir ou même prévenir les maladies liées au vieillissement (maladies cardiovasculaires ou cancer), et ralentir potentiellement le processus de vieillissement. Ces vitamines, C, E et bêtacarotène (substance que le corps transforme en vitamine A), sont appelées antioxydants pour leur capacité à neutraliser les particules nuisibles dérivées de l'oxygène et supposées être à l'origine de nombreuses maladies.

Les minéraux sont incontournables

Nous sommes issues de la terre, et c'est d'elle que nous tirons une variété de nutriments qui nous permettent de fonctionner convenablement.

Comme les vitamines, les minéraux contribuent au bon fonctionnement du corps. Mais ce sont des corps inorganiques, que l'organisme ne peut métaboliser. Ils remplissent plutôt le rôle de briques, fournissent leur structure aux os et aux dents, jouent un rôle majeur dans le sang, la peau et les tissus, et préservent l'équilibre de nos liquides organiques.

Il y a deux catégories de minéraux. Certains sont abondants dans le corps et dans l'alimentation : ce sont le calcium, le chlorure, le magnésium, le phosphore, le potassium et le sodium. Nous en avons besoin en grandes quantités.

Les autres – chrome, cuivre, fluor, iode, fer, manganèse, molybdène, sélénium et zinc – sont présents sous forme de traces dans le corps et dans l'alimentation : nos besoins quotidiens sont évidemment bien moindres.

Certains minéraux sont stockés dans le corps afin de remplacer ceux que nous perdons dans l'urine et la sueur. Si nous ne les remplaçons pas aussi rapidement que nous les perdons, nous courons le risque de souffrir d'anémie ferriprive et d'ostéoporose, deux maladies graves qui affectent des millions de femmes.

Besoins nutritionnels de la femme

L'absorption quotidienne de vitamines et de minéraux en quantité suffisante est une chose qui ne s'improvise pas, et les médecins ont établi des normes, des doses recommandées (AJR). Reportez-vous aux tableaux pour savoir quelles sont ces doses pour chaque vitamine et chaque minéral.

La « dose recommandée » est la quantité de nutriment nécessaire à un individu moyen en bonne santé. « Les taux recommandés dépassent les besoins véritables des individus, de sorte que vous pouvez manquer un peu d'un nutriment tout en vous situant bien au-dessus du taux de carence, explique le Dr Paul R. Thomas. Ne pas atteindre sa dose recommandée n'est ordinairement pas dangereux, mais des carences peuvent survenir en fin de compte si vous êtes régulièrement 20 ou 30 % en deçà de la dose recommandée. »

Tout cela, c'est très bien quand on veut éviter l'anémie, mais que faire quand on désire se doter d'une excellente santé ? « Des preuves de plus en

(suite page 588)

LES 15 MINÉRAUX ESSENTIELS

Voici un tableau des besoins en minéraux pour une femme de 25 à 50 ans (mg : milligrammes – µg : microgrammes).

Minéral	Apport quotidien
Calcium	800 mg (1 200 mg en cas de grossesse ou d'allaitement)
Chlore	750 mg*
Chrome	De 50 à 200 µg †
Cuivre	De 1,5 à 3 mg †
Fluor	De 1,5 à 4 mg †
Iode	150 µg (175 µg en cas de grossesse ; 200 µg en cas d'allaitement)
Fer	15 mg (30 mg en cas de grossesse ; 15 mg en cas d'allaitement)
Magnésium	De 280 à 330 mg (300 à 480 mg en cas de grossesse ; De 355 à 480 mg en cas d'allaitement)
Manganèse	De 2 à 5 mg †
Molybdène	De 75 à 250 µg †
Phosphore	800 mg (1 200 mg en cas de grossesse ou d'allaitement)
Potassium	2g *
Sélénium	55 µg (65 µg en cas de grossesse ; 70 µg en cas d'allaitement)
Sodium	500 mg *
Zinc	12 mg (15 mg en cas de grossesse ; 19 mg en cas d'allaitement).

REMARQUE : L'apport quotidien recommandé correspond à l'AJR (apport journalier recommandé), sauf mention contraire.

Aspects bénéfiques contre le vieillissement	Sources alimentaires
Os et dents solides ; fonctionnement des nerfs et des muscles ; coagulation du sang.	Produits laitiers ; légumes à feuilles vertes ; sardines avec arêtes ; tofu.
Aide à la digestion ; agit avec le sodium pour maintenir l'équilibre des liquides.	Aliments salés.
Métabolisme des glucides.	Légumes ; céréales complètes ; levure.
Formation des globules et du tissu conjonctif.	Céréales ; légumes secs ; fruits de mer.
Renforce l'émail des dents.	Eau fluorée ; poisson ; thé.
Bon fonctionnement de la thyroïde.	Lait ; céréales ; sel iodé.
Transport de l'oxygène dans le sang ; métabolisme de l'énergie.	Viande rouge ; poisson ; volaille ; céréales complètes ; légumes feuillus vert sombre ; légumes secs.
Fonctionnement des muscles et des nerfs ; renforcement des os.	Haricots secs ; noix ; cacao ; céréales ; légumes verts.
Formation des os et du tissu conjonctif ; métabolisme des lipides et glucides.	Épinards ; noix ; citrouille ; thé ; légumes secs.
Métabolisme de l'azote.	Céréales et légumes non traités.
Métabolisme de l'énergie ; association avec le calcium pour la solidité des os et des dents.	Viande ; volaille ; poisson ; lait ; haricots secs.
Maintient l'équilibre des acides dans le corps ; association au sodium pour réguler l'équilibre des liquides.	Viande ; volaille ; poisson ; lait.
Aide la vitamine E à protéger les cellules et les tissus du corps.	Céréales ; viande ; poisson ; volaille.
Équilibre des liquides ; fonctionnement du système nerveux.	Sel ; aliments préparés ; sauce soja ; assaisonnements.
Guérison des blessures ; croissance ; appétit.	Fruits de mer ; viande ; noix ; légumes secs.

*La valeur mentionnée correspond au besoin minimal présumé. Il n'existe pas d'AJR pour ce minéral.
†La valeur mentionnée correspond à l'apport journalier considéré comme sans danger. Il n'existe pas d'AJR pour ce minéral.

plus nombreuses montrent un lien direct entre une plus grande longévité et une amélioration de la santé globale lorsque certains minéraux et vitamines dépassent les doses recommandées, dit le Dr Blumberg. Cela suggère que ces fameuses doses ne correspondent peut-être pas à l'évolution des besoins de l'adulte vieillissant. »

En revanche, l'excès peut être néfaste. « Pris à trop fortes doses, certains minéraux et vitamines peuvent être toxiques, nous met en garde Diane Grabowski. Ils peuvent interférer avec le fonctionnement d'organes vitaux comme le foie, le cœur et les reins. Ils peuvent aussi provoquer des maux sans gravité mais désagréables tels que brûlures d'estomac, nausées ou miction fréquente. »

Des recherches sont en cours pour déterminer le taux exact de chaque vitamine et de chaque minéral nécessaire à une santé optimale. Tant qu'on n'en connaît pas les résultats, le mieux à faire est de viser les 100 % de chaque dose recommandée, surtout si vous menez une vie active.

Les aliments, notre meilleure source

Avec la diversité des aliments dont nous disposons désormais, la plupart des femmes ne devraient pas avoir de mal à atteindre les 100 % des doses recommandées. « Un régime bien équilibré constitué d'une variété d'aliments riches en nutriments apportera facilement tous les minéraux et vitamines nécessaires, même encore plus, probablement », dit Diane Grabowski.

Voici quelques conseils pour tirer le maximum de minéraux et de vitamines des aliments que vous consommez – avec le moins possible de calories.

Cinq grands groupes. « Concentrez votre alimentation sur les cinq groupes fondamentaux : fruits, légumes, viandes maigres et légumineuses, céréales et laitages écrémés ou demi-écrémés, dit Diane Grabowski. Si vous mangez des sandwiches de valeur nutritive inférieure, par exemple, vous ne donnez à votre corps que des calories vides, sans vitamines ni minéraux. »

Fruits et légumes en priorité. « Vous devez manger au moins cinq portions de fruits et de légumes par jour, dit Diane Grabowski. Dans la plupart des cas, les fruits et légumes aux couleurs vives ou sombres sont les plus riches en vitamines et en minéraux. » Enrichissez donc votre alimentation avec melons, oranges, pêches, tomates, épinards, ignames et carottes. Demandez à votre épicier des fruits exotiques pour augmenter la diversité : la plupart sont très riches en vitamines.

Mangez-les crus ou à peine cuits. La cuisson détruit une partie des vitamines et des minéraux ; aussi souvent que possible, mangez les fruits, les légumes et les céréales crus ou à peine cuits.

Ne faites pas bouillir. L'ébullition fait perdre plus de minéraux et de vitamines aux aliments que toutes les autres formes de cuisson, dit Diane Grabowski. « Moins ils passent de temps au four, dans la casserole ou l'eau bouillante, mieux c'est », dit-elle. Elle recommande la cuisson à la vapeur ou au micro-ondes.

Piégez les nutriments. L'exposition à l'air prive les aliments d'une partie de leurs vitamines et minéraux. De même que le soleil quand il pénètre les bouteilles en verre ou le papier de Cellophane. Diane Grabowski recommande d'utiliser des boîtes hermétiques et opaques. Pour conserver longtemps jus et aliments, congelez-les : cela gardera intacts leurs nutriments.

Attention aux médicaments. Certains médicaments en vente libre ou sur ordonnance peuvent interférer avec les stocks du corps. L'aspirine, les laxatifs, les diurétiques, les antidépresseurs et les antiacides peuvent accélérer l'excrétion de certains minéraux et vitamines ou ralentir leur absorption. Si vous prenez ce genre de médicaments, demandez à votre médecin quels effets ils peuvent avoir.

Le point sur les compléments

Si vous pensez que vous n'avez pas votre dose recommandée, demandez à un nutritionniste ou à un professionnel de santé d'évaluer votre alimentation et de vous dire quels nutriments vous font défaut. Mais ne croyez pas que les compléments compenseront totalement de mauvaises habitudes alimentaires. Si vous prenez ce genre de cocktails, dépasser la dose recommandée ne peut être fait qu'avec l'accord de votre médecin traitant.

Voici quelques conseils d'utilisation.

Ayez des complexes. Le meilleur complément est celui qui contient diverses vitamines et minéraux, dit Diane Grabowski. Un complexe multivitamines et multiminéraux doit donner un apport proche des 100 % recommandés pour chaque nutriment.

Attention aux éléments uniques. Dans la plupart des cas, vous n'aurez pas besoin d'apports supplémentaires d'une vitamine ou d'un minéral donné si vous prenez déjà un complexe. Il y a cependant exception si vous êtres soignée pour une carence ou cherchez une meilleure protection en prenant des doses plus élevées d'antioxydants comme la vitamine C, la vitamine E et le bêtacarotène. Dans tous les autres cas, évitez les doses excessives, surtout en vitamine A, vitamine D et fer, dit le Dr Thomas. Ces nutriments sont toxiques à forte dose et peuvent avoir des effets secondaires tels que vomissements, perte des cheveux, anomalies osseuses, anémie, dégâts cardiovasculaires, maladies rénales ou hépatiques.

N'oubliez pas le calcium. Le calcium est vital pour la résistance osseuse et prévient l'ostéoporose – cette maladie qui fragilise les os des femmes après la ménopause. Les études montrent toutefois que la plupart des femmes n'en absorbent pas assez : l'apport journalier recommandé est de 800 milligrammes par jour avant la ménopause et de 1 000 mg (1 gramme) après. C'est pourquoi les compléments de calcium sont recommandés aux femmes afin d'assurer la protection de leur ossature.

Les compléments à base de citrate de calcium sont ceux que l'on absorbe le plus facilement, dit le Dr Margo Denke. Le corps les assimile mieux que ceux à base de carbonate de calcium. On trouve le citrate de calcium dans les jus d'oranges vitaminés, par exemple. Il suffit de bien lire l'étiquette.

Mais vous pouvez préférer trouver du calcium dans des comprimés antiacides faits à partir de carbonate de calcium. Il convient de les prendre avec les repas, dit le Dr Clifford Rosen : l'acide produit par votre organisme quand vous mangez dissocie le carbonate de calcium et permet une meilleure absorption.

Certains antiacides tels que Anti-H et Gastropax ne sont pas recommandés en usage prolongé, parce qu'ils contiennent aussi de l'aluminium. Préférez-leur les pastilles Rennie, par exemple.

Prenez des médicaments génériques. Leur composition est la même que celle des médicaments de marque, dit le Dr Thomas. Ce sont des sous-marques des marques connues, mais ils coûtent moins cher et font autant d'effet. Demandez conseil à votre pharmacien.

Oubliez les « super-suppléments ». Vous trouverez des étiquettes frappées des mots « extra fort » ou « super puissant ». Ces produits contiennent généralement des doses trop fortes de chaque nutriment et peuvent être dangereux, dit le Dr Thomas. Si vous vous contentez d'excréter les excès, c'est vraiment de l'argent jeté par la fenêtre.

Dites non aux slogans publicitaires. Des expressions du genre « formule antistress » sont sans aucun fondement, dit le Dr Thomas. Même si « effervescent » et « libération retardée » sont des expressions plus justes, cela ne joue aucun rôle pour certains nutriments. L'effervescence facilitera peut être l'absorption du calcium, mais pas forcément celle de la vitamine C. Demandez conseil à votre médecin ou à un nutritionniste.

Une vitamine est une vitamine. Ignorez de même les appellations « naturel » ou « organique », ajoute le D Thomas. Le mot « naturel » n'a pas de définition précise. Bien souvent, un produit dit naturel contient surtout des vitamines de synthèse.

Évitez le dosage multiple. Si la posologie indiquée est de plusieurs comprimés par jour, calculez l'apport total et comparez-le aux AJR : si vous êtes bien au-dessus, il s'agit peut être d'un piège pour vous faire dépenser plus d'argent, explique le docteur Thomas.

Prenez-les en mangeant. En règle générale, les compléments doivent être pris au cours des repas pour être mieux assimilés. Ils se dissocient également mieux s'ils sont accompagnés d'eau ou d'une autre boisson.

Vérifiez la date limite. N'achetez jamais un produit dont la date est sur le point d'être dépassée.

Un endroit frais et sec. La lumière, la chaleur et l'humidité peuvent priver les compléments d'une partie de leur efficacité. Il vaut mieux les conserver à l'abri, loin de la chaleur. Le réfrigérateur peut être un bon rangement : rangez-les dans une boîte opaque. Et fermez toujours bien le couvercle.

YOGA

Retrouvez la paix au sein du chaos

Vous êtes en quête d'une oasis, un lieu tranquille où vous pouvez vous retirer après une journée de bruit et de fureur, de gens impossibles et de rêves inassouvis.

Pour bien des femmes, la réponse a pour nom yoga. Si vous cherchez une méthode qui vous permette de vous sentir détendue, souple, confiante, rajeunie, le yoga est ce qu'il vous faut.

« On fait dans la vie tant de choses qui épuisent notre énergie, dit Alice Christensen. Le yoga apporte une source constante d'énergie. Quand on pratique le yoga, on a réellement plus de vitalité et de vigueur. En cela, je crois sincèrement qu'il peut vous aider à vous sentir plus jeune. »

Un art ancien pour une santé nouvelle

Le yoga existe depuis des milliers d'années. Ce mot signifie littéralement « union ». Le yoga dit que l'âme, l'esprit et le corps sont inséparables. Il dit aussi que les exercices appelés asanas, ou postures, peuvent apporter souplesse, relaxation, vigueur renforcée et paix intérieure.

Il existe huit écoles différentes de yoga, mais la plupart des femmes occidentales pratiquent le hatha yoga. Ce yoga prône la relaxation par la méthode des asanas et par la technique de respiration. On l'enseigne souvent dans les clubs de sport.

Le hatha yoga n'a aucun rapport avec l'exercice physique de type aérobic, mais les études montrent qu'il peut calmer de bien des façons le corps et l'esprit.

Les bienfaits les plus évidents concernent la réduction du stress et

Dressez la carte de votre stress

Il y a des jours où tout va mal : la voiture qui ne veut pas démarrer, le petit chef qui aboie ses ordres, le boucher qui vous sert de la viande dure. Et vous vous retrouvez avec la migraine, la nuque raide et un mal de dos carabiné.

Tout n'est pas perdu. Il existe un excellent moyen de traiter la douleur : c'est un exercice qui s'apparente au yoga et qui consiste en une sorte de cartographie de votre corps. Cela peut vous aider à vous concentrer sur les points douloureux et à les éliminer. Cette méthode, enseignée aux patients du centre médical universitaire du Massachusetts, permet d'identifier et de vaincre efficacement les points soumis au stress.

Voici comment procéder.

Allongez-vous sur le dos, fermez les yeux et respirez. Au bout de quelques minutes, concentrez-vous sur votre corps en commençant par les orteils du pied gauche. Notez les sensations. Sont-ils chauds, froids, fatigués, ankylosés ? Après une minute, imaginez que vous relâchez le poids de vos orteils et qu'ils se fondent au sol.

Maintenant, concentrez-vous sur votre jambe gauche et répétez l'opération pour le pied, la cheville, le mollet, le genou, la cuisse et la hanche. Faites de même pour votre jambe droite. C'est ensuite le tour du bas-ventre, du ventre, des reins, du dos, du torse et des épaules. Pour les membres supérieurs, commencez par les doigts, puis les poignets, les avant-bras, les coudes, etc. Terminez par le cou et la tête, en vous intéressant tout particulièrement au menton, à la bouche, au nez, aux yeux et aux sourcils, aux oreilles, au front et au crâne.

L'Association américaine de yoga propose un exercice assez semblable à pratiquer juste avant la méditation, à la différence que l'on commence par la tête pour finir par les pieds.

« Le bienfait subtil de ce type d'exercice tient à ce que l'on prend davantage conscience de son corps au quotidien, dit Alice Christensen. Même quand on est assis à son bureau, on pense : « Mon estomac est tendu » ou « Je serre les dents ».

« Le seul fait de prendre conscience de la zone tendue vous aide à libérer la tension. »

l'amélioration de l'humeur. Une étude menée auprès de 170 étudiants a montré que ceux qui suivaient les cours de yoga pour débutants présentaient moins de tension, de dépression, de colère, de fatigue et de confusion après les cours qu'avant. Les sentiments des étudiants étaient semblables à ceux de leurs amis qui avaient commencé à pratiquer des disciplines plus physiques, telle que la natation. L'étude signala aussi que les étudiants remarquèrent une réduction de leurs problèmes dès la fin du premier cours.

Les techniques de respiration yogiques pourraient également aider les asthmatiques. Une étude britannique menée auprès de 18 patients a montré que la respiration yogique pouvait réduire les symptômes de l'asthme, sans les éliminer toutefois. Certains médecins demandent à leurs patients asthmatiques de pratiquer le yoga pour acquérir une plus grande maîtrise de leurs troubles respiratoires.

Alice Christensen déclare que le yoga fait énormément de bien aux personnes qui souffrent du dos, tant qu'elles suivent les principes yogiques d'un étirement lent qui ne cherche pas à forcer. Elle dit aussi que le yoga peut aider les personnes qui souffrent d'arthrite. Peu d'études associent yoga et arthrite, mais Alice Christensen a constaté que les élèves dont l'arthrite est provoquée par l'âge se disent plus souples et souffrent moins après un cours. Cependant, les personnes atteintes de rhumatisme articulaire ne doivent pas pratiquer le yoga quand leurs articulations sont enflées et douloureuses.

En plus des avantage physiques du yoga, il y a l'aspect méditatif, impossible à mesurer au stéthoscope. « Le yoga apaise le bavardage constant qui encombre notre esprit, dit Alice Christensen. Nous sommes constamment confrontées à des pensées éparses, aux paroles d'autrui, à leurs émotions, à nos désirs. Et nous ne le remarquons même plus au bout d'un instant. »

Le yoga peut chasser tout cela. « Il aide à améliorer la concentration et permet de mieux observer nos pensées, nos sentiments et nos réactions, dit-elle encore. La plupart du temps, nous nous déplaçons dans le monde comme la bille d'acier d'un flipper, en rebondissant sans cesse d'une chose à l'autre. La méditation yogique augmente la conscience et nous permet de faire des choix lucides. »

Pour commencer

Cela paraît formidable, non ? Voici quelques trucs pour vous permettre de tirer tout de suite profit du yoga.

Respirez bien à fond. Le yoga commence par la respiration, une chose à laquelle nous ne pensons que rarement. Pour la plupart, nous inspirons par la poitrine et par petits coups. Les adeptes du yoga respirent par le diaphragme, ce grand muscle en forme de dôme qui se situe à la base des poumons. Quand une personne inspire profondément, le diaphragme s'étire et laisse davantage d'air entrer dans les lobes inférieurs des poumons.

Pour commencer, asseyez-vous confortablement sur le sol ou sur un coussin bien ferme pour mieux soutenir vos hanches. Vous pouvez également prendre place au bord d'une chaise. Placez les mains sur le ventre, un peu en-dessous du nombril. C'est la partie de votre corps qui doit se dilater quand vous respirez – et pas votre poitrine. Rappelez-vous de toujours inspirer et expirer par le nez. Quand vous inspirez, sentez vos mains se soulever. Quand vous expirez, contractez votre ventre. Respirez lentement, régulièrement. Au bout de quelques respirations, placez les mains sur les jambes et continuez de respirer, les yeux fermés, concentrée sur le bruit de votre respiration.

Dans l'idéal, vous devriez respirer tout le temps par le diaphragme : au travail, à la maison, en voiture, partout. Alice Christensen dit que cela aide à oxygéner l'organisme et à rester plus alerte. Vous constaterez que vous respirez plus lentement, de 10 à 14 fois par minute au lieu des 16 ou 18 fois habituelles. N'oubliez pas : respirez toujours par le nez.

Trouvez un bon cours. Il existe énormément de cours de yoga, très différents les uns des autres. Alice Christensen vous conseille de choisir un cours où le professeur enseigne tous les jours et continue d'apprendre régulièrement auprès d'un maître. Allez-y deux ou trois fois avant de vous inscrire définitivement. Demandez au professeur quelles sont ses références. Si vous avez des problèmes spécifiques, mal de dos ou arthrite, assurez-vous que l'enseignement dispensé est individualisé. Le mieux est de se renseigner auprès de la Fédération française de hatha yoga, 50, rue Vaneau, 75007, Paris, ou auprès de la Fédération nationale des enseignants du yoga, 3, rue Aubriot, 75004 Paris.

Progressez à votre propre rythme. Le yoga n'est pas une compétition. Vous n'êtes pas là pour mieux vous étirer, mieux respirer ou mieux méditer que les autres élèves.

« La moindre des choses est de comprendre que vous n'êtes pas là pour vous comparer aux autres, dit Martin Pierce. Si vous regardez les autres en vous disant que vous devez faire aussi bien qu'eux, vous augmenterez votre stress. » Dirigez votre attention sur vous-même, conseille Alice Christensen. « Prêtez attention à votre propre expérience et vous atteindrez des résultats plus durables. »

Prenez la posture. Beaucoup d'étirements yogiques, ou asanas, sont assez faciles pour les débutants, affirme Alice Christensen.

Mais attention : ne forcez pas votre corps. Étirez-vous lentement, régulièrement, sans à-coups. « Aller trop loin ne peut que vous blesser. Soyez l'amie de votre corps », vous recommande Alice Christensen.

Consultez toujours un médecin avant de pratiquer le yoga (comme tout exercice physique, d'ailleurs).

Accrochez-vous. Vous vous sentirez peut-être mieux après la première séance de yoga, mais ne vous arrêtez pas là. « On ne peut pas attendre grand-chose du yoga si on ne s'y engage pas sérieusement », dit le Dr Jon Kabat-Zinn.

(suite page 598)

Yoga pour débutants

Si le yoga vous tente, vous pouvez commencer par ces quatre postures. Souvenez-vous : allez toujours à votre propre rythme et ne forcez jamais votre corps.

La posture de l'arbre. *C'est une posture d'équilibre qui améliore la concentration. Tenez-vous pieds parallèles. Déplacez le poids du corps sur la jambe droite et placez le talon du pied gauche contre la cheville droite. Appuyez-vous à un mur ou une chaise si vous avez besoin de soutien. Avec l'aide de votre main libre, levez lentement le pied gauche jusqu'à ce que le talon atteigne l'entrejambe. Allongez les bras le long du corps, puis levez-les lentement au-dessus de la tête jusqu'à ce que les paumes se touchent. Relâchez votre estomac et votre souffle. Fixez un point et conservez l'équilibre. Tenez au moins plusieurs secondes. Baissez lentement les bras et la jambe, et recommencez avec l'autre jambe.*

La torsion. *Cet exercice assouplit le dos, les hanches et les jambes ; il peut soulager la dépression. Tenez-vous jambes écartées le plus possible, orteils vers l'avant. Inspirez et levez les bras de chaque côté du corps, puis expirez et faites une torsion vers la gauche. Saisissez l'extérieur de votre cheville gauche avec votre main droite, tendez le bras gauche vers le haut, doigts légèrement pliés, et regardez votre pouce gauche. Restez comme cela un instant, puis inspirez et reprenez la position initiale. Changez de jambe. Répétez trois fois l'exercice pour chaque jambe.*

Posture du soleil assis. *Cet exercice est excellent pour le dos et les jambes, il masse les organes internes et améliore la circulation. Asseyez-vous à terre, jambes tendues et orteils pointés vers votre visage (ci-dessus). Inspirez et levez les bras de chaque côté du corps, puis au-dessus de la tête. Étirez-vous et regardez en l'air (ci-dessous).*

Puis courbez la tête, expirez et penchez-vous lentement le plus possible sans avoir mal (ci-dessus). Saisissez vos jambes, pliez les coudes et penchez le haut du corps (ci-dessous). Ce sont vos bras qui tirent, pas les muscles de votre dos. Tenez quelques secondes. Inspirez et relevez les bras au-dessus de la tête. Puis expirez et baissez les bras de chaque côté du corps. Faites trois fois cet exercice.

Yoga pour débutants–suite

La posture du bateau. *C'est un exercice excellent quand on veut renforcer son dos et améliorer sa posture. Couchez-vous sur le ventre, bras tendus devant vous et front posé sur le sol (en haut). Expirez à fond, puis inspirez en relevant les jambes, les bras et la tête, simultanément (en bas). Expirez et reposez votre corps. Répétez deux fois.*

« La pratique du yoga doit être régulière, quotidienne si possible, dit Alice Christensen. Au minimum, et si vous voulez des résultats, elle exige trois exercices et quelques minutes de respiration et de méditation par jour. Un quart d'heure suffit. Si vous voulez en faire davantage, une heure par jour peut-être, ce sera parfait. L'important est d'aimer ce que vous faites. »

Continuez le sport. Le yoga n'est pas un exercice aérobic. Alice Christensen vous recommande de poursuivre la marche, la course, le vélo ou la natation, ou toute activité qui oblige votre cœur à travailler plus vite. « Voyez dans le yoga une nouvelle dimension de votre programme de mise en forme, dit-elle. Ce n'est jamais ennuyeux, parce qu'en plus d'offrir souplesse, force et santé, il ajoute un sens à la vie. »

INDEX

Remarque : les chifres soulignés désignent les pages d'encadrés et de tableaux
Les chiffres **en gras** désignent des illustrations
Le symbole ** désigne les noms de médicaments.